레고® 에듀케이션 스파이크™ 프라임을 활용한

헬스 아이디어

개정판

조립 가이드

저자 : 이영준

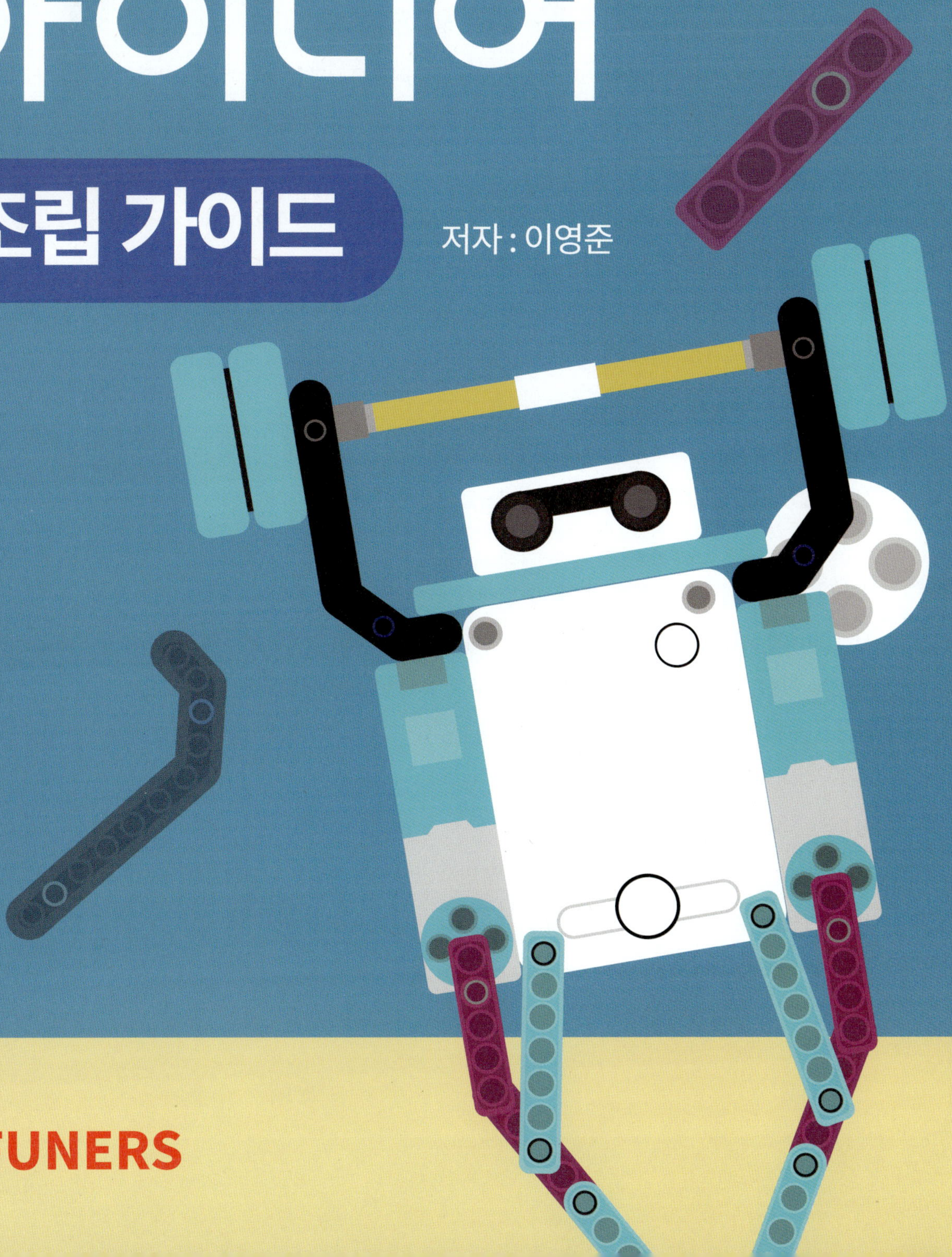

서문

레고® 에듀케이션 스파이크™ 프라임으로 즐거움을 만들자.

레고® 에듀케이션 (교육용)은 레고® 토이(완구용)와 차이가 있습니다.
단적으로 메이커의 관점으로 보자면, 너무 좋은 환경입니다.
보관상자가 있어 부품 관리가 쉬우며, 한정된 부품으로 빠른 조립과 분해가 가능해 창작이 쉽습니다.
레고® 에듀케이션 제품은 진정 창의력 계발에 있어 세계 제1의 교육 도구라 생각합니다.

모형을 제작하다 보면 보다 더 보기 좋게, 멋있게, 그리고 작동성이 좋게 하기 위해 추가로 다른 부품을
더 사용하고 싶은 마음이 생겨 교구 구성에 아쉬운 마음이 생길 때도 있지만,
동일한 환경에서 최상의 결과 도출해 내도록 하는 교육 효과를 이해하면 욕심을 내려놓을 수 있습니다.
그것이 레고® 에듀케이션 교구의 매력입니다.

2020년 1월 출시된 스파이크™ 프라임은 새로운 부품과 성능으로 많은 기대와 관심을 받았습니다.
신제품답게 새로 선보이는 부품과 모터, 센서들을 만나보실 수 있습니다.

스파이크™ 프라임을 좀 더 빨리 만나볼 수 있게 해 준 ROBOTMAK3RS의 Marc-Andr'e Bazergui와
지난 2019년 5월, 싱가폴에서 열린 레고® 에듀케이션 스파이크™ 프라임 연수에 참석하게 해 주시고,
이 책에 수록된 모형들을 제작할 수 있도록 집중할 수 있는 장소와 시간, 좋은 기회를 주신
퓨너스 남대표님께 감사드립니다.

이 책의 주제는 '건강'입니다.
제가 싱가폴 스파이크™ 프라임 연수에서 제일 먼저 만난 모형이 윗몸 일으키기를 하는 모형이었습니다.
사람과 로봇이 함께 즐기는 주제가 좋았고, 아이들의 미래를 함께 준비하기에 좋은 주제라고 생각되어
너무 재미있었습니다.

아이들에게 보다 더 재미있고 간단한 모형을 만들어 보려고 이 프로젝트를 시작하였고
그래서 주제 역시 '건강' 으로 선택했습니다.

약 2개월간 모형 제작에 하나하나 많은 수정과 정성을 담았습니다. 하지만, 아직 수정 해야 할 부분이
충분히 있을 것으로 생각 합니다.
제시한 모형에서 보다 더 나은 모형으로 발전 시킬 수도 있고, 전혀 다른 모형으로 변형시킬 수도
있을 것입니다.
책에 있는 조립도와 코딩방법이 정답이 아님을 전제하에 참고하며 만들어 나간다면, 몇 배 더 멋진
결과물을 만들어 낼 수 있을 것입니다.

레고®는 조립 교구이기에 눈으로만 본다면 배울 수 있는 것은 많지 않습니다.
직접 만들어보고, 움직여보고 수정, 발전시키는 것만이 본 교재를 충분히 활용할 수 있는 방법임을
말씀 드립니다.

보다 더 건강하시고, 아이들과 함께 즐거운 메이커 생활하시기 바랍니다.

JUNASTUDIO

2020년 3월 25일

저자 이영준 (Young-jun.YI junastudio™)

본 교재는 LEGO® Education SPIKE™ Prime Core set를 사용했습니다.

목차

01
로잉 머신 (Rowing Machine) ········· 6

02
역도 (Weightlifting) ········· 32

03
네발 걷기 (Tiger Crawl) ········· 56

04
윗몸 일으키기 (Sit Up) ········· 75

05
허리 돌리기 (Waist Twister) ········· 93

06
하늘 걷기 (Sky Walker) ········· 113

07
스피닝 (Spinning) ········· 129

08
로데오 머신 (Rodeo Machine) ················ 154

09
골프 (Golf) ················ 170

10
농구 (Basketball) ················ 198

11
권투 (Boxing) ················ 222

12
트레드밀 게임 (Treadmill Sprint Game) ················ 258

+BONUS
승마 (Horse Rider) ················ 280

- 본 교재의 모든 작품 동영상은 퓨너스 유튜브 채널에서 확인하실 수 있습니다.
- 본 교재의 모든 프로그램은 스파이크 App 2.05 버전에서 작성되었습니다.
  소프트웨어 업데이트로 인한 변경 시 학습지원 커뮤니티를 통해 수정사항이 안내됩니다.

01 로잉 머신 (Rowing Machine)

배에서 노를 젓는 운동을 모방하여 만든 운동기구입니다.
주로 심폐 능력을 발달시키고, 신체의 여러 근육을 강화하기 위한 장비로 헬스장에 가면 많이 볼 수 있는 운동입니다.

동작 동영상

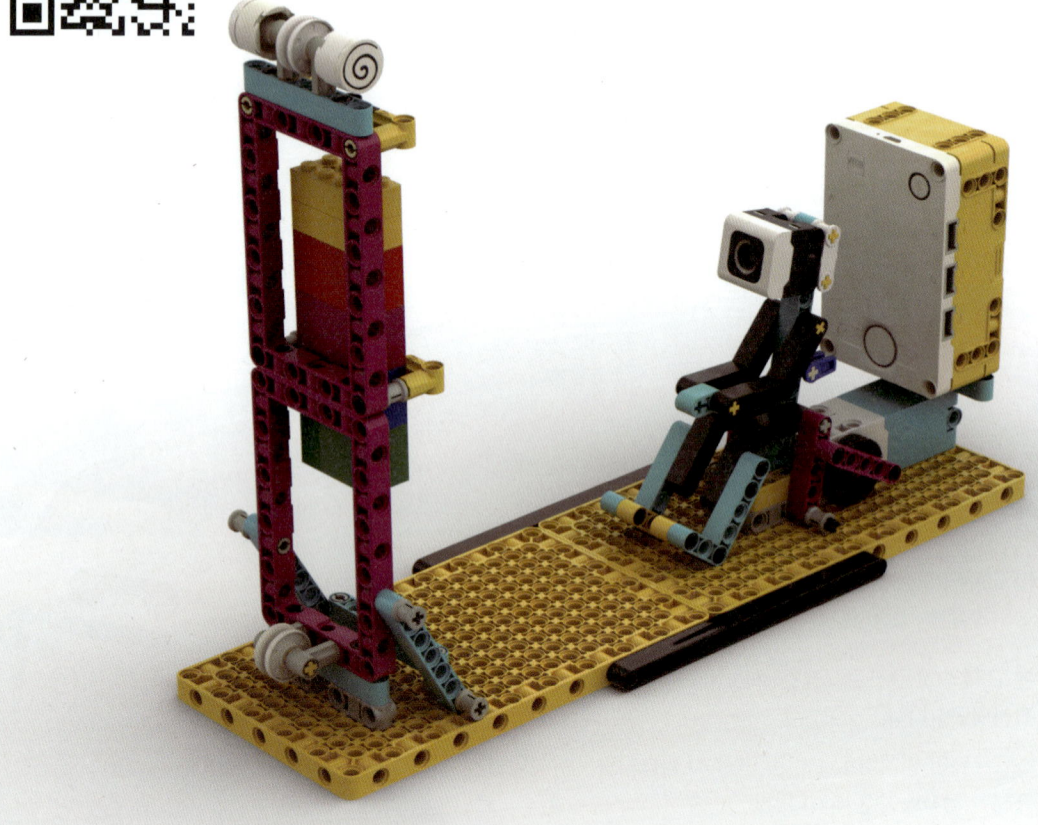

필요 부품 목록

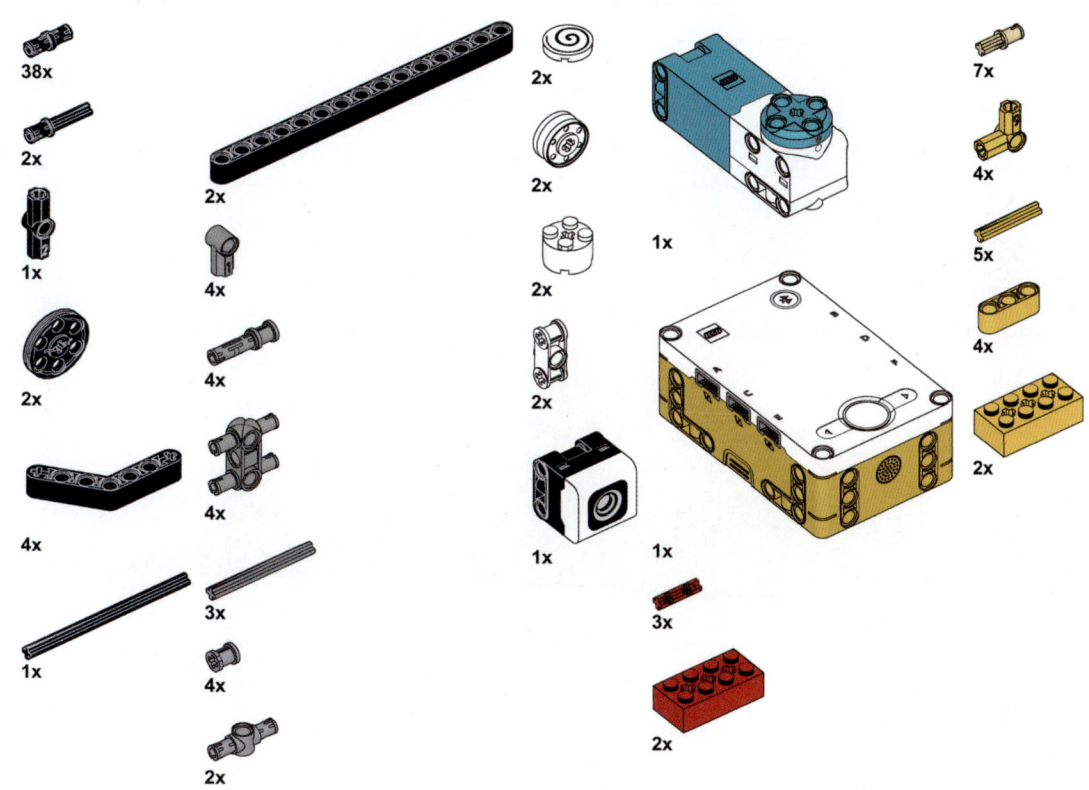
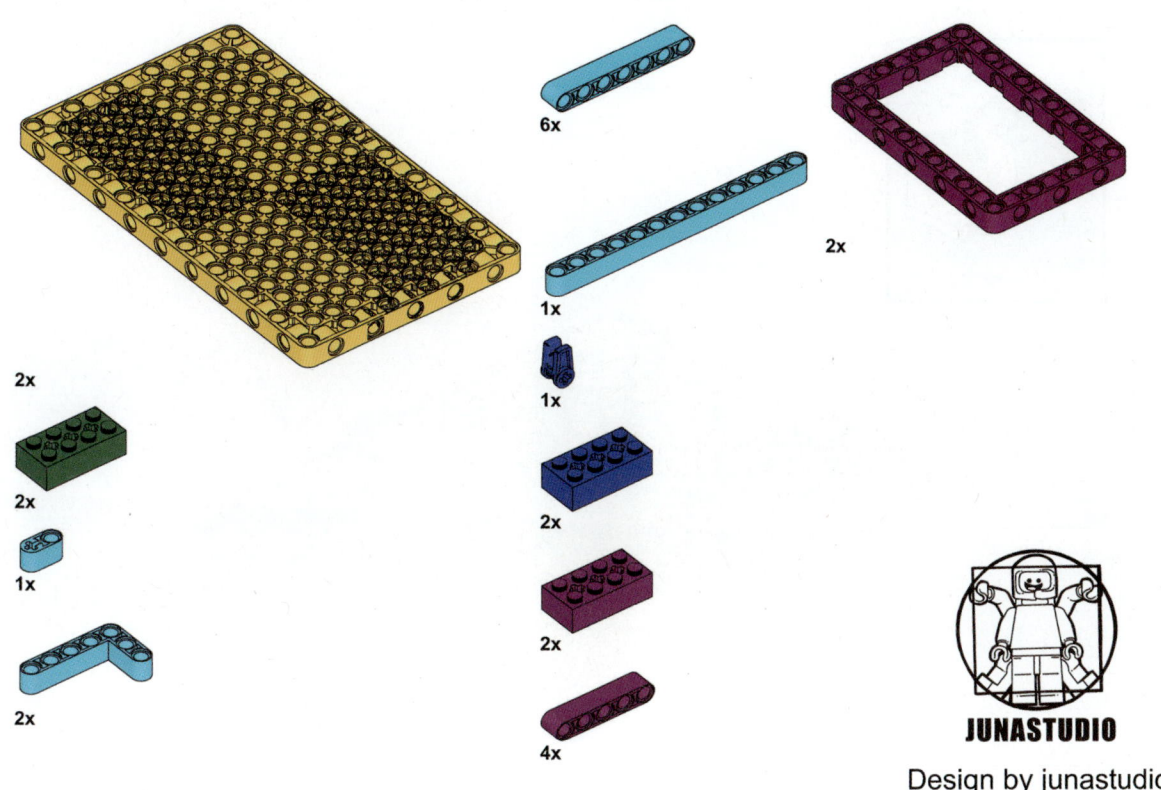

로잉 머신 (Rowing Machine)

조립하기 로잉 머신 (Rowing Machine)

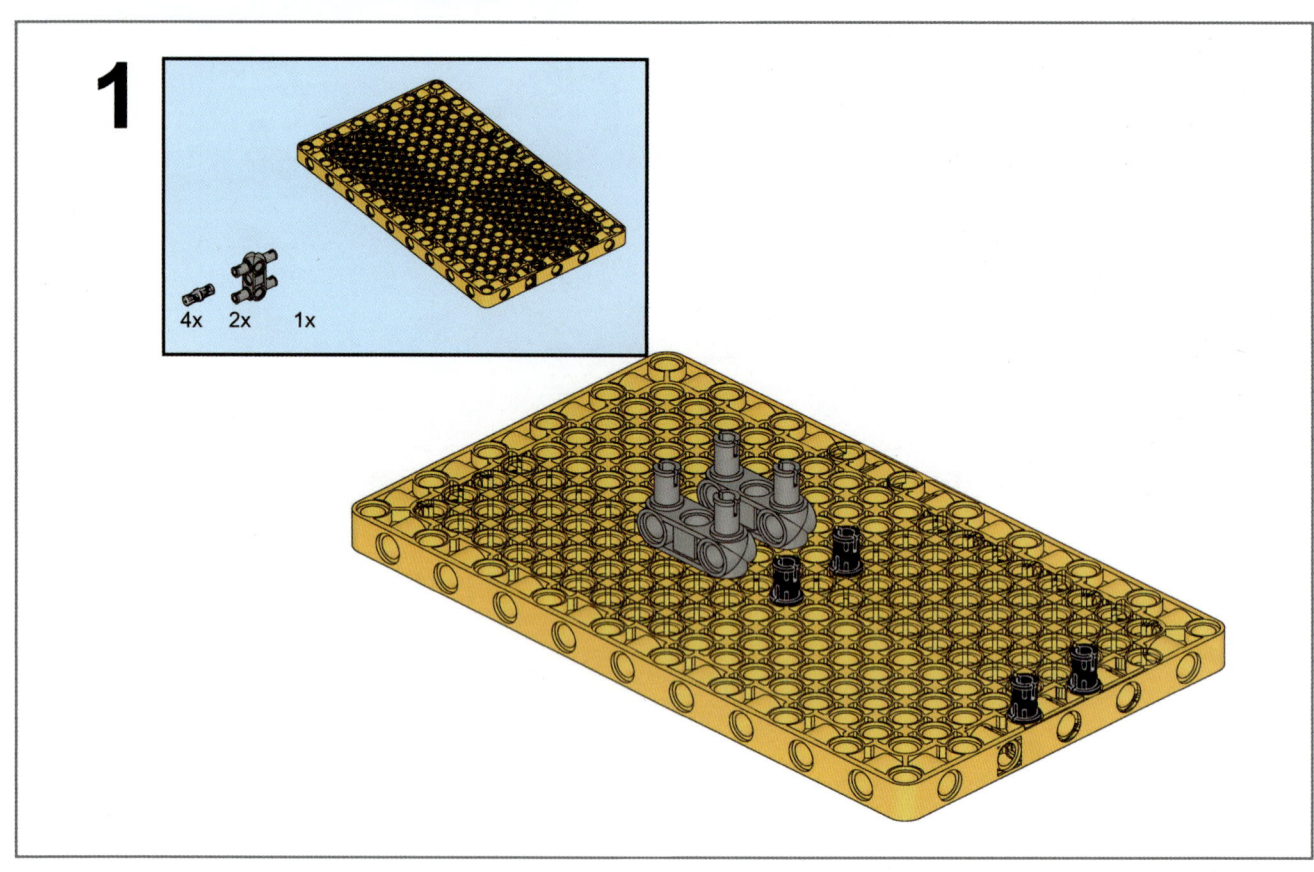

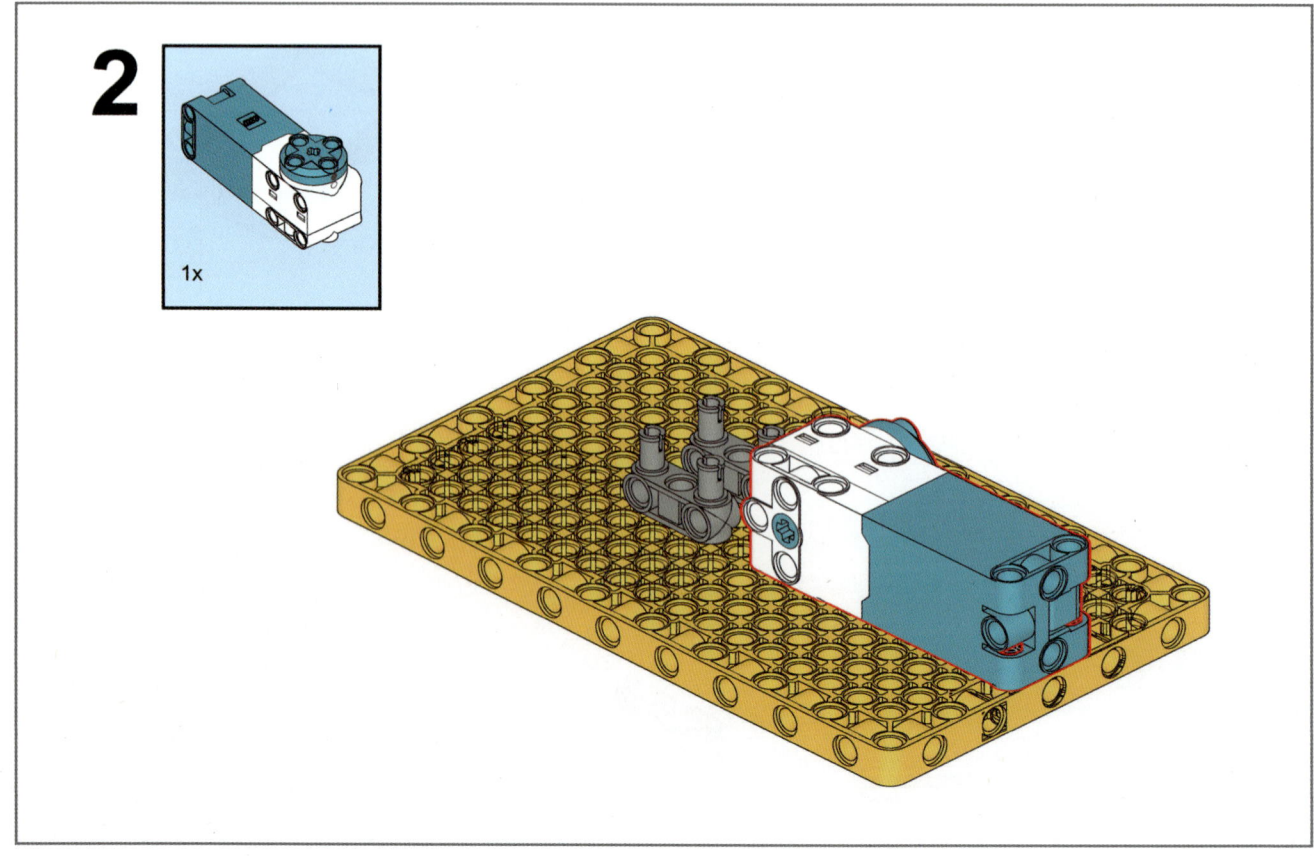

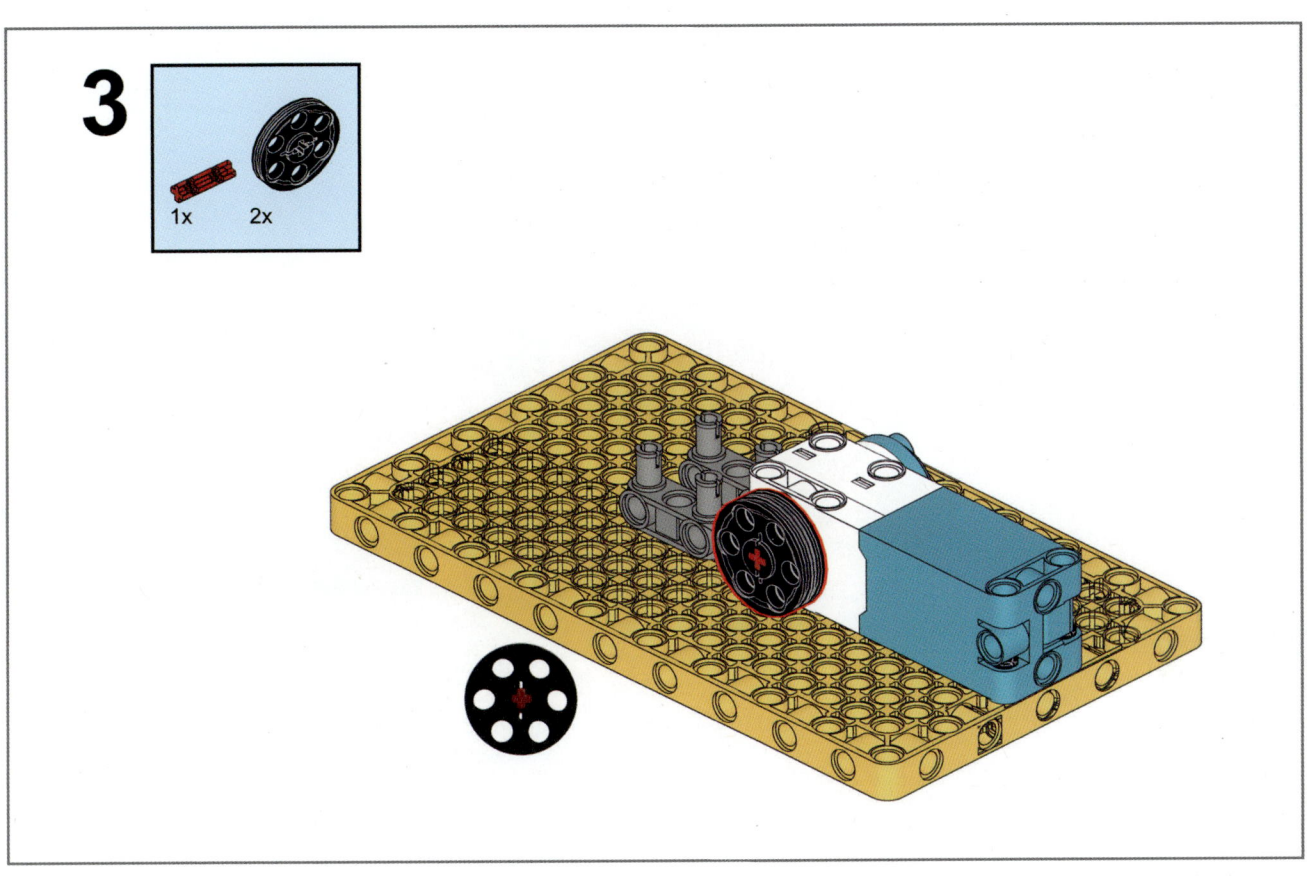

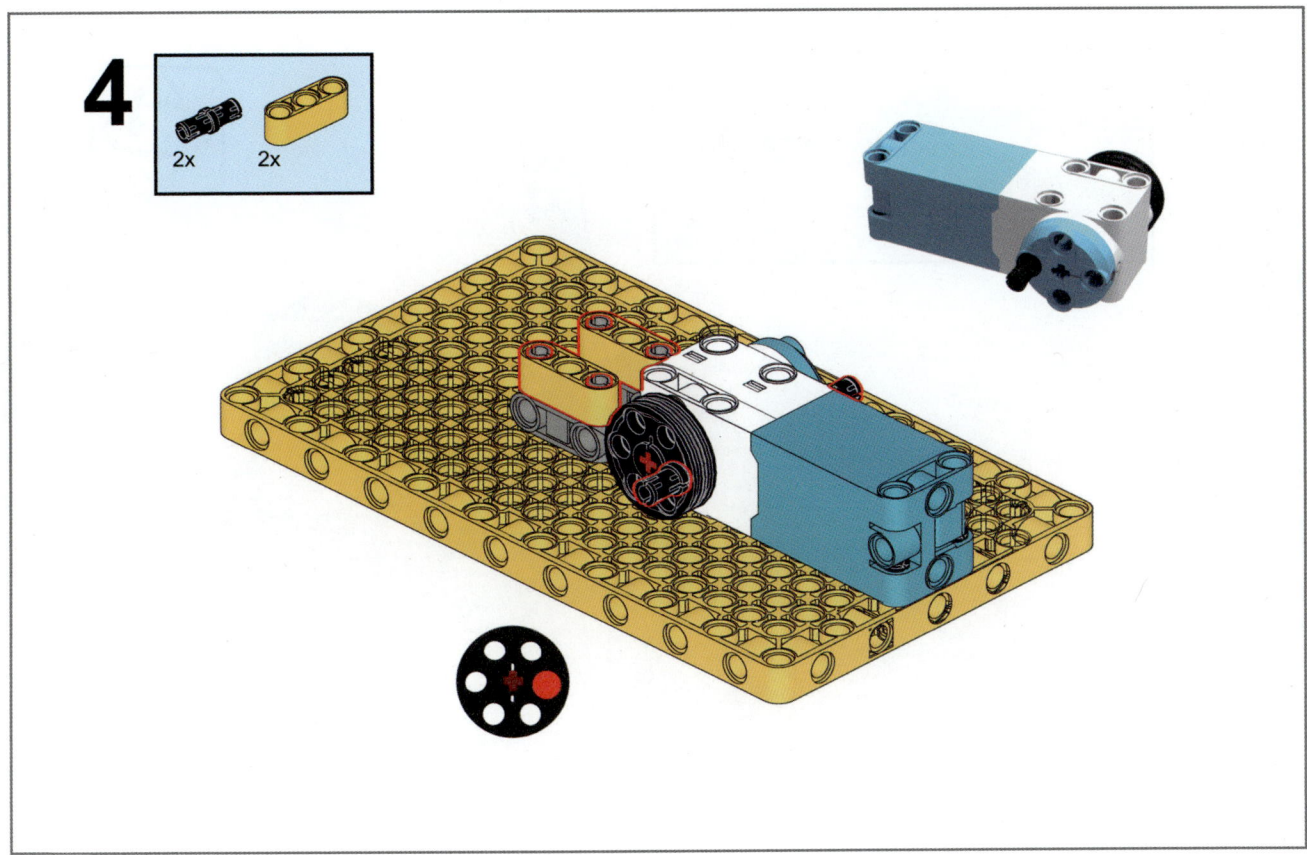

로잉 머신 (Rowing Machine)

조립하기 로잉 머신 (Rowing Machine)

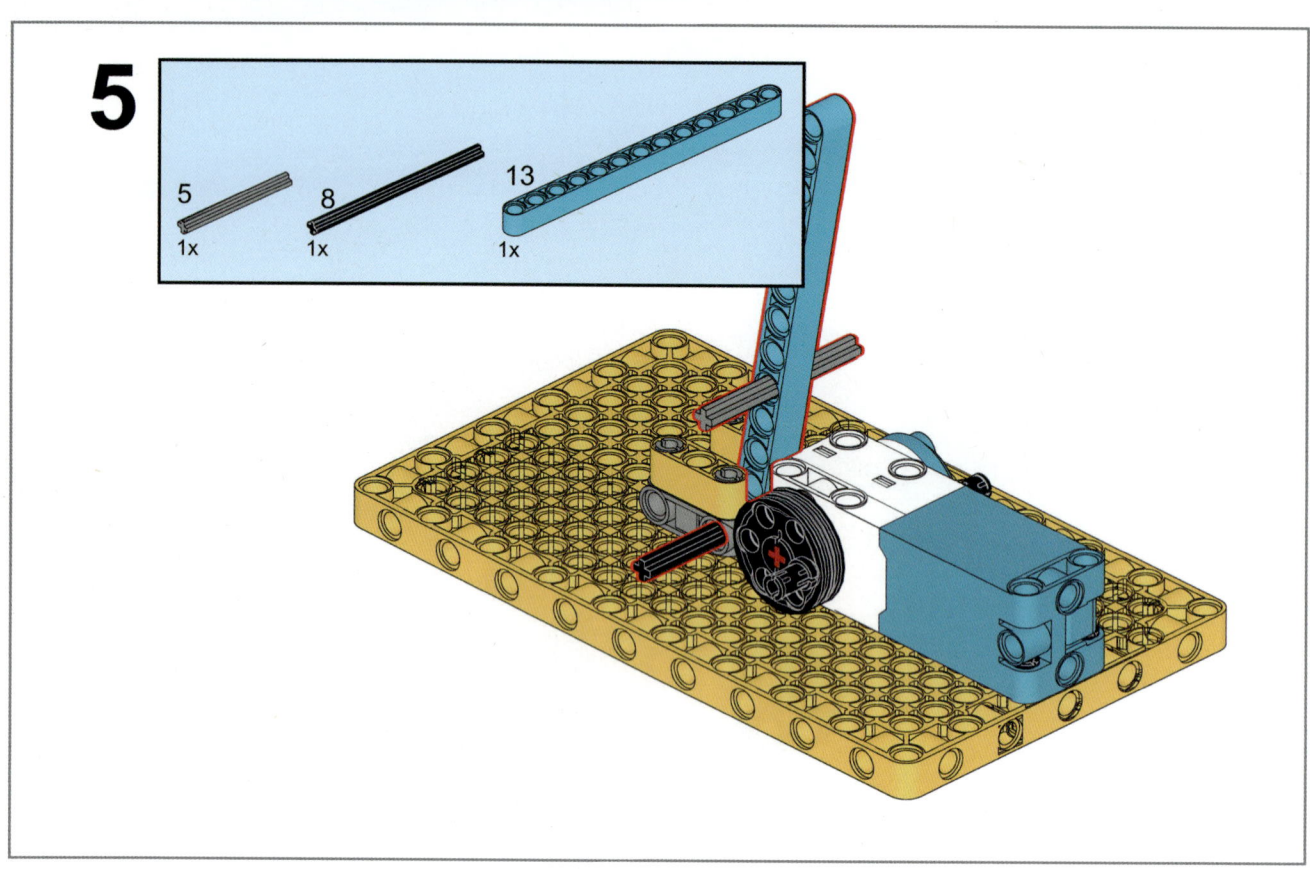

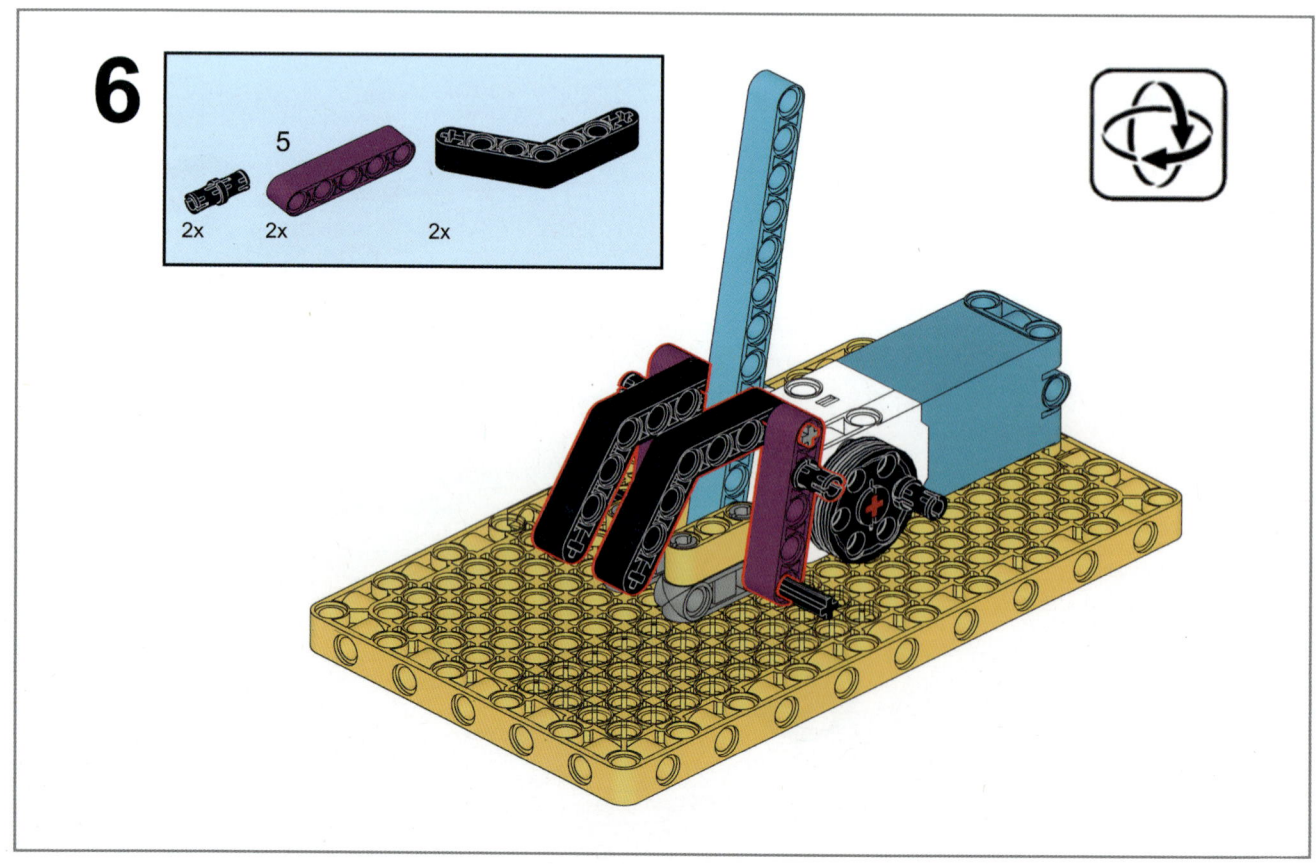

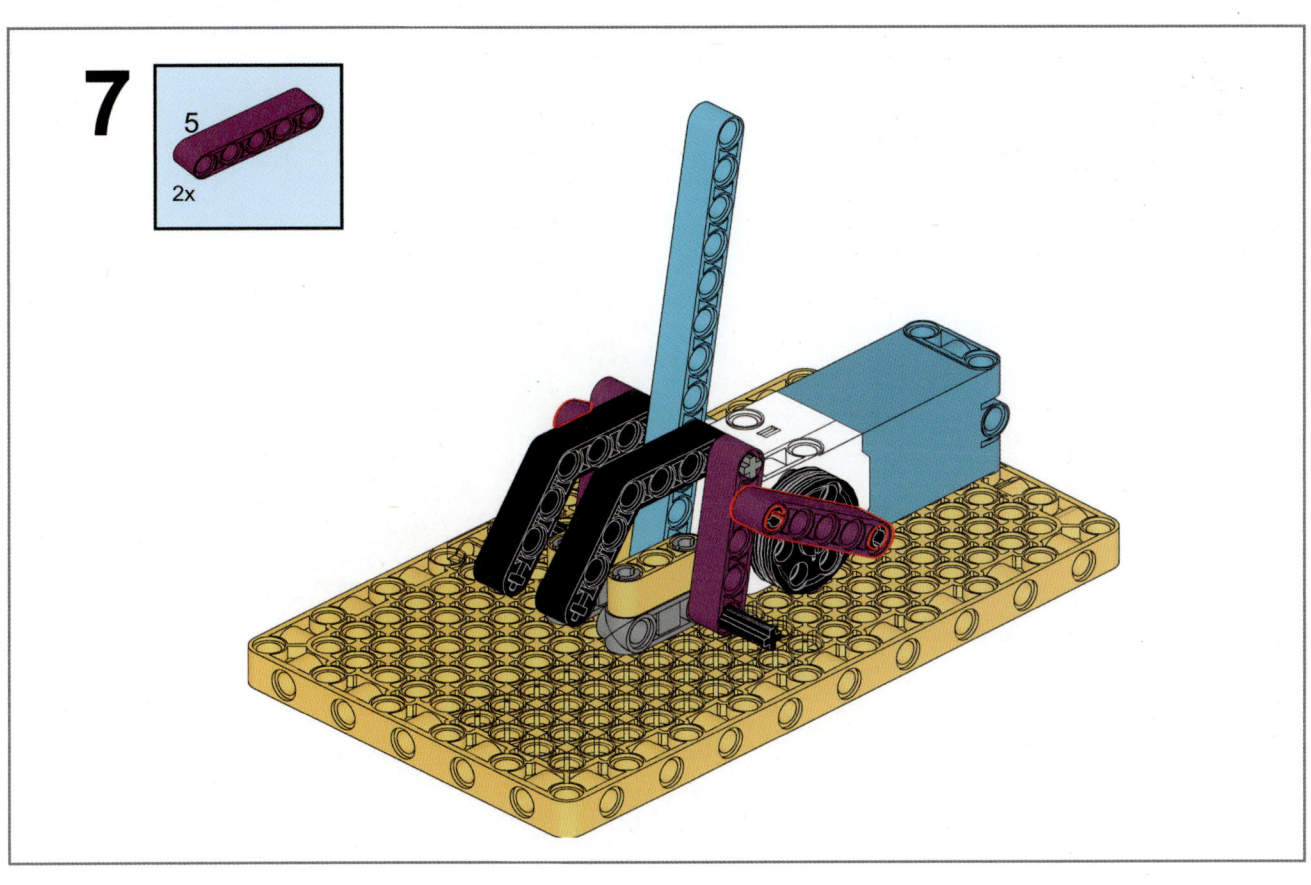
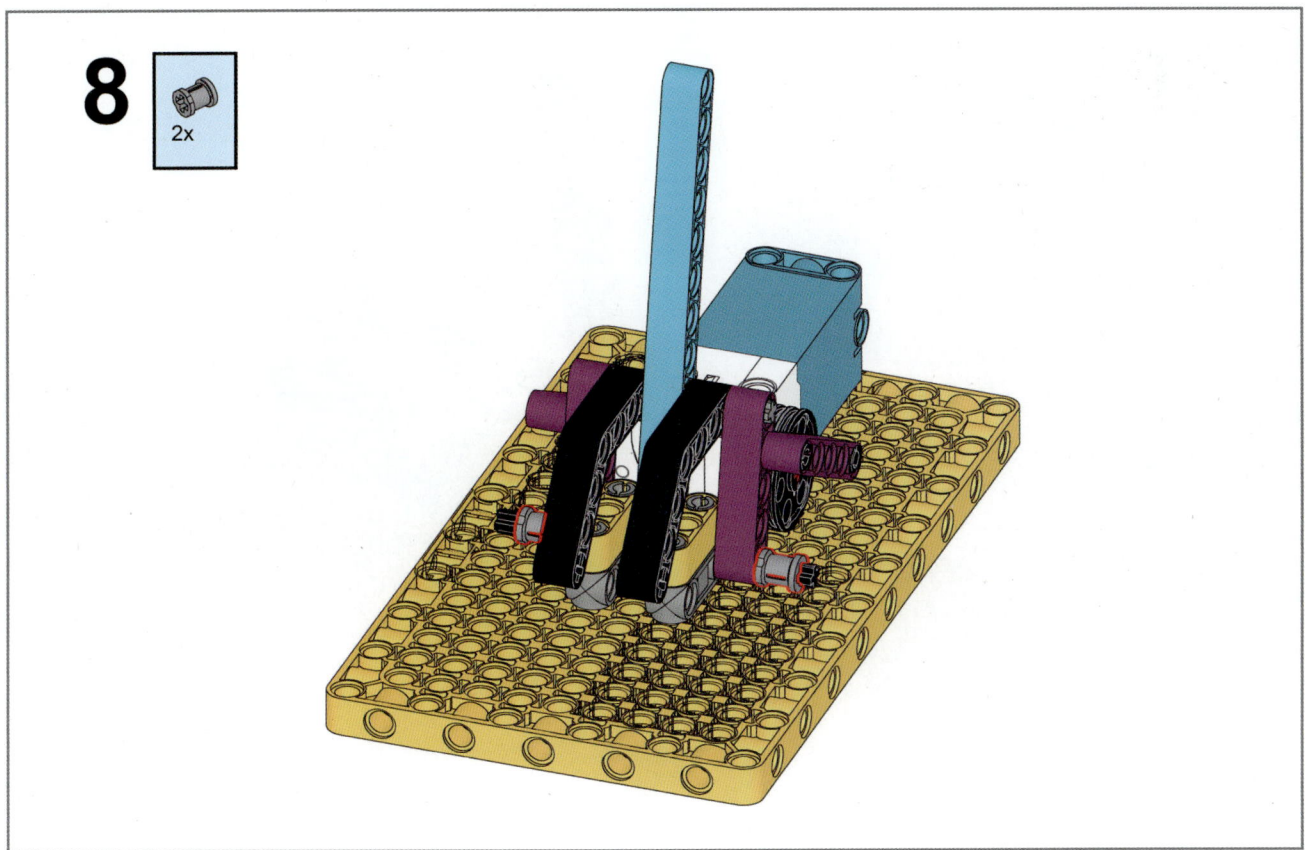

조립하기 로잉 머신 (Rowing Machine)

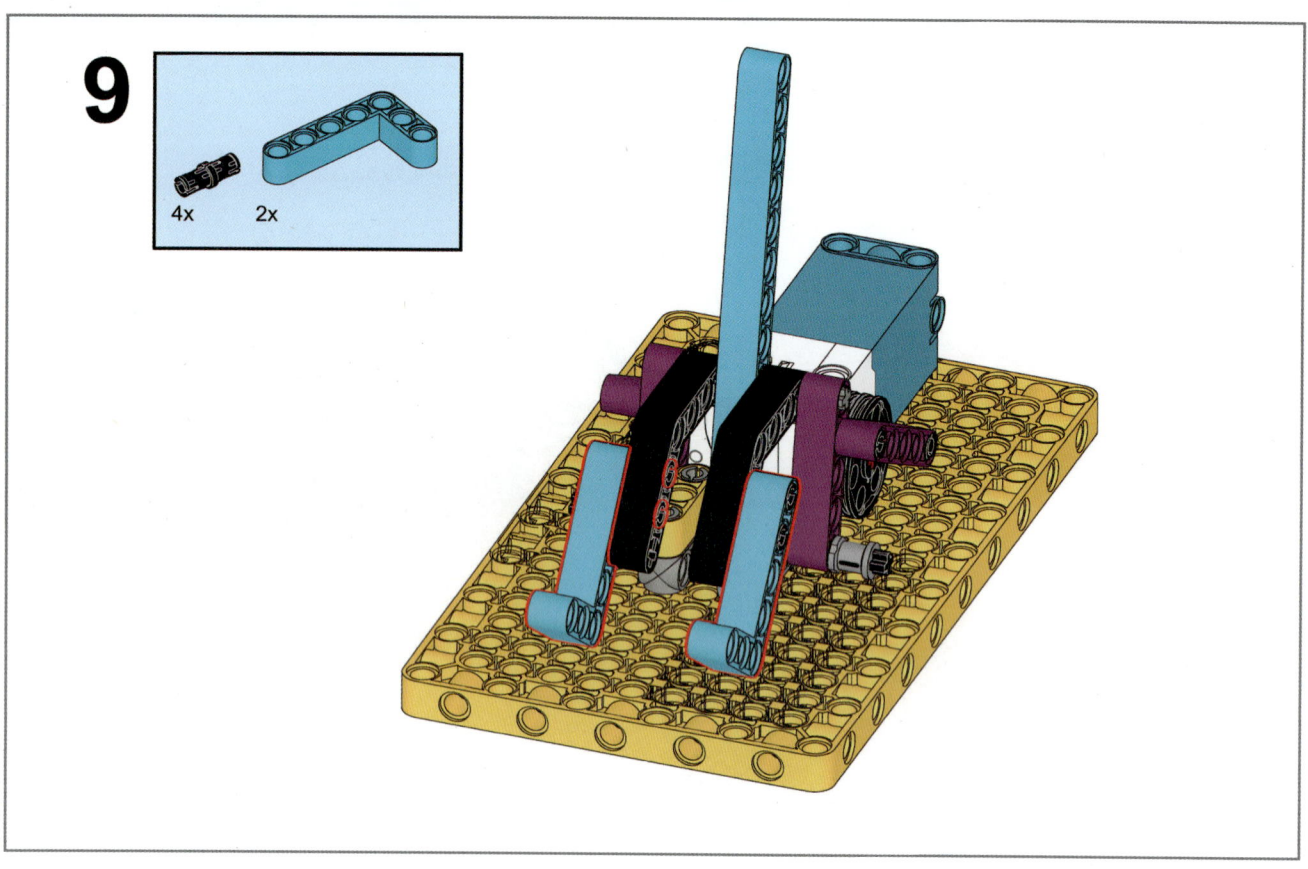

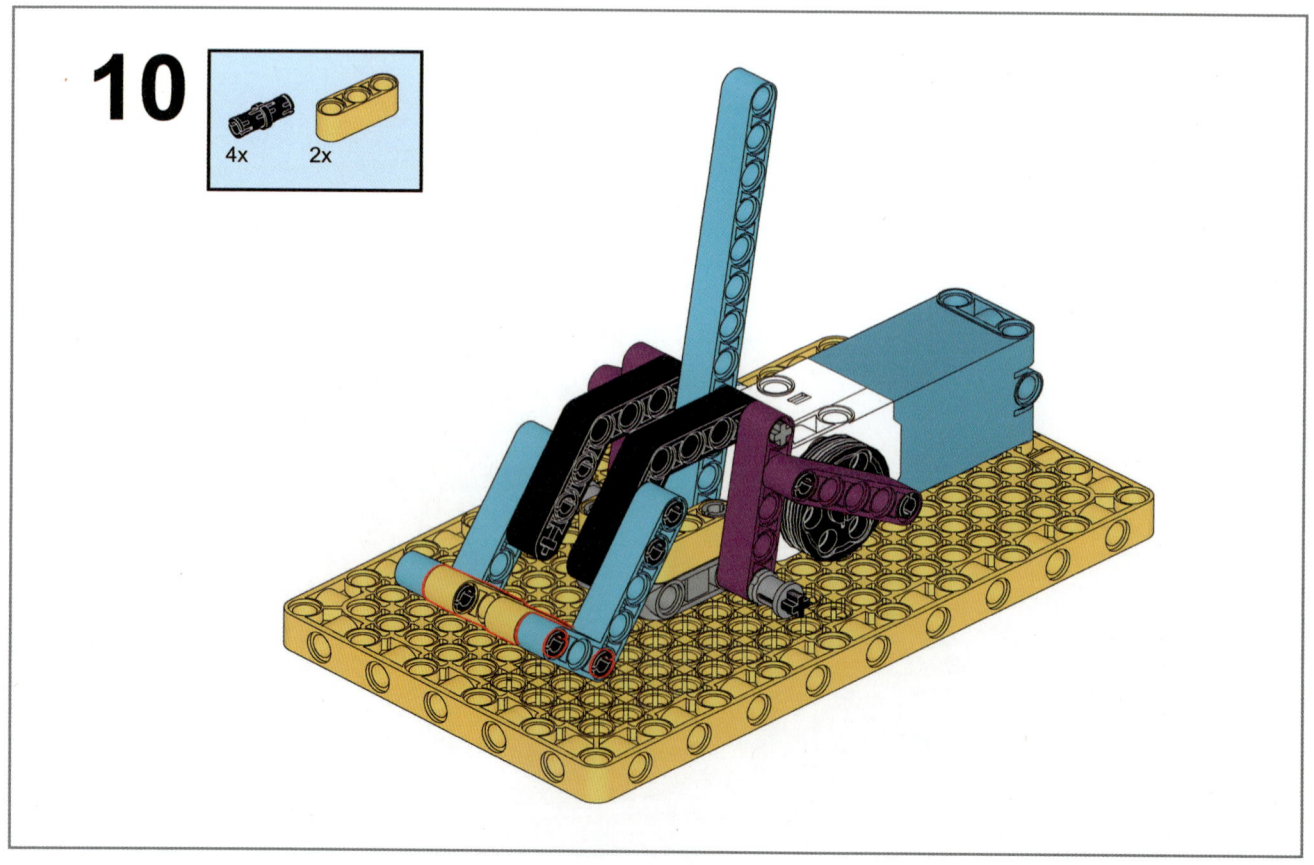

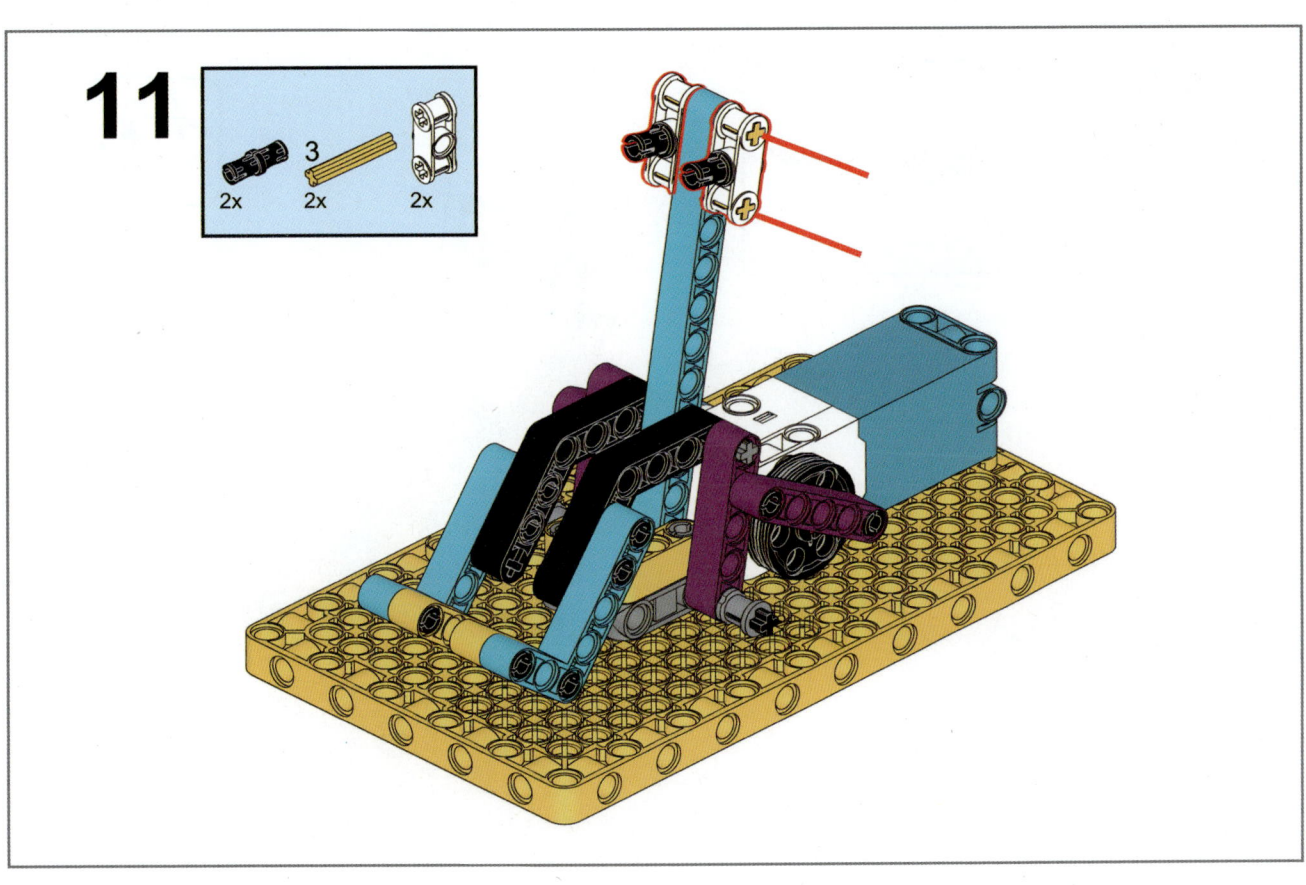
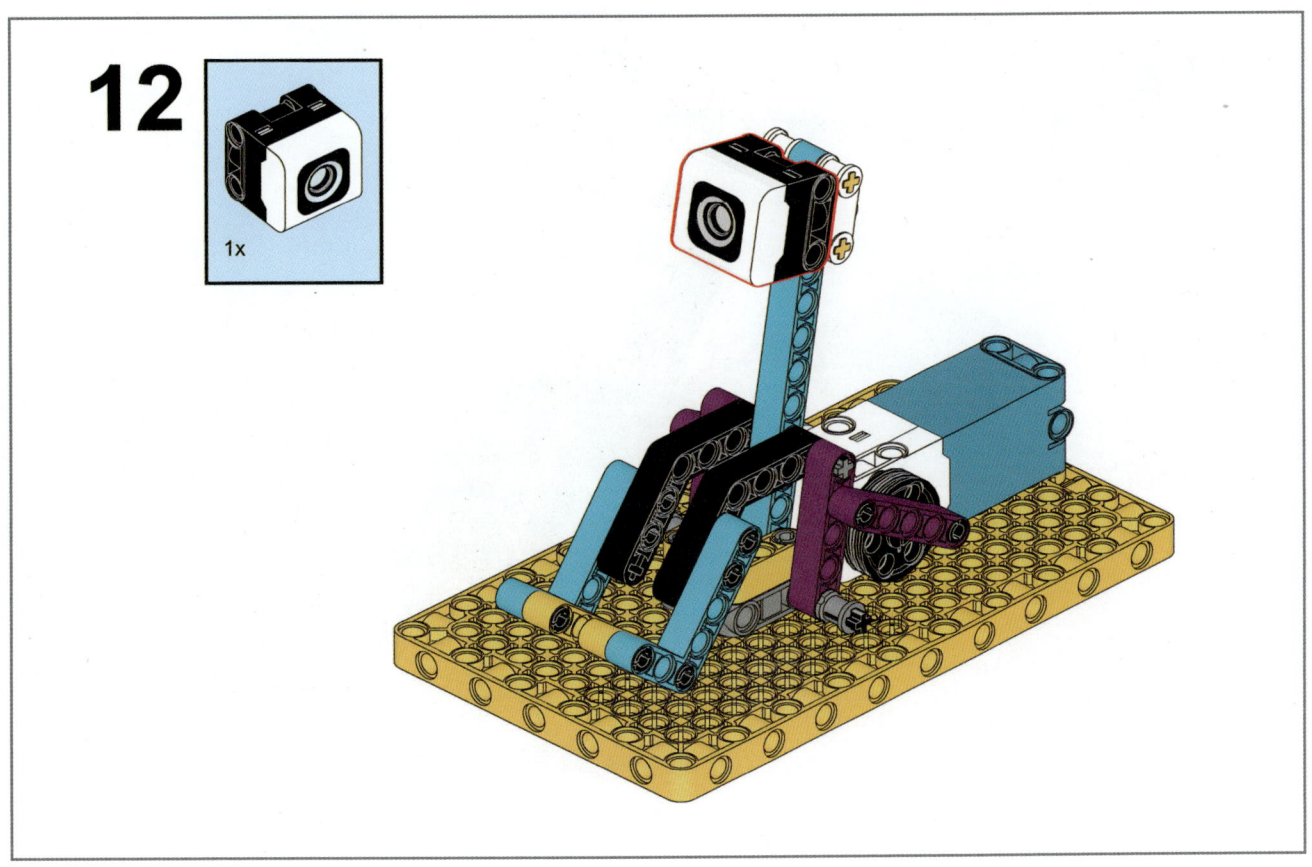

로잉 머신 (Rowing Machine)

조립하기 로잉 머신 (Rowing Machine)

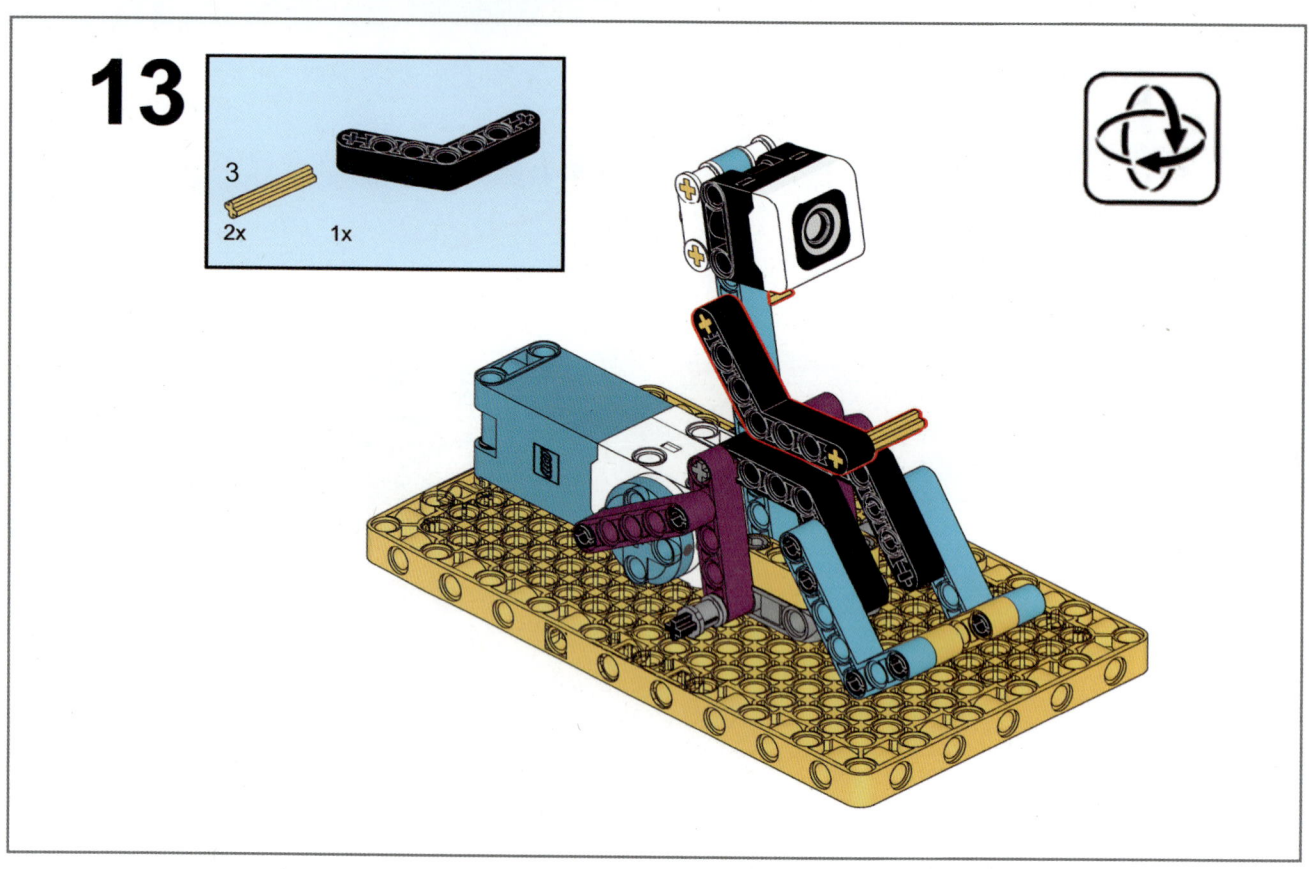

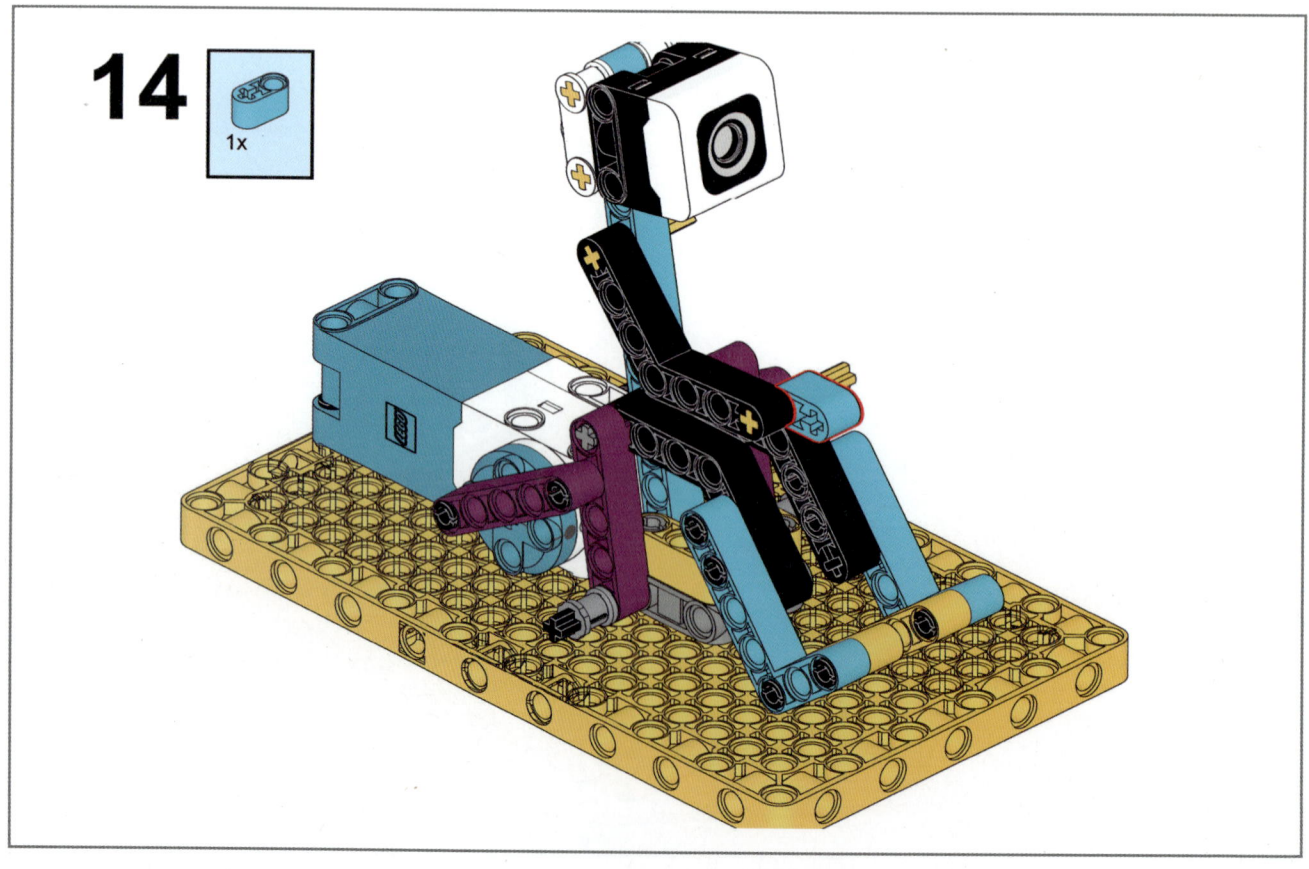

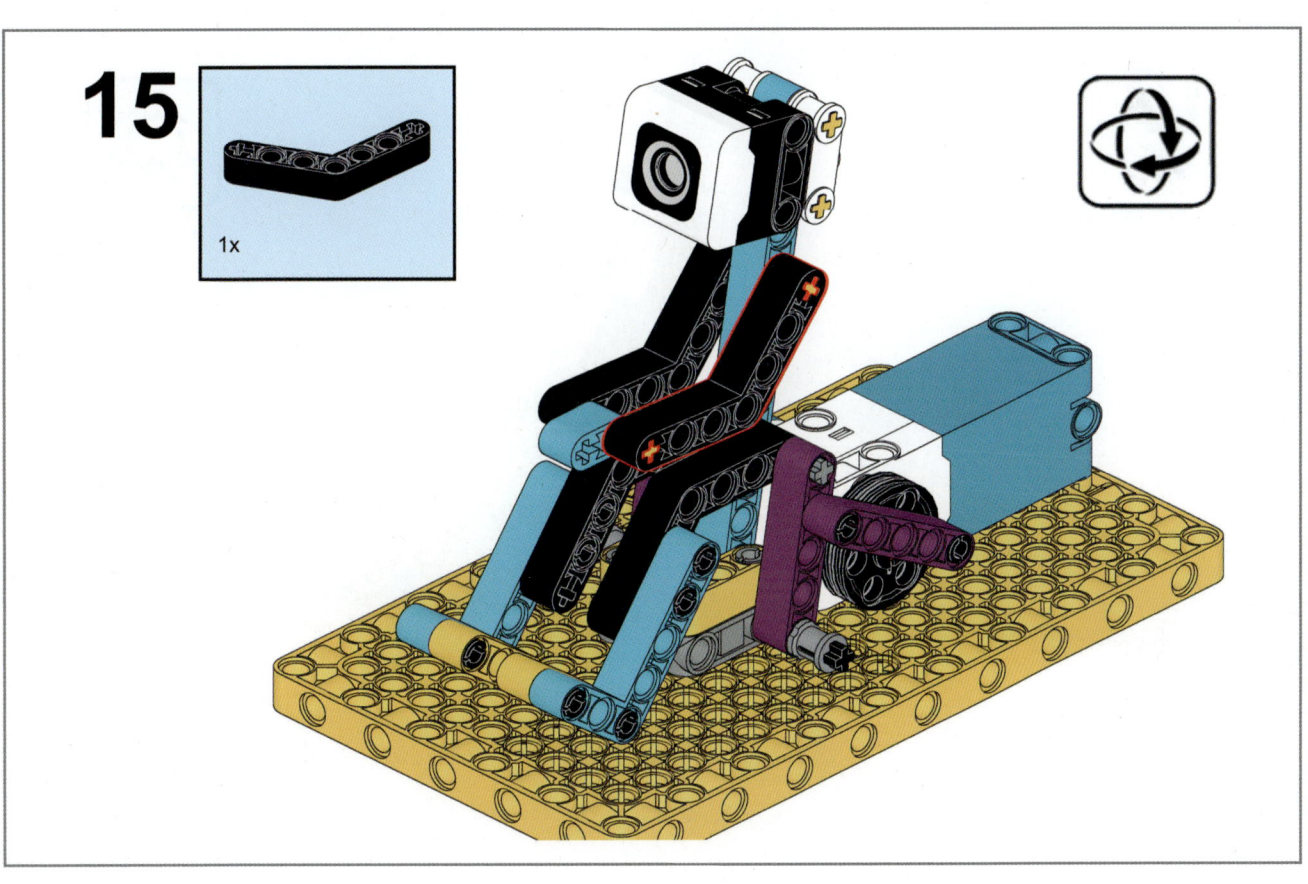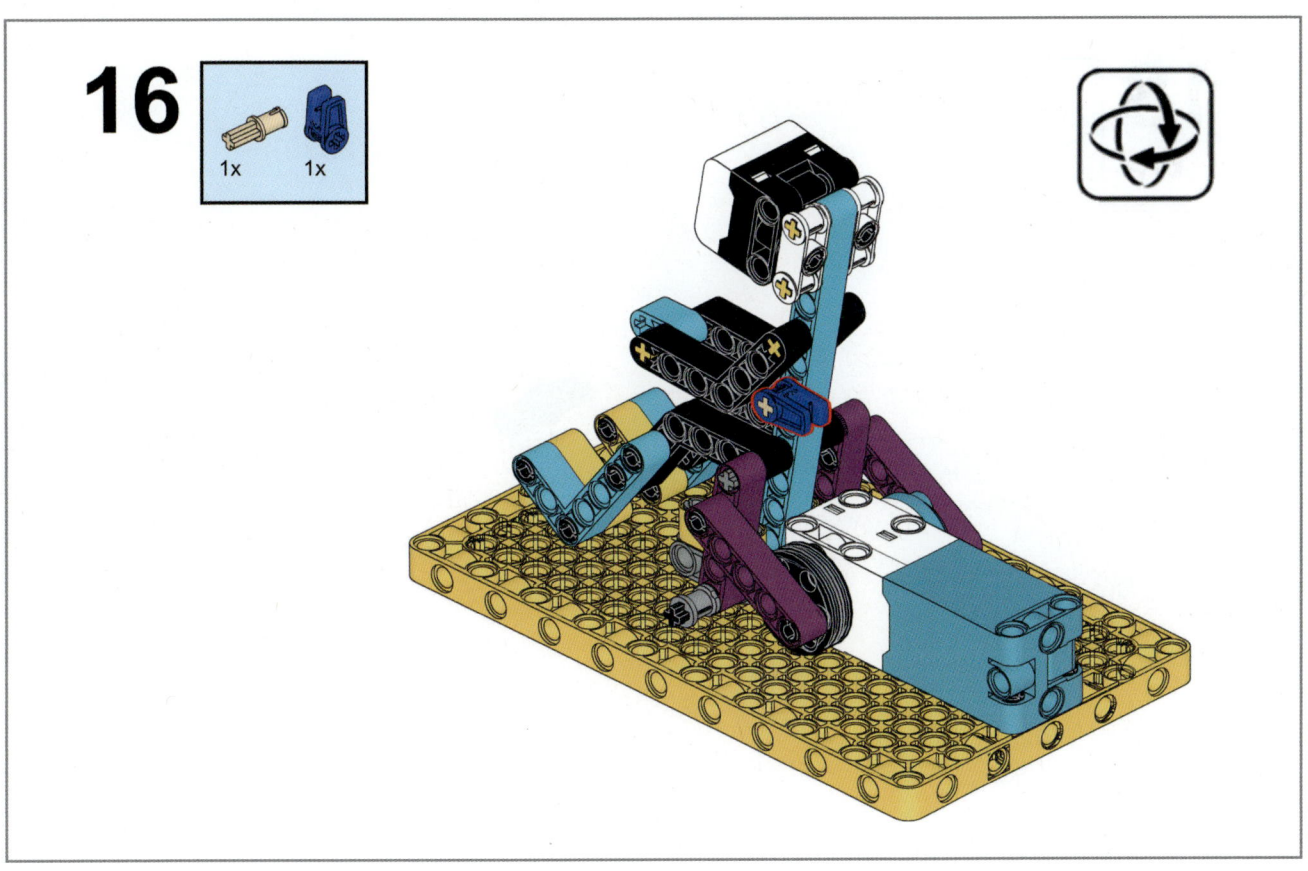

조립하기 로잉 머신 (Rowing Machine)

17

18

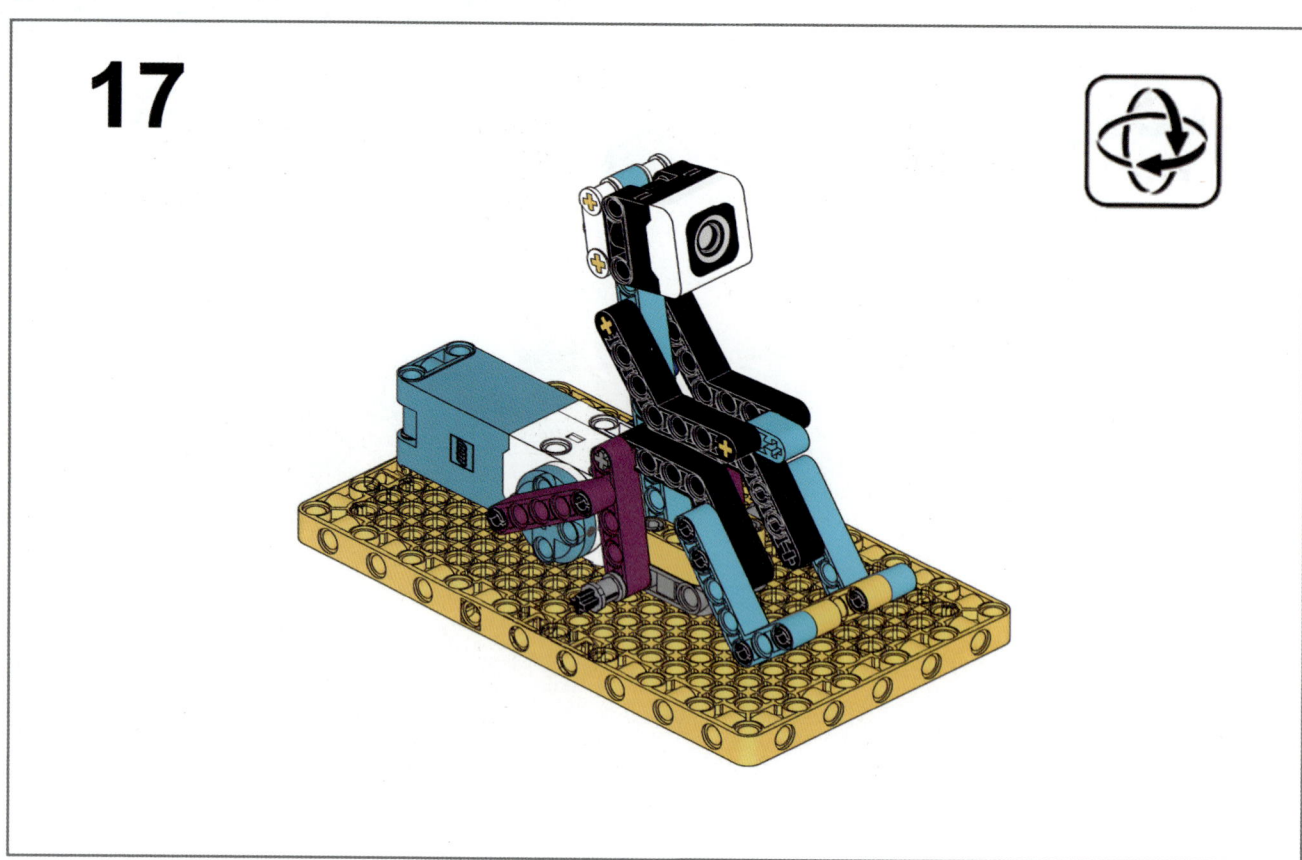

19

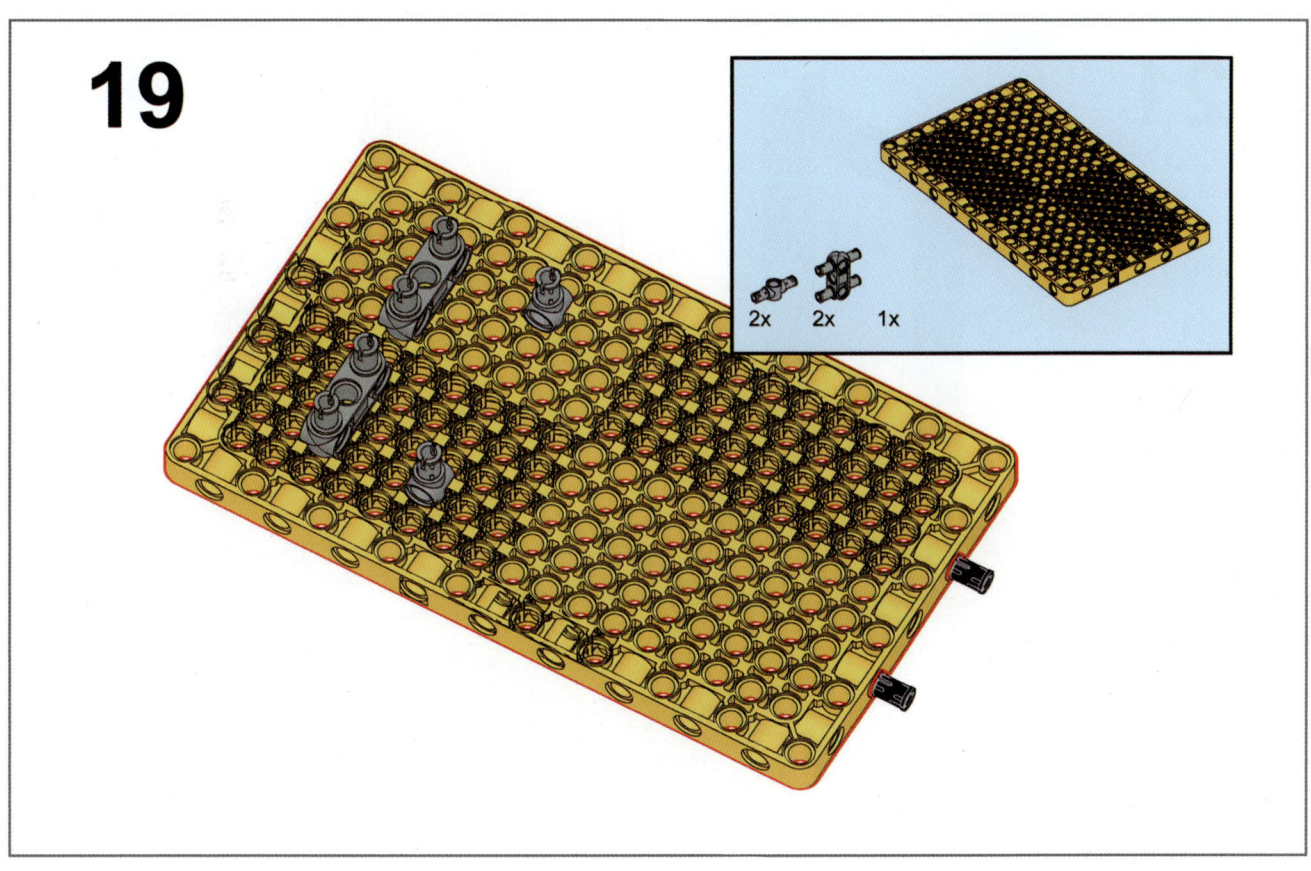

20

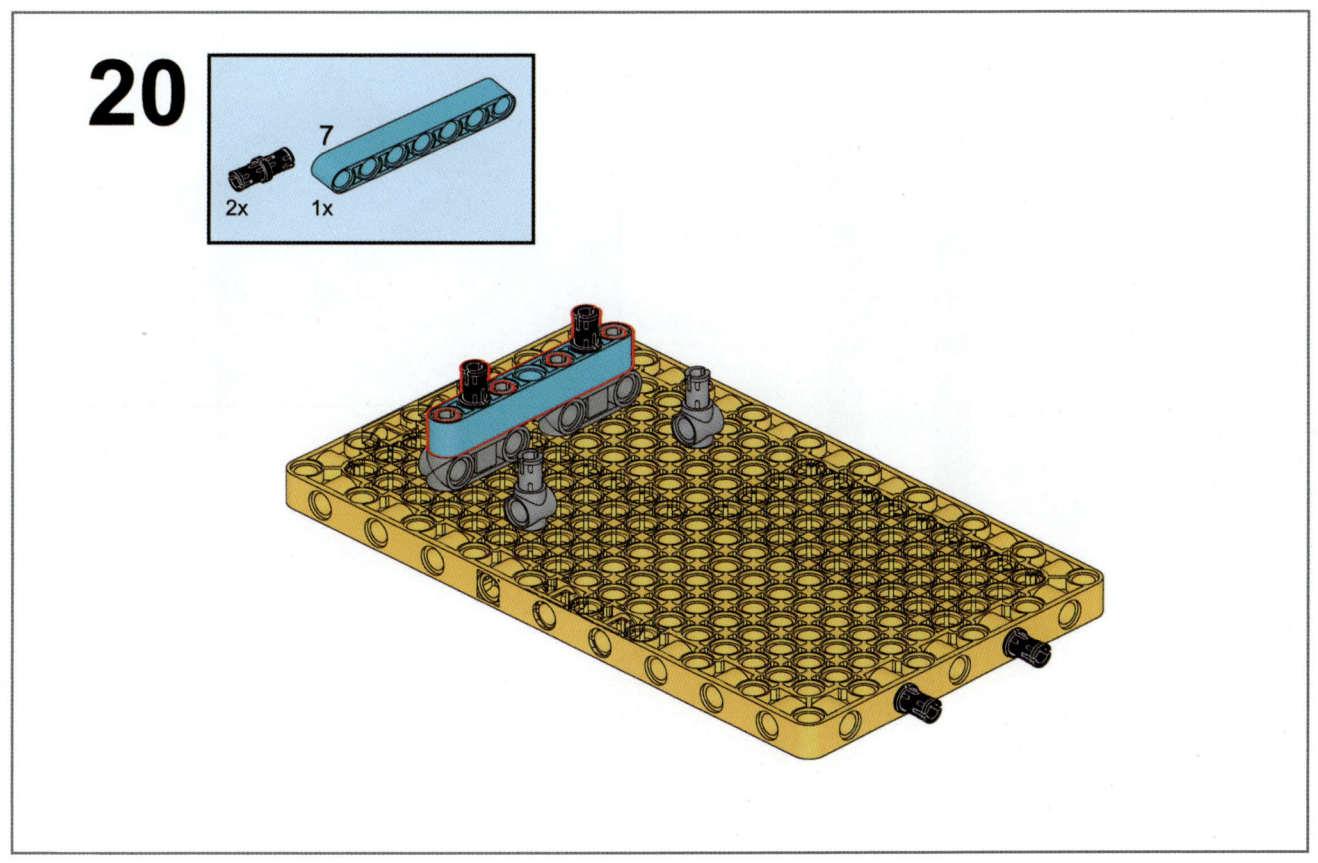

로잉 머신 (Rowing Machine)

조립하기 로잉 머신 (Rowing Machine)

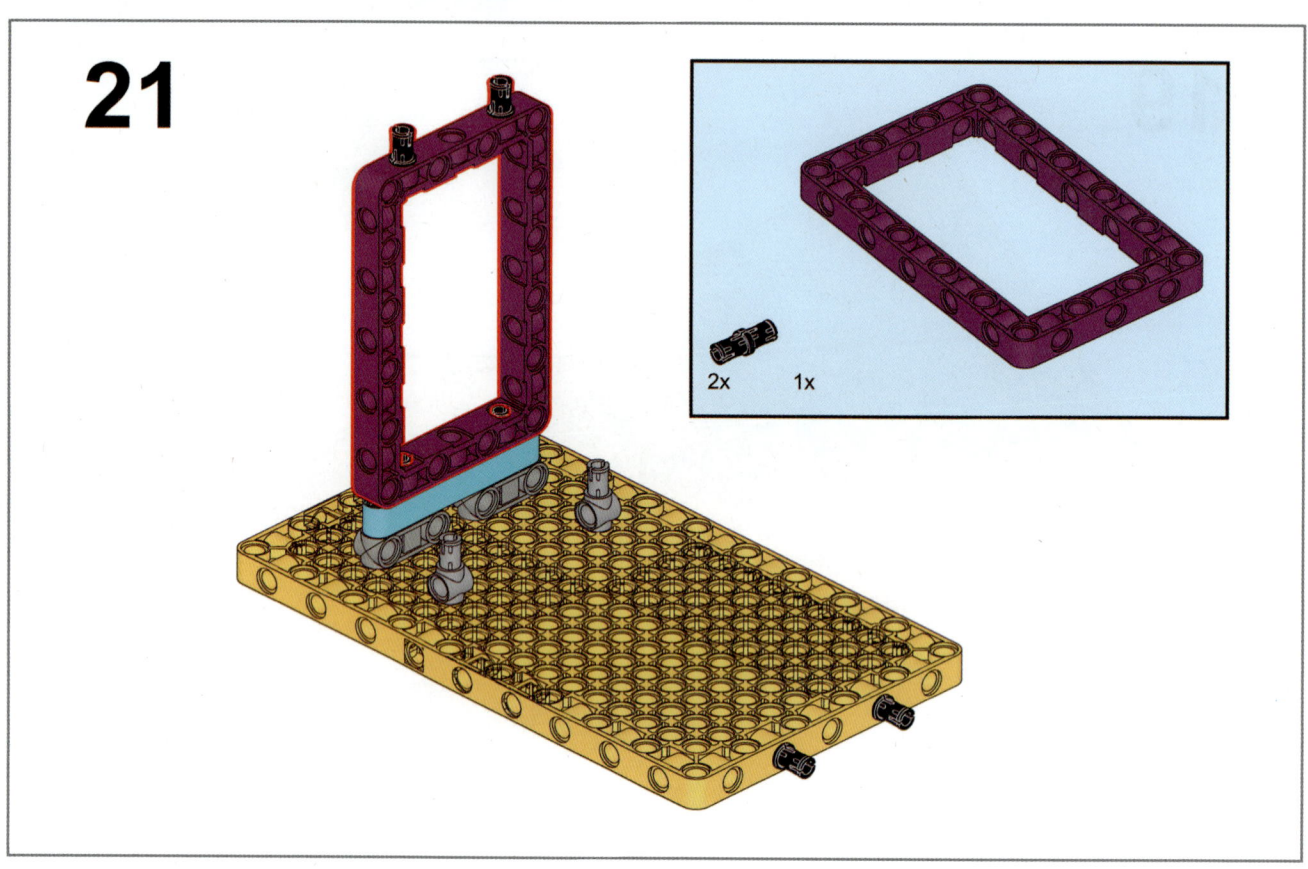

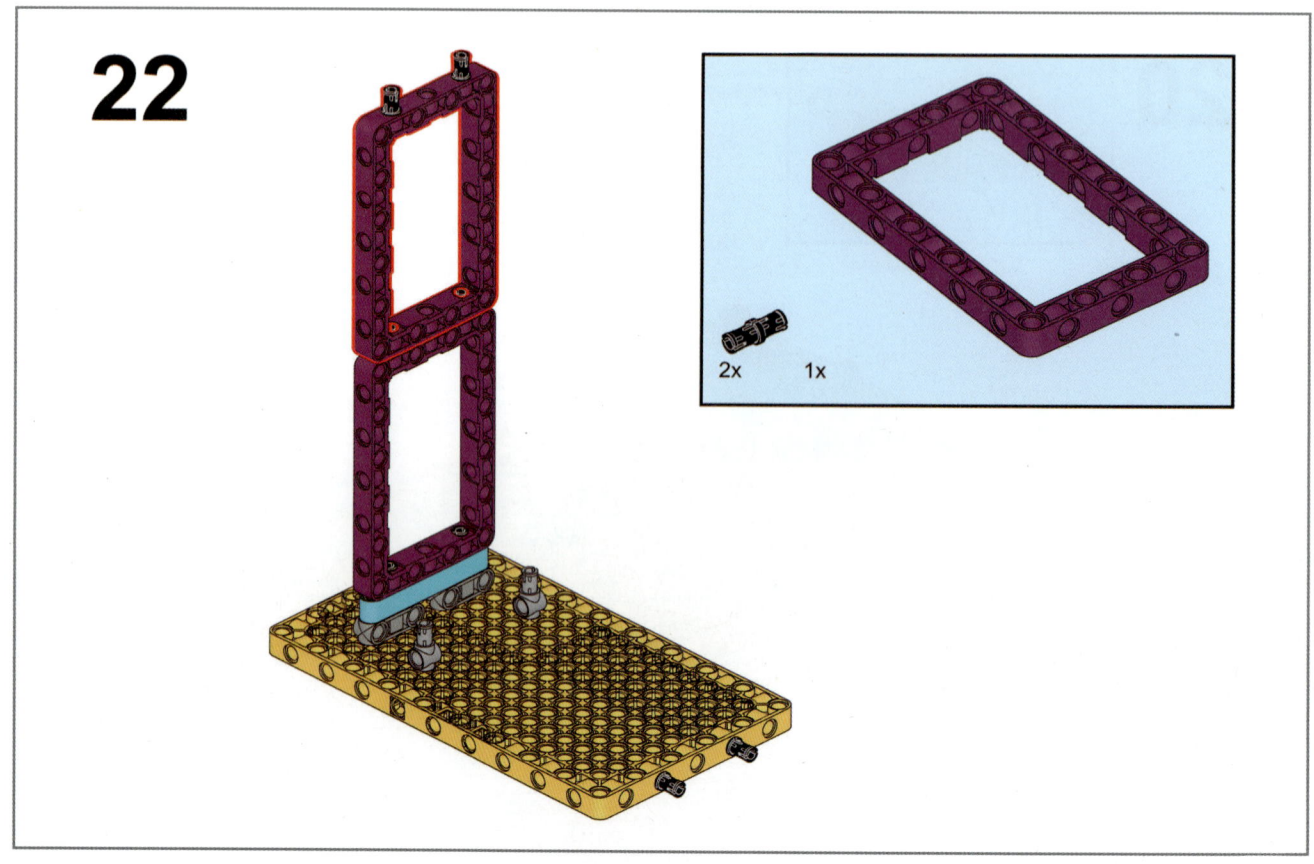

23

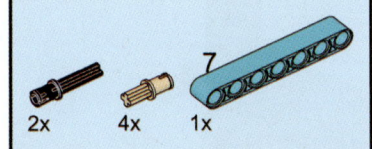

24

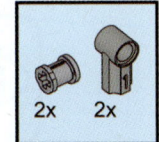
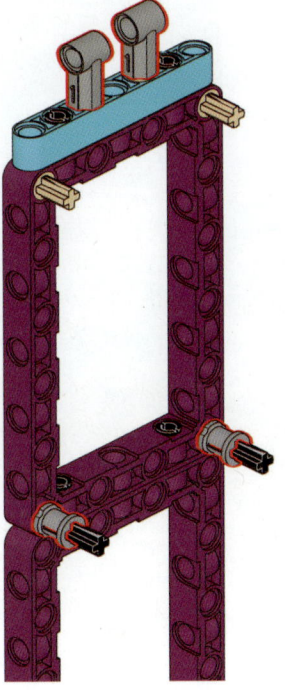

로잉 머신 (Rowing Machine)

조립하기 로잉 머신 (Rowing Machine)

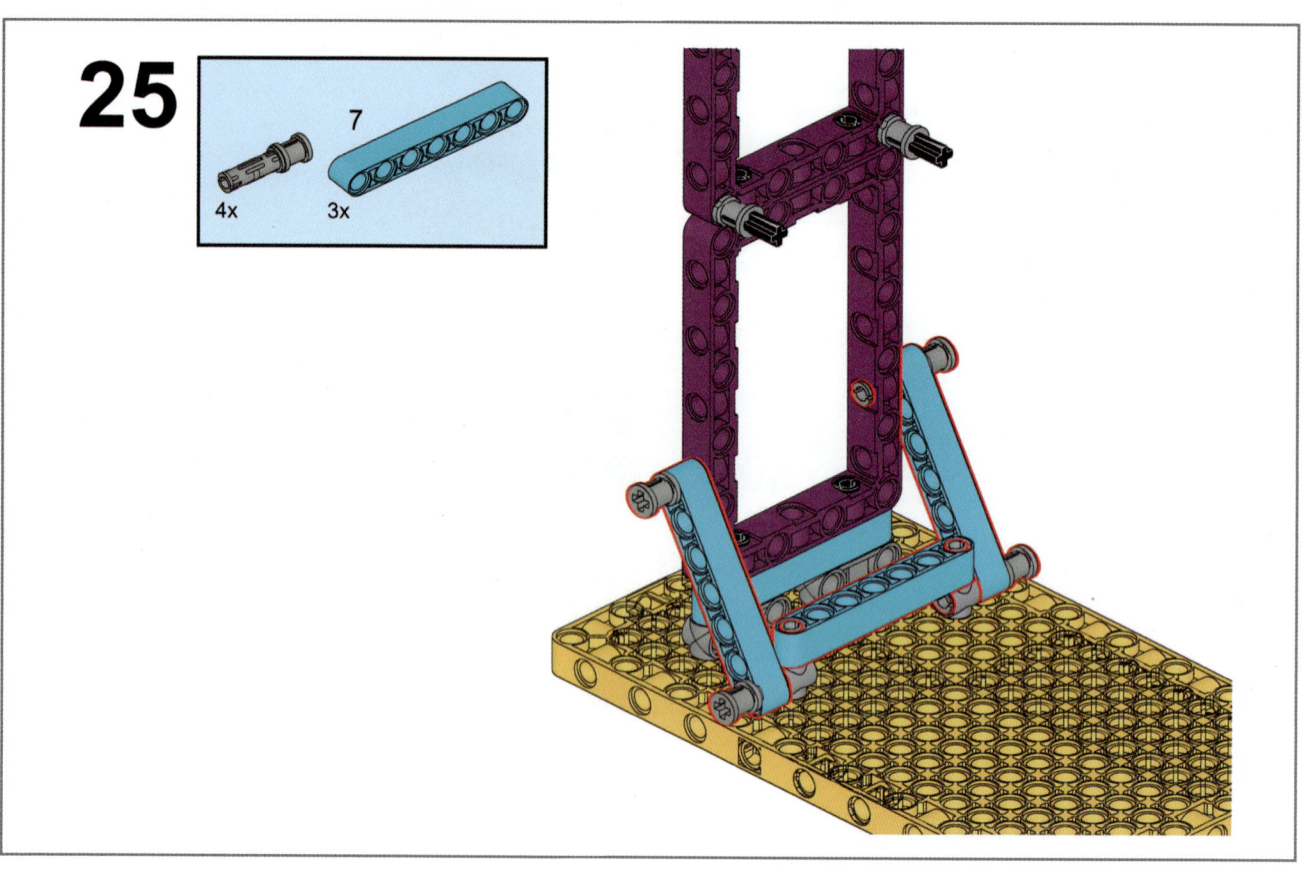

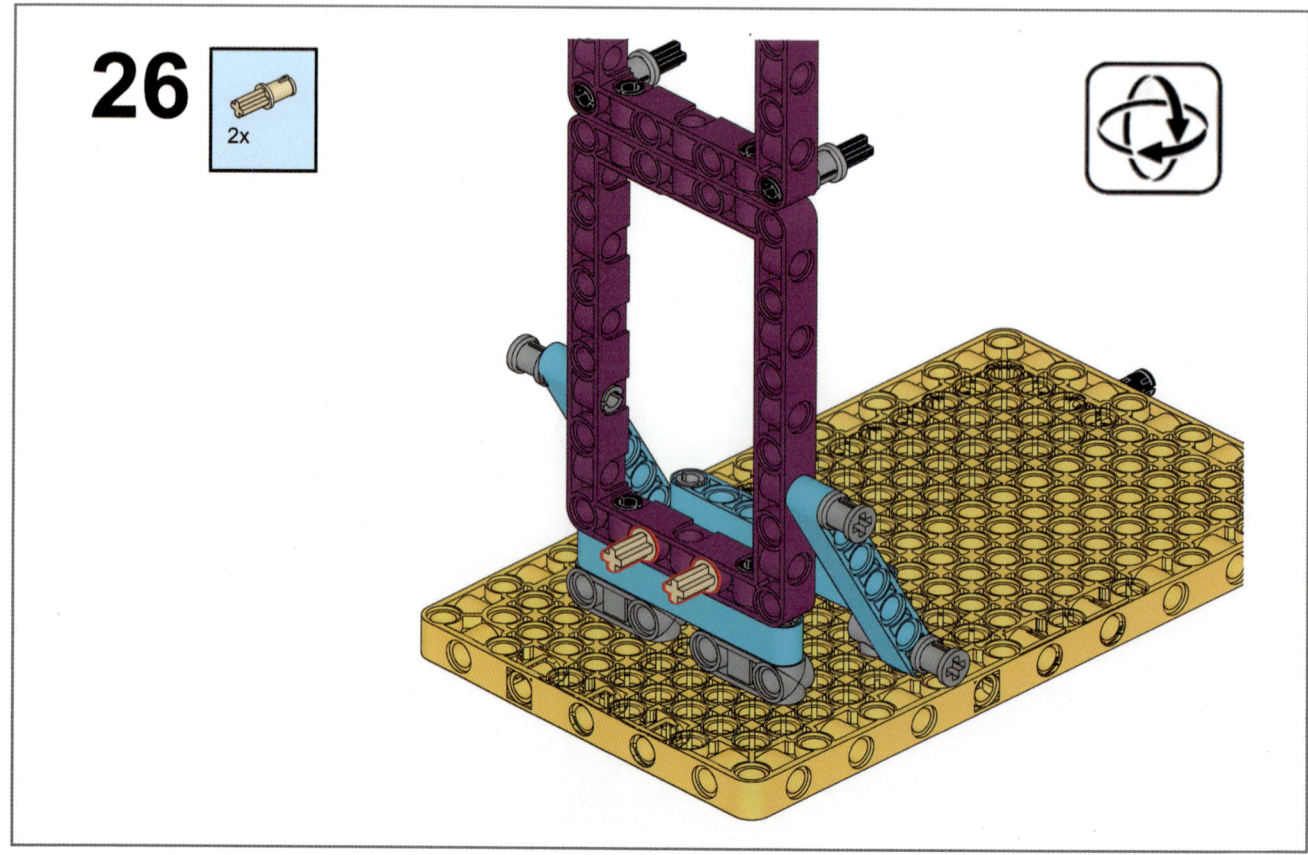

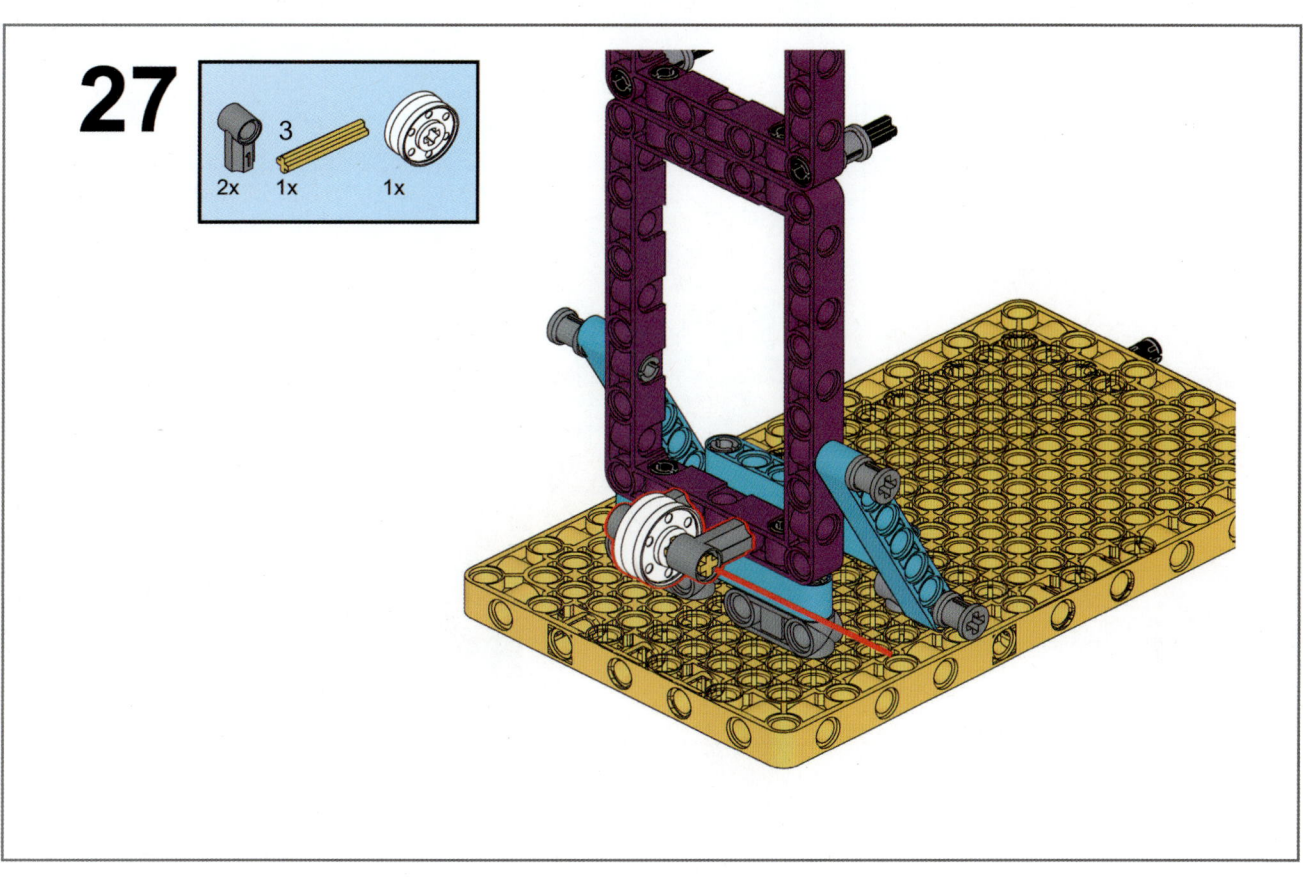

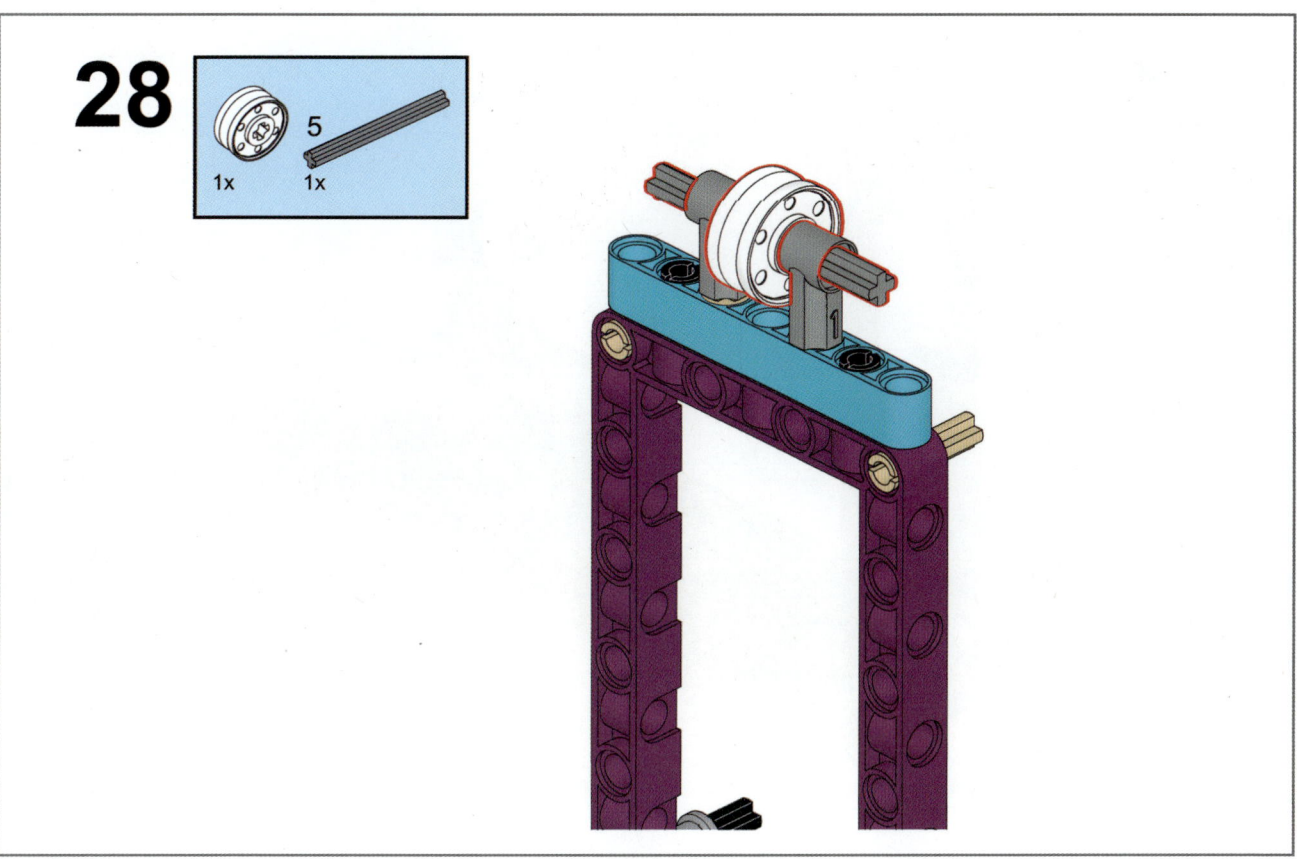

로잉 머신 (Rowing Machine)

조립하기 로잉 머신 (Rowing Machine)

29

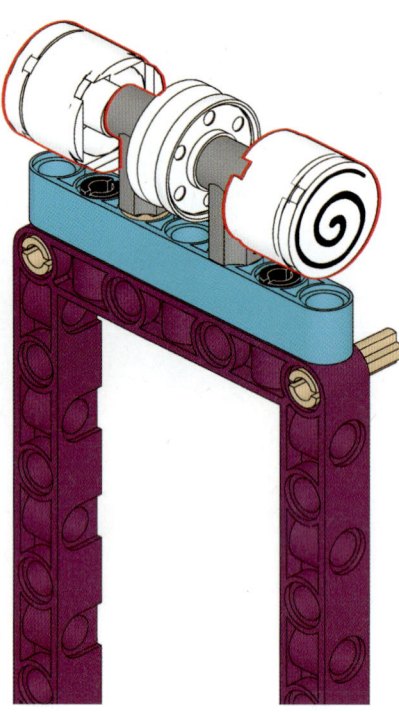

30

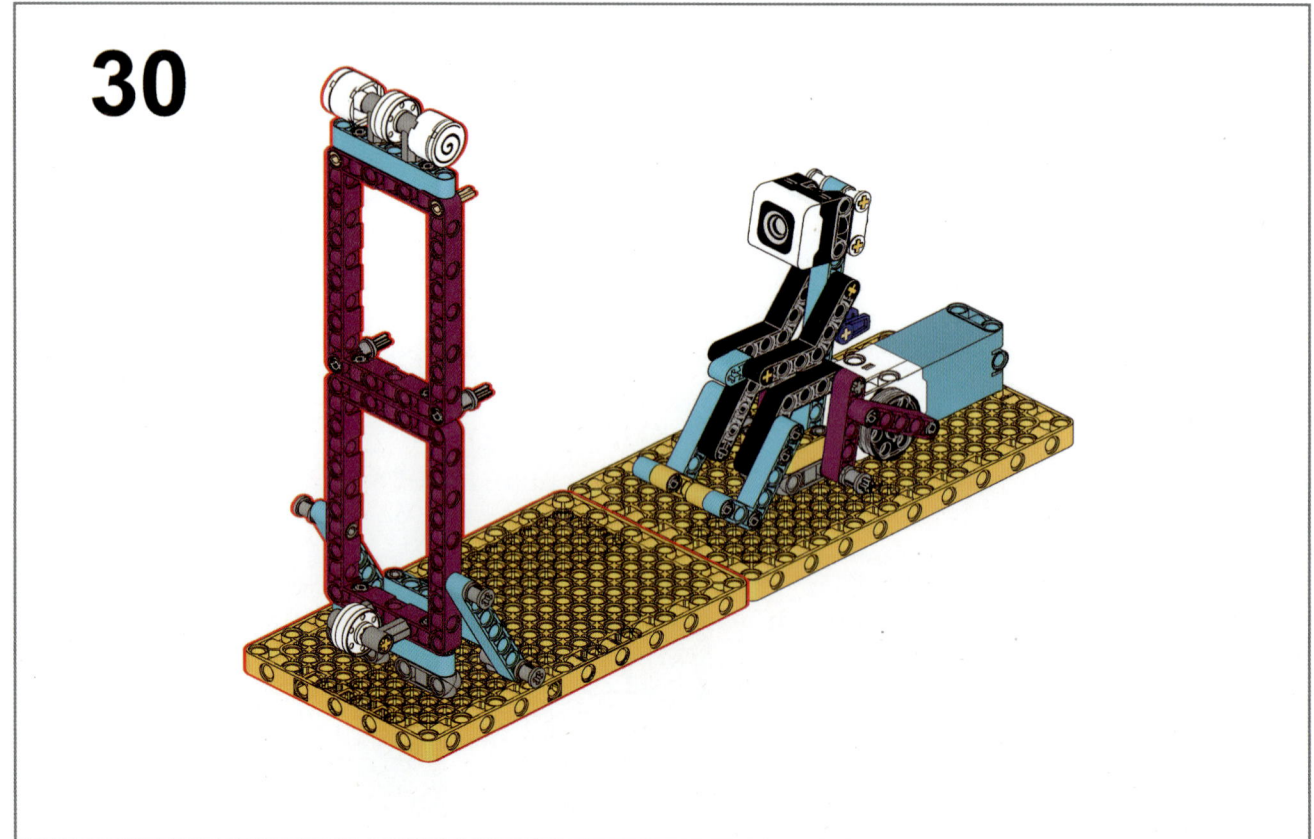

31

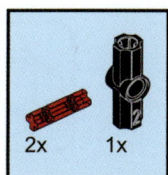

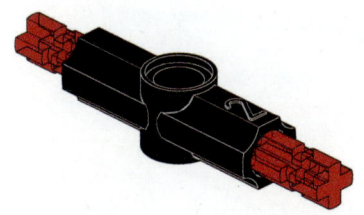

32

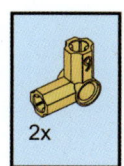

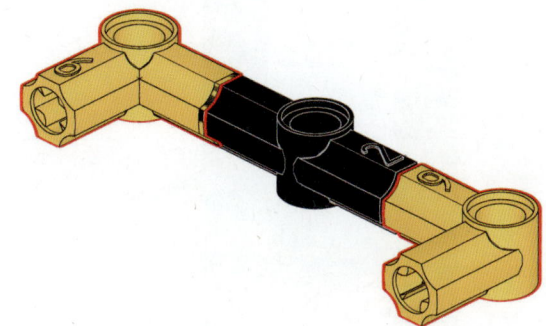

로잉 머신 (Rowing Machine)

조립하기 로잉 머신 (Rowing Machine)

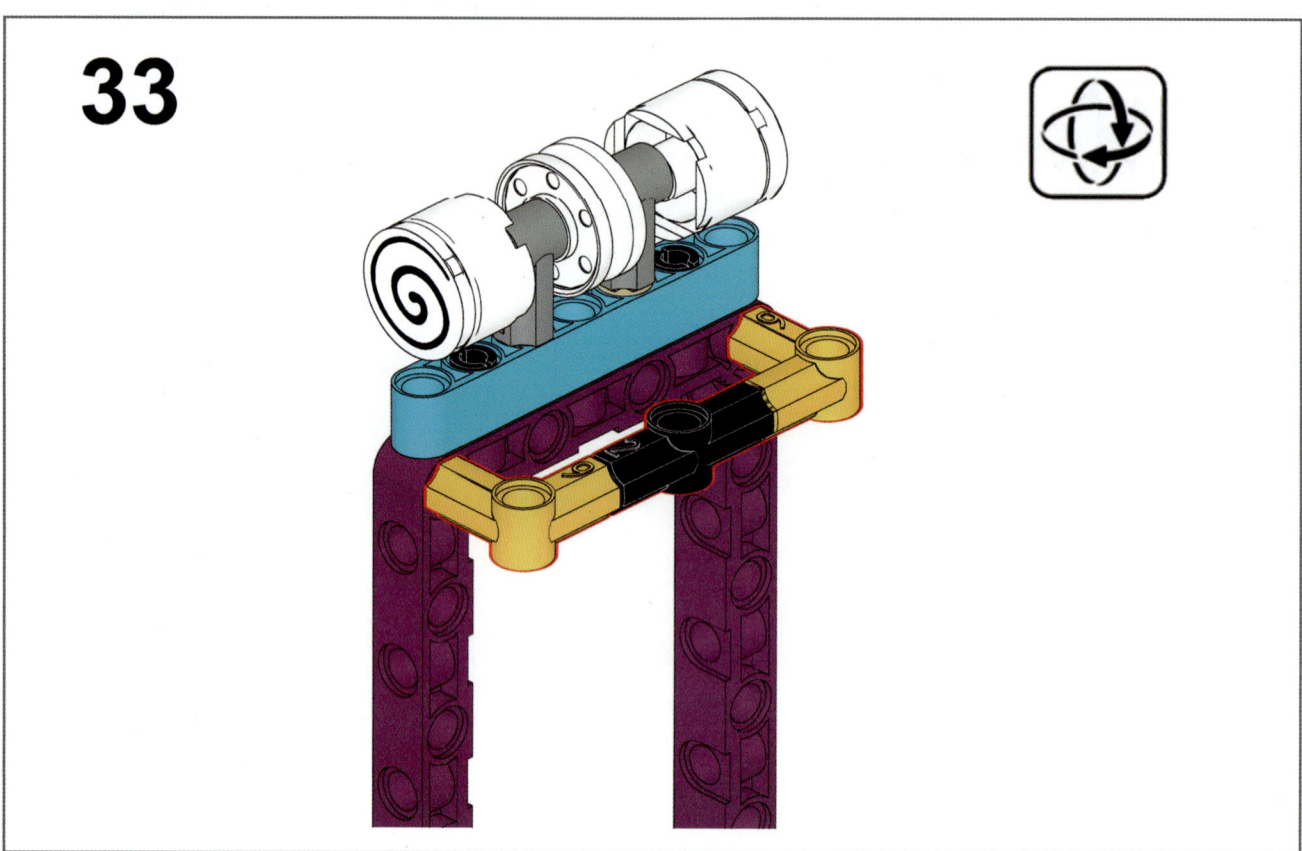

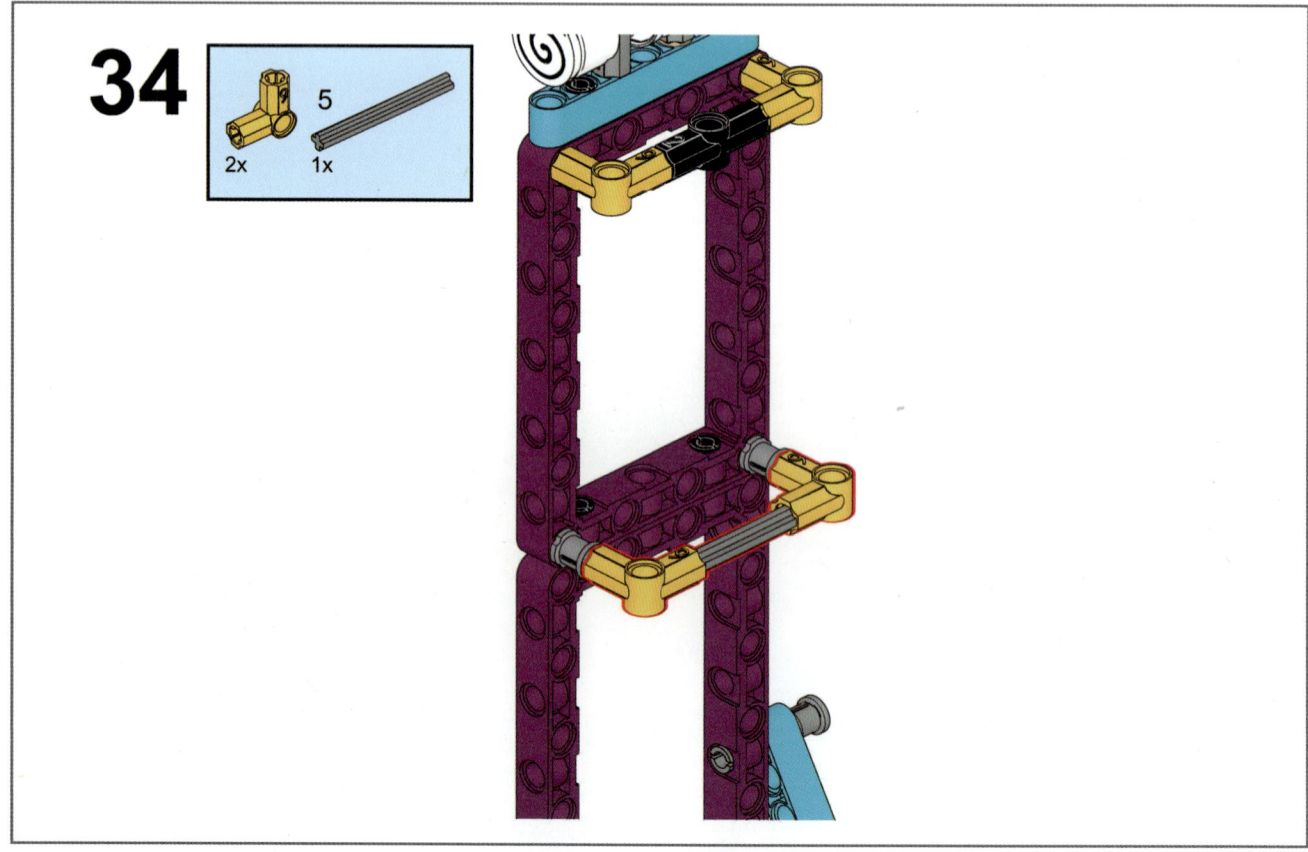

35

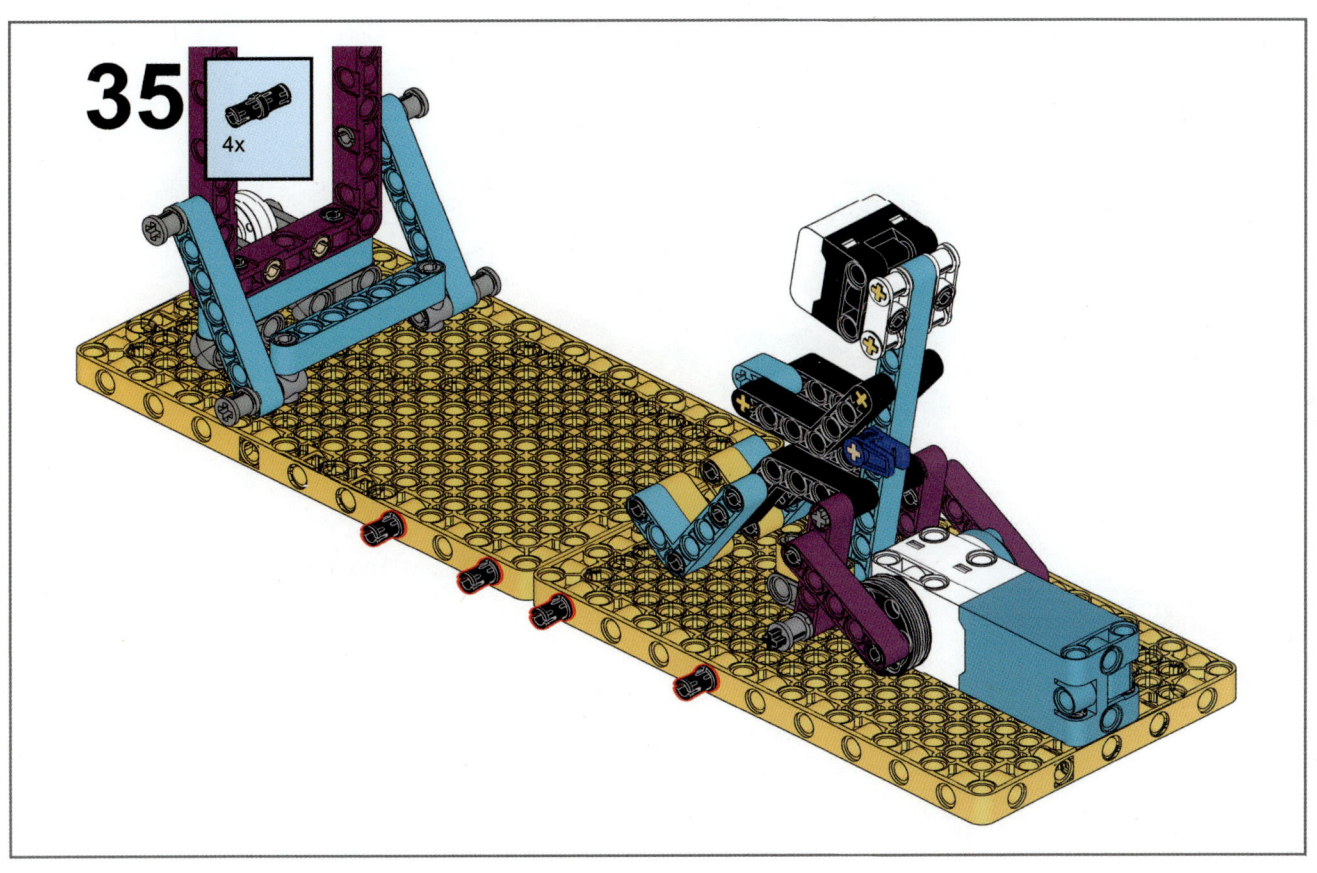

36

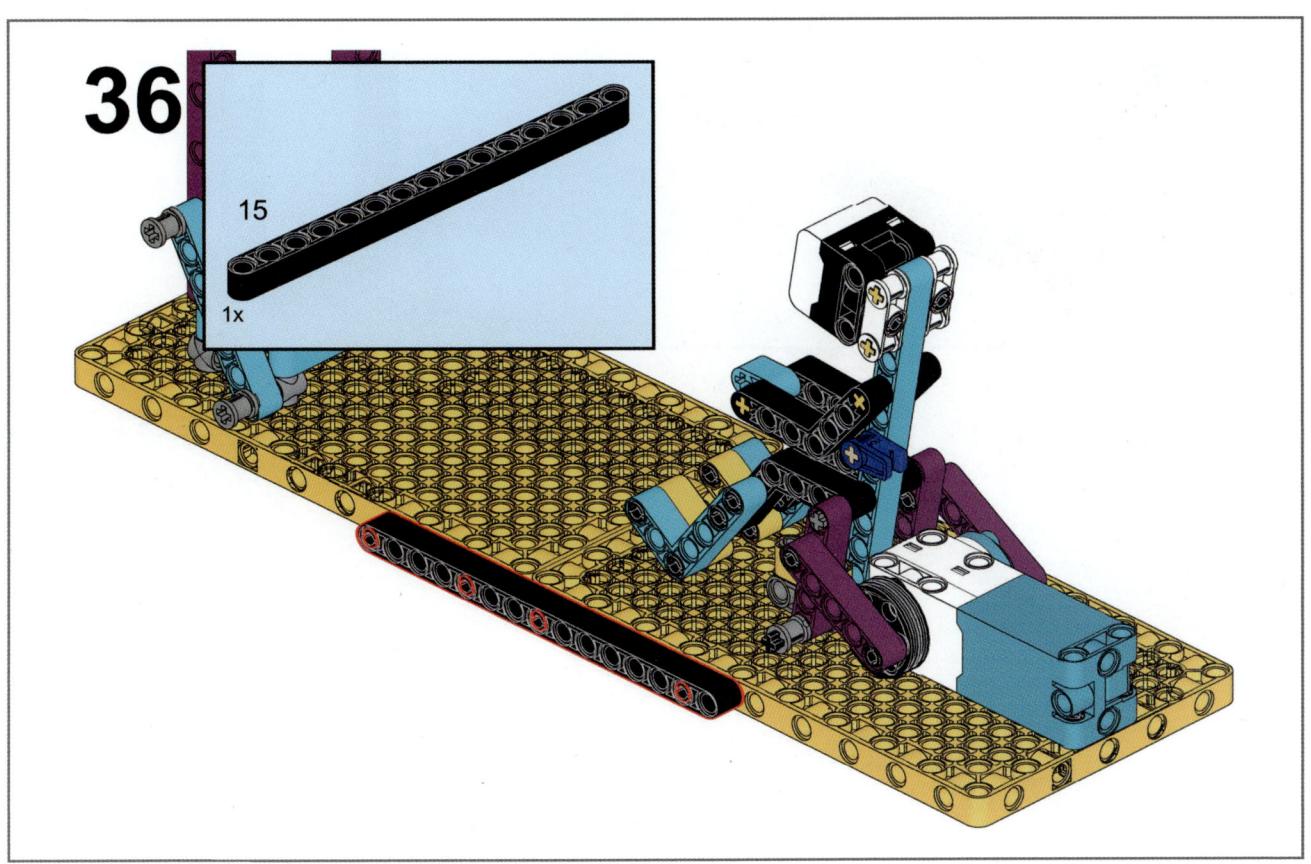

로잉 머신 (Rowing Machine)

조립하기 로잉 머신 (Rowing Machine)

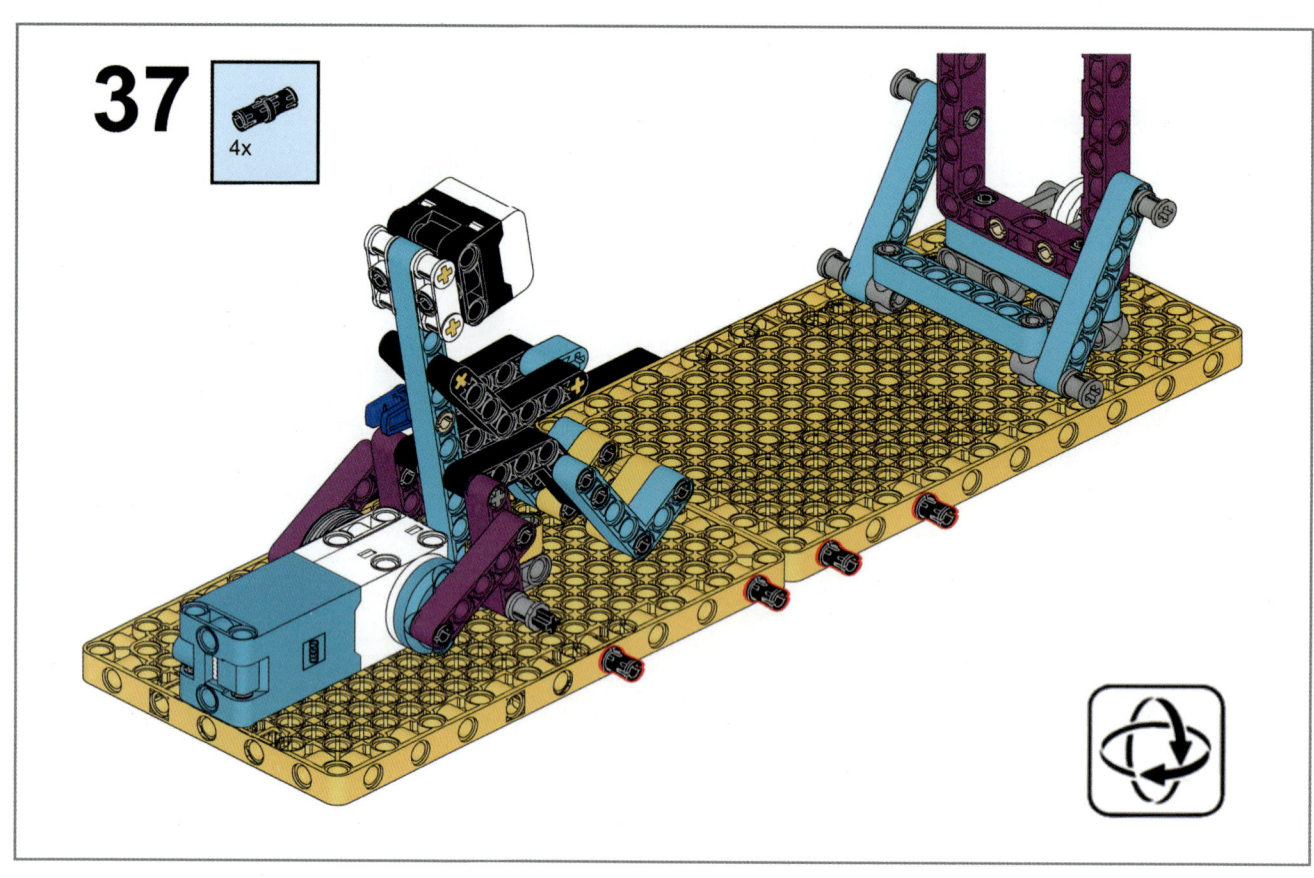

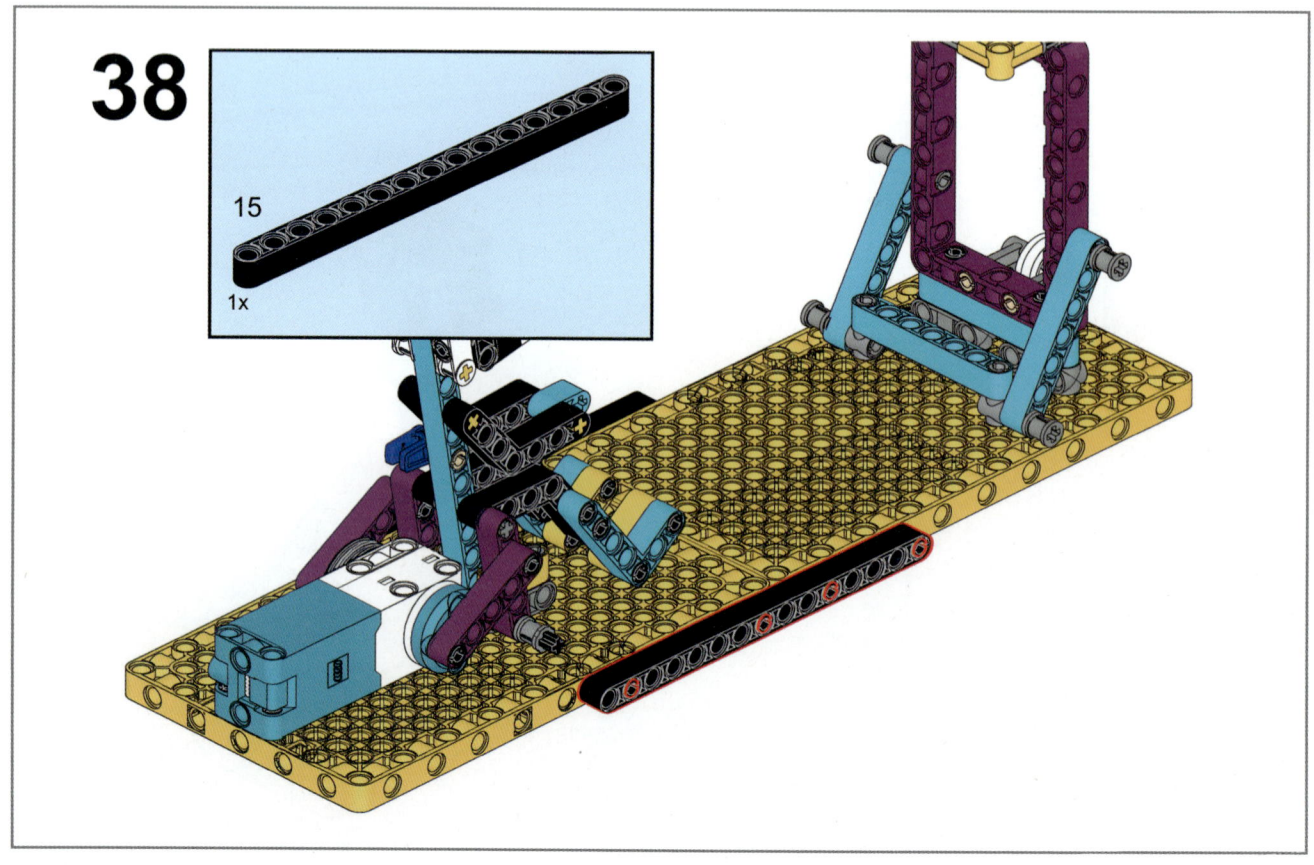

39

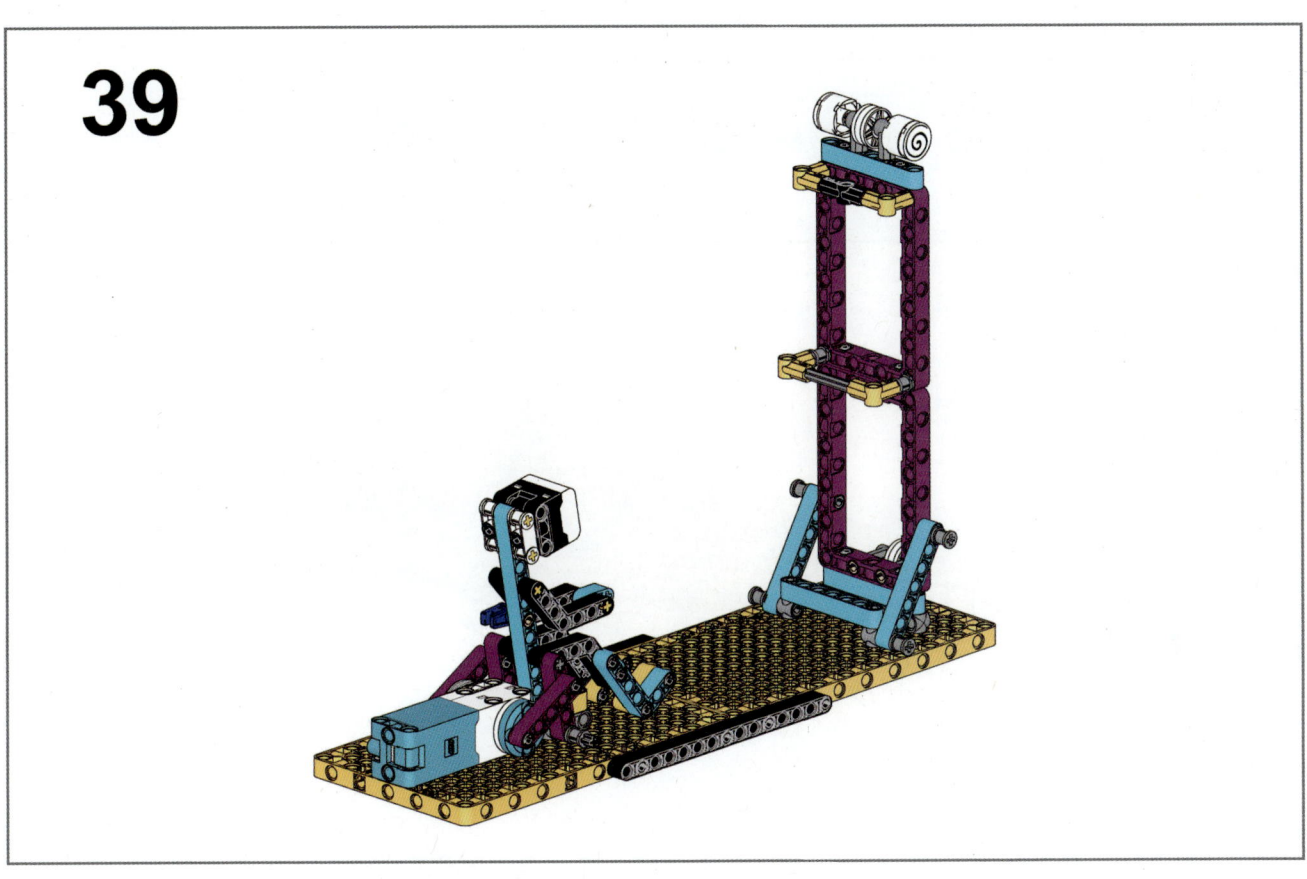

40

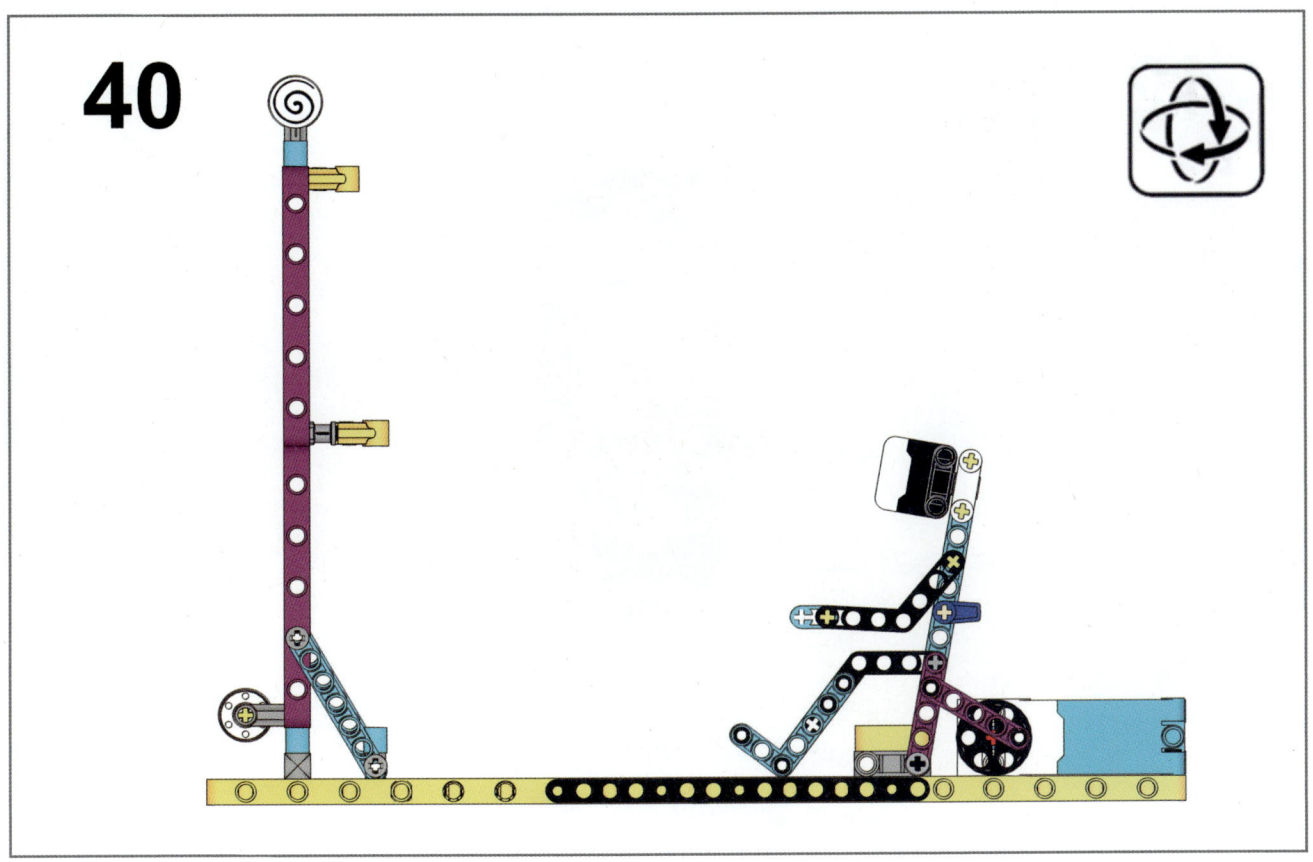

로잉 머신 (Rowing Machine)

조립하기 로잉 머신 (Rowing Machine)

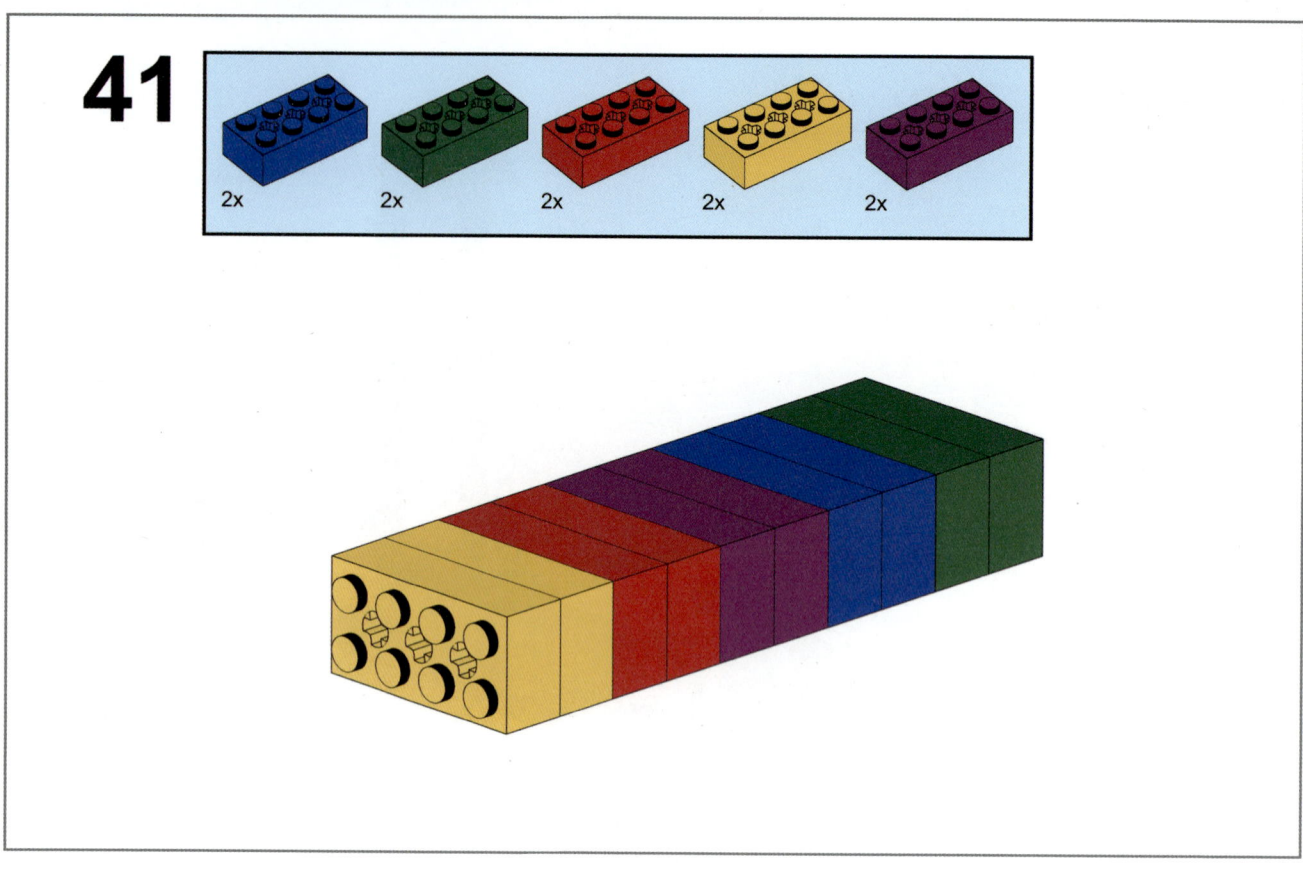

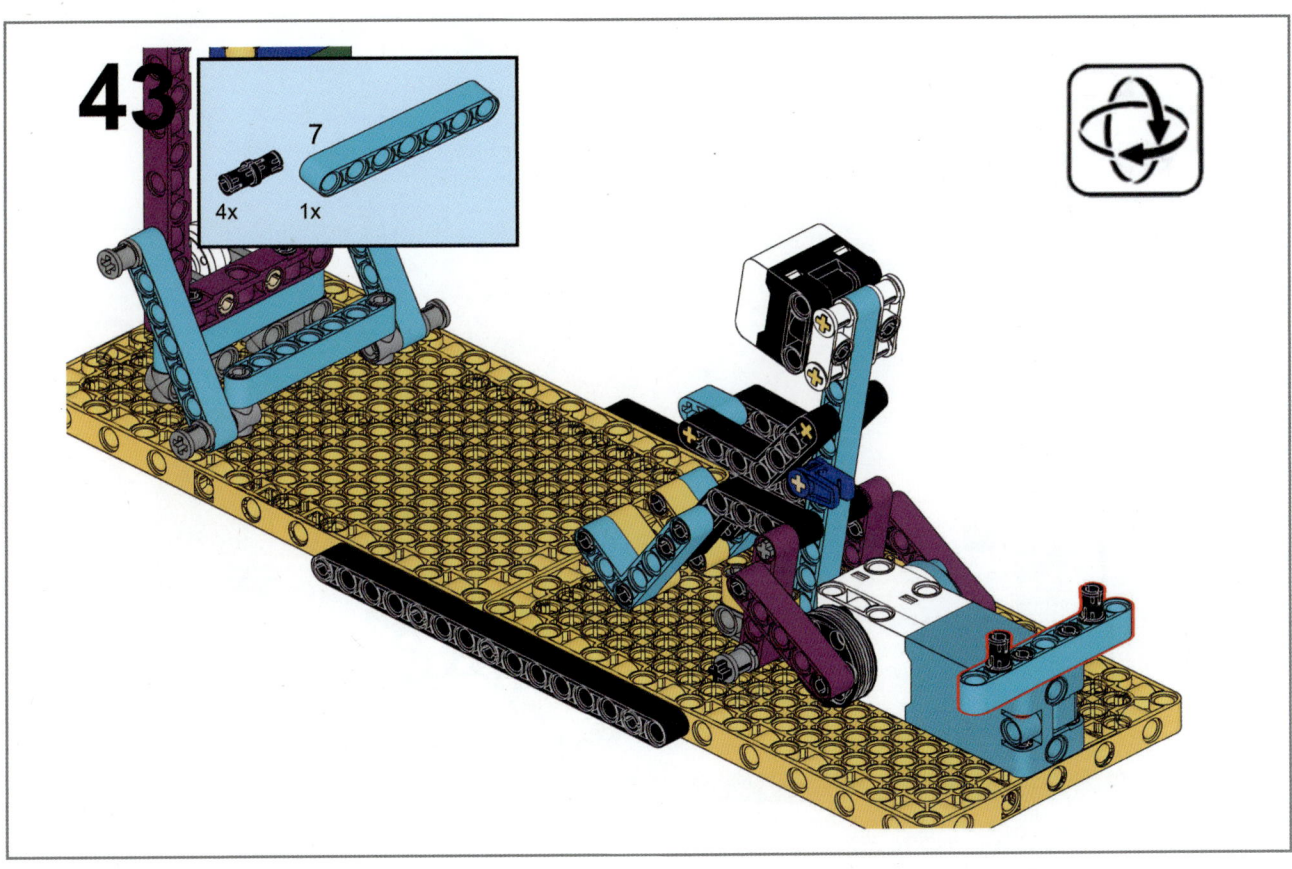
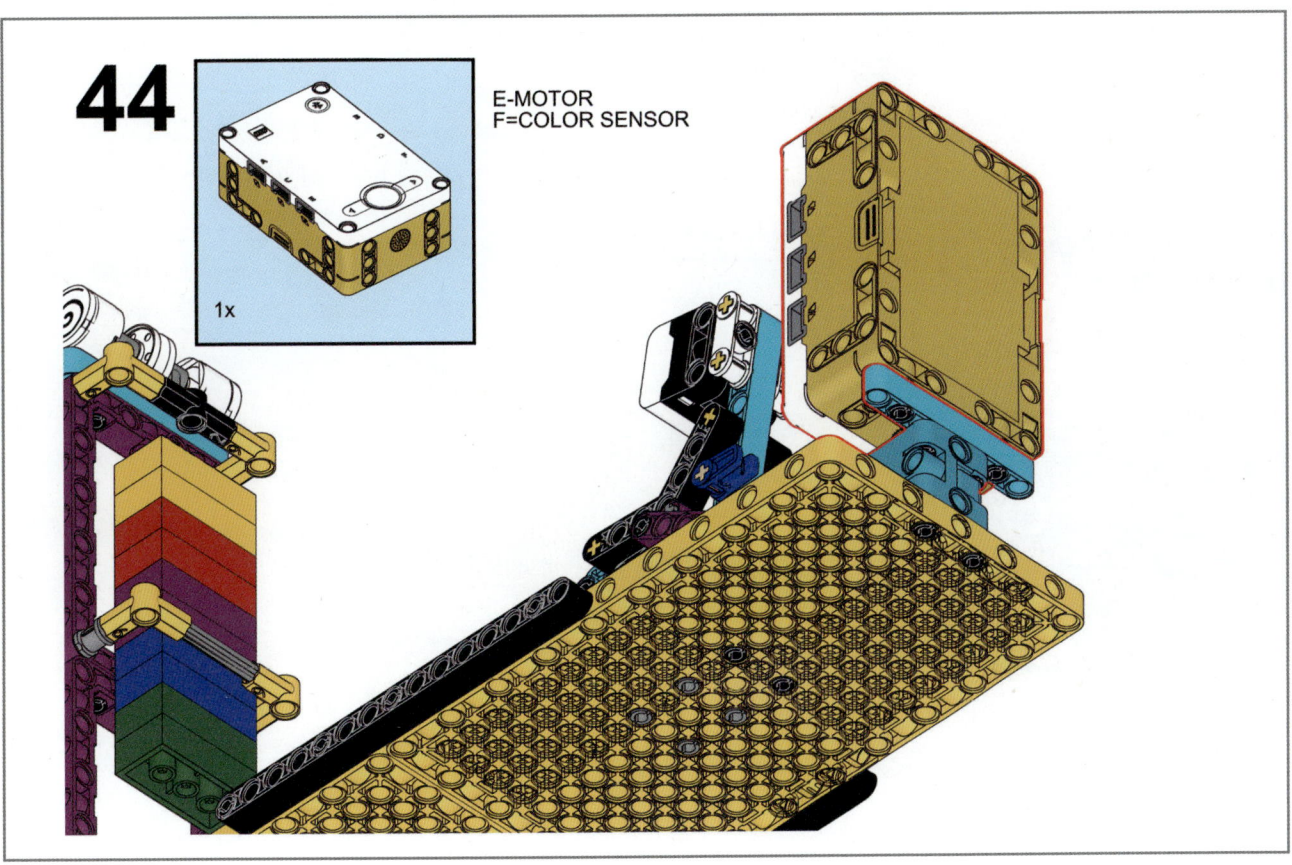

로잉 머신 (Rowing Machine) 29

조립하기 — 로잉 머신 (Rowing Machine)

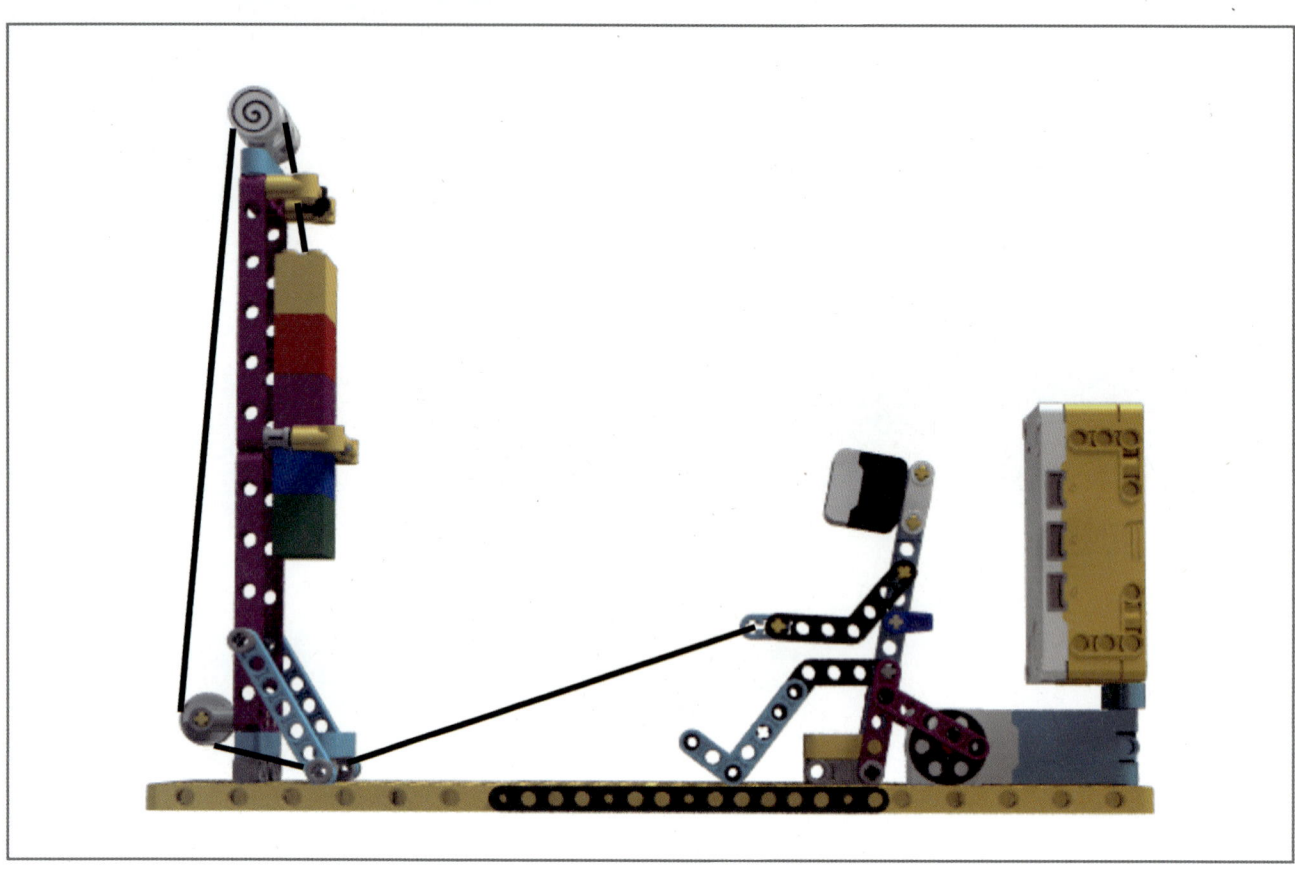

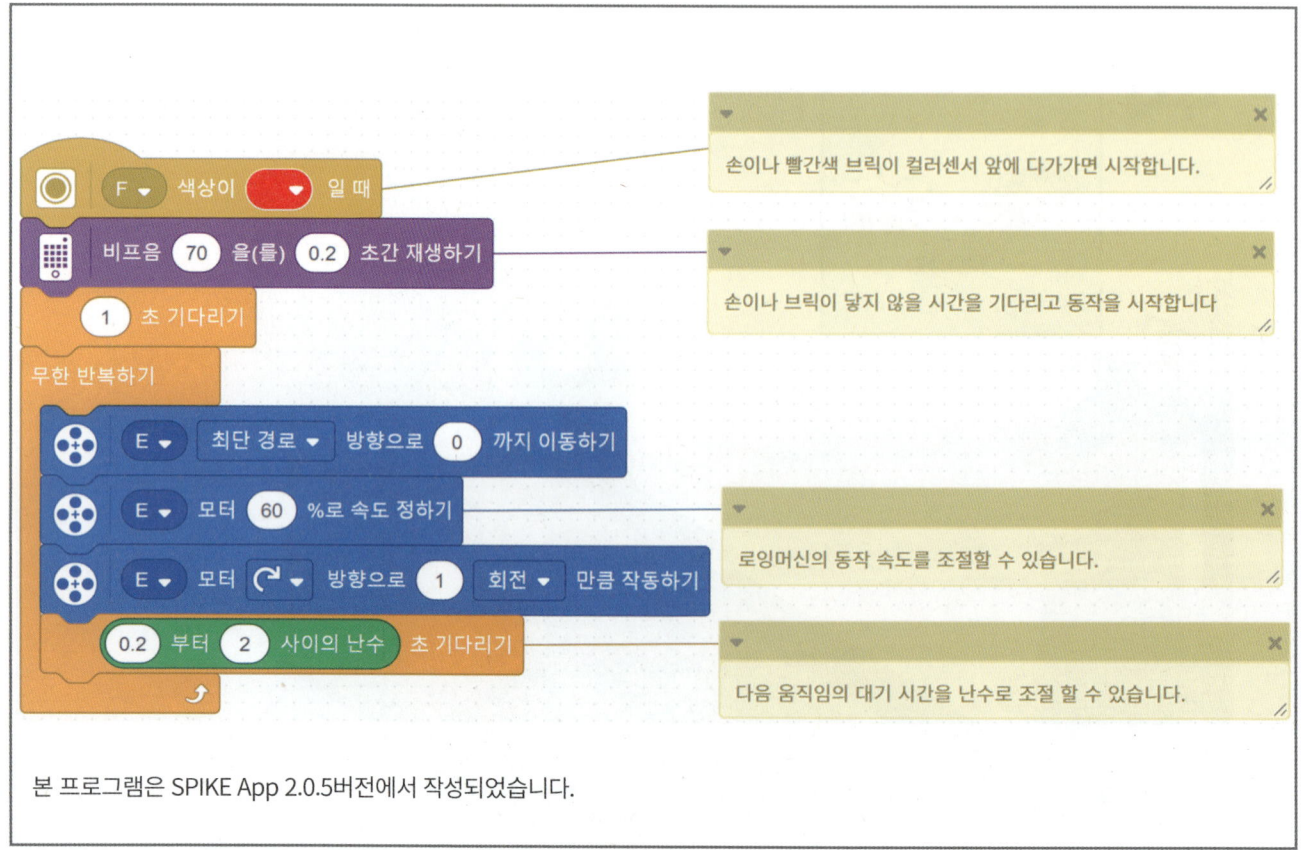

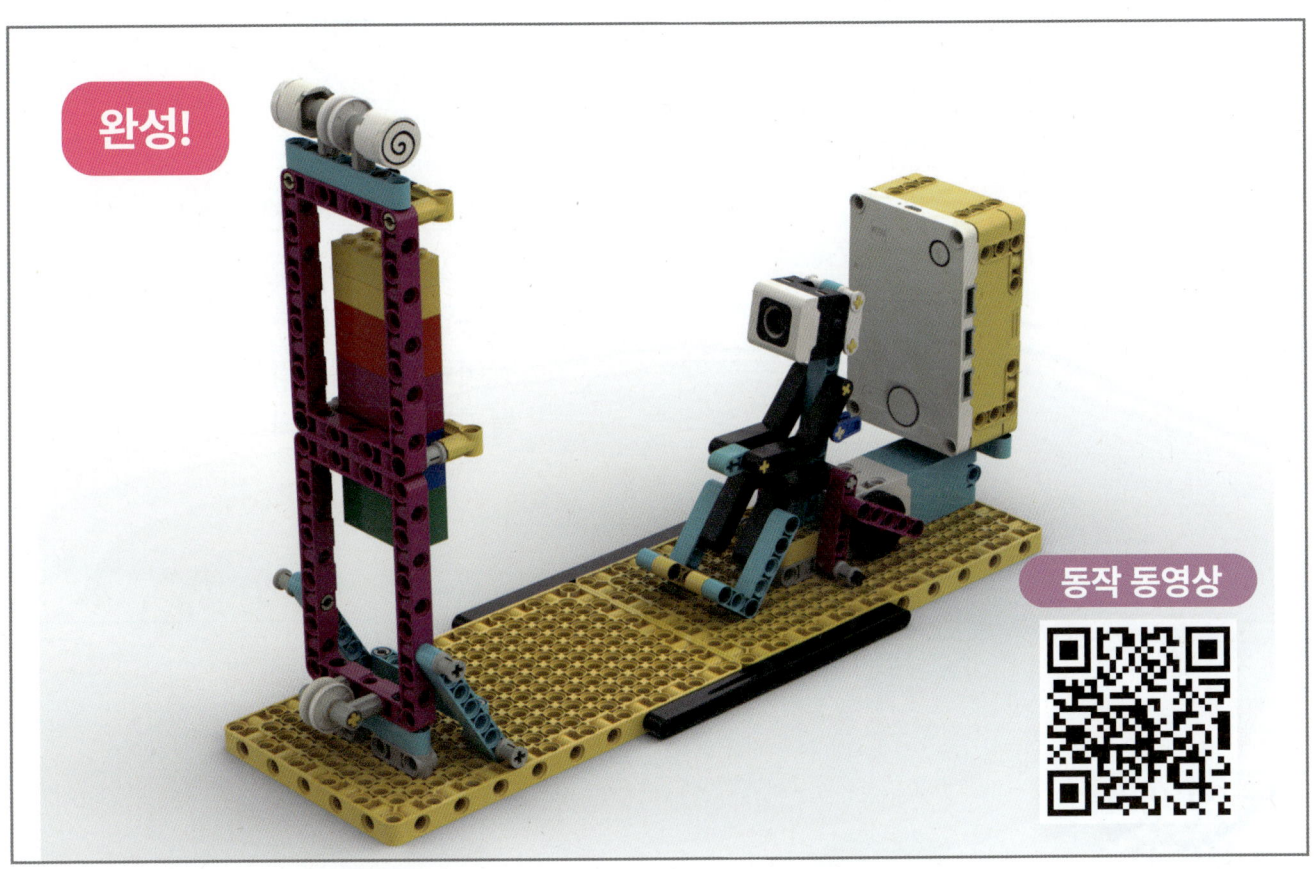

완성!

동작 동영상

로잉 머신 (Rowing Machine)

02 역도 (Weightlifting)

무거운 중량을 가진 바벨을 머리 위까지 들어올려 힘을 겨루는 운동입니다.
웨이트 리프팅이라고도 불리는 운동입니다.

동작 동영상

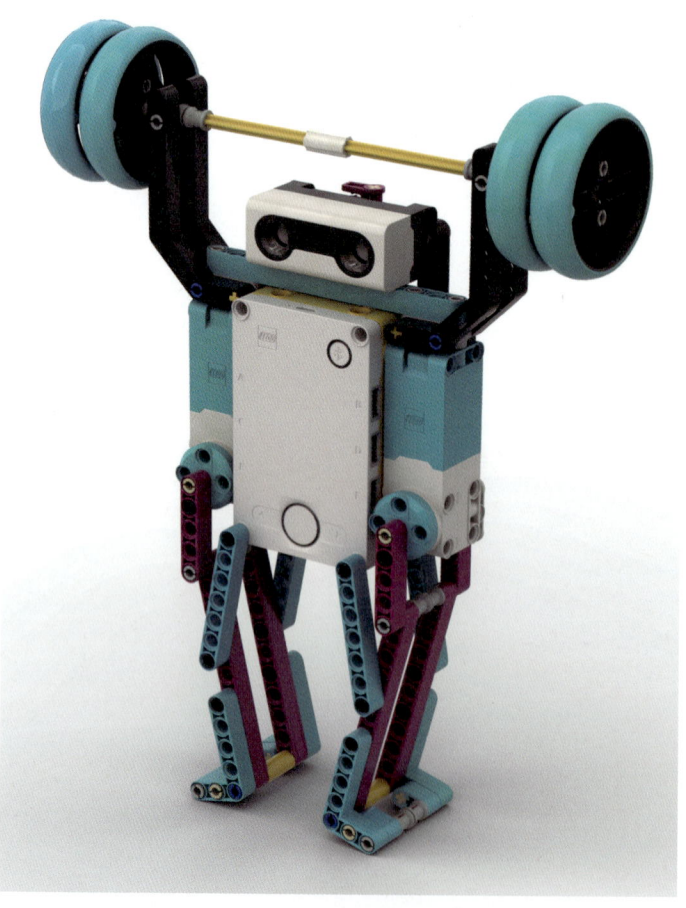

필요 부품 목록

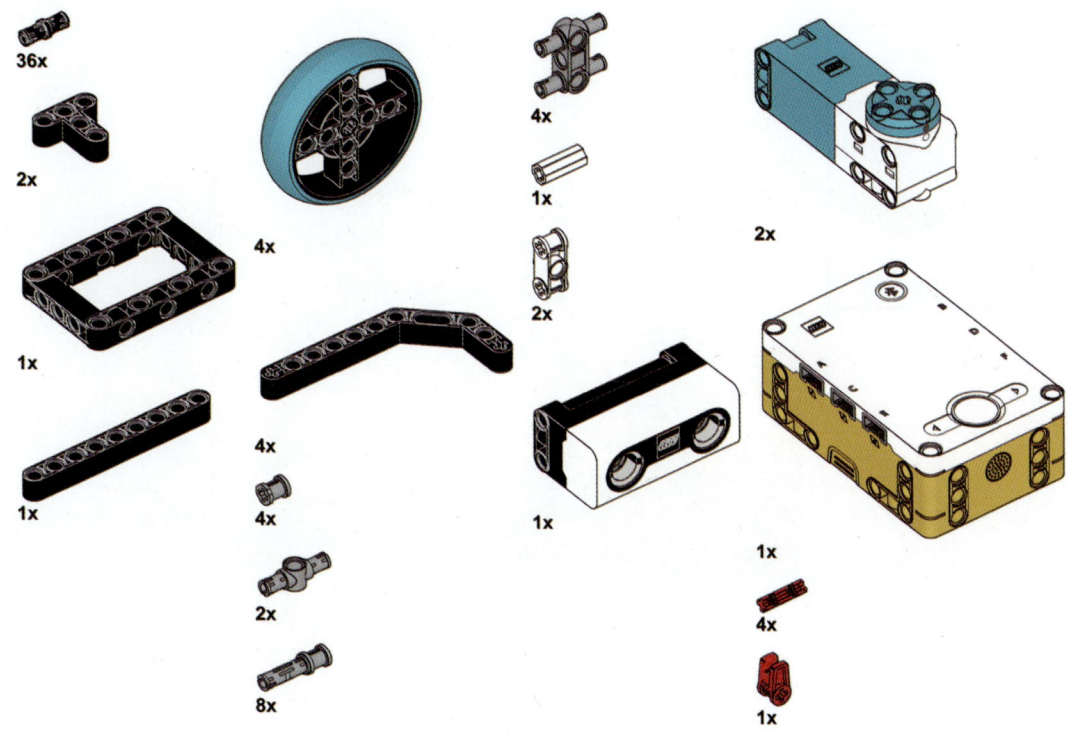

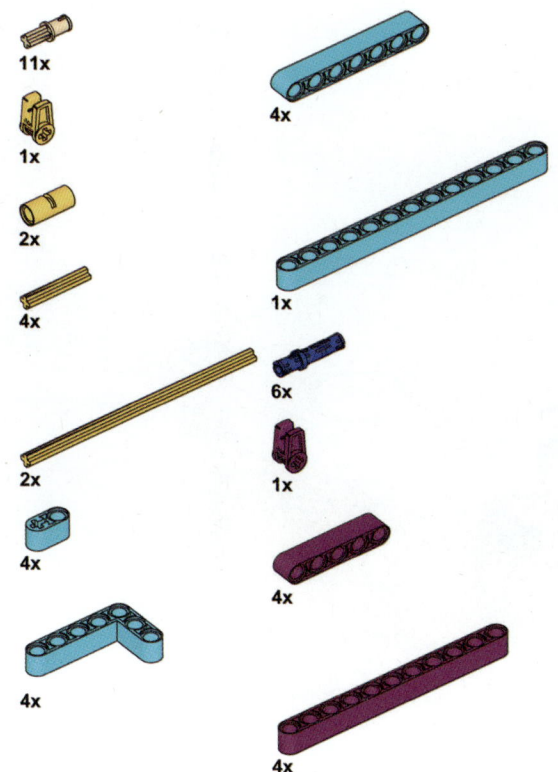

Design by junastudio

역도 (Weightlifting)

조립하기   역도 (Weightlifting)

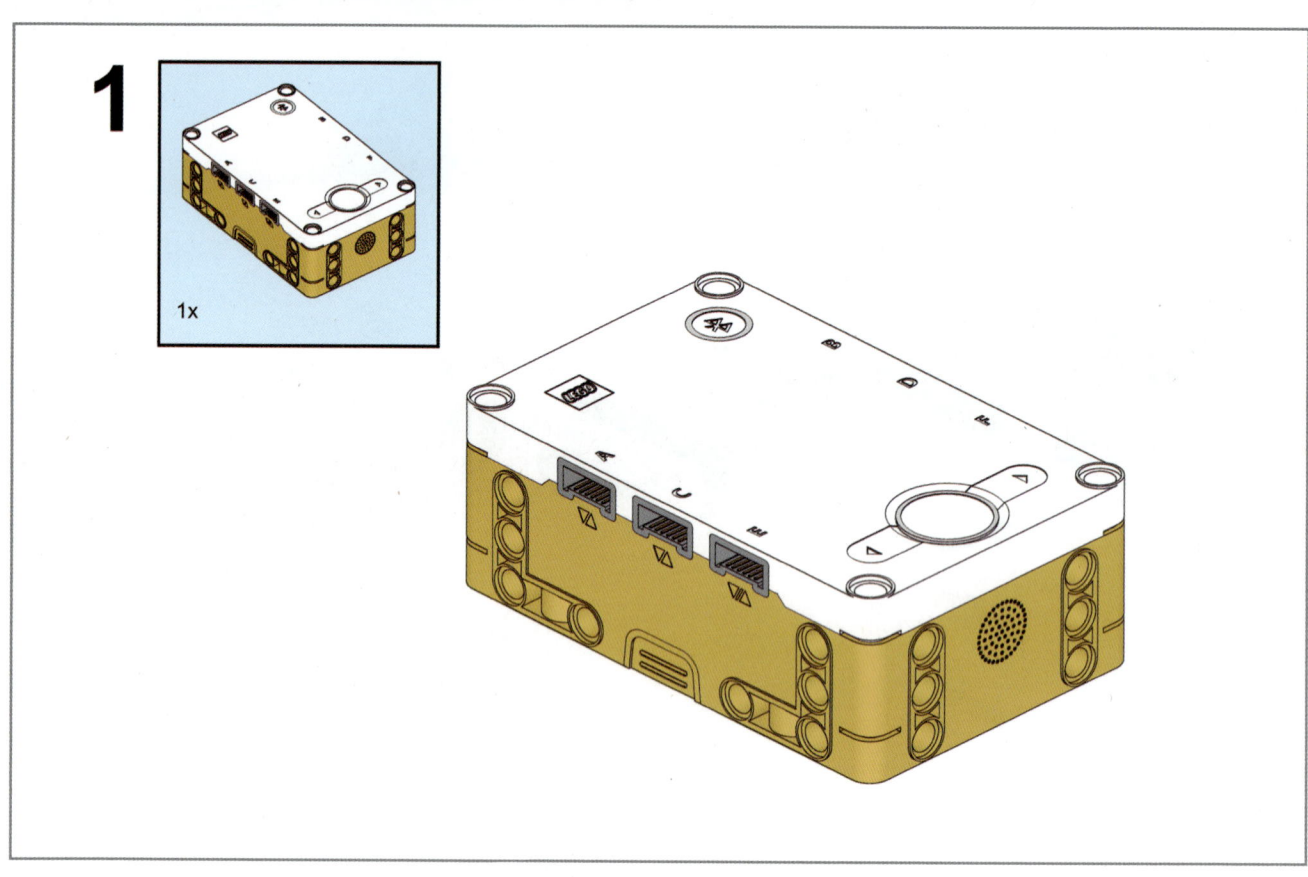

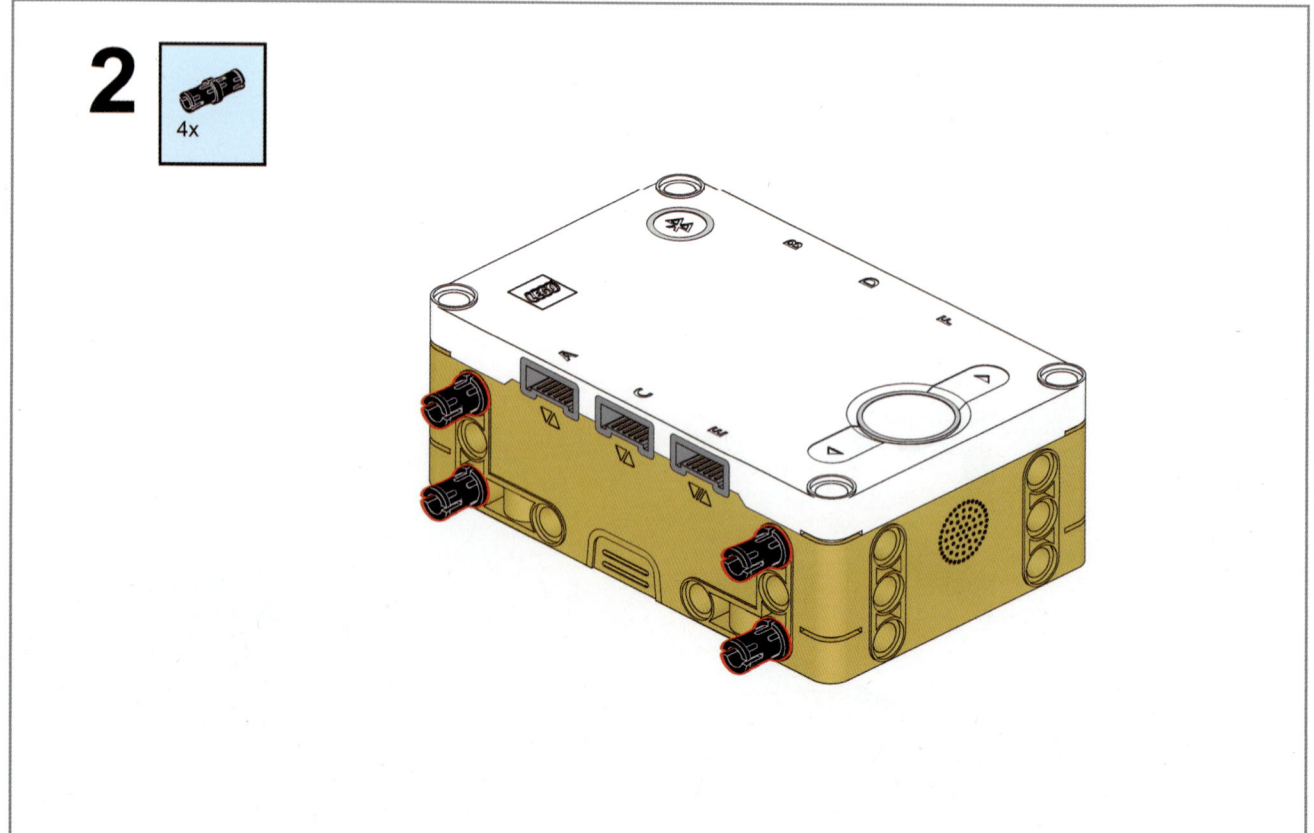

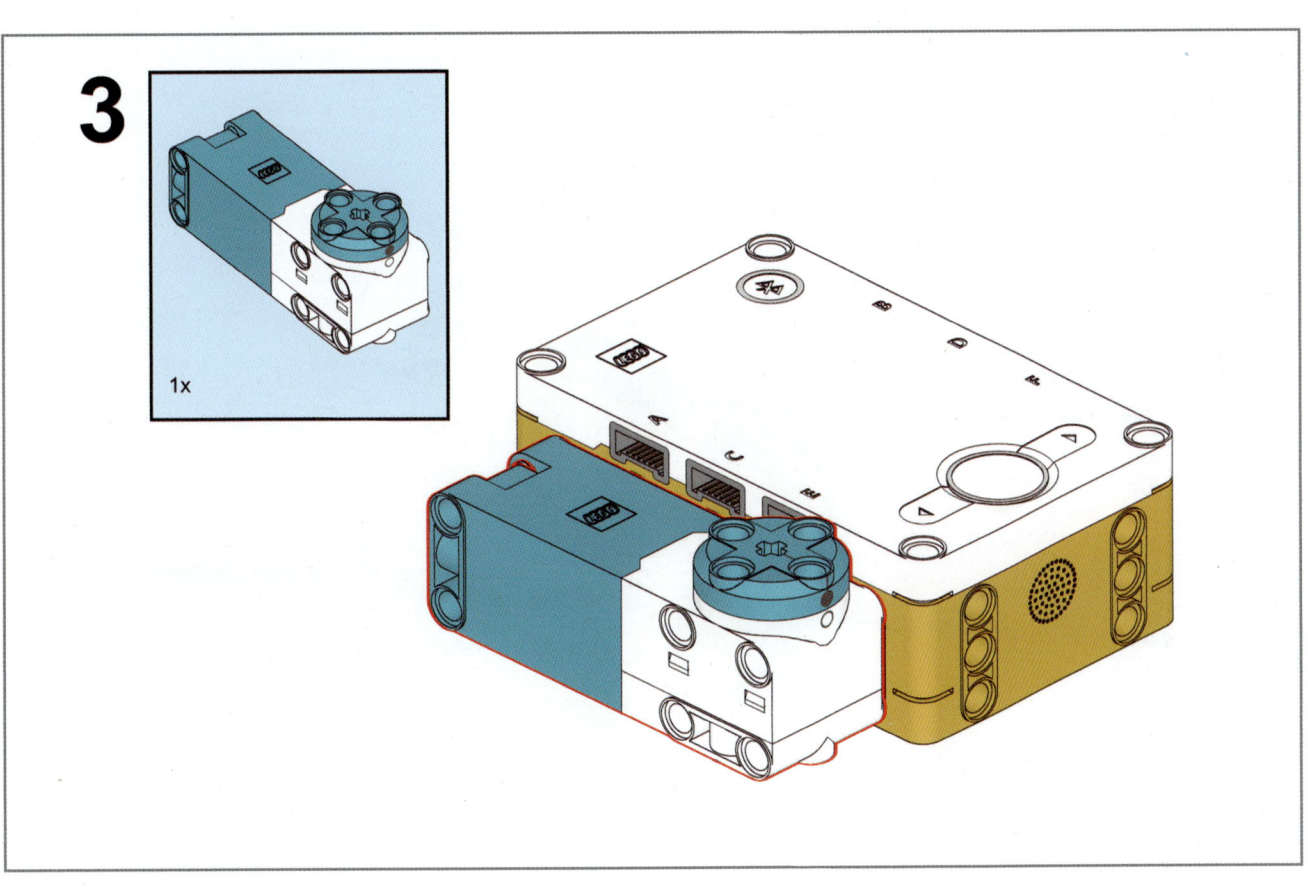
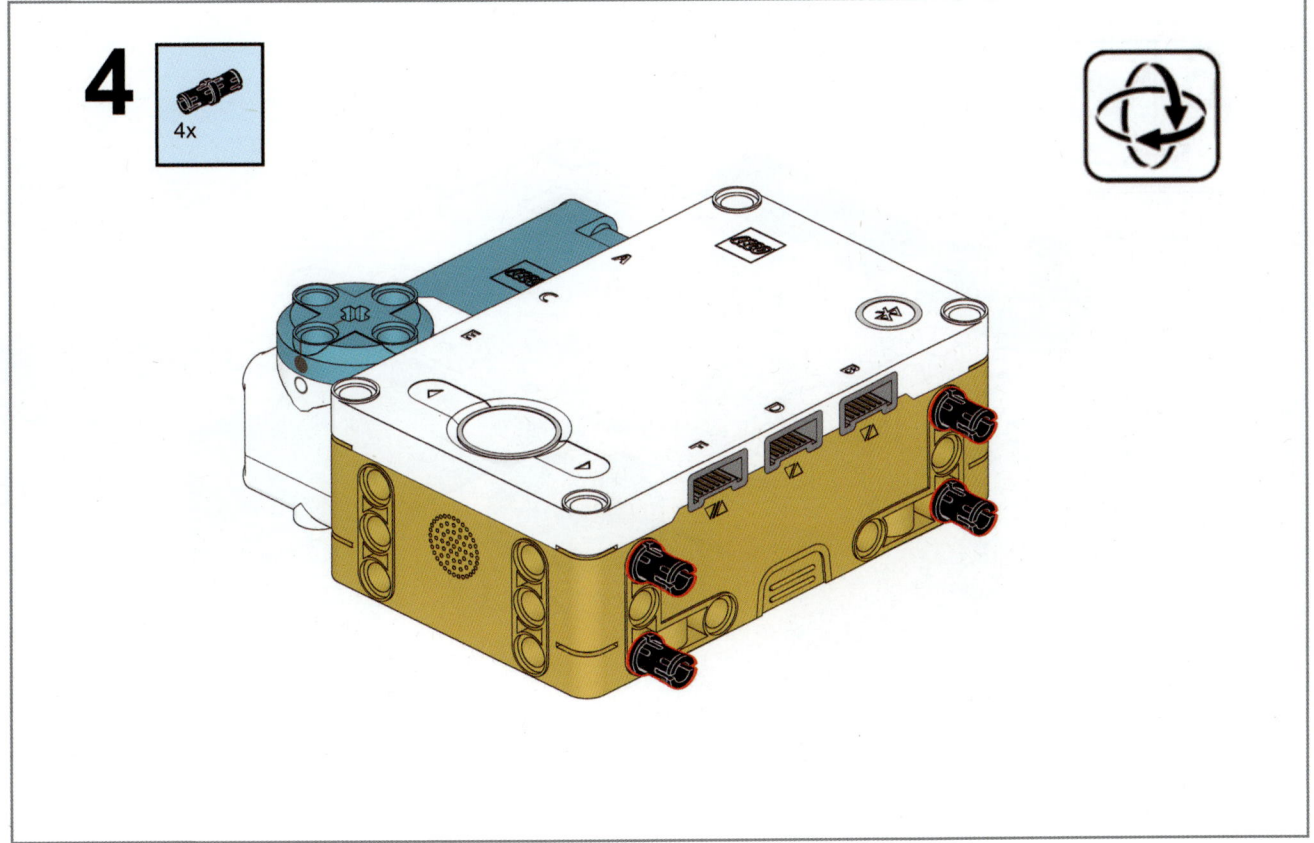

역도 (Weightlifting)

조립하기 역도 (Weightlifting)

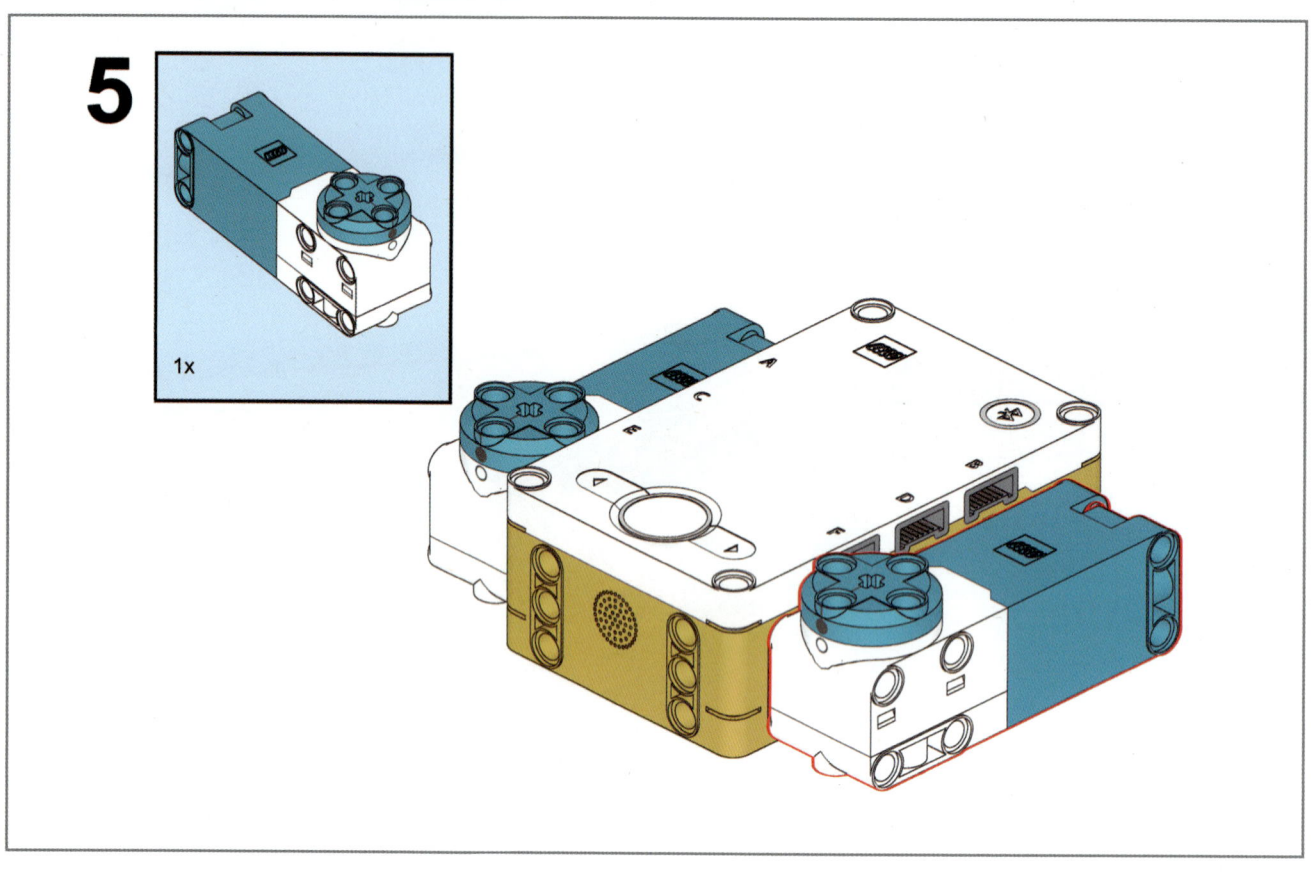

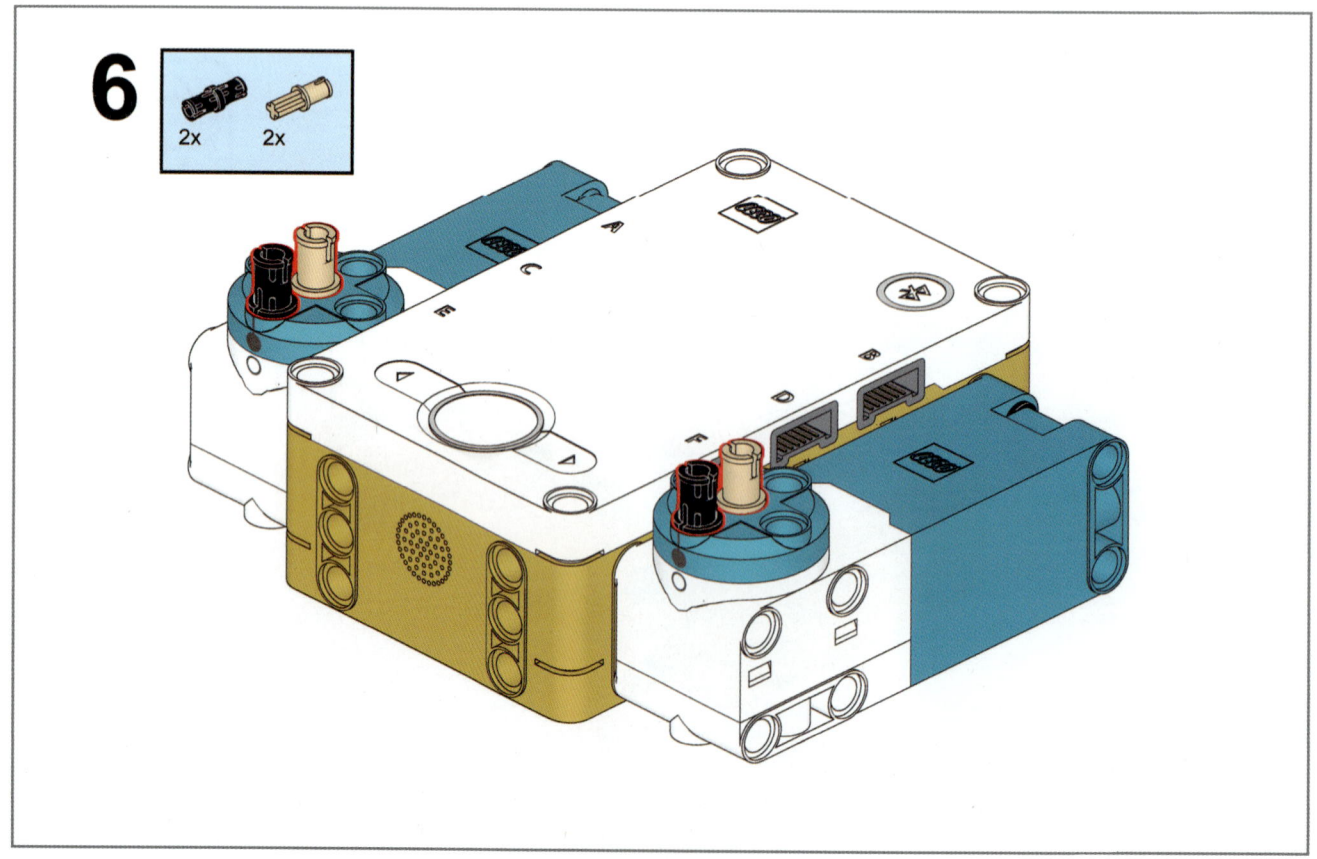

36 역도 (Weightlifting)

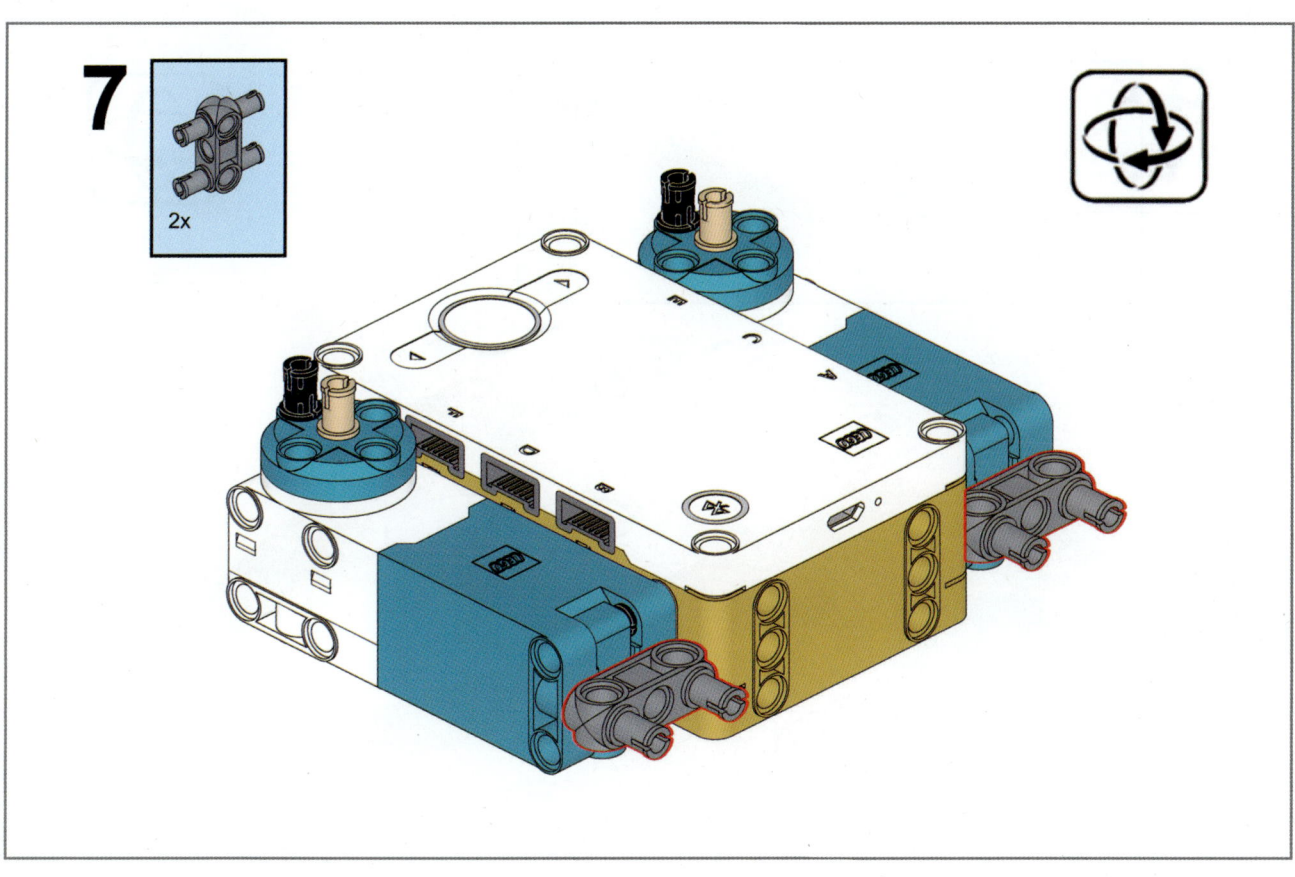

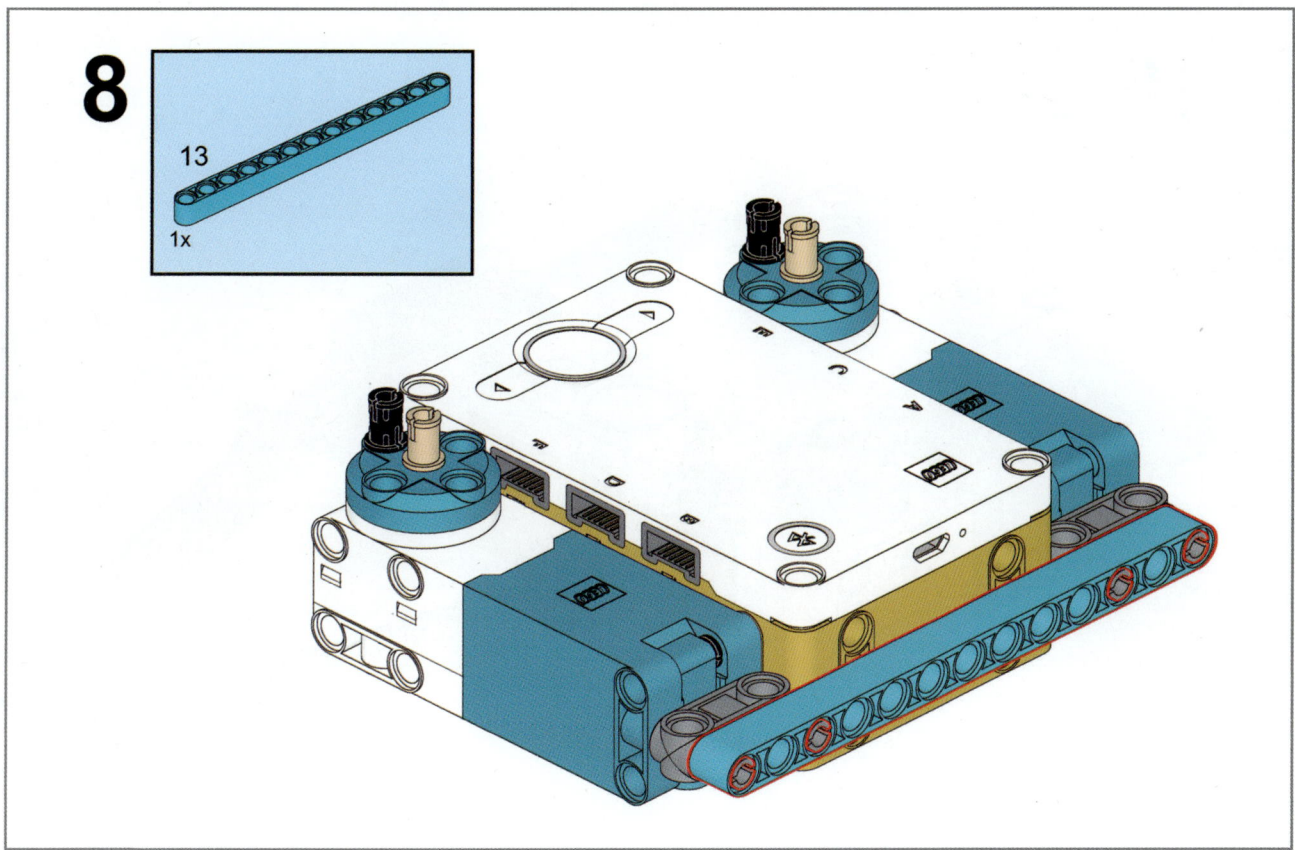

역도 (Weightlifting)

조립하기 역도 (Weightlifting)

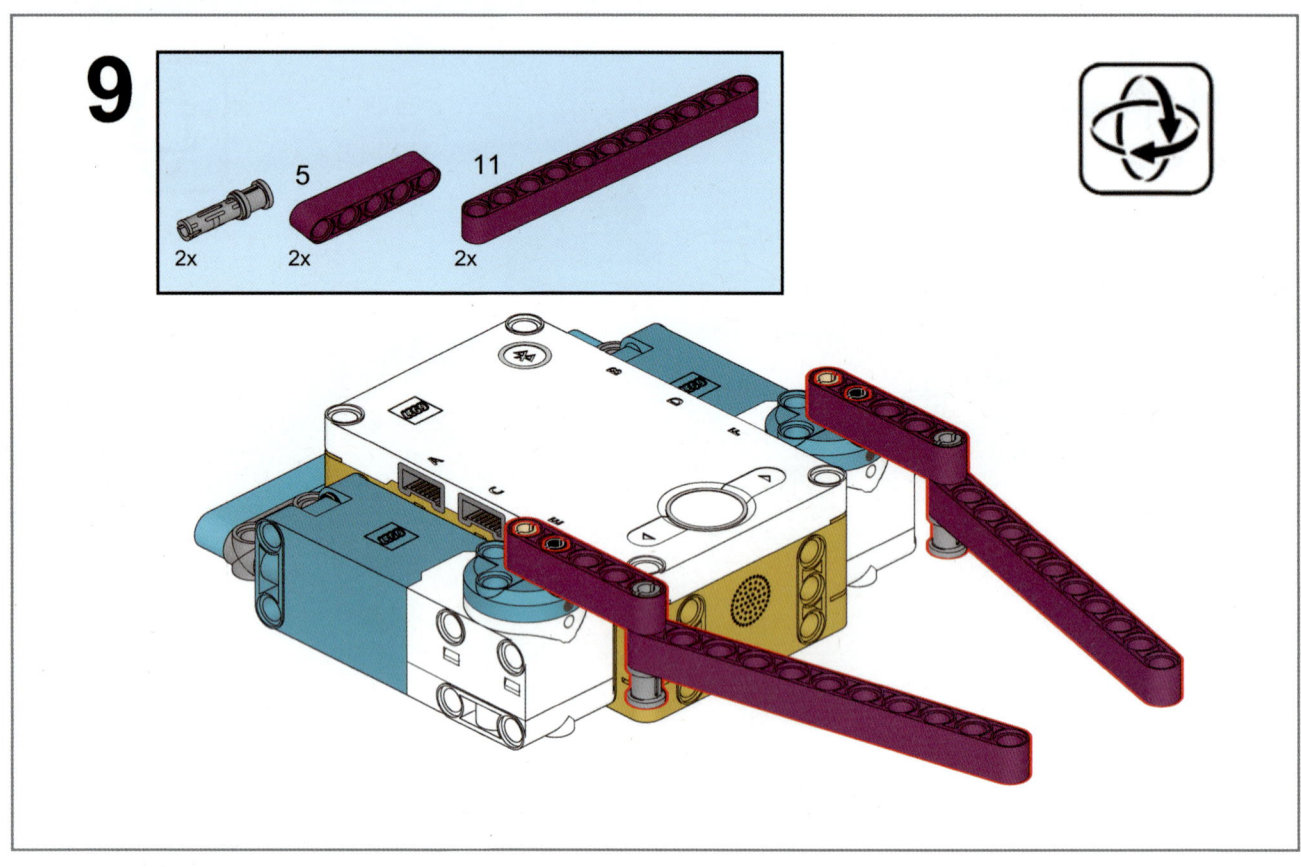

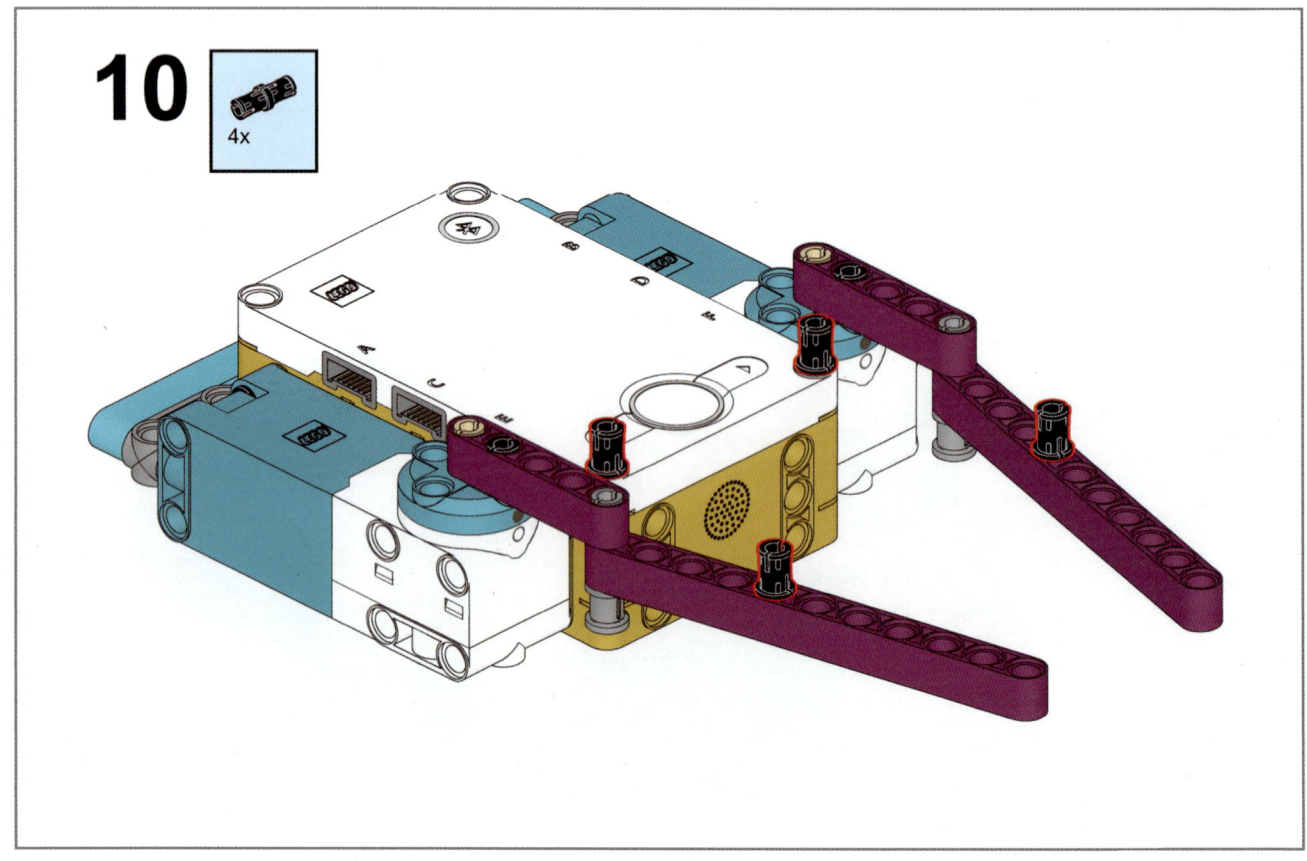

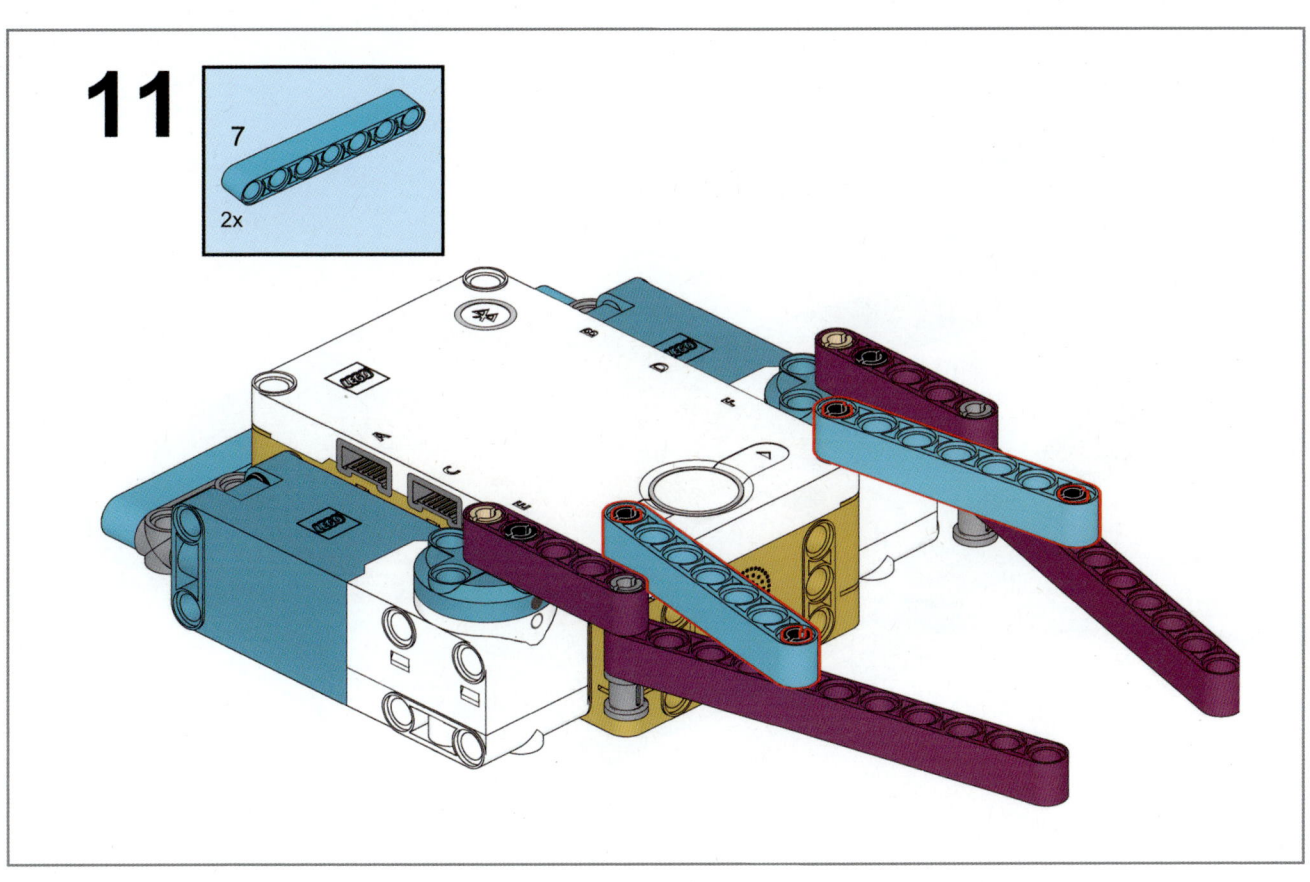

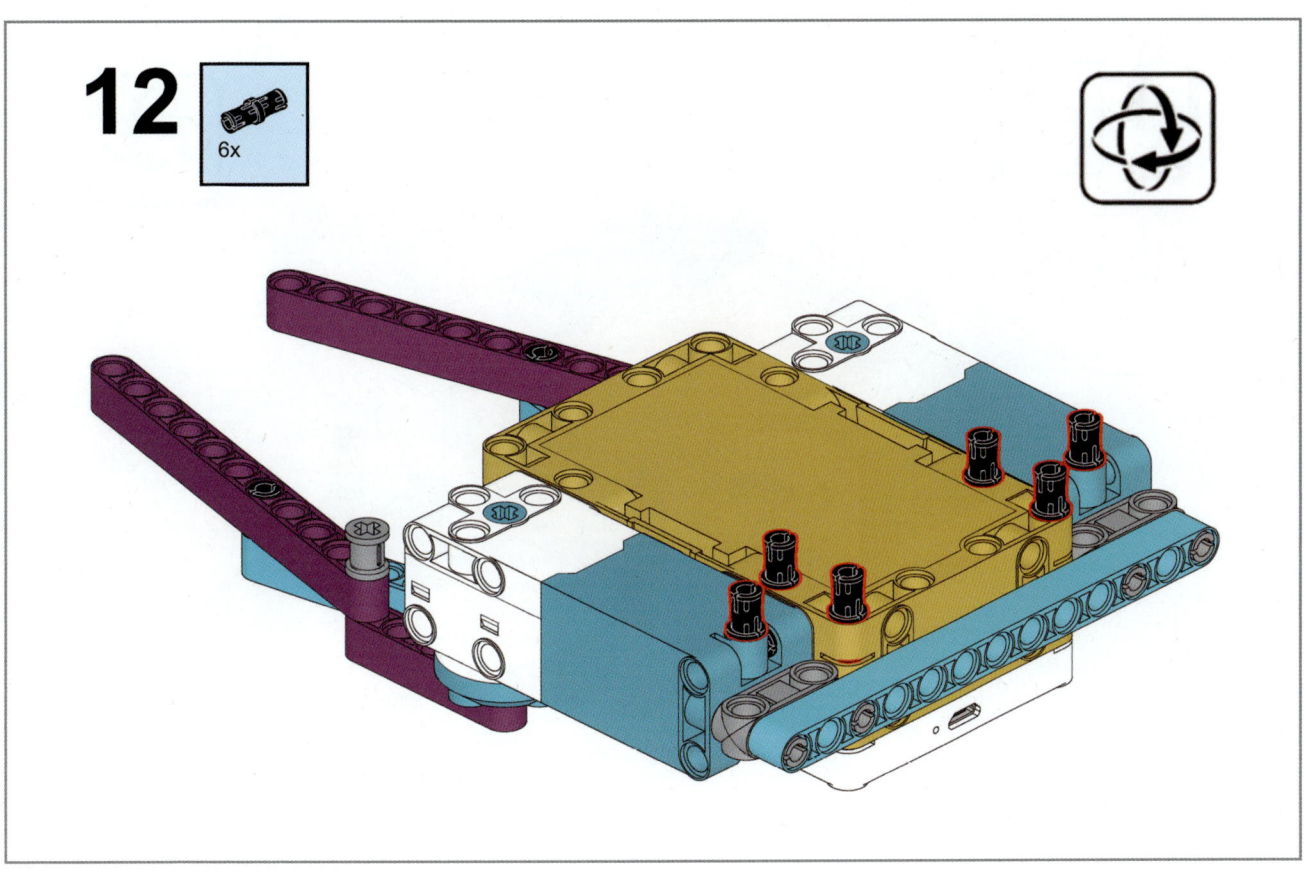

조립하기 역도 (Weightlifting)

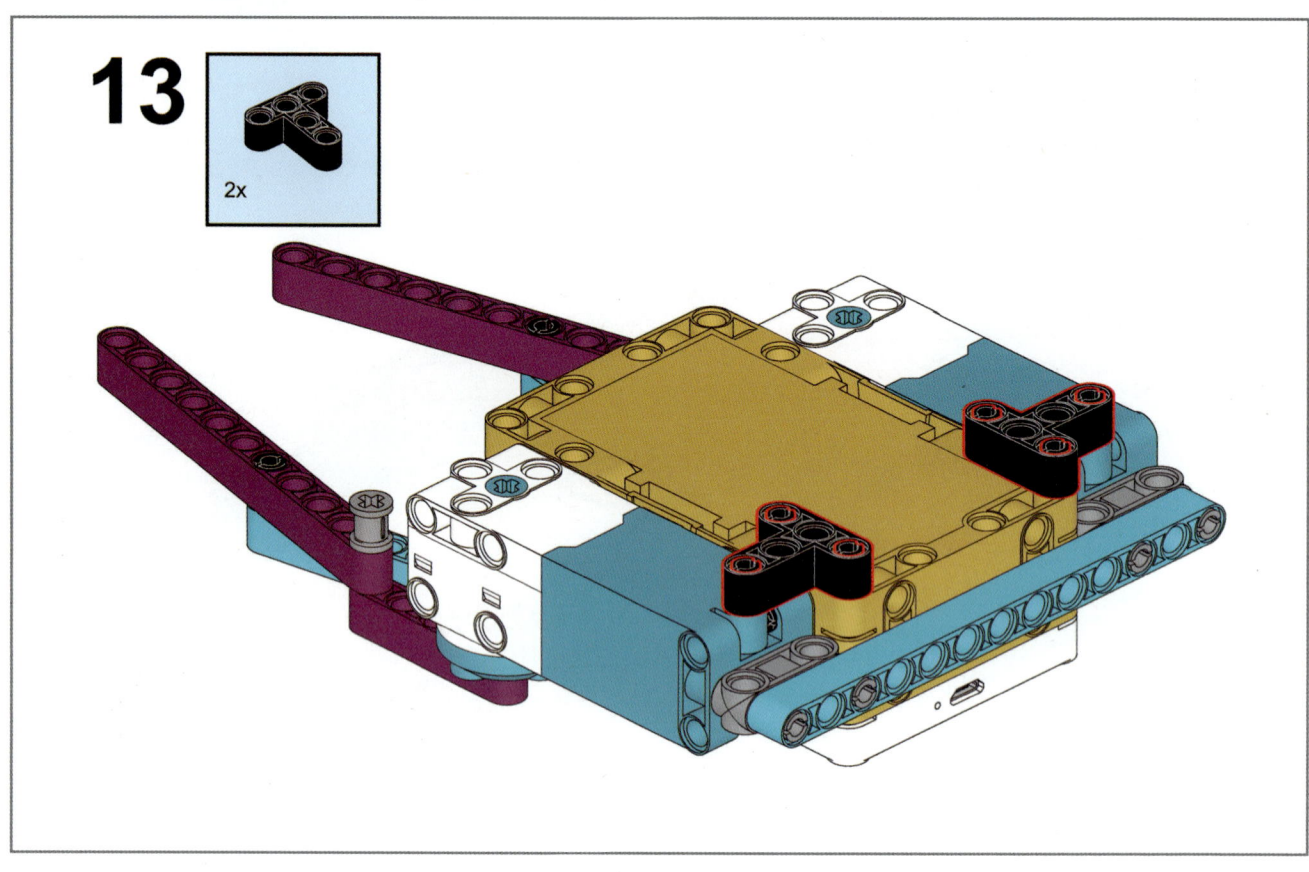

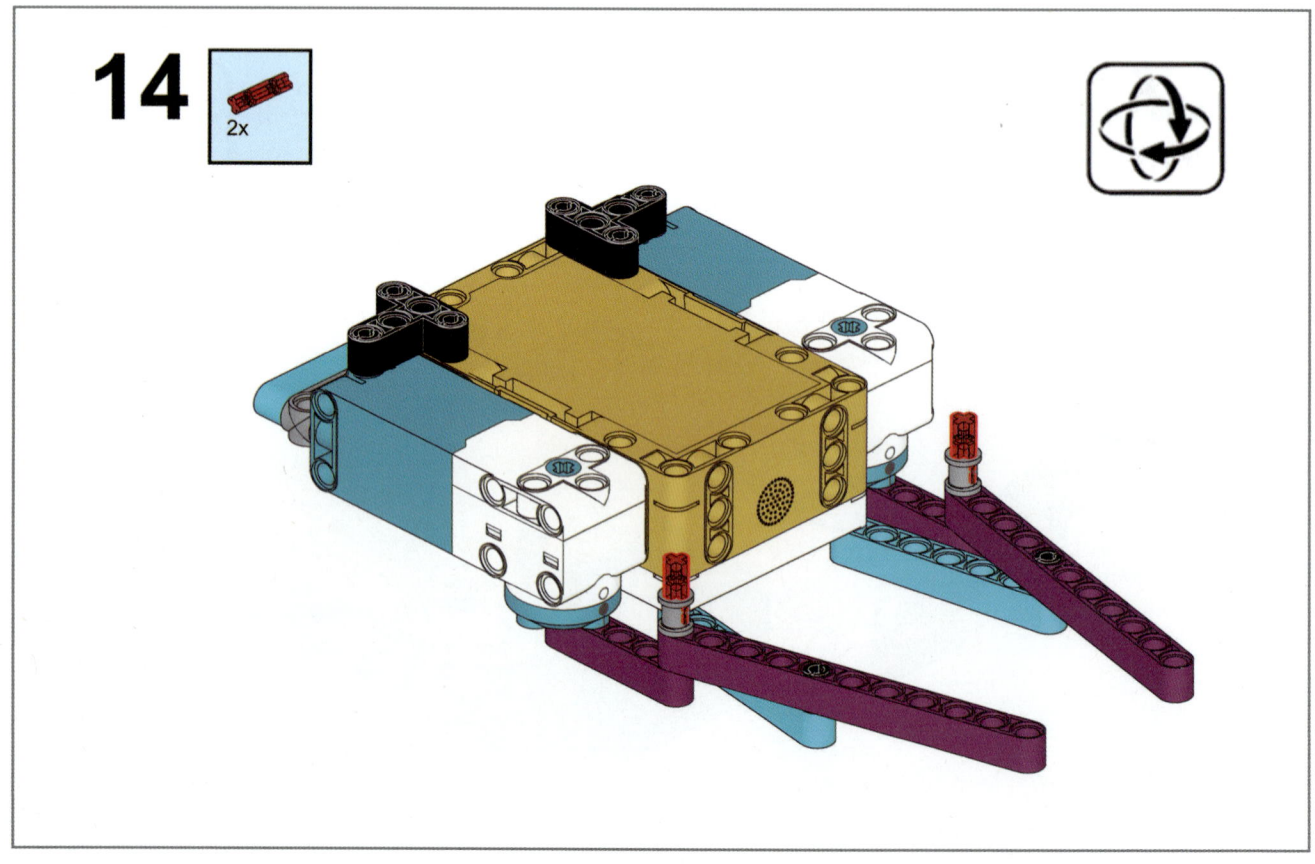

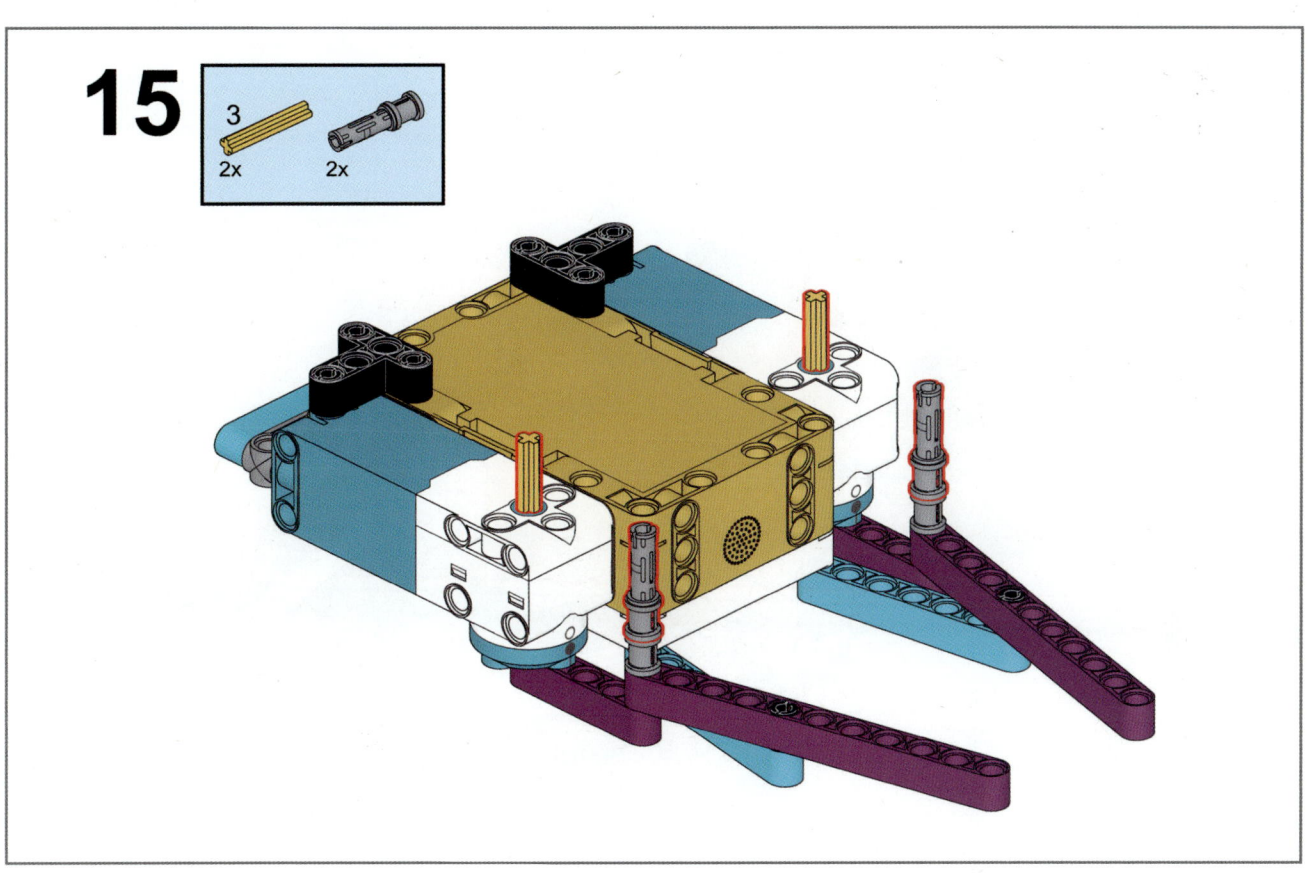

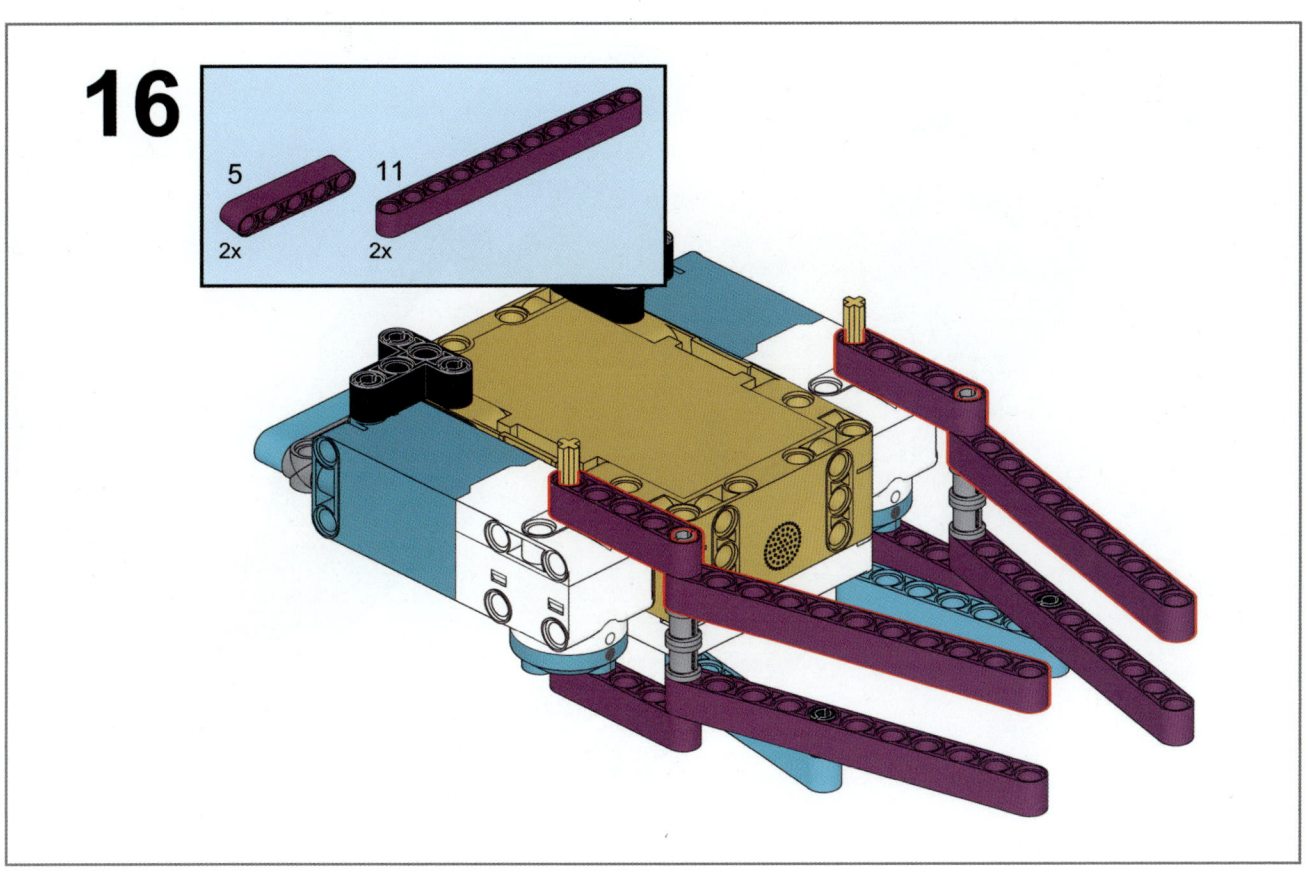

역도 (Weightlifting) 41

조립하기 역도 (Weightlifting)

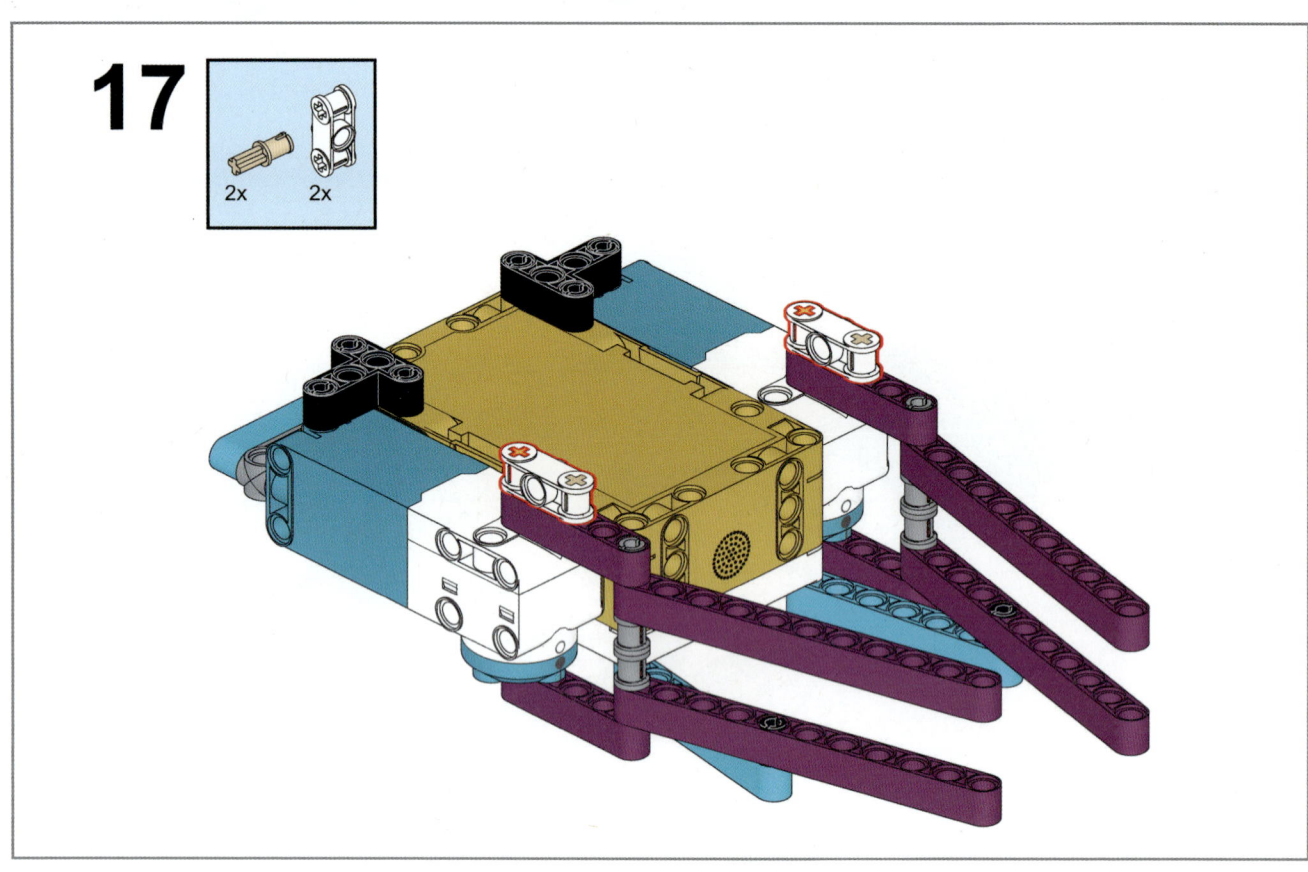

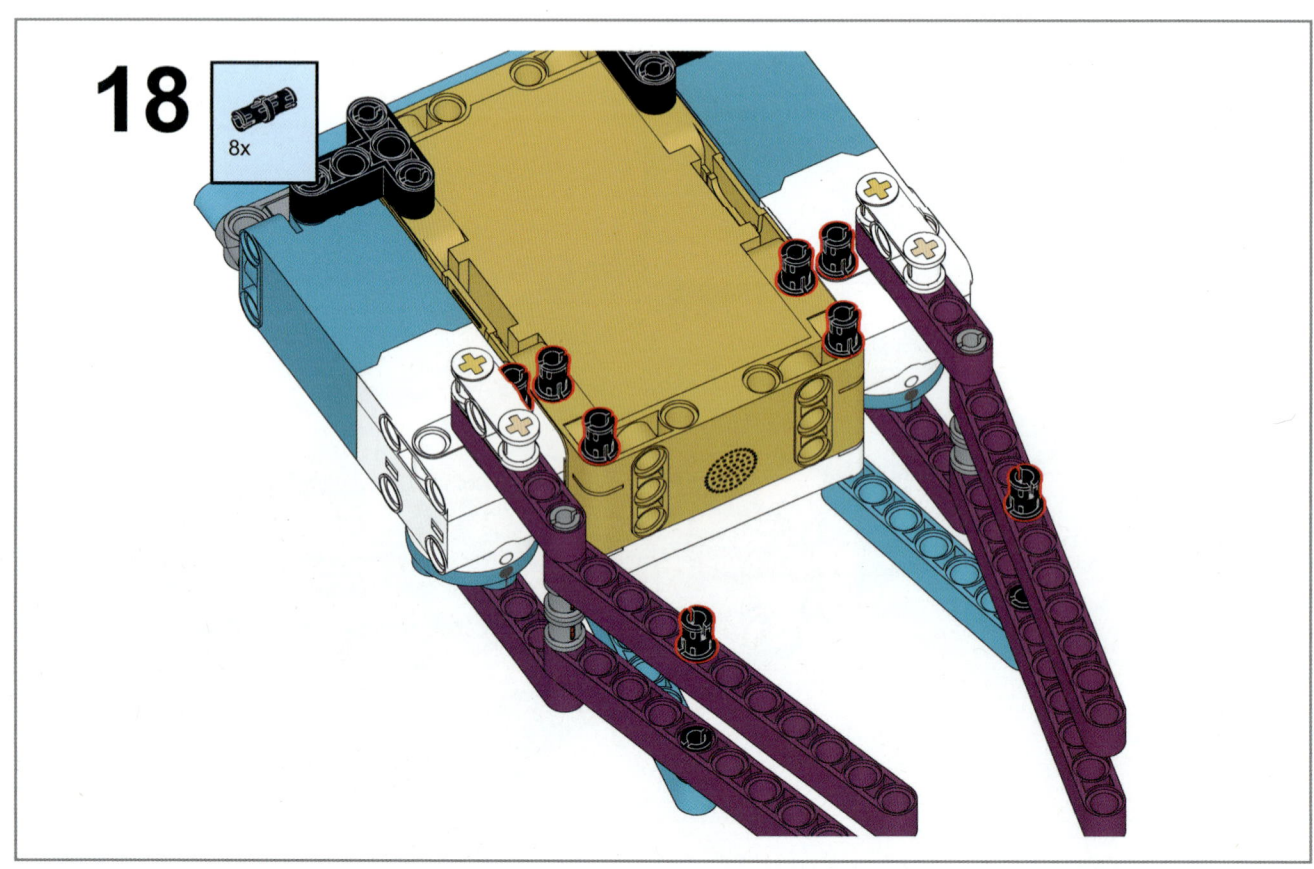

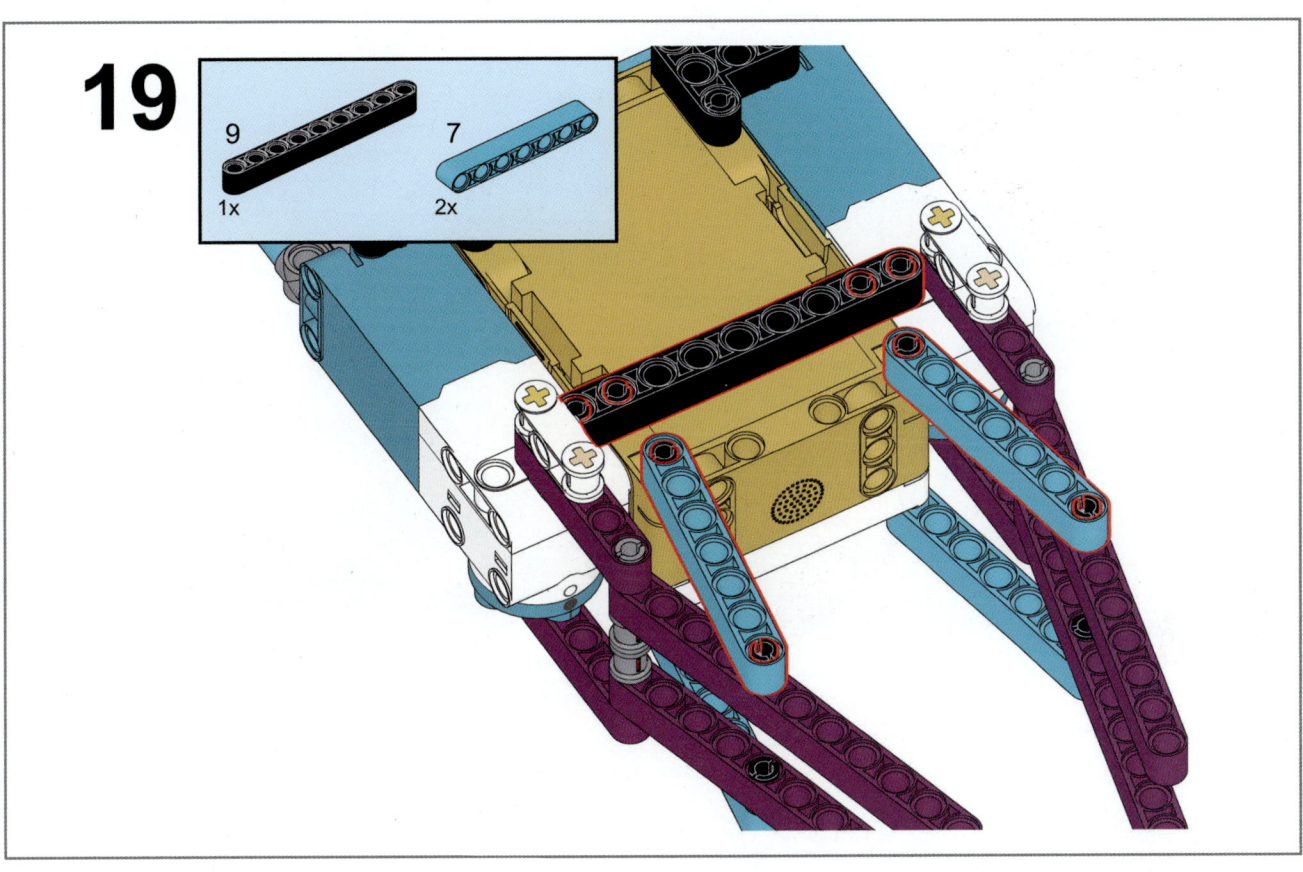

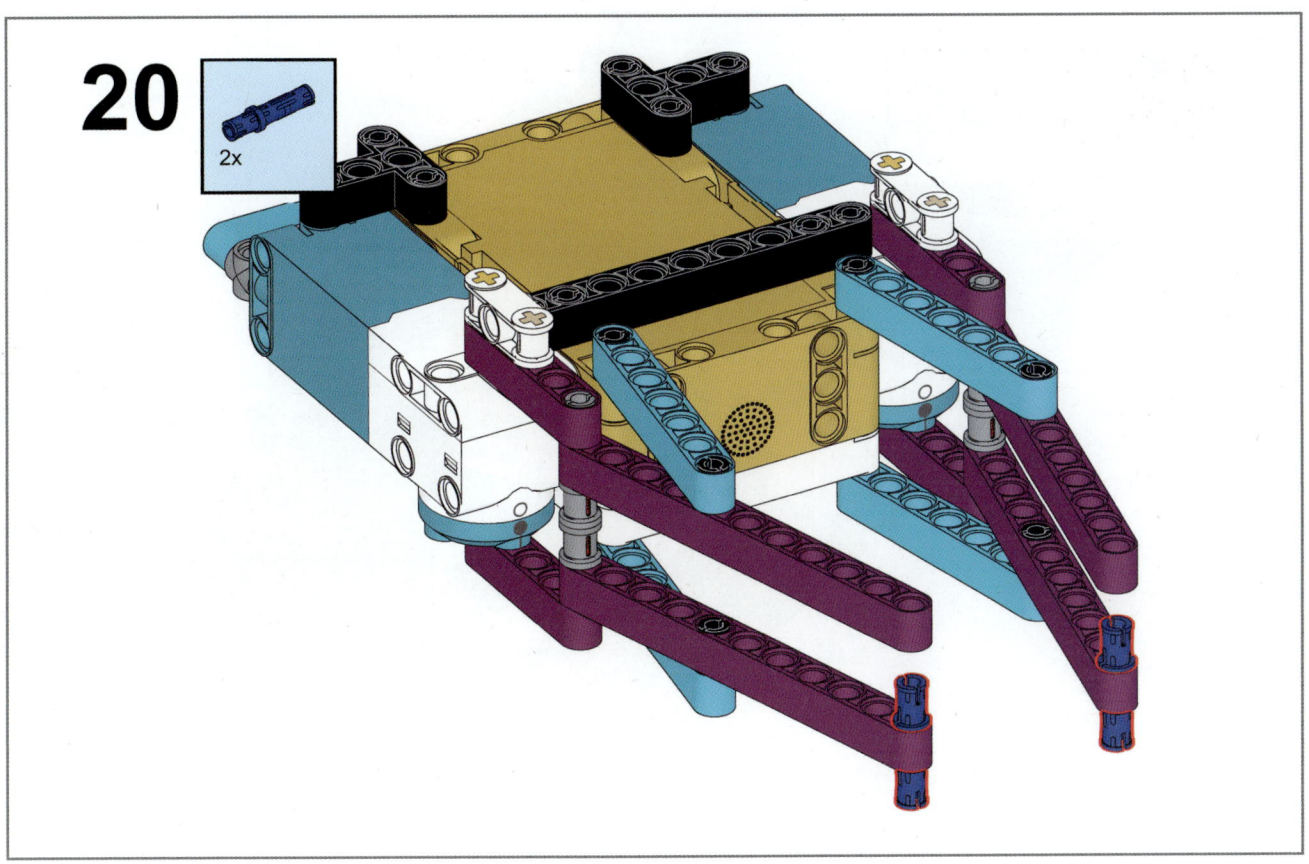

역도 (Weightlifting)

조립하기 역도 (Weightlifting)

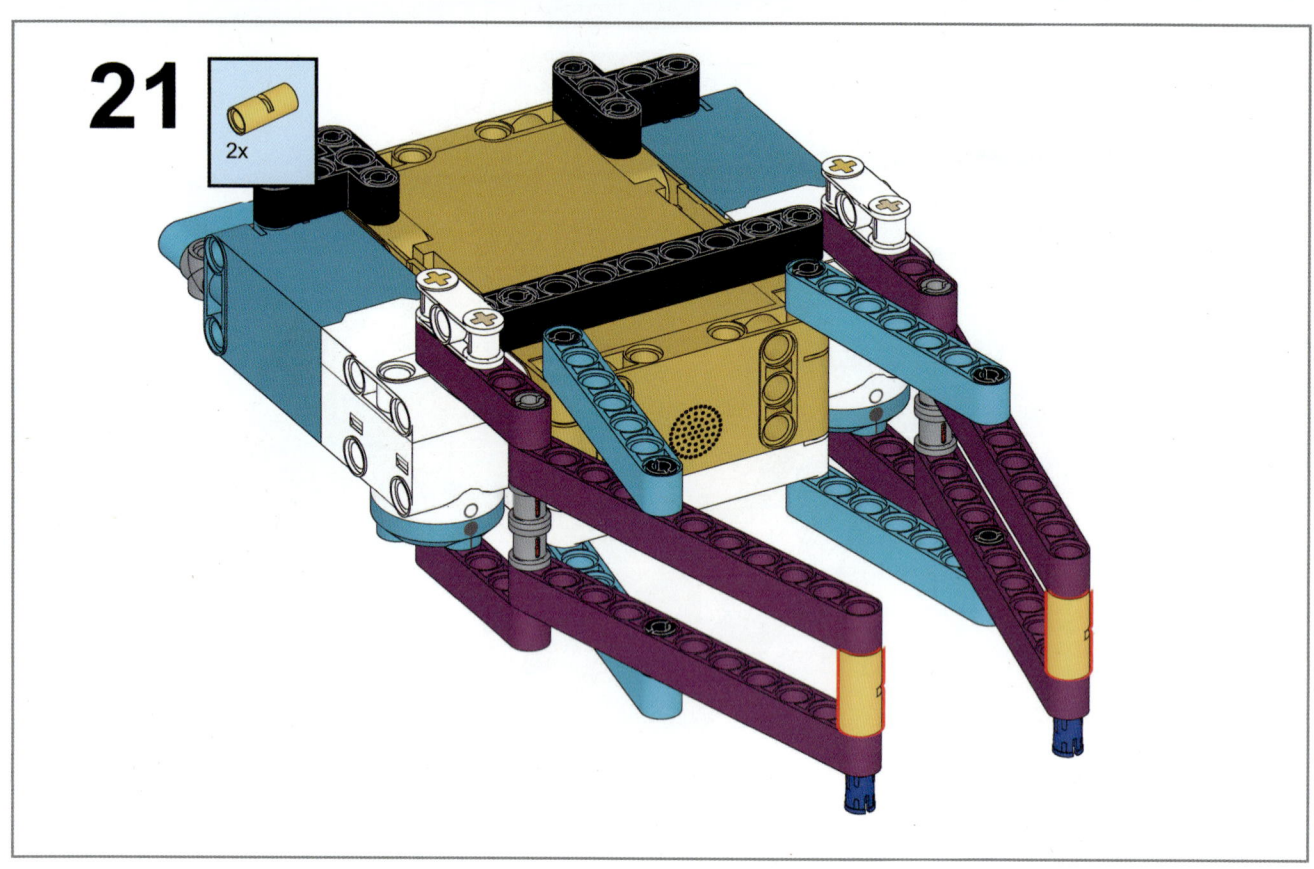

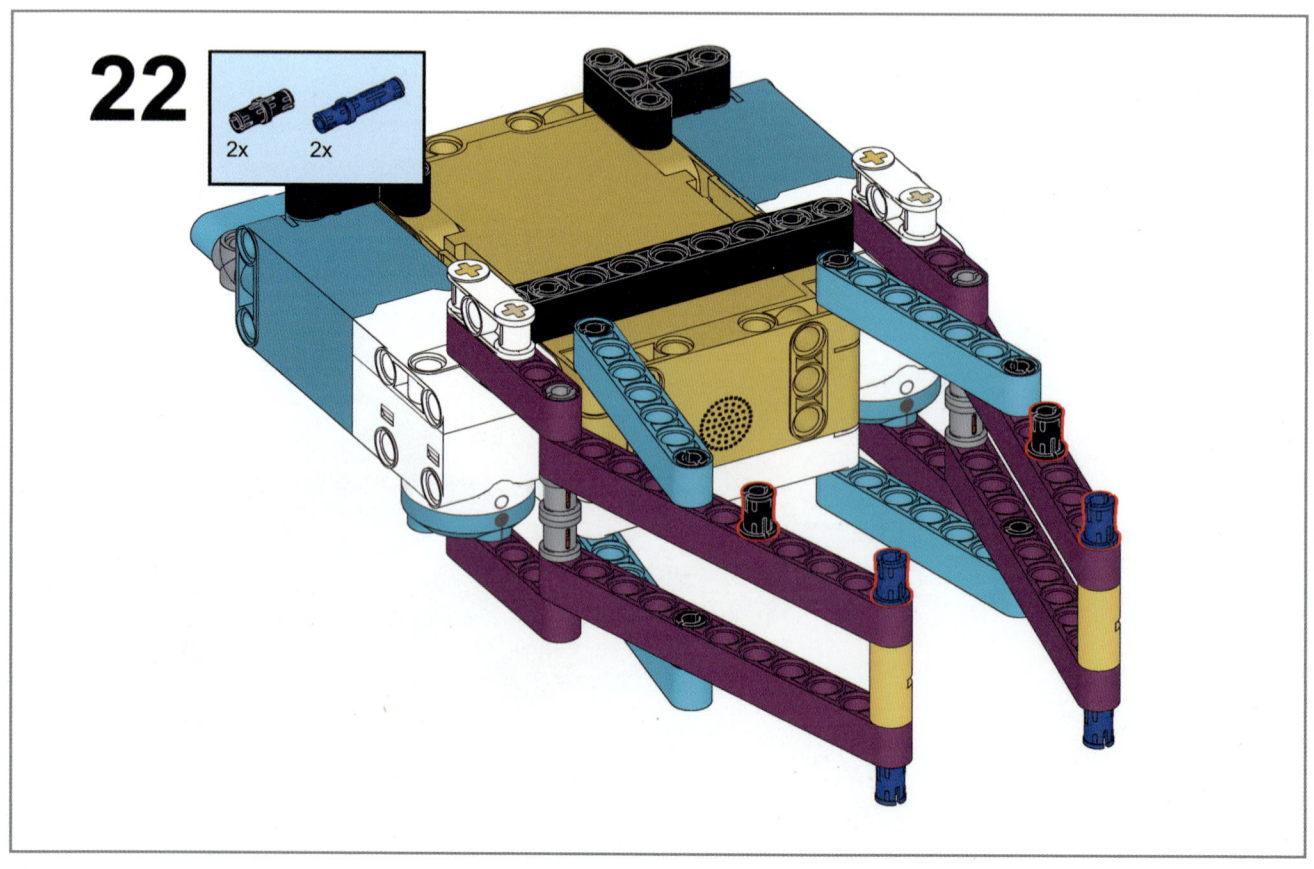

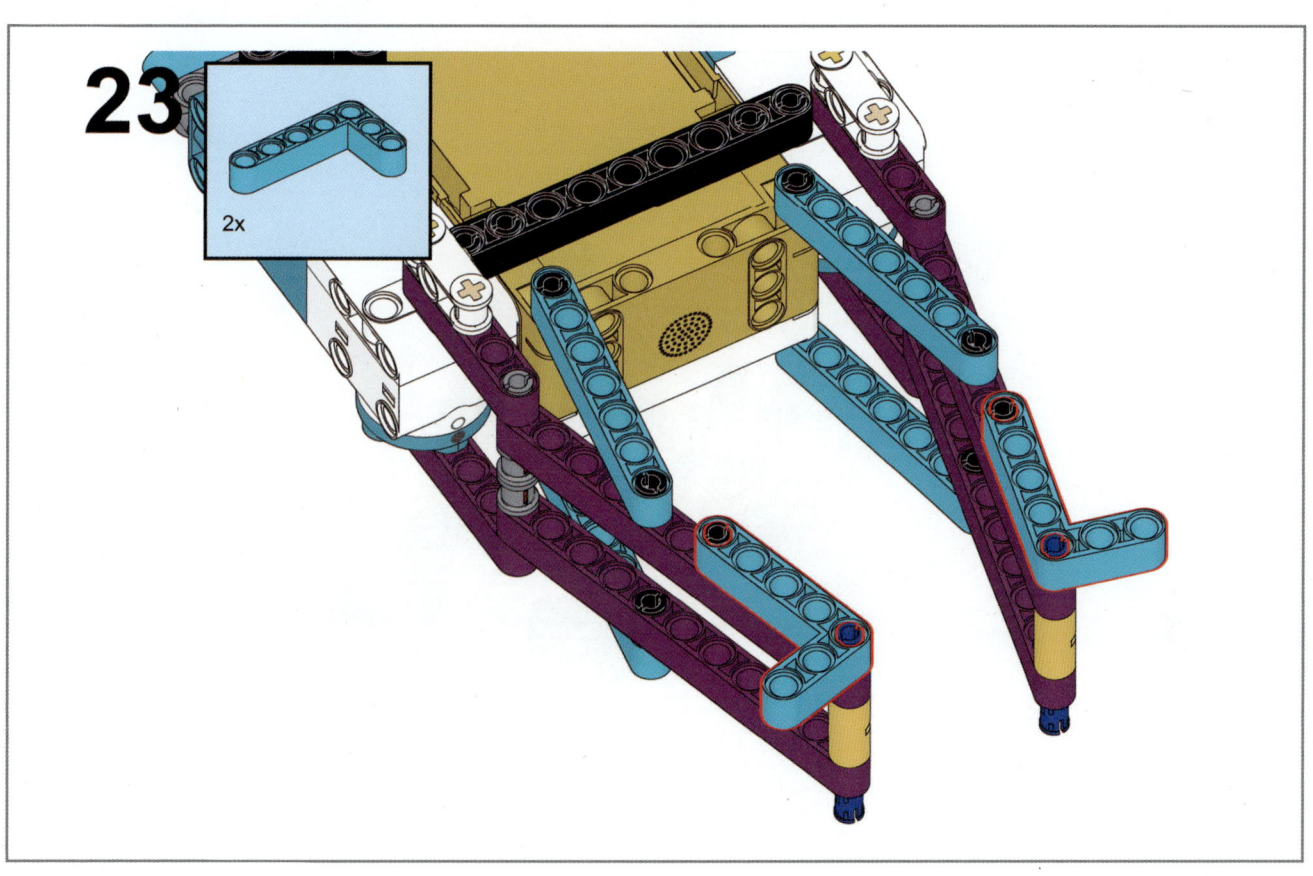
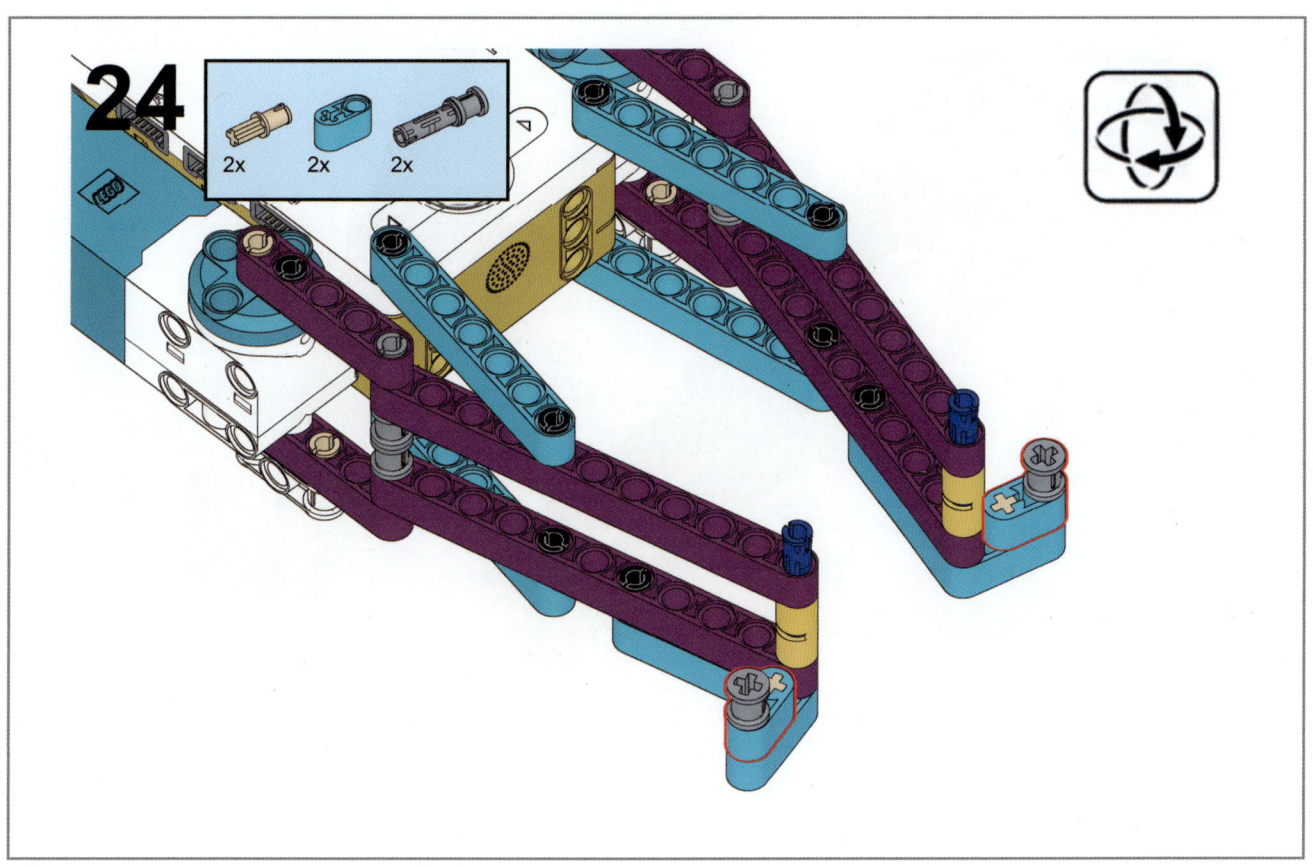

역도 (Weightlifting) 45

조립하기 역도 (Weightlifting)

25

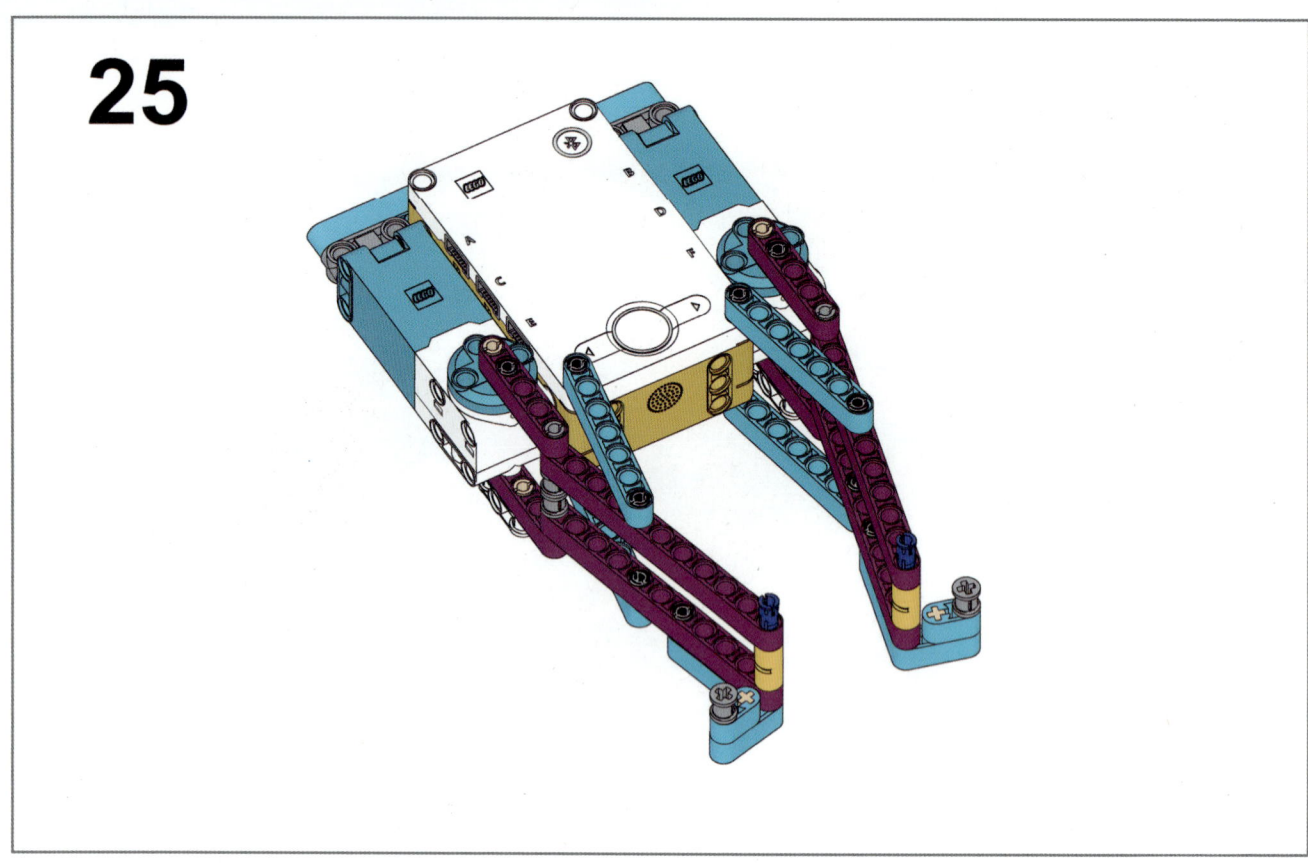

26

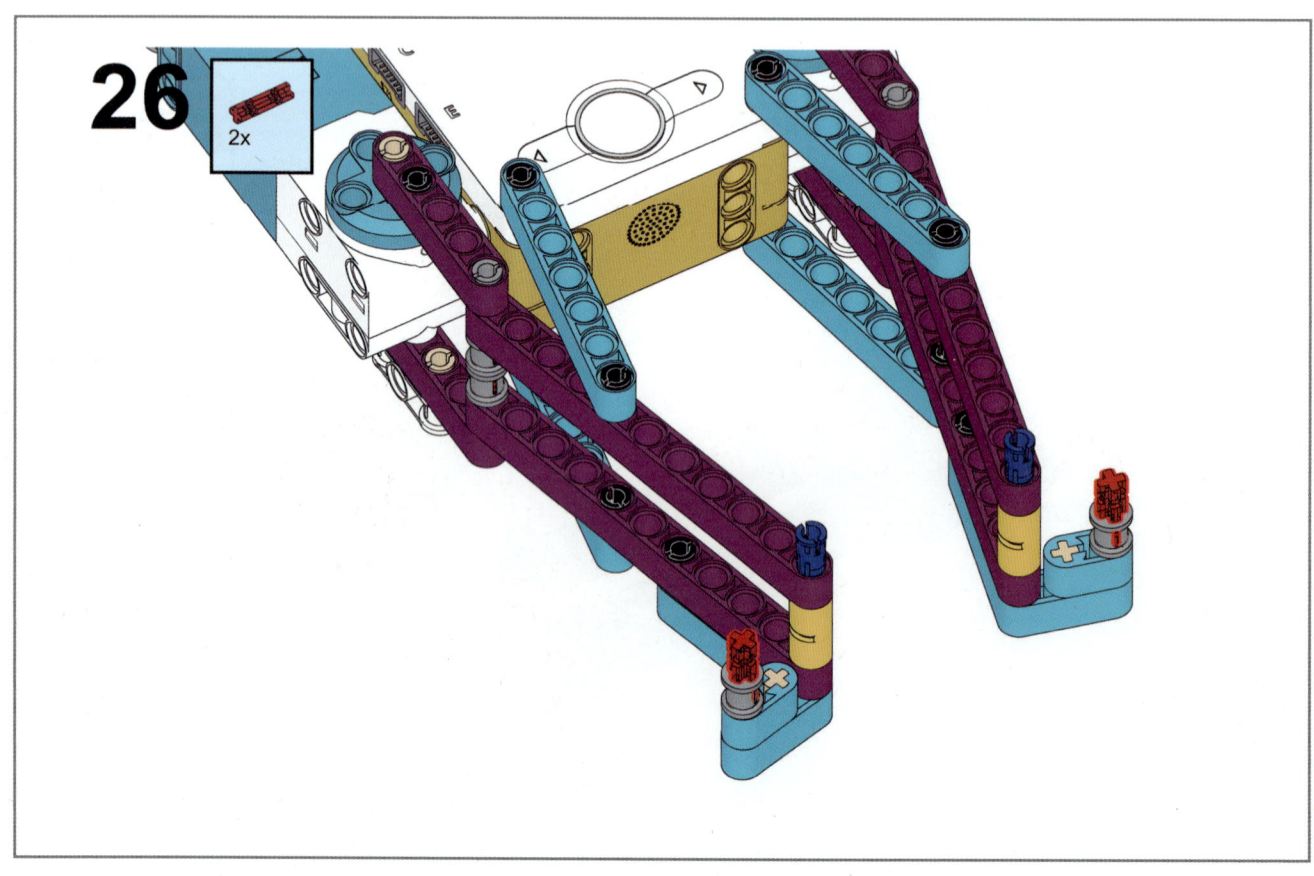

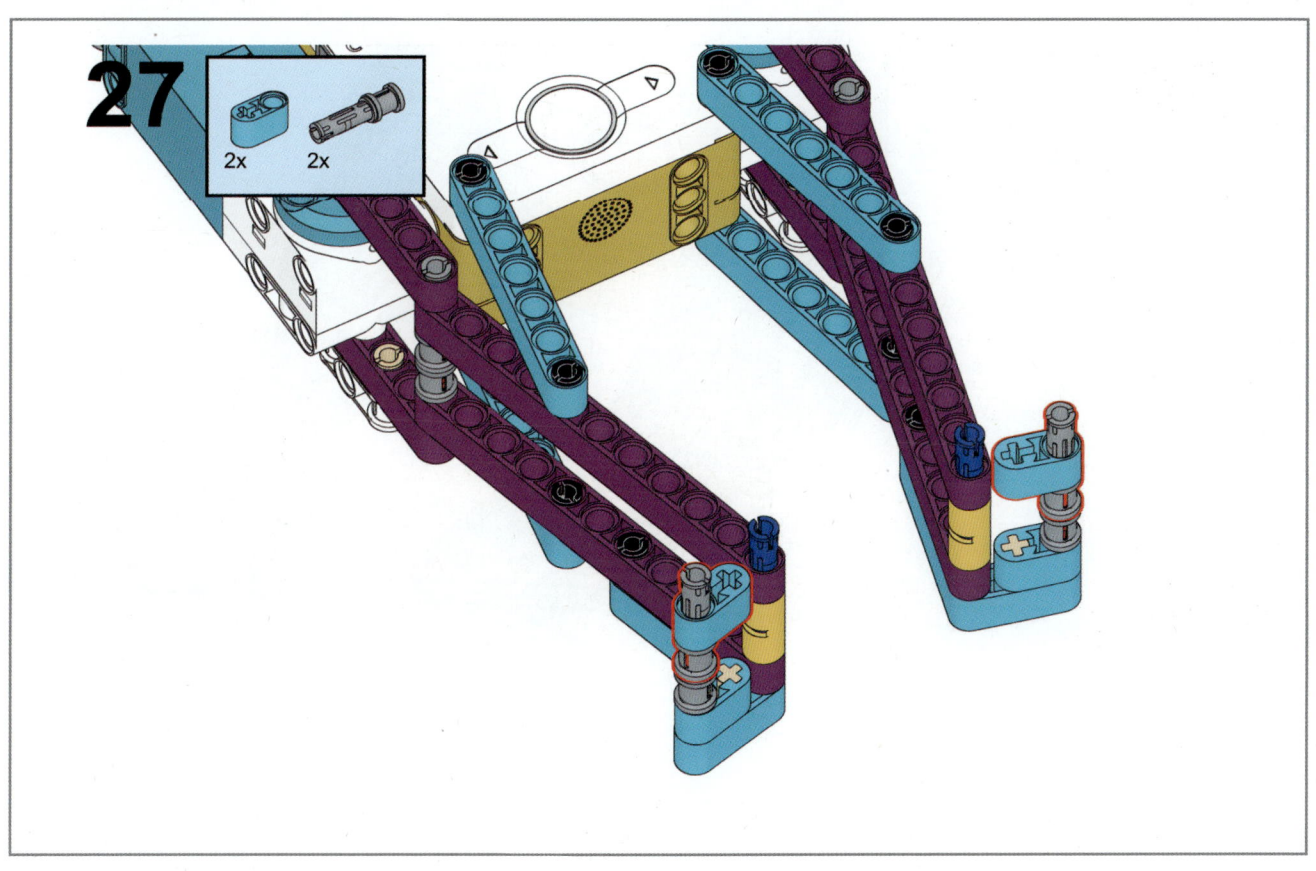
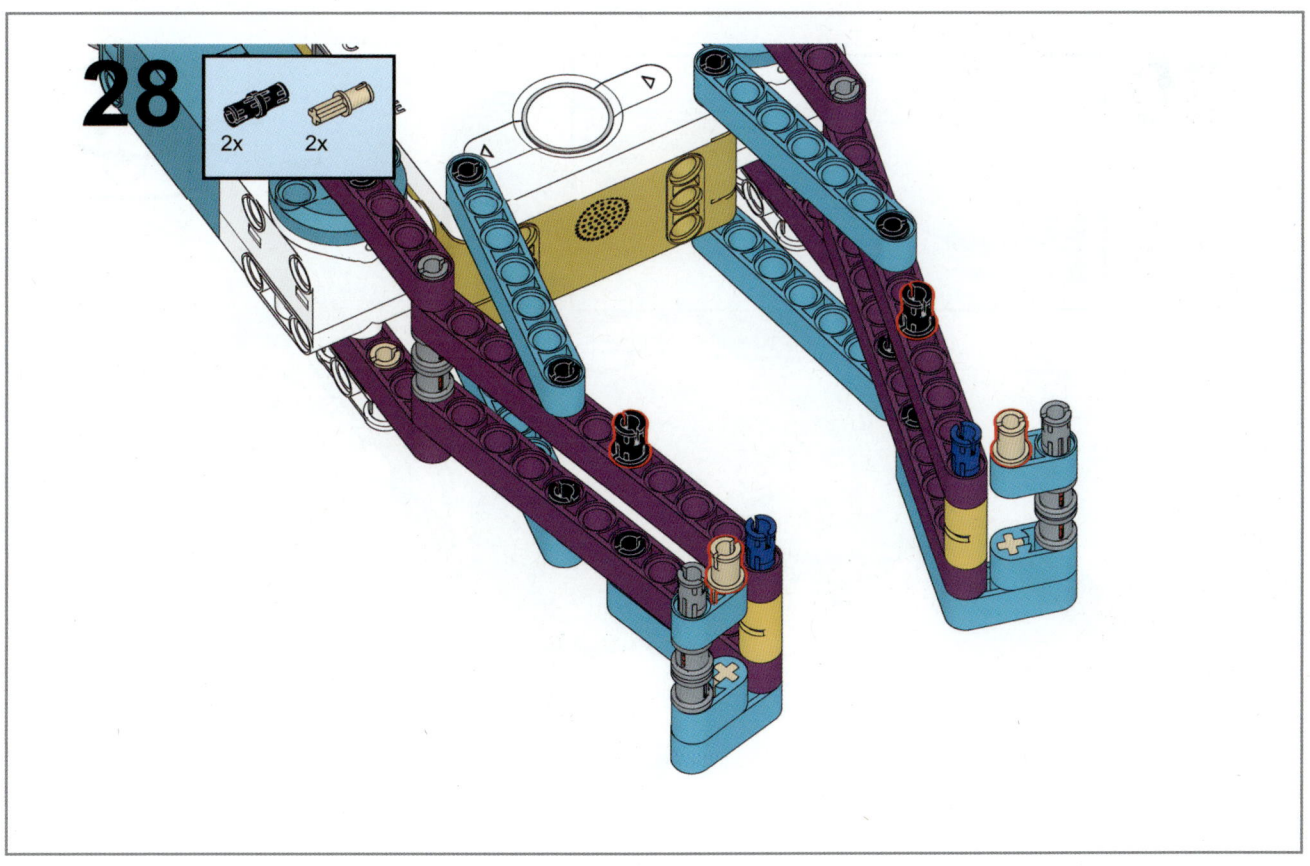

조립하기 역도 (Weightlifting)

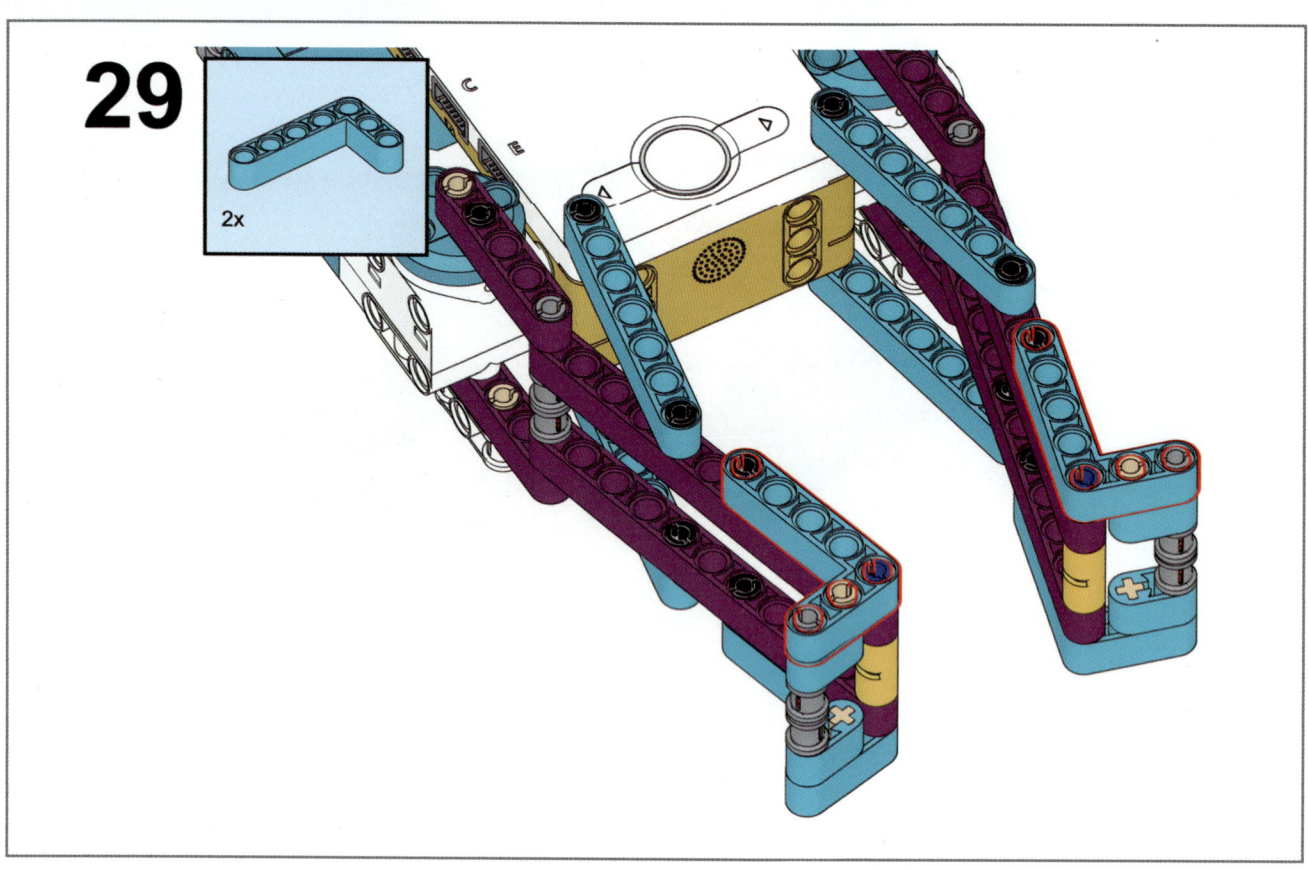

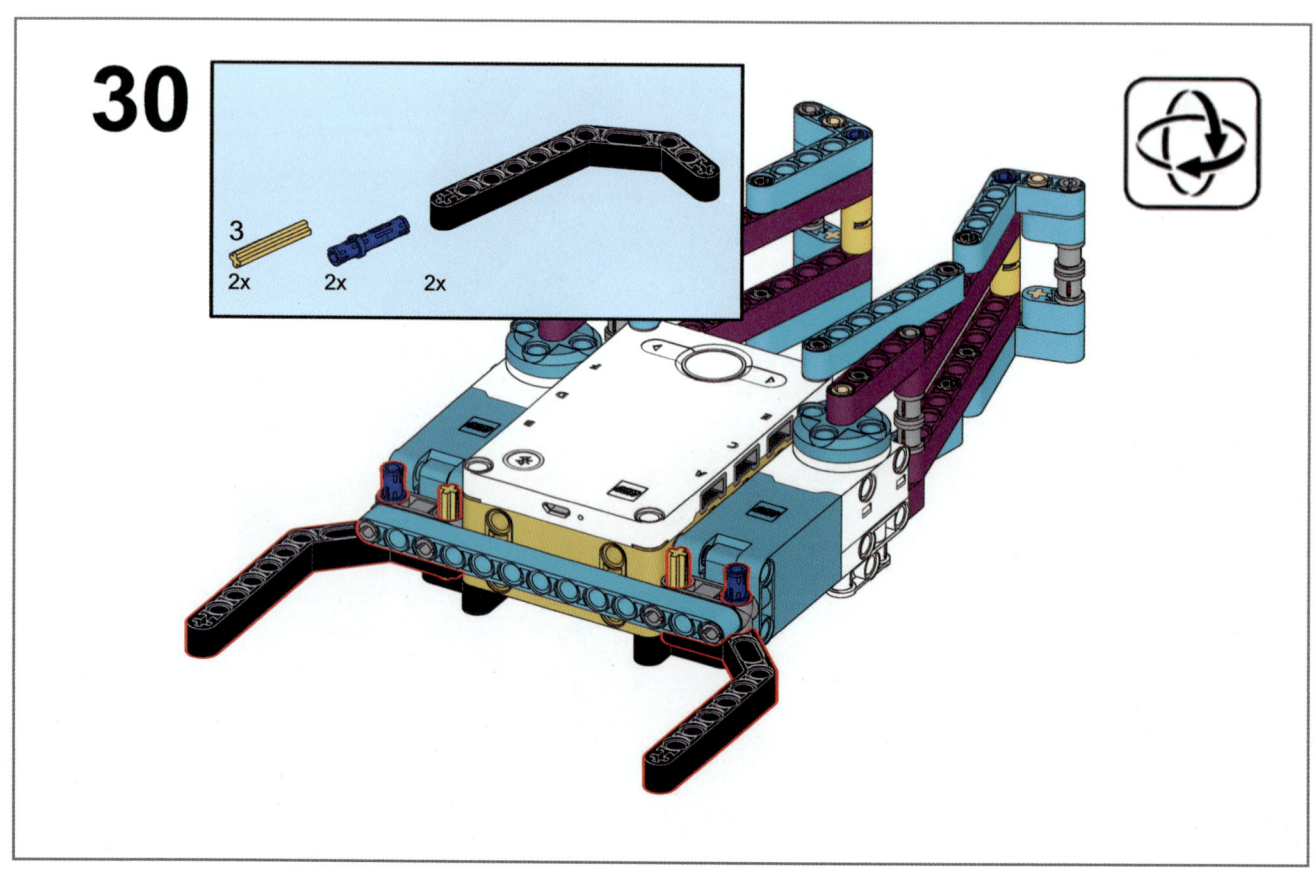

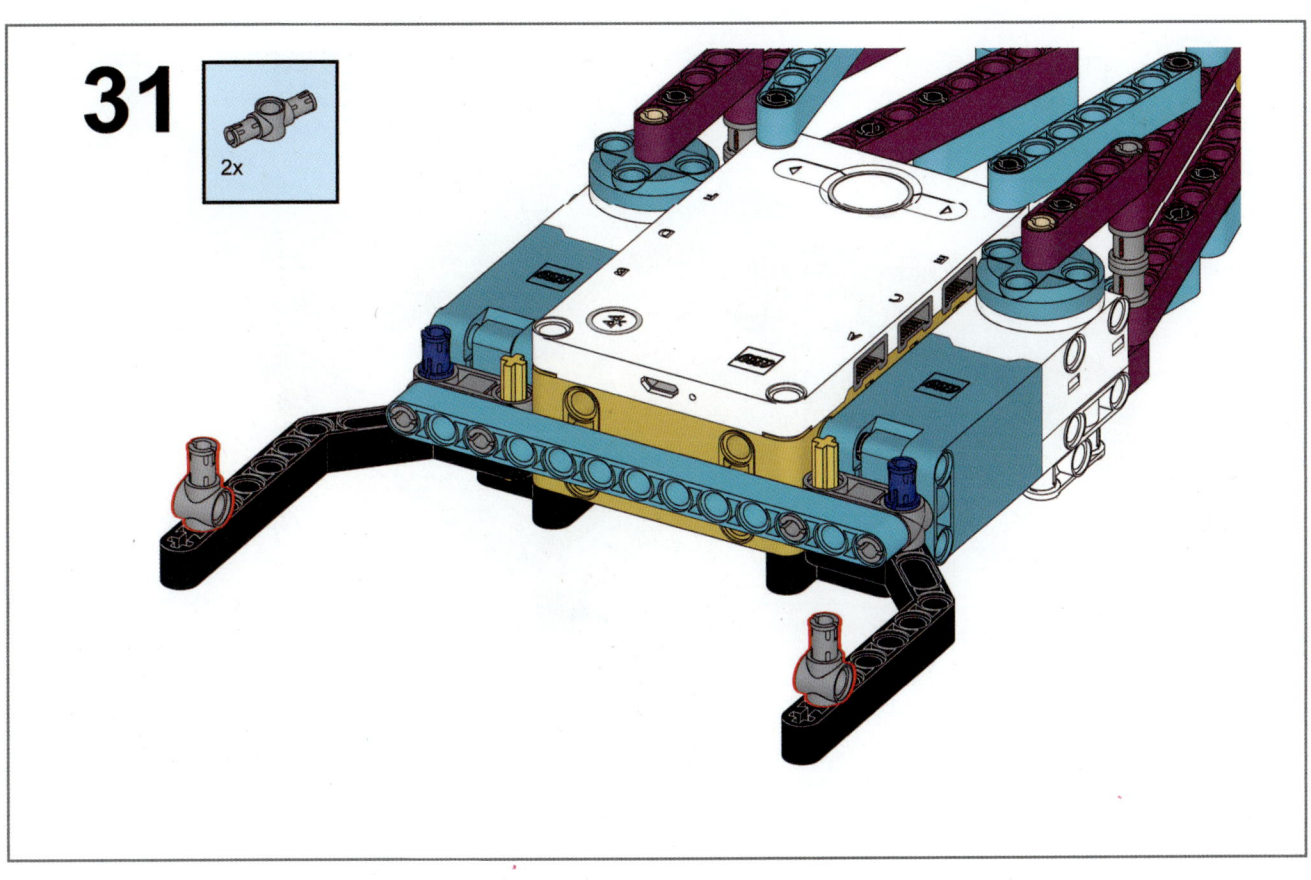

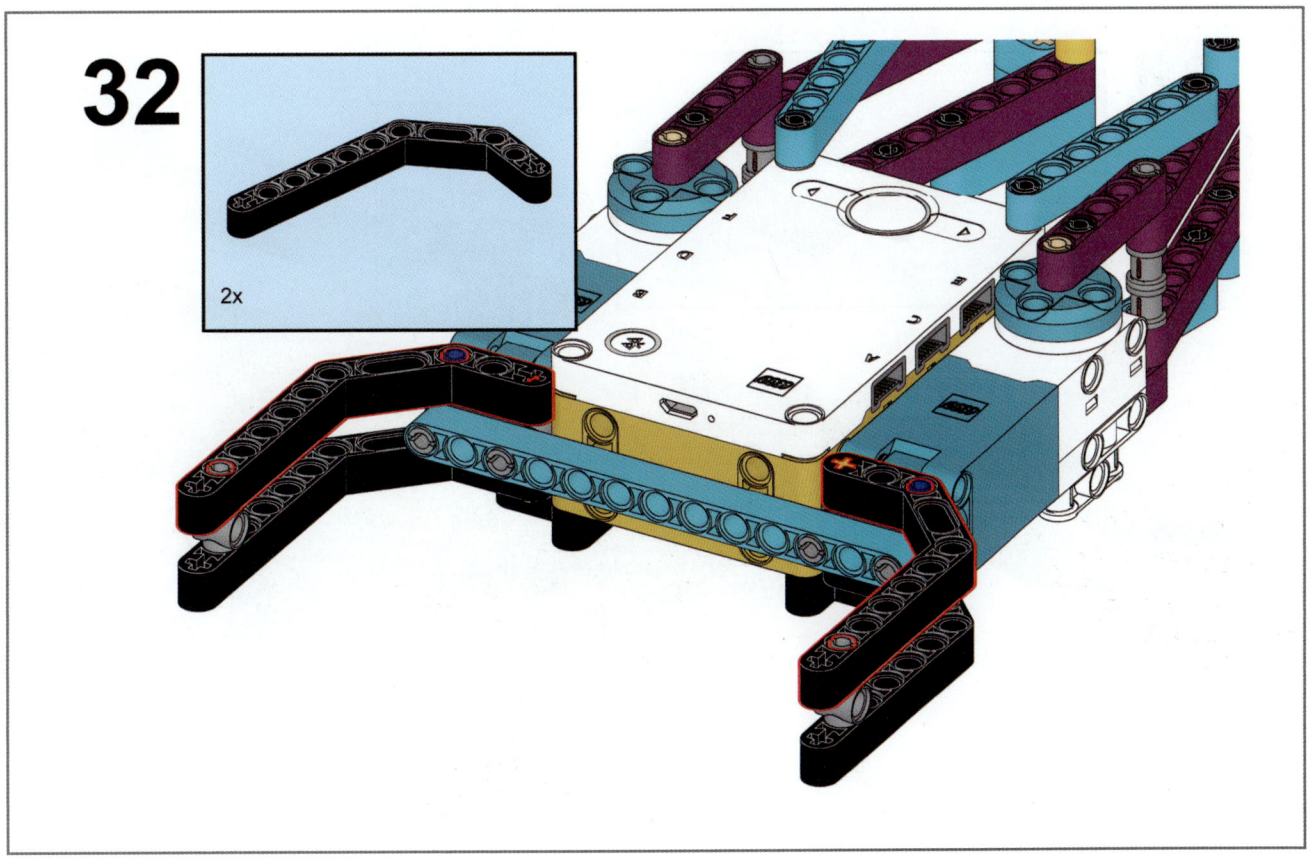

역도 (Weightlifting) 49

조립하기 역도 (Weightlifting)

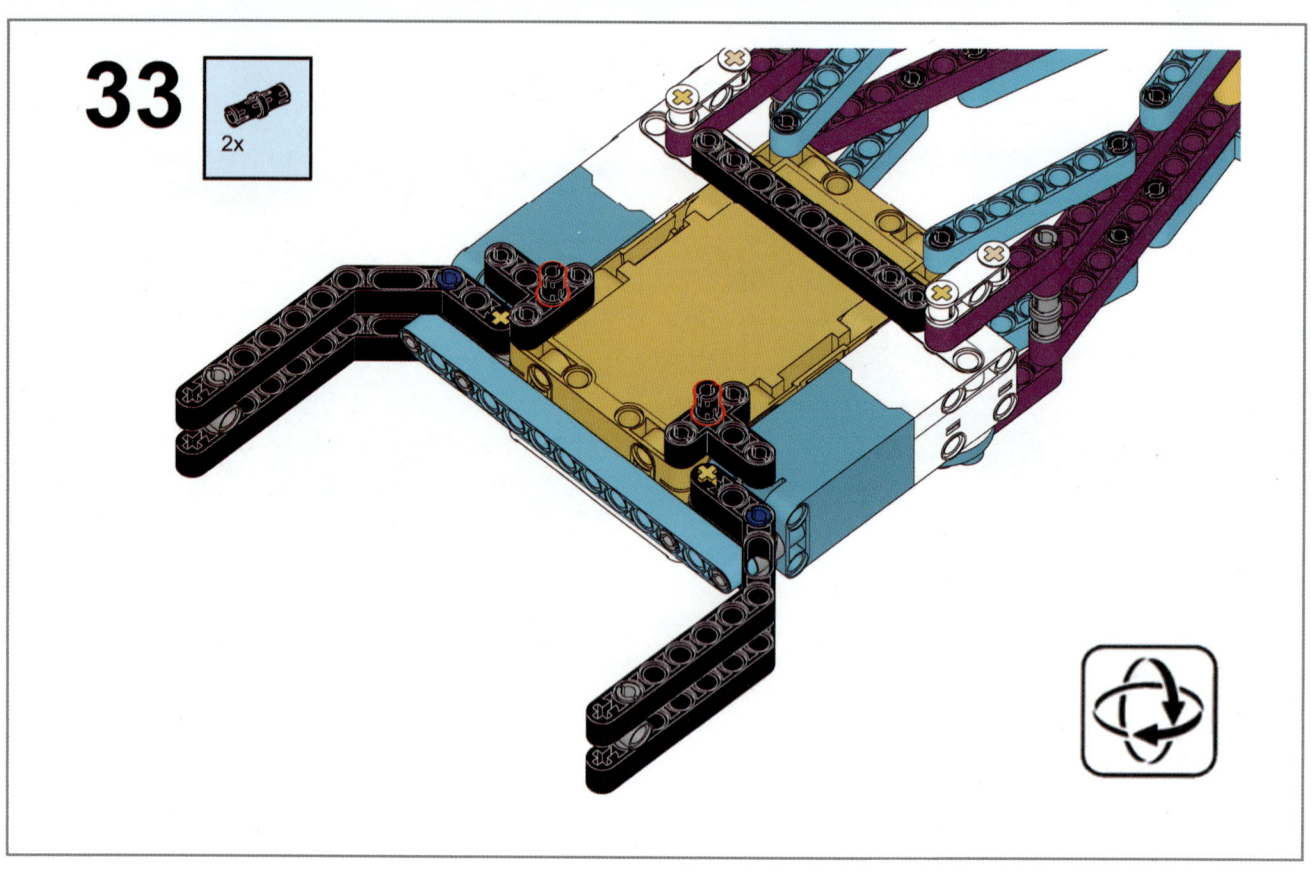

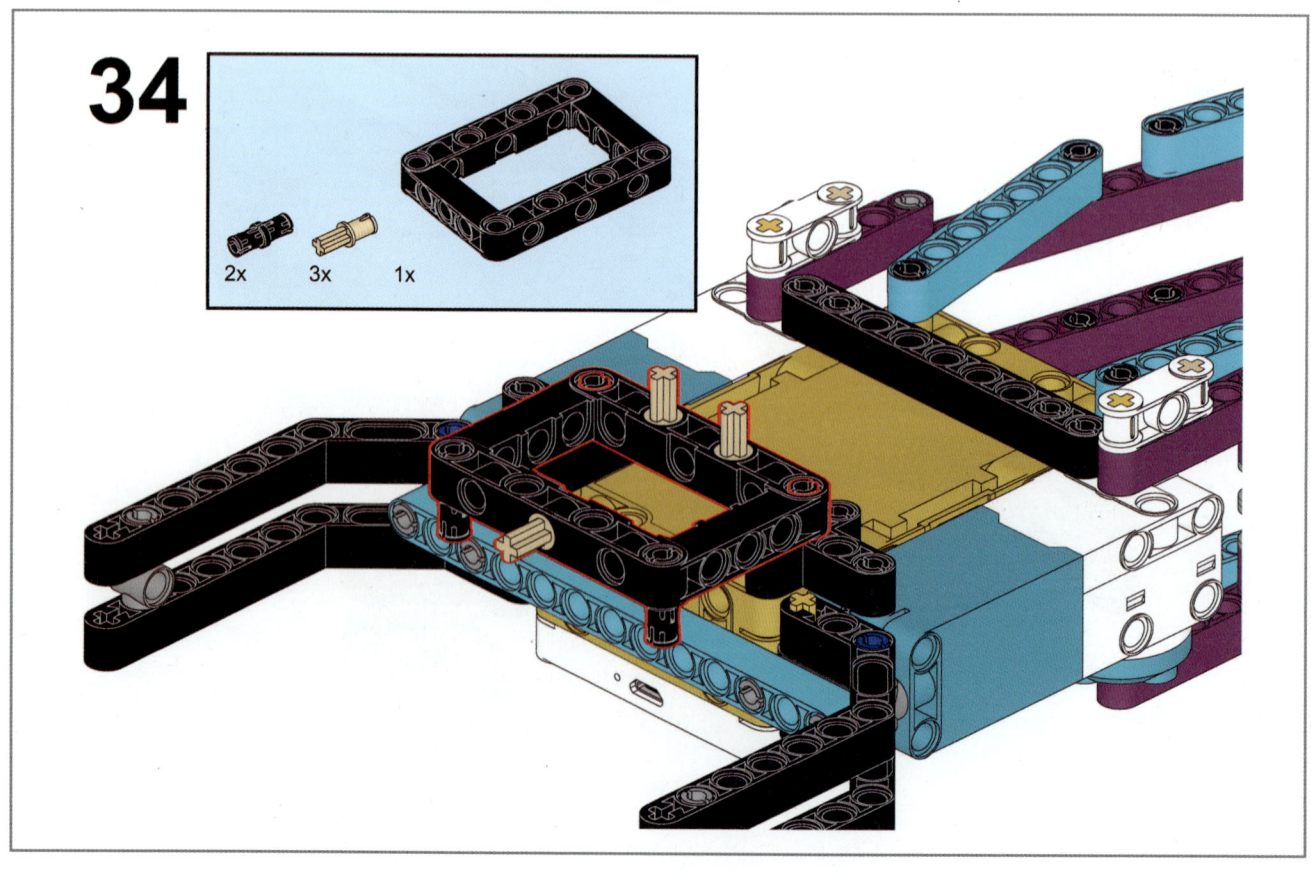

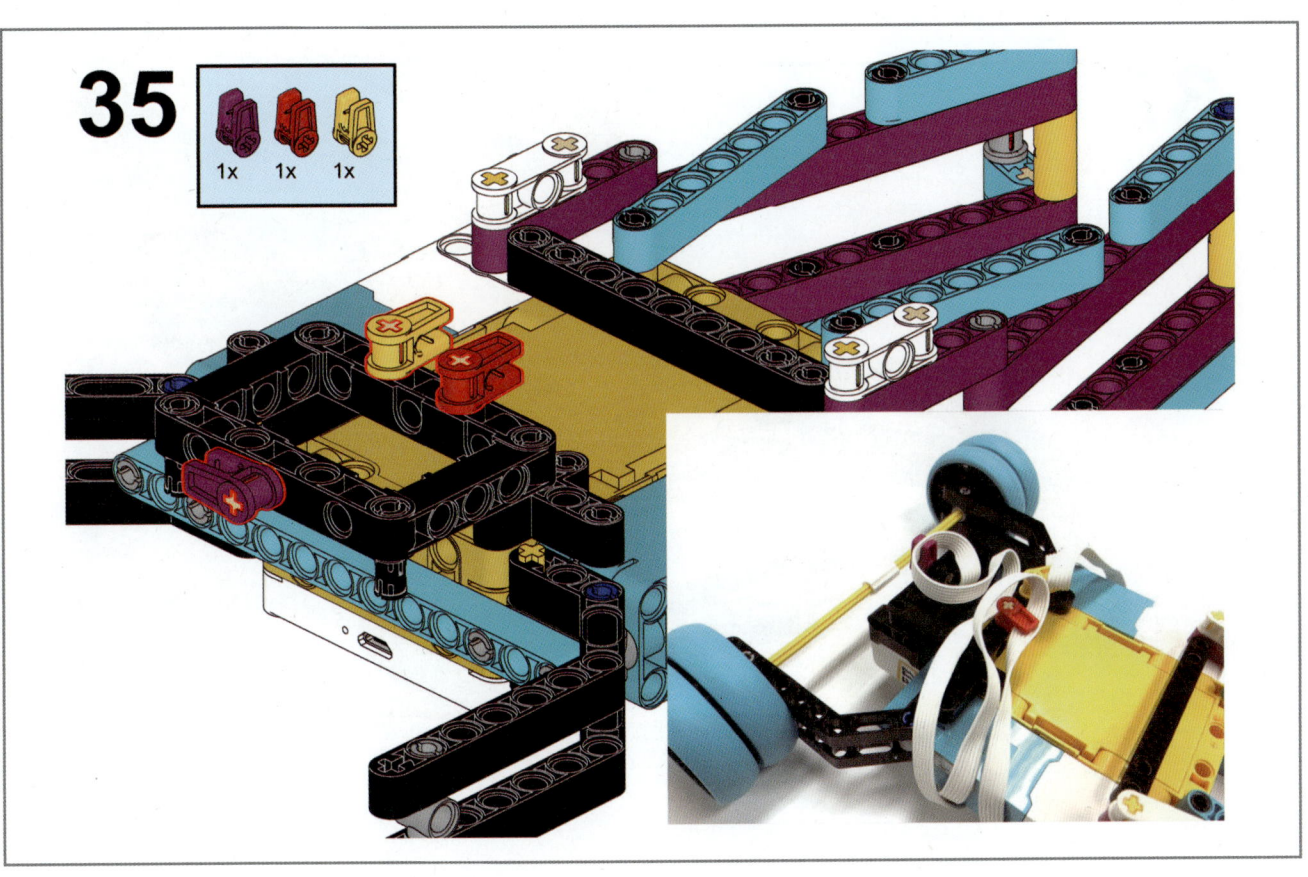

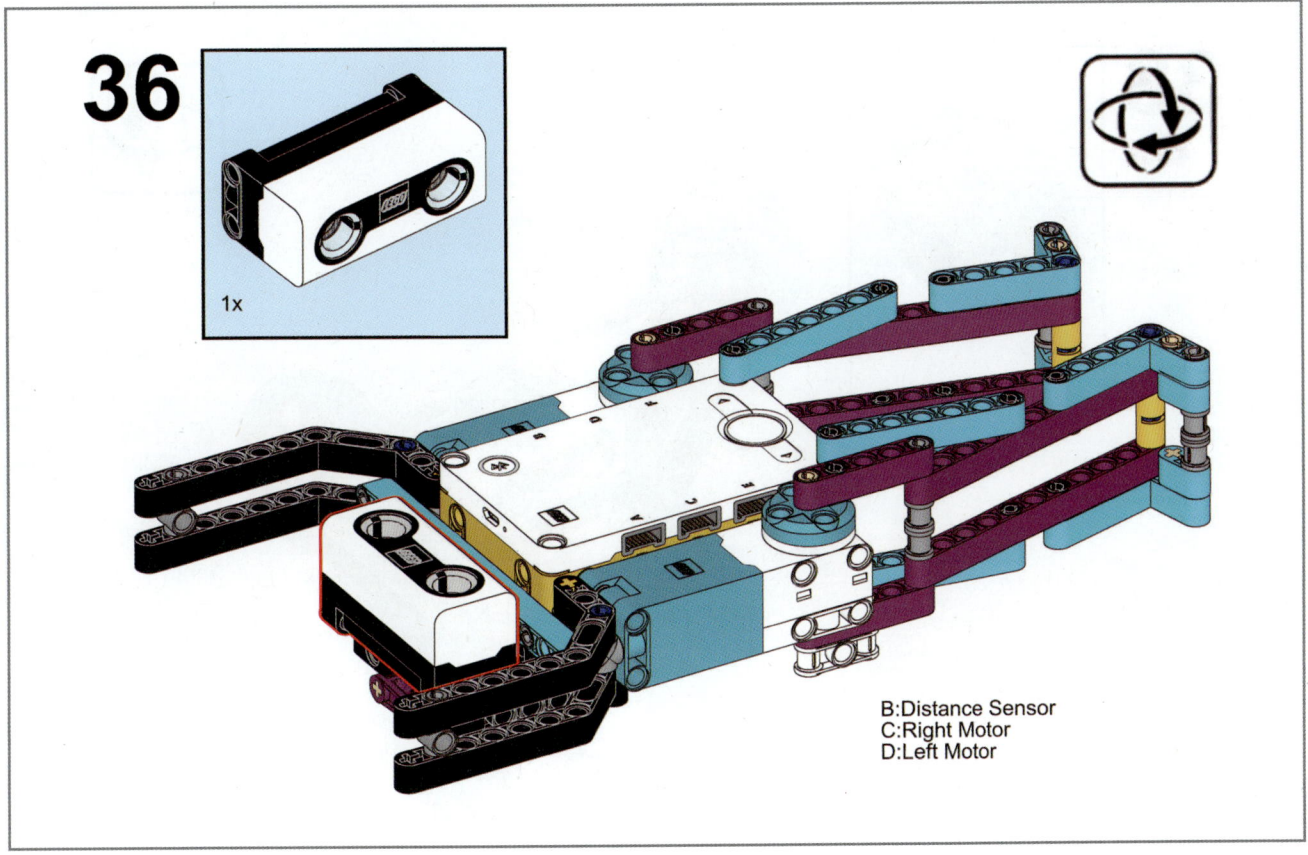

B:Distance Sensor
C:Right Motor
D:Left Motor

역도 (Weightlifting)

조립하기 역도 (Weightlifting)

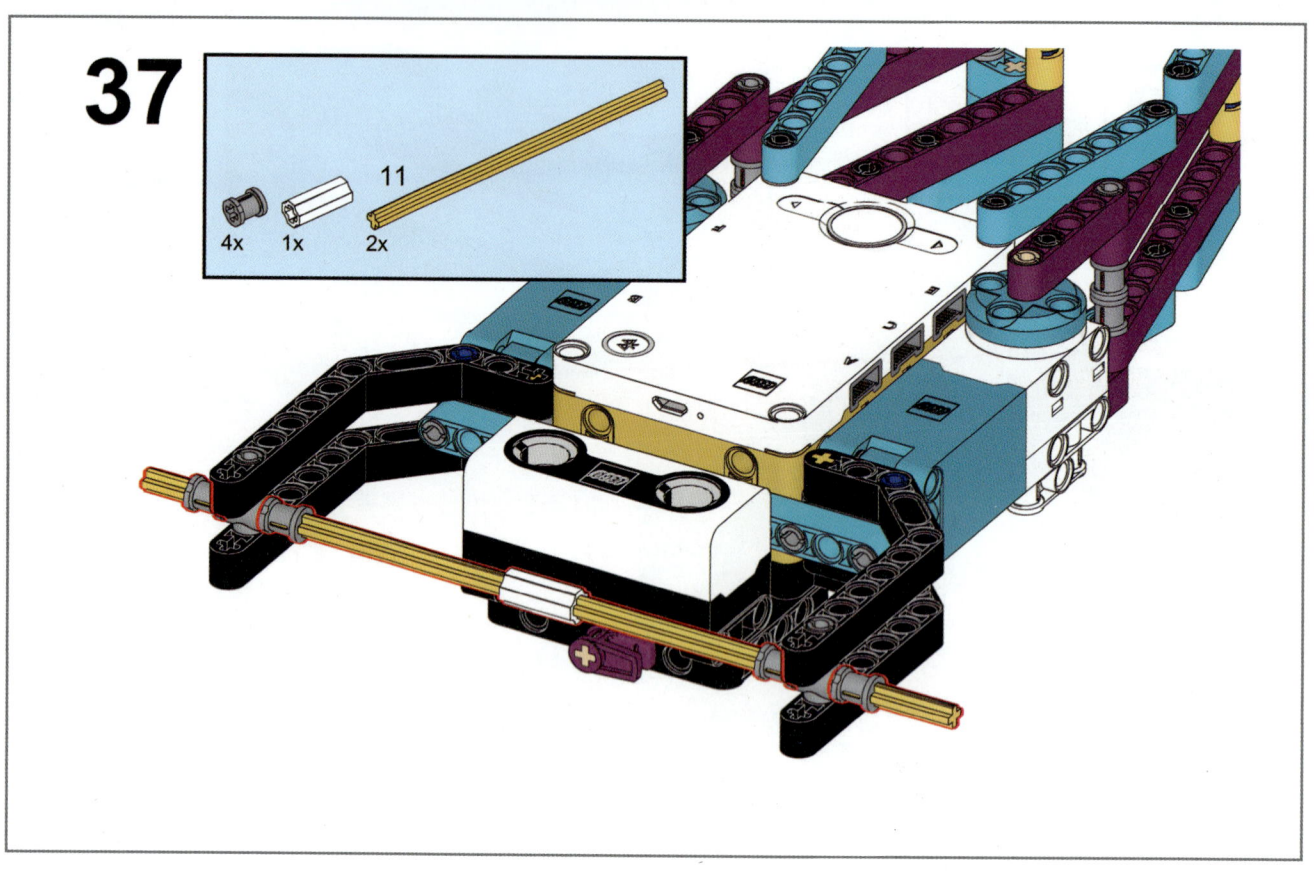

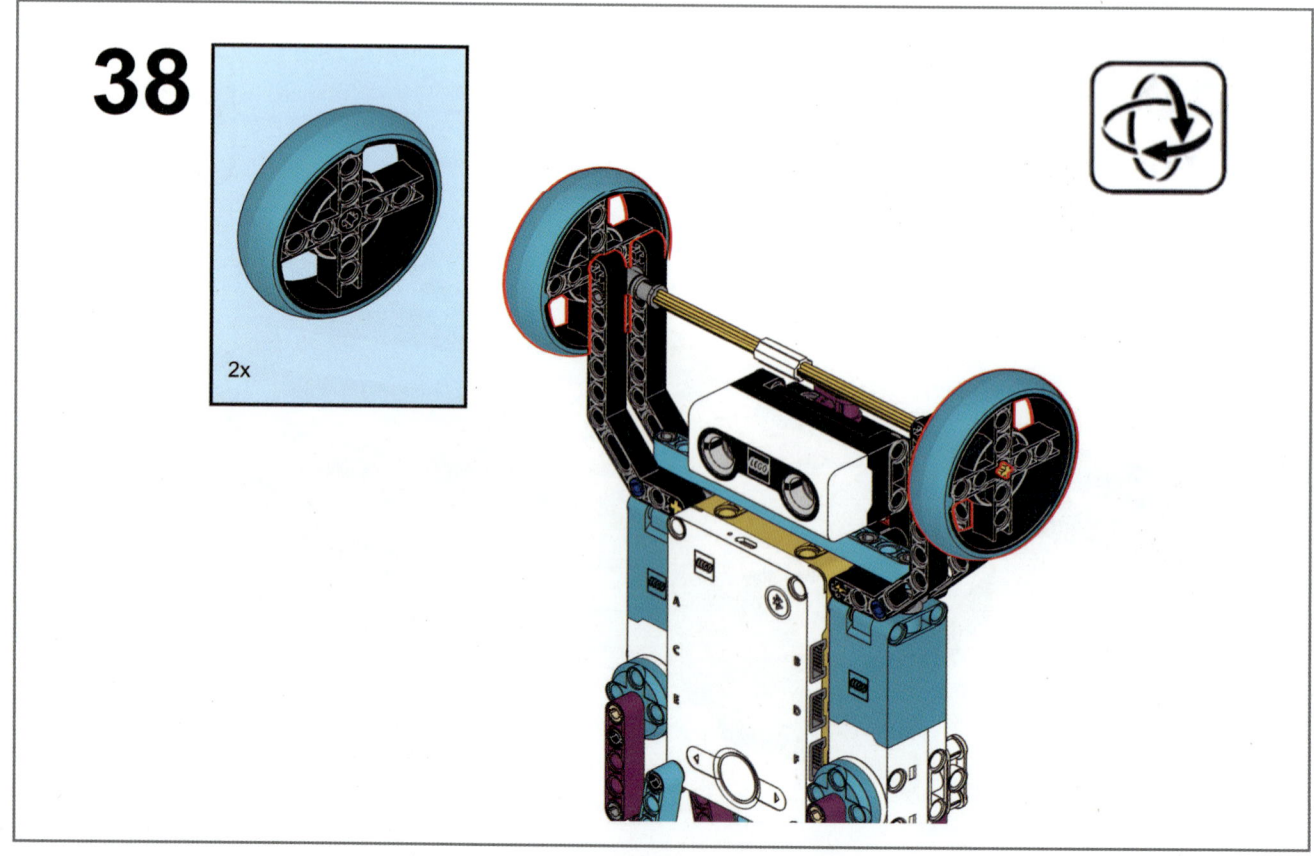

39

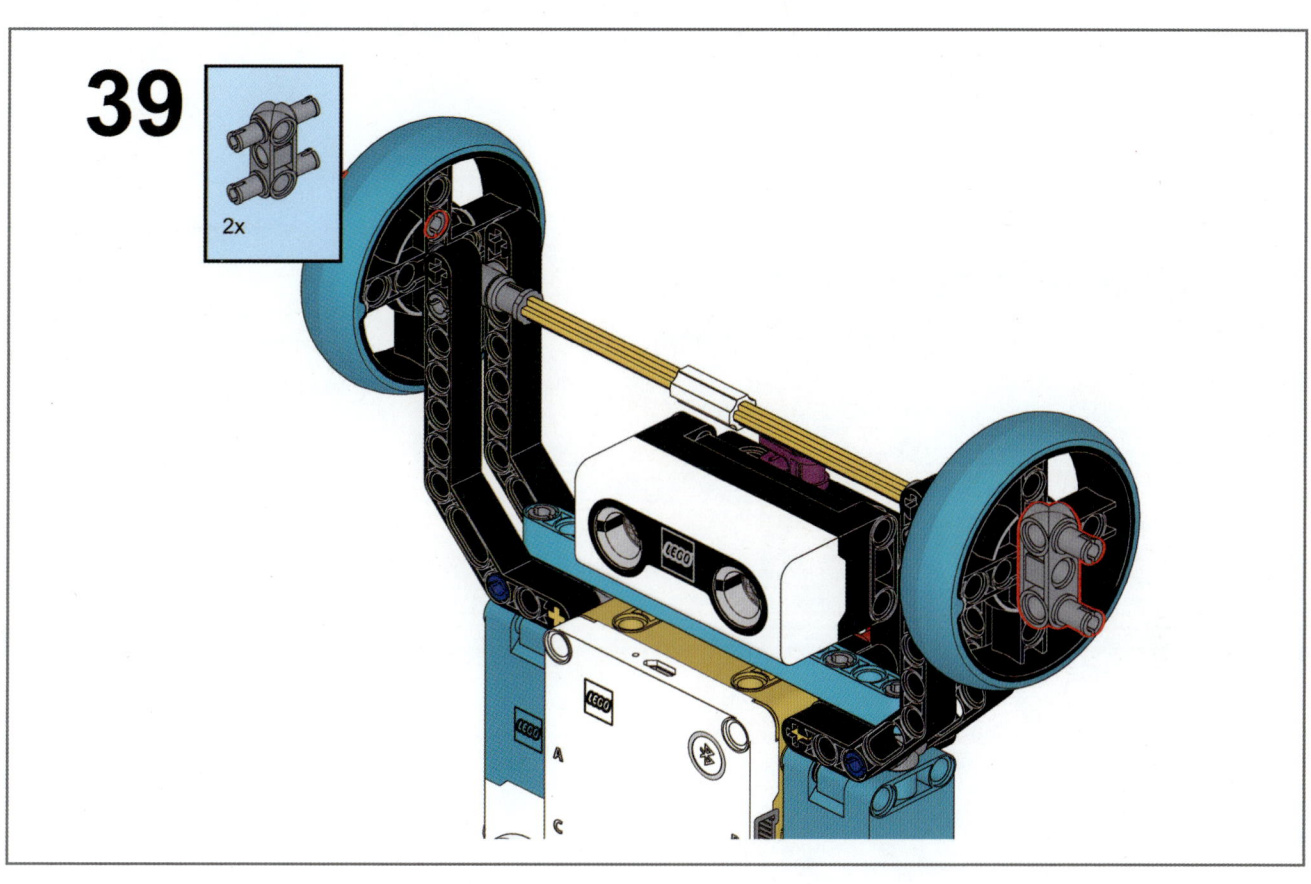

40

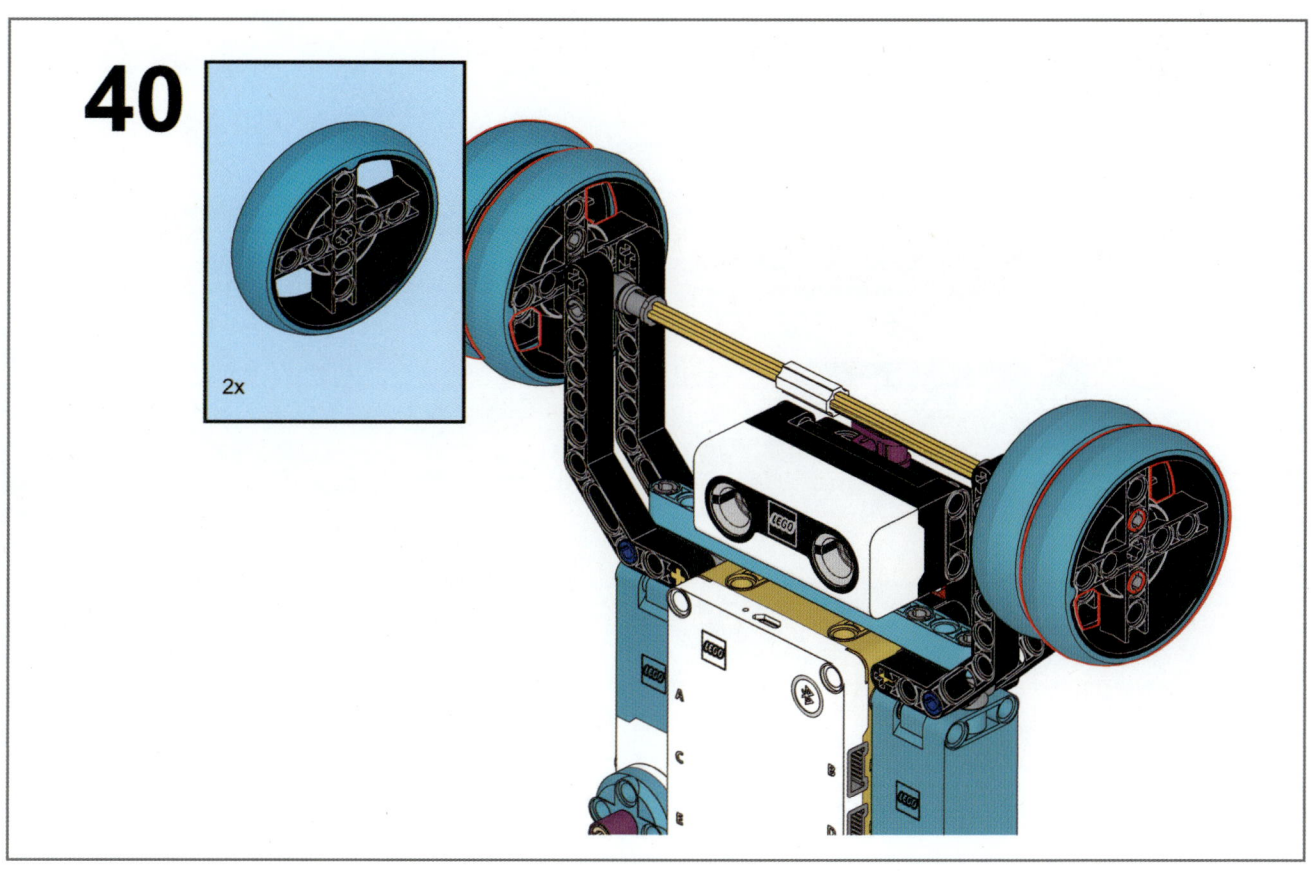

역도 (Weightlifting)

조립하기 역도 (Weightlifting)

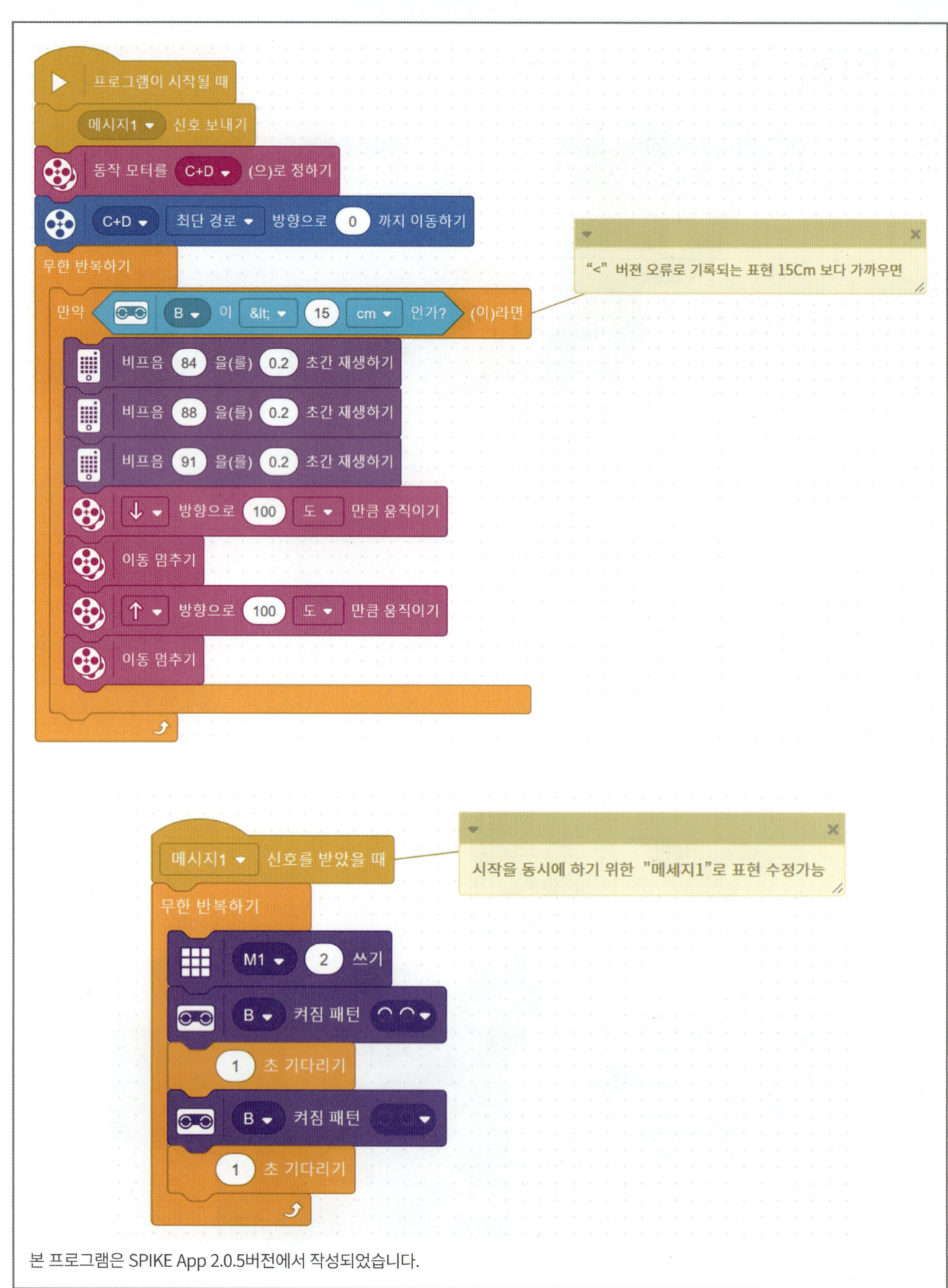

본 프로그램은 SPIKE App 2.0.5버전에서 작성되었습니다.

완성!

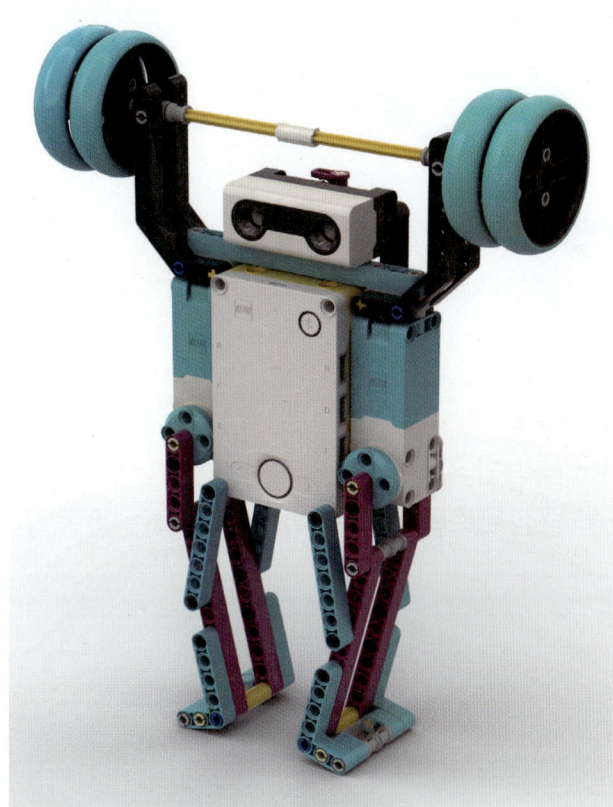

동작 동영상

역도 (Weightlifting) 55

03 네발 걷기 (Tiger Crawl)

집에서도 특별한 기구 없이 할 수 있는 간단한 운동입니다.
복근을 중심으로 전신 운동까지 이어지는 운동입니다.

동작 동영상

필요 부품 목록

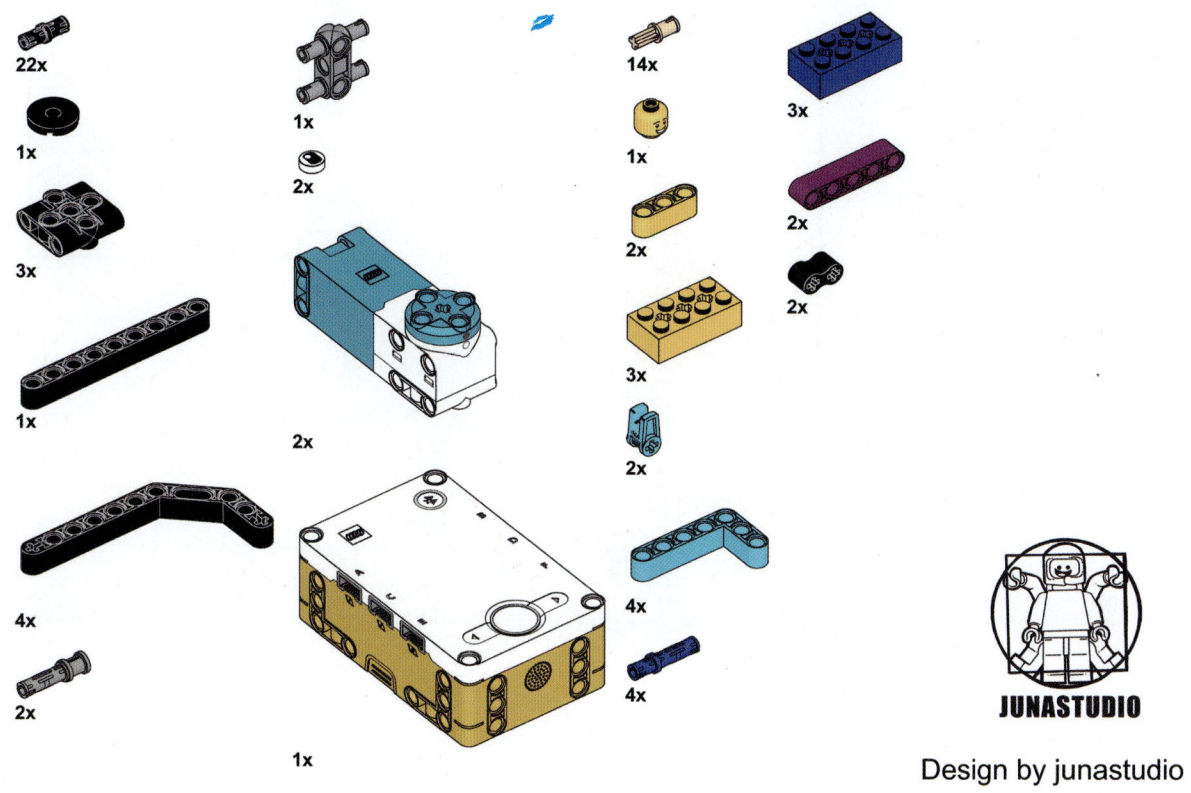

해당 차시는 스파이크™ 프라임 코어세트(45678)에 포함된 부품 보충팩을 사용해야 합니다

Design by junastudio

네발 걷기(Tiger Crawl)

조립하기   네발 걷기 (Tiger Crawl)

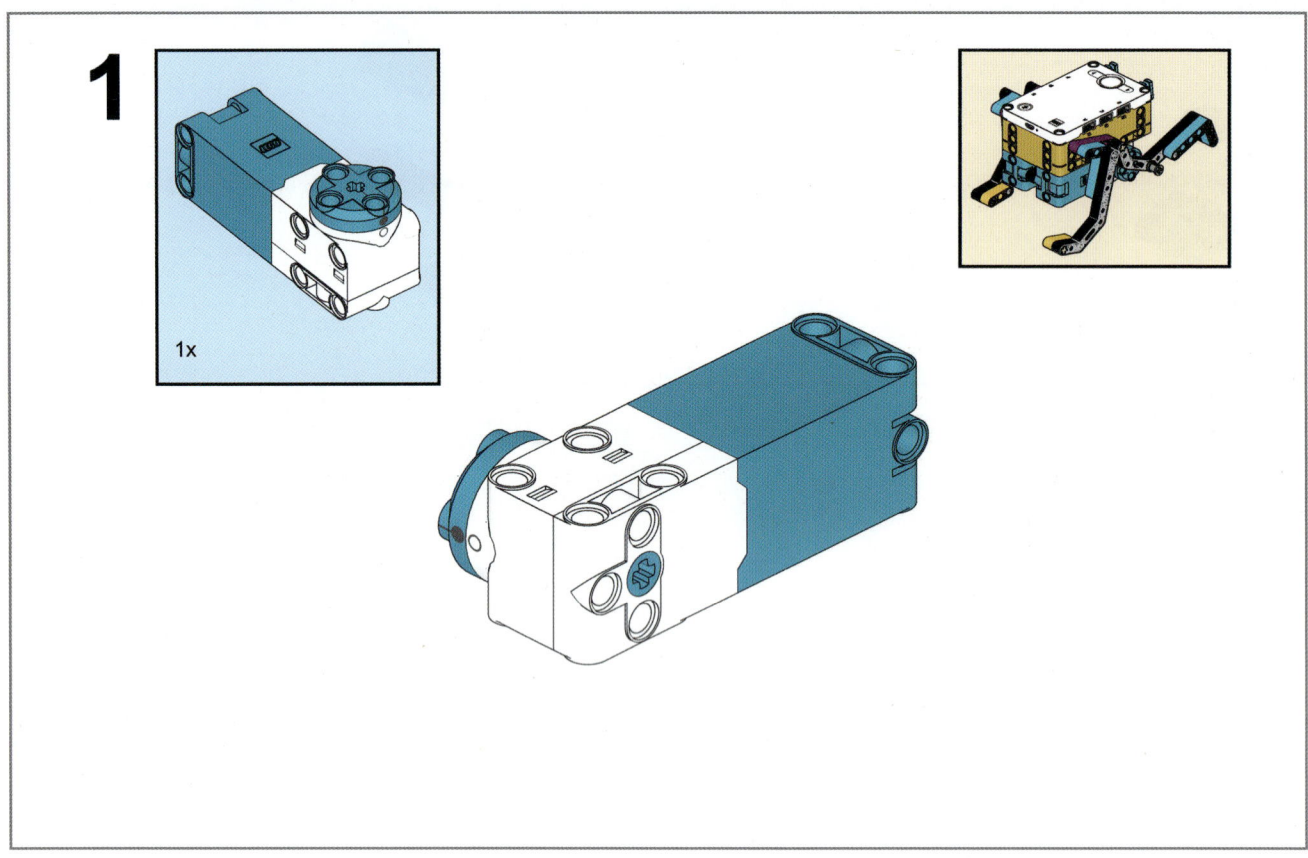

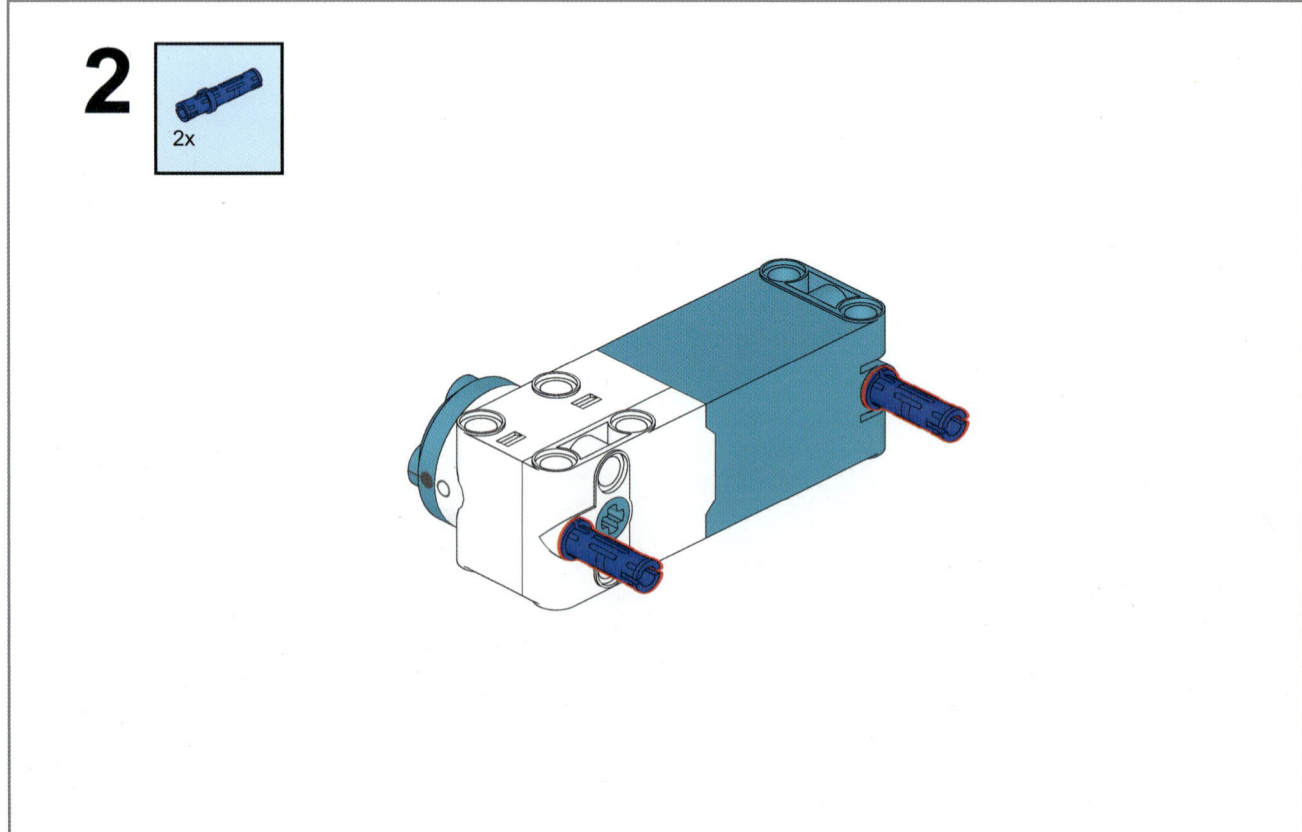

3

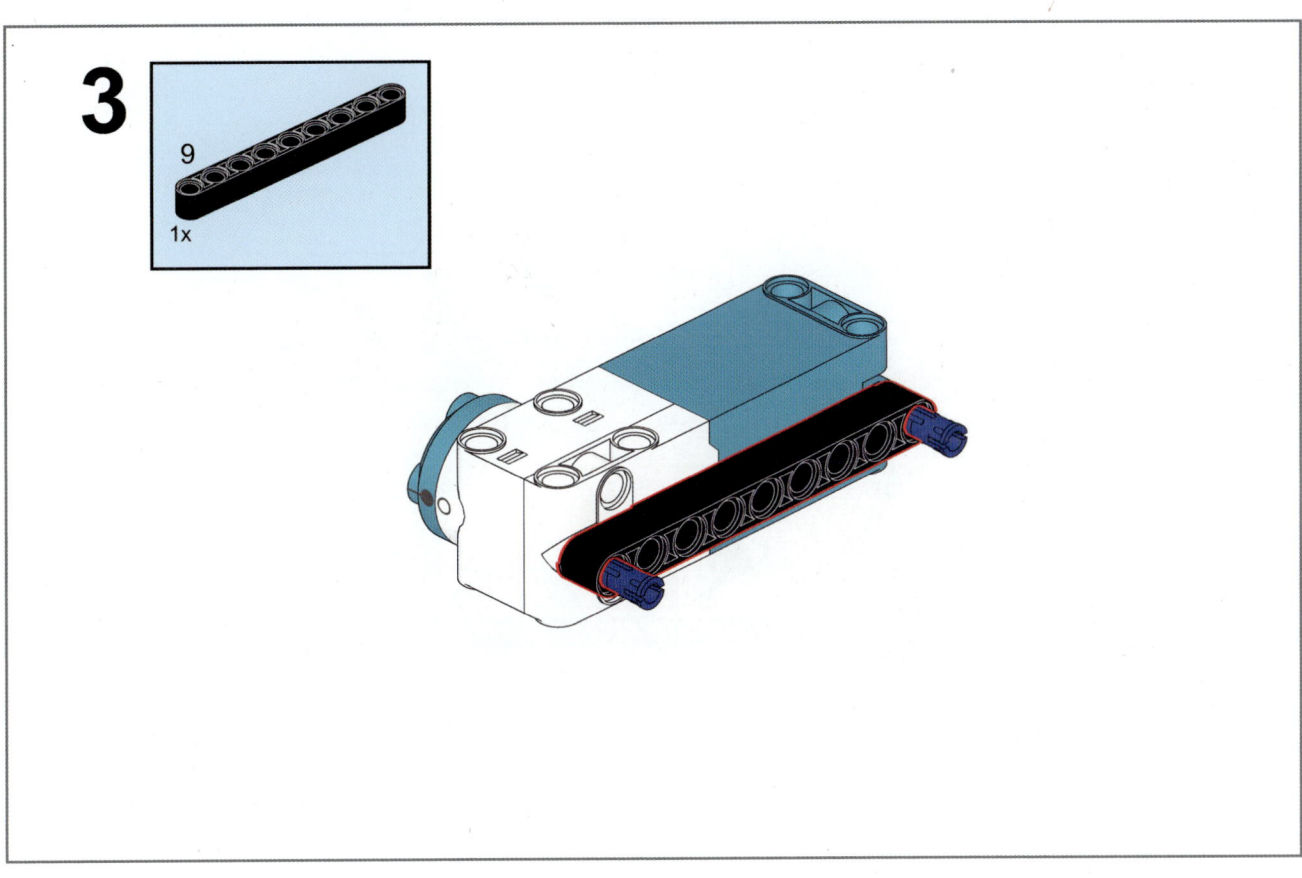

4

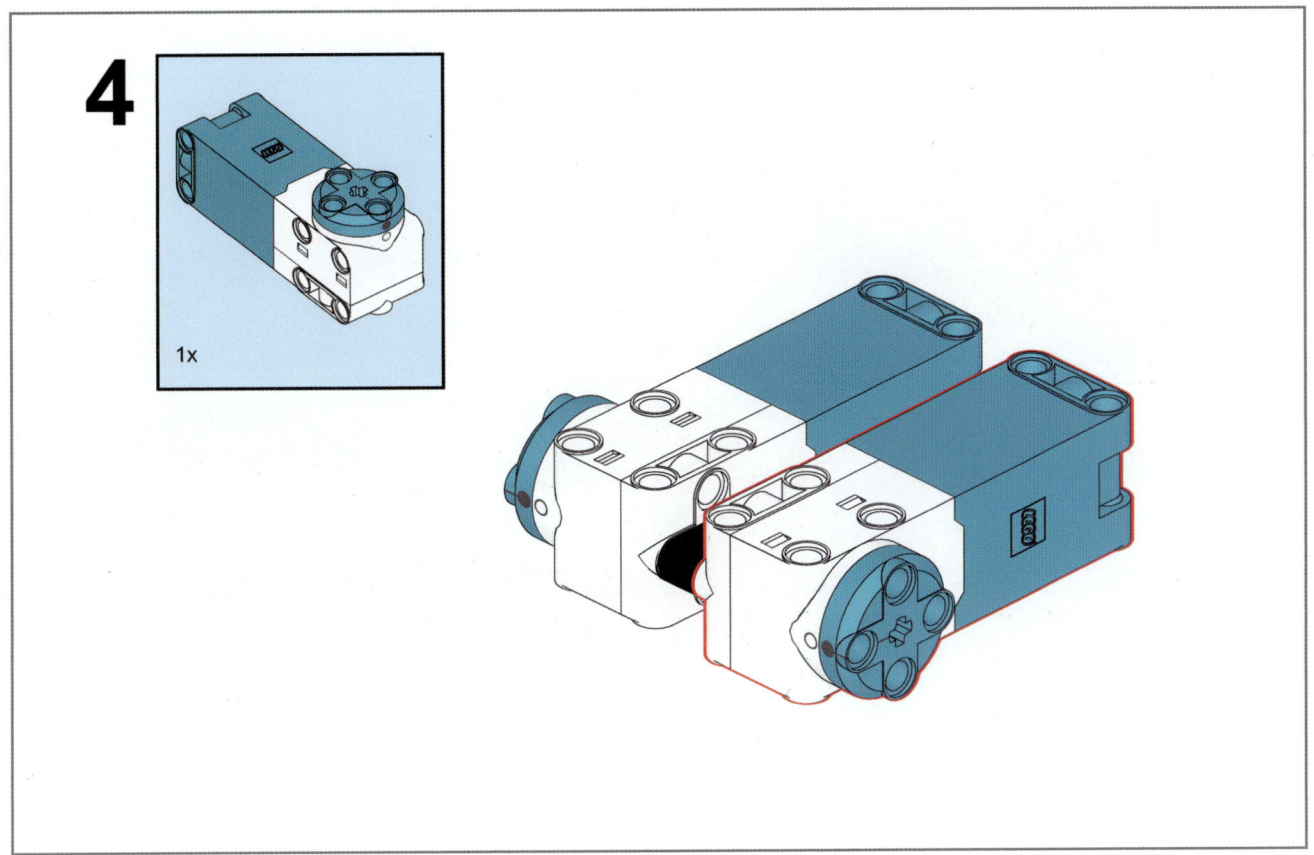

네발 걷기(Tiger Crawl)

조립하기   네발 걷기 (Tiger Crawl)

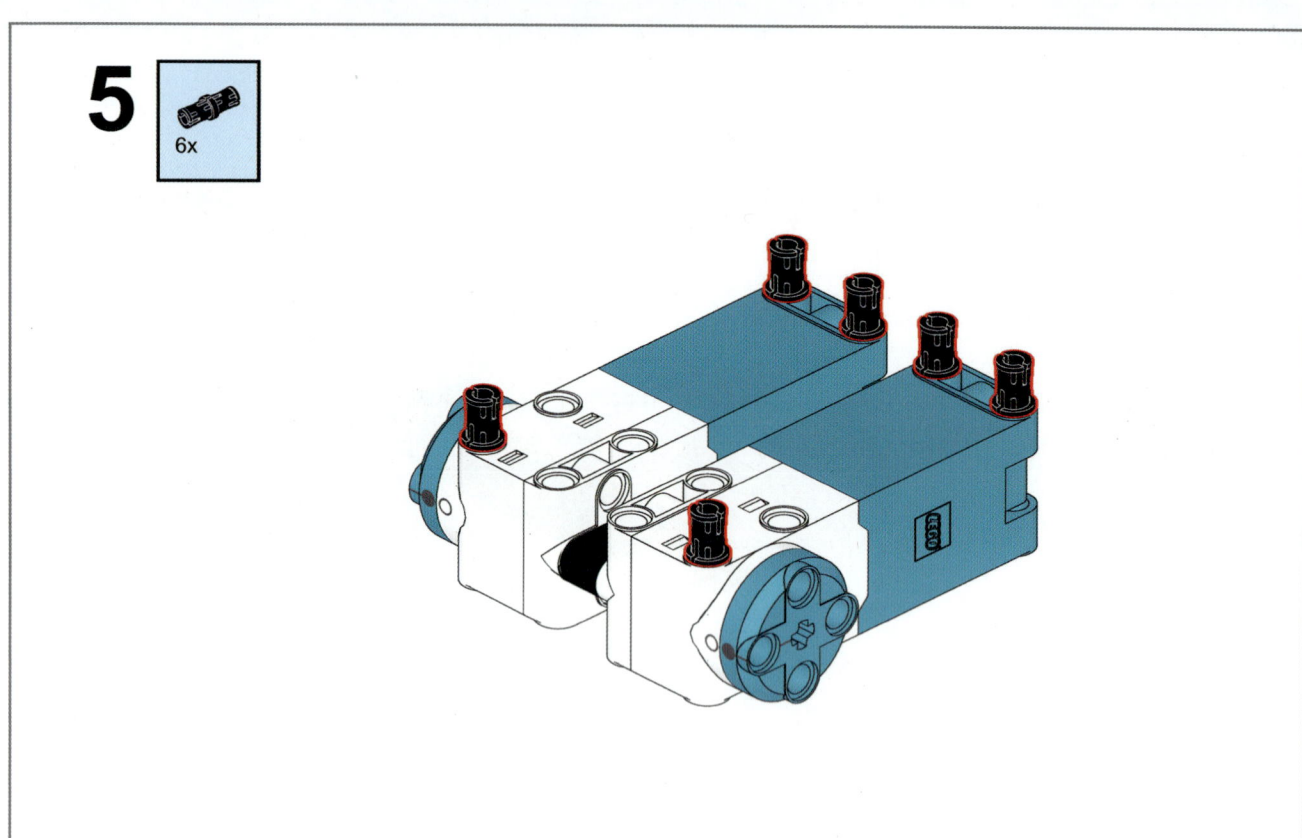

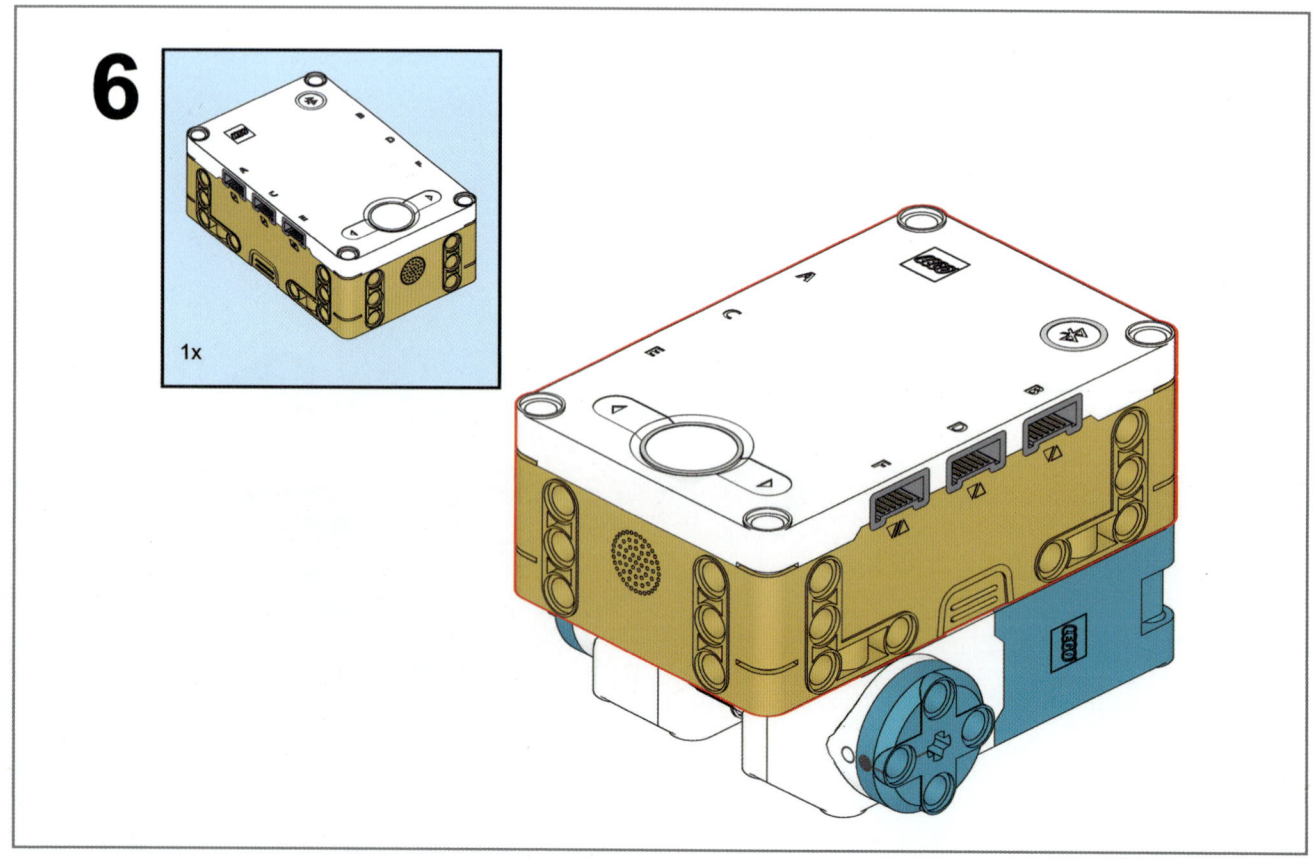

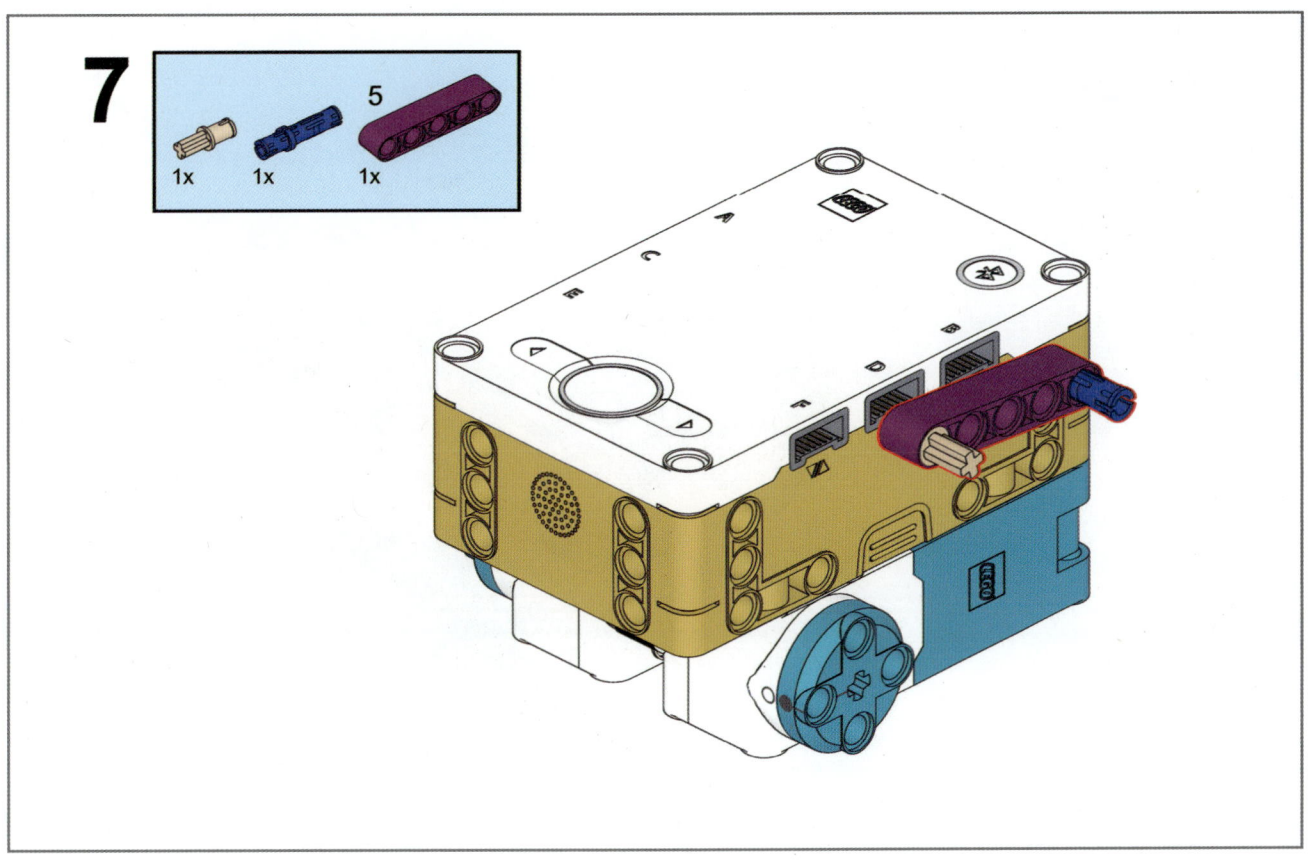
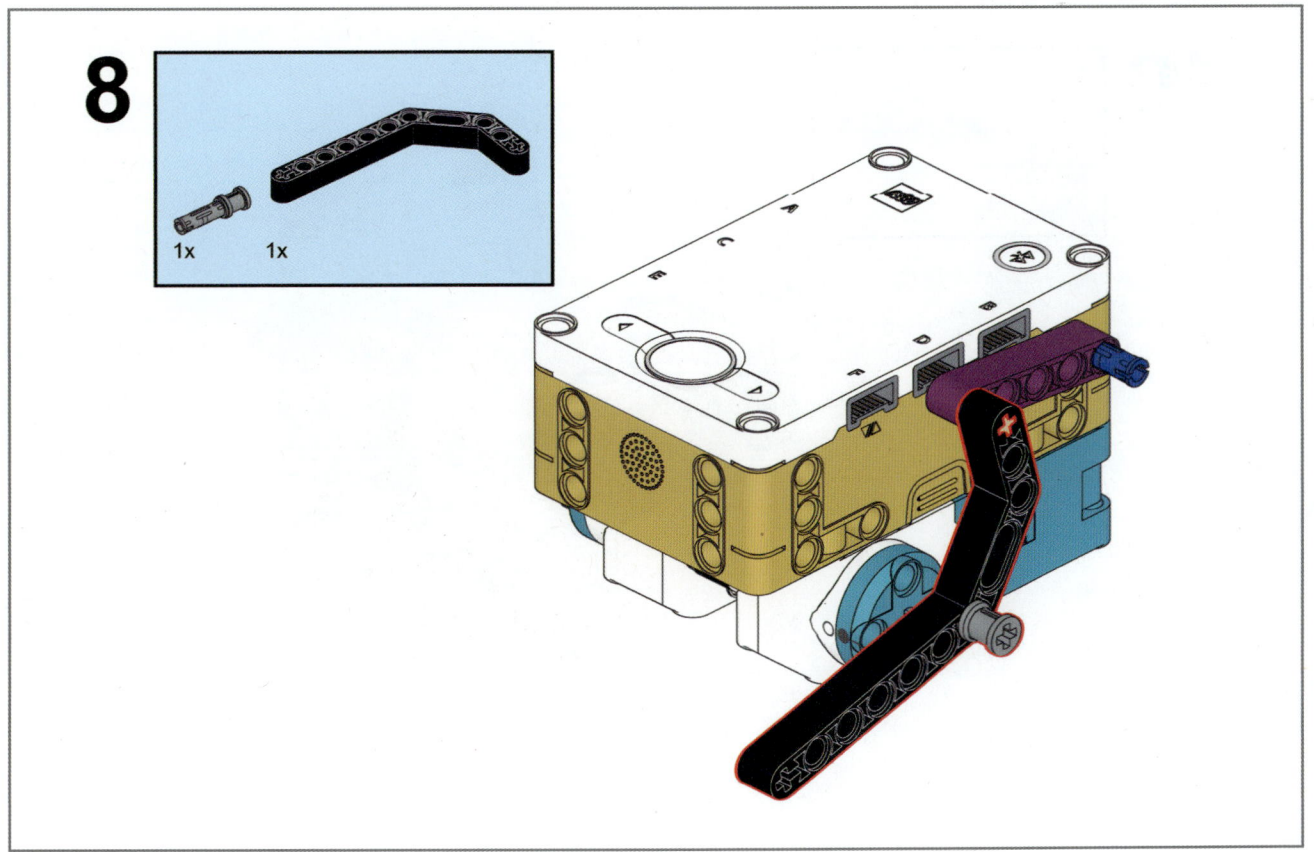

네발 걷기(Tiger Crawl)

조립하기   네발 걷기 (Tiger Crawl)

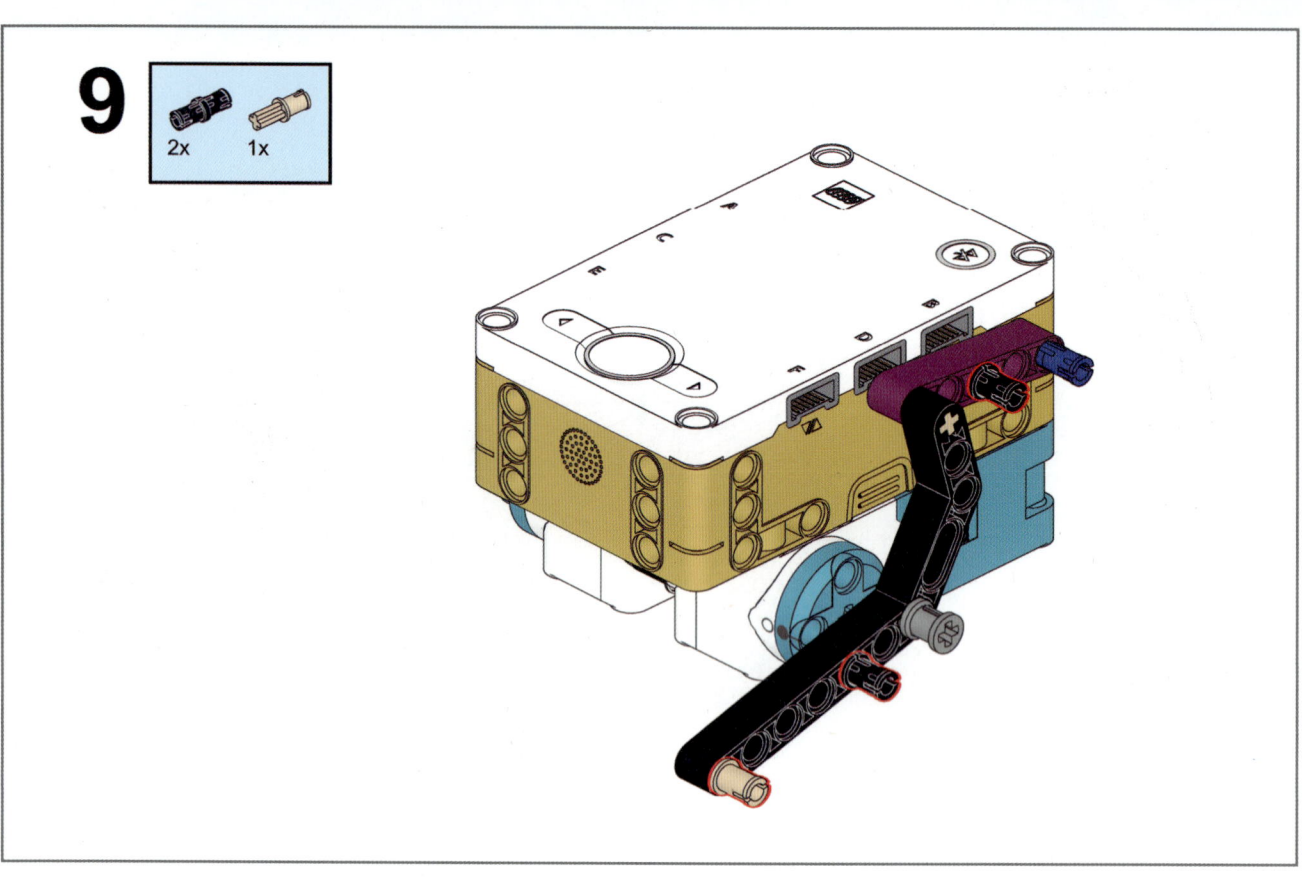

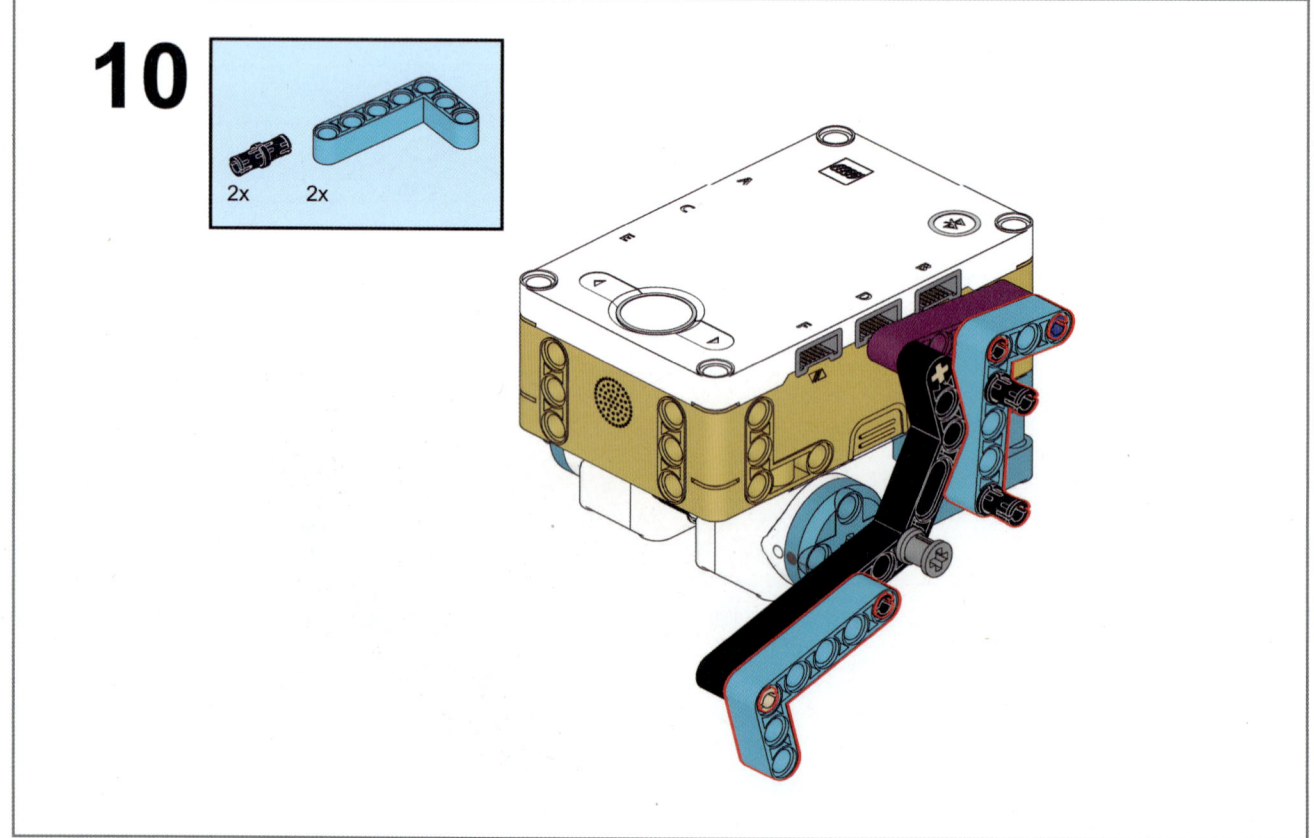

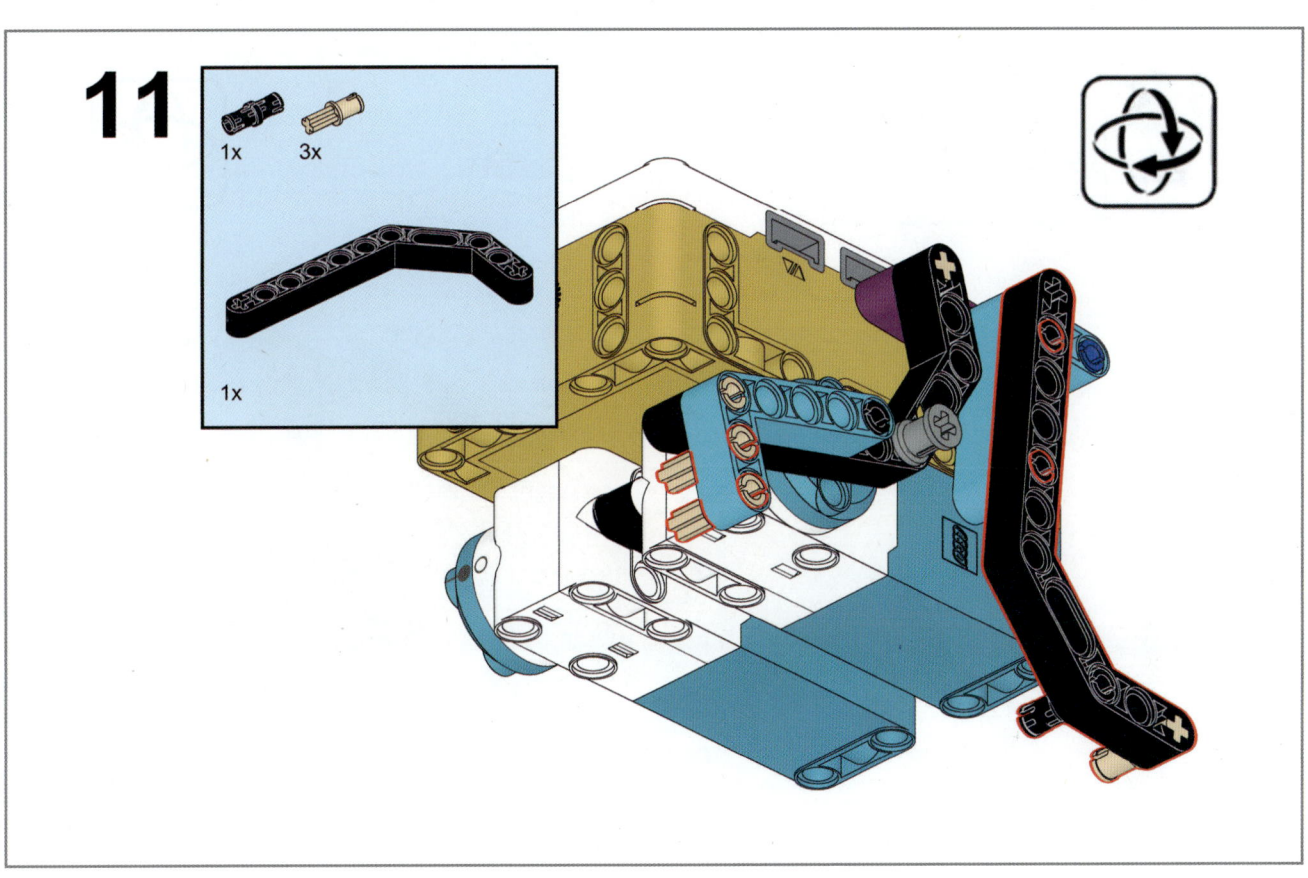
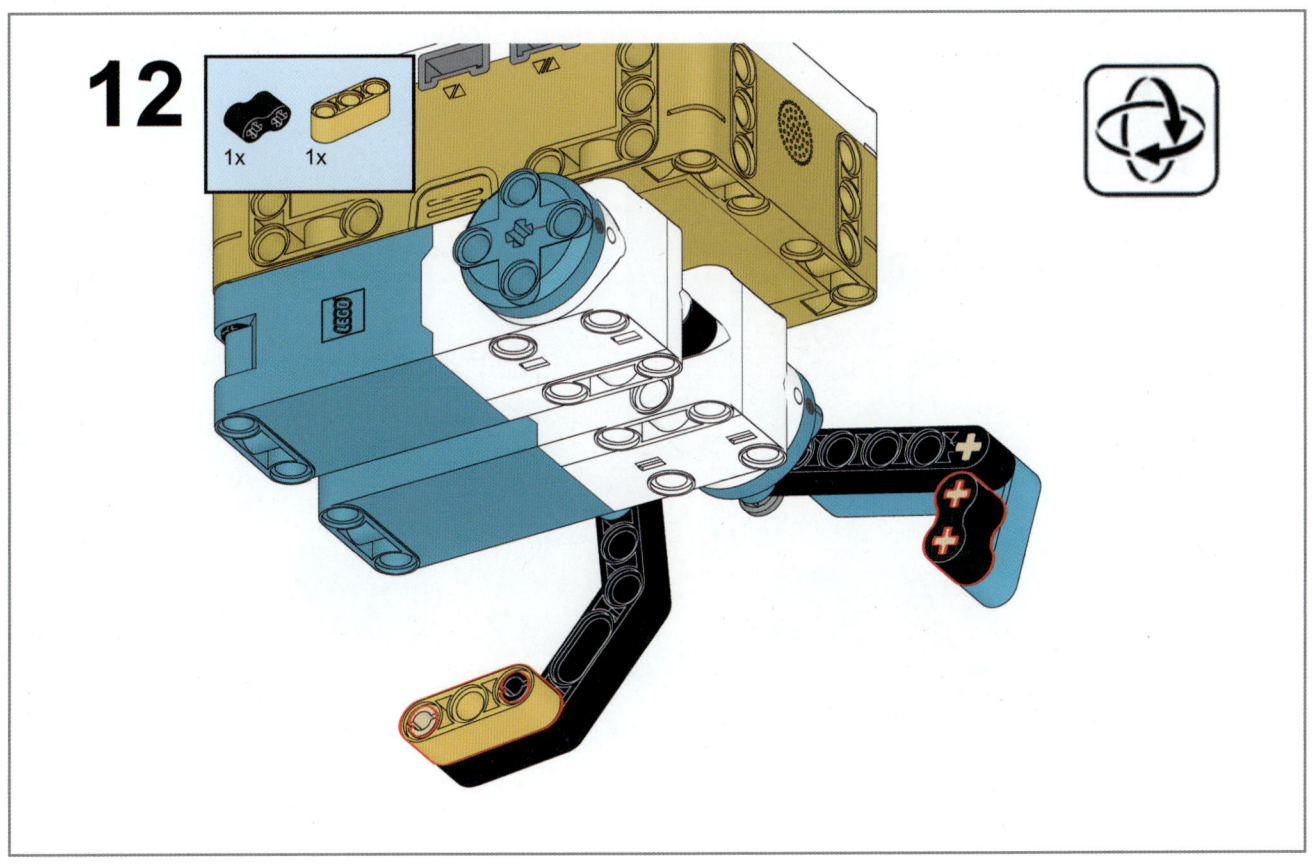

네발 걷기(Tiger Crawl)

조립하기 네발 걷기 (Tiger Crawl)

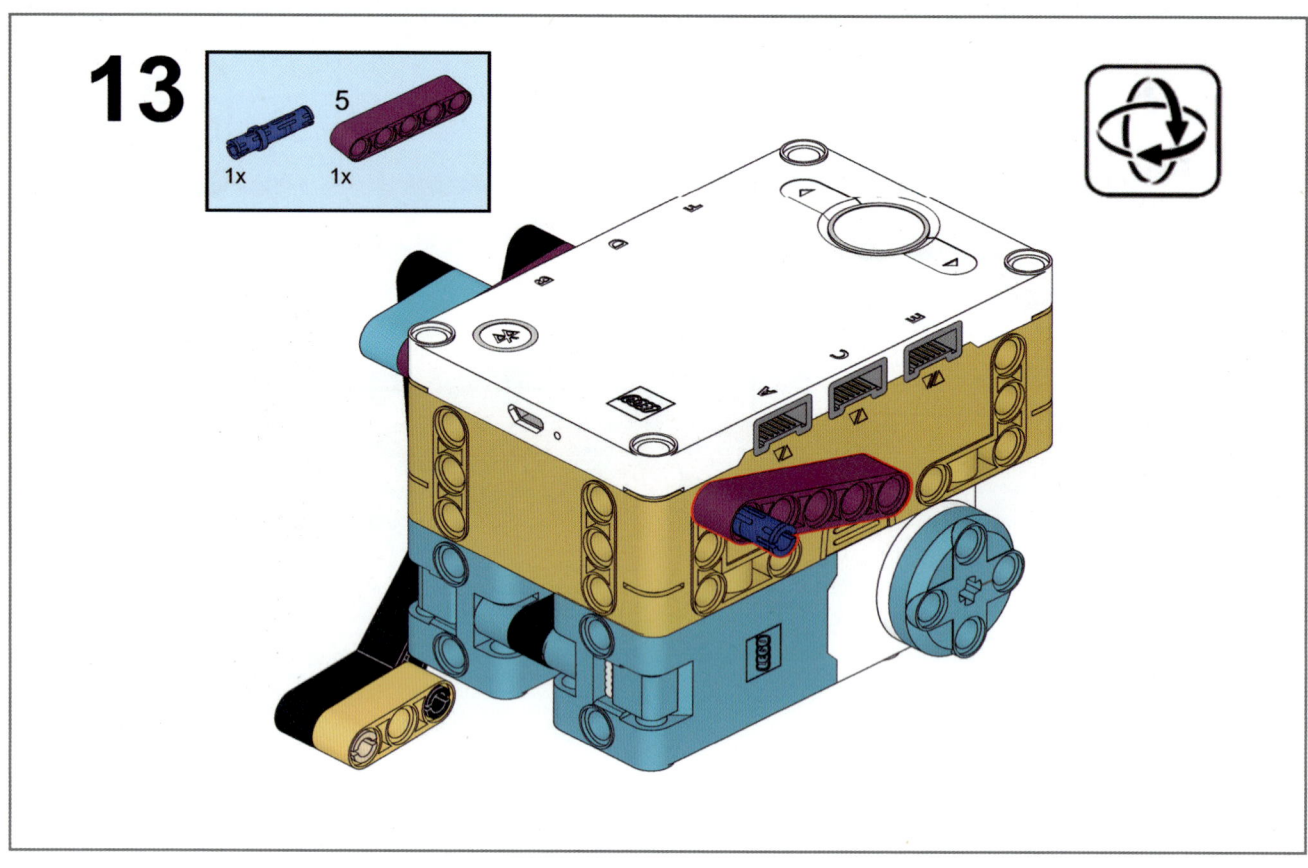

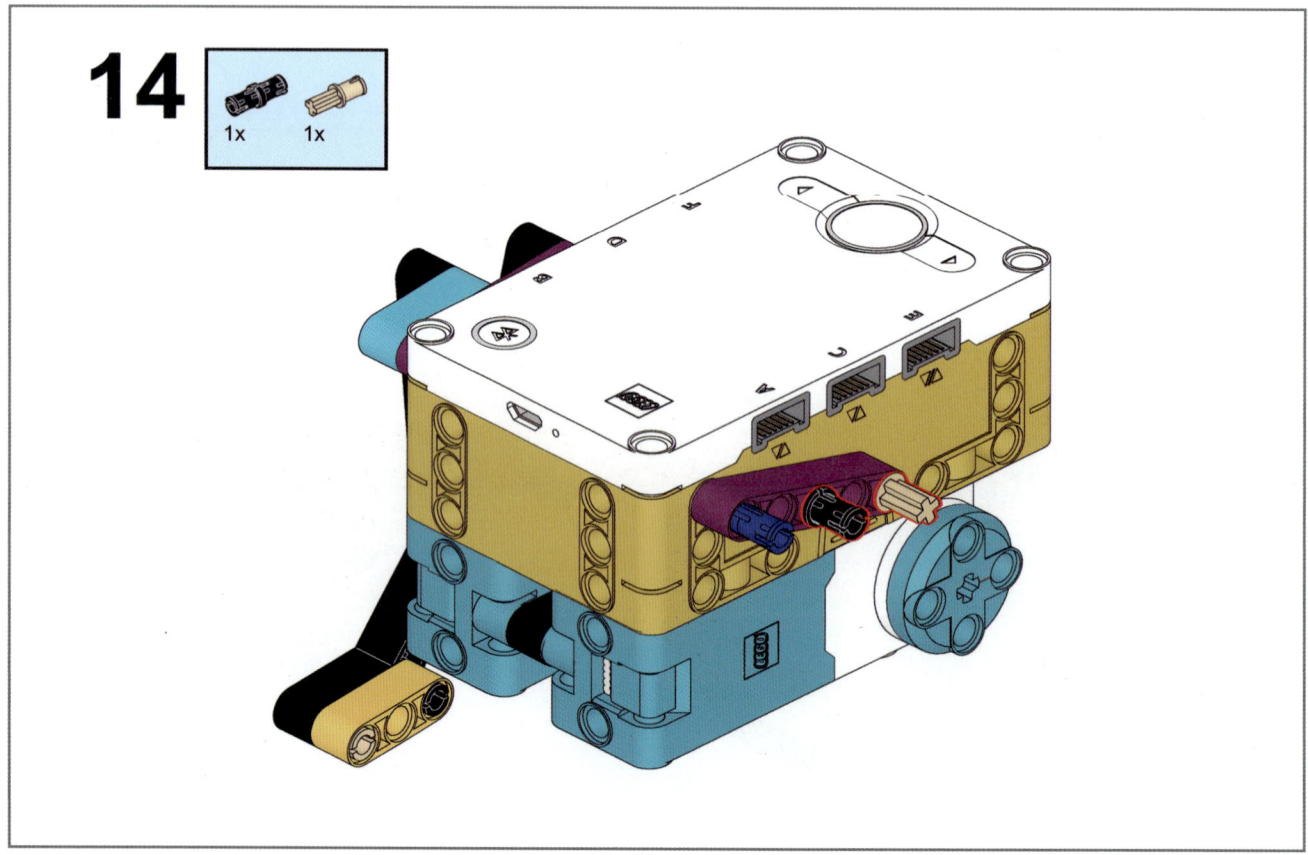

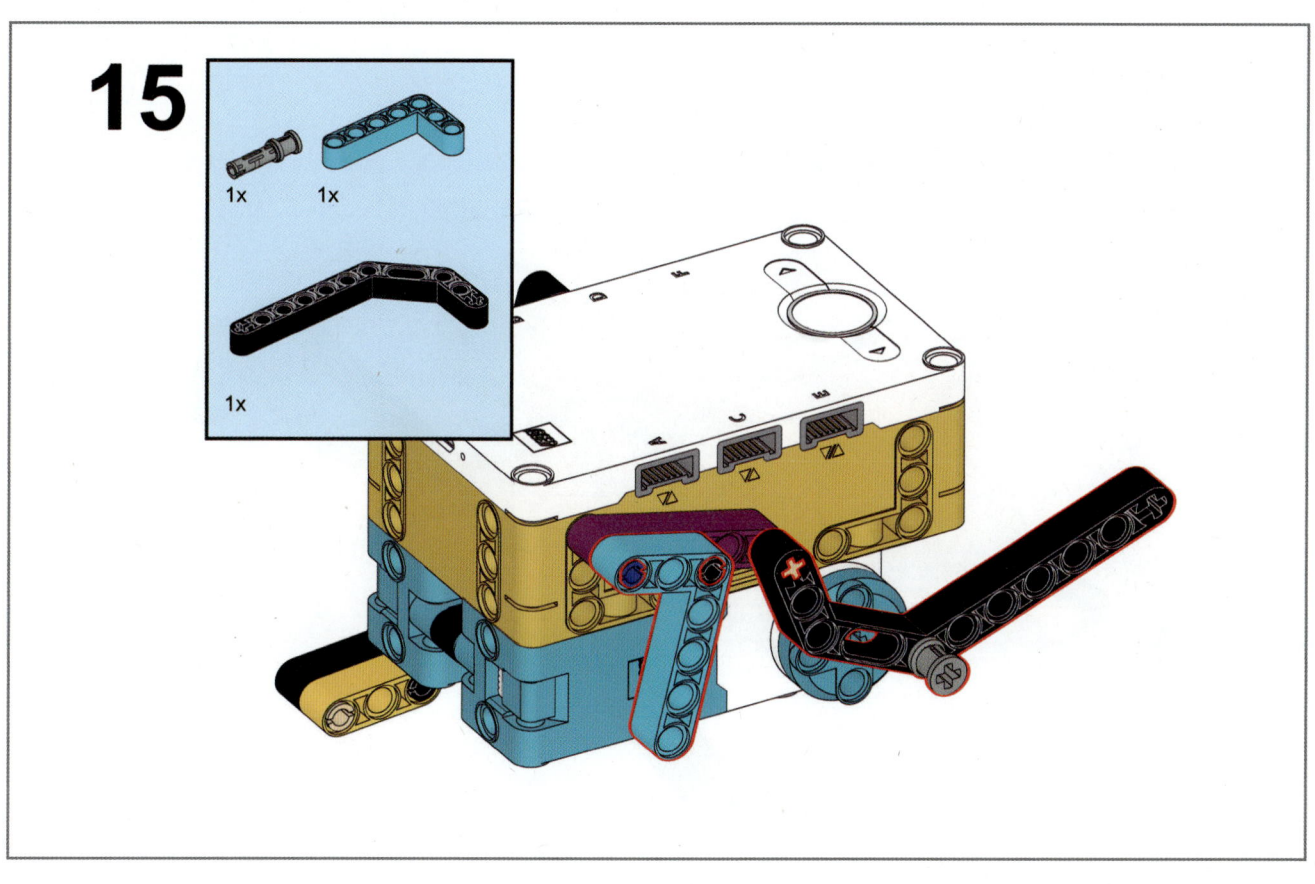

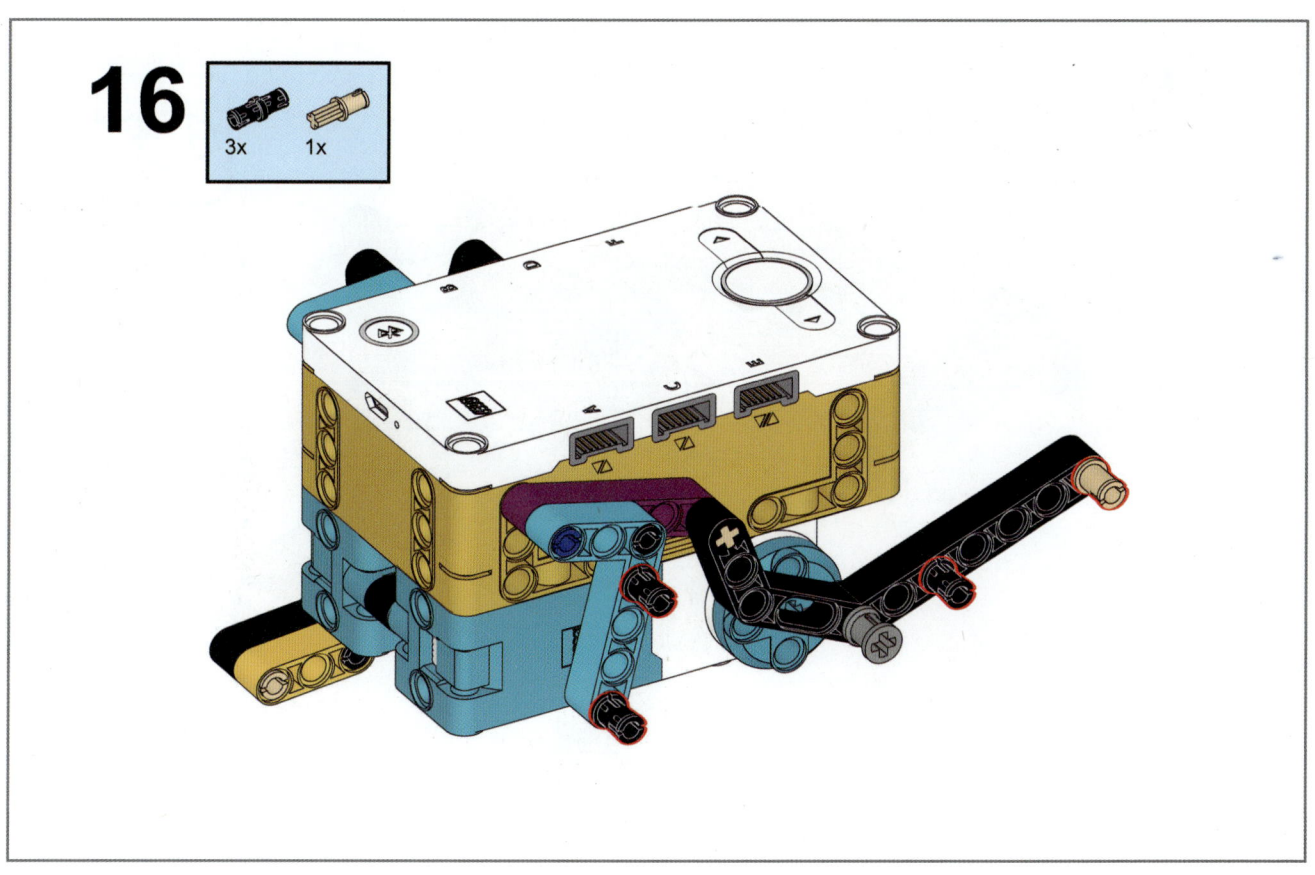

네발 걷기(Tiger Crawl) 65

조립하기   네발 걷기 (Tiger Crawl)

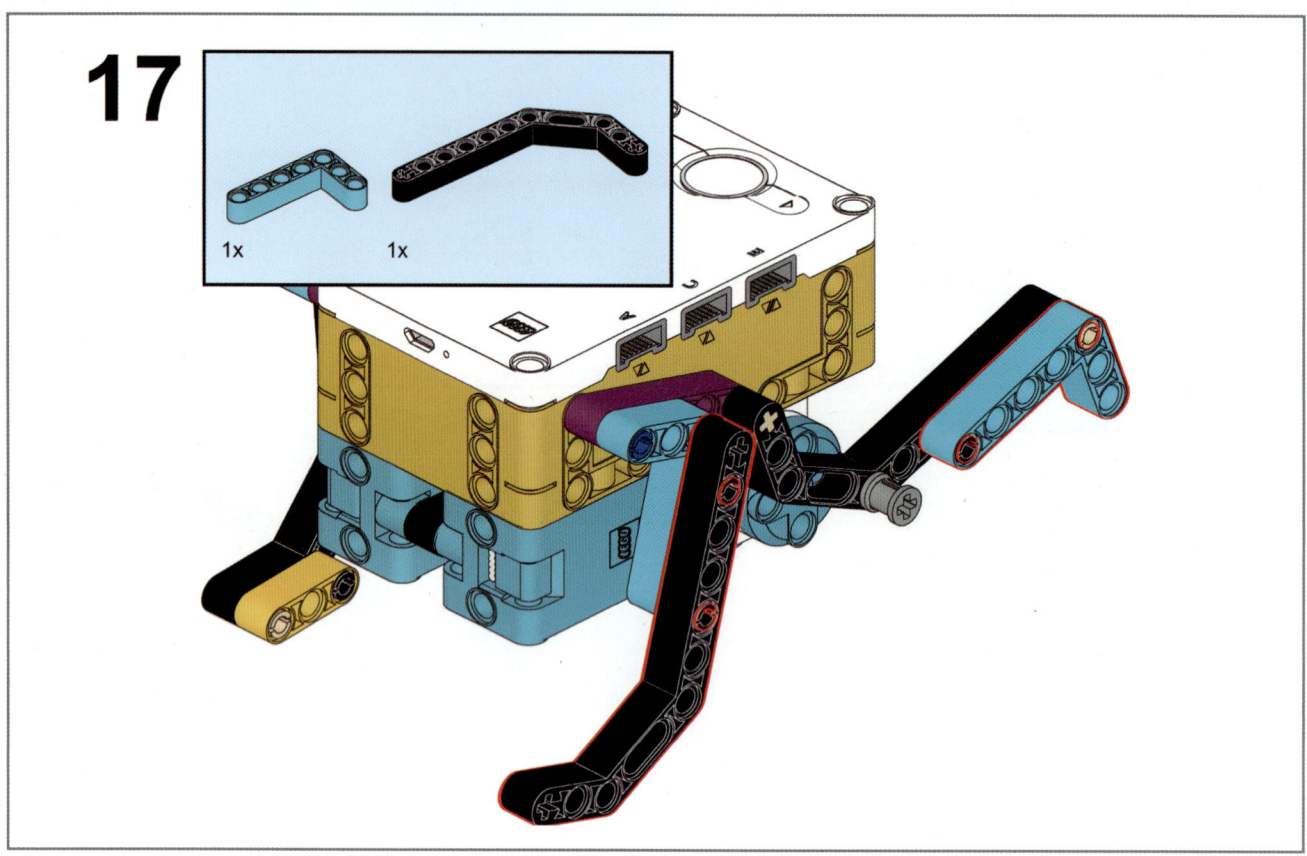

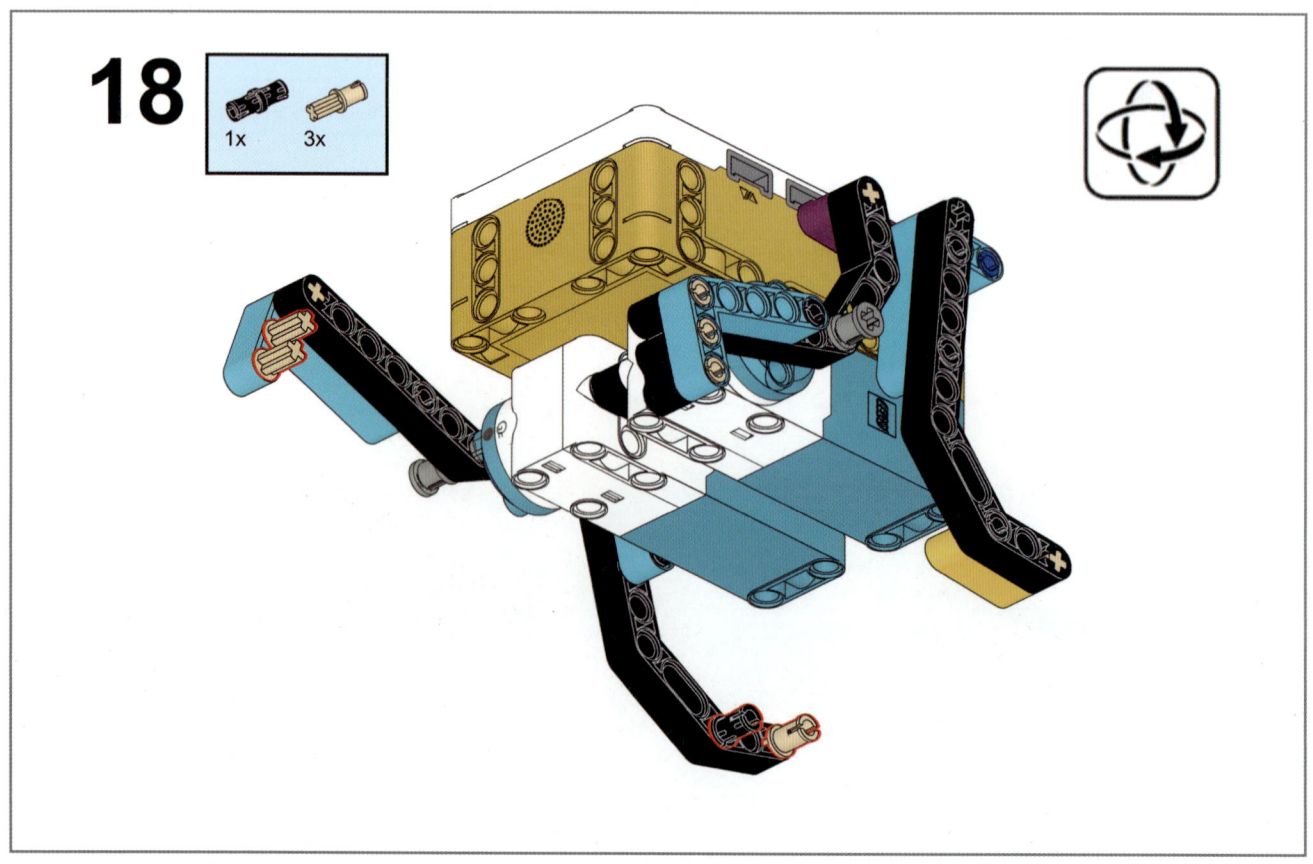

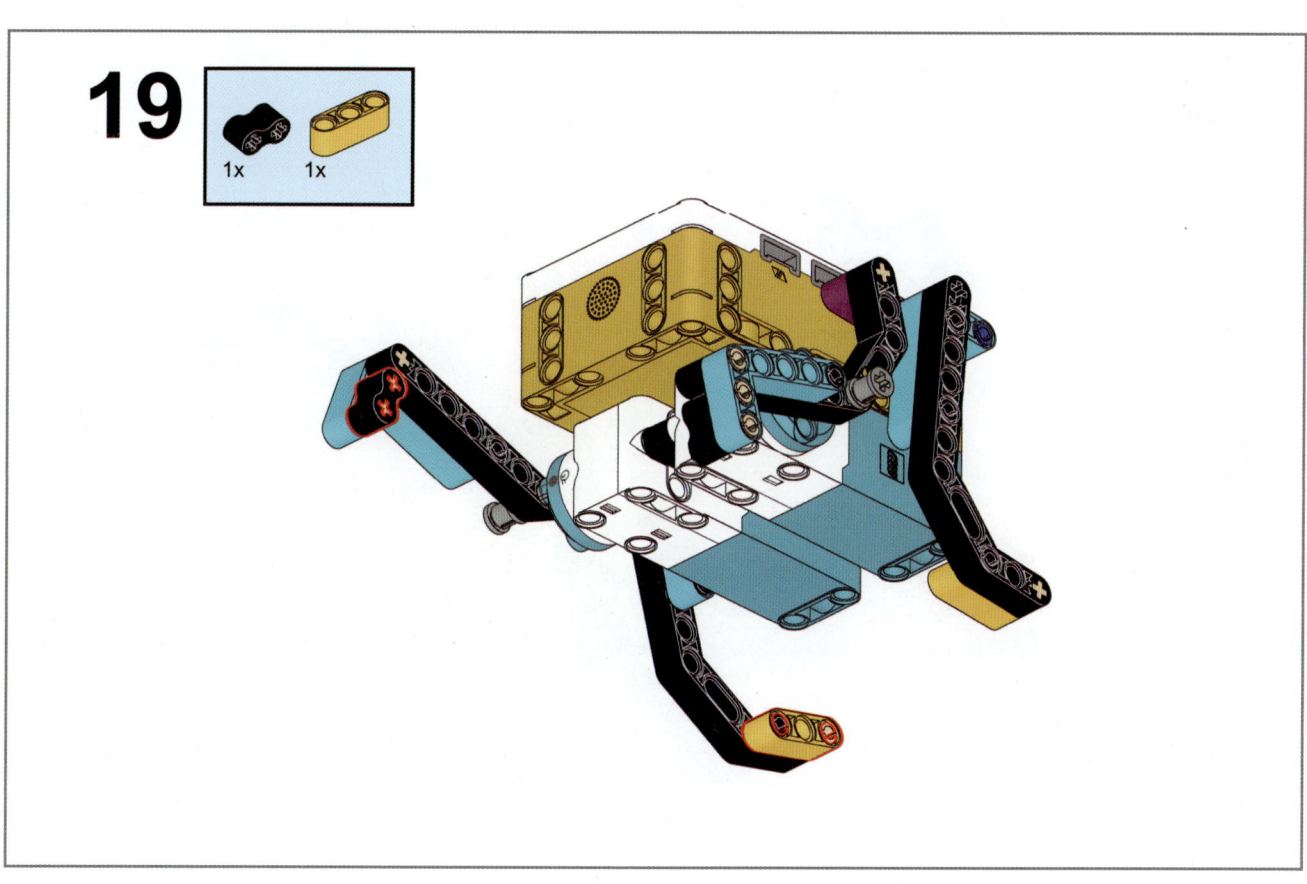

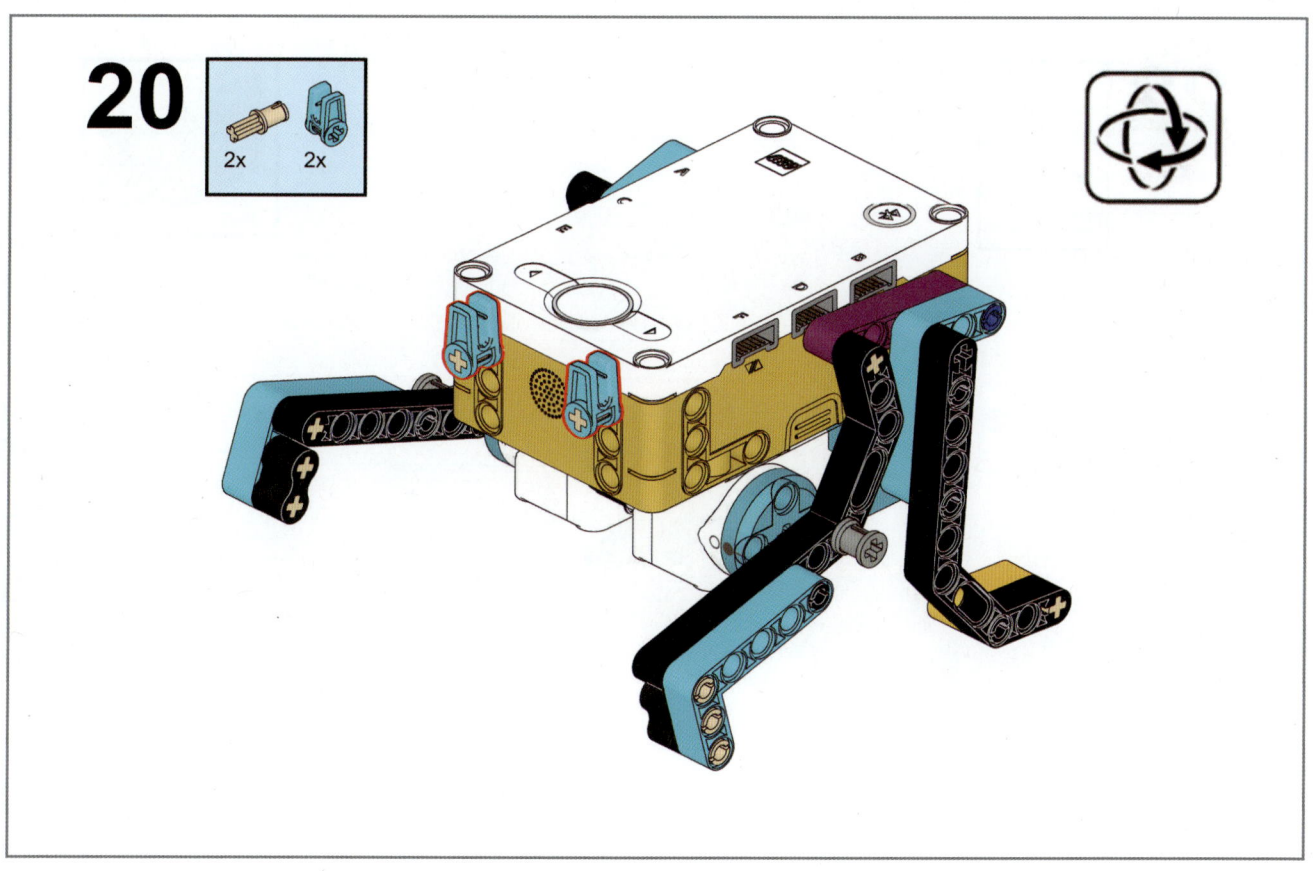

네발 걷기(Tiger Crawl)

조립하기 네발 걷기 (Tiger Crawl)

21

22

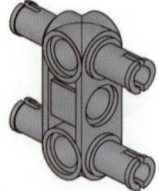

23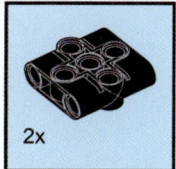

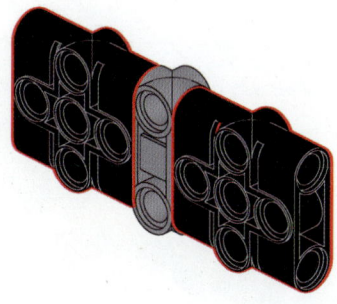

24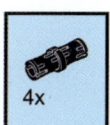

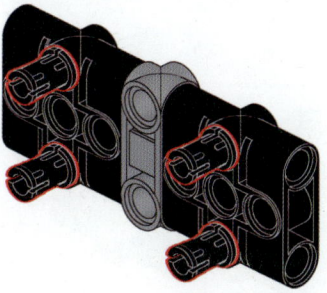

네발 걷기(Tiger Crawl)

조립하기 네발 걷기 (Tiger Crawl)

25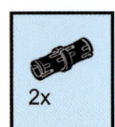

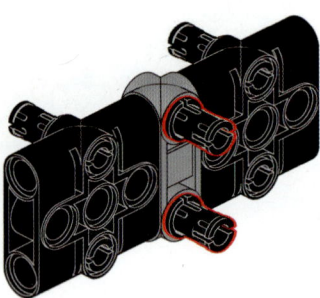

26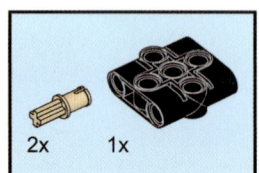

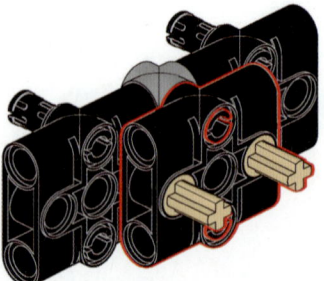

27

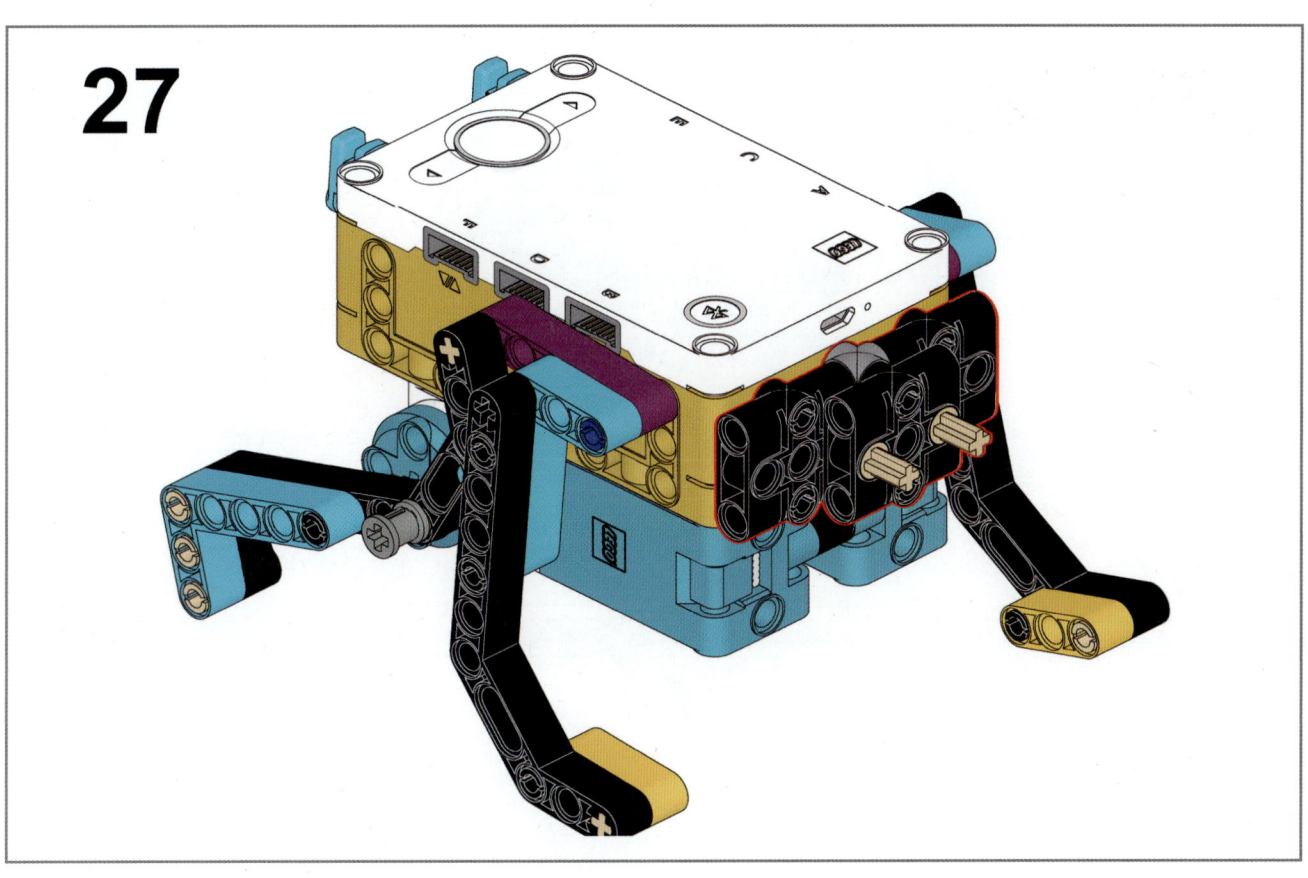

28

3x

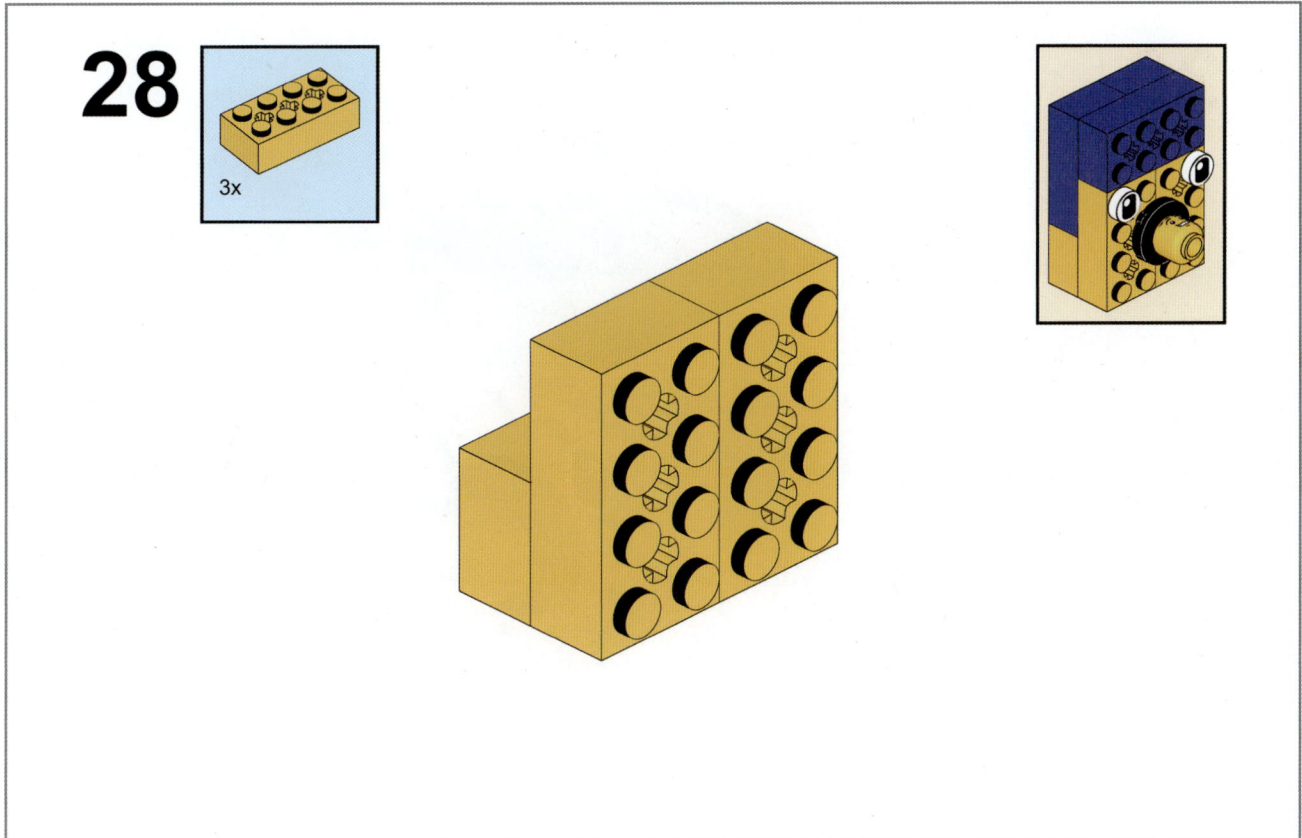

네발 걷기(Tiger Crawl)

조립하기   네발 걷기 (Tiger Crawl)

29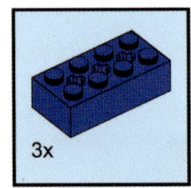

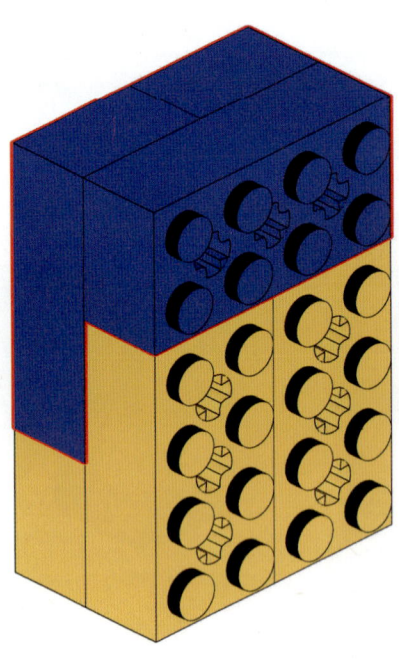

30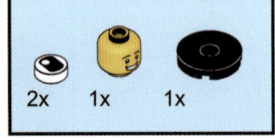

31

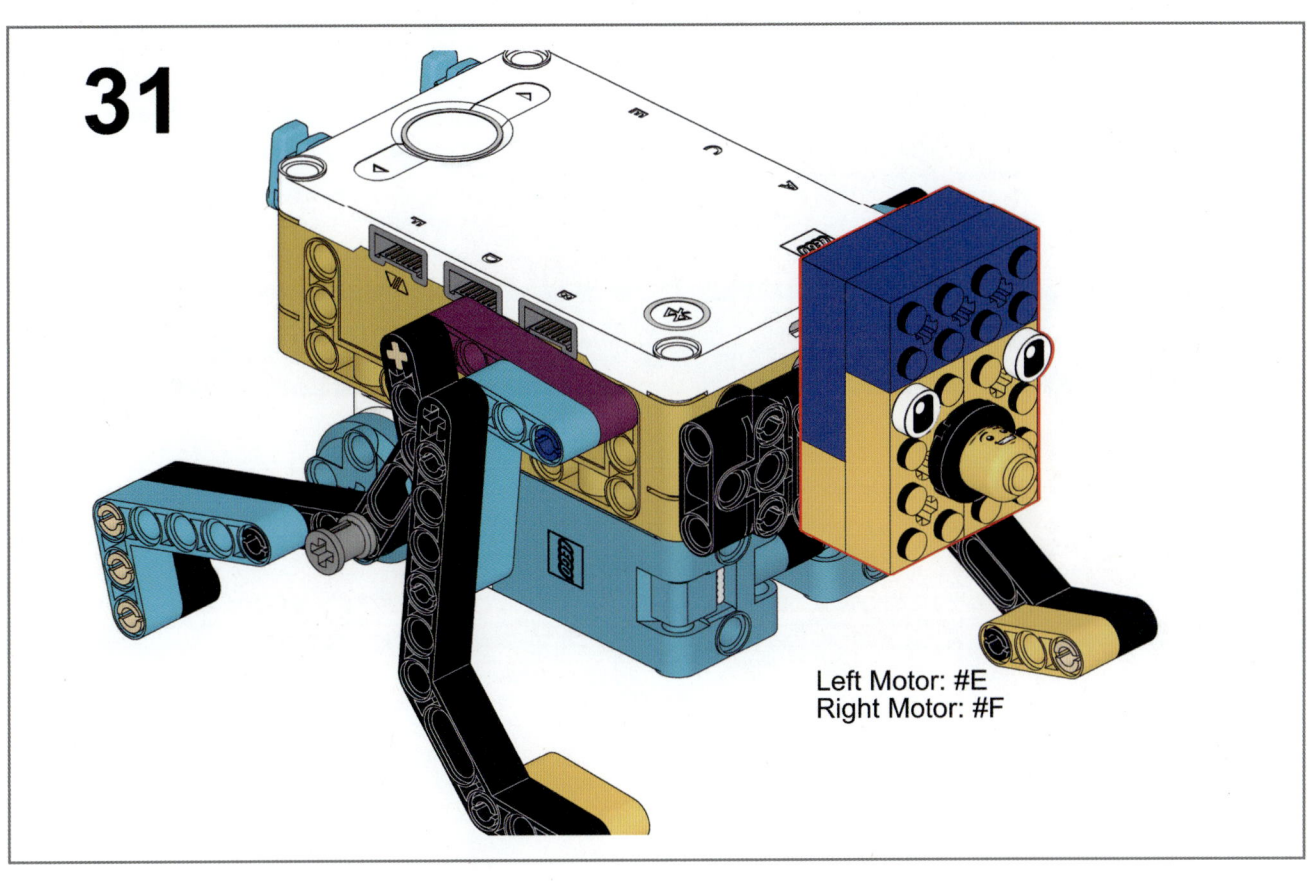

Left Motor: #E
Right Motor: #F

32

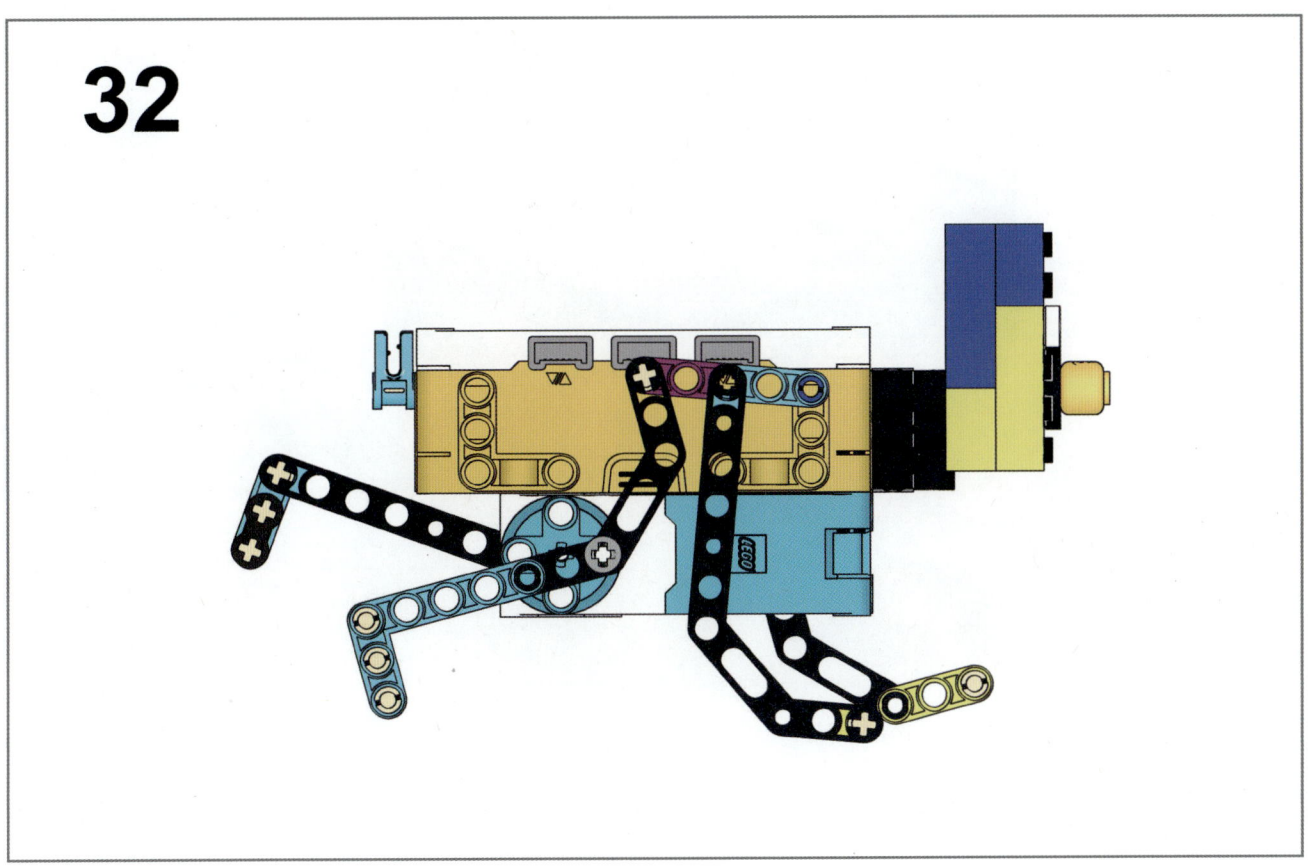

네발 걷기(Tiger Crawl)

조립하기   네발 걷기 (Tiger Crawl)

본 프로그램은 SPIKE App 2.0.5버전에서 작성되었습니다.

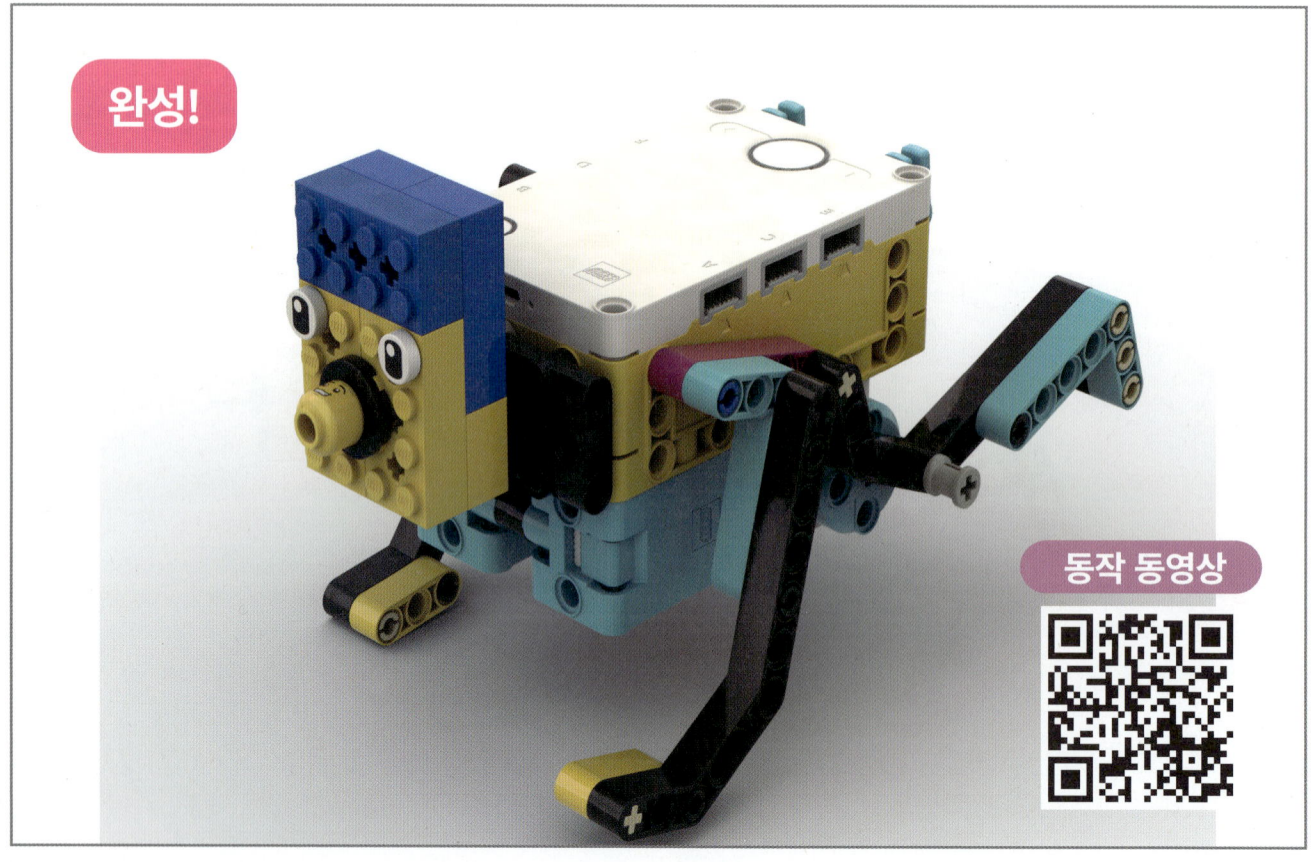

완성!

동작 동영상

04 윗몸 일으키기 (Sit Up)

가장 일반적으로 할 수 있는 복근 운동입니다.
앉았다 누웠다를 반복하는 동작이므로 복근과 다리를 들어올리는 근육을 발달시킬 수 있는 운동입니다.

동작 동영상

필요 부품 목록

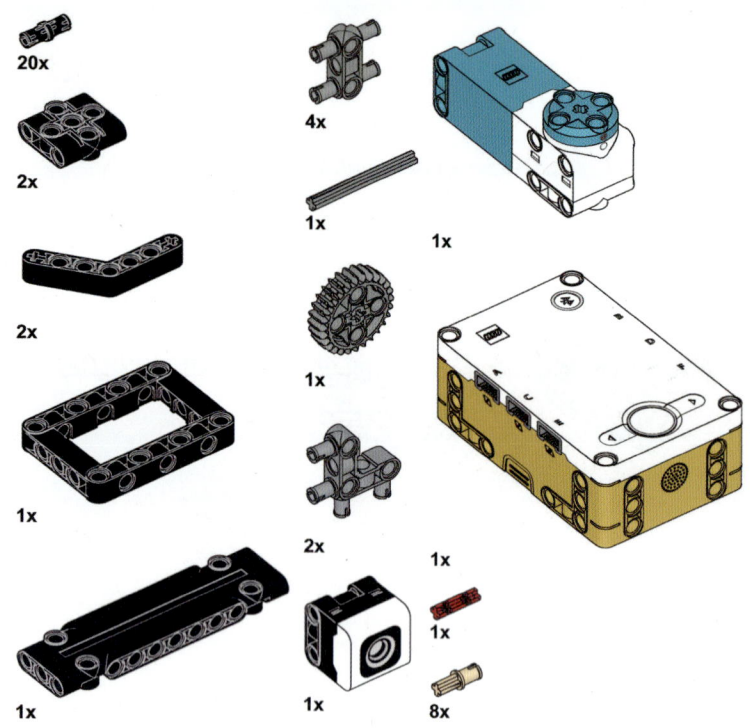

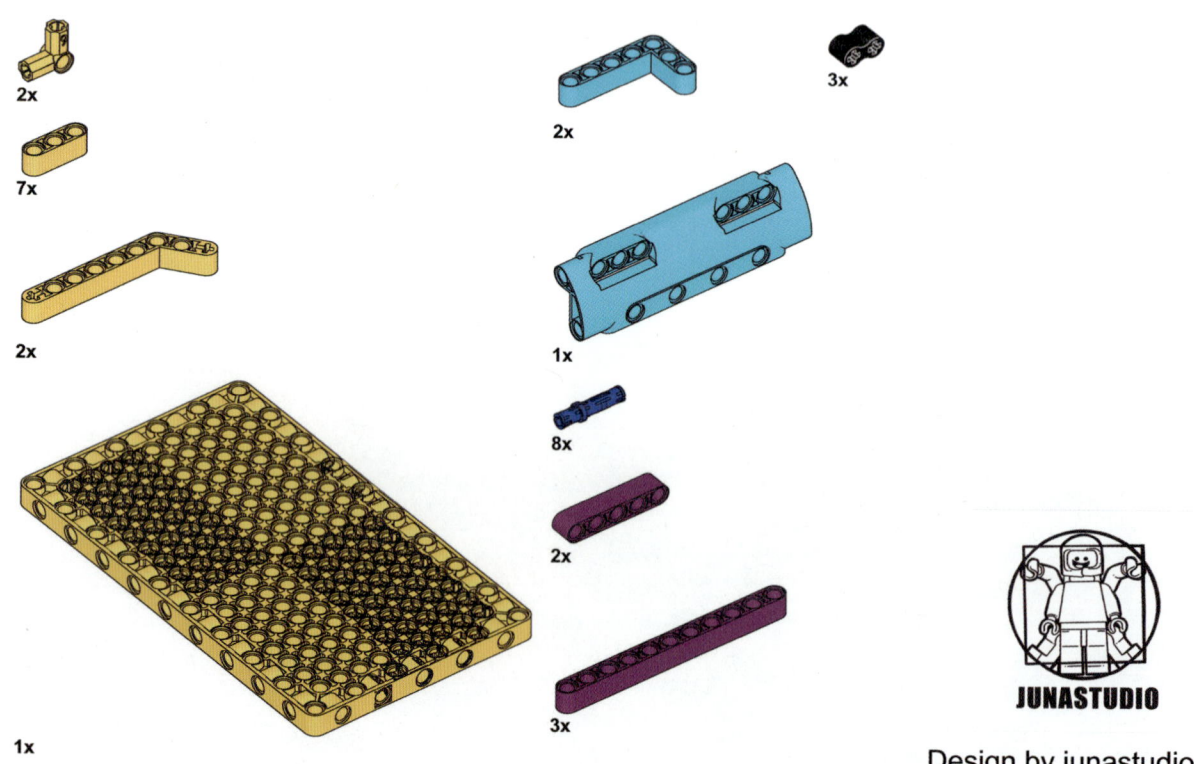

해당 차시는 스파이크™ 프라임 코어세트(45678)에 포함된 부품 보충팩을 사용해야 합니다

Design by junastudio

조립하기 윗몸 일으키기 (Sit Up)

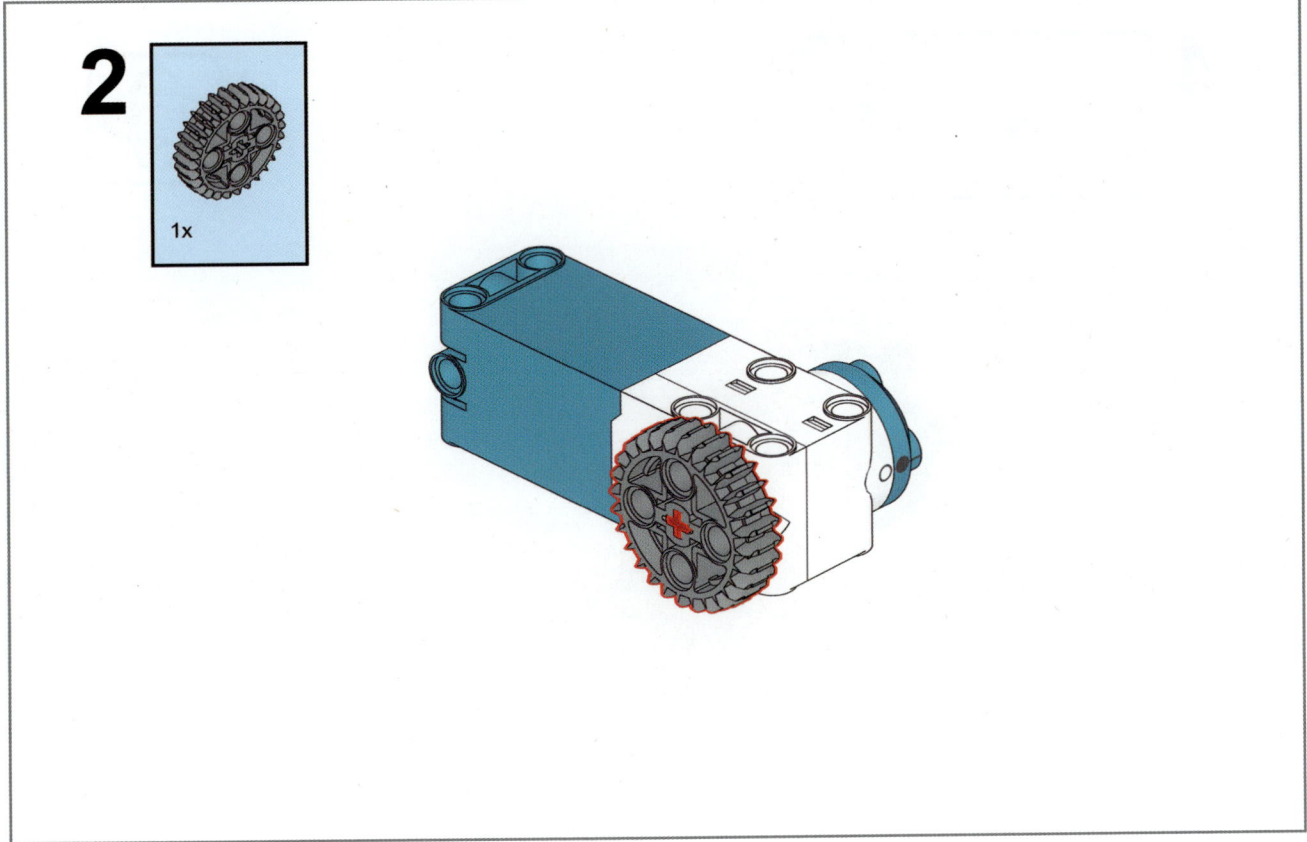

77

조립하기 윗몸 일으키기 (Sit Up)

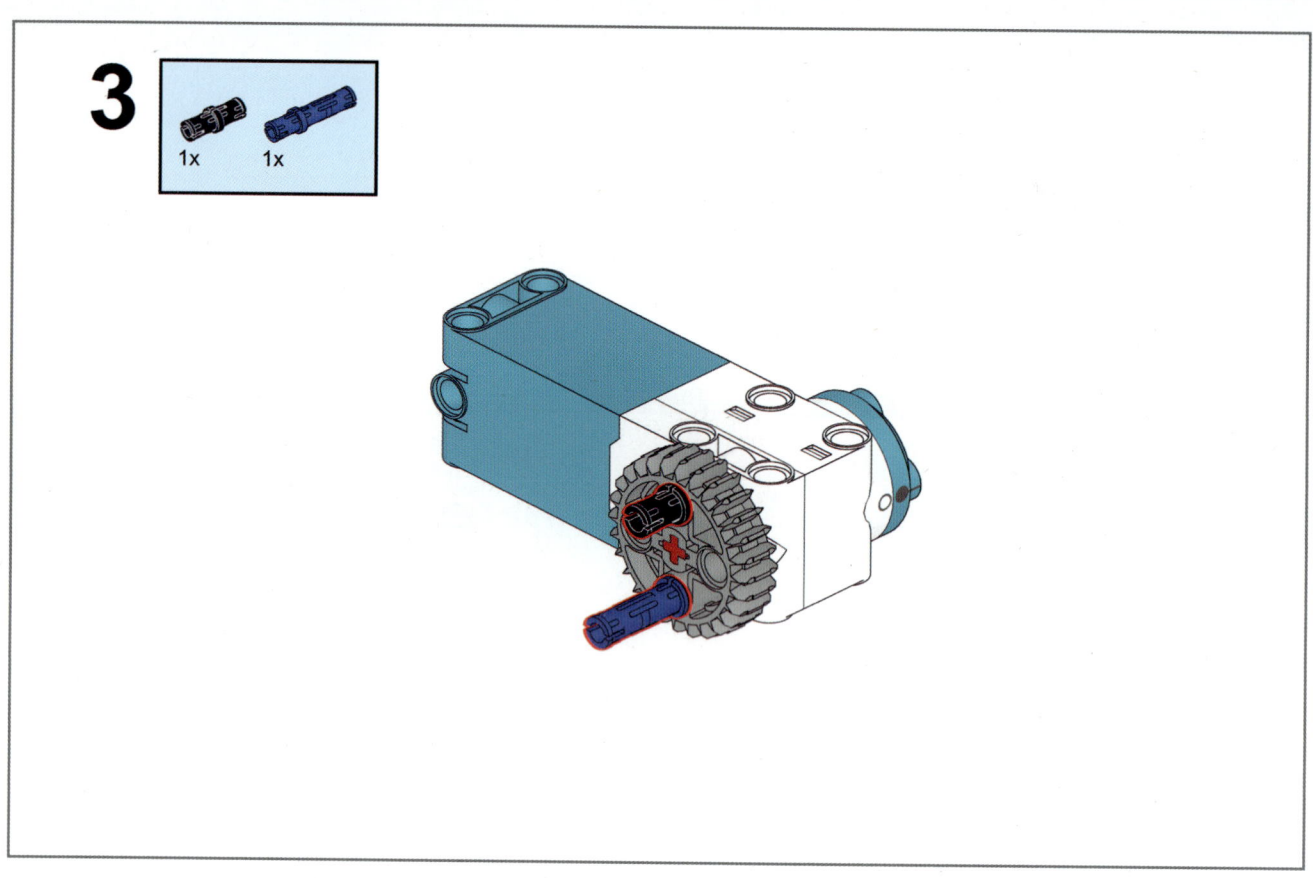

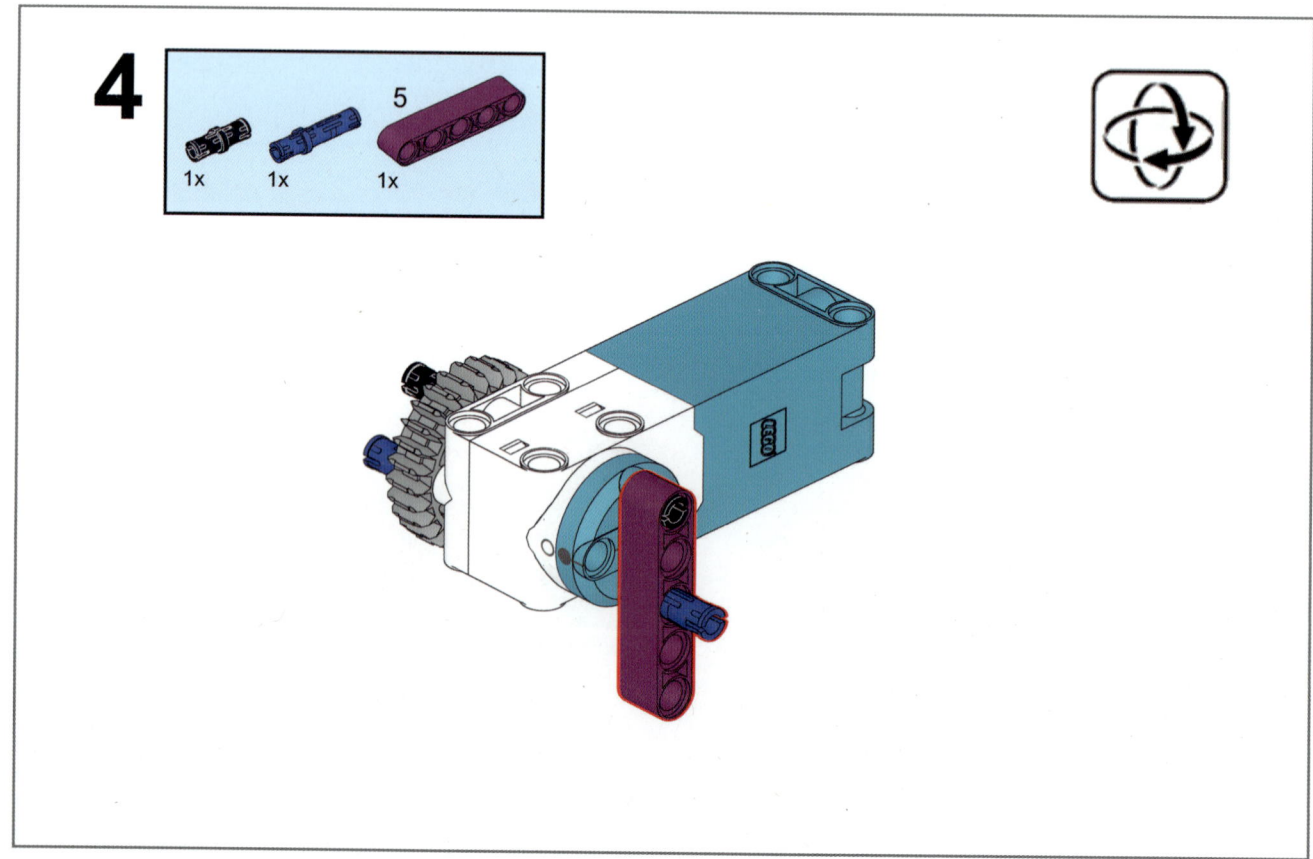

윗몸 일으키기 (Sit Up)

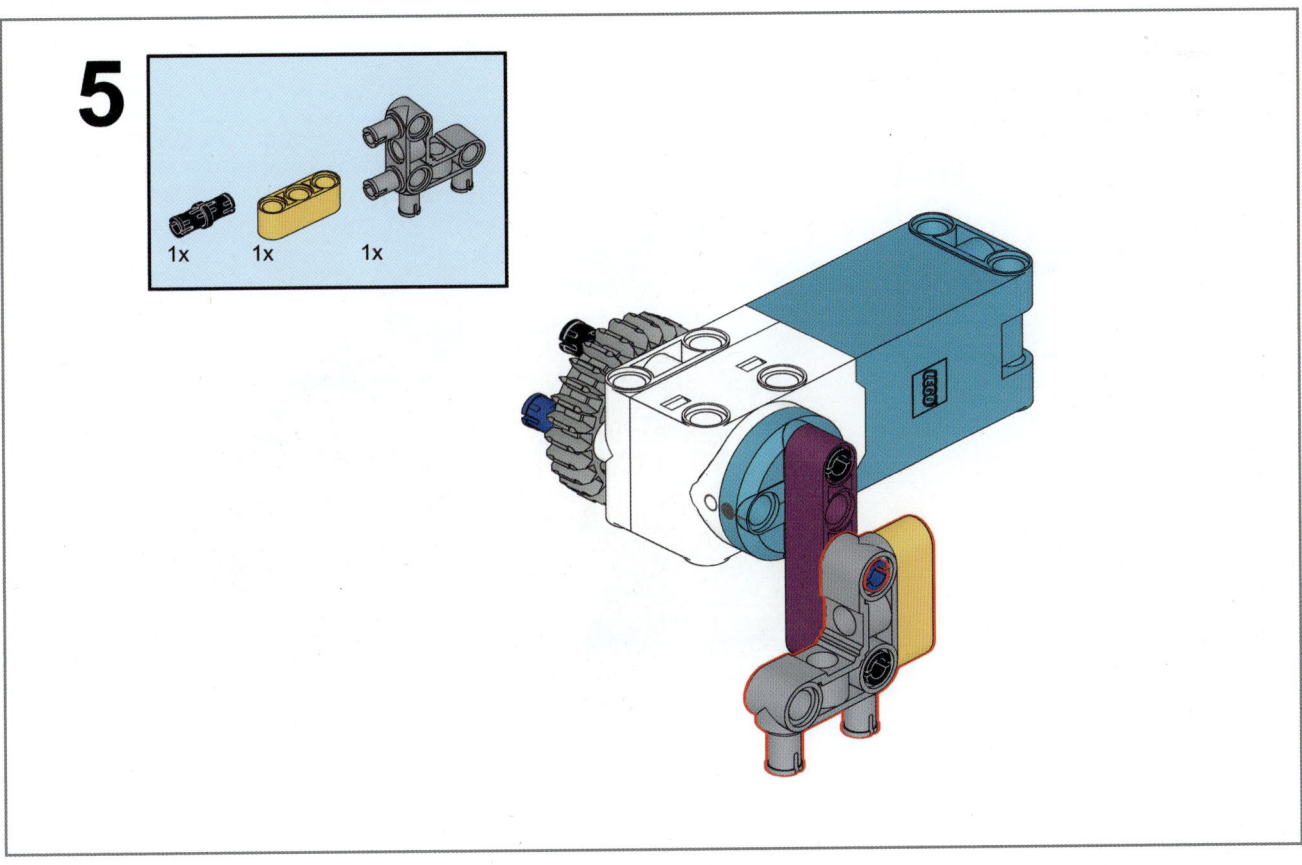
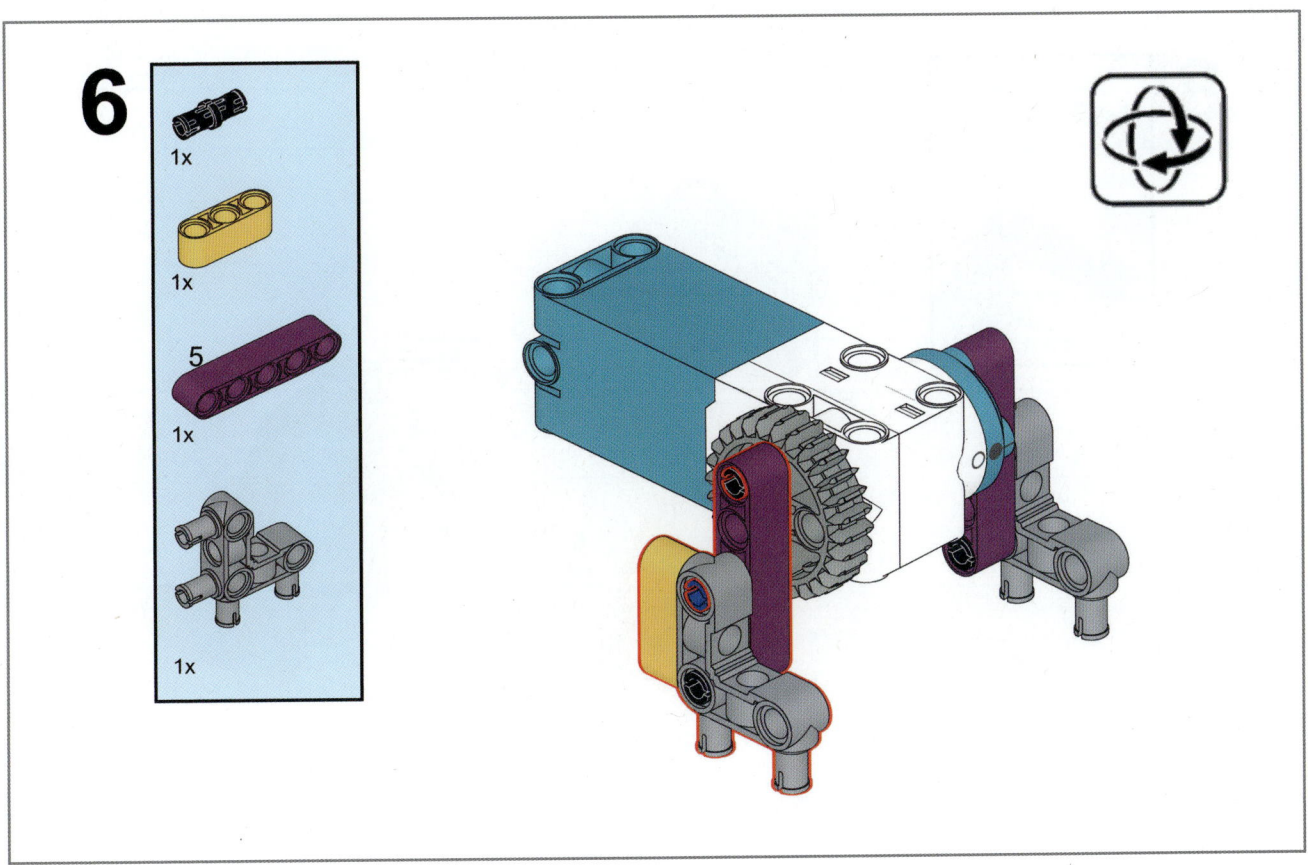

윗몸 일으키기 (Sit Up)

조립하기 윗몸 일으키기 (Sit Up)

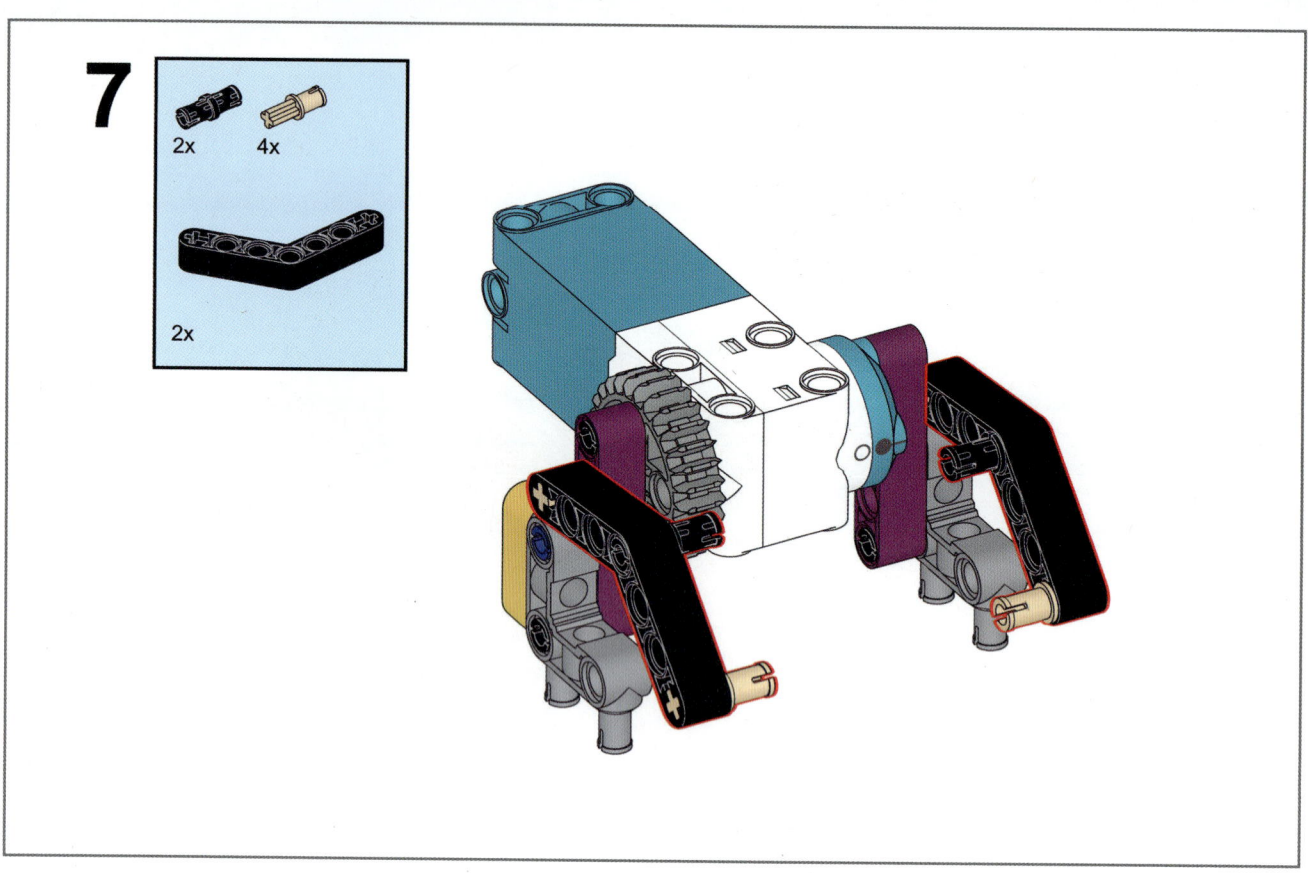

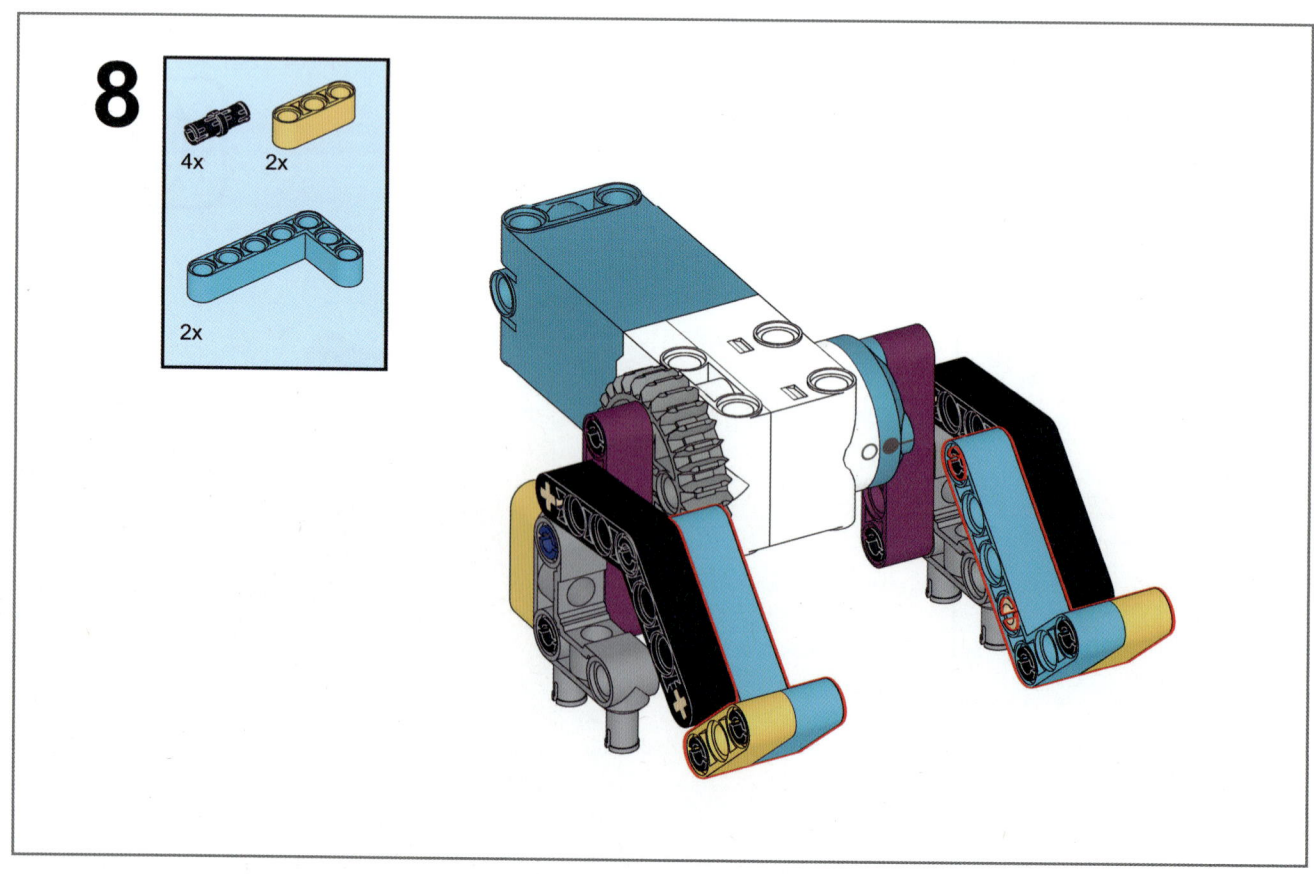

9

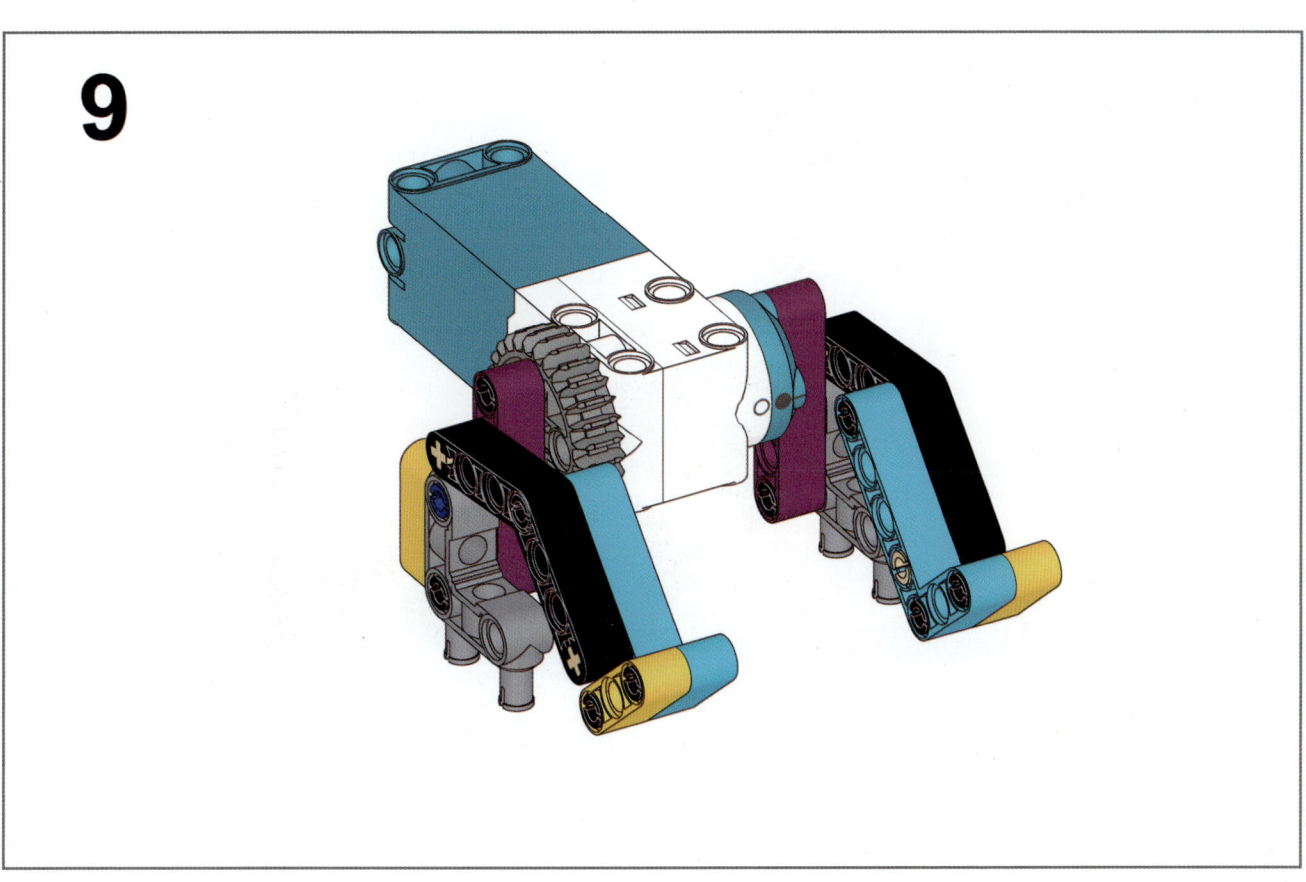

10

윗몸 일으키기 (Sit Up)

조립하기 윗몸 일으키기 (Sit Up)

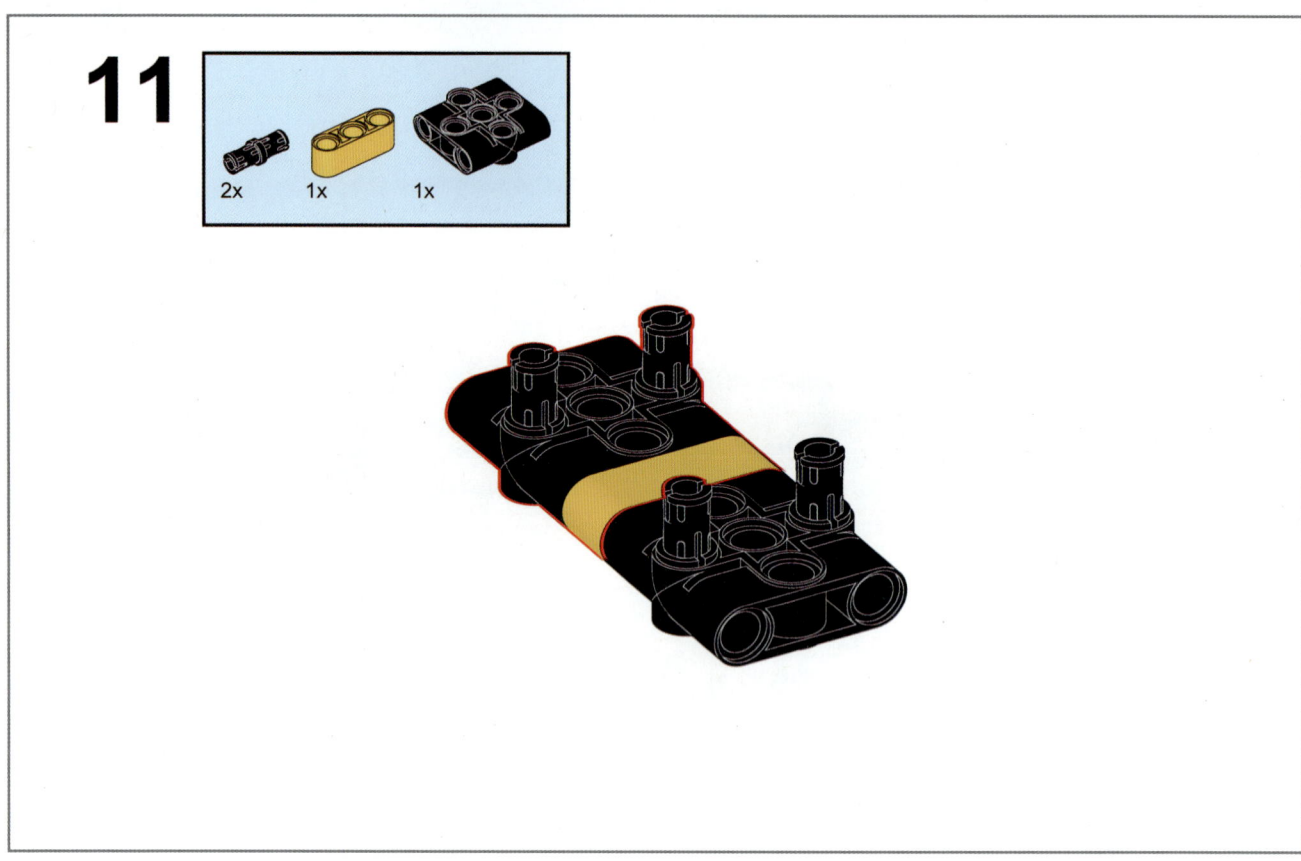

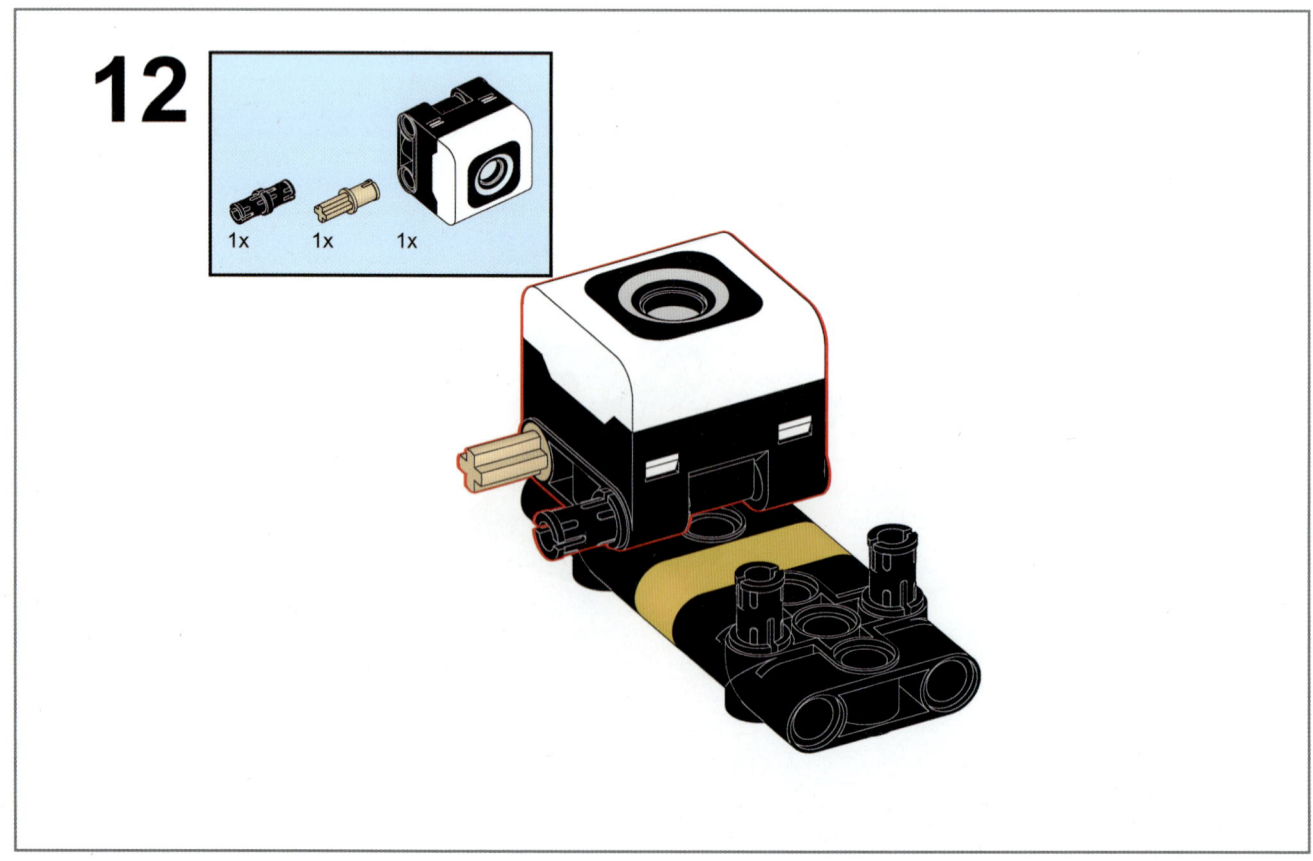

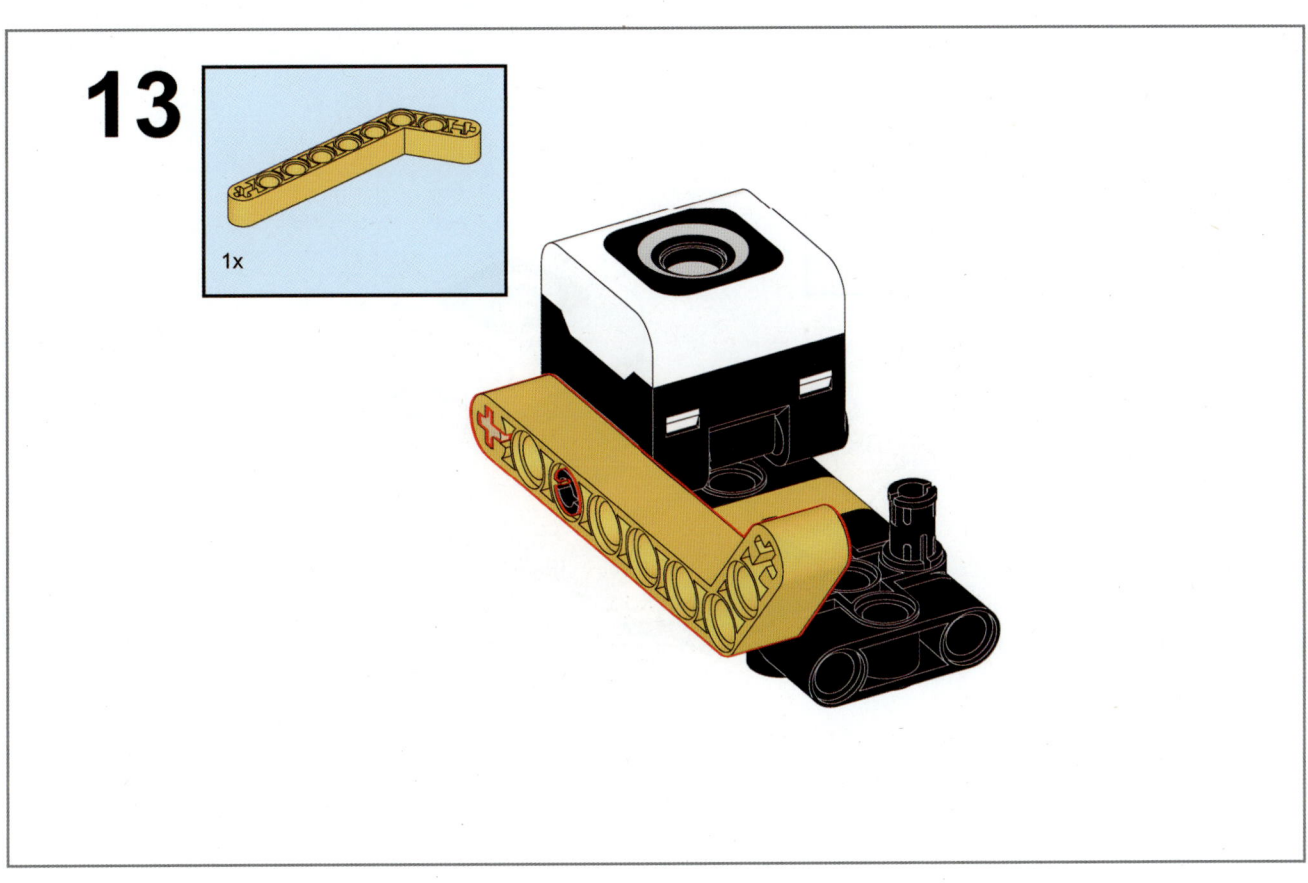

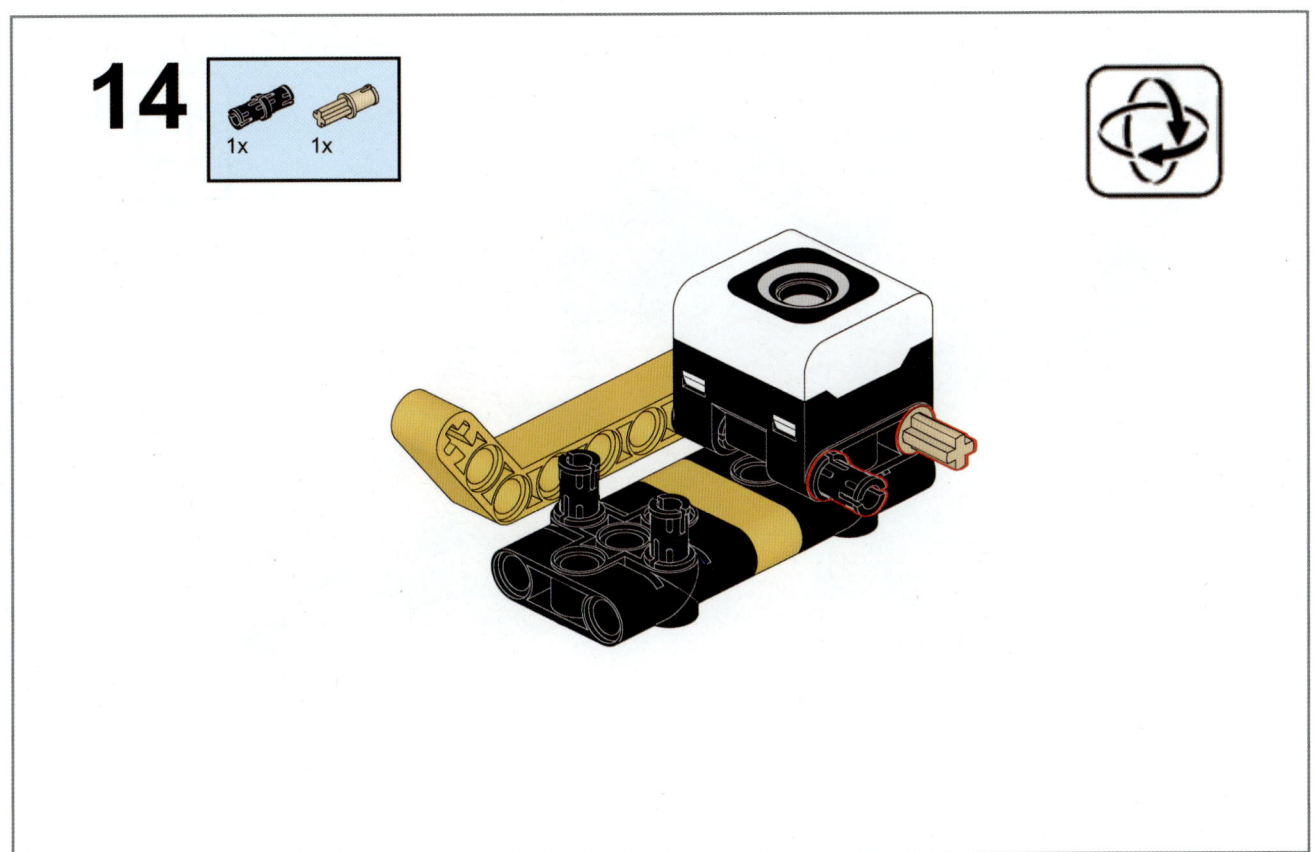

윗몸 일으키기 (Sit Up)

조립하기 윗몸 일으키기 (Sit Up)

15

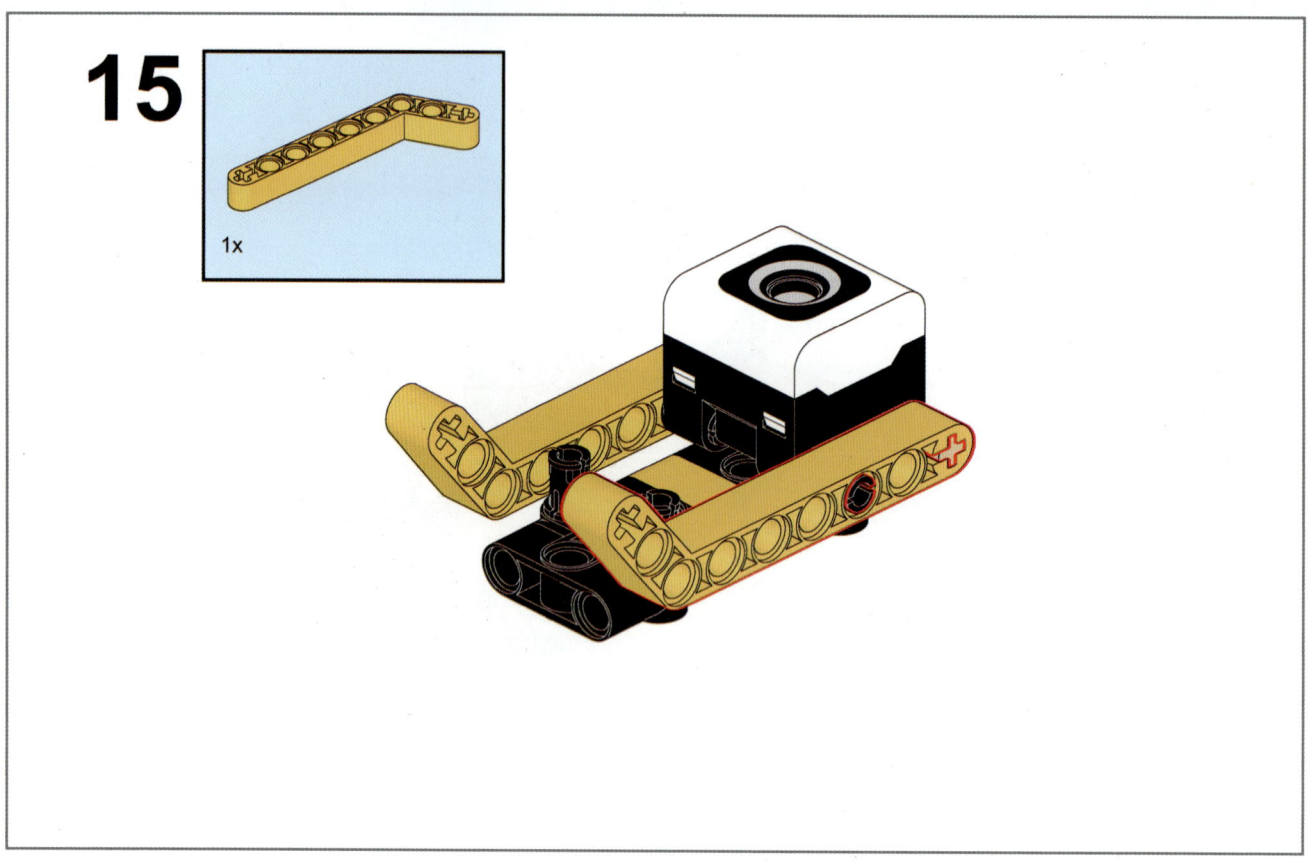

16

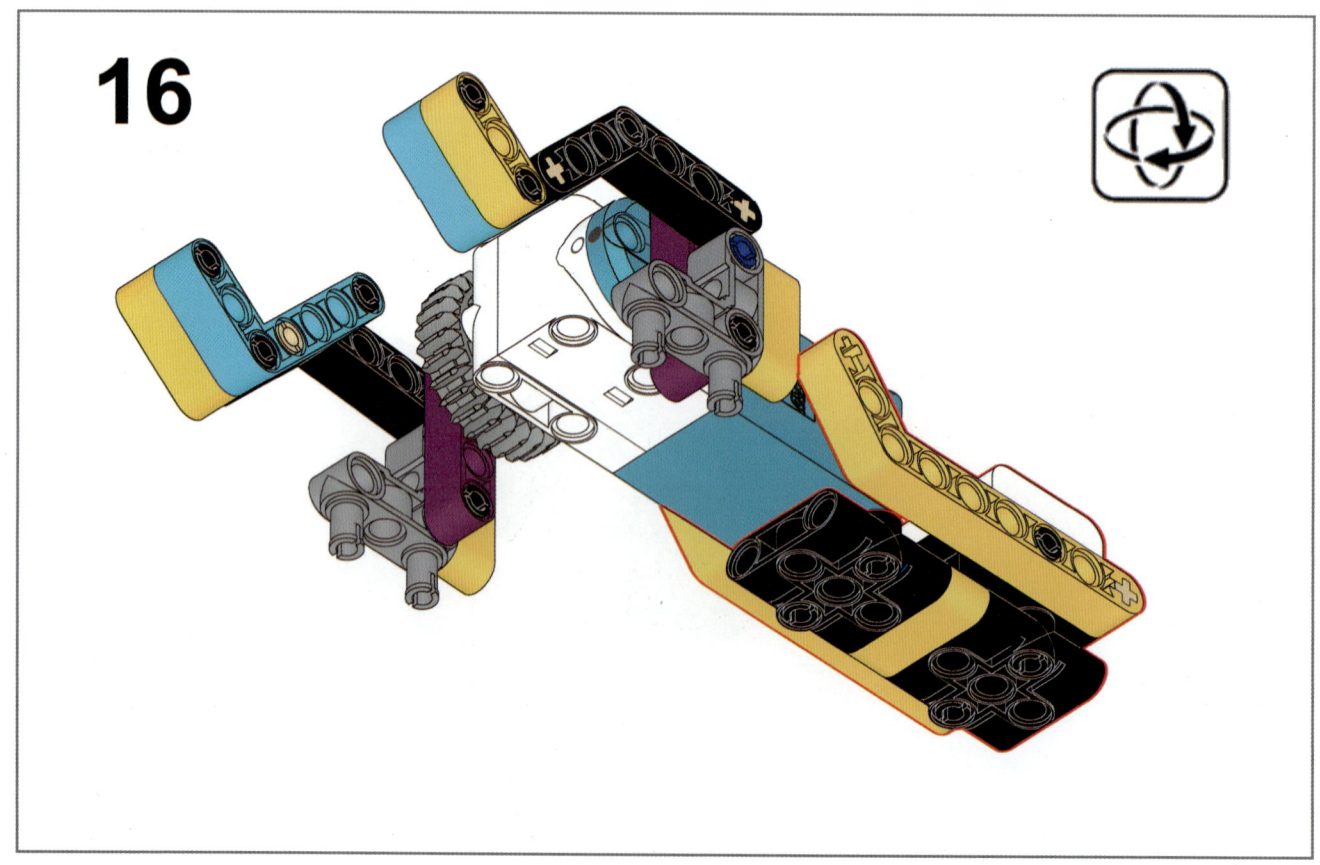

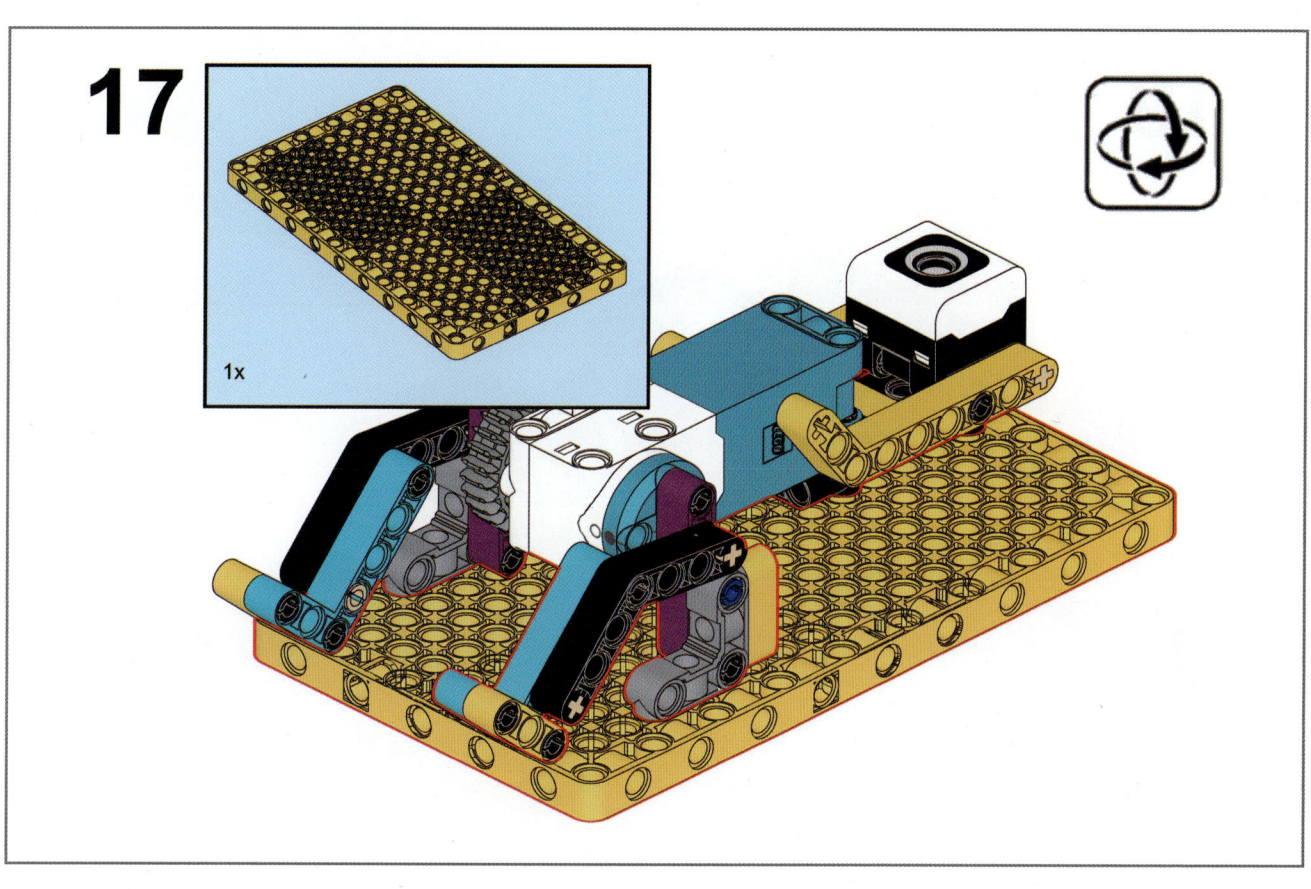

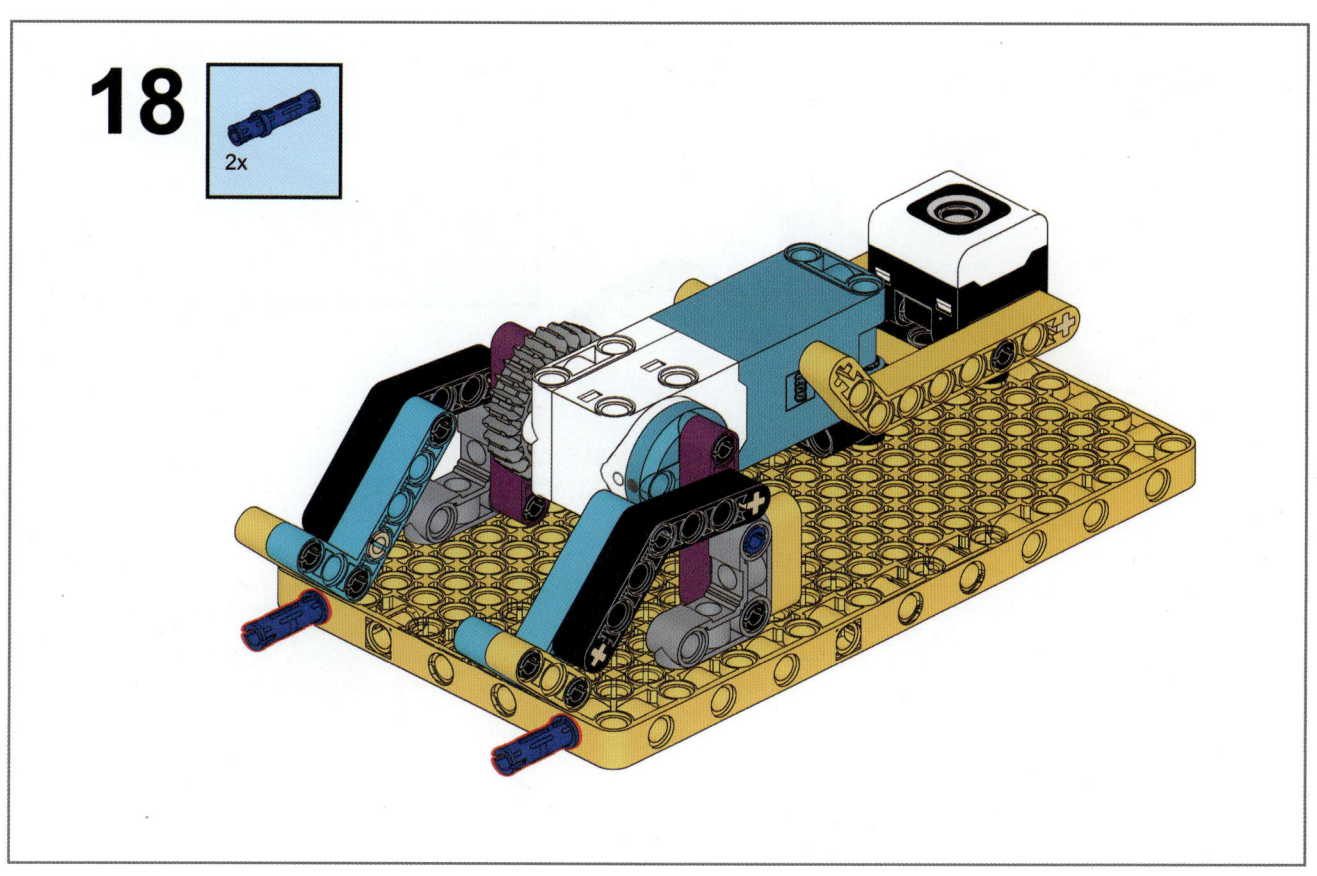

윗몸 일으키기 (Sit Up)

조립하기 윗몸 일으키기 (Sit Up)

19

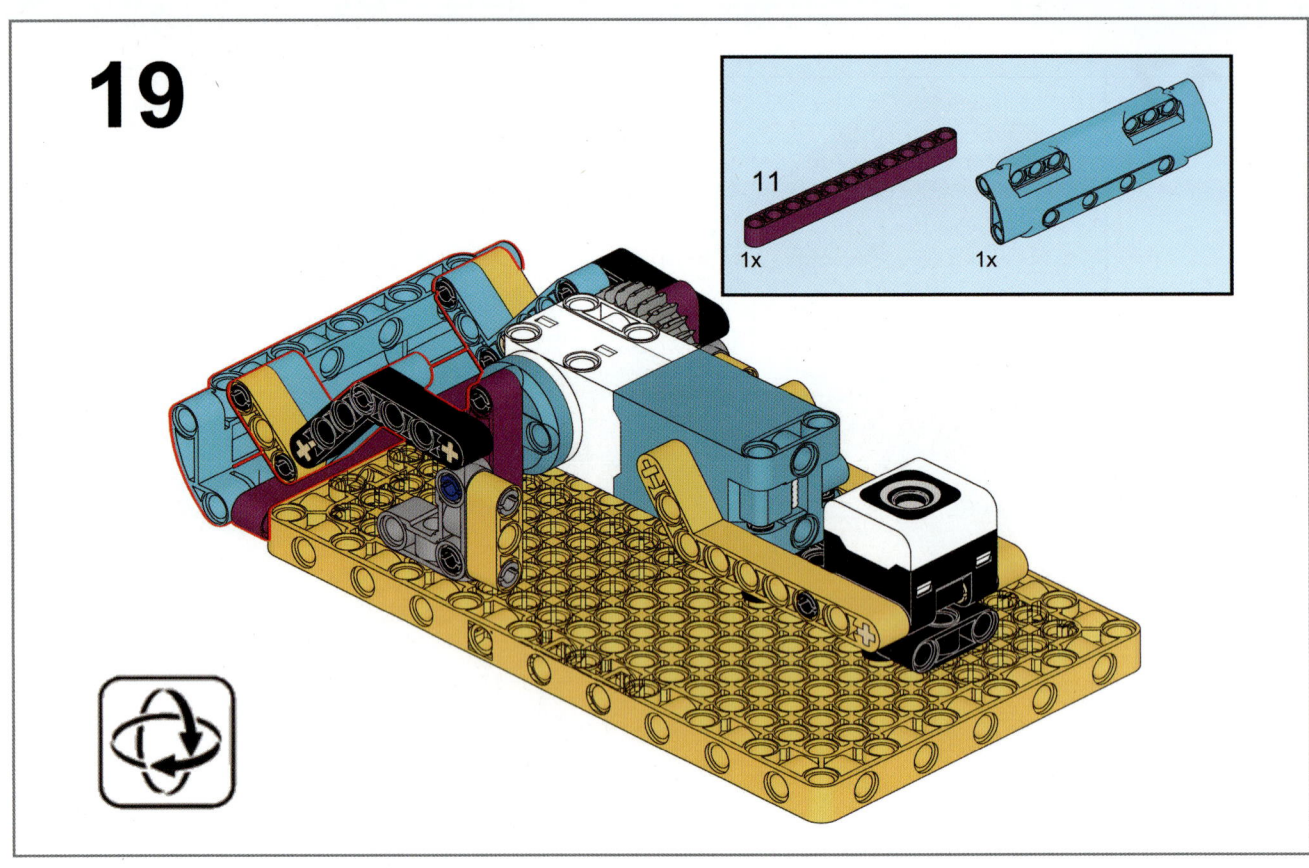

20

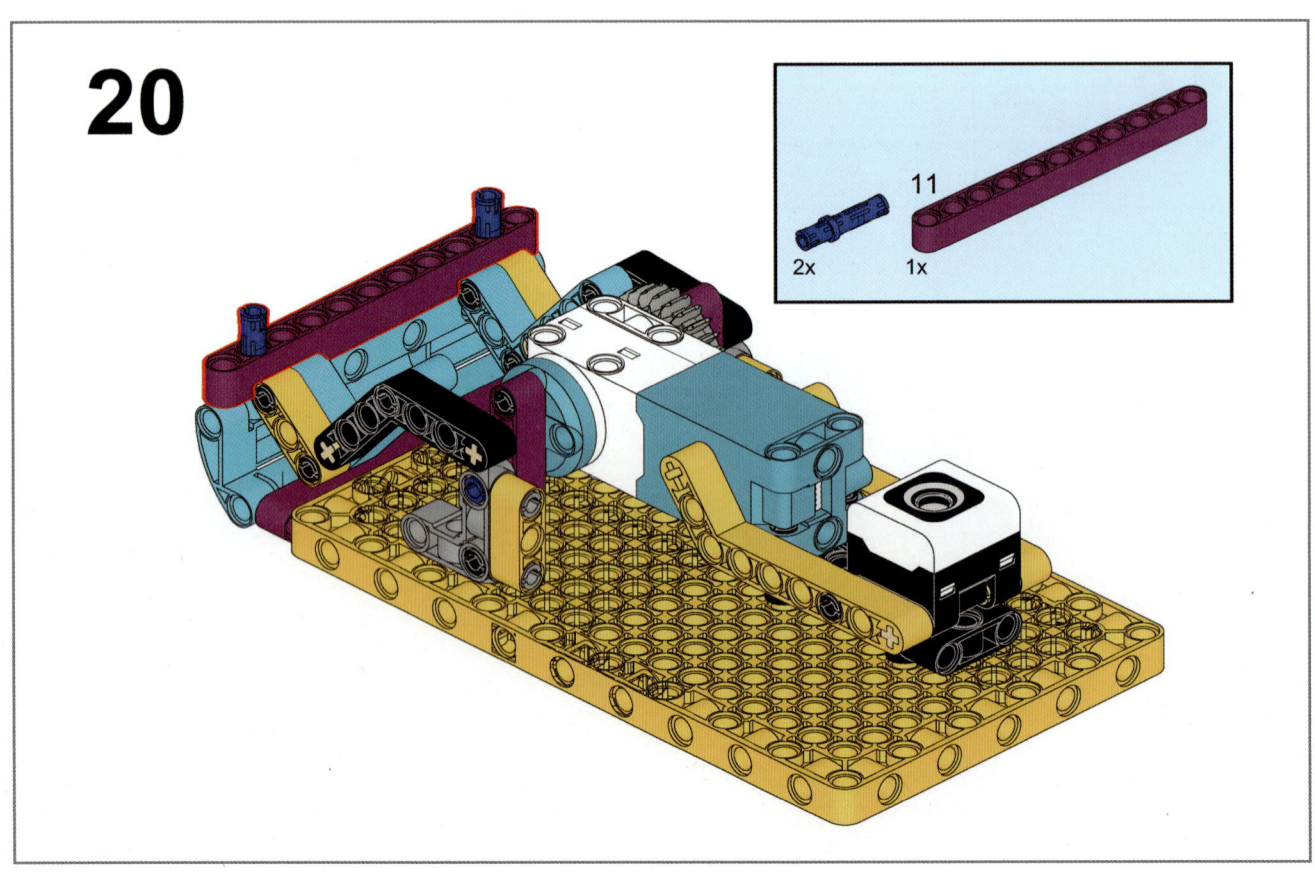

21

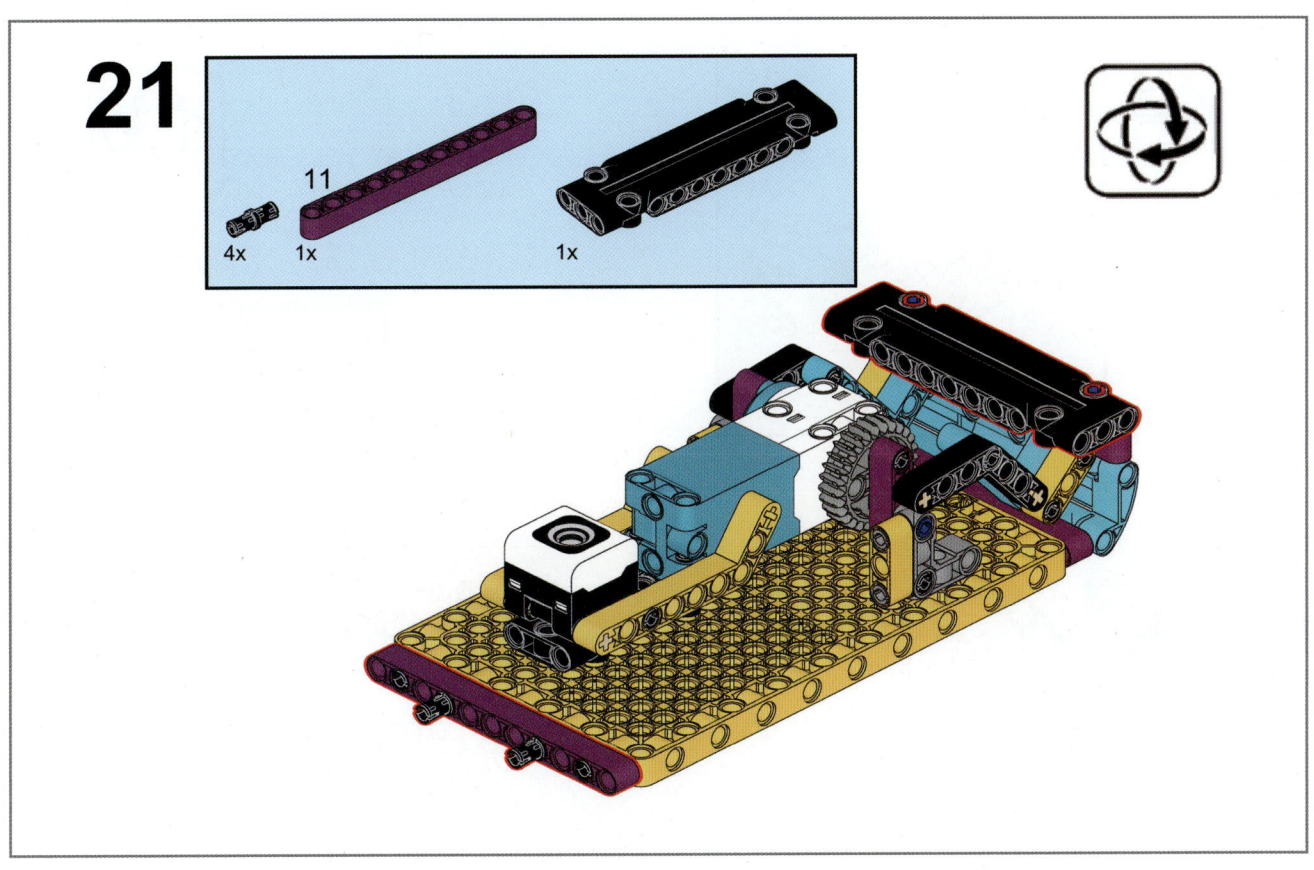

22

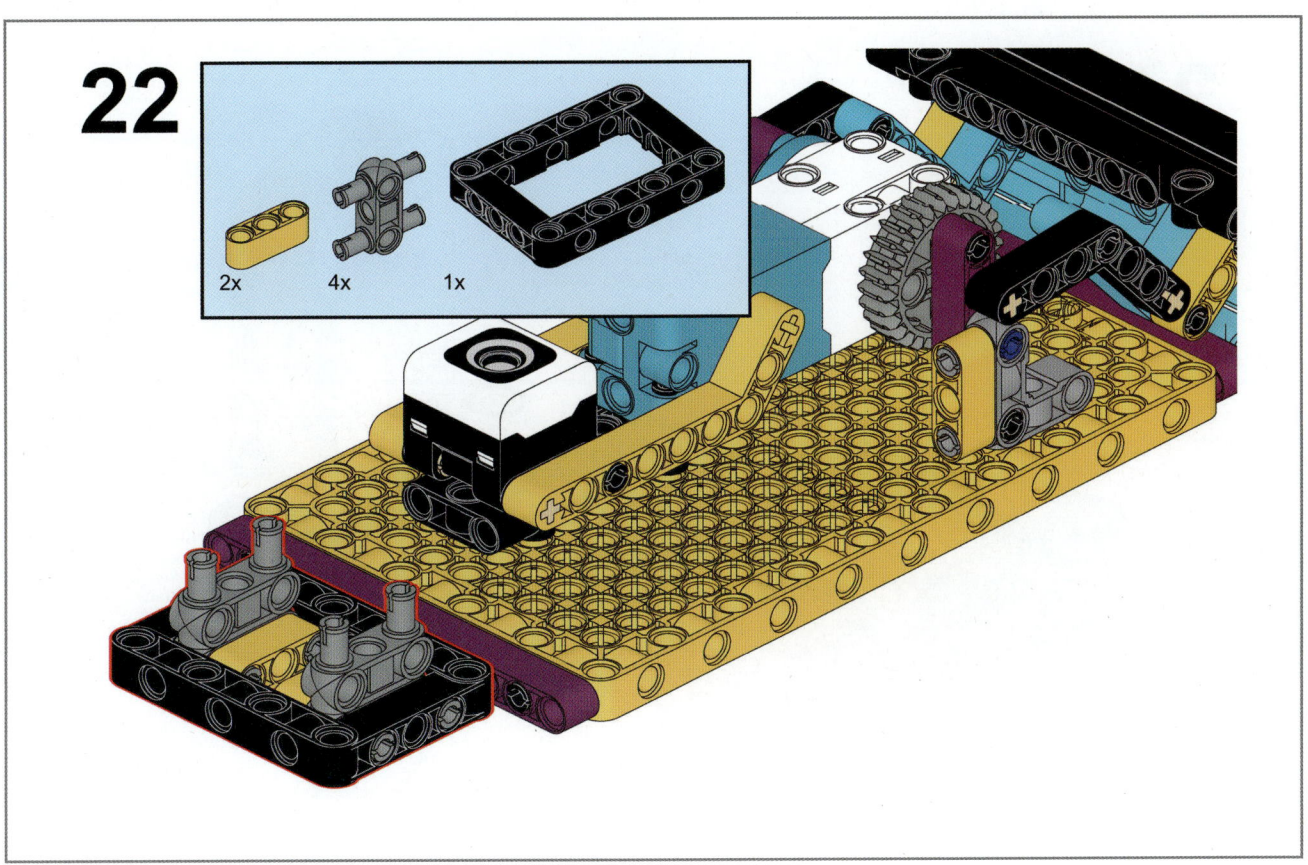

윗몸 일으키기 (Sit Up)

조립하기   윗몸 일으키기 (Sit Up)

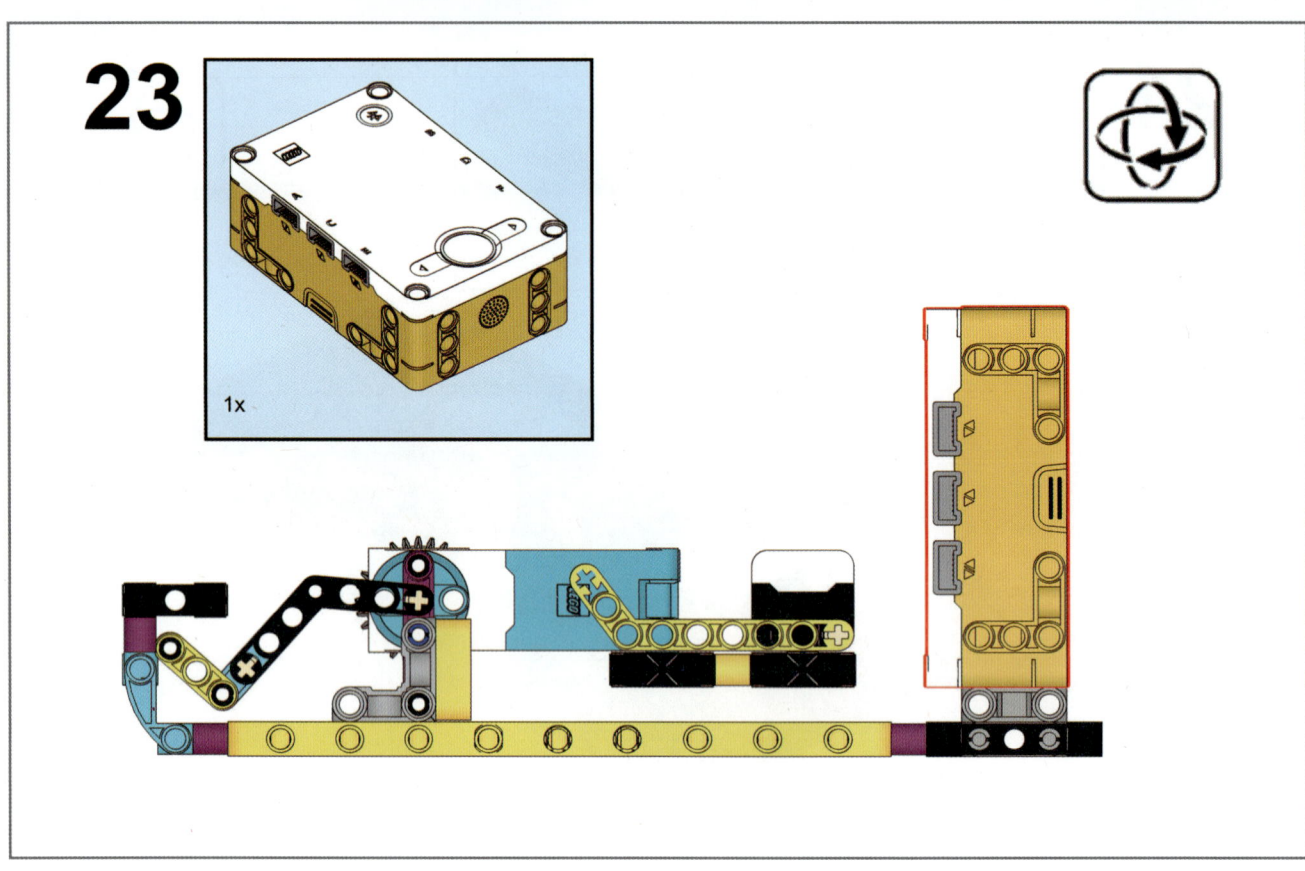

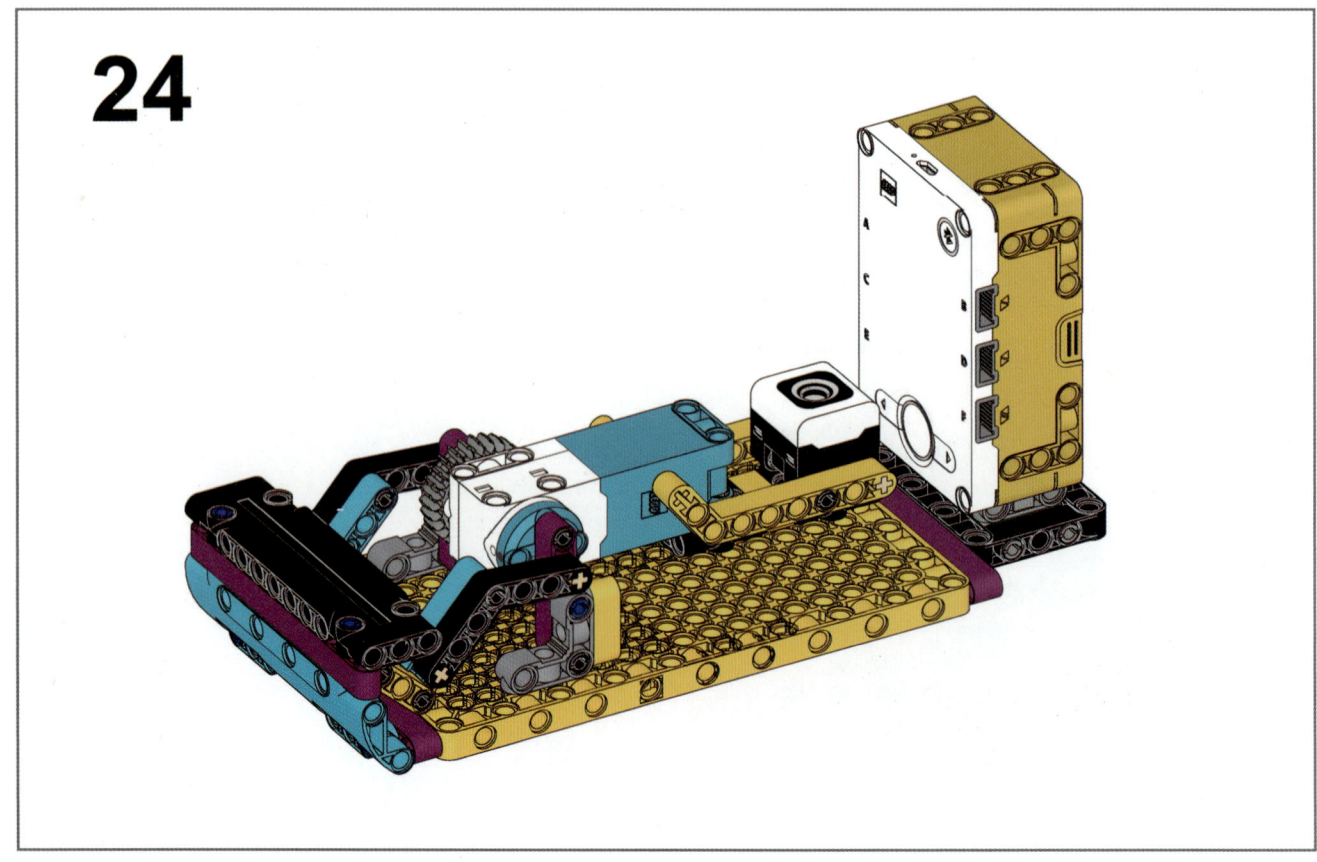

25

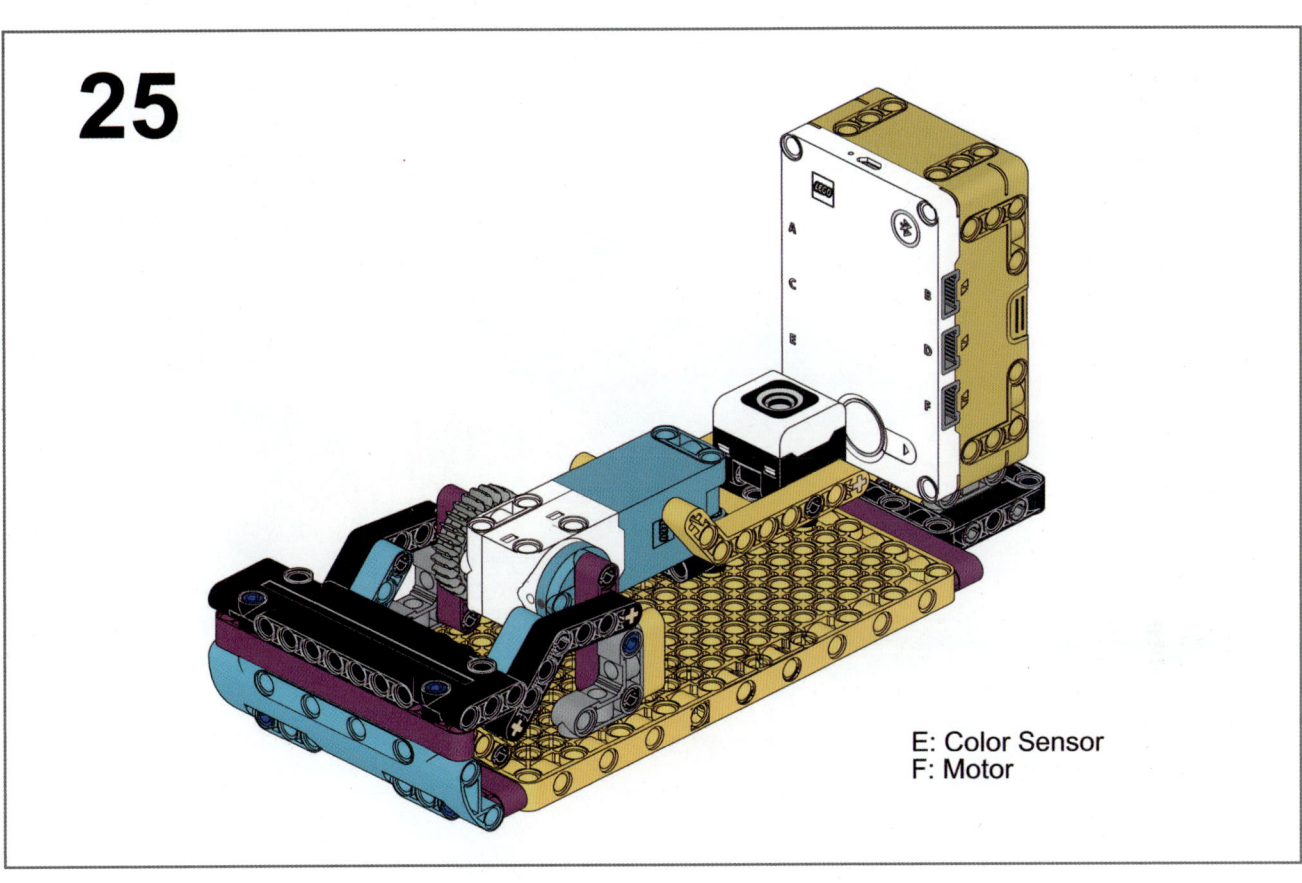

E: Color Sensor
F: Motor

26

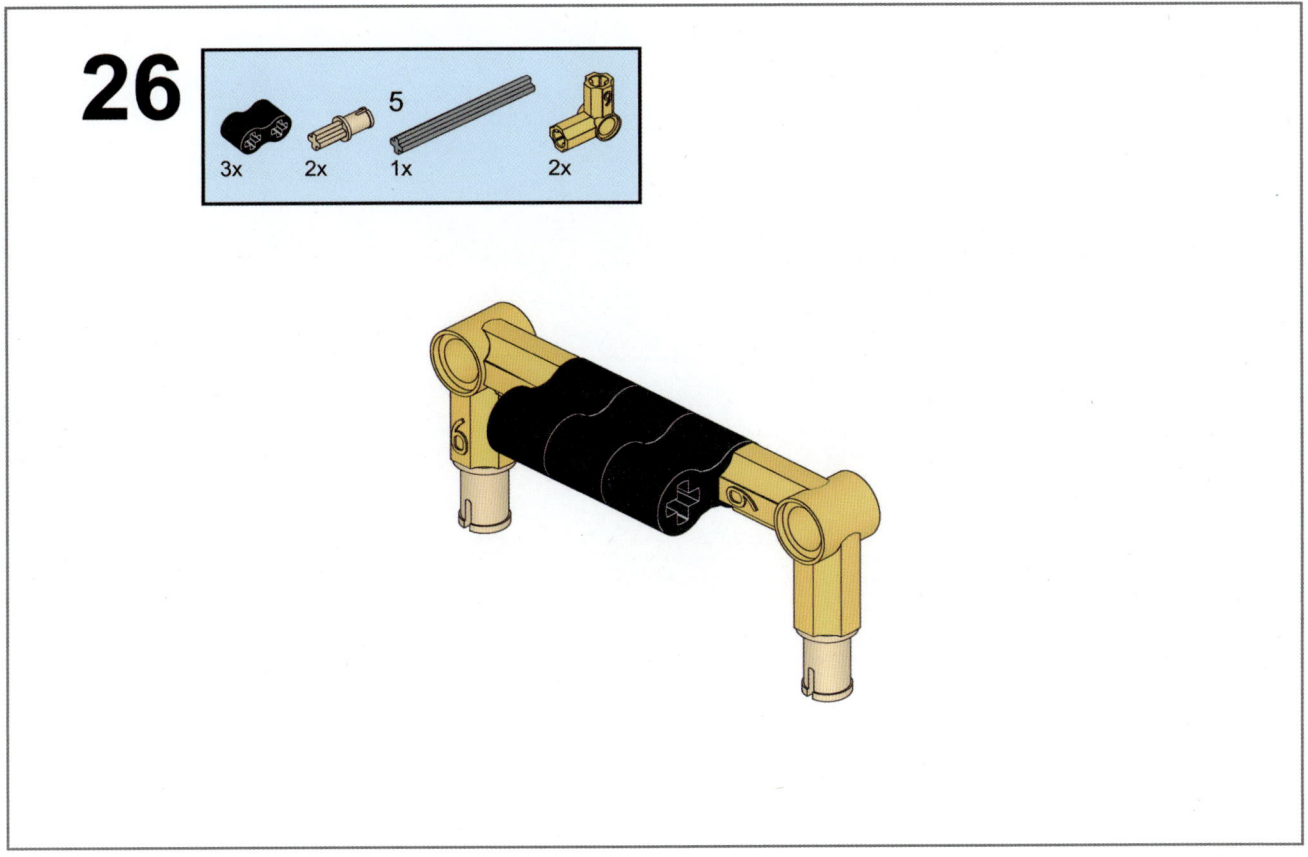

조립하기 윗몸 일으키기 (Sit Up)

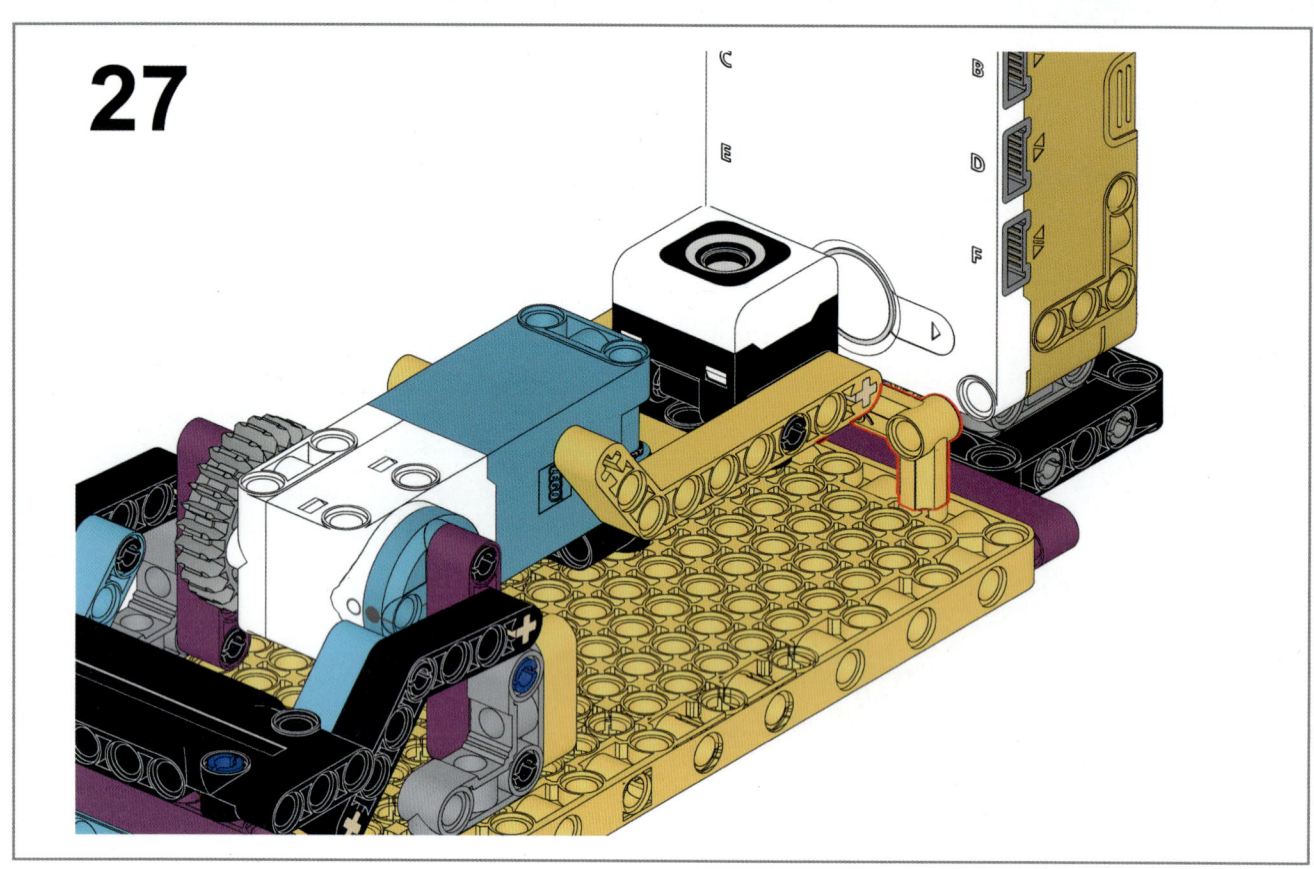

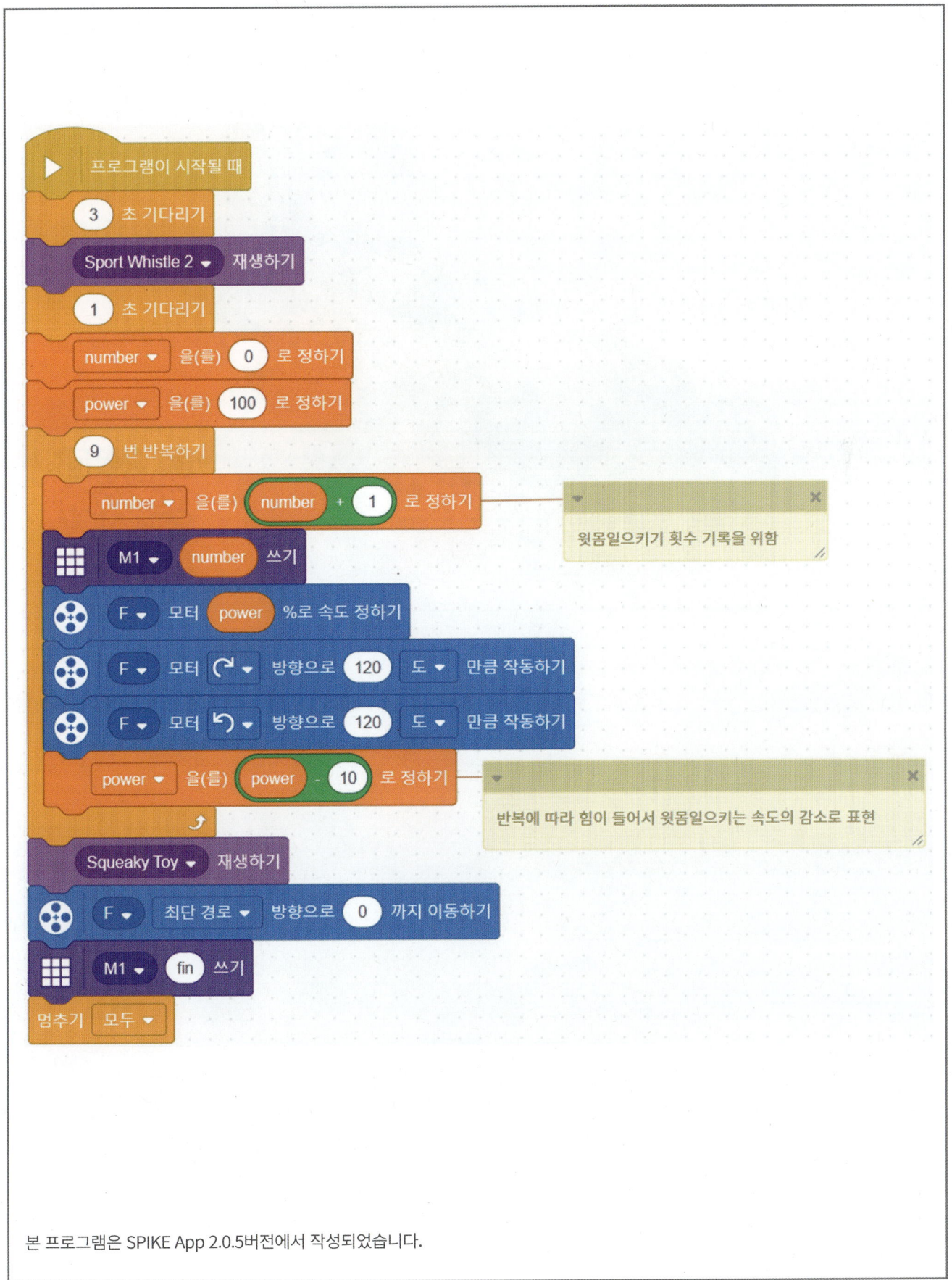

본 프로그램은 SPIKE App 2.0.5버전에서 작성되었습니다.

조립하기 윗몸 일으키기 (Sit Up)

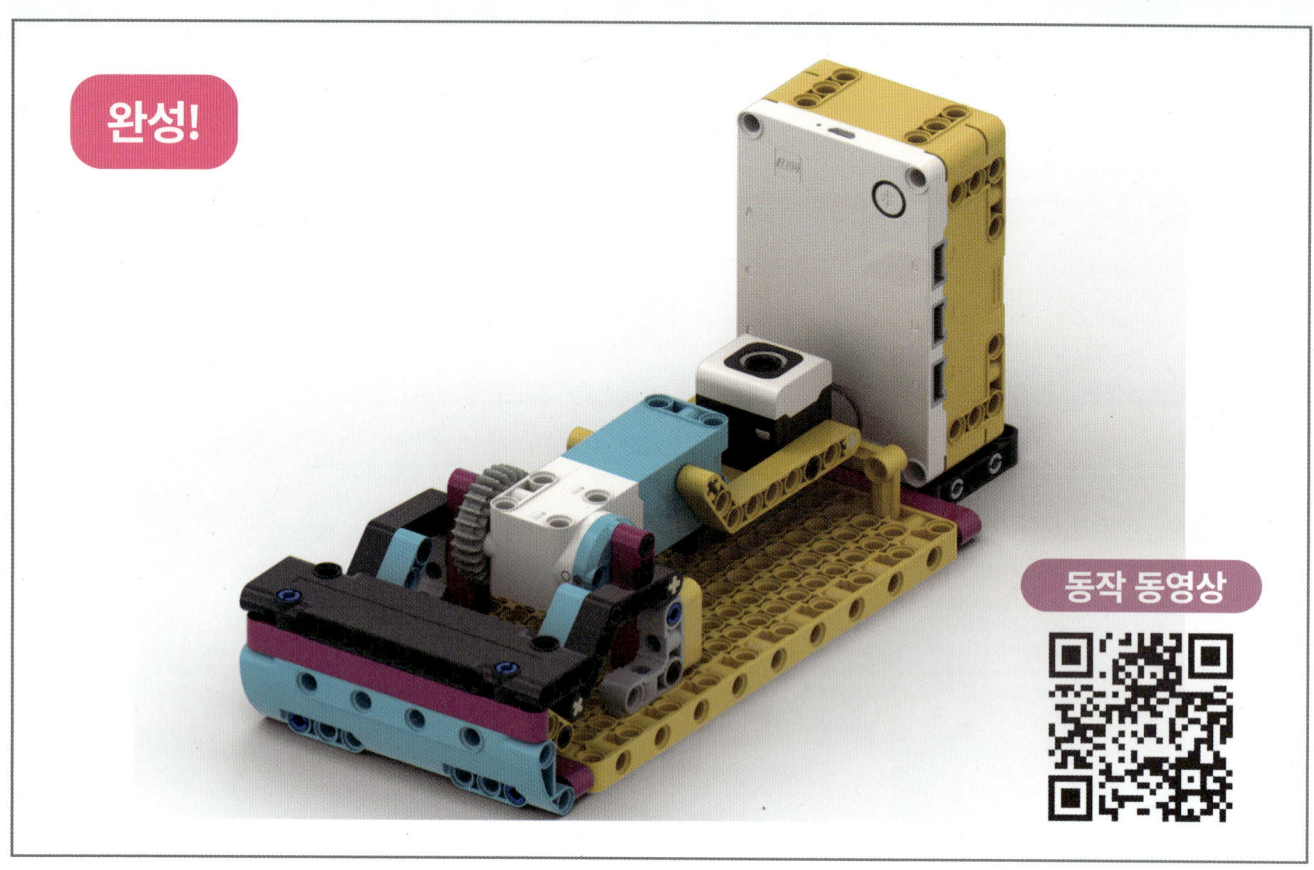

완성!

동작 동영상

05 허리 돌리기 (Waist Twister)

몸을 좌우로 반복 회전하여
허리를 돌립니다.
복부 및 옆구리 운동으로
군살 제거, 밸런스 운동에
효율적인 운동입니다.

동작 동영상

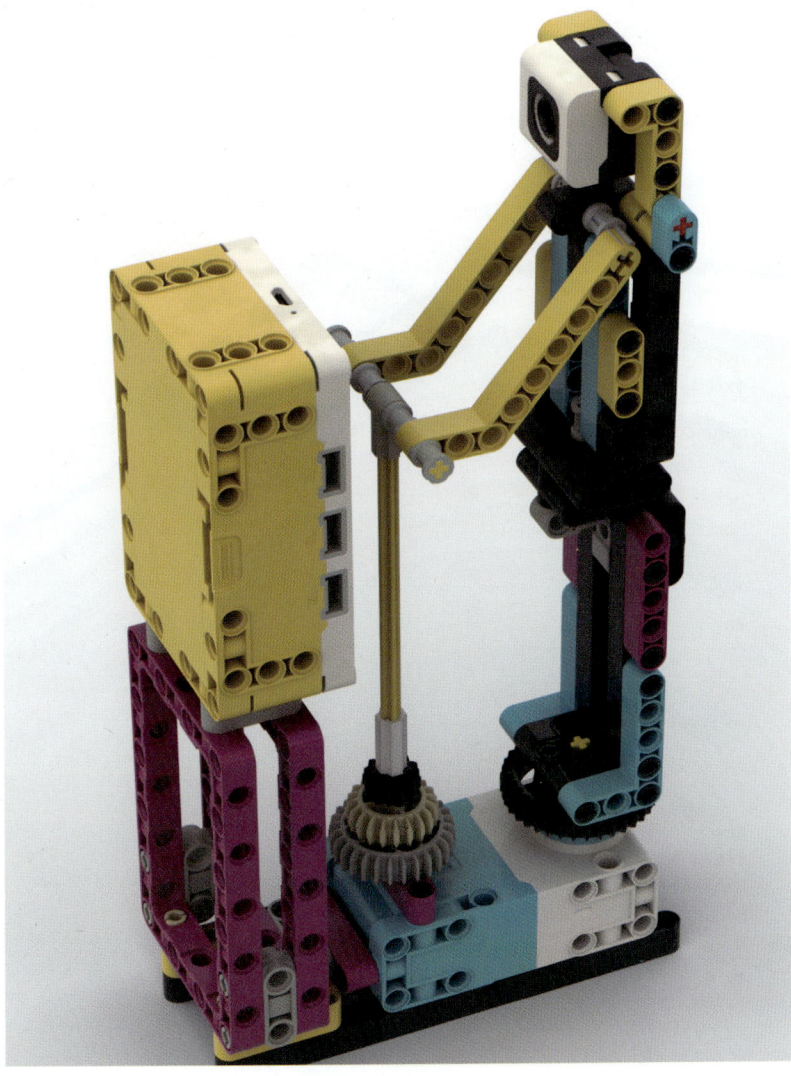

필요 부품 목록

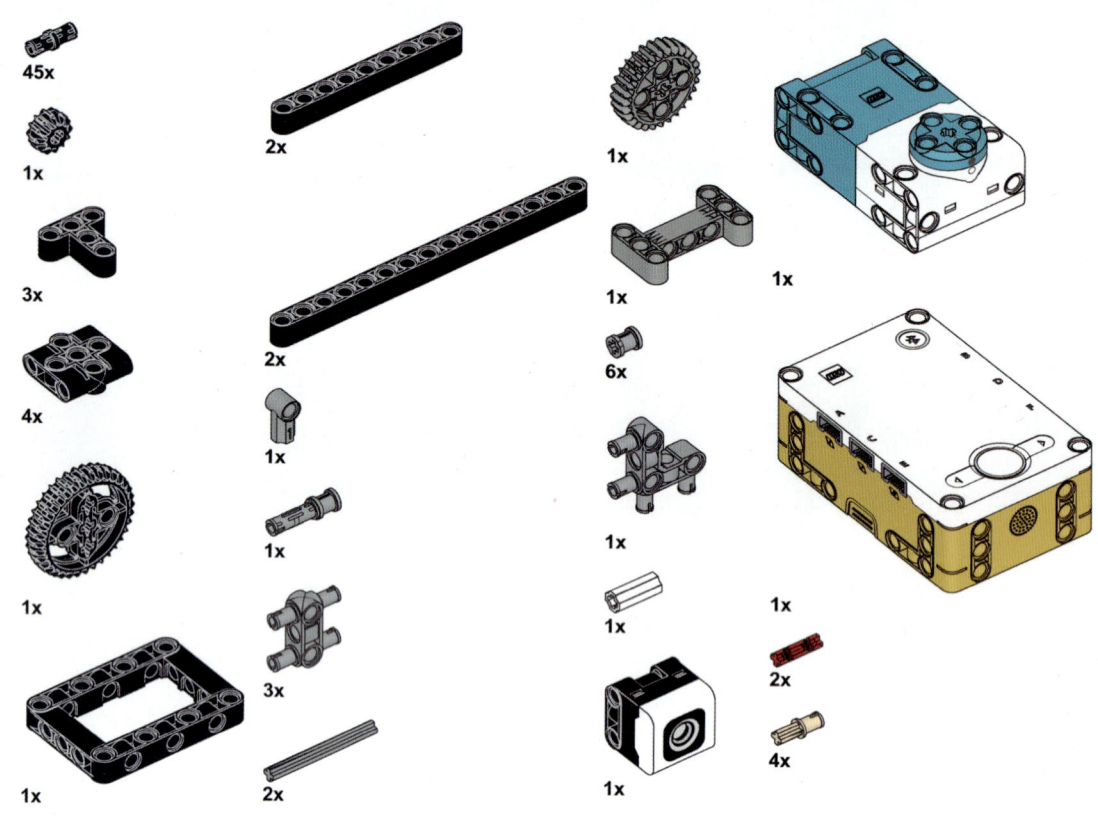

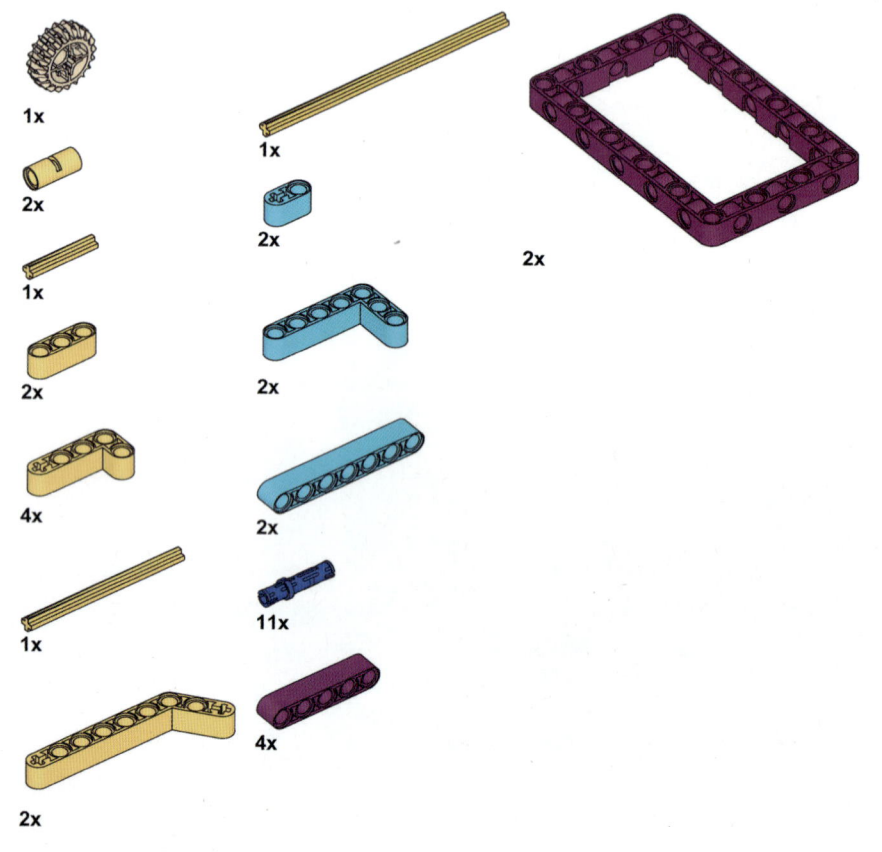

Design by junastudio

조립하기   허리 돌리기 (Waist Twister)

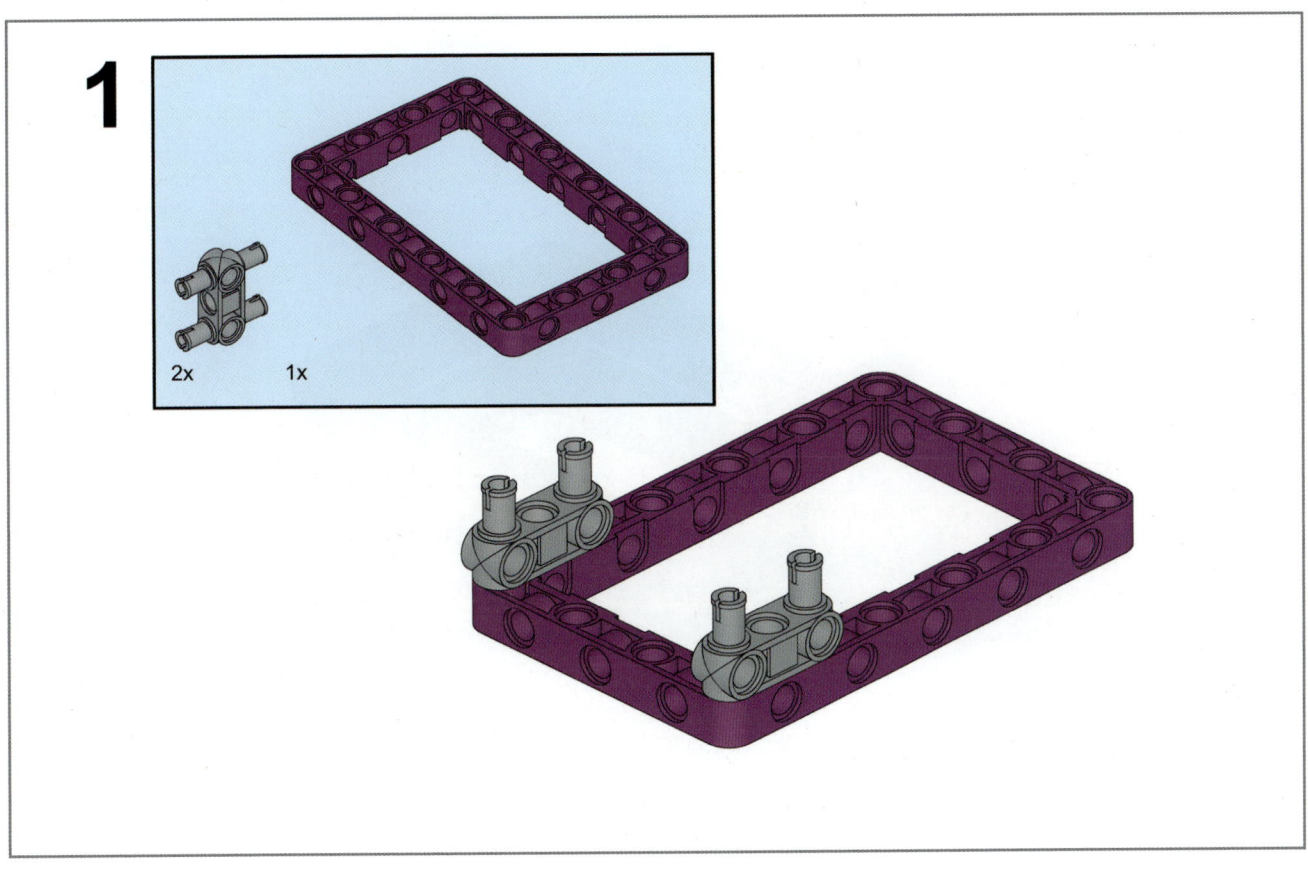

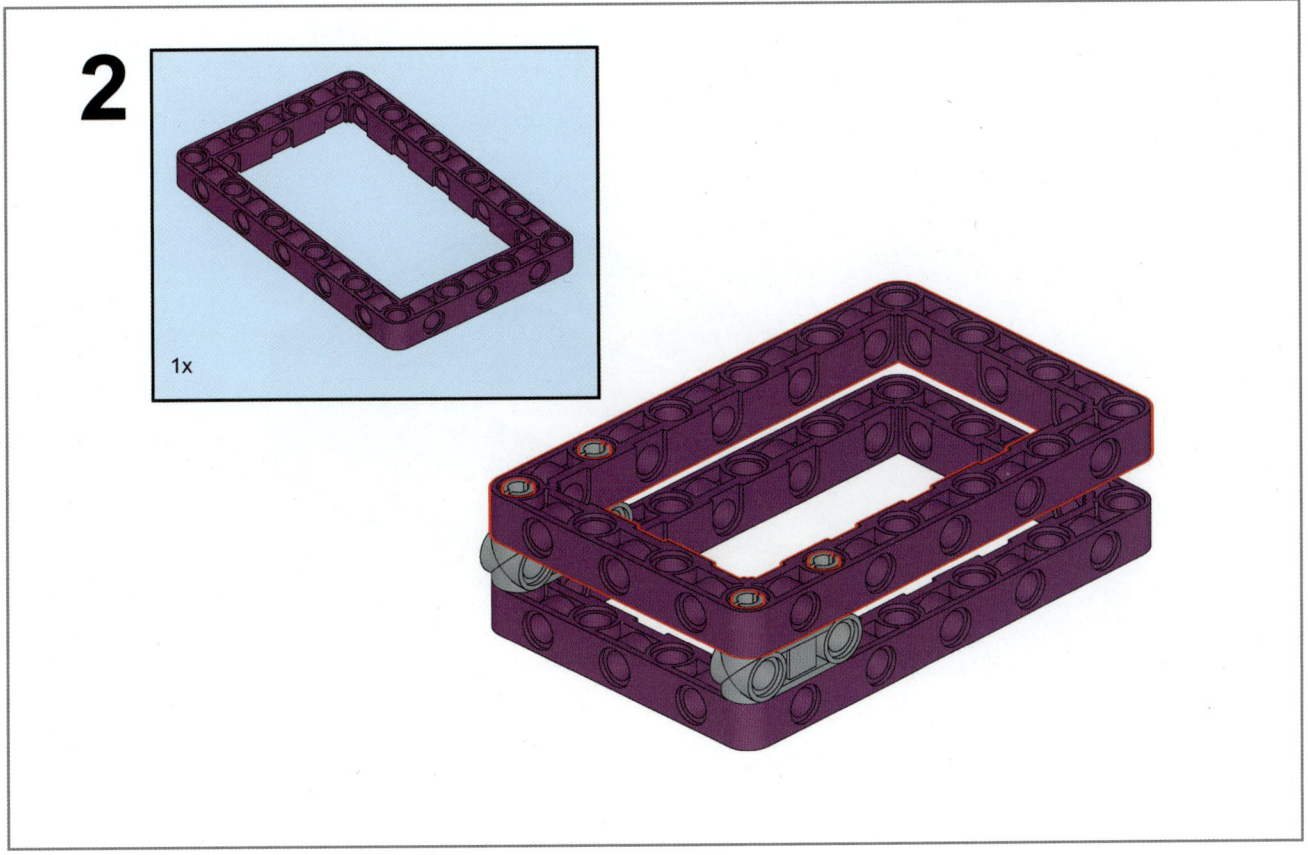

허리 돌리기(Waist Twister)   95

조립하기 허리 돌리기 (Waist Twister)

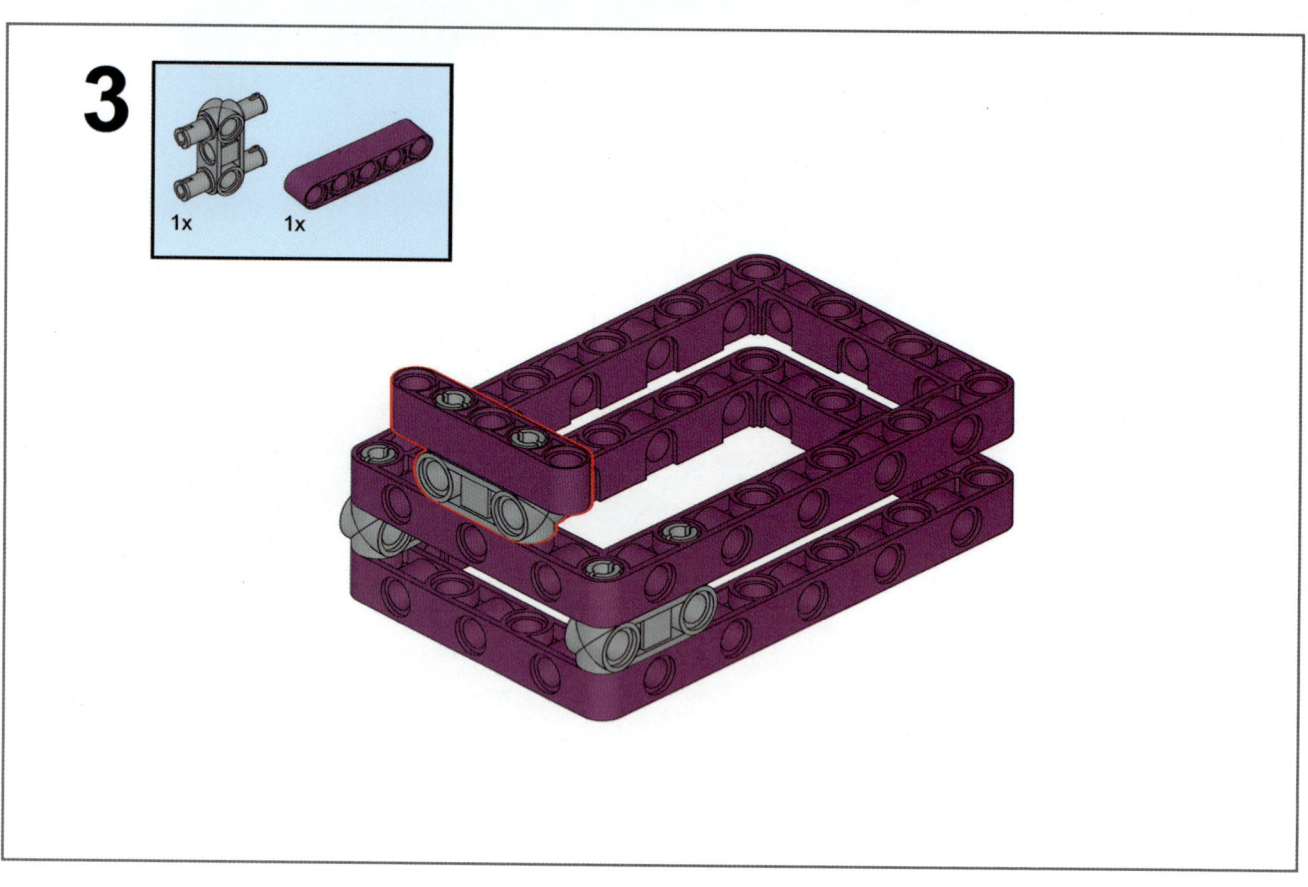

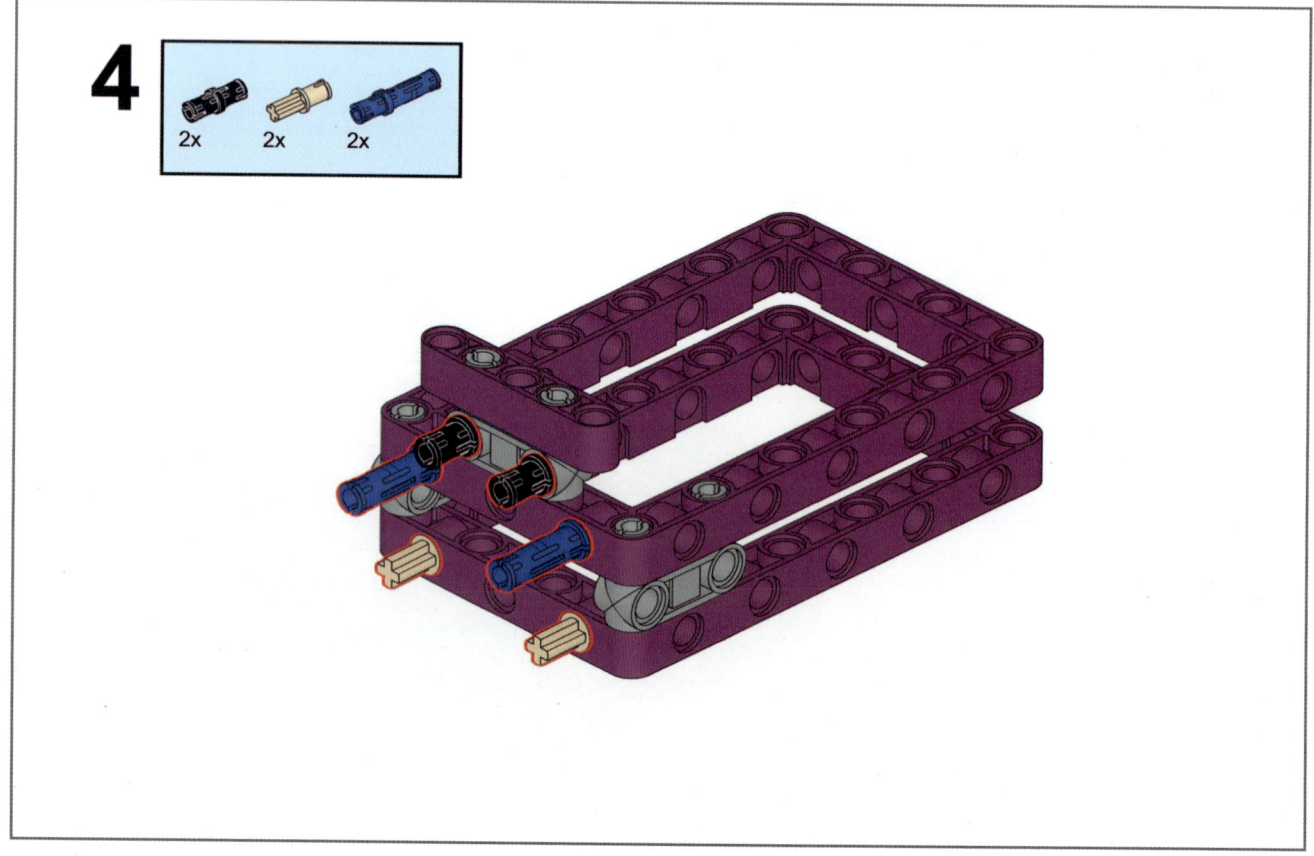

허리 돌리기(Waist Twister)

5

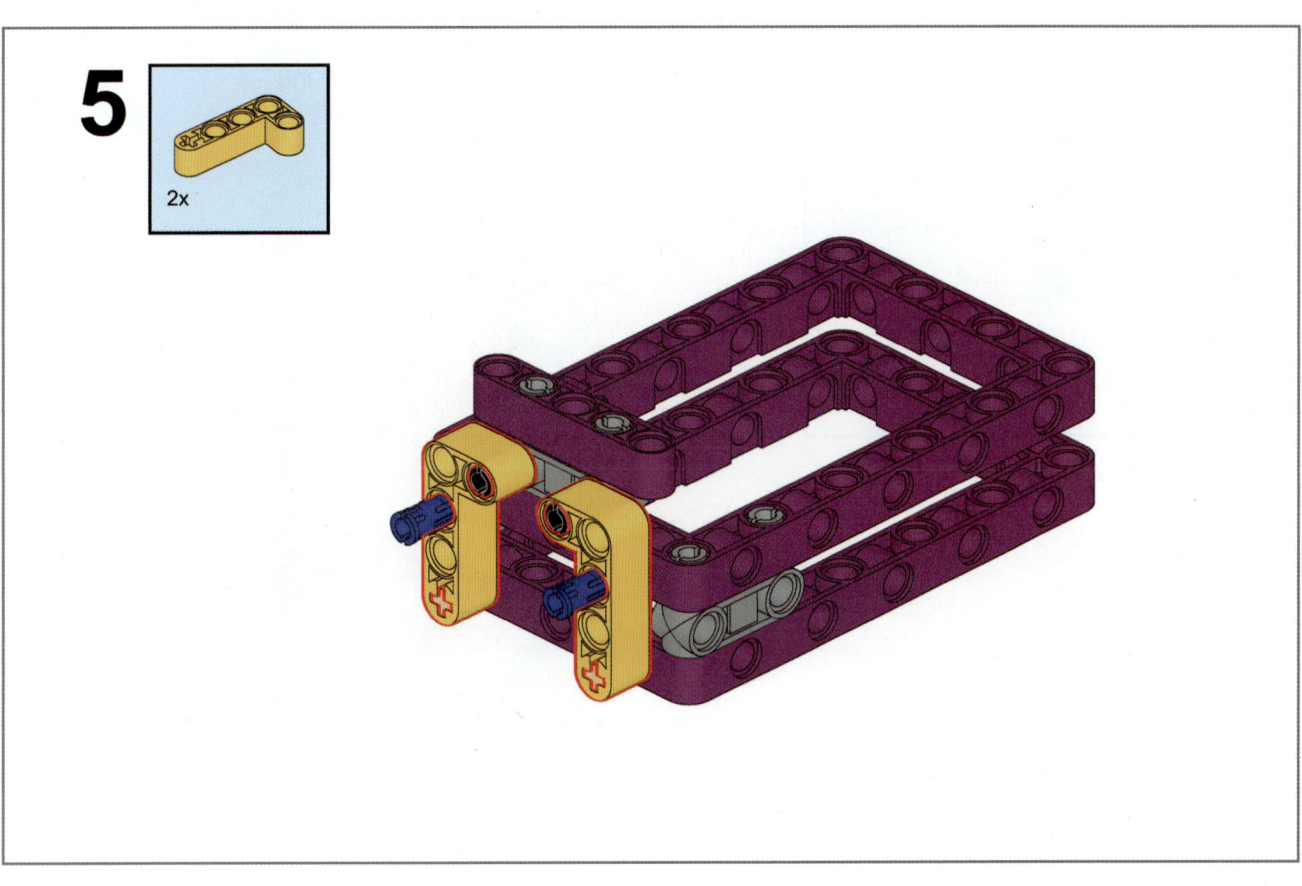

6

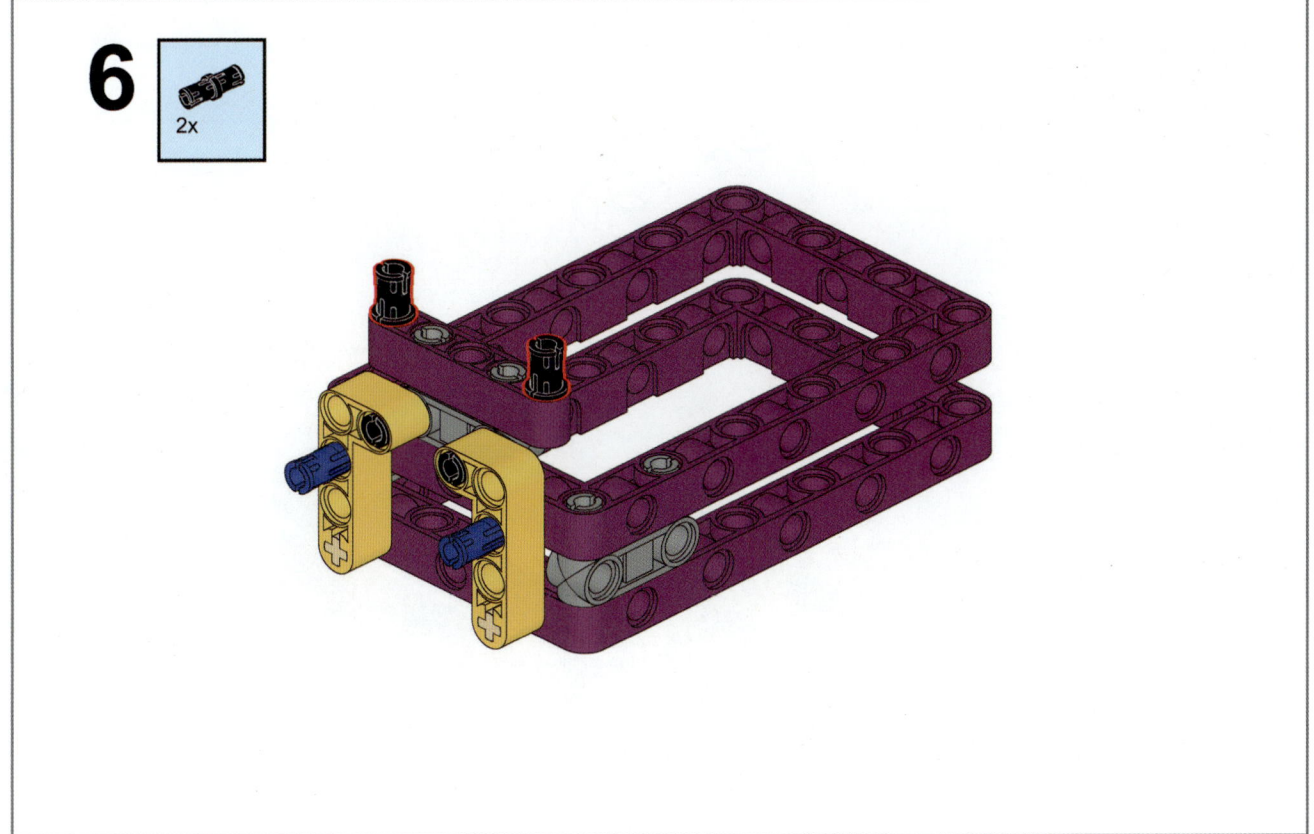

허리 돌리기(Waist Twister)

조립하기 허리 돌리기 (Waist Twister)

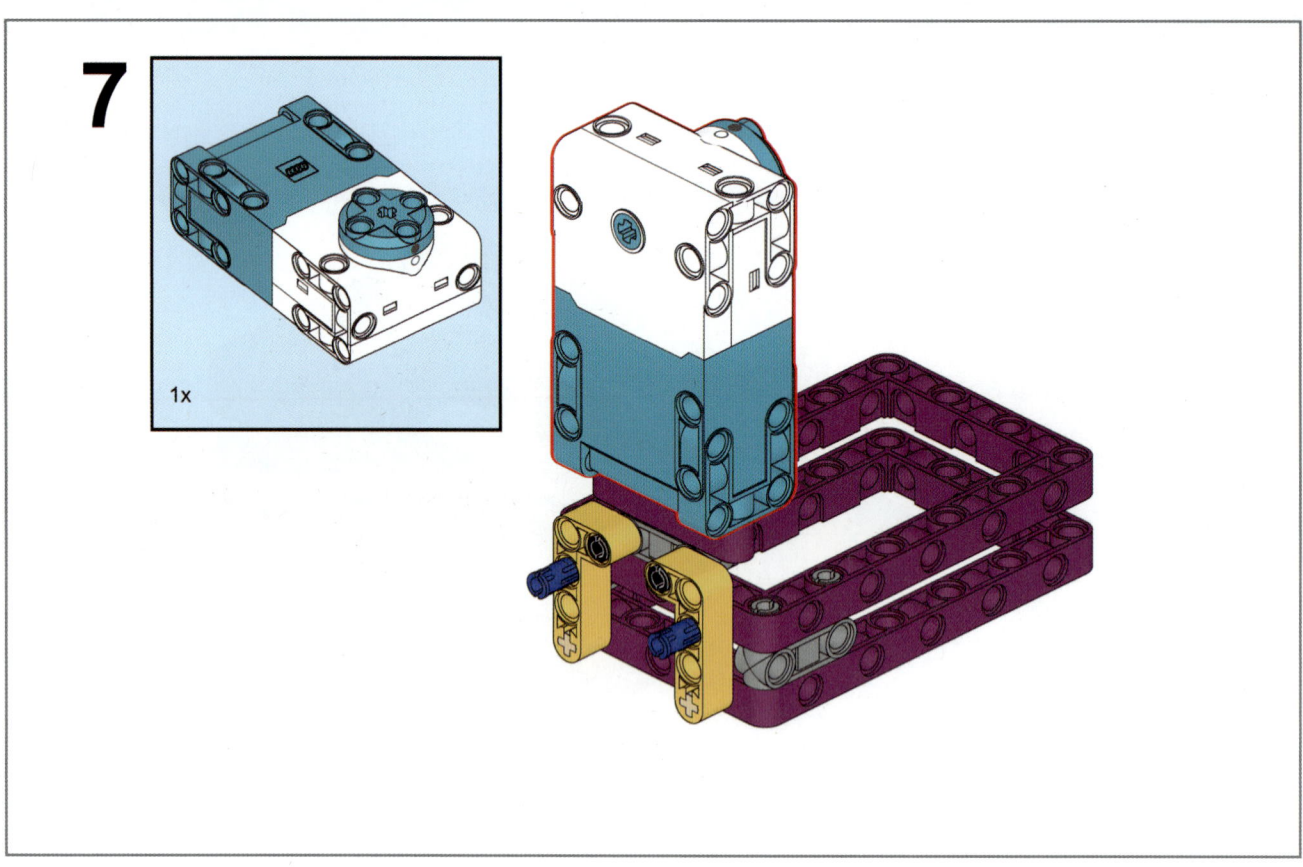

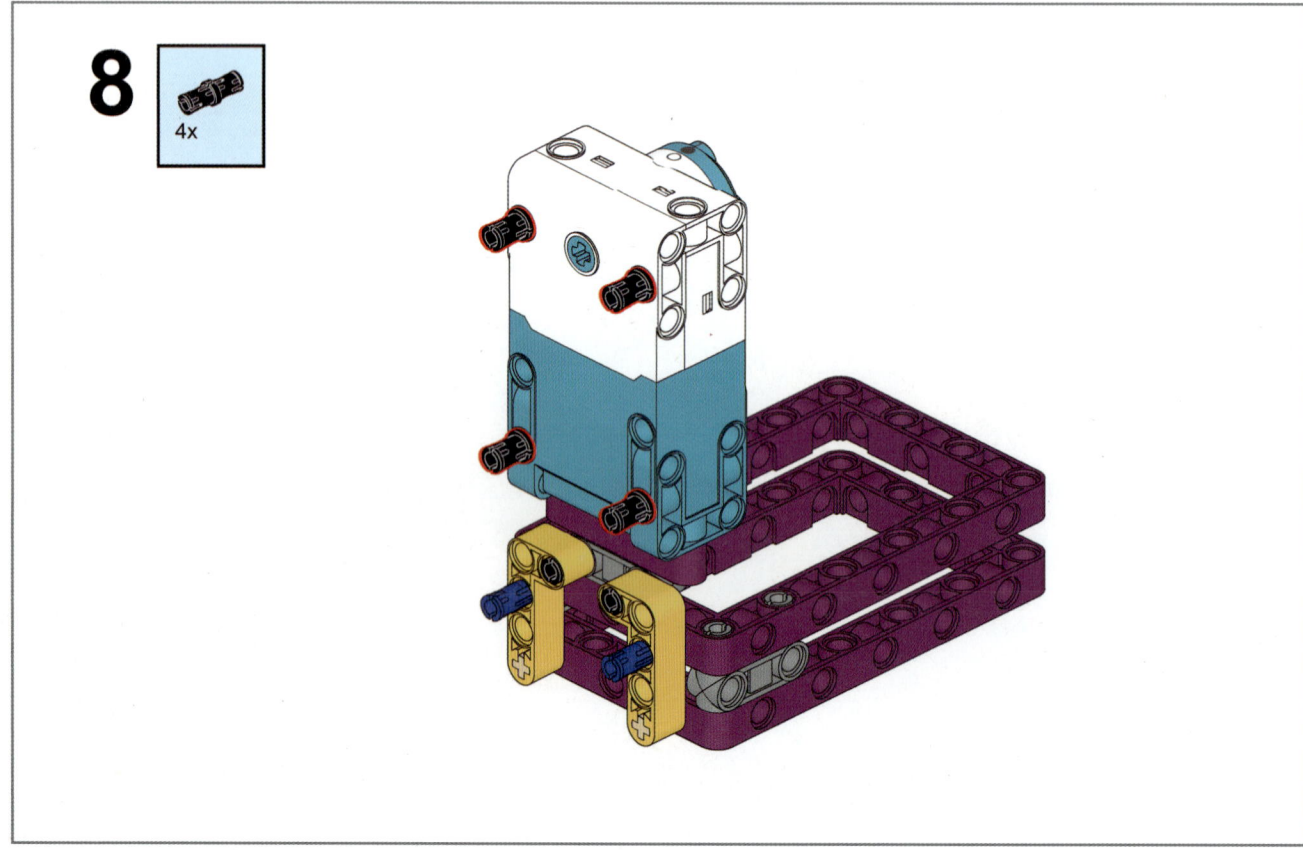

허리 돌리기(Waist Twister)

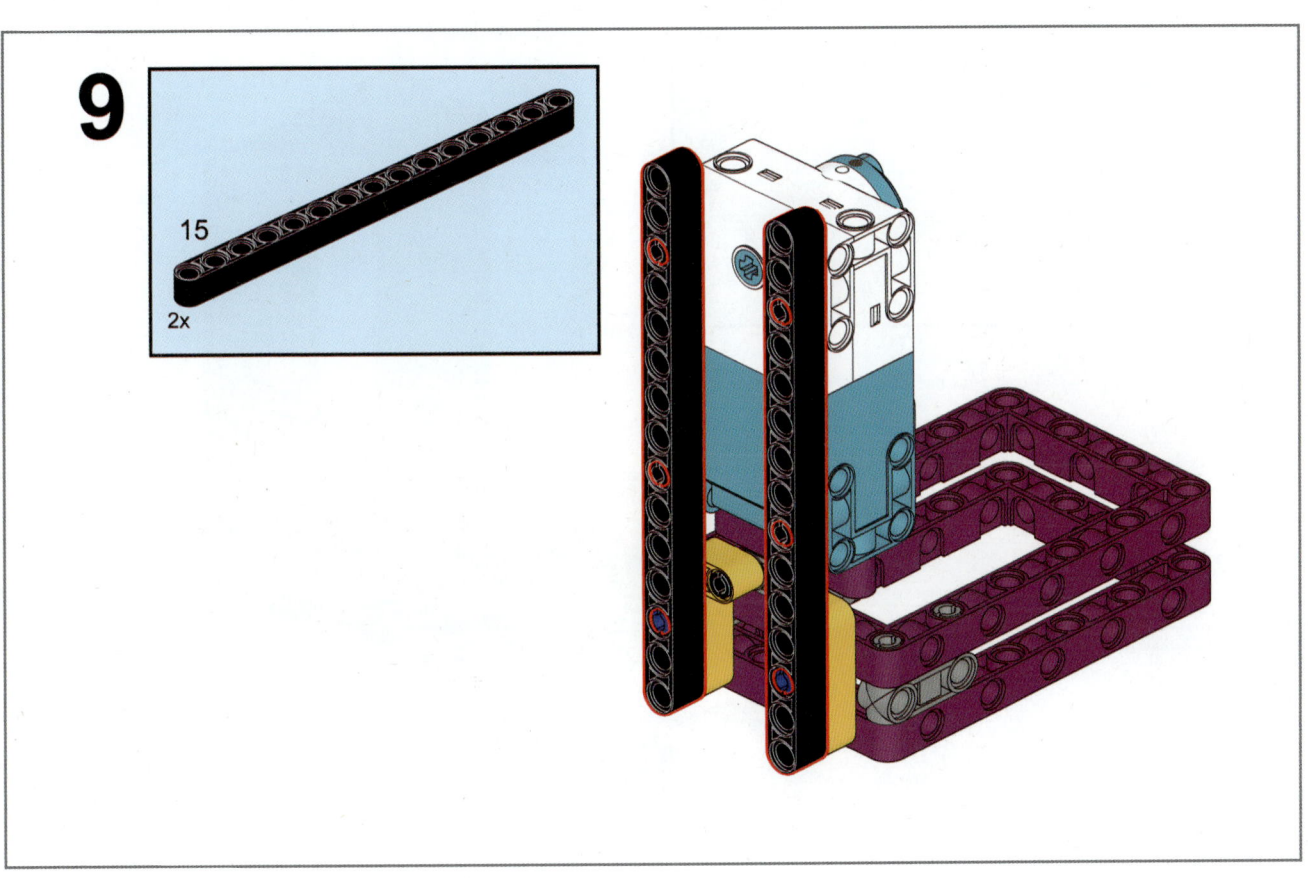

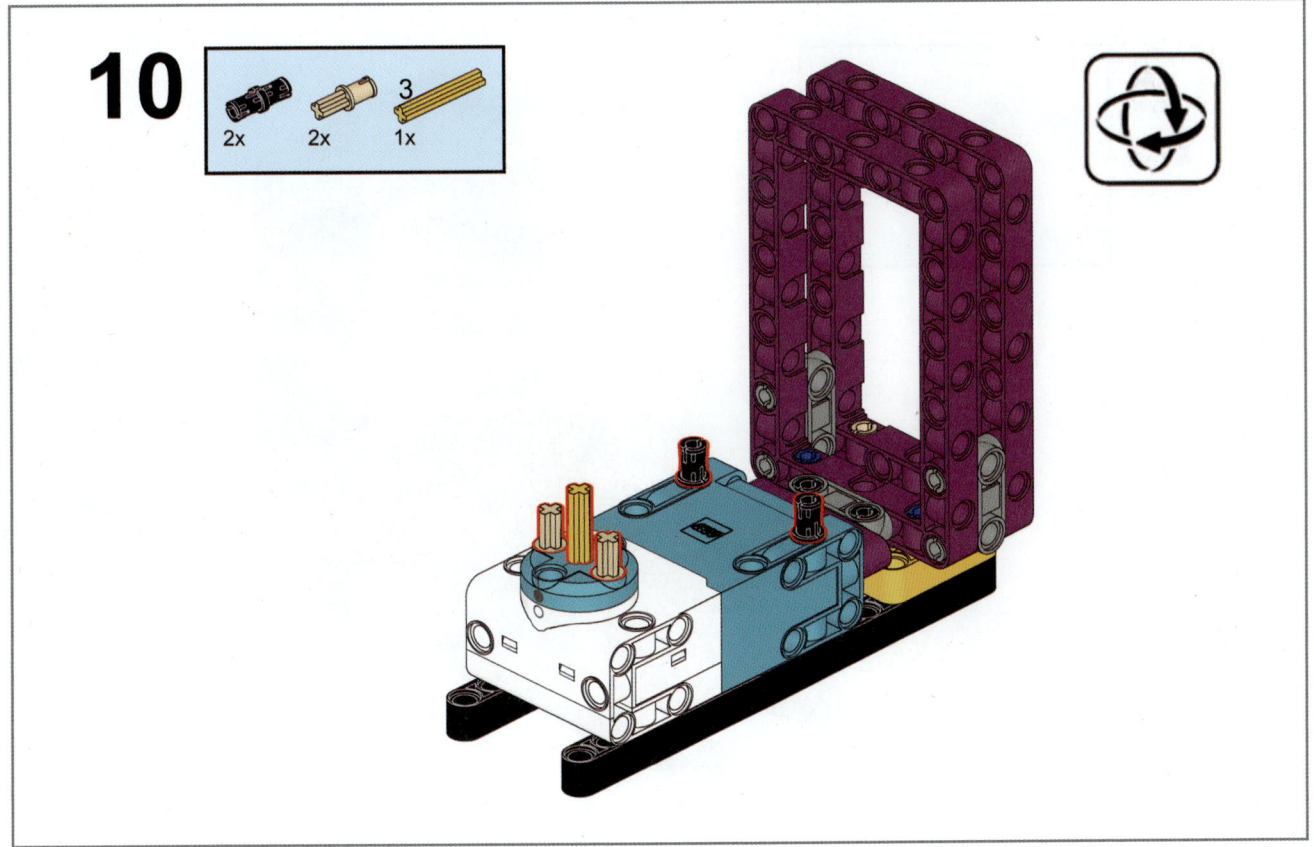

허리 돌리기(Waist Twister)

조립하기 허리 돌리기 (Waist Twister)

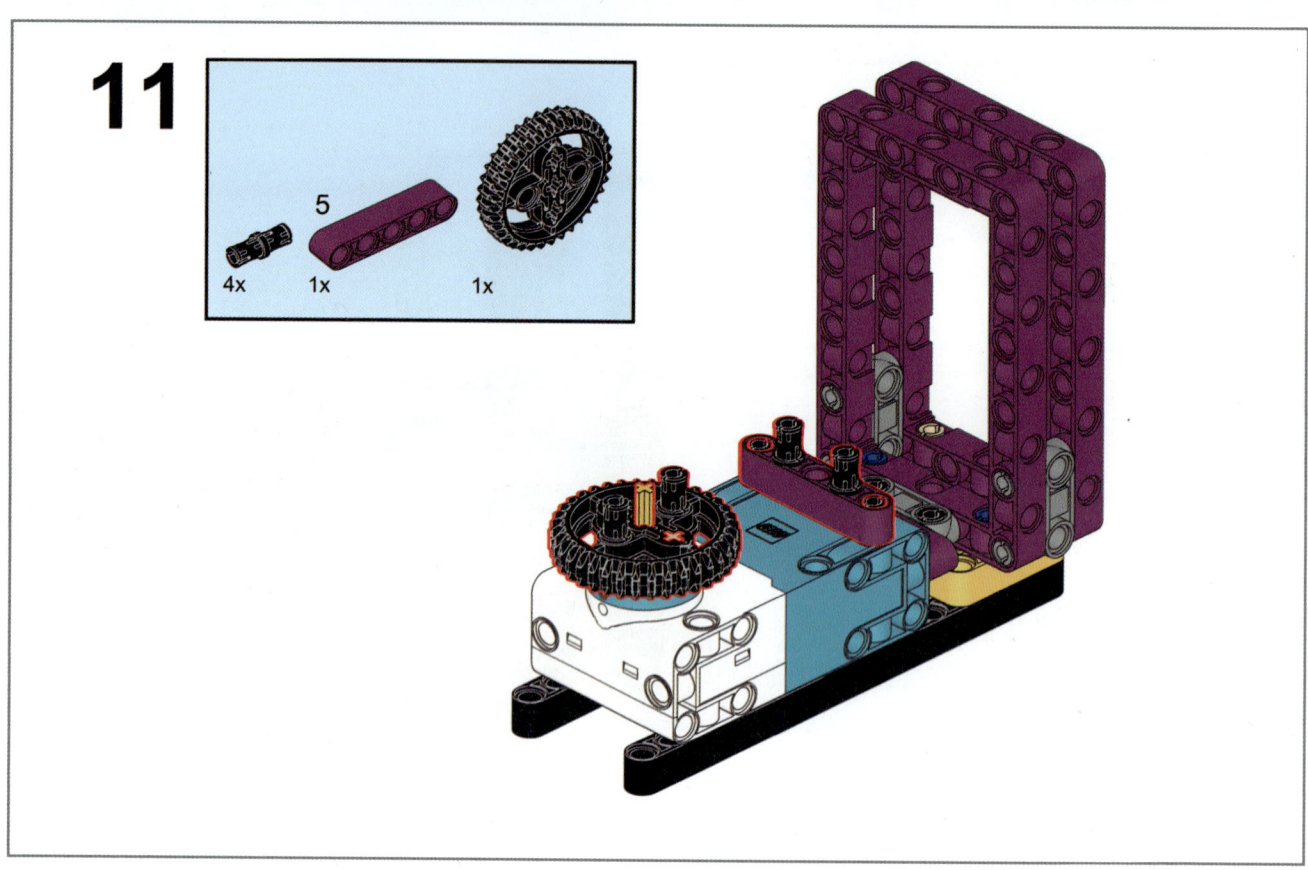

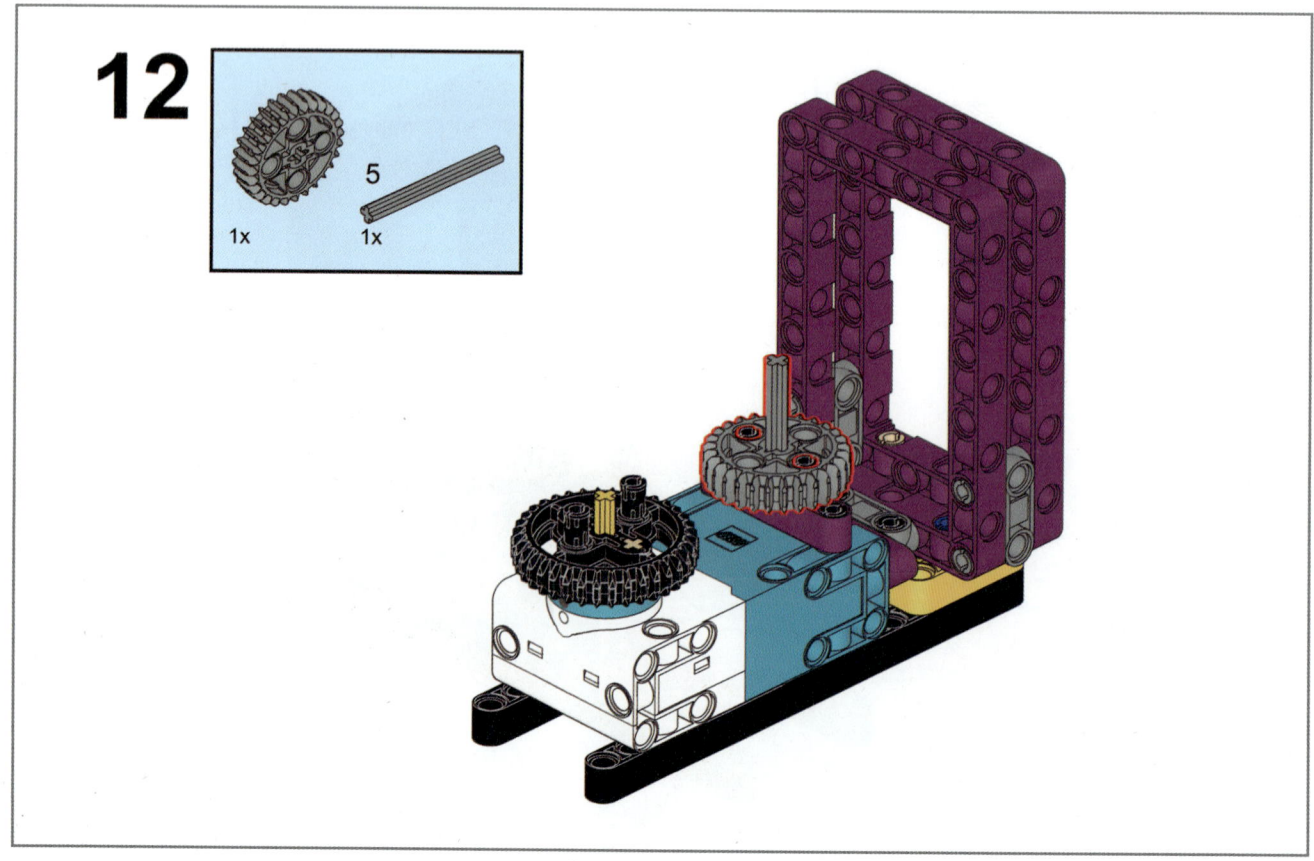

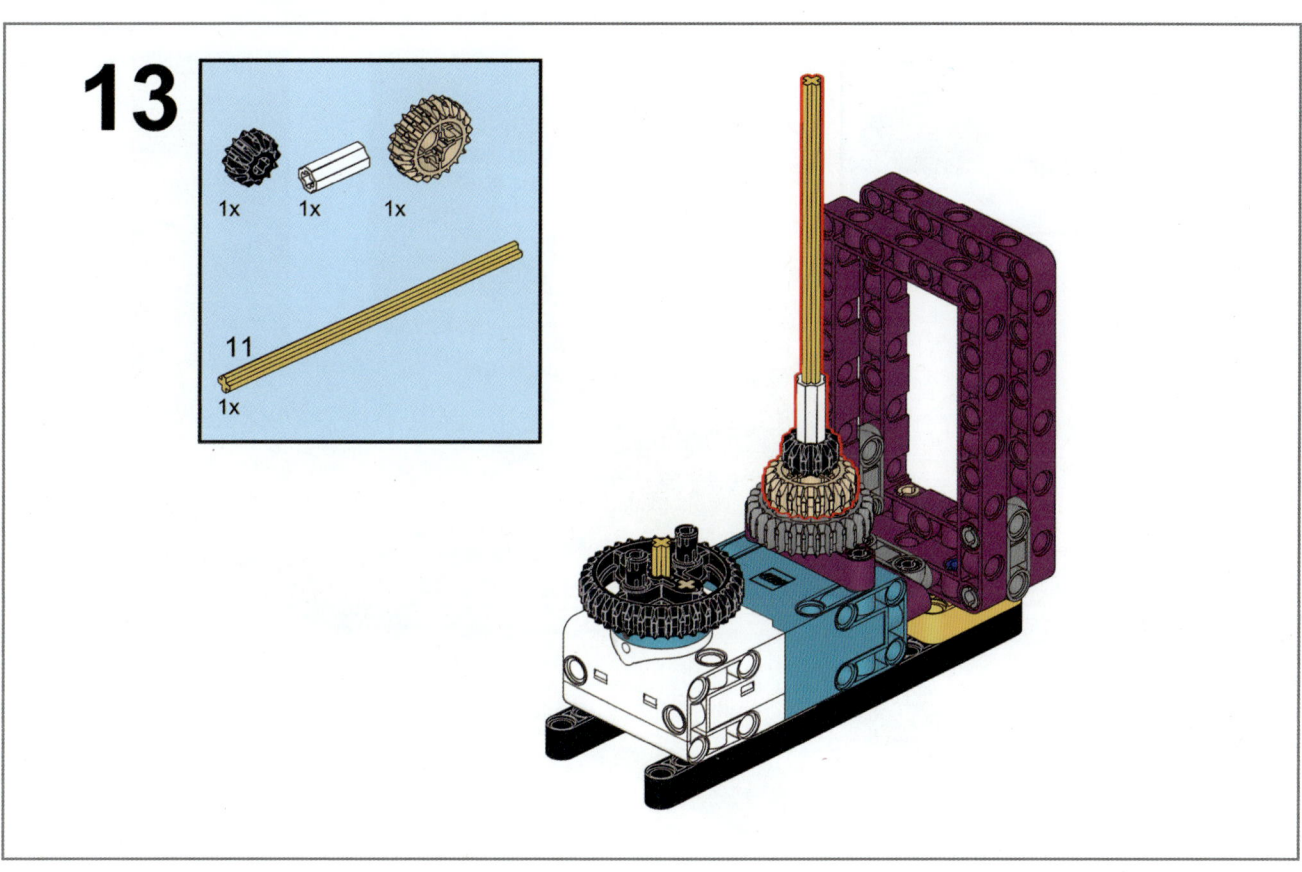
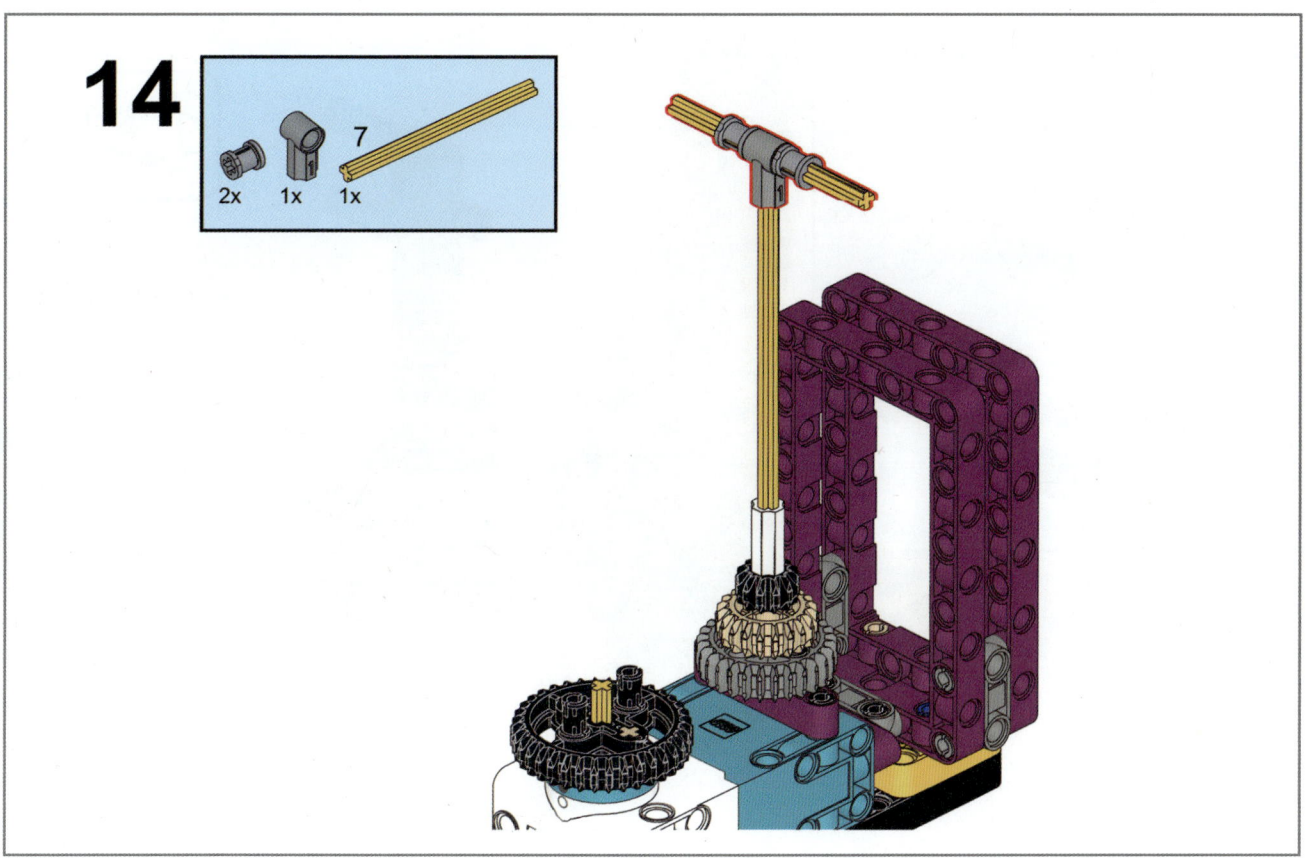

허리 돌리기(Waist Twister)

조립하기 허리 돌리기 (Waist Twister)

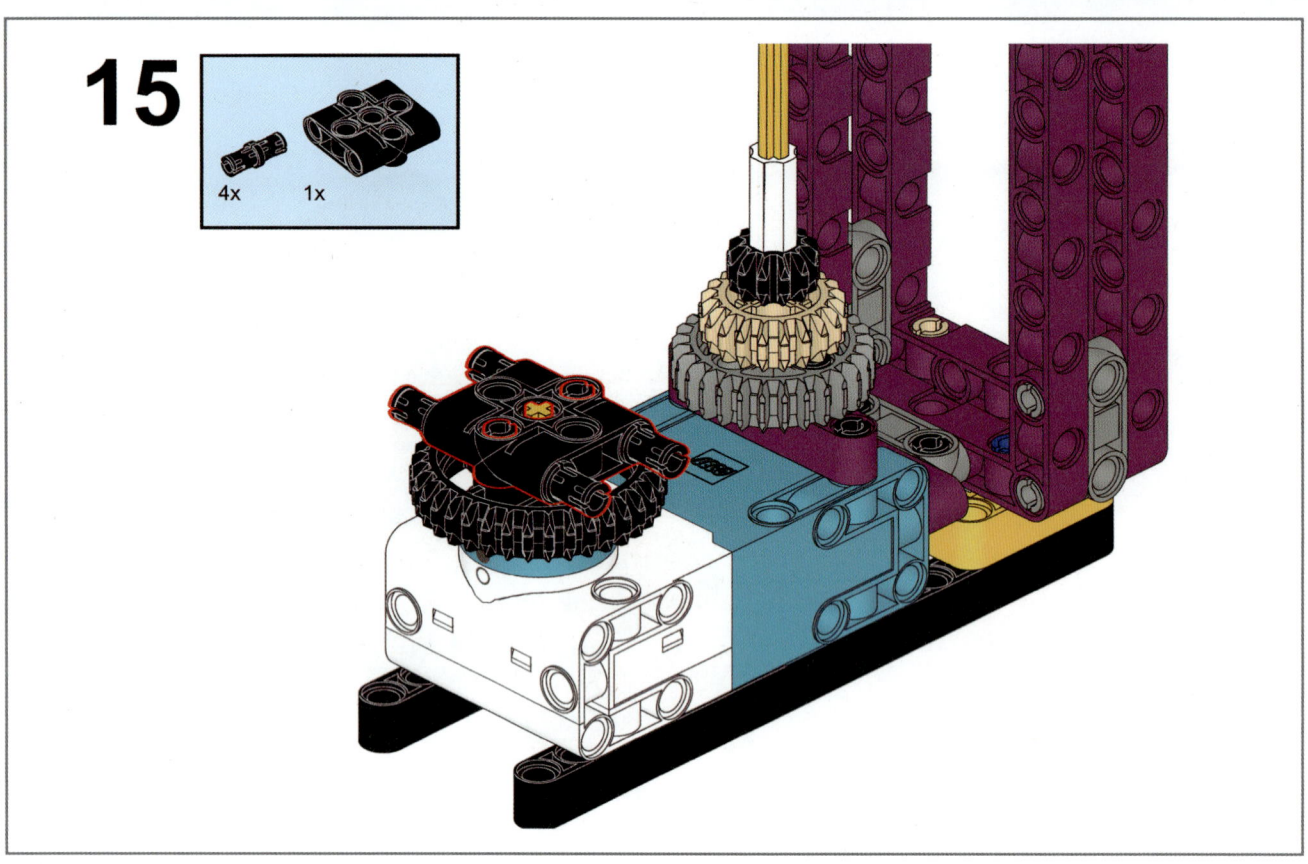

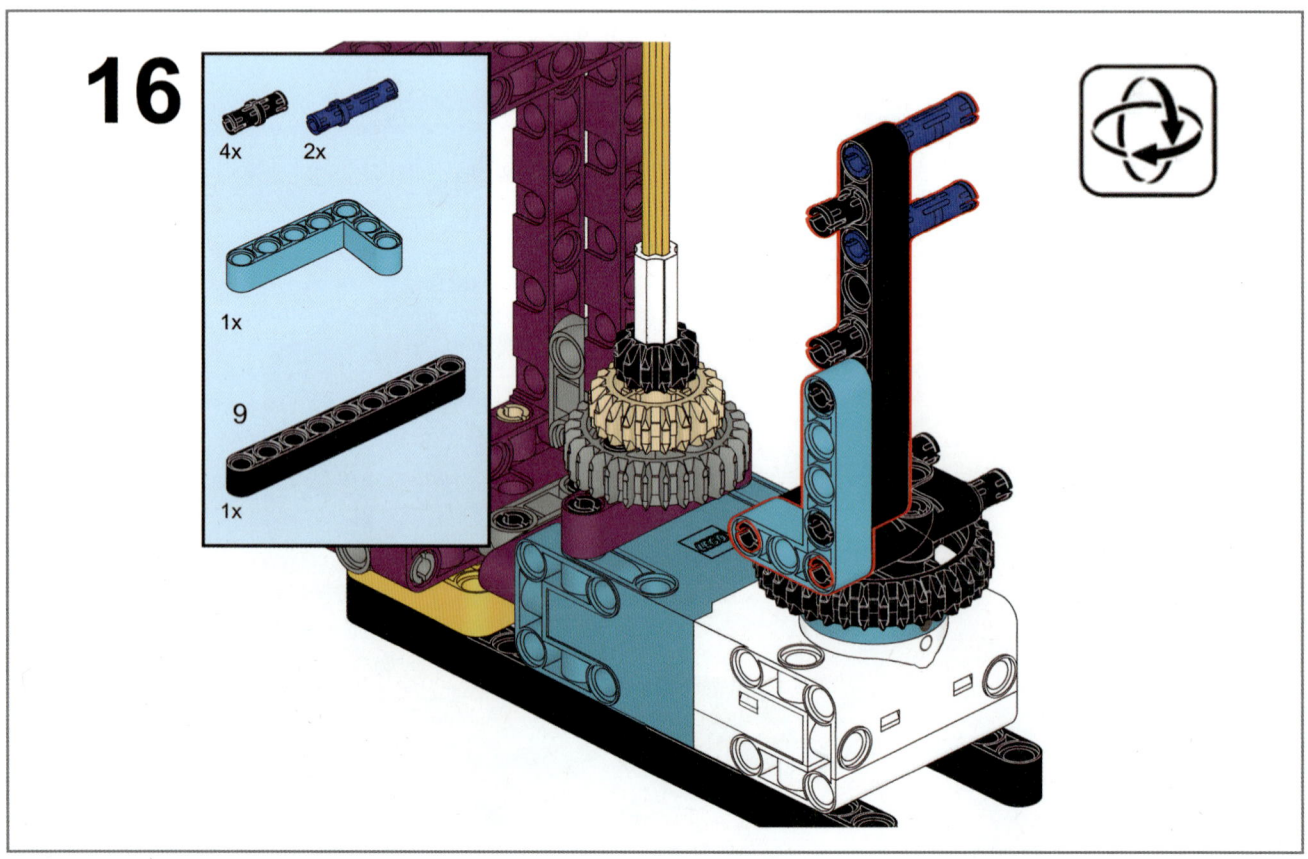

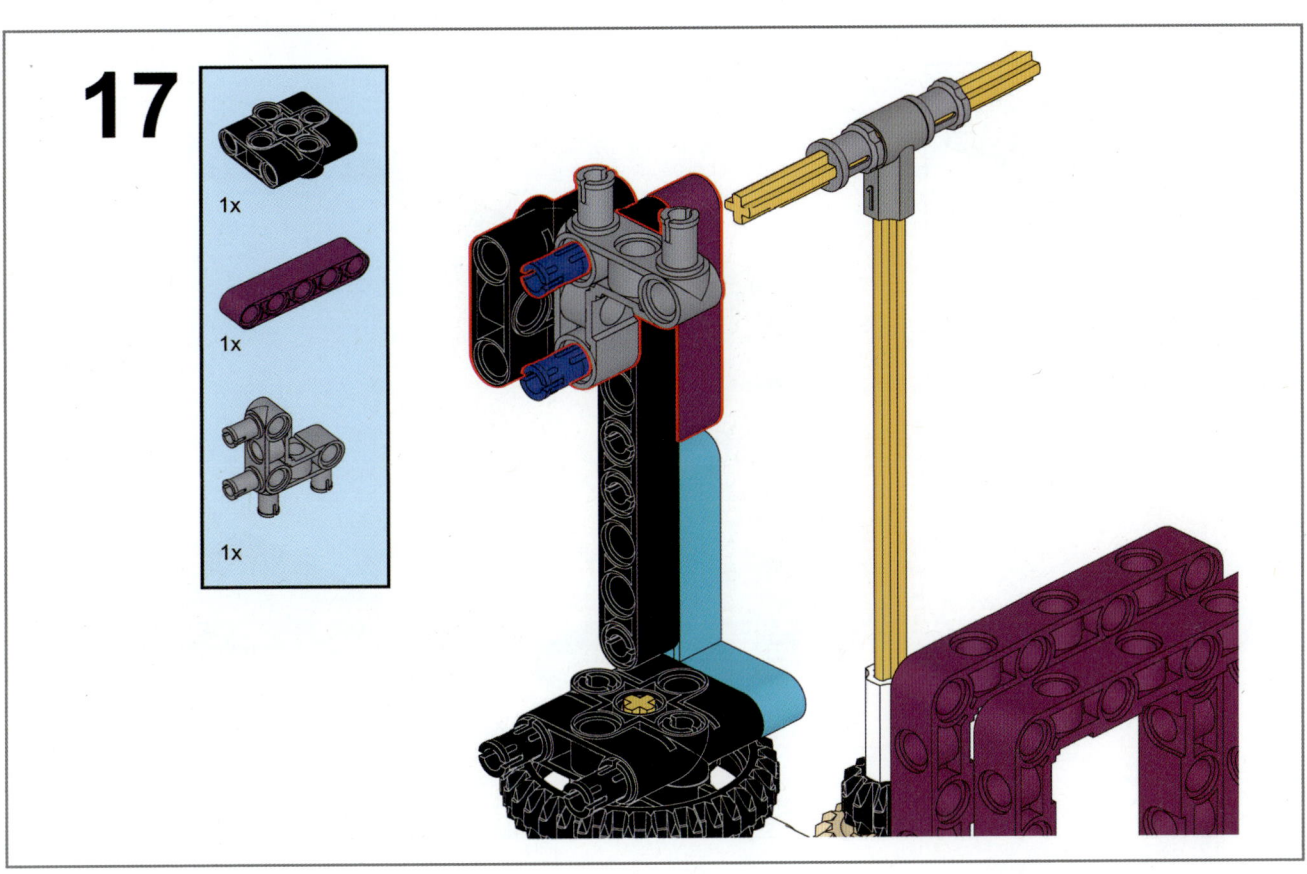
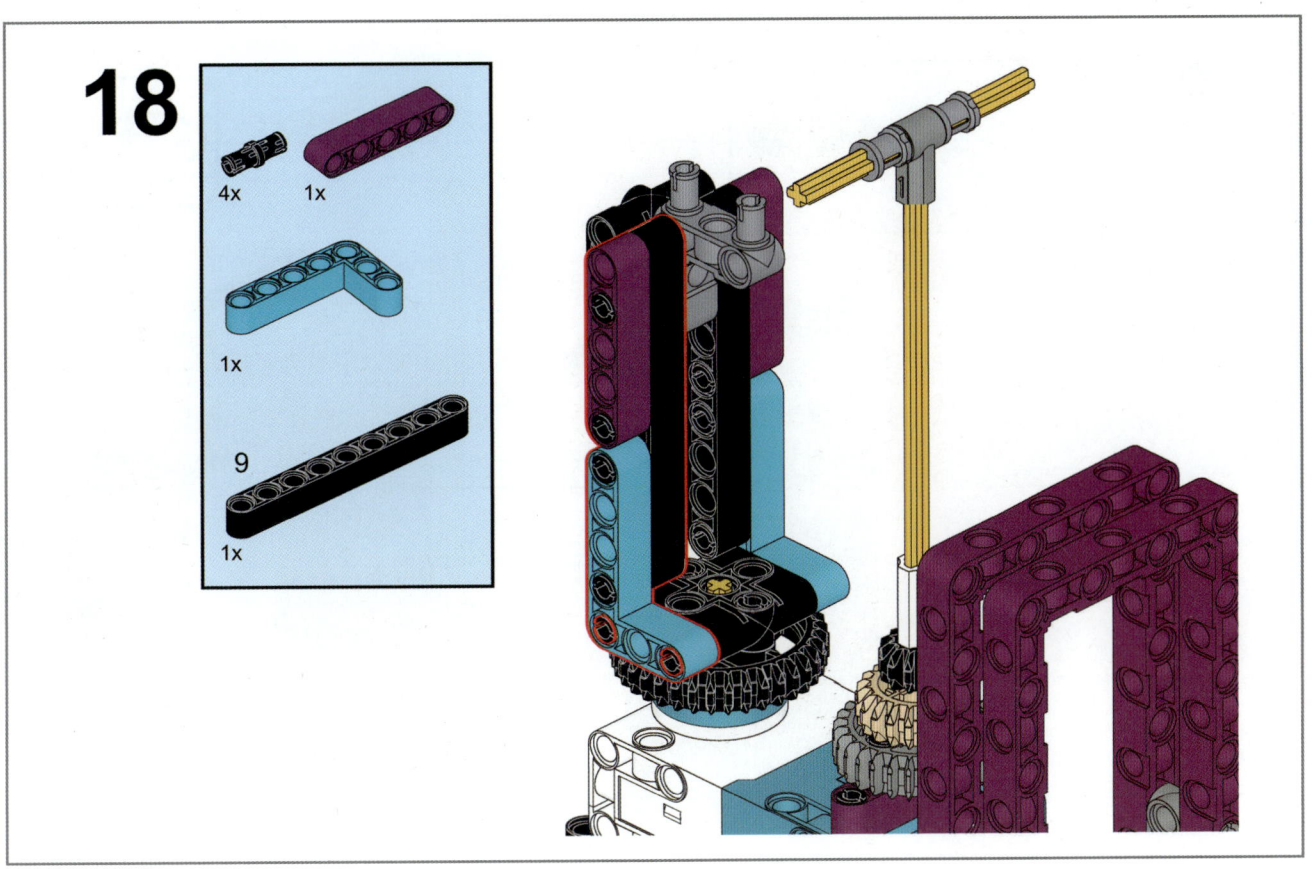

허리 돌리기(Waist Twister)

조립하기 허리 돌리기 (Waist Twister)

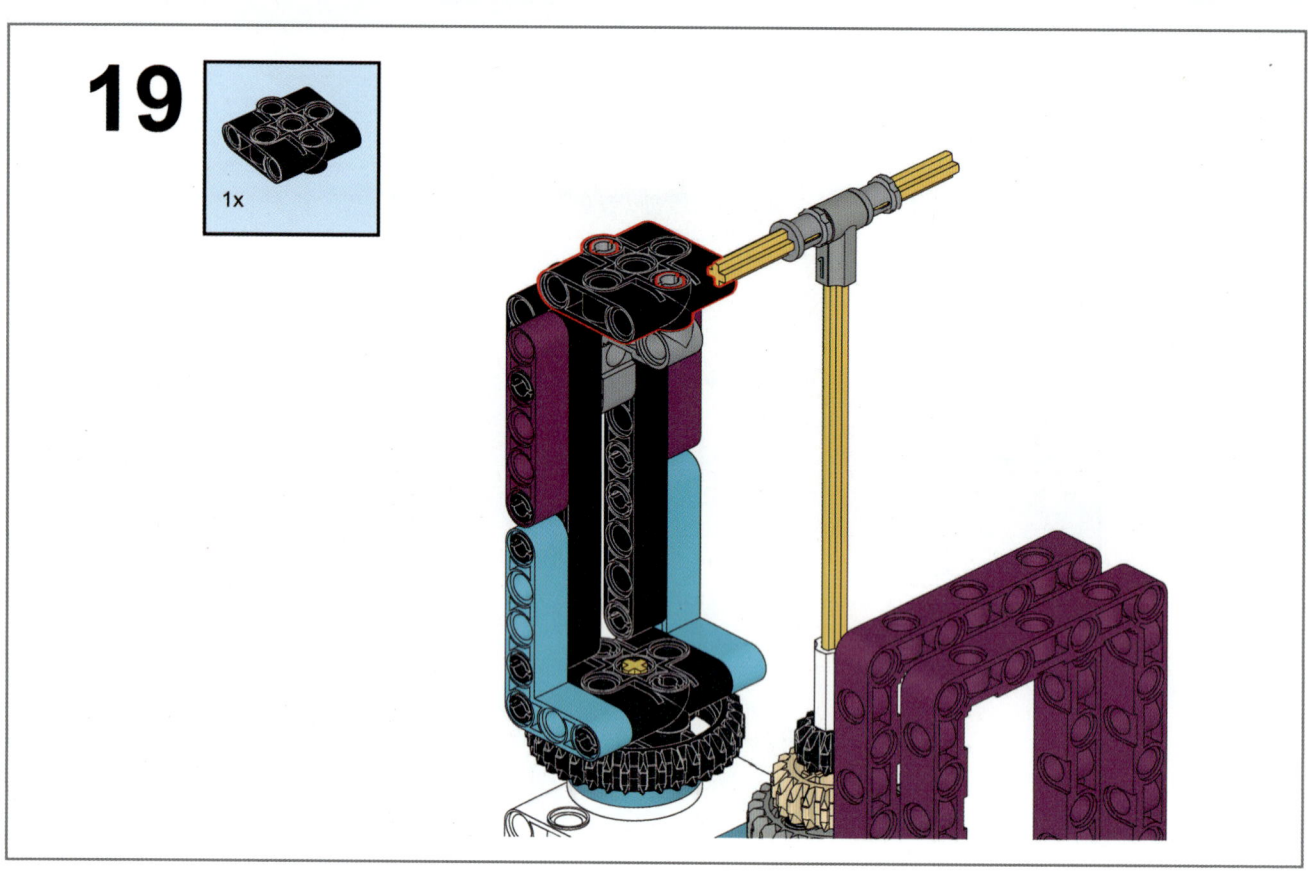

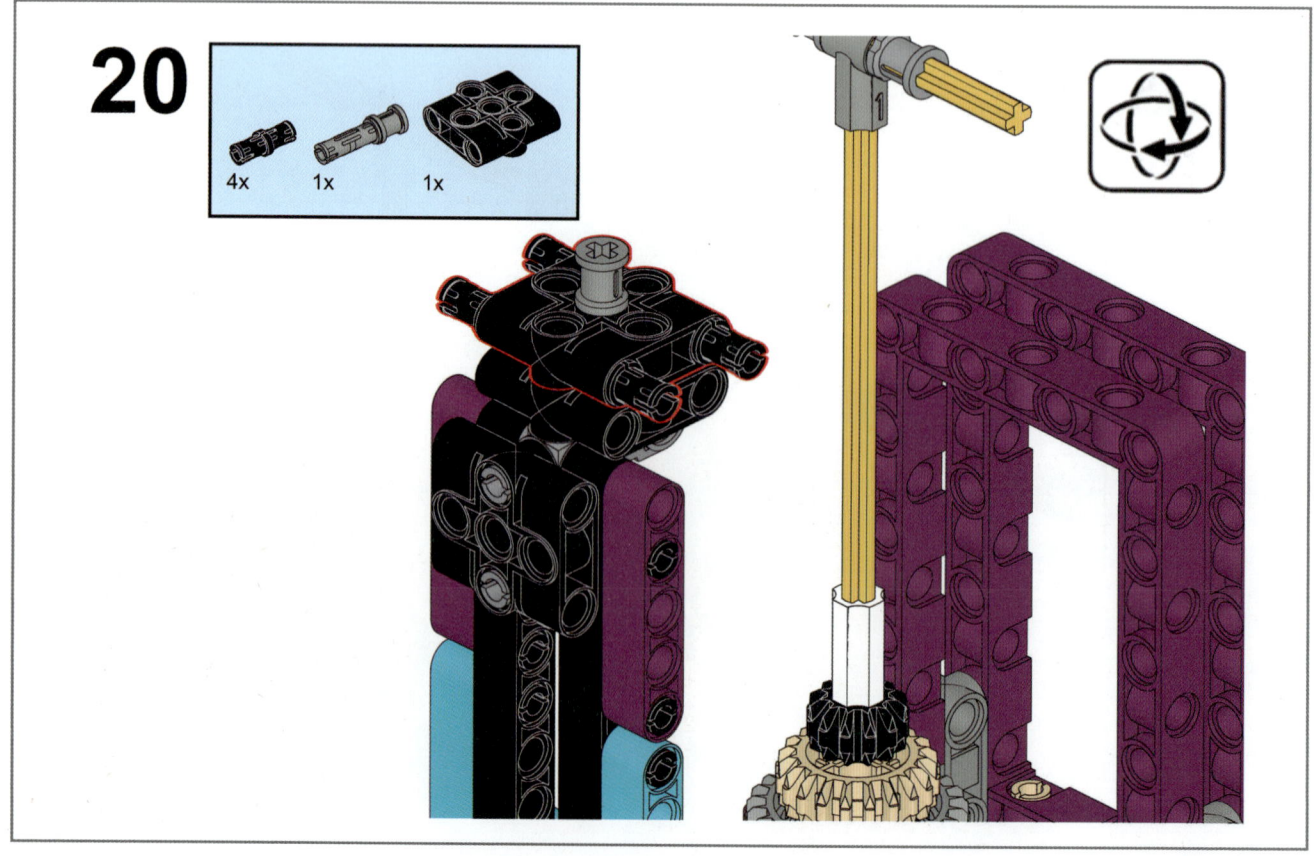

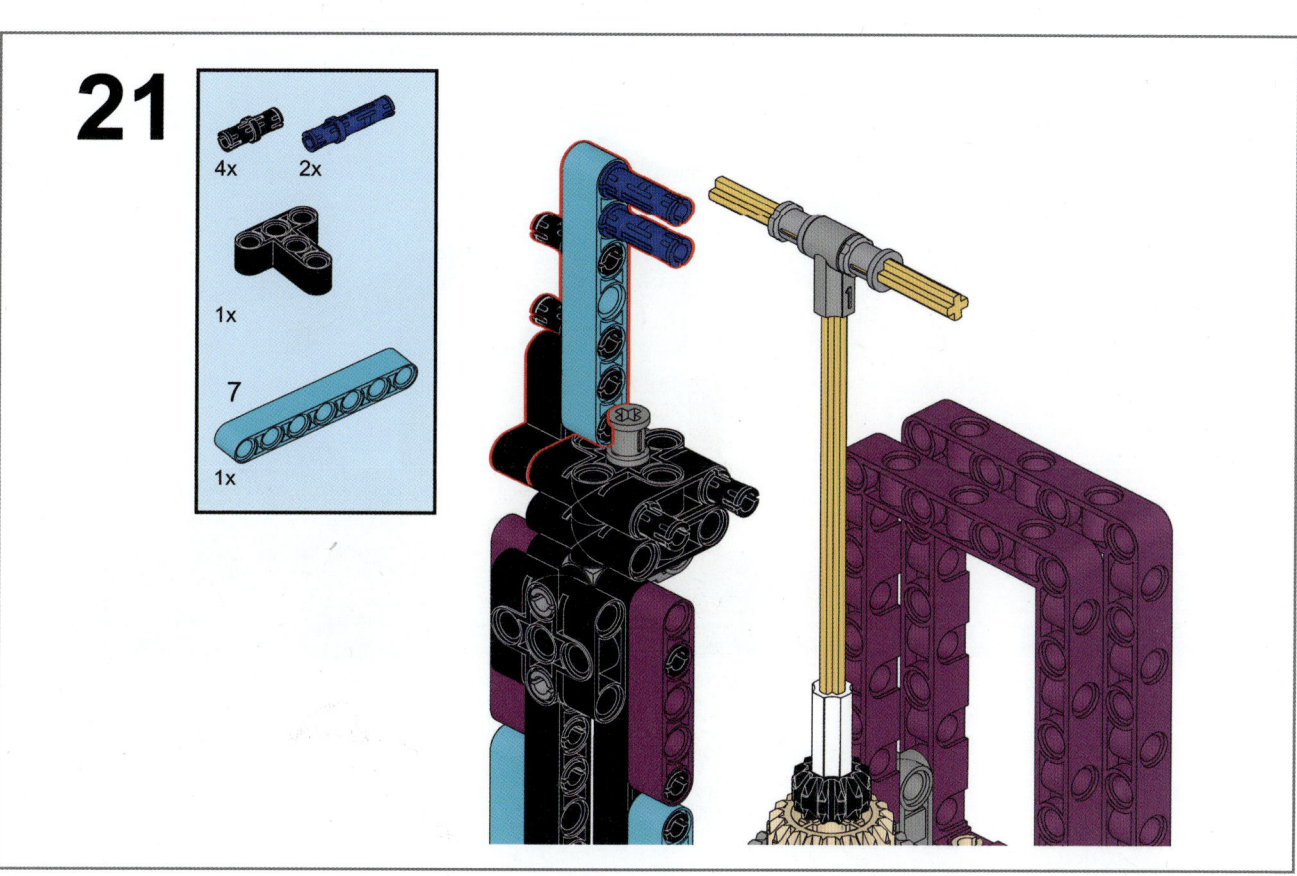

허리 돌리기(Waist Twister)

조립하기 허리 돌리기 (Waist Twister)

23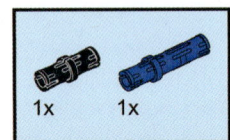

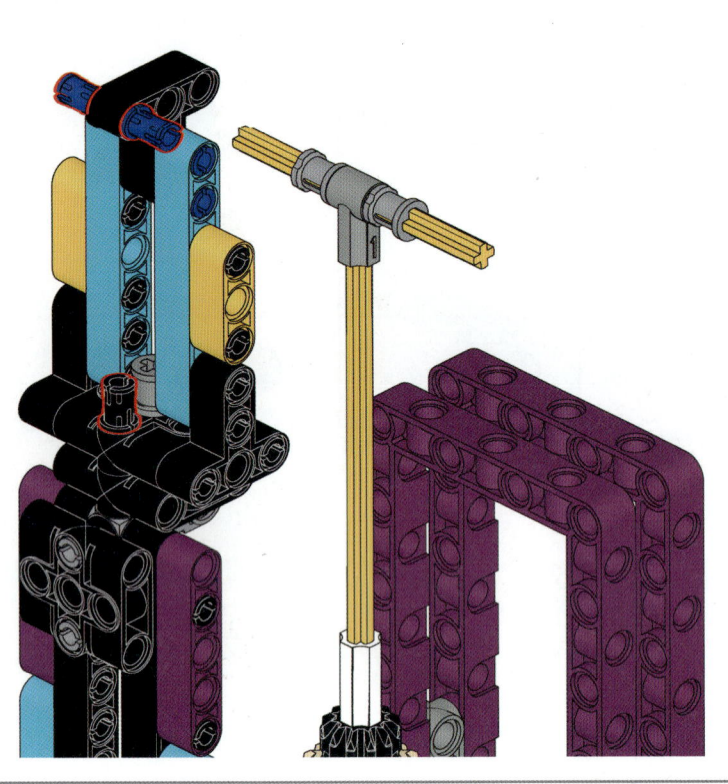

24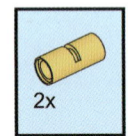

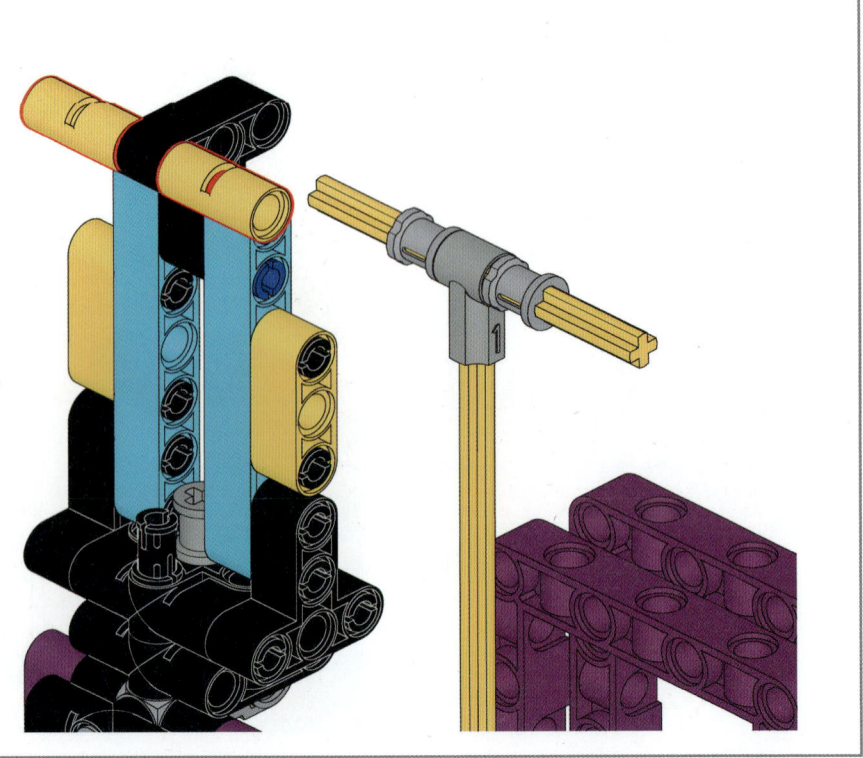

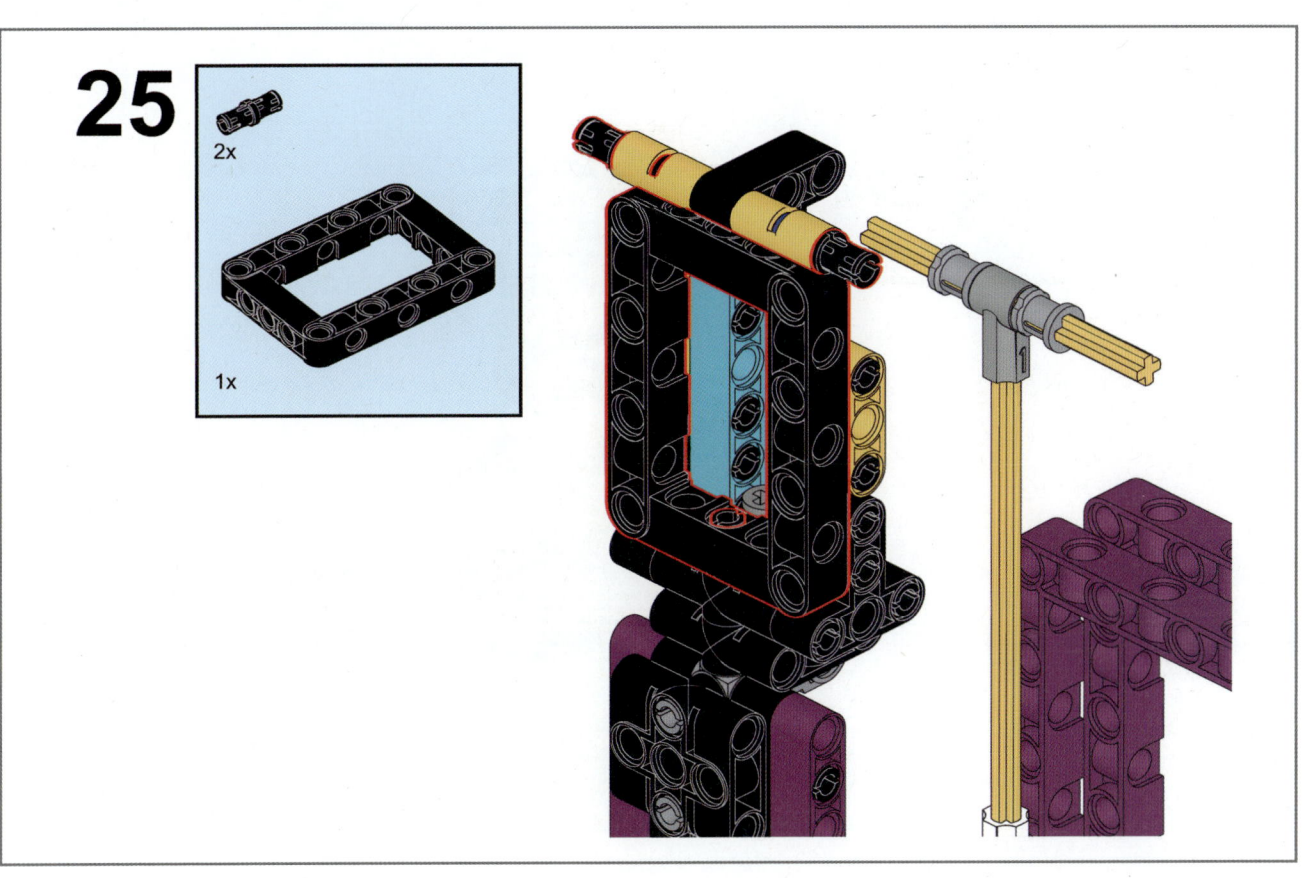
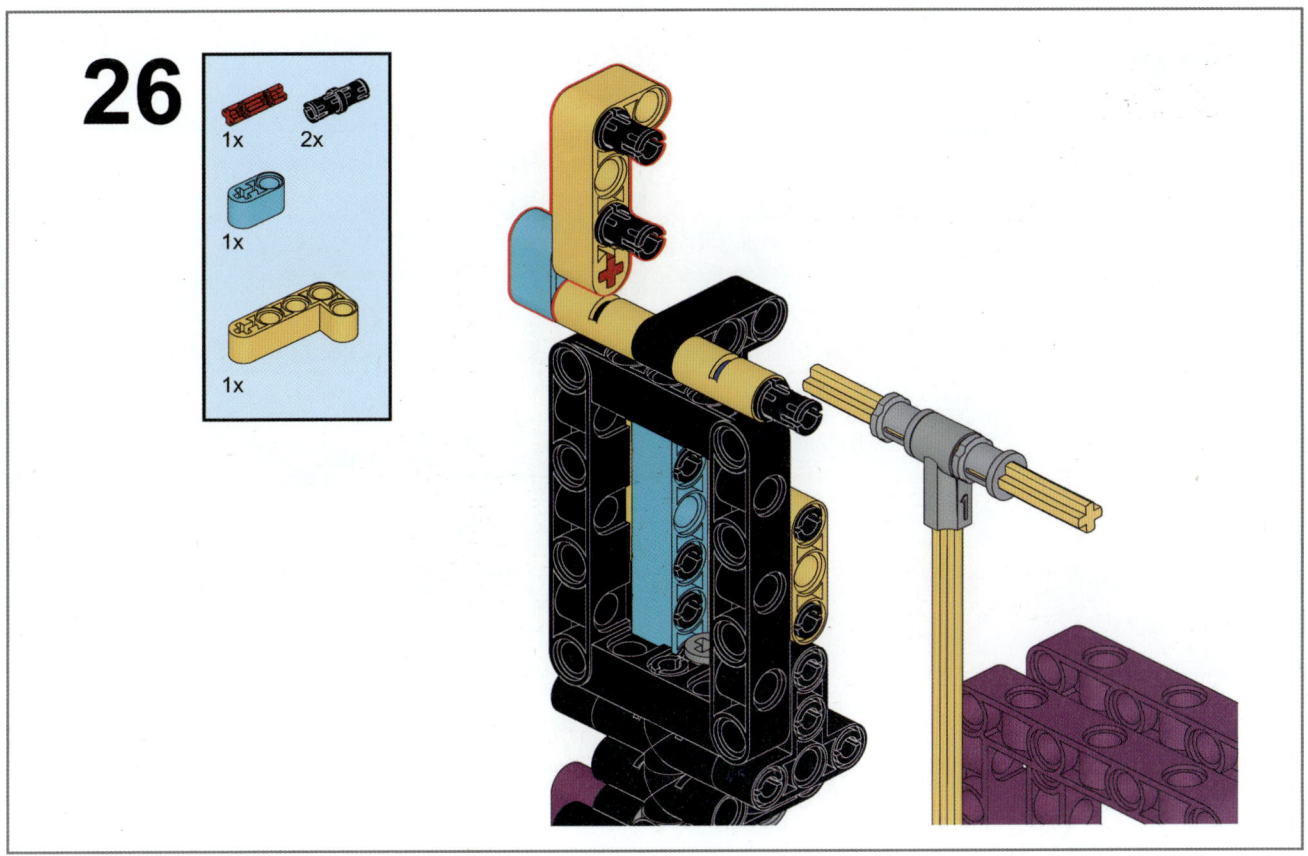

허리 돌리기(Waist Twister) 107

조립하기 — 허리 돌리기 (Waist Twister)

27

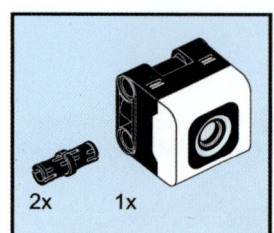
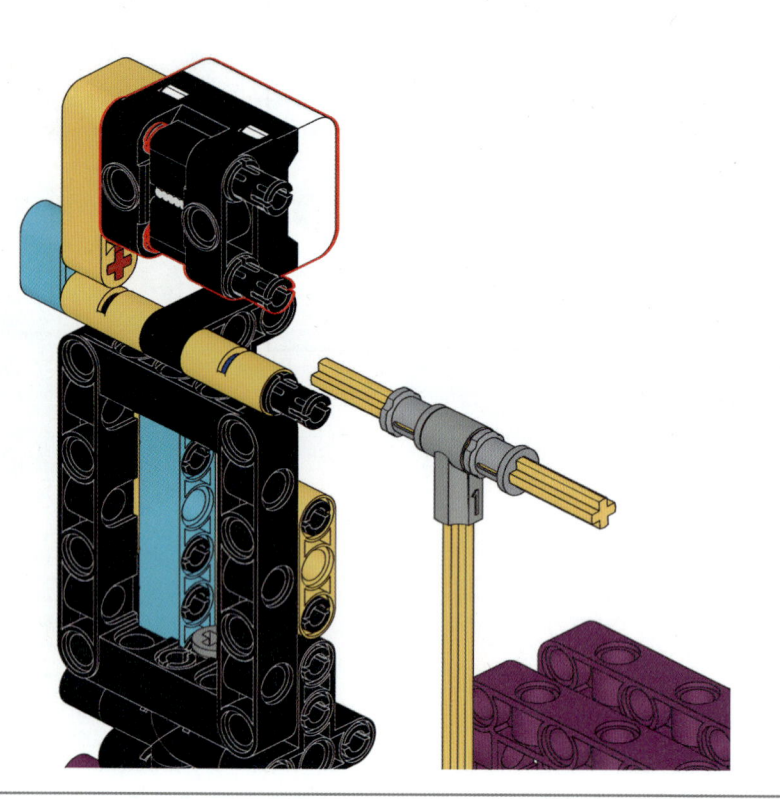

28

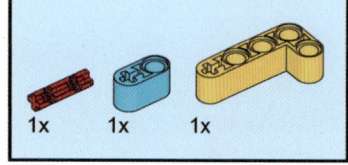
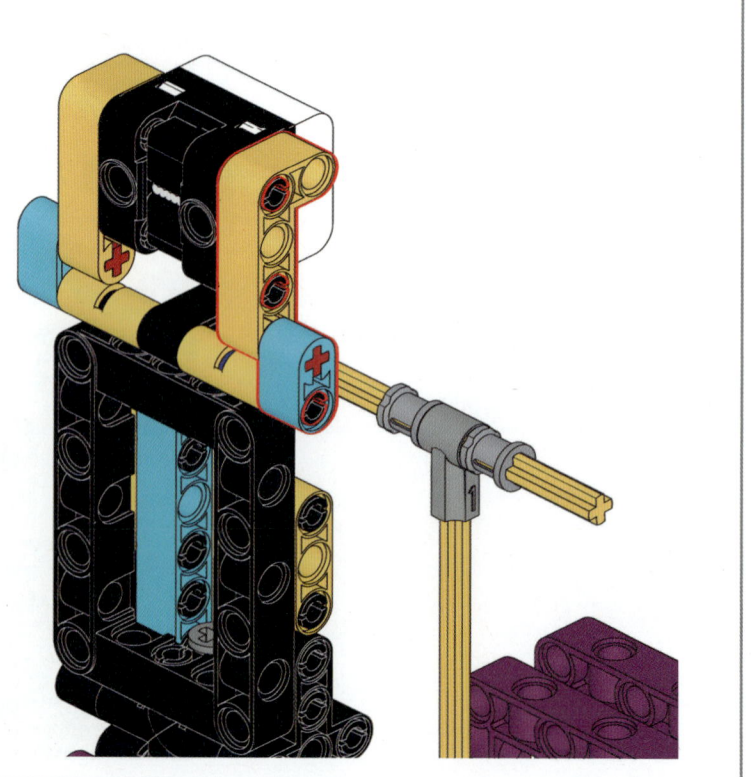

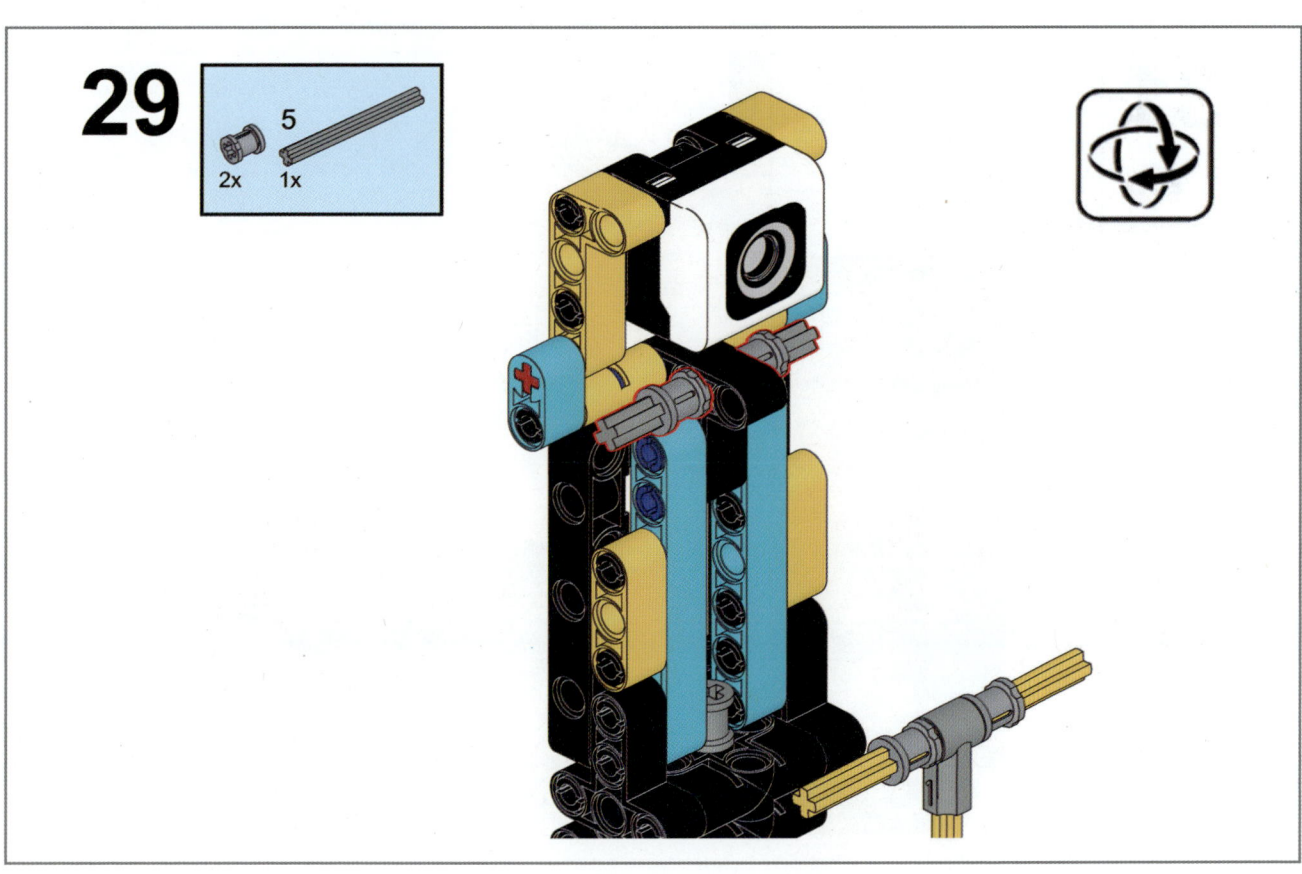
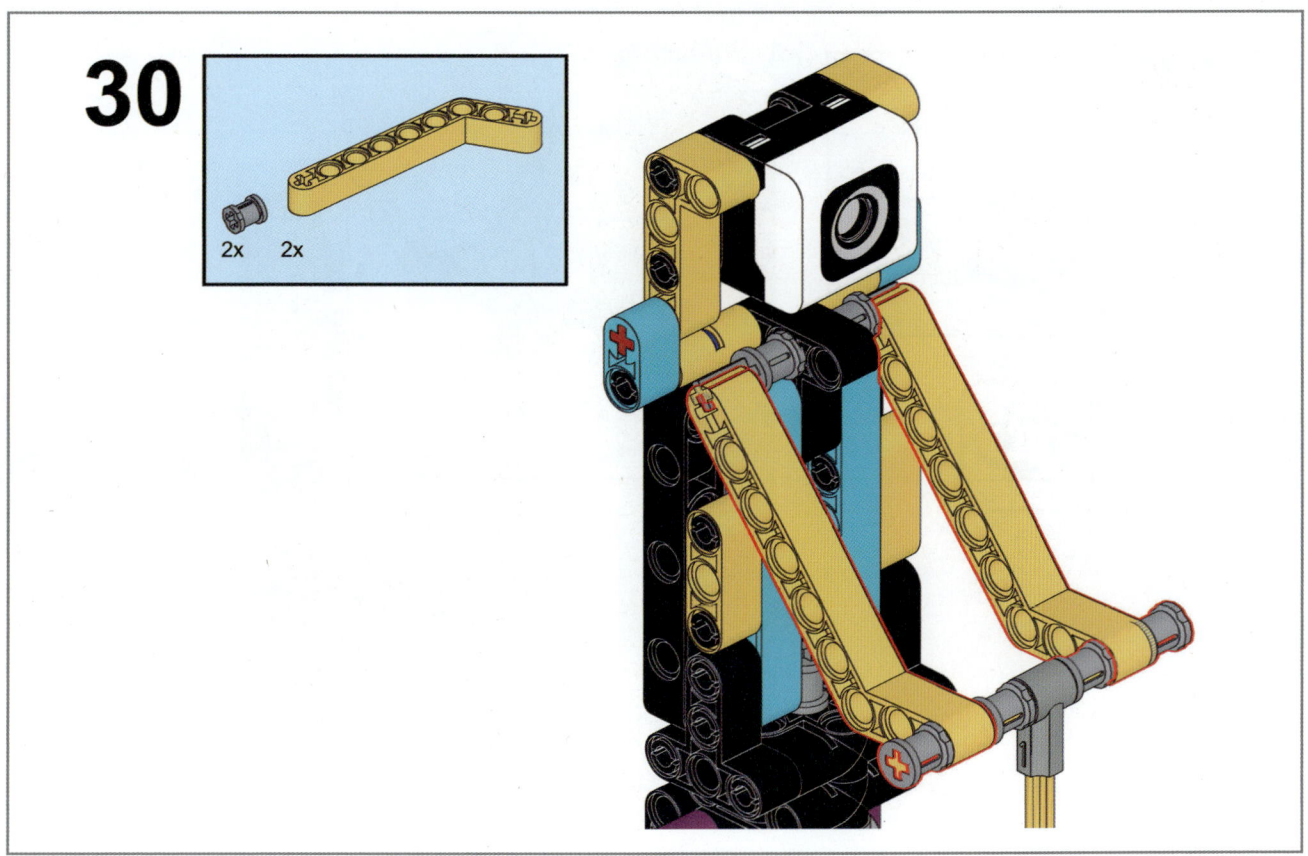

허리 돌리기(Waist Twister)

조립하기   허리 돌리기 (Waist Twister)

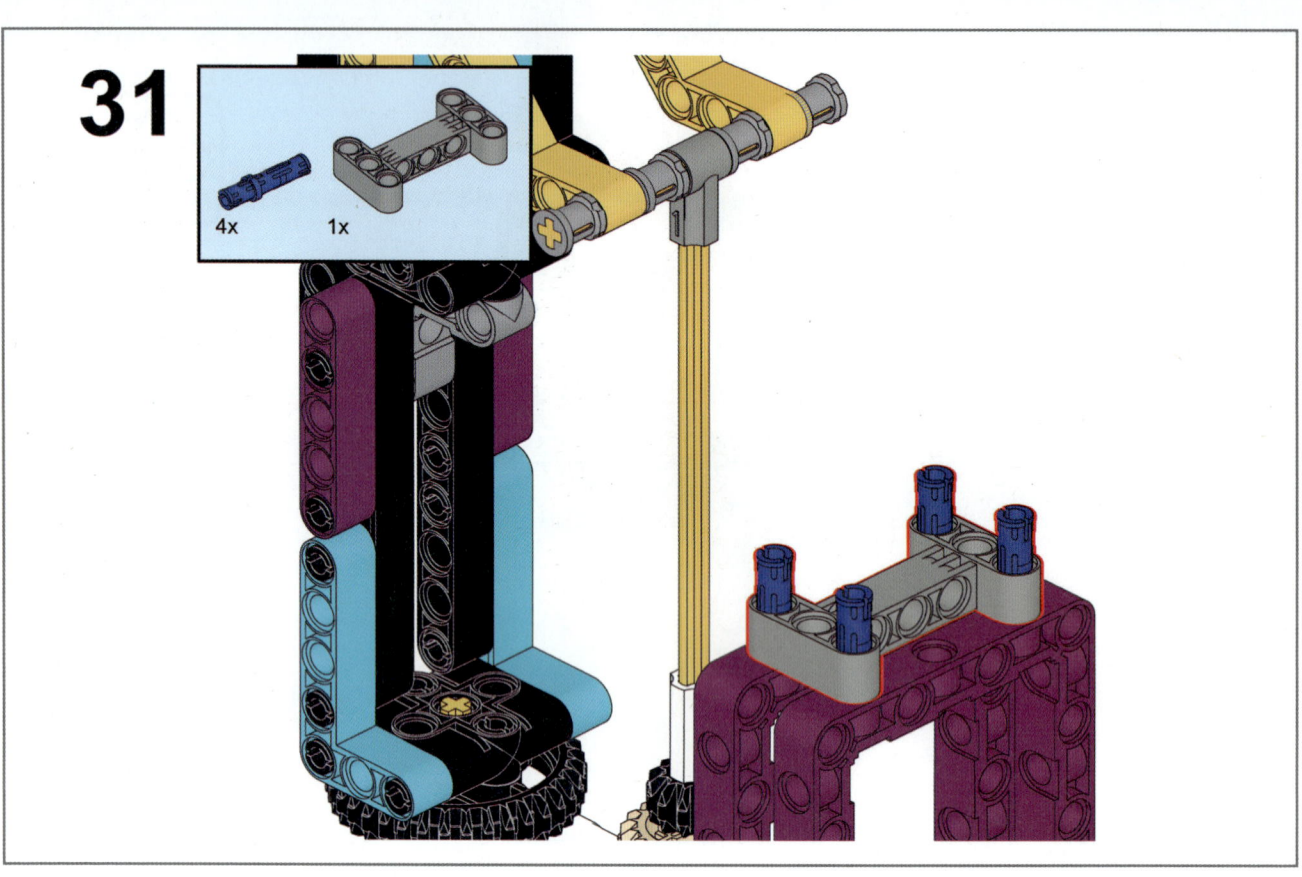

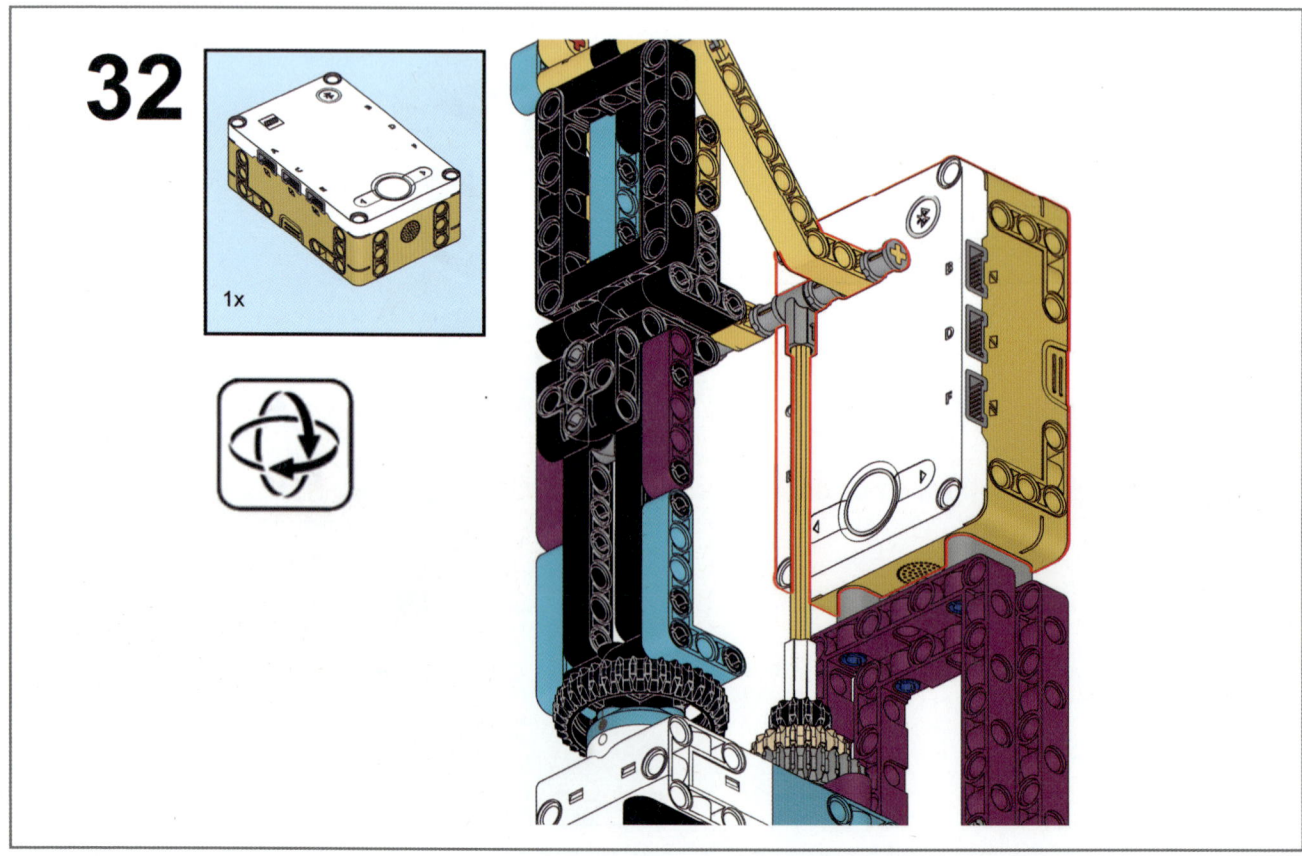

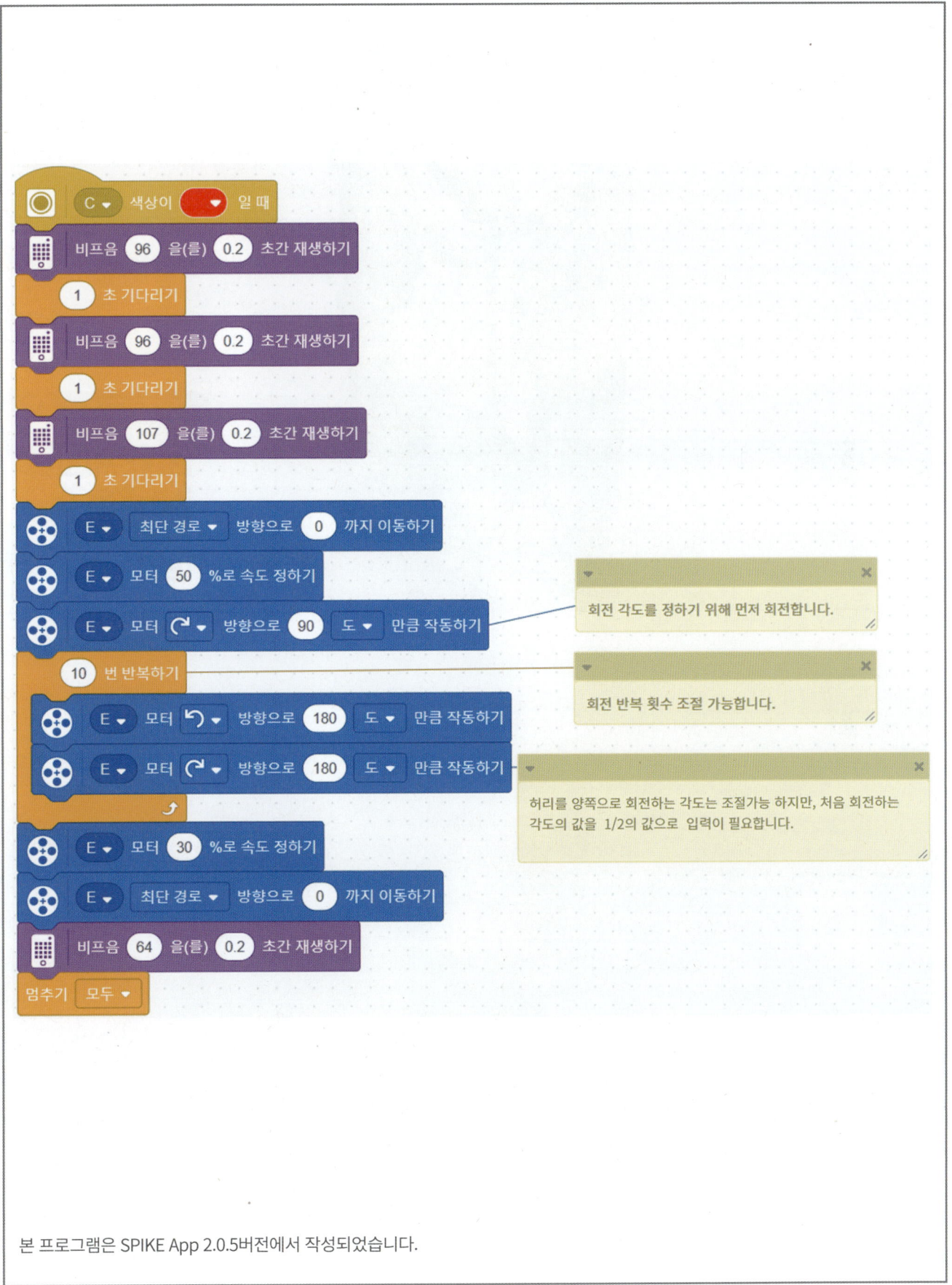

본 프로그램은 SPIKE App 2.0.5버전에서 작성되었습니다.

조립하기   허리 돌리기 (Waist Twister)

완성!

동작 동영상

06 하늘 걷기 (Sky Walker)

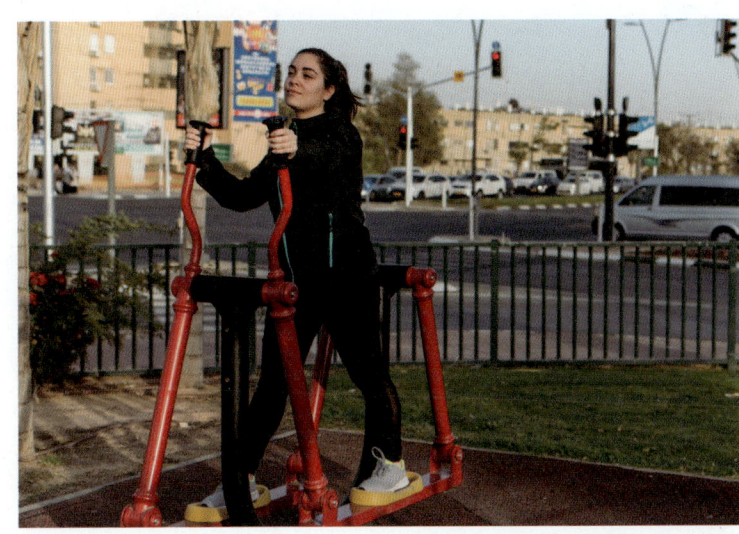

팔다리를 앞뒤로 쭉쭉 뻗어주며
넓은 보폭으로 걷듯이
움직여줍니다.
유산소 운동과 전신 운동의
효과를 볼 수 있는 운동입니다.

동작 동영상

필요 부품 목록

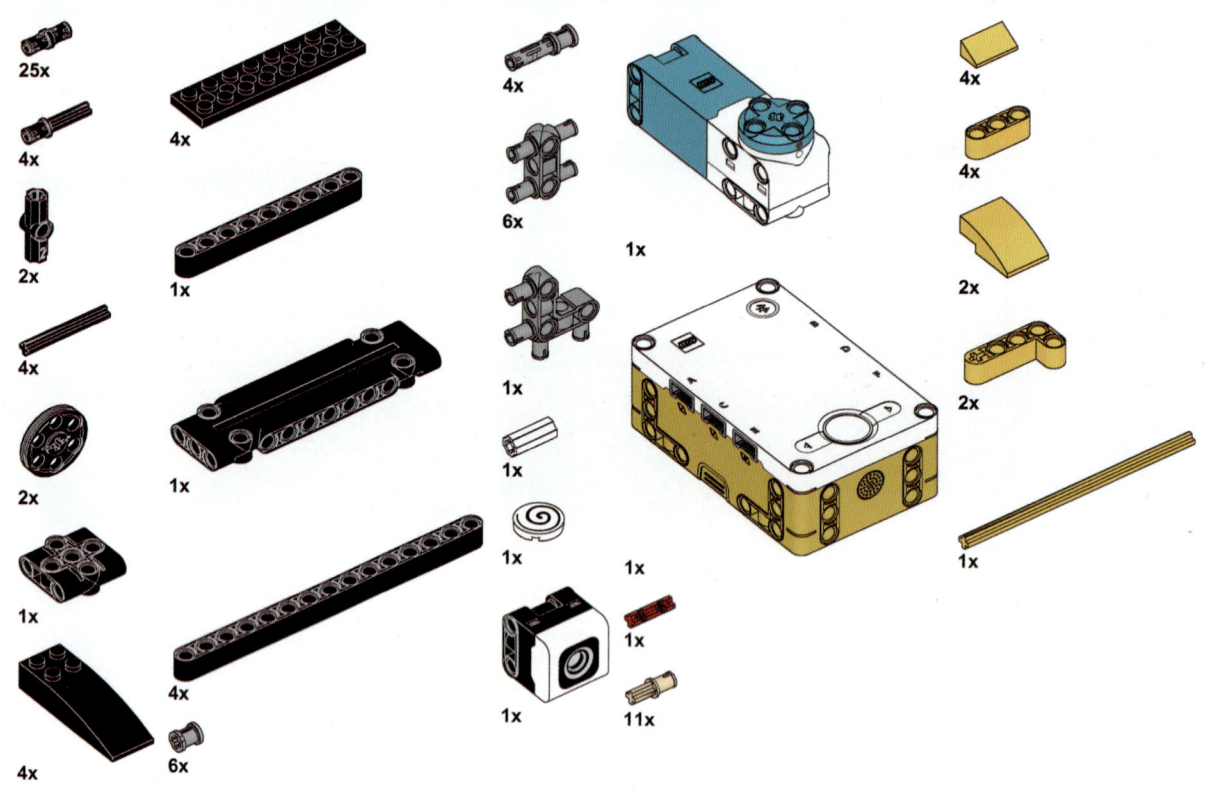

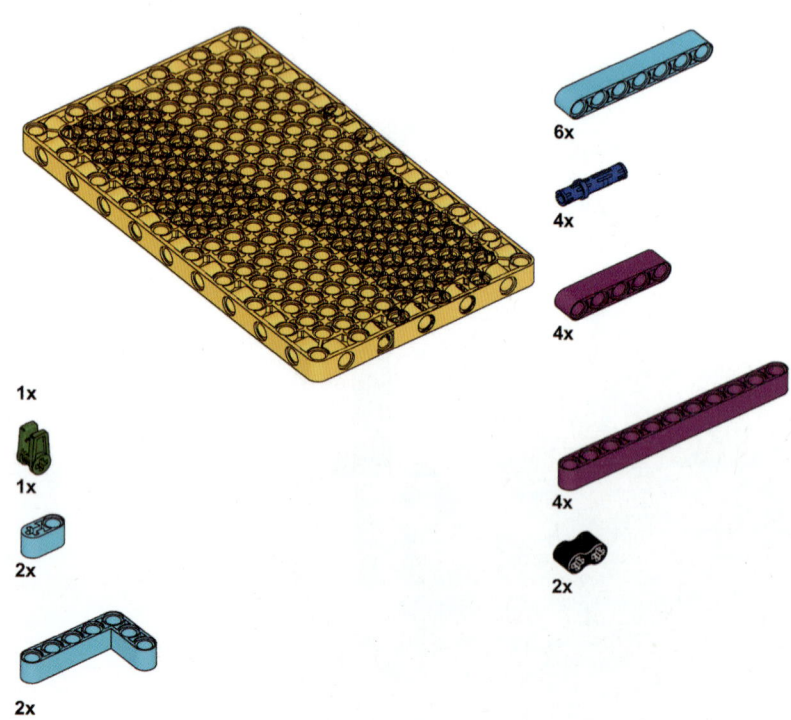

Design by junastudio

114　하늘 걷기(Sky Walker)

조립하기 하늘 걷기 (Sky Walker)

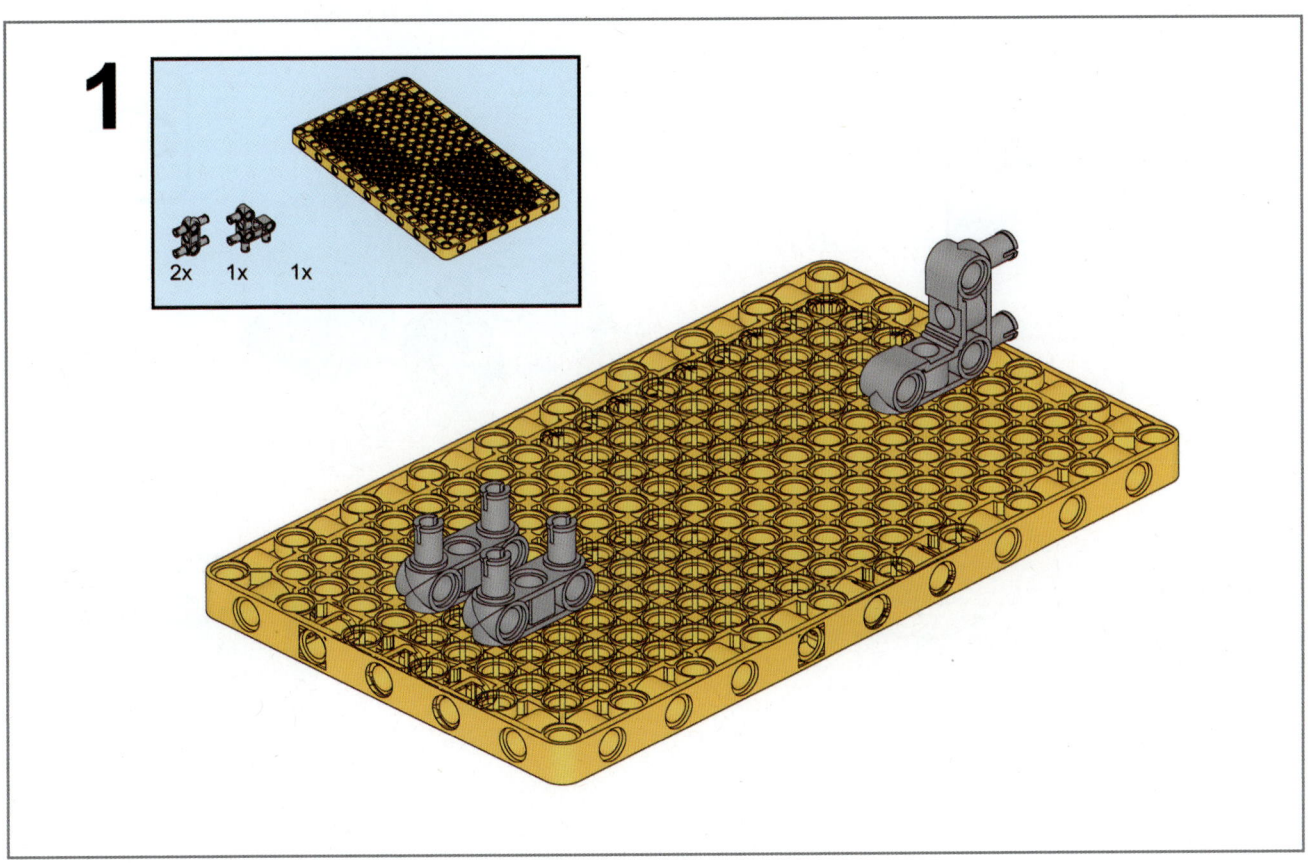

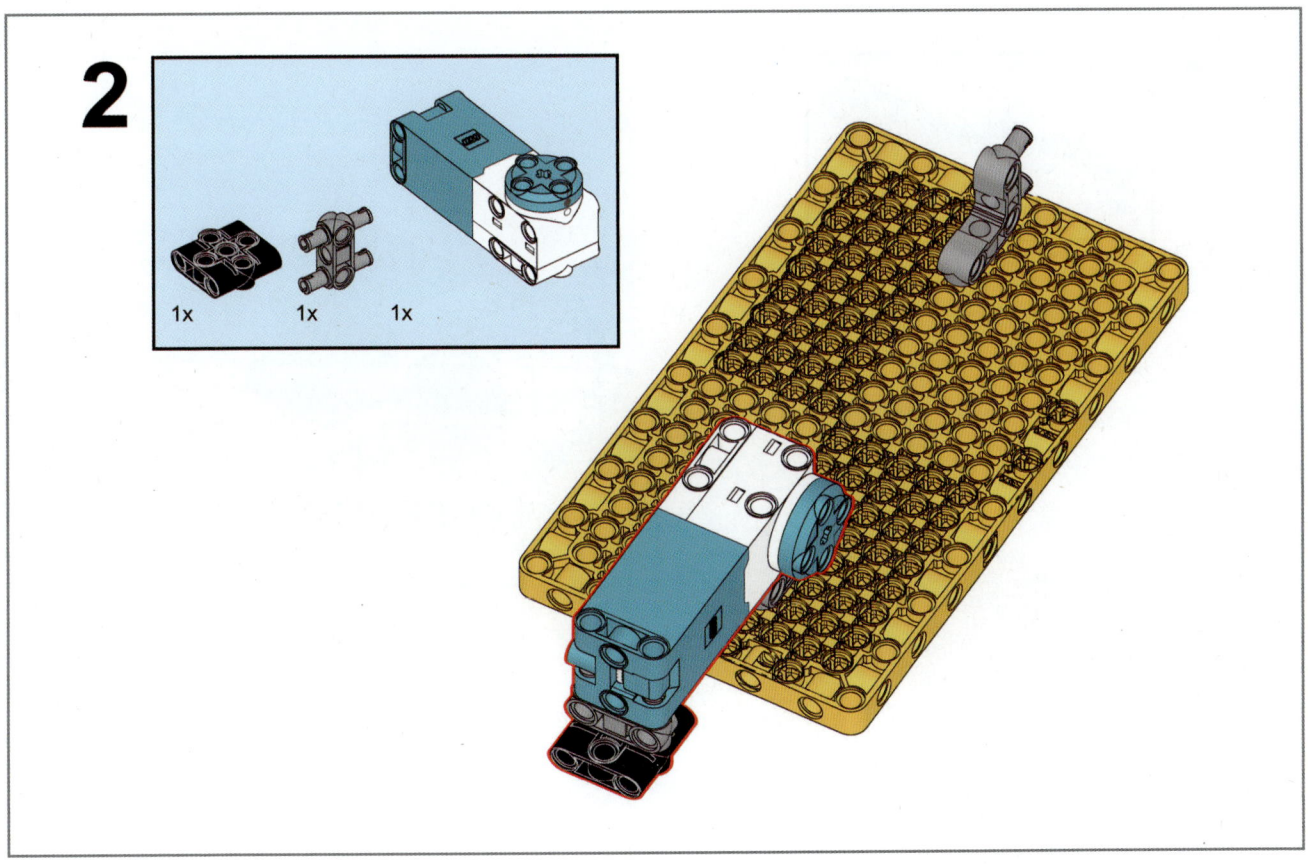

하늘 걷기(Sky Walker) 115

조립하기   하늘 걷기 (Sky Walker)

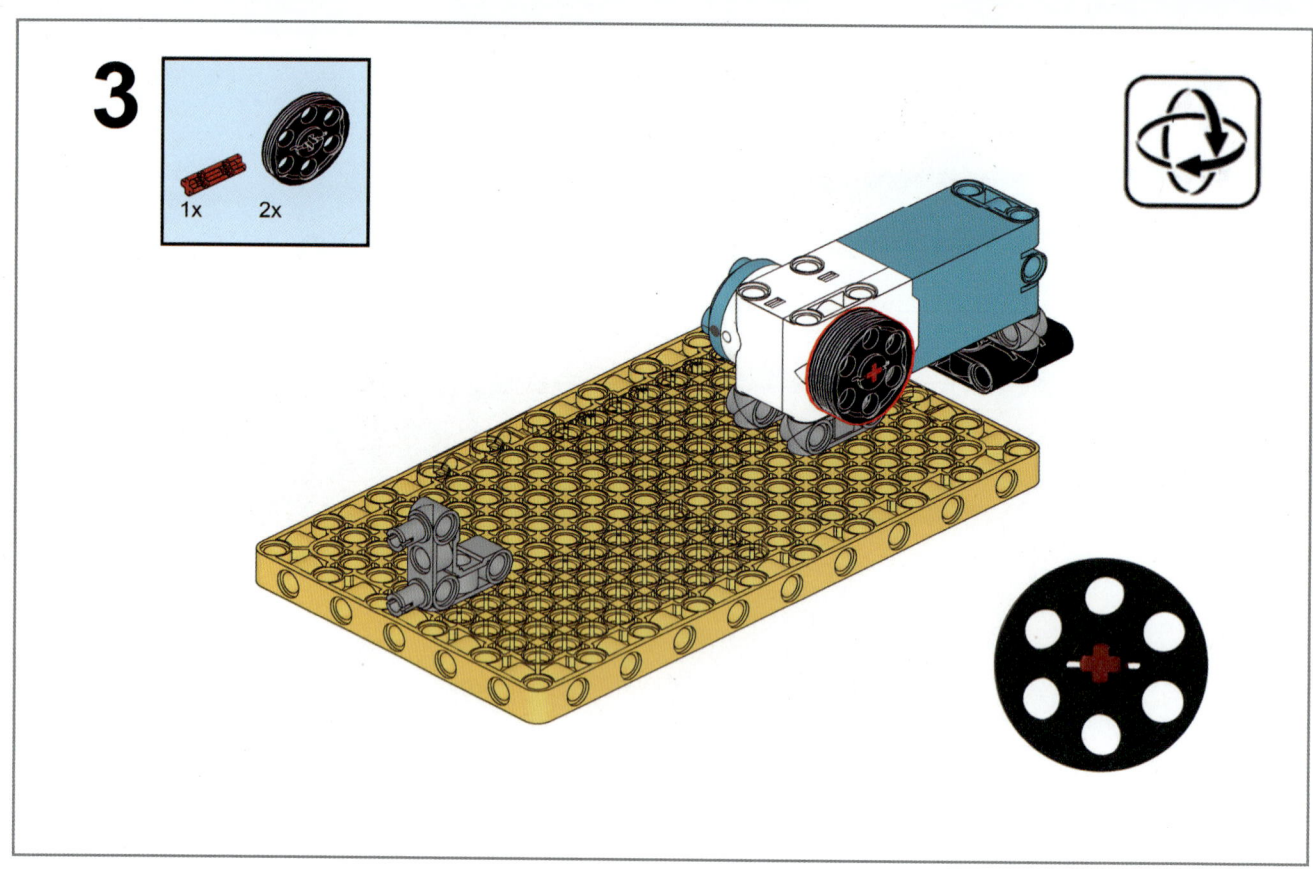

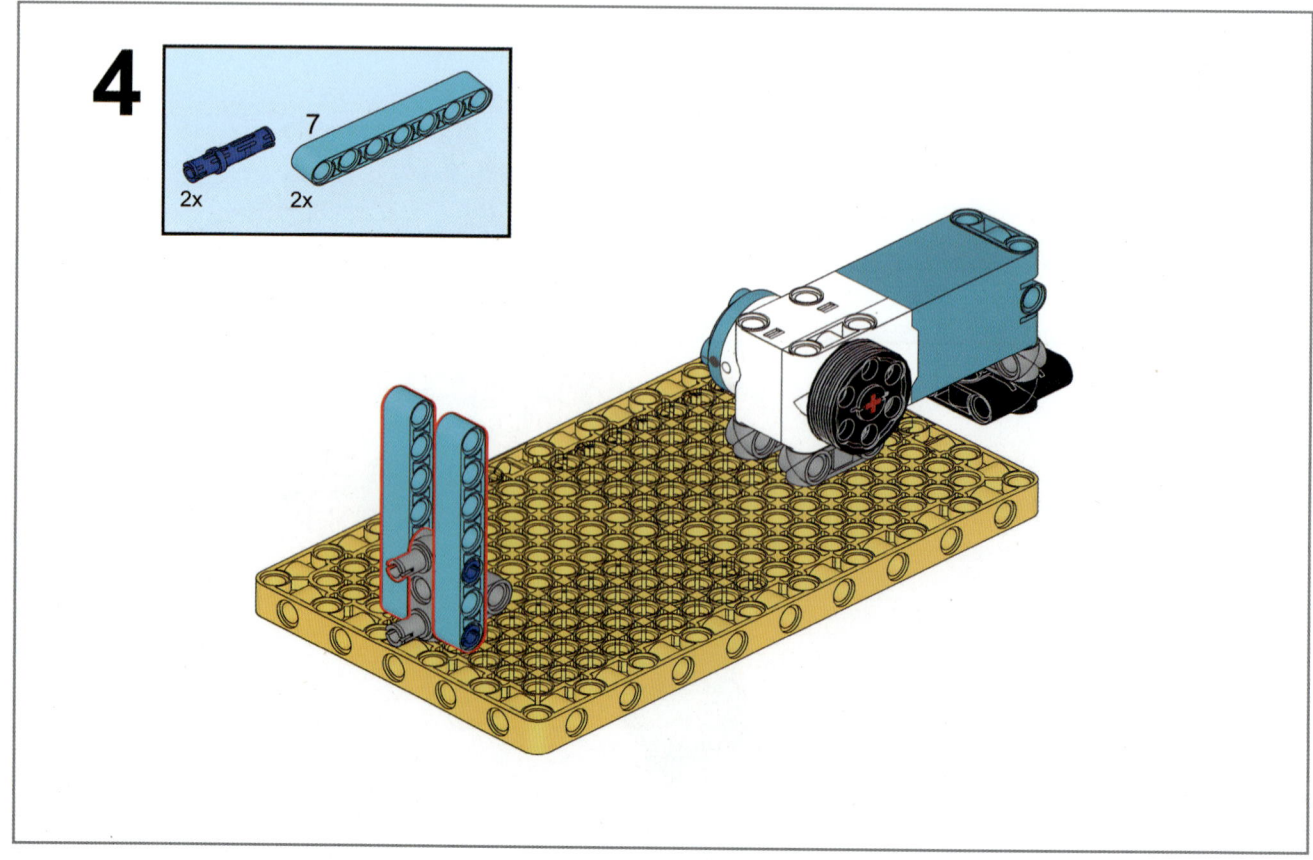

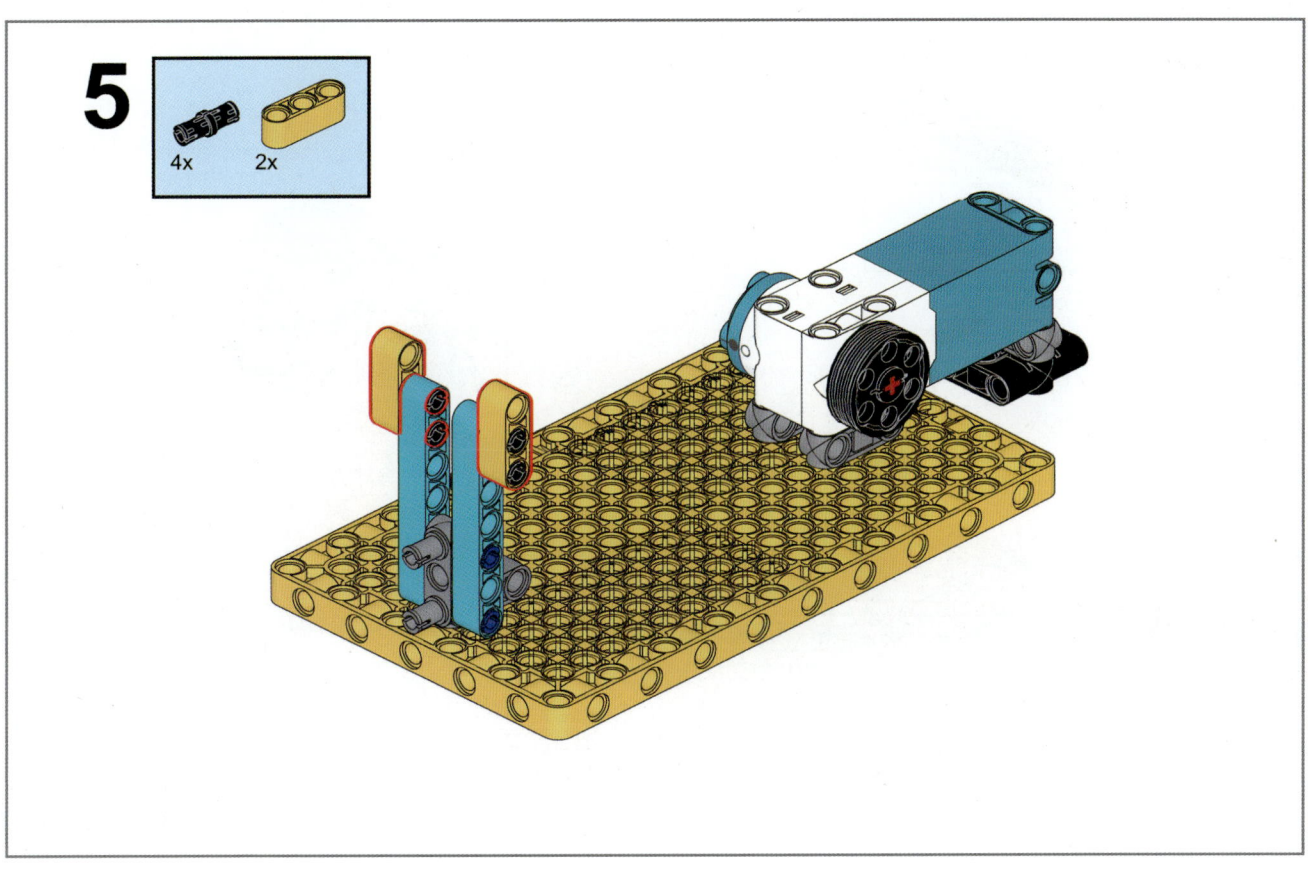
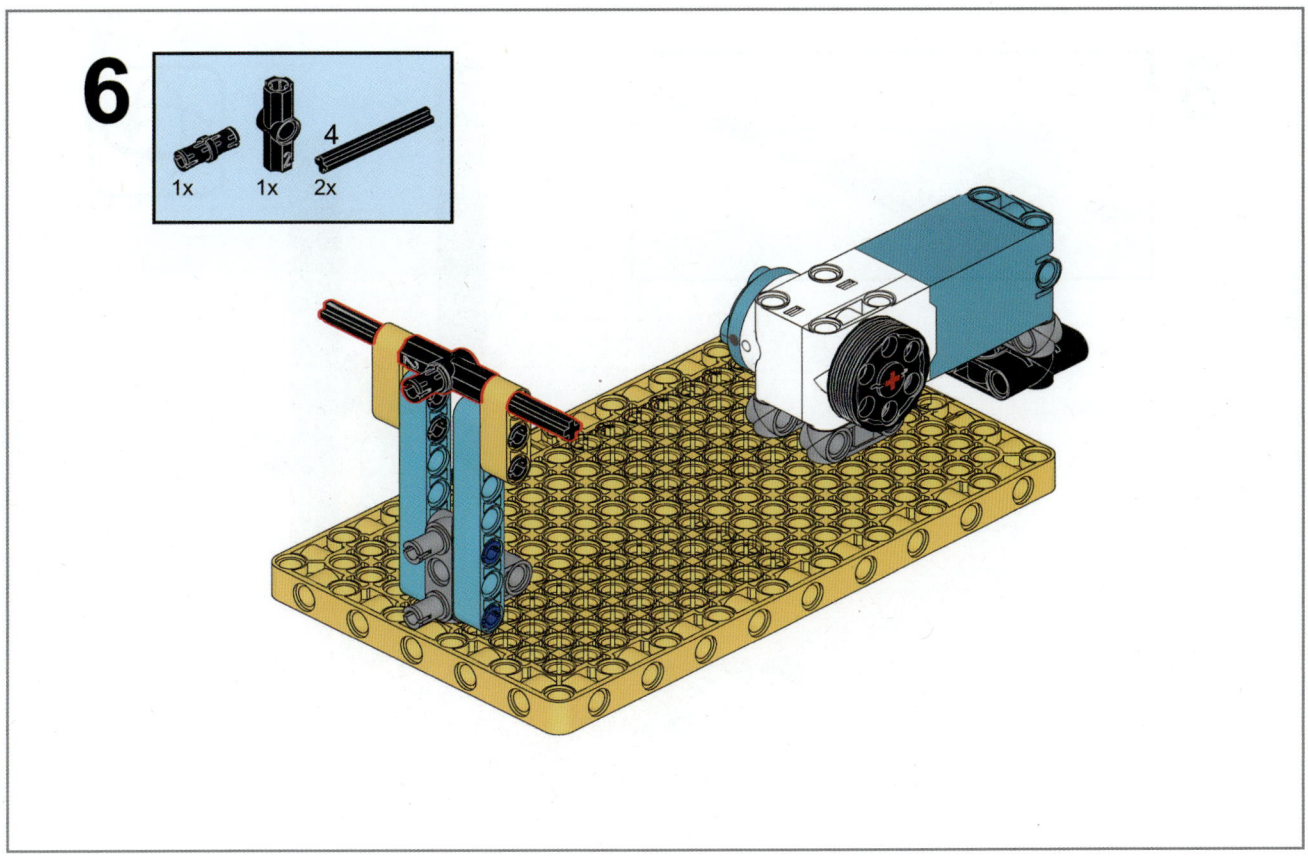

하늘 걷기(Sky Walker) 117

조립하기 하늘 걷기 (Sky Walker)

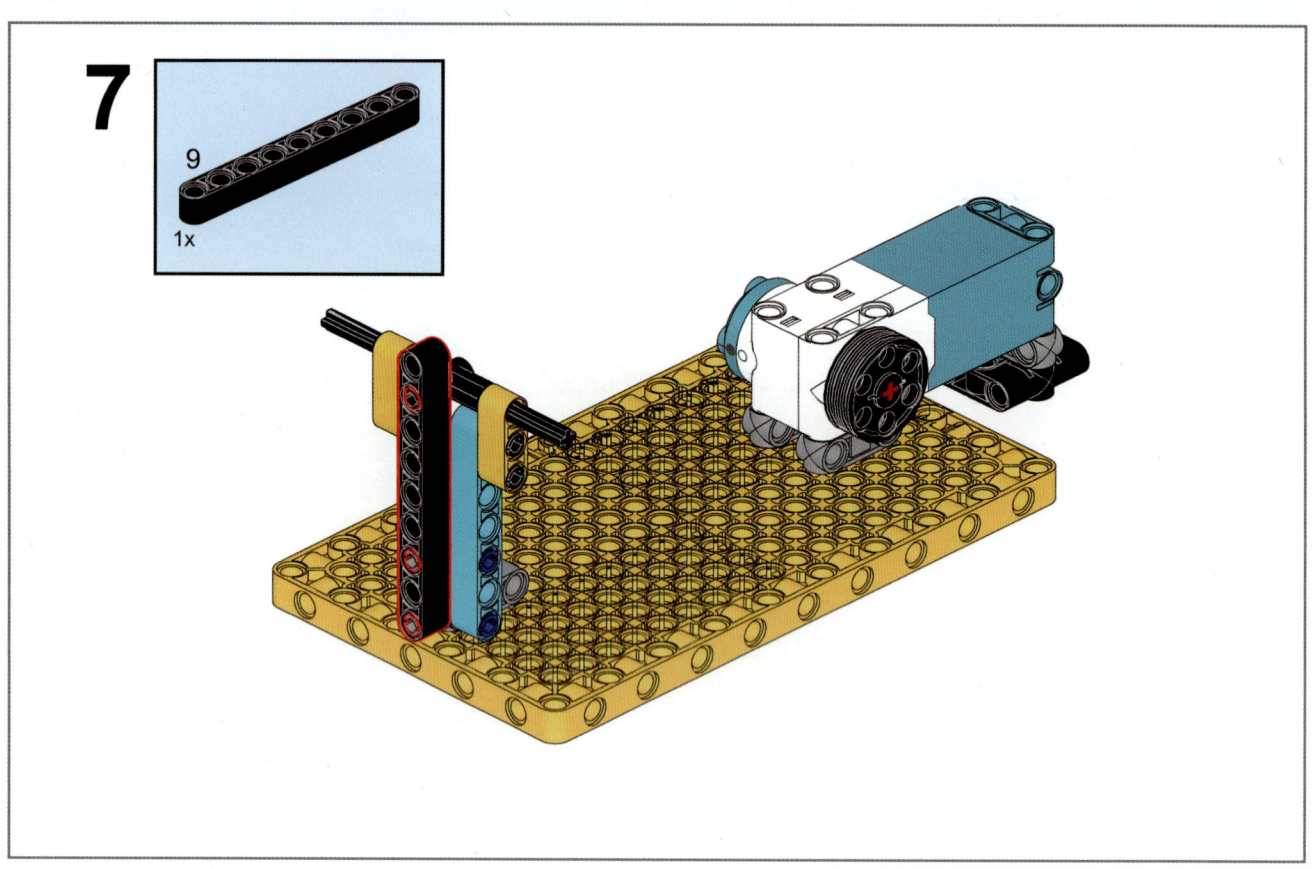

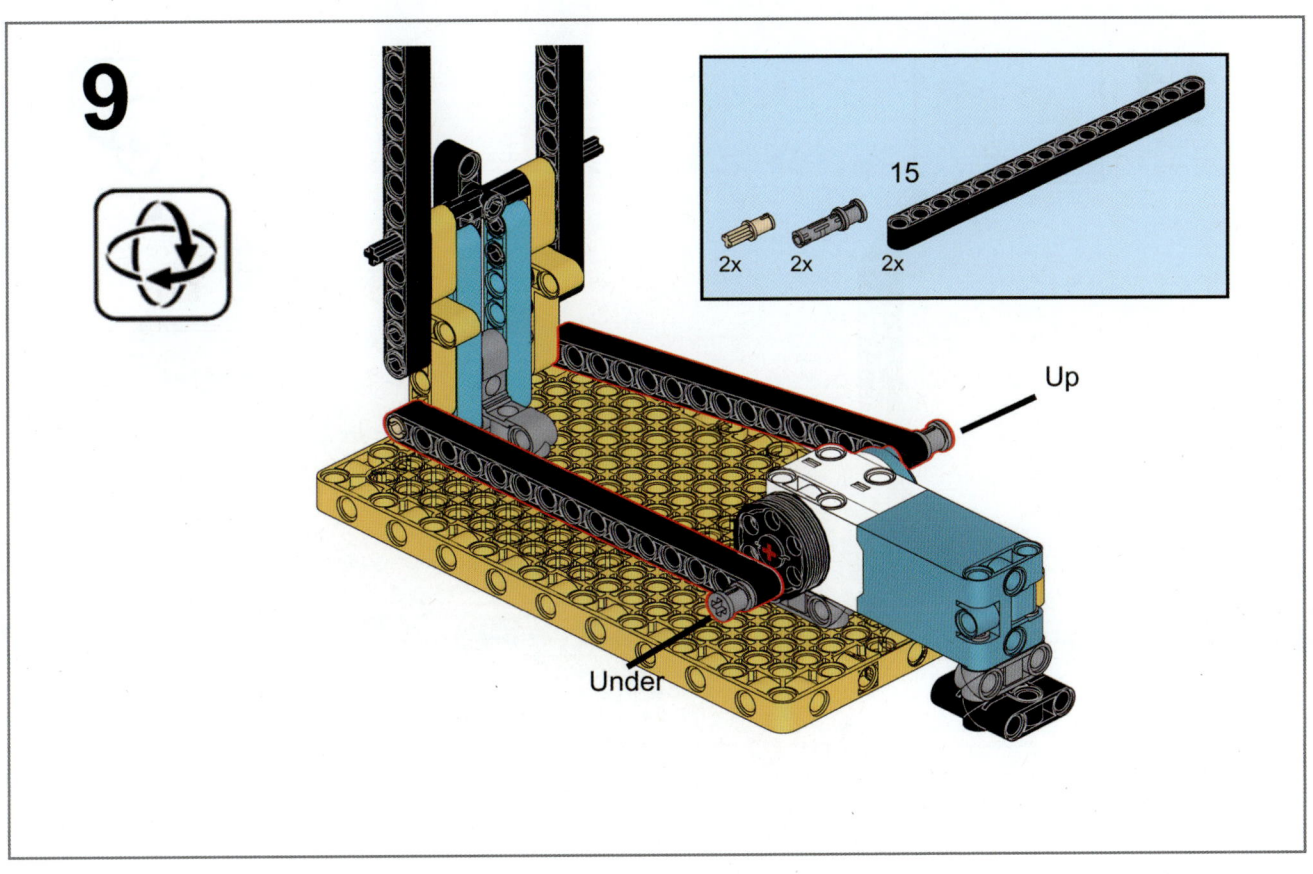
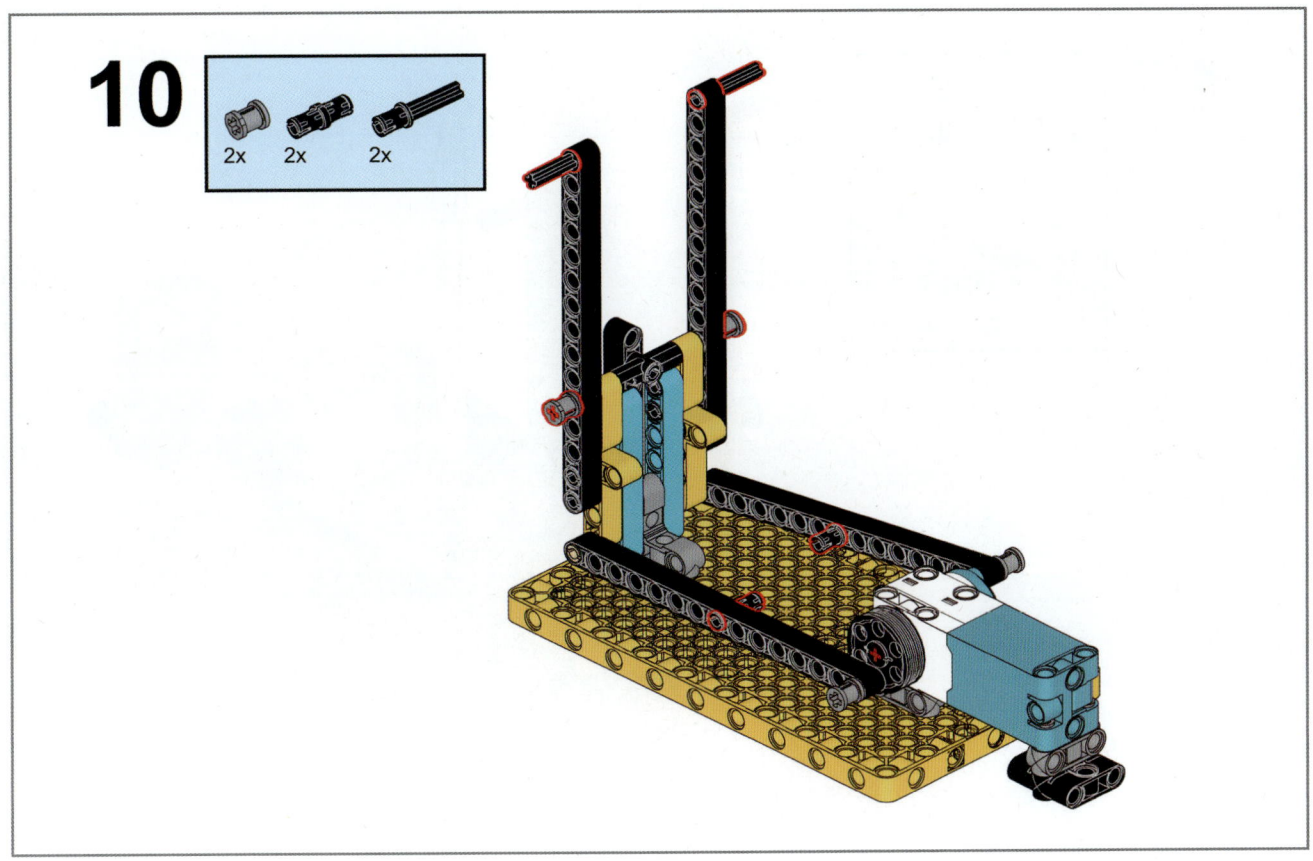

하늘 걷기(Sky Walker)

조립하기 하늘 걷기 (Sky Walker)

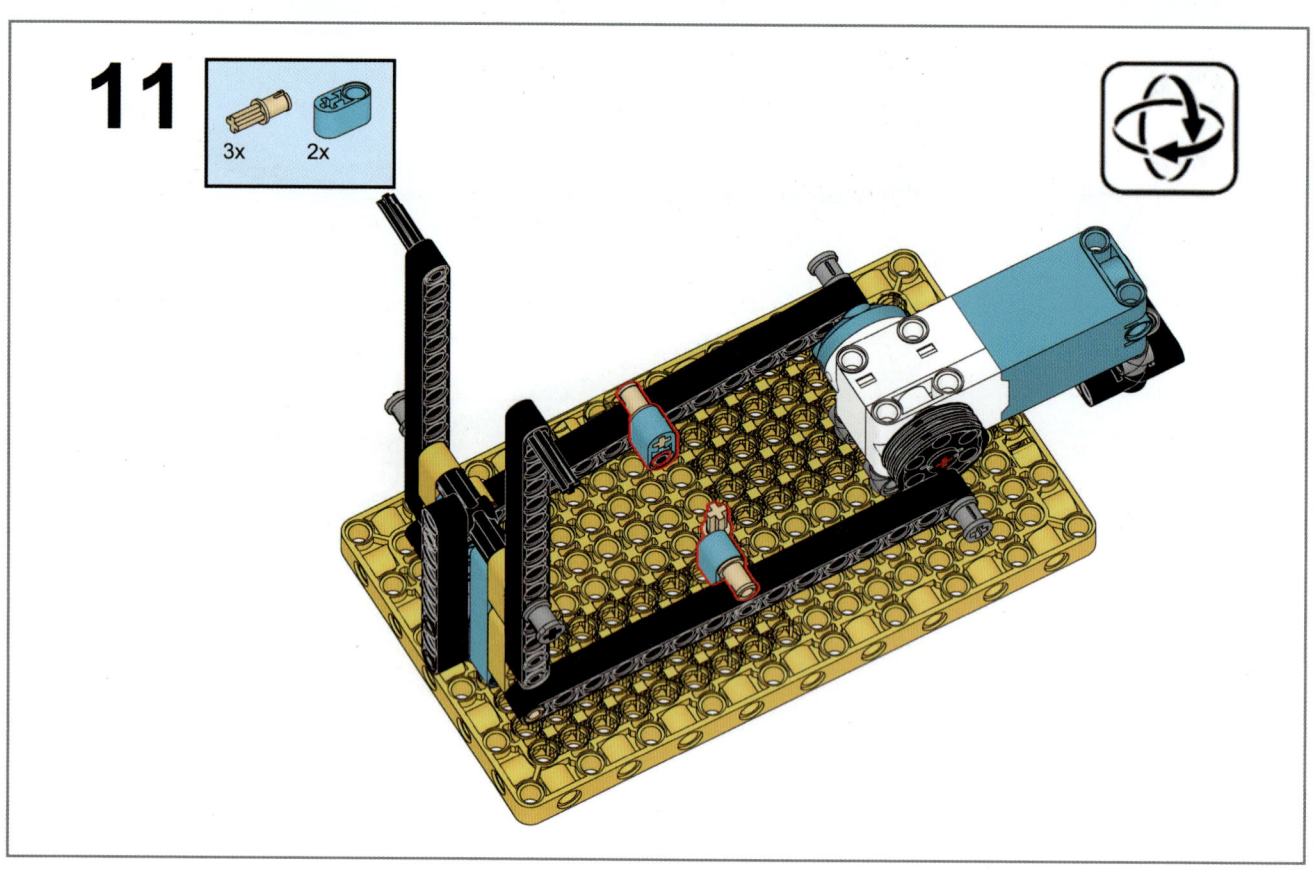

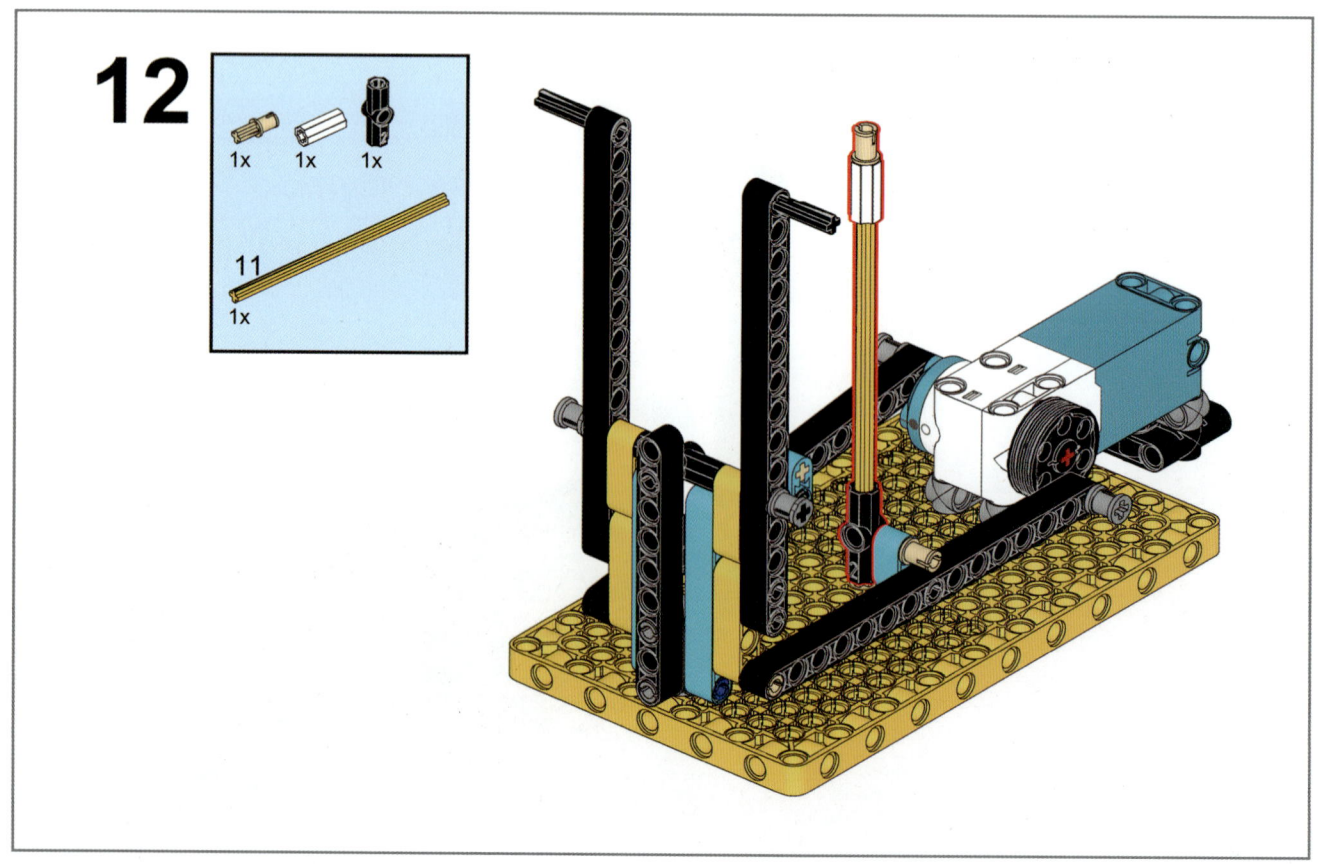

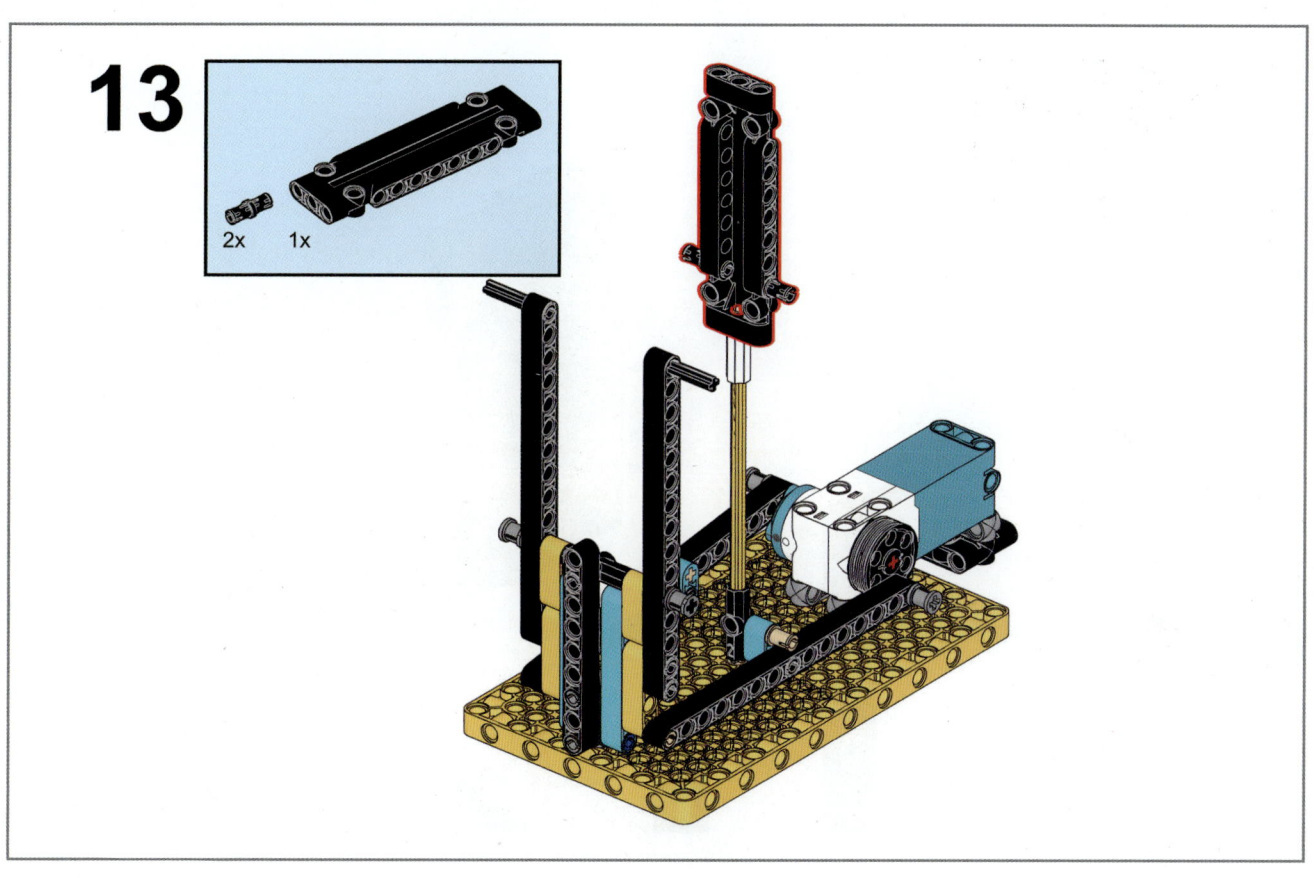

조립하기 하늘 걷기 (Sky Walker)

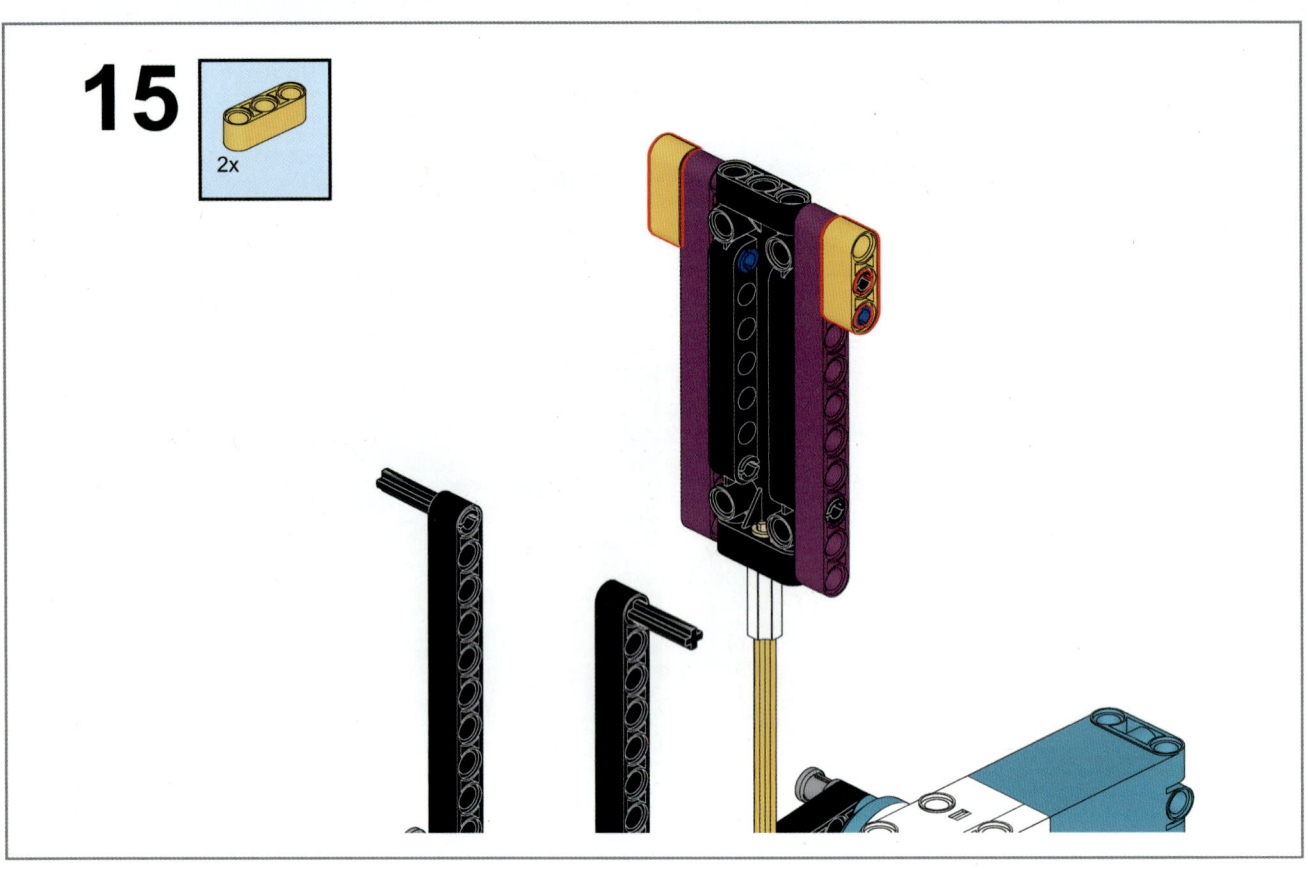

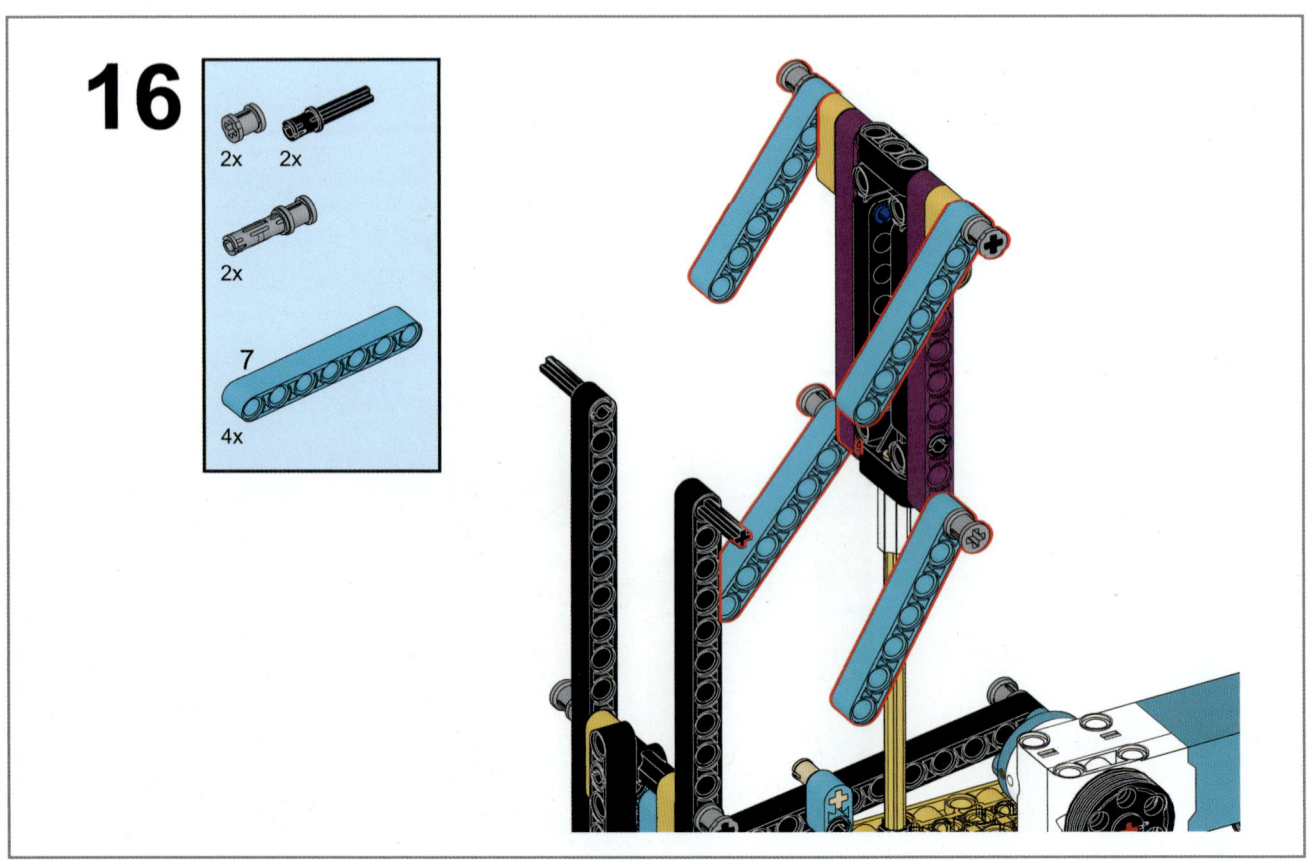

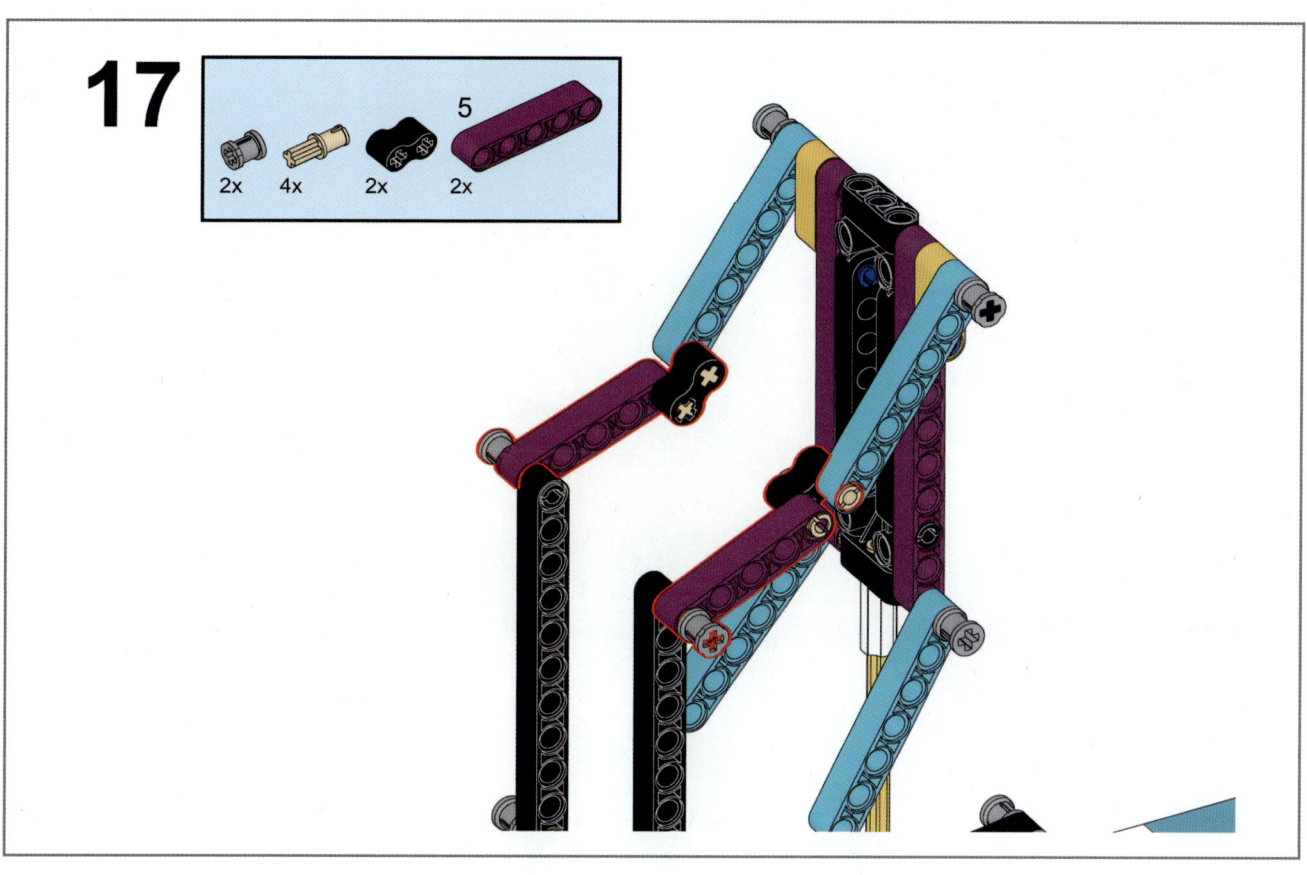
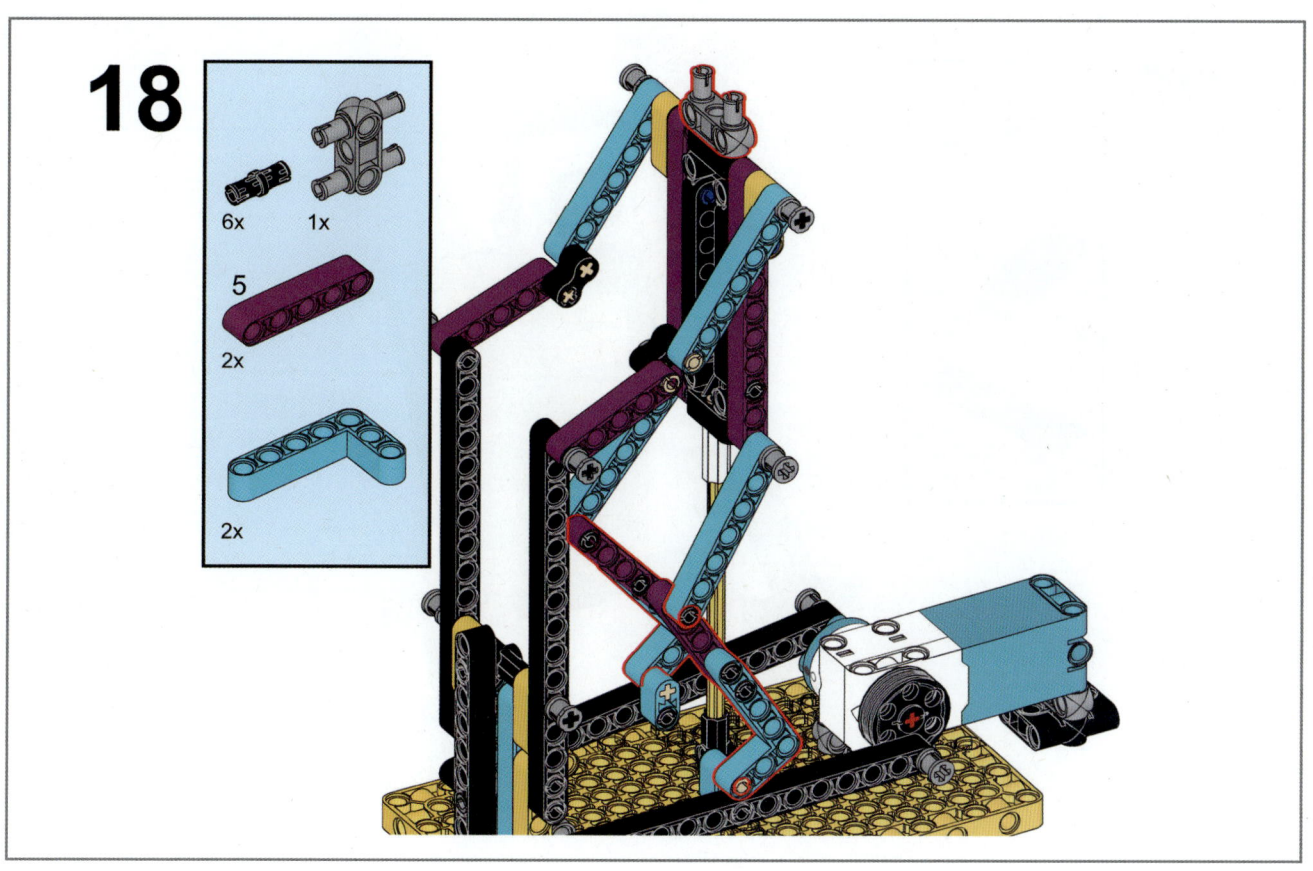

하늘 걷기(Sky Walker) 123

조립하기 하늘 걷기 (Sky Walker)

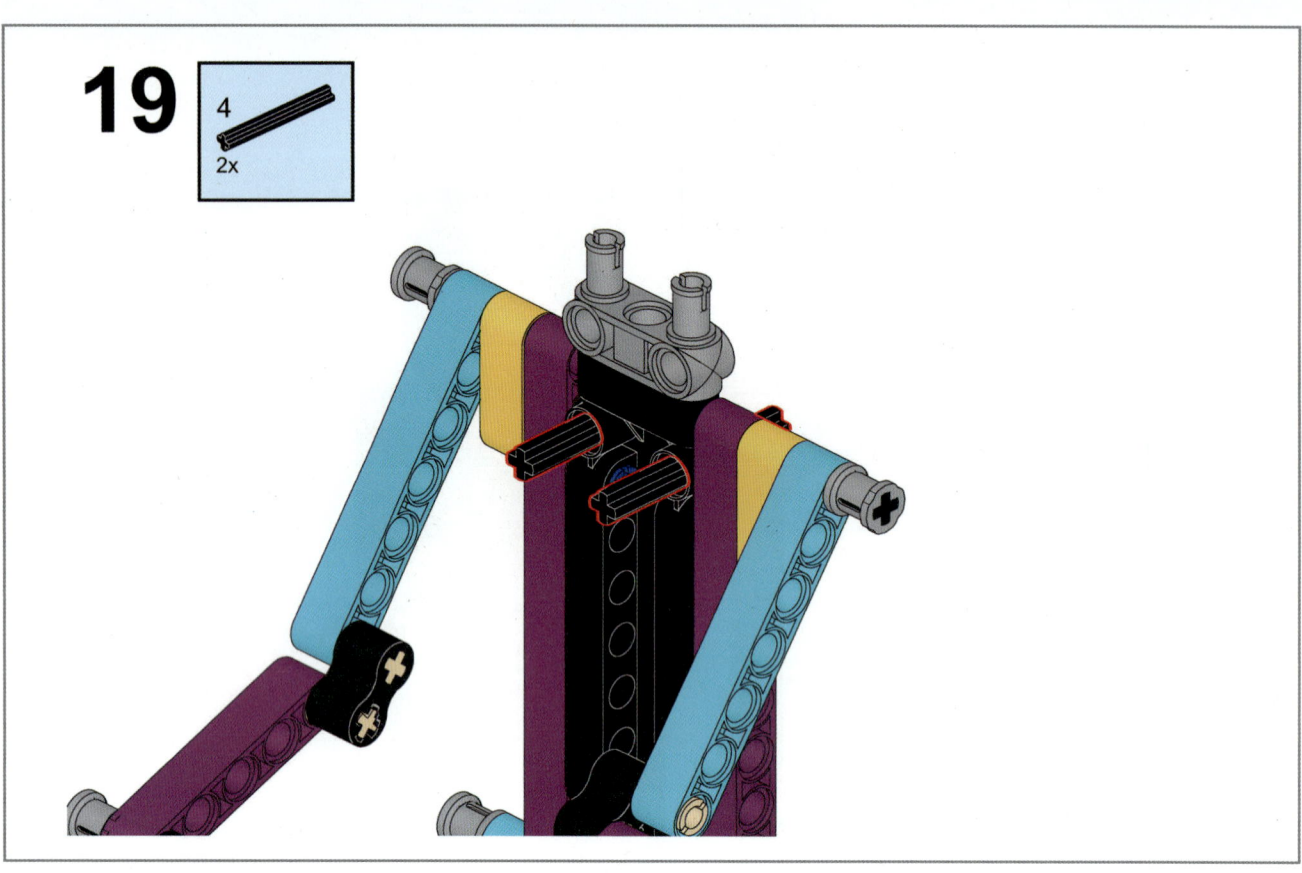

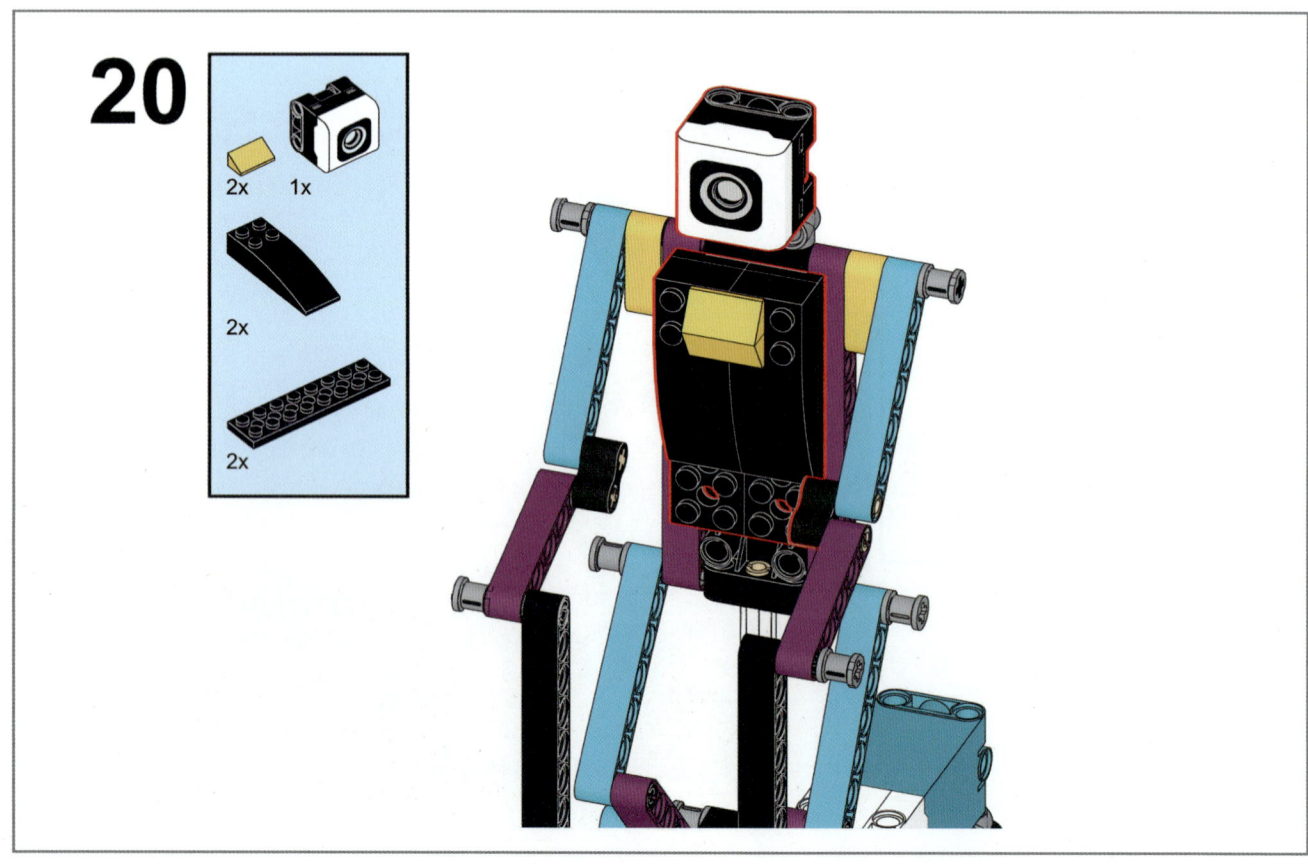

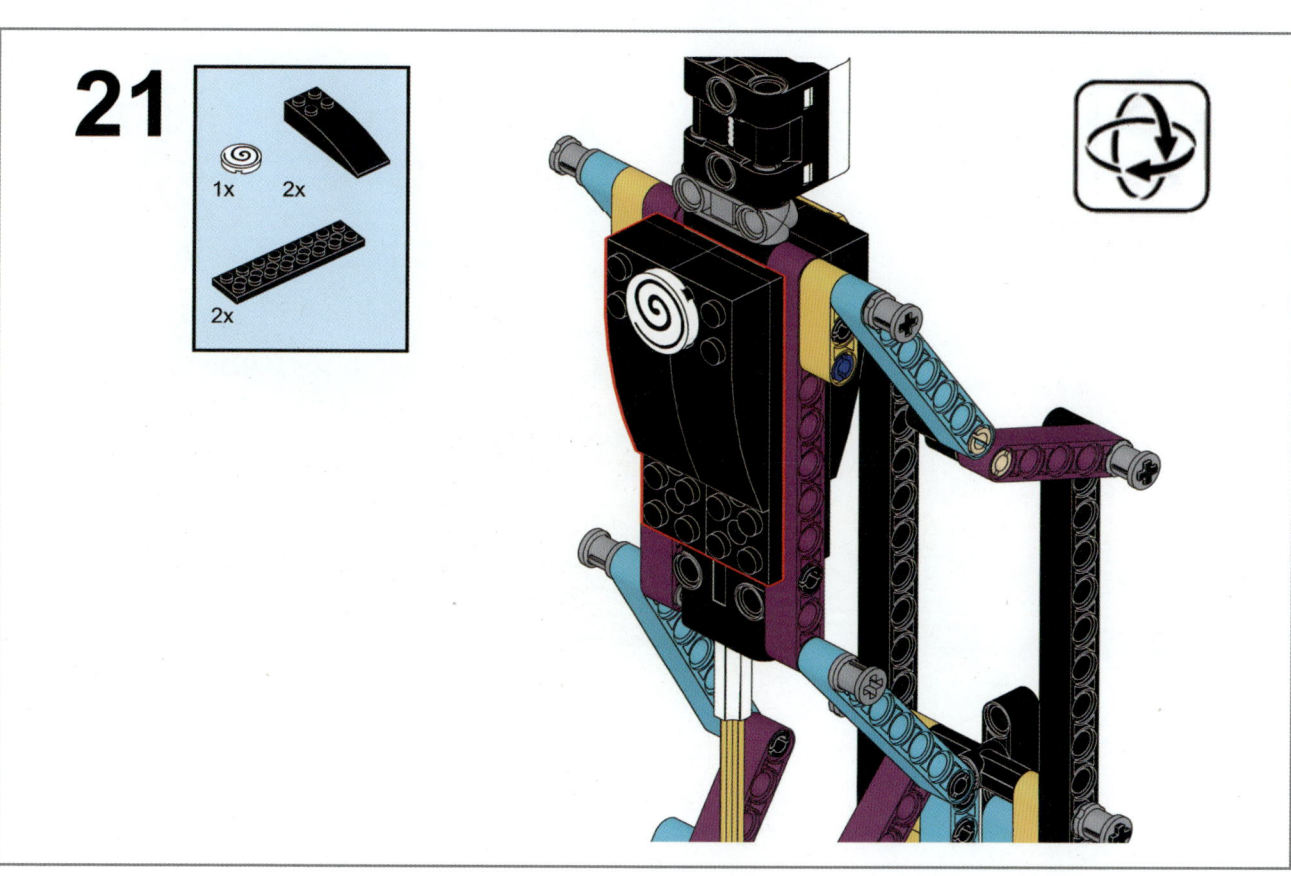
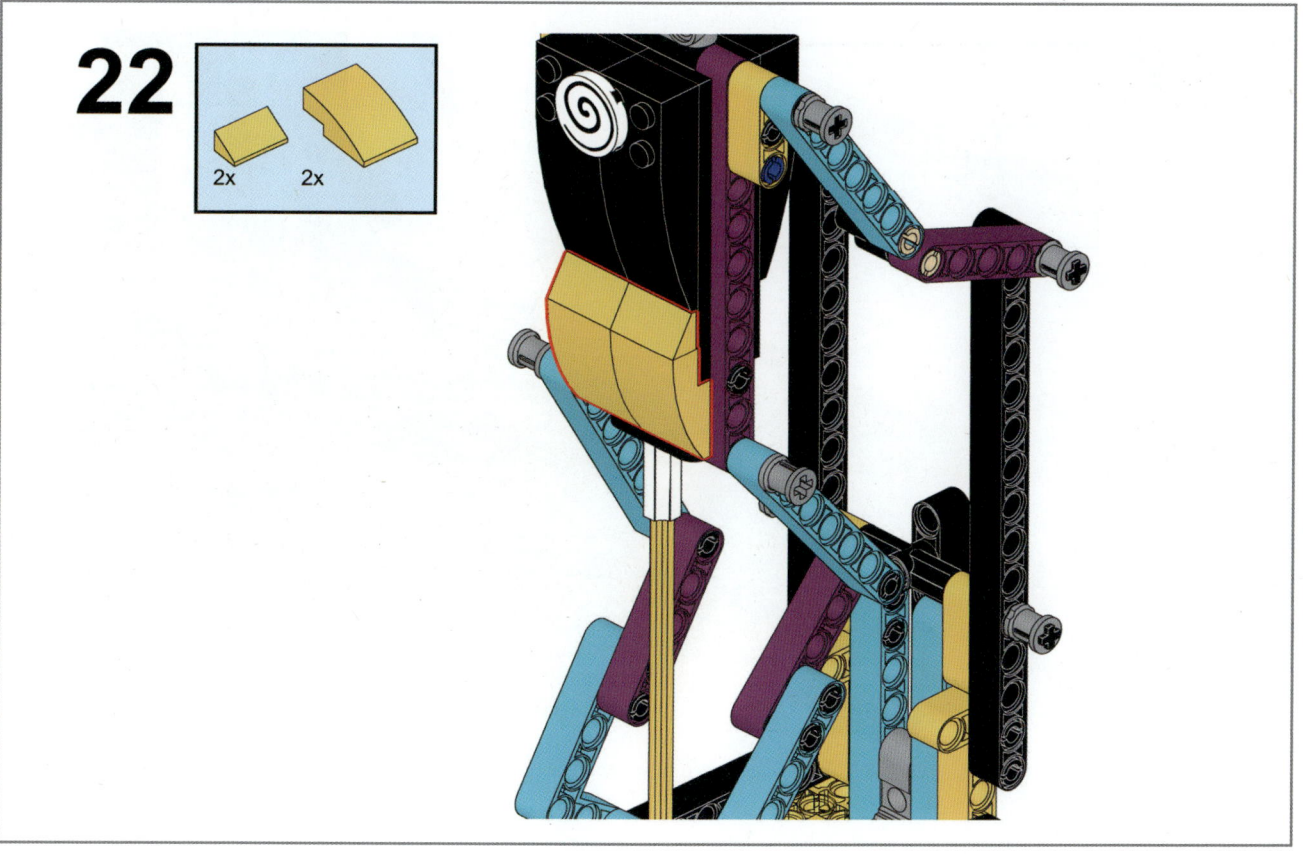

조립하기 하늘 걷기 (Sky Walker)

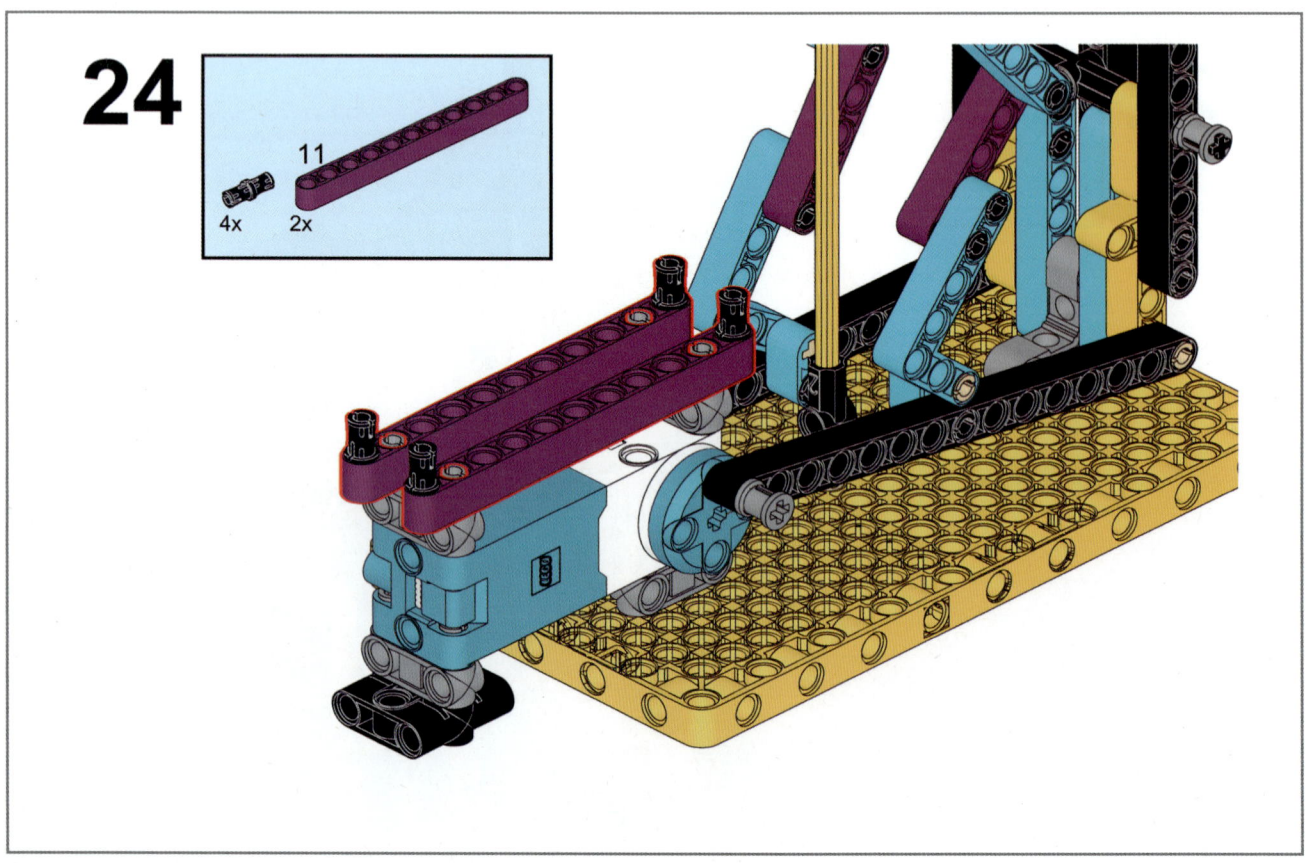

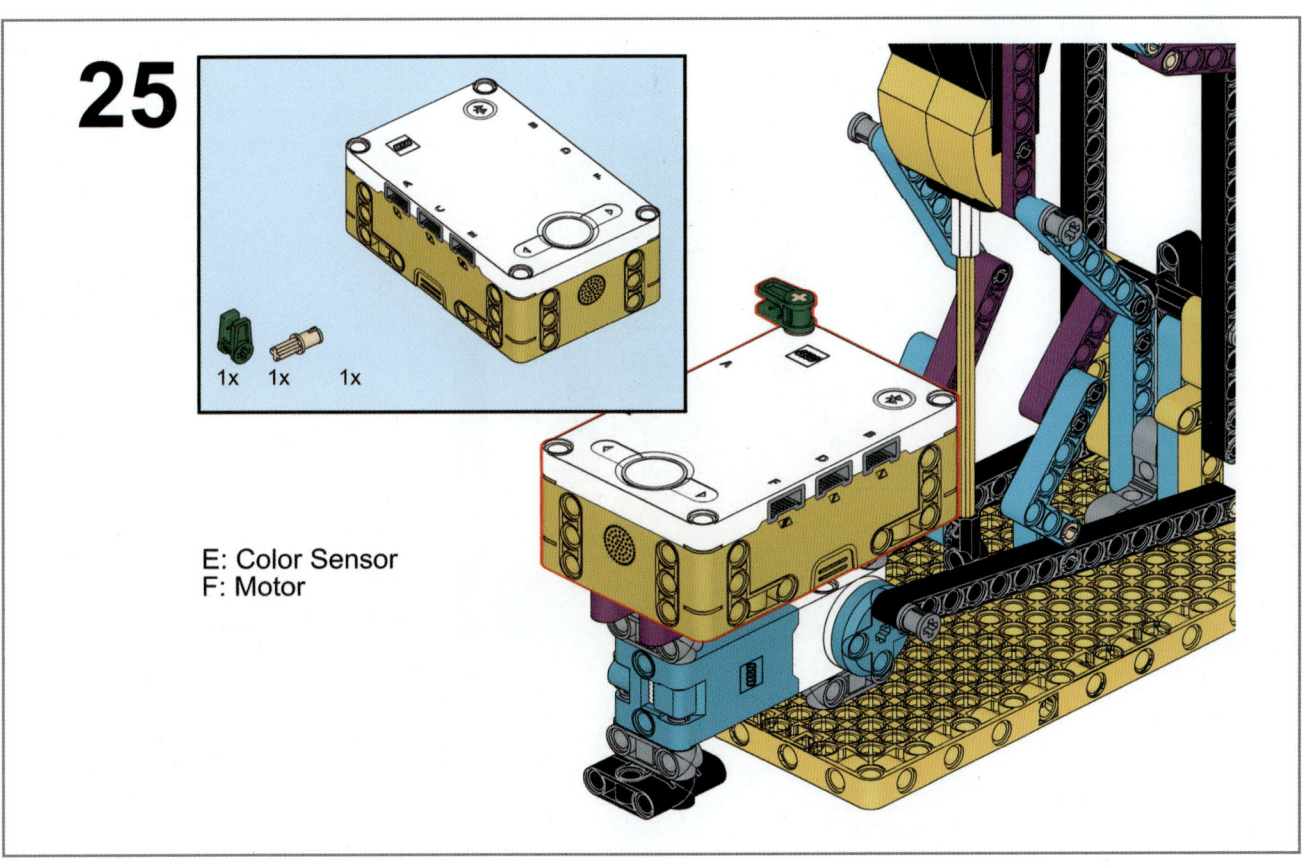

E: Color Sensor
F: Motor

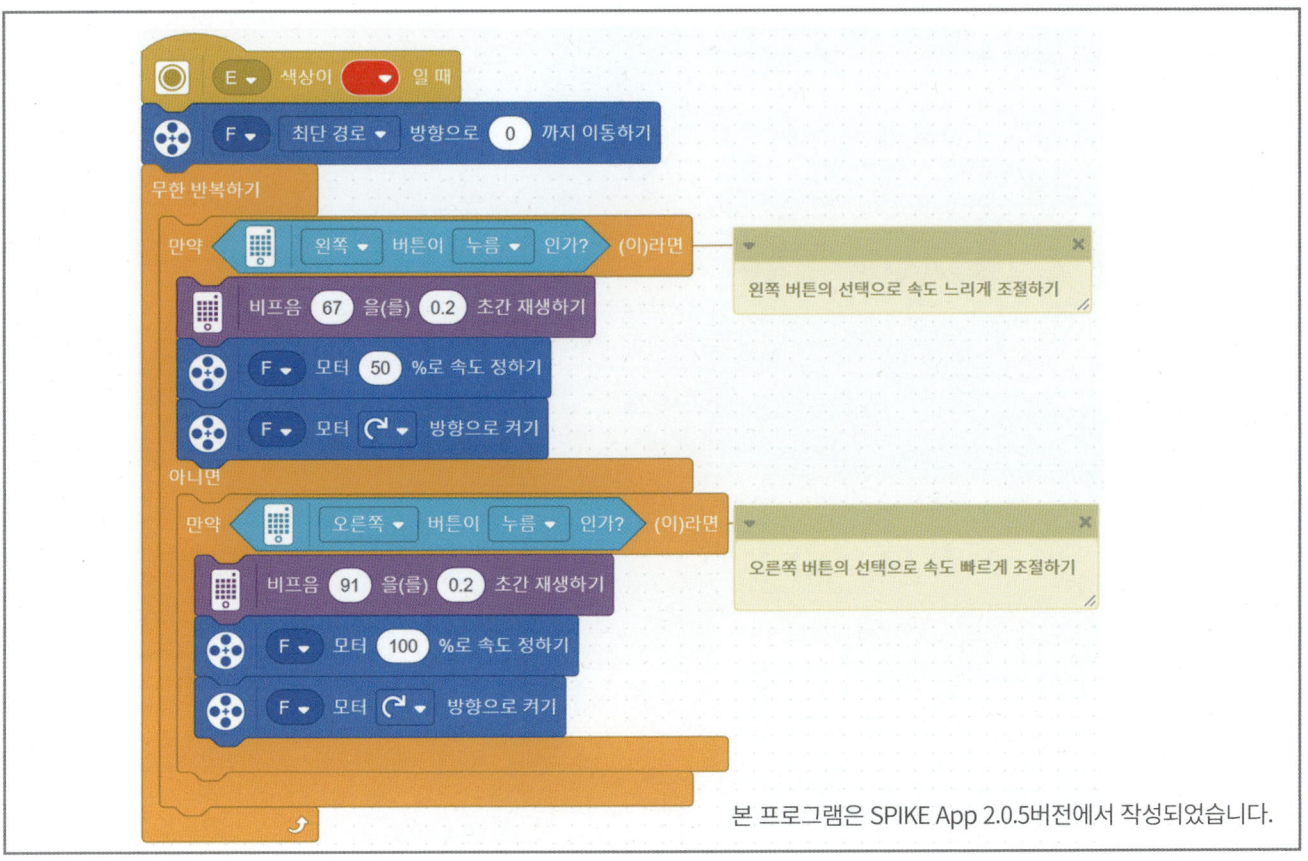

본 프로그램은 SPIKE App 2.0.5버전에서 작성되었습니다.

조립하기   하늘 걷기 (Sky Walker)

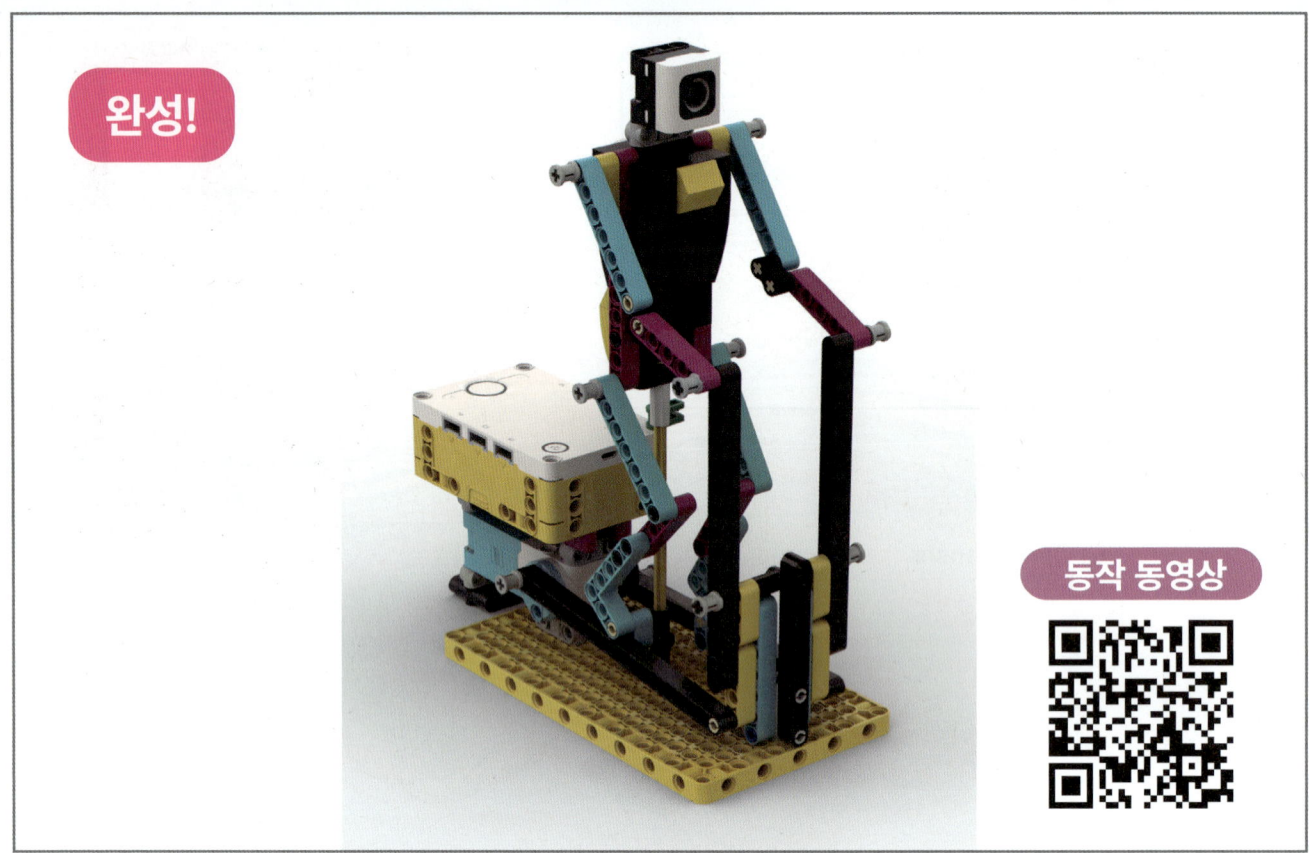

완성!

동작 동영상

07 스피닝 (Spinning)

실내에서, 음악에 맞추어
율동을 하면서
고정식 자전거의 페달을 빠르게
돌리는 운동입니다.

동작 동영상

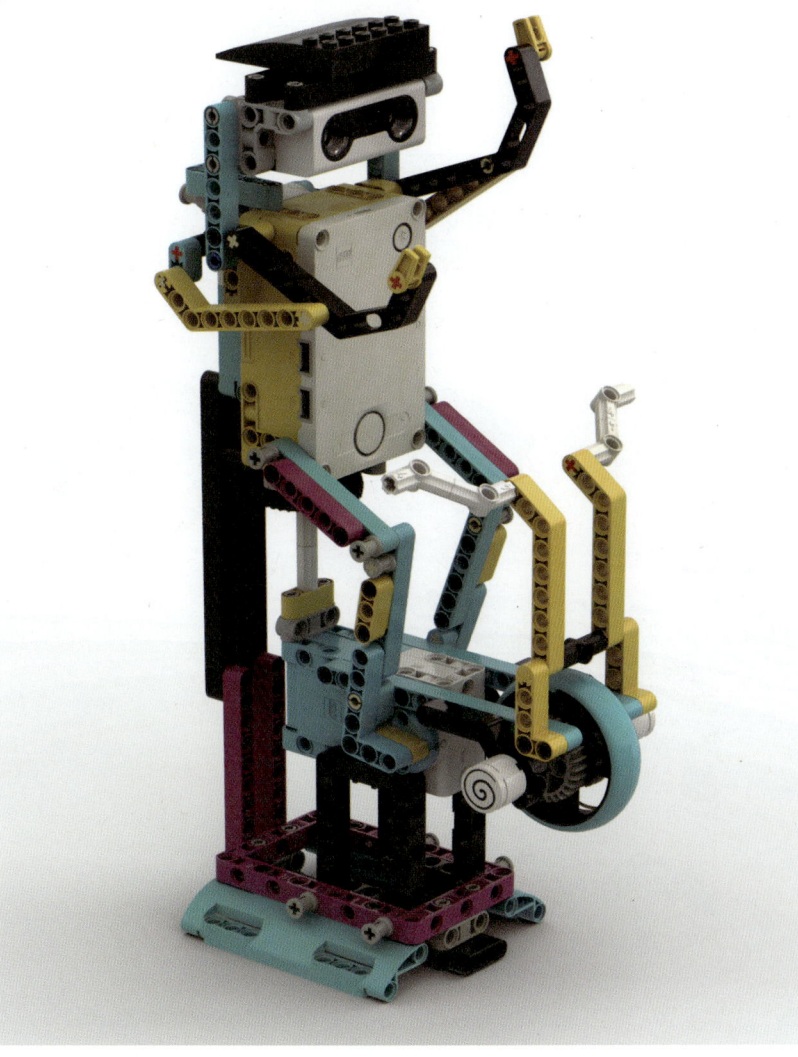

필요 부품 목록

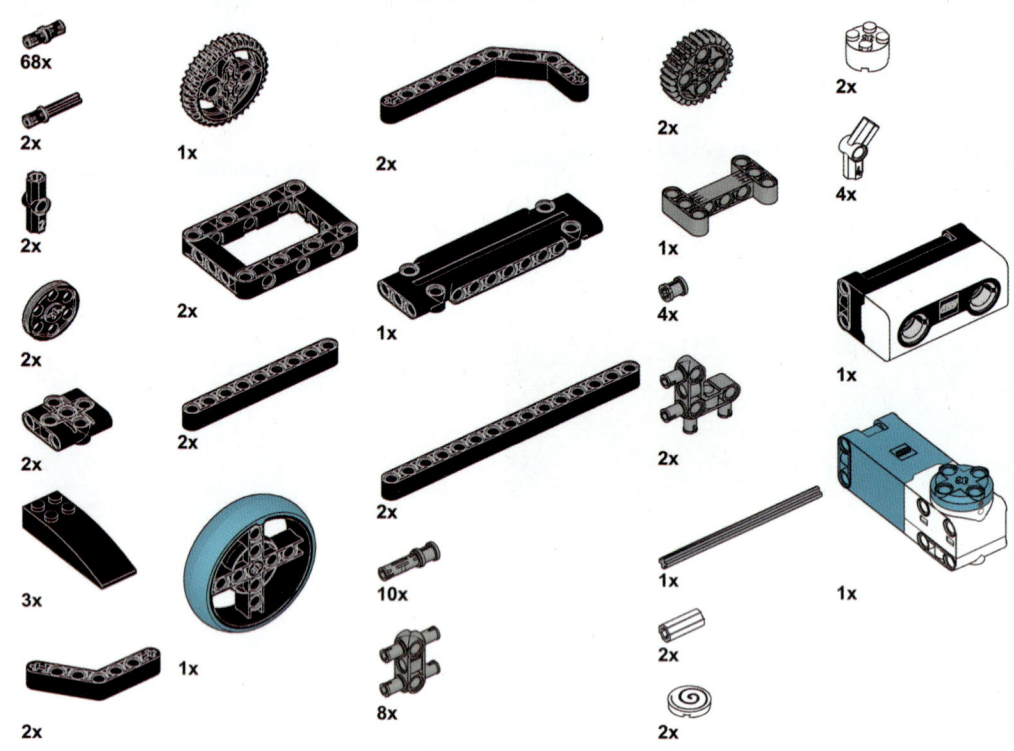

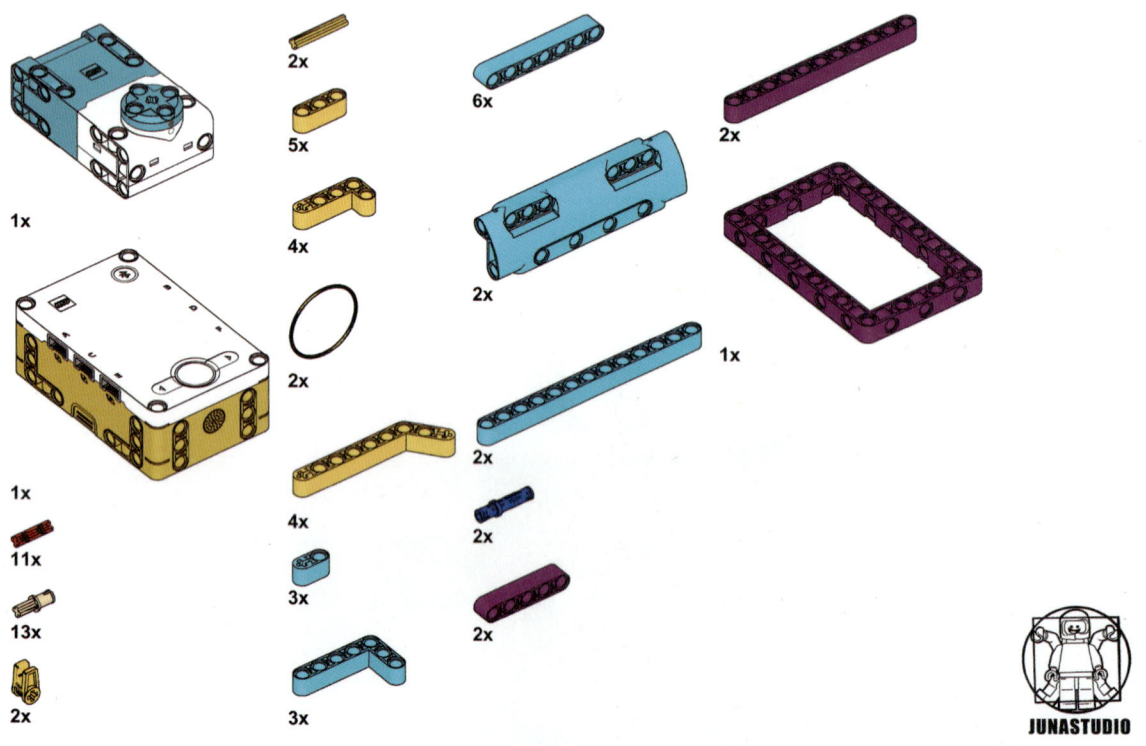

해당 차시는 스파이크™ 프라임 코어세트(45678)에 포함된 부품 보충팩을 사용해야 합니다

Design by junastudio

조립하기 스피닝 (Spinning)

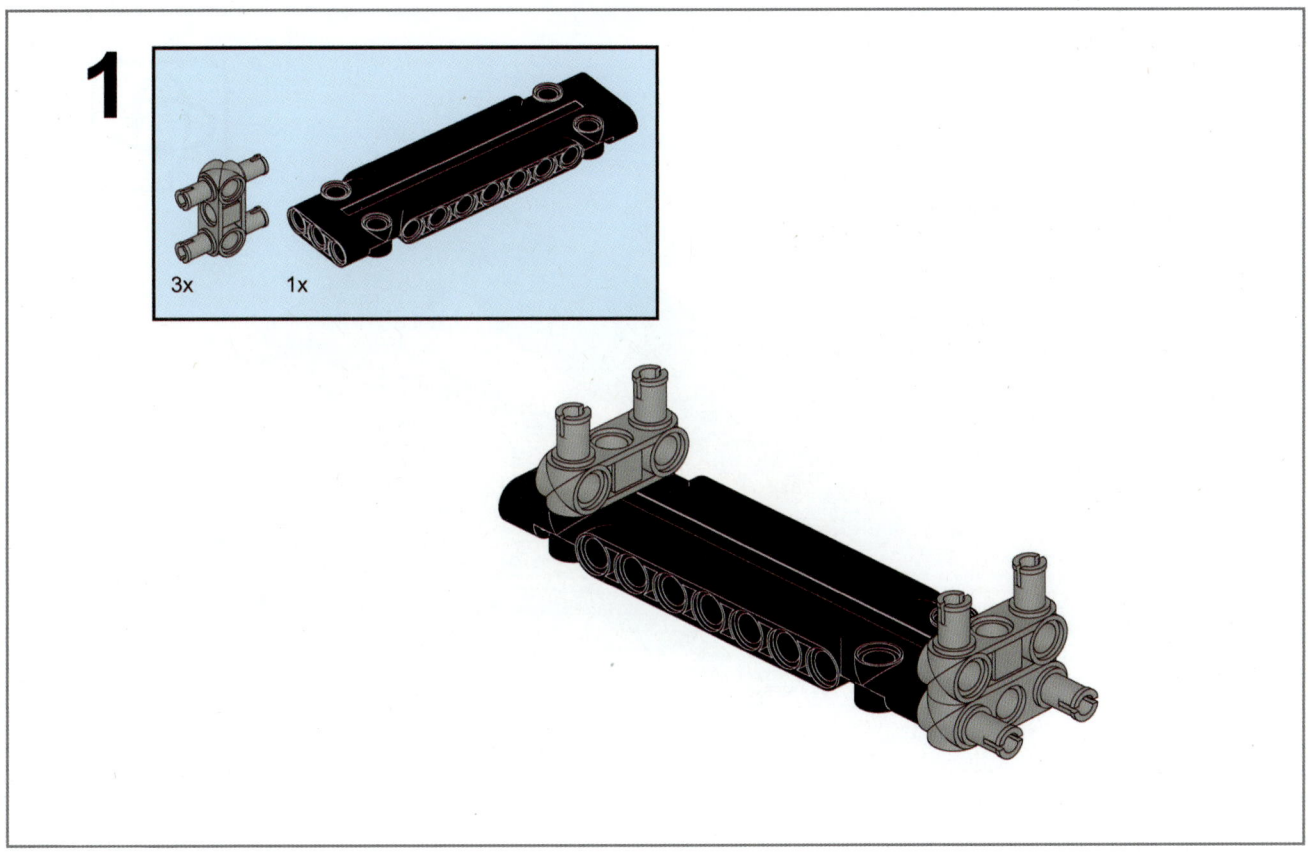

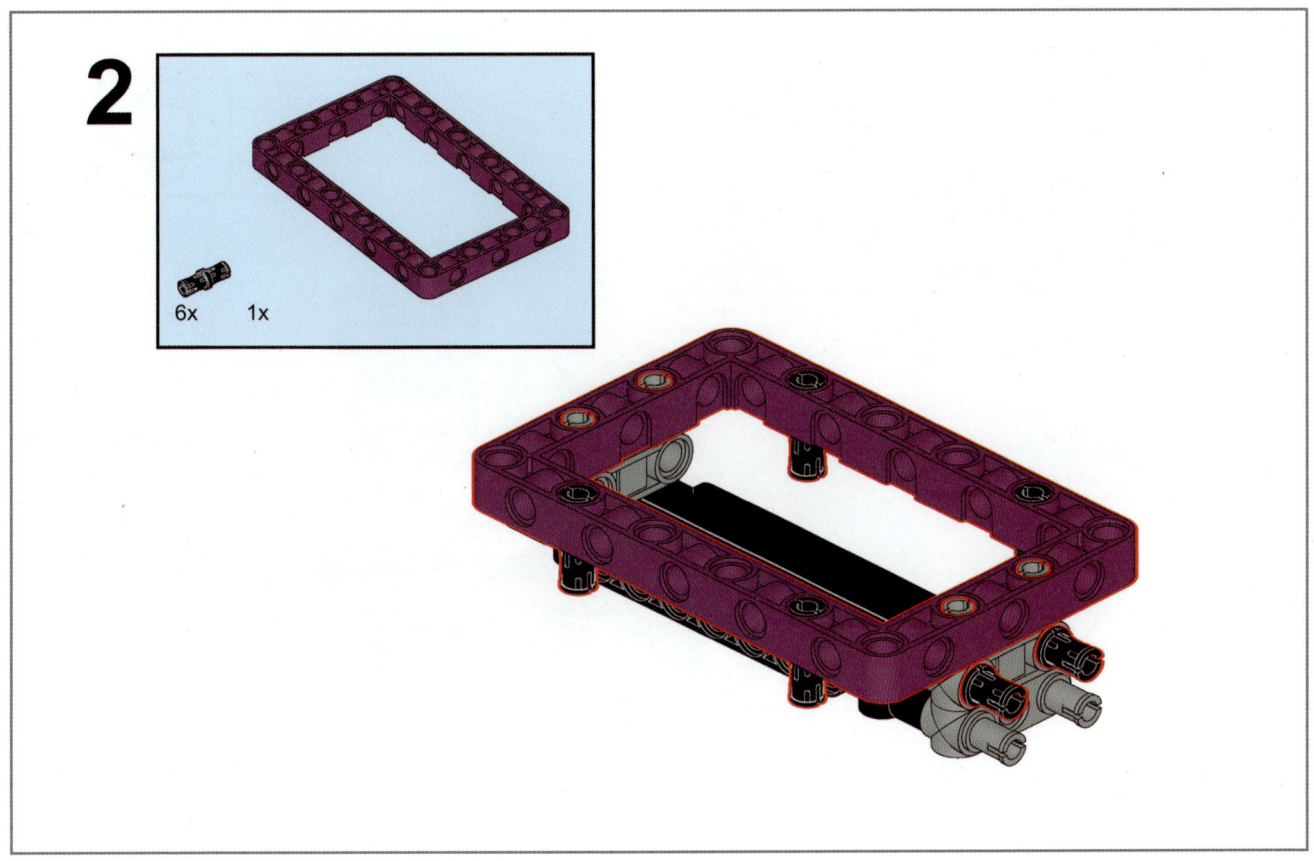

조립하기 스피닝 (Spinning)

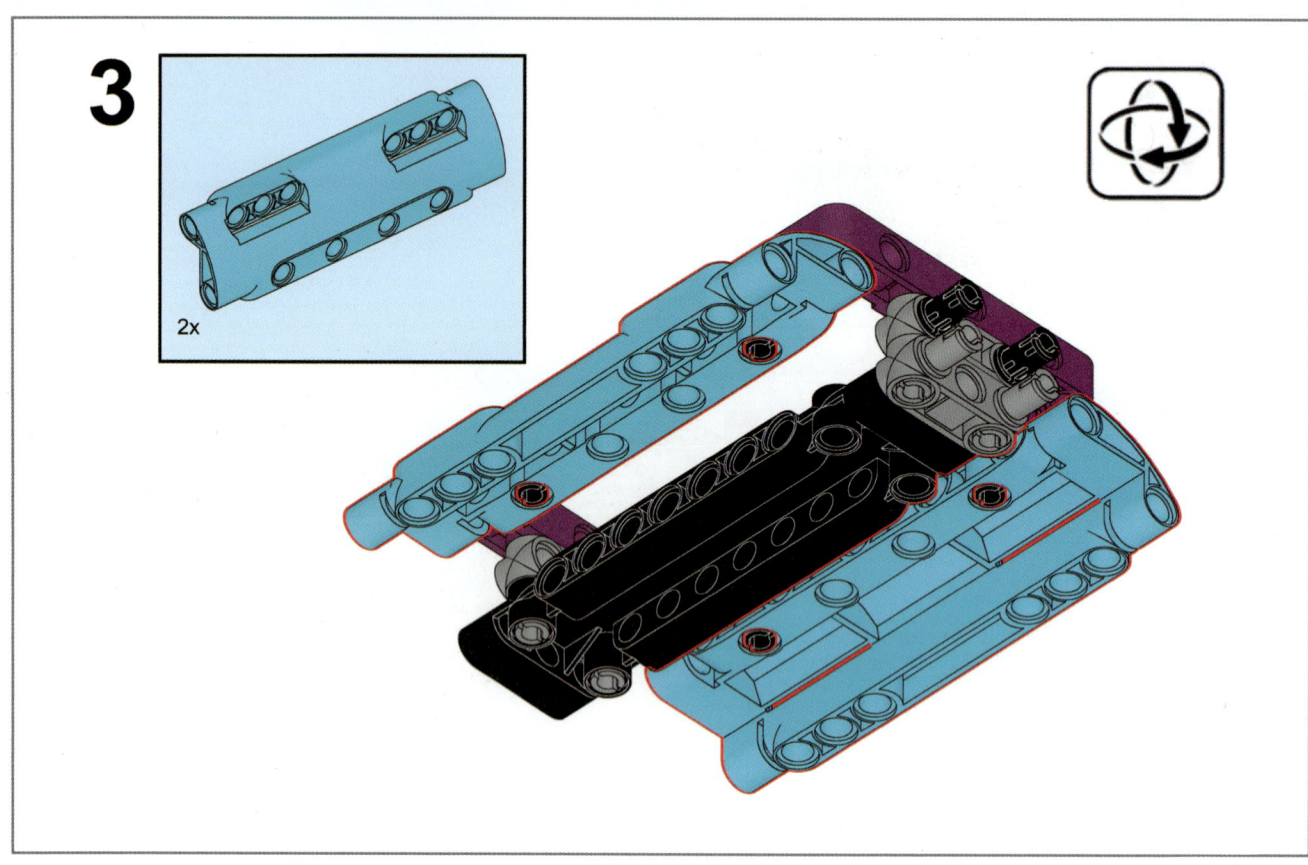

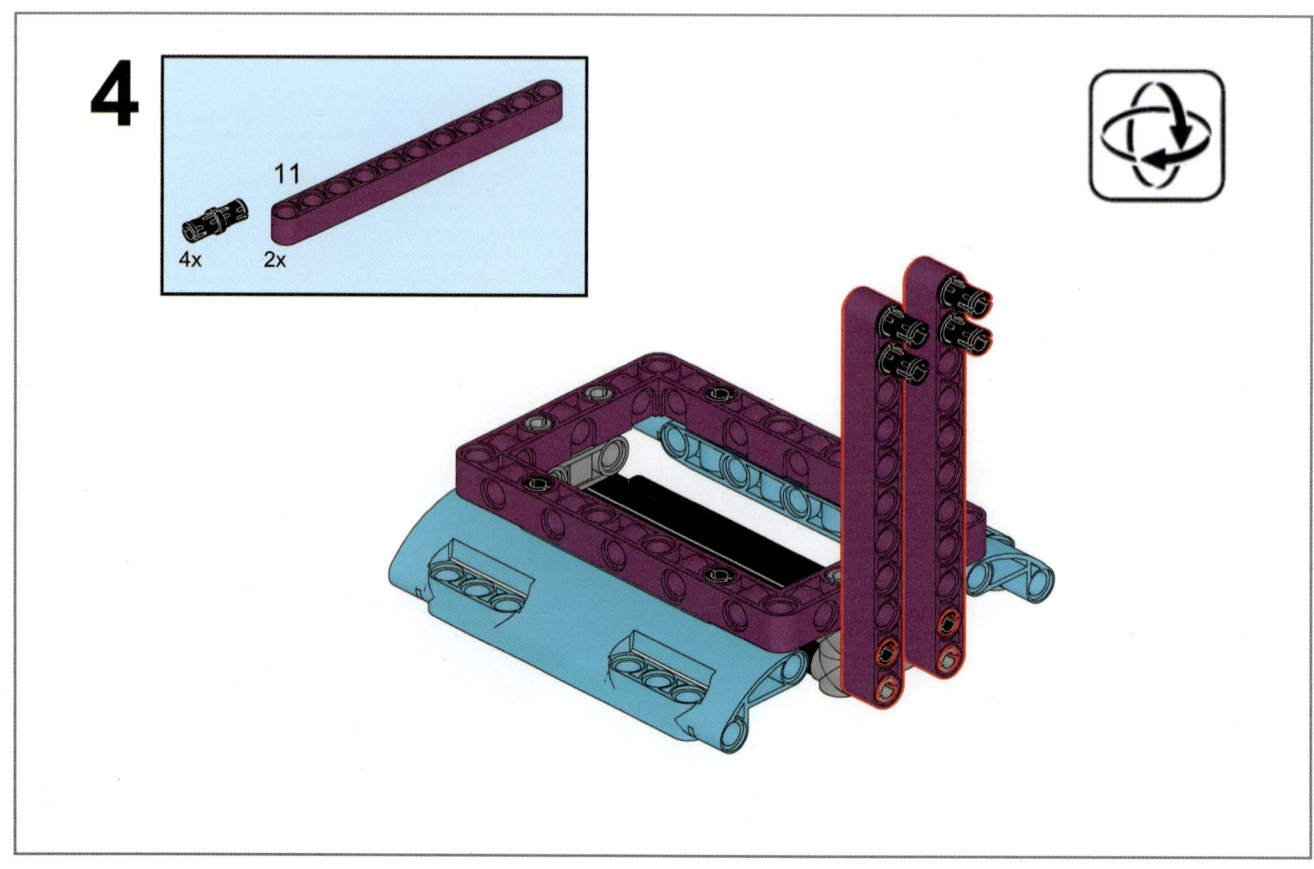

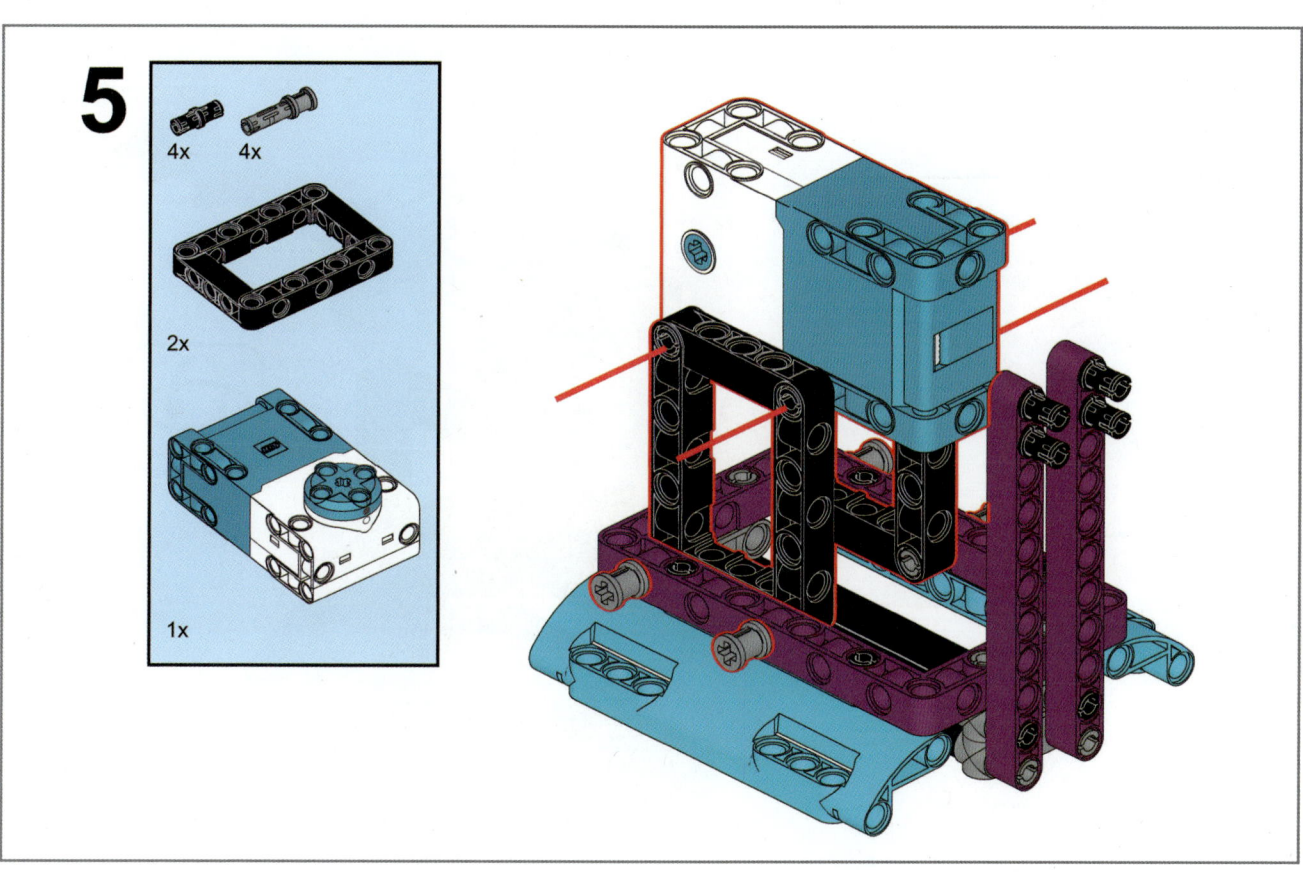
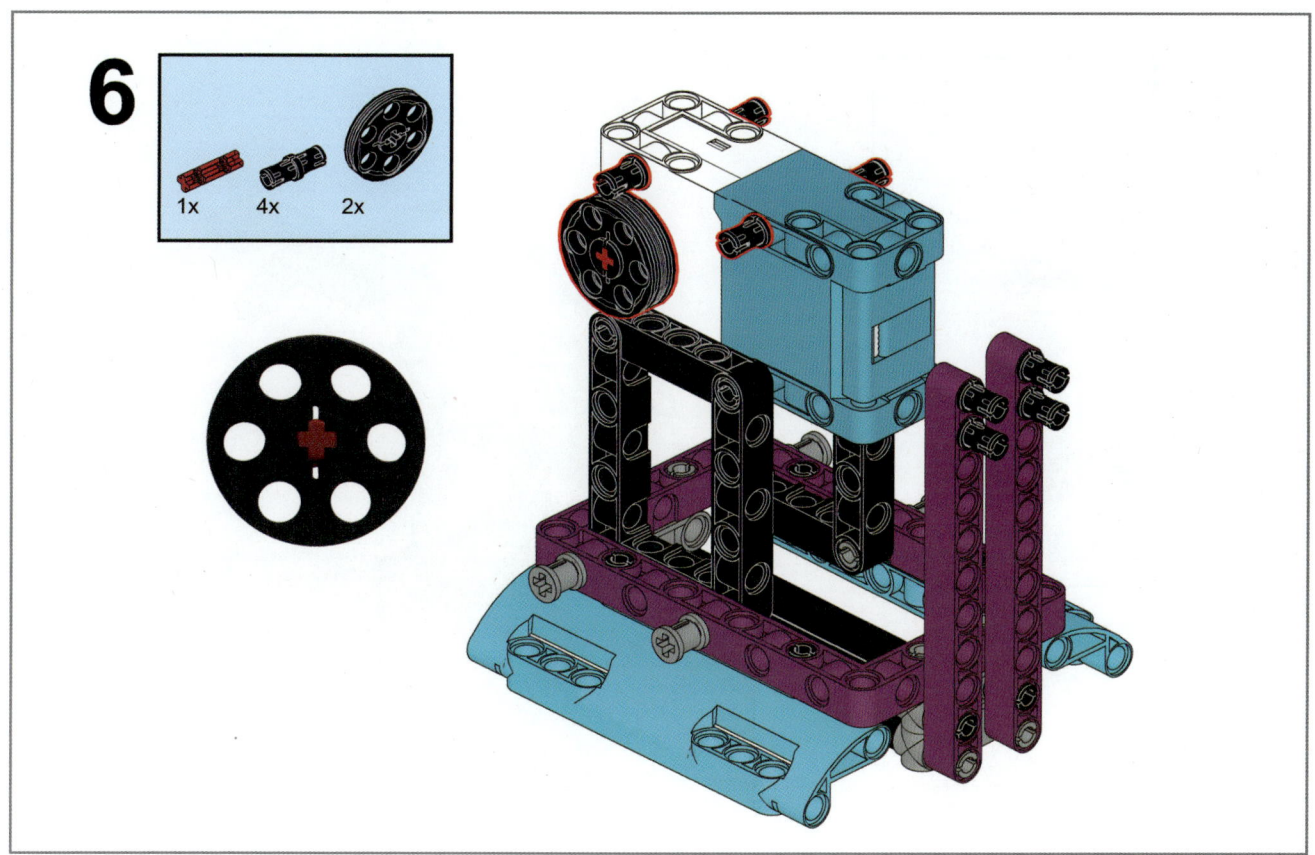

스피닝(Spinning) 133

조립하기 스피닝 (Spinning)

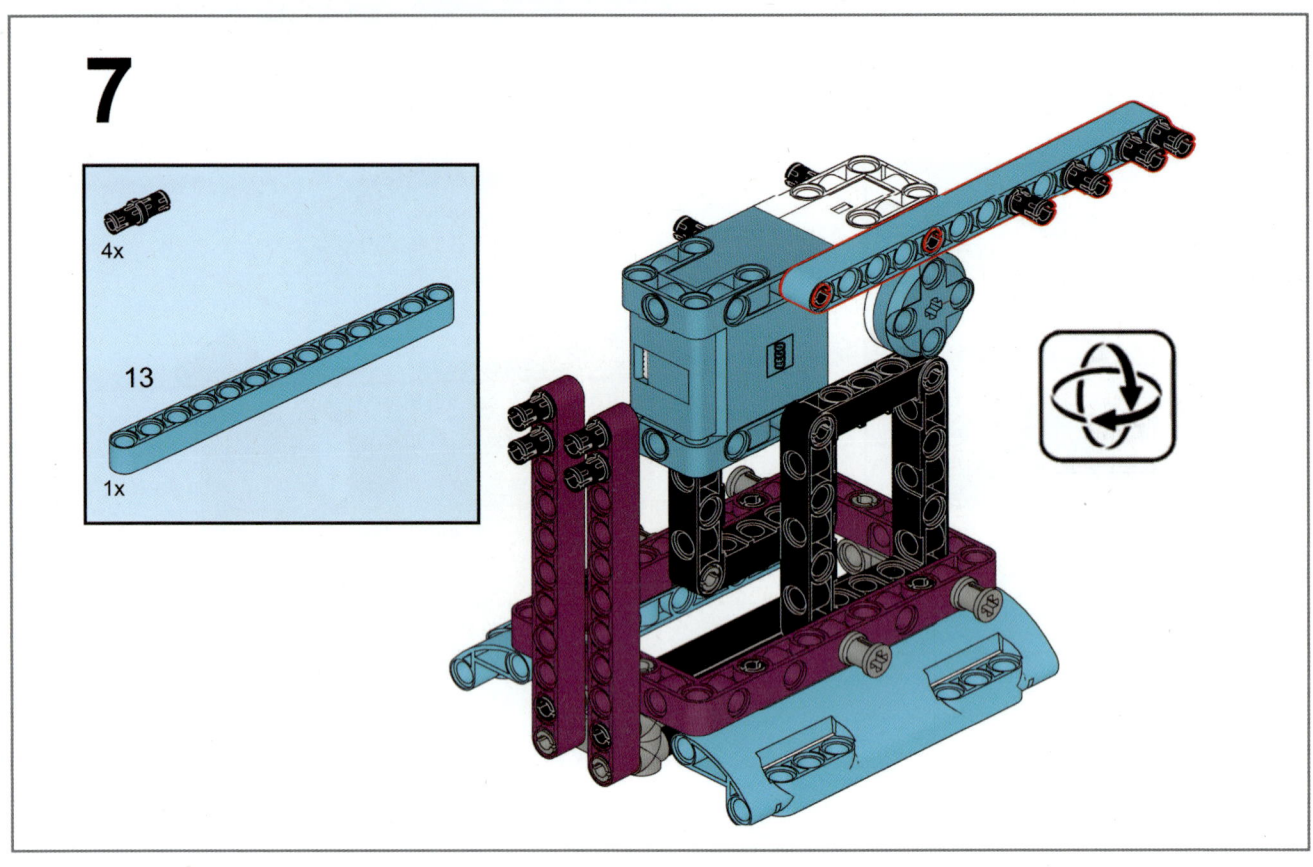

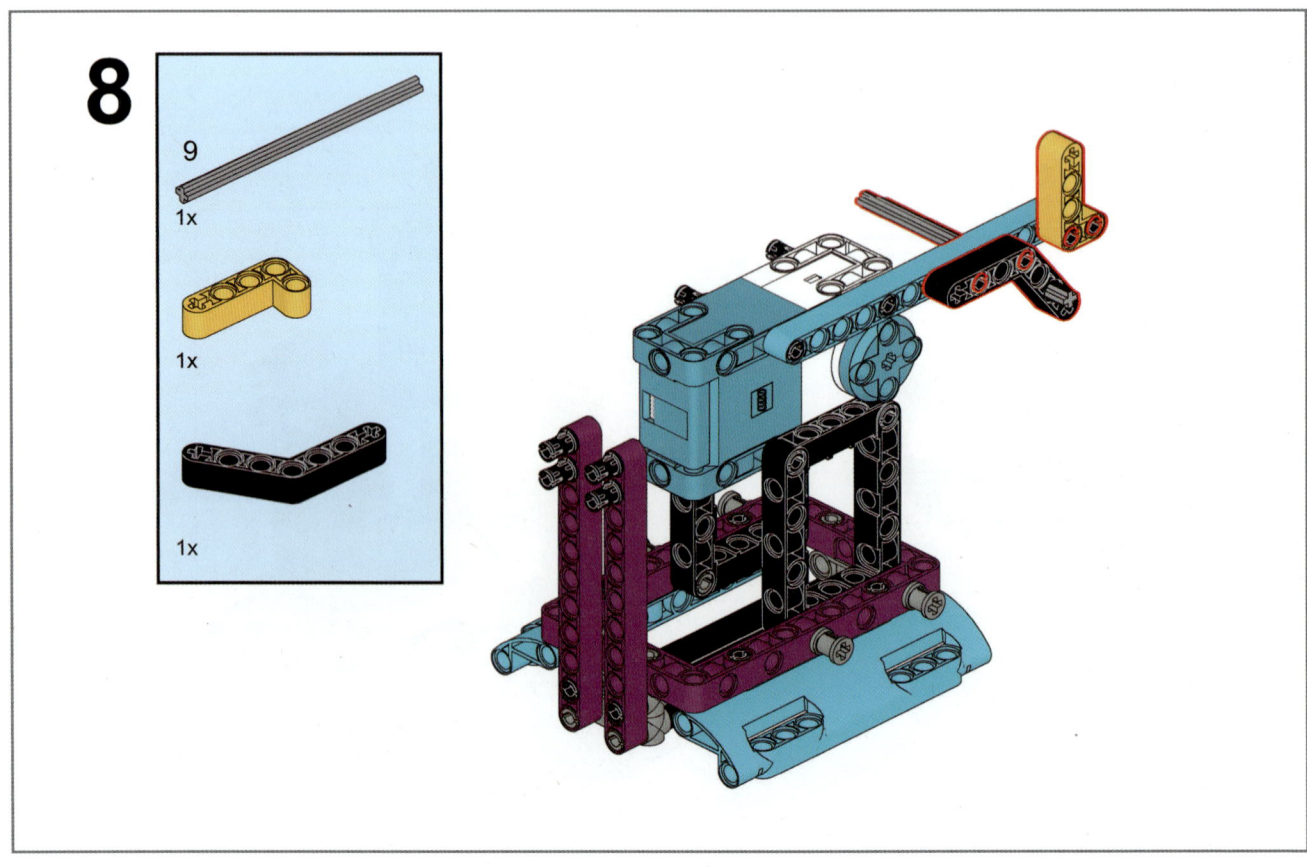

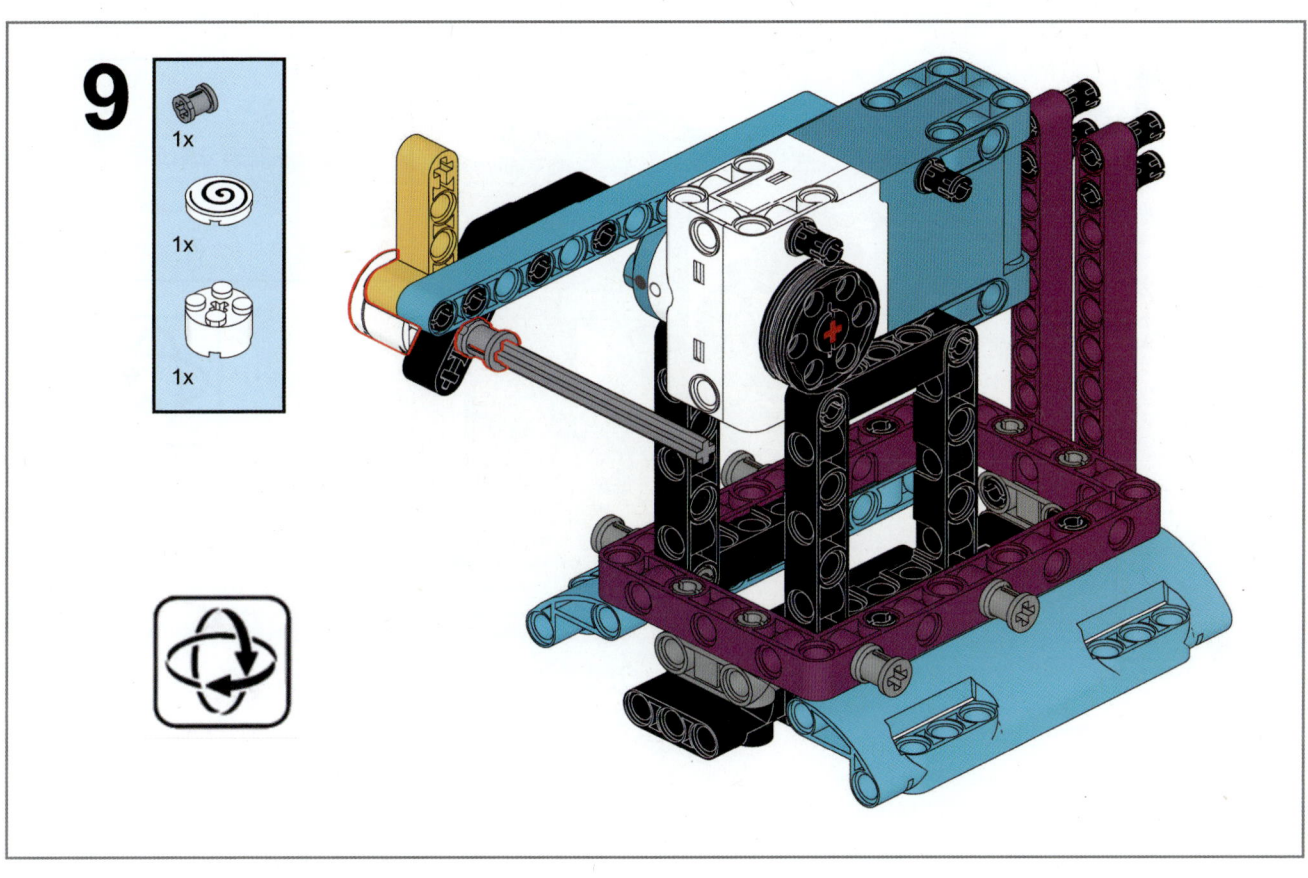
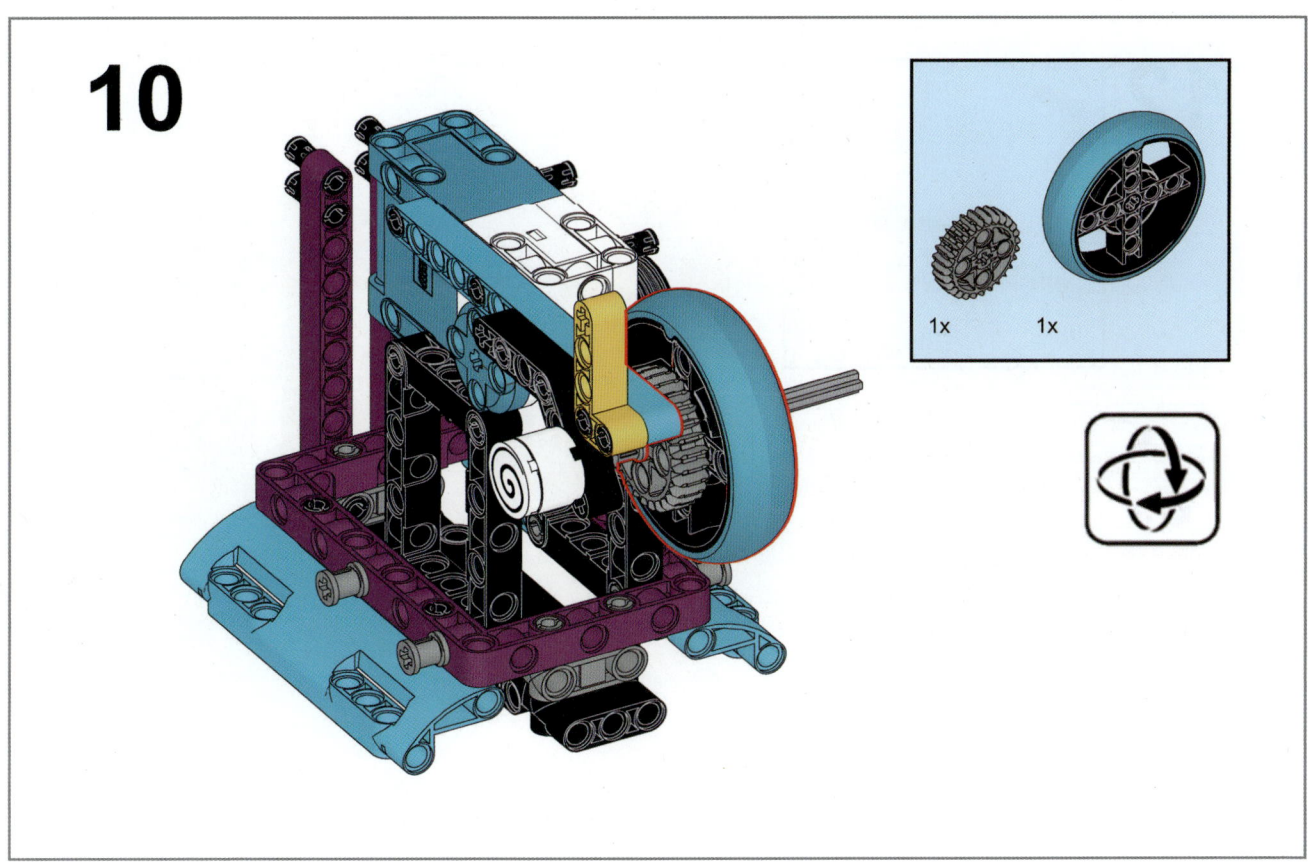

스피닝(Spinning)

조립하기 스피닝 (Spinning)

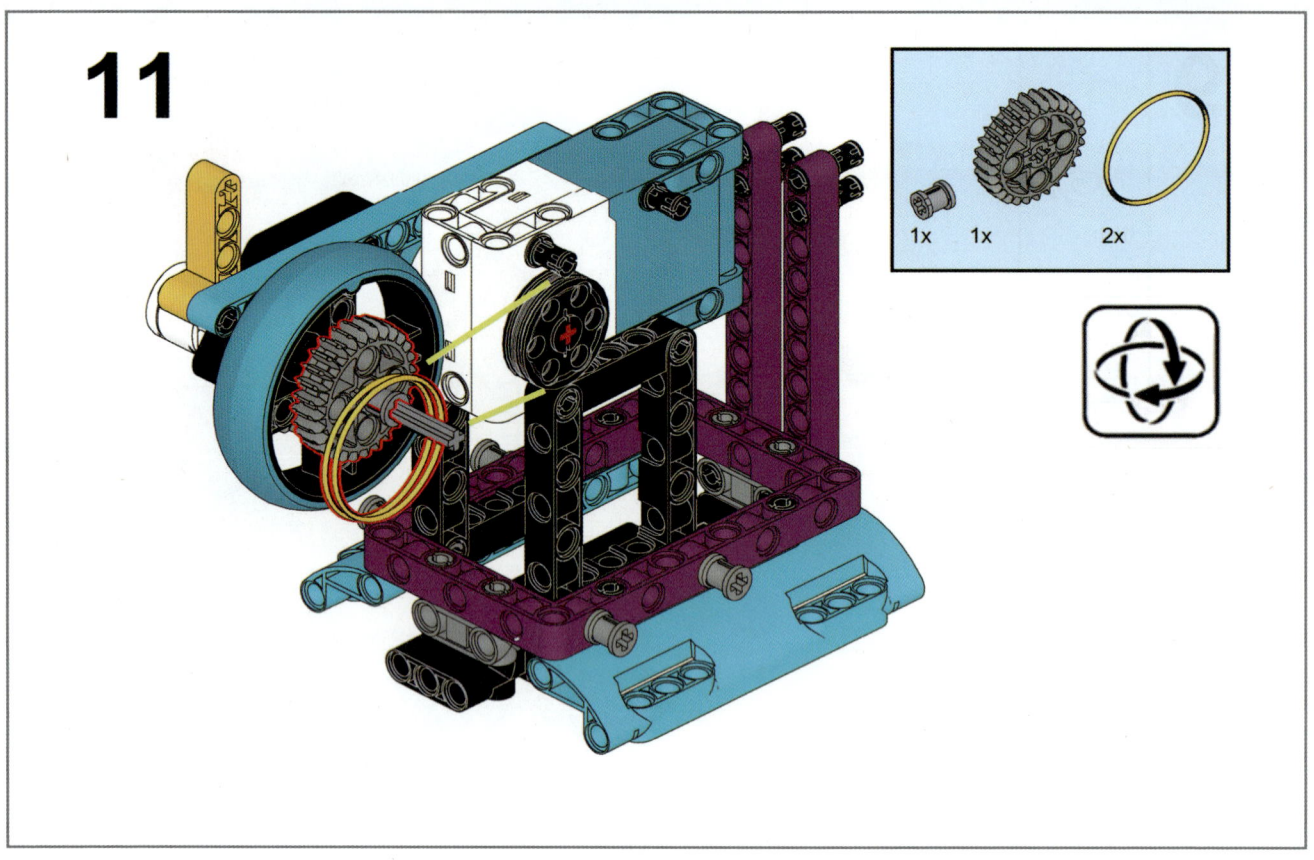

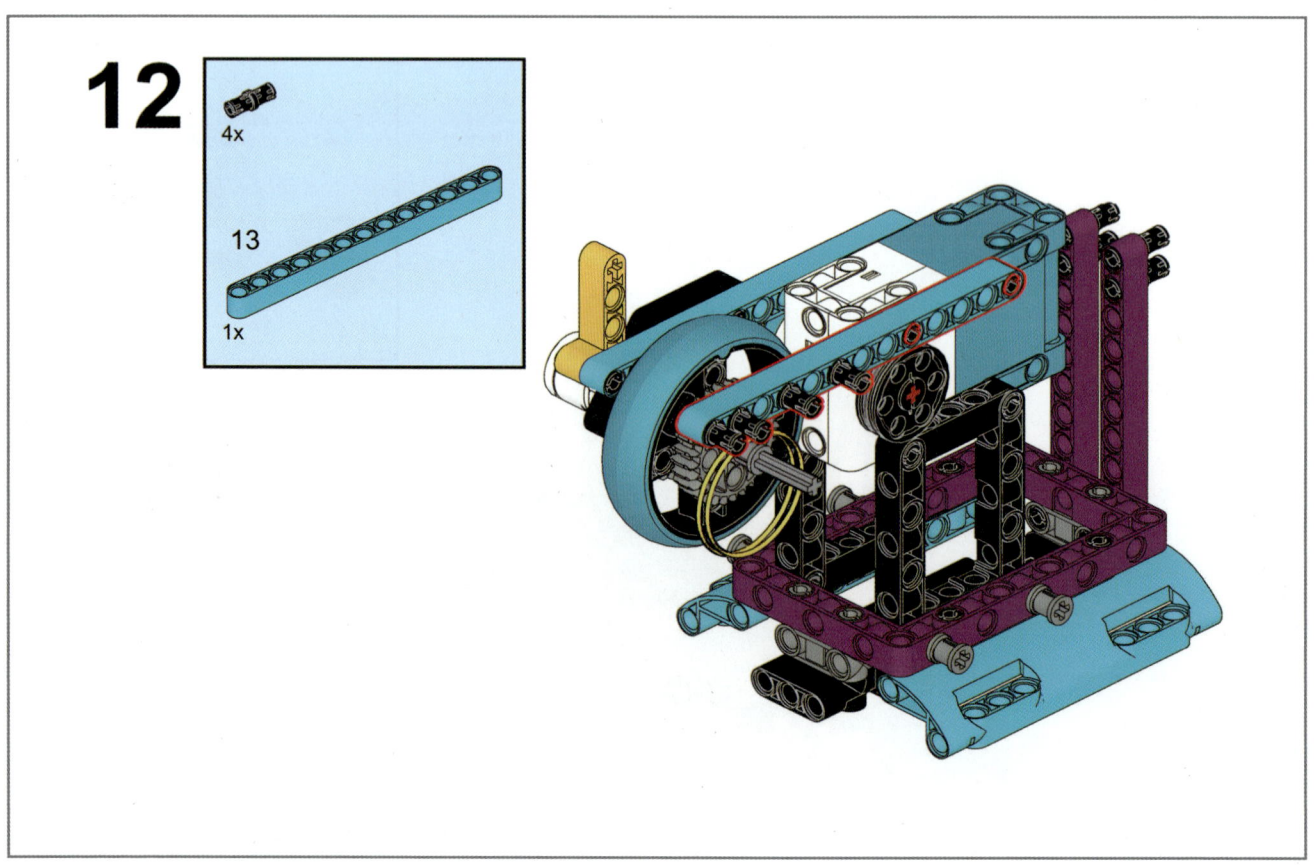

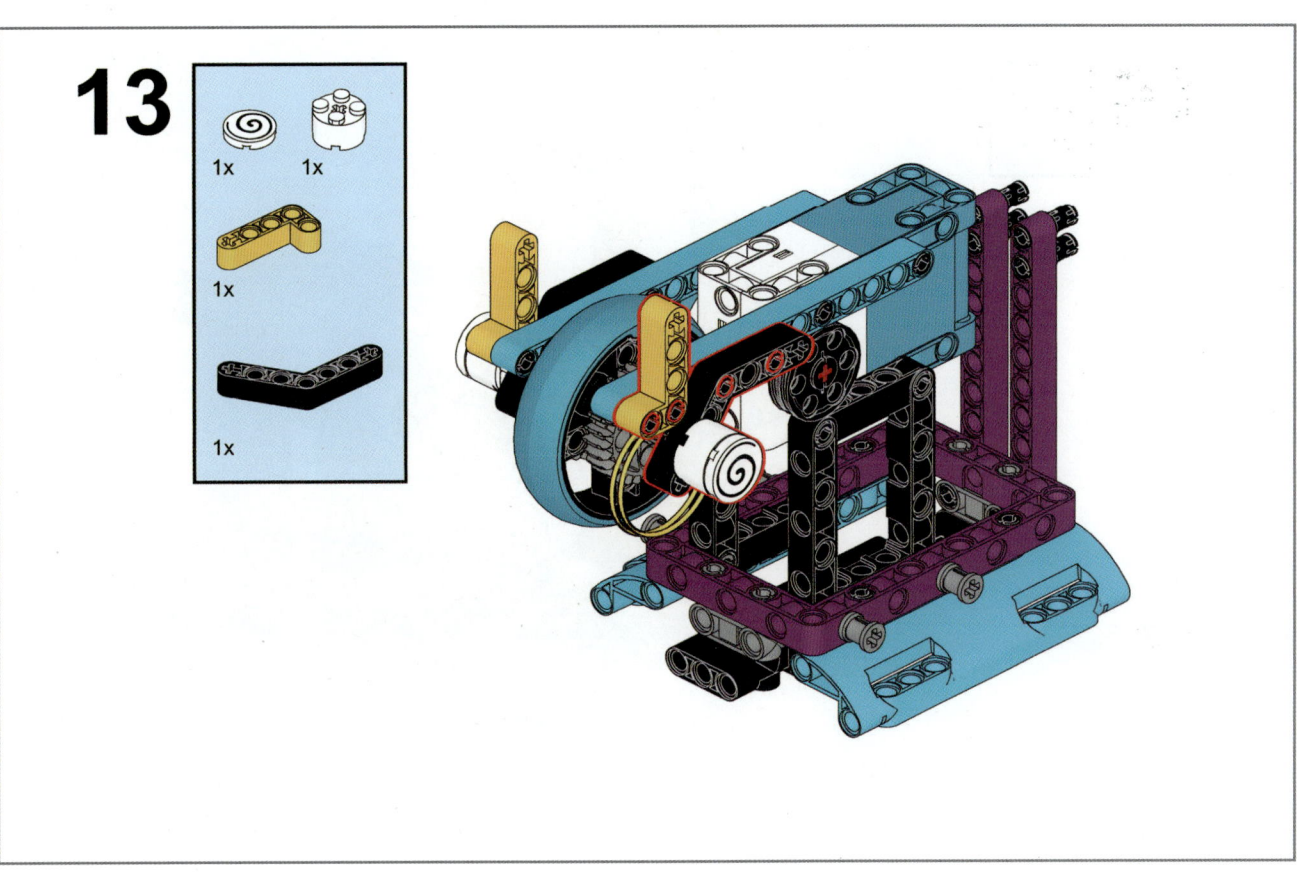
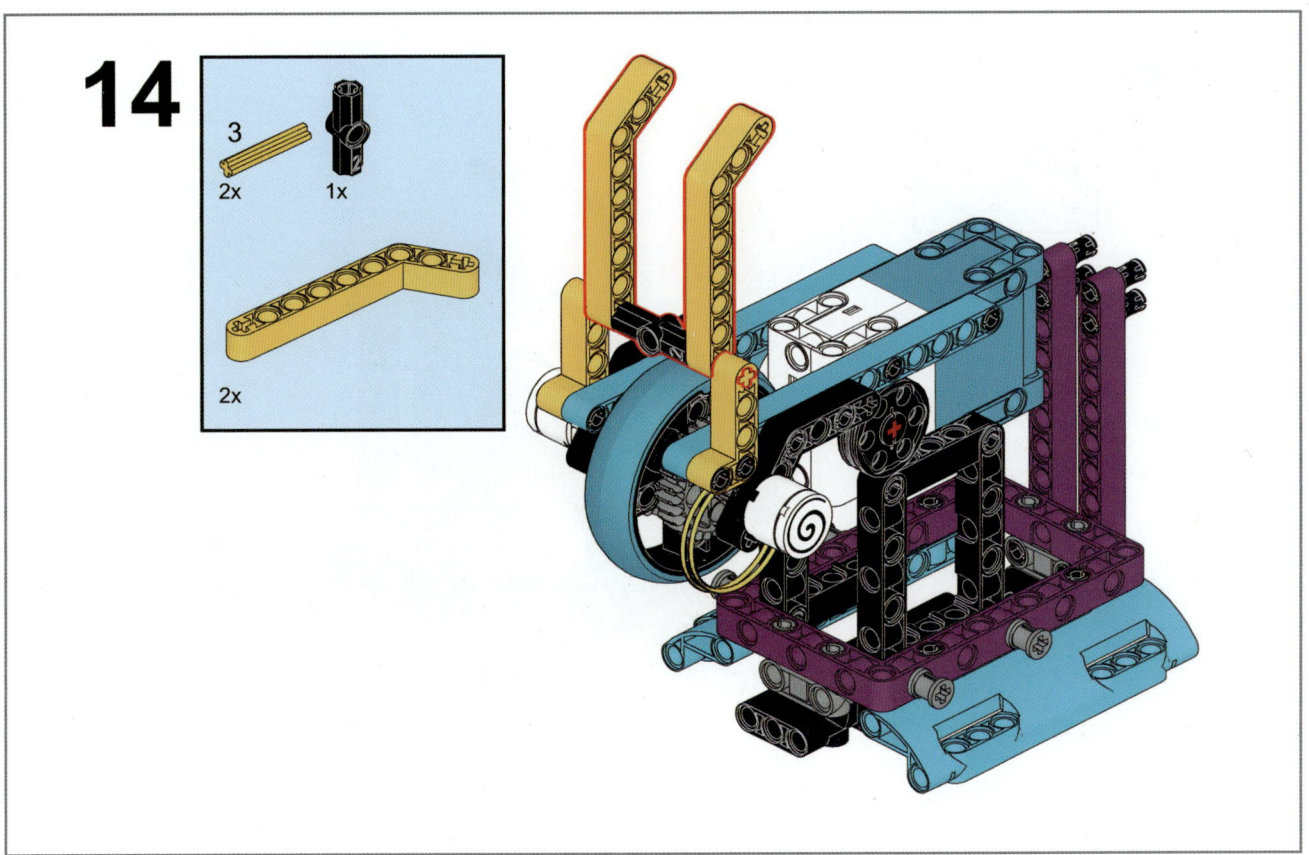

스피닝(Spinning) 137

조립하기 스피닝 (Spinning)

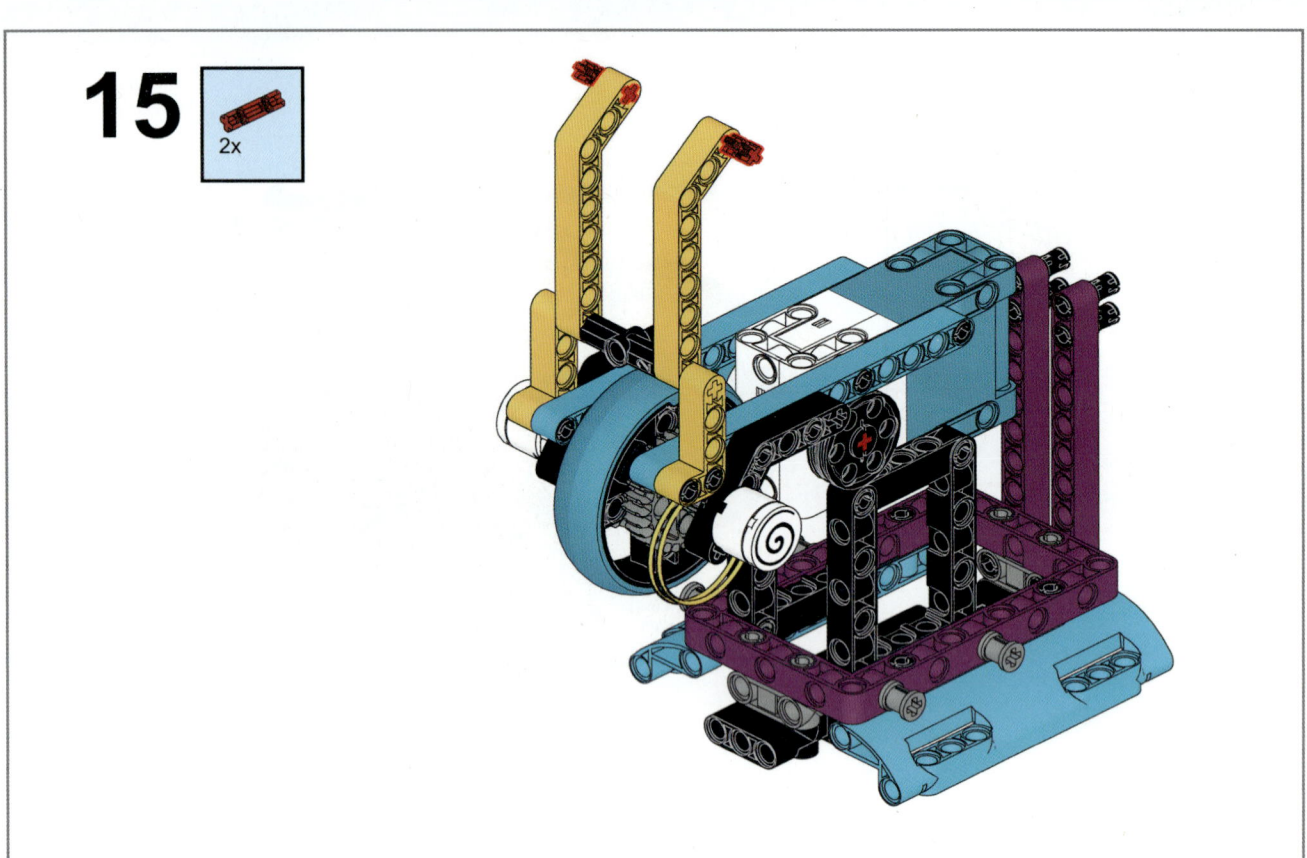

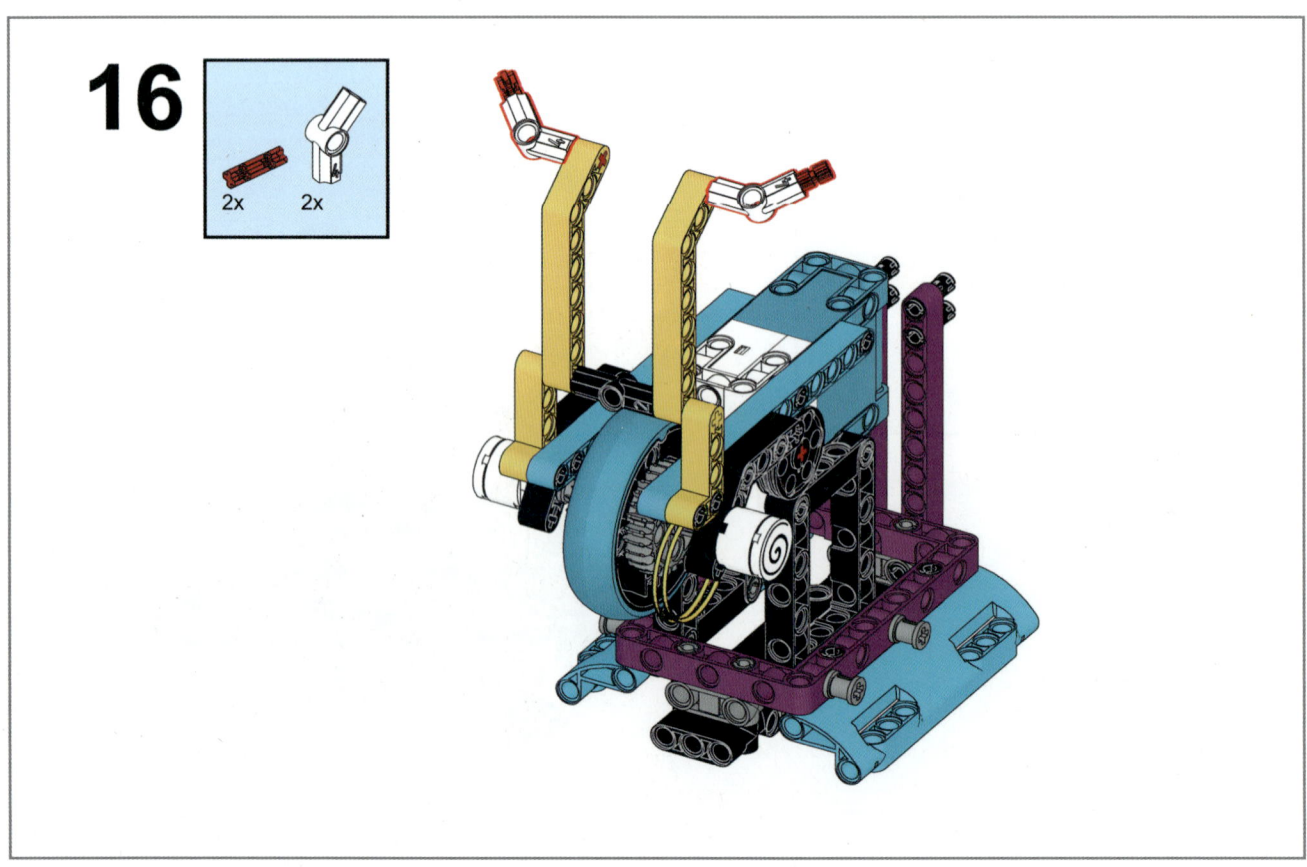

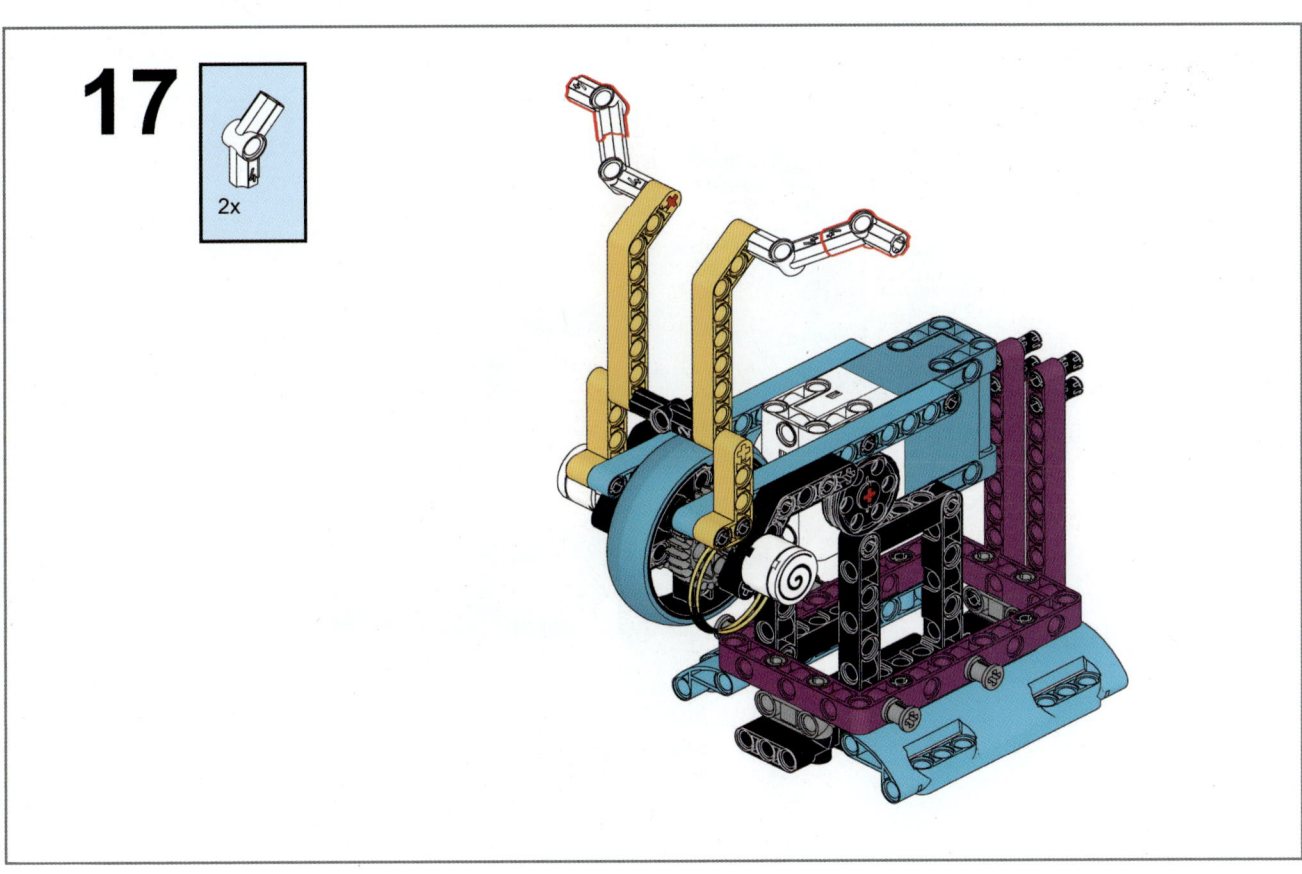
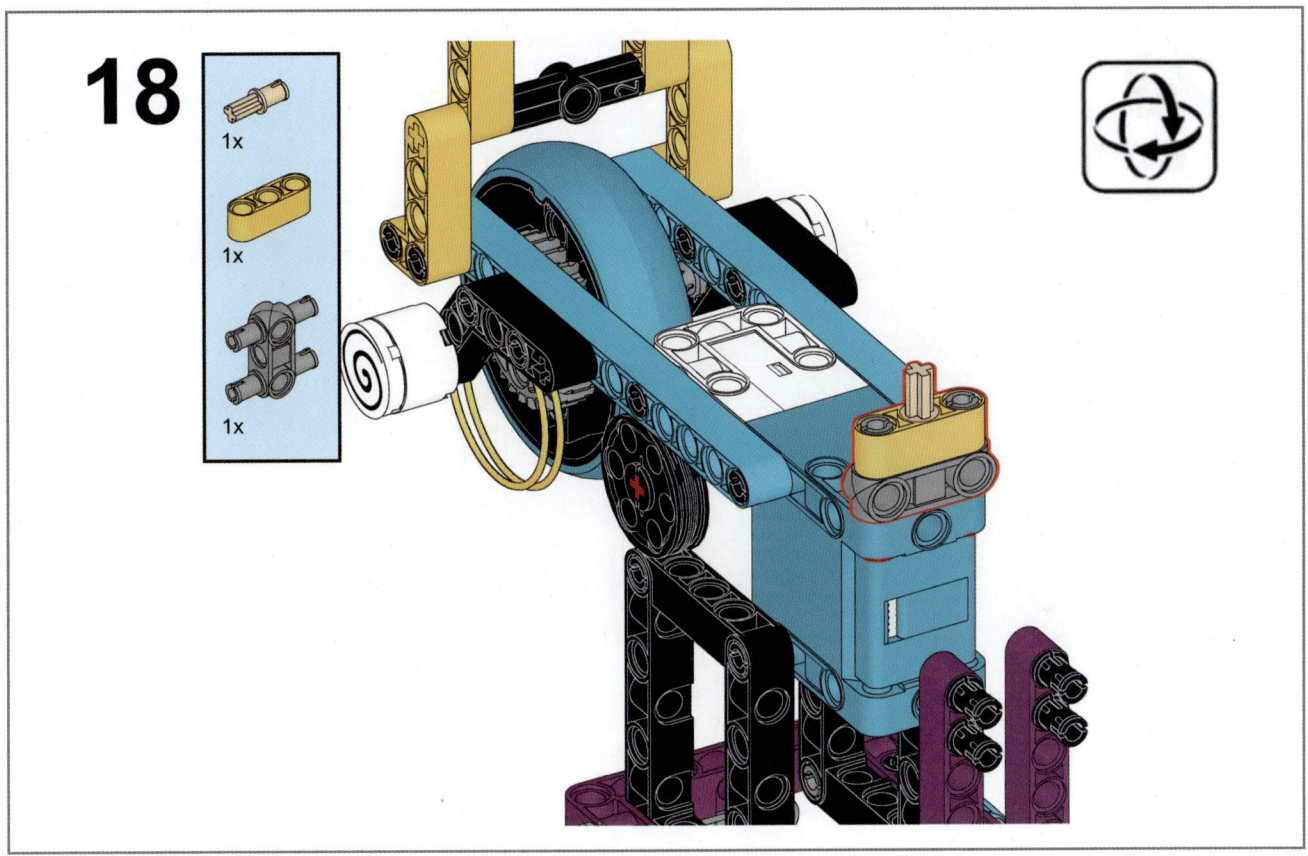

조립하기 스피닝 (Spinning)

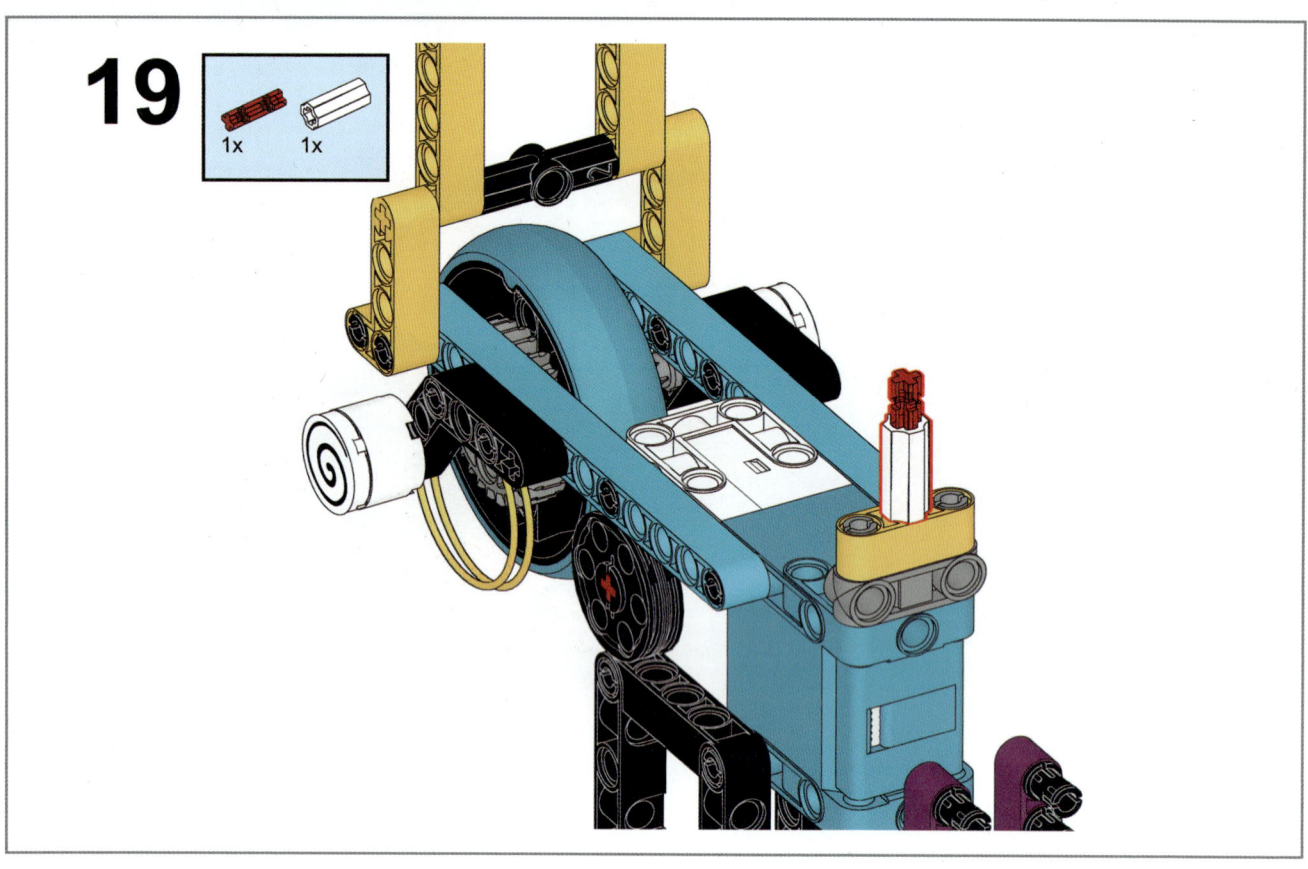

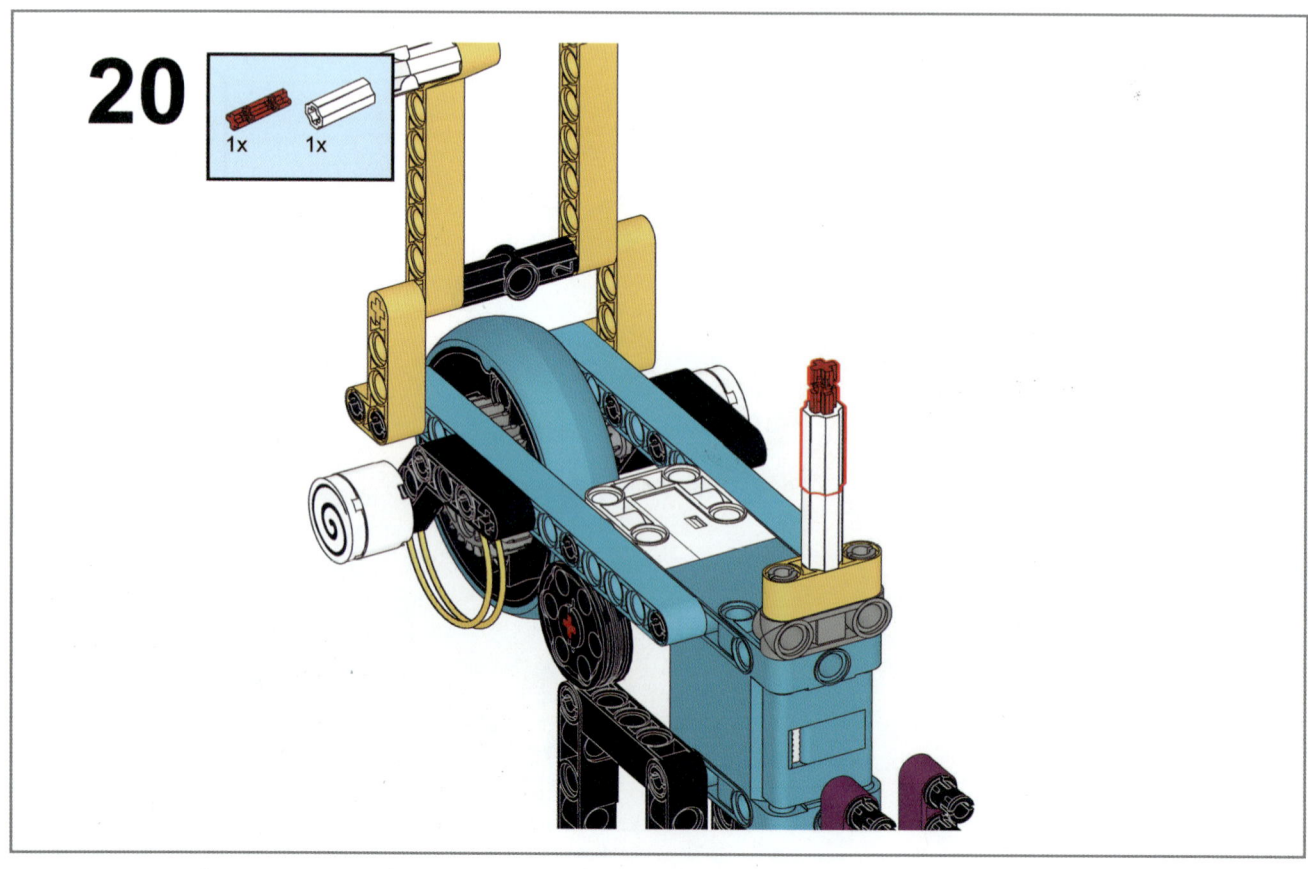

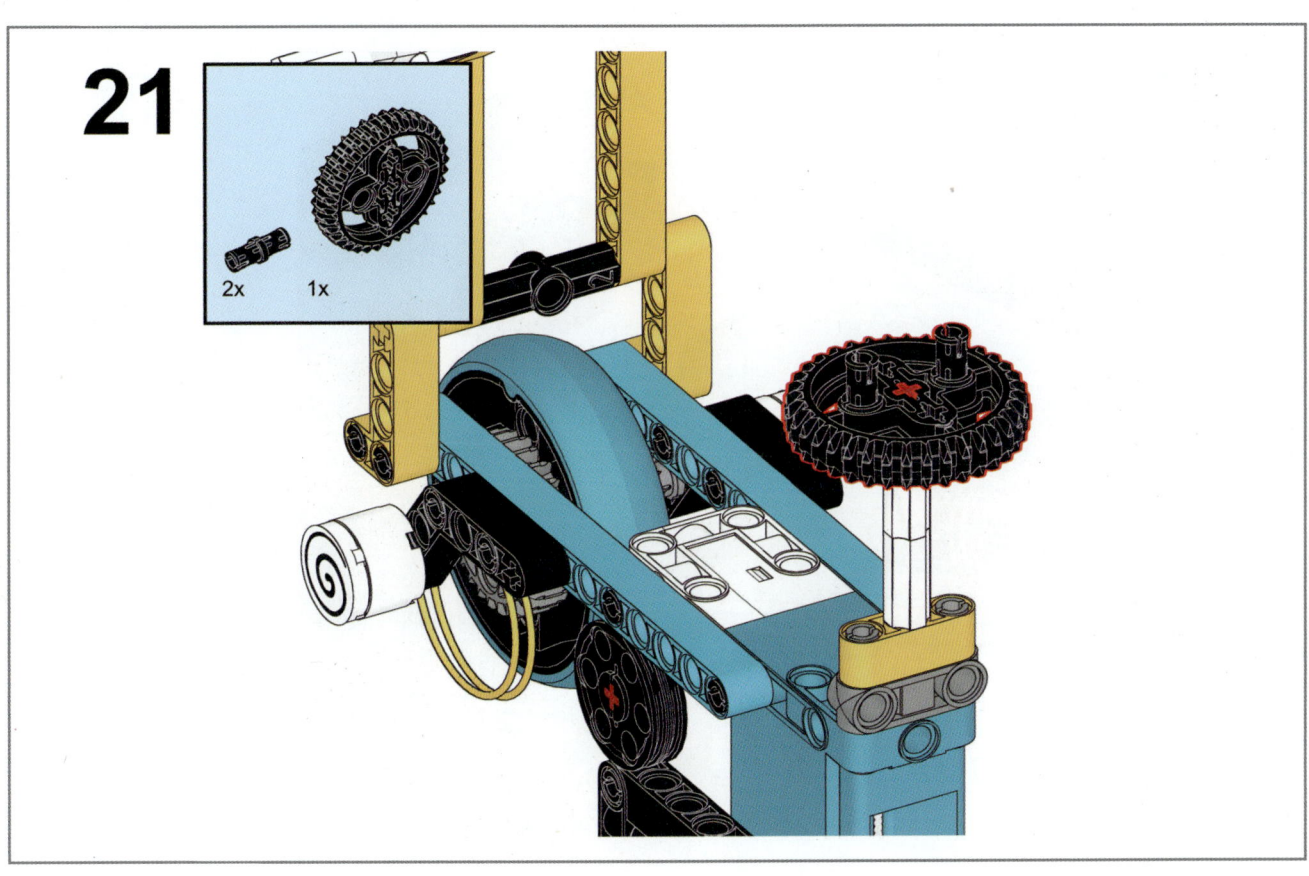

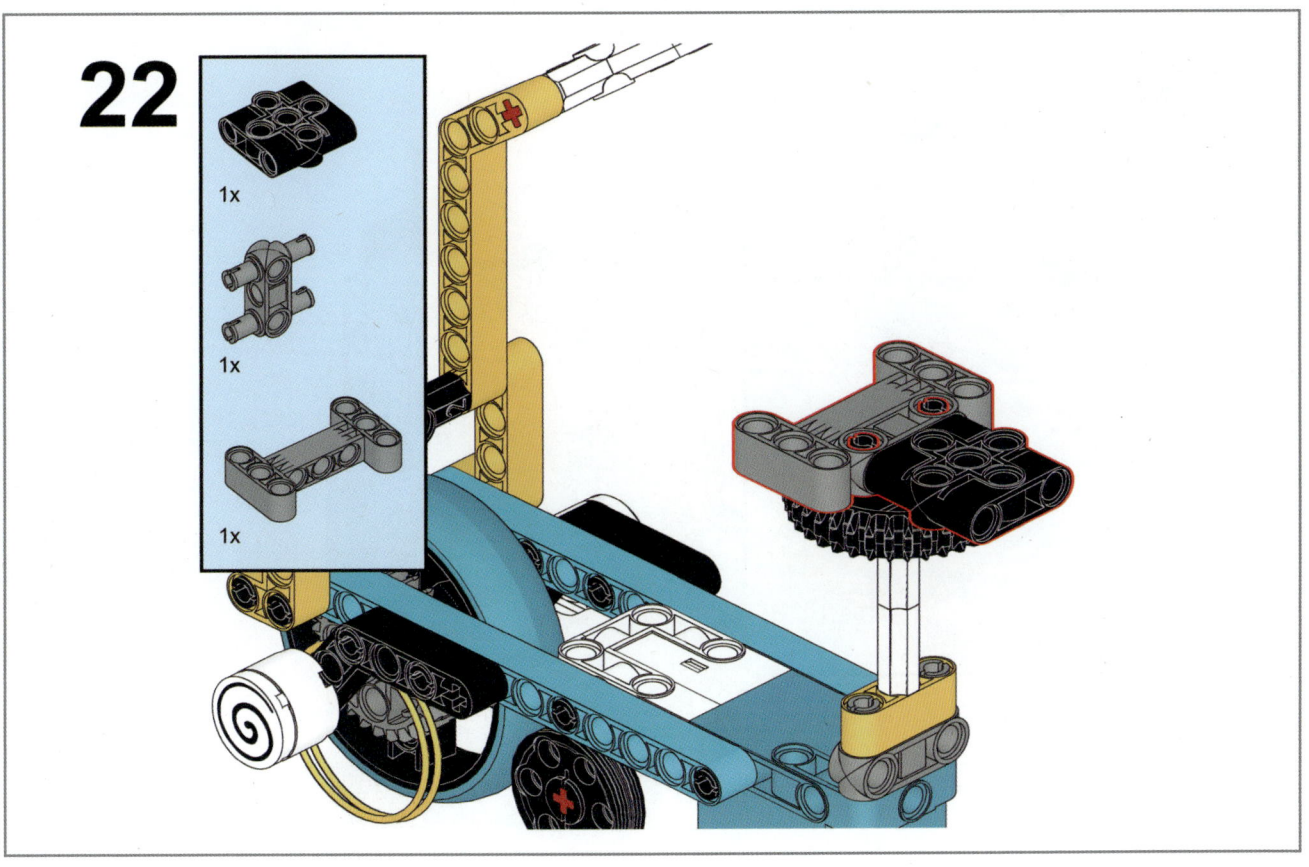

조립하기 스피닝 (Spinning)

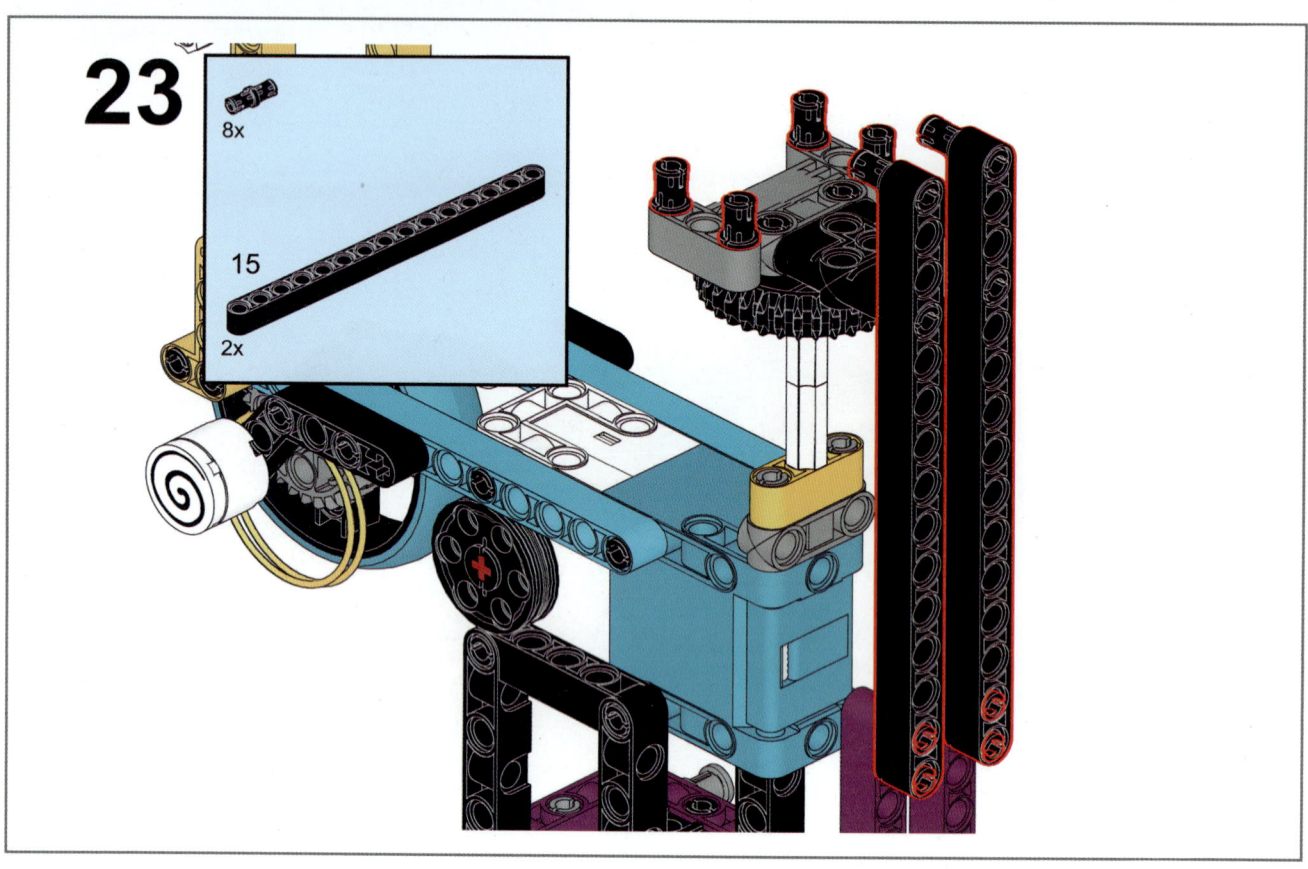

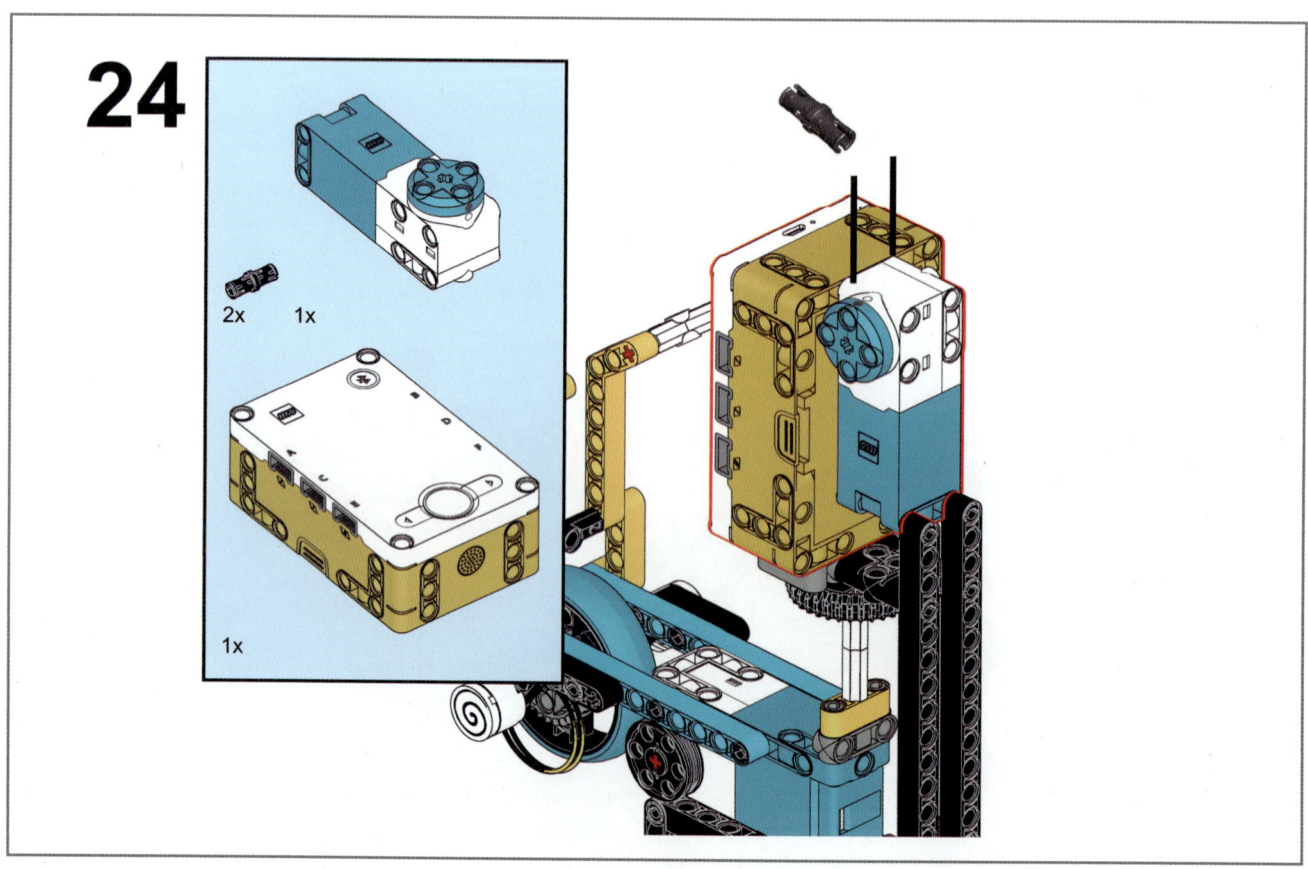

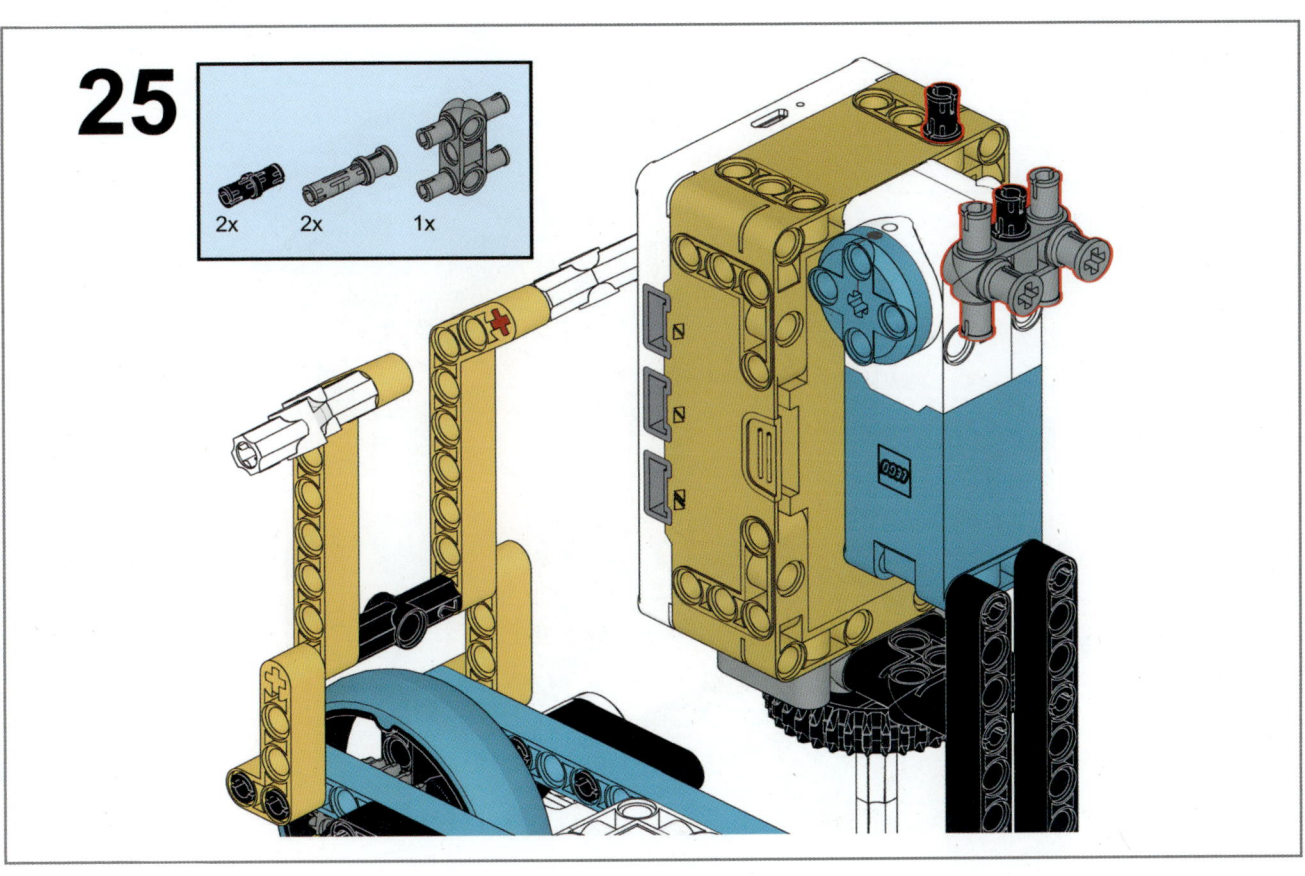

조립하기 스피닝 (Spinning)

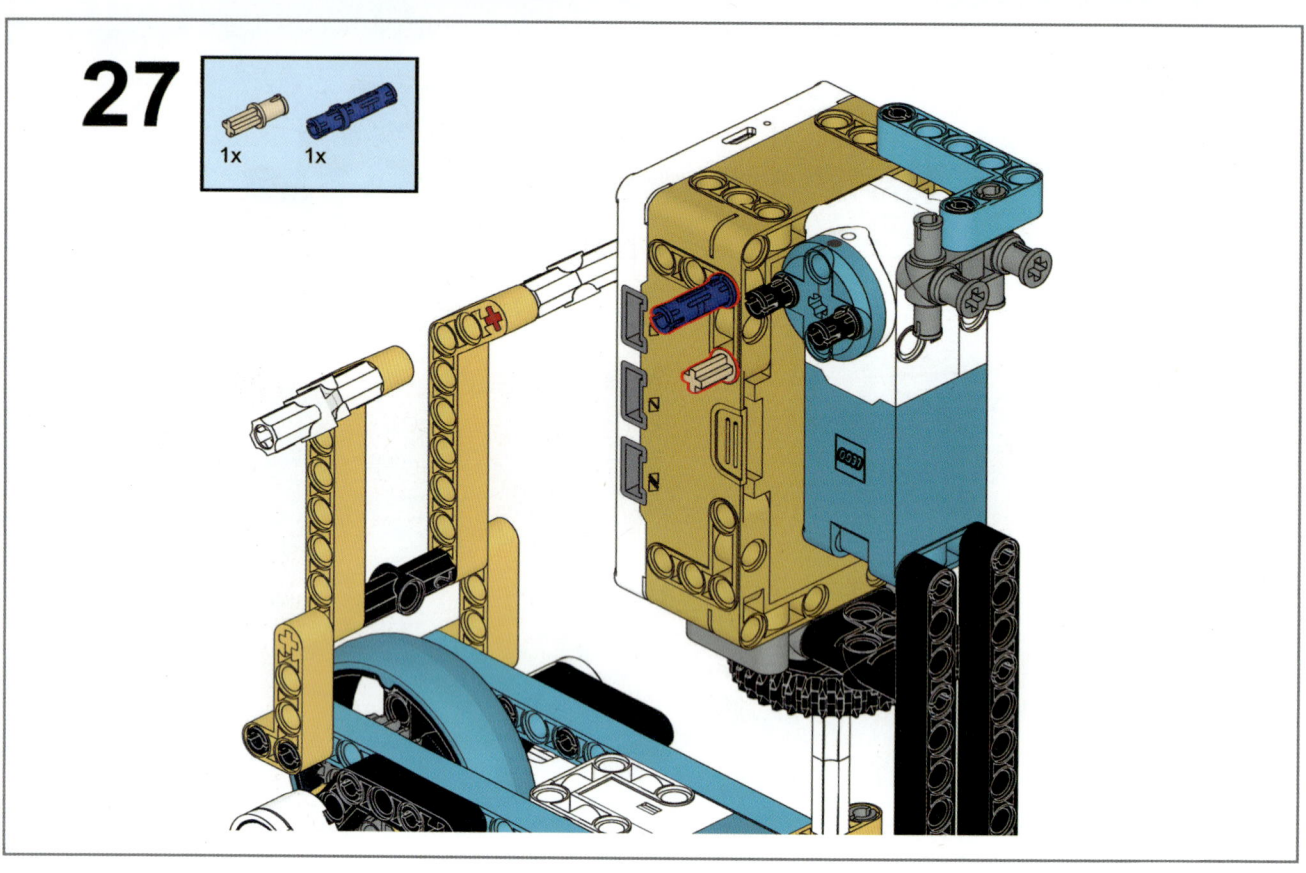

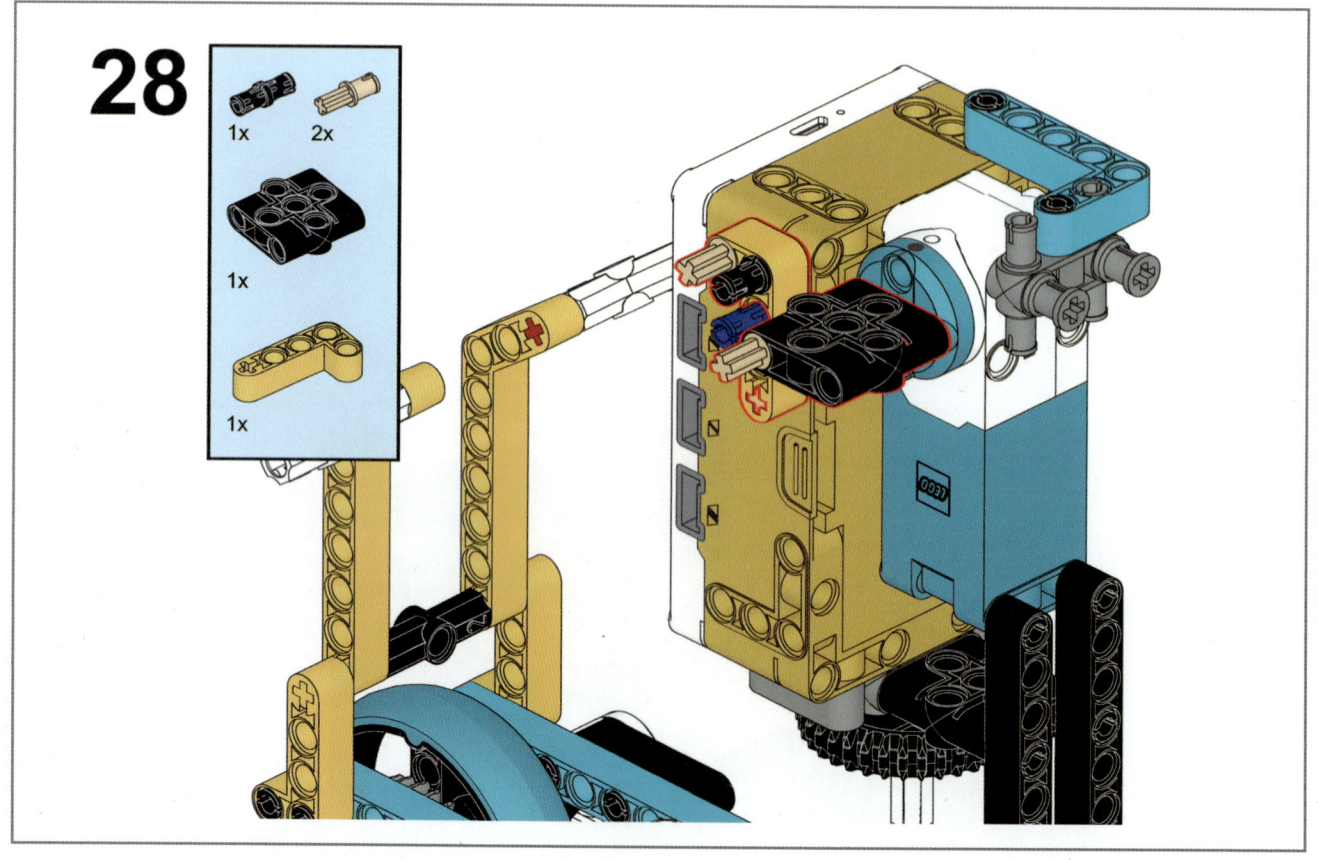

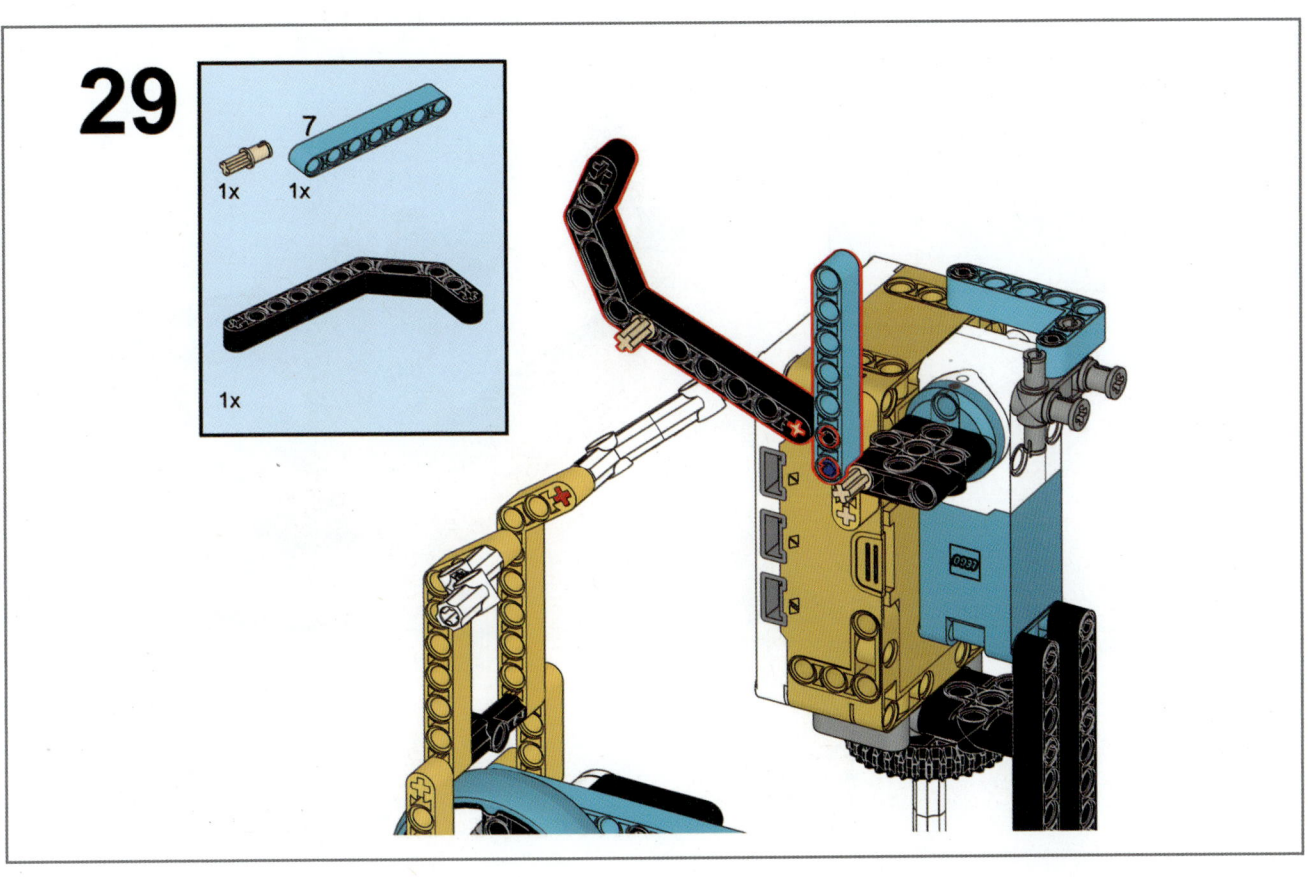

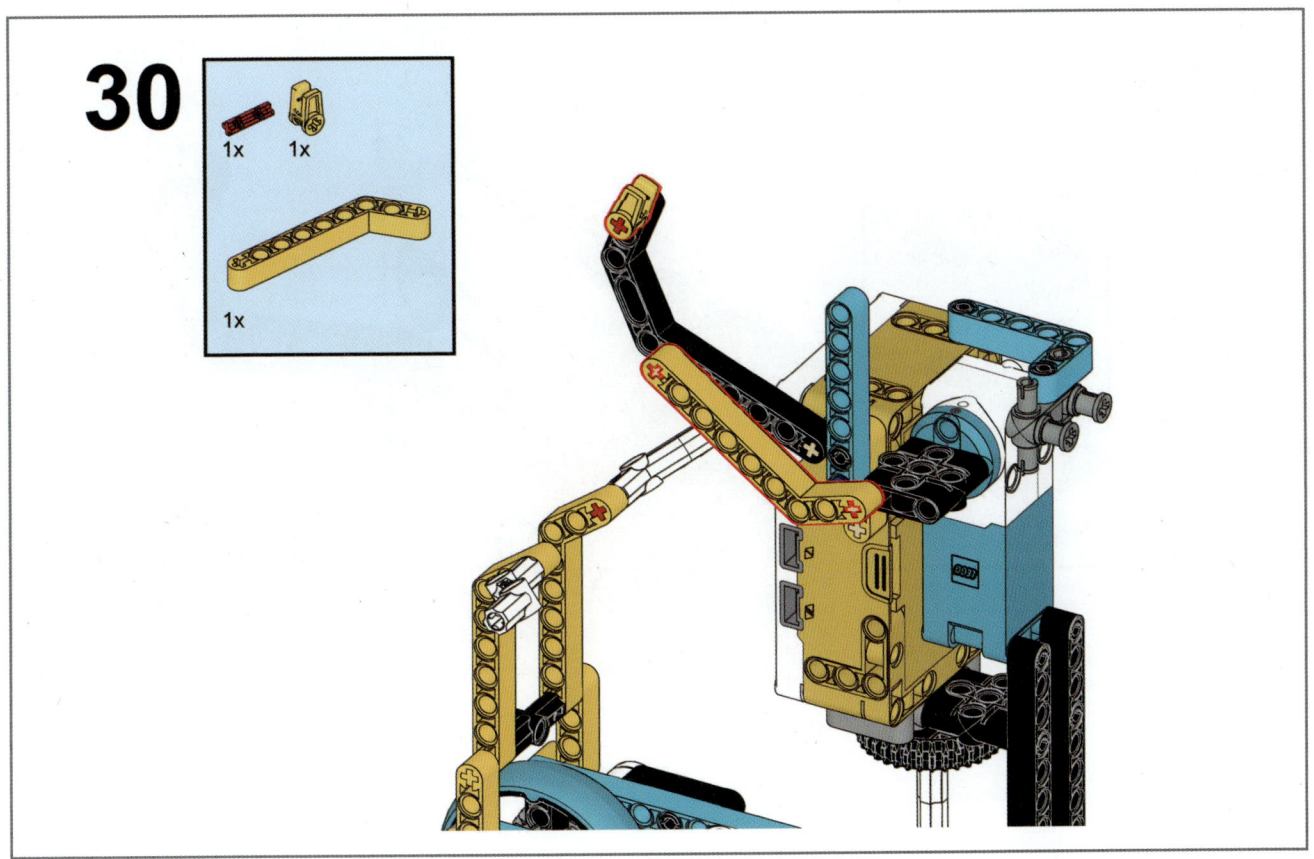

스피닝(Spinning)

조립하기 스피닝 (Spinning)

31

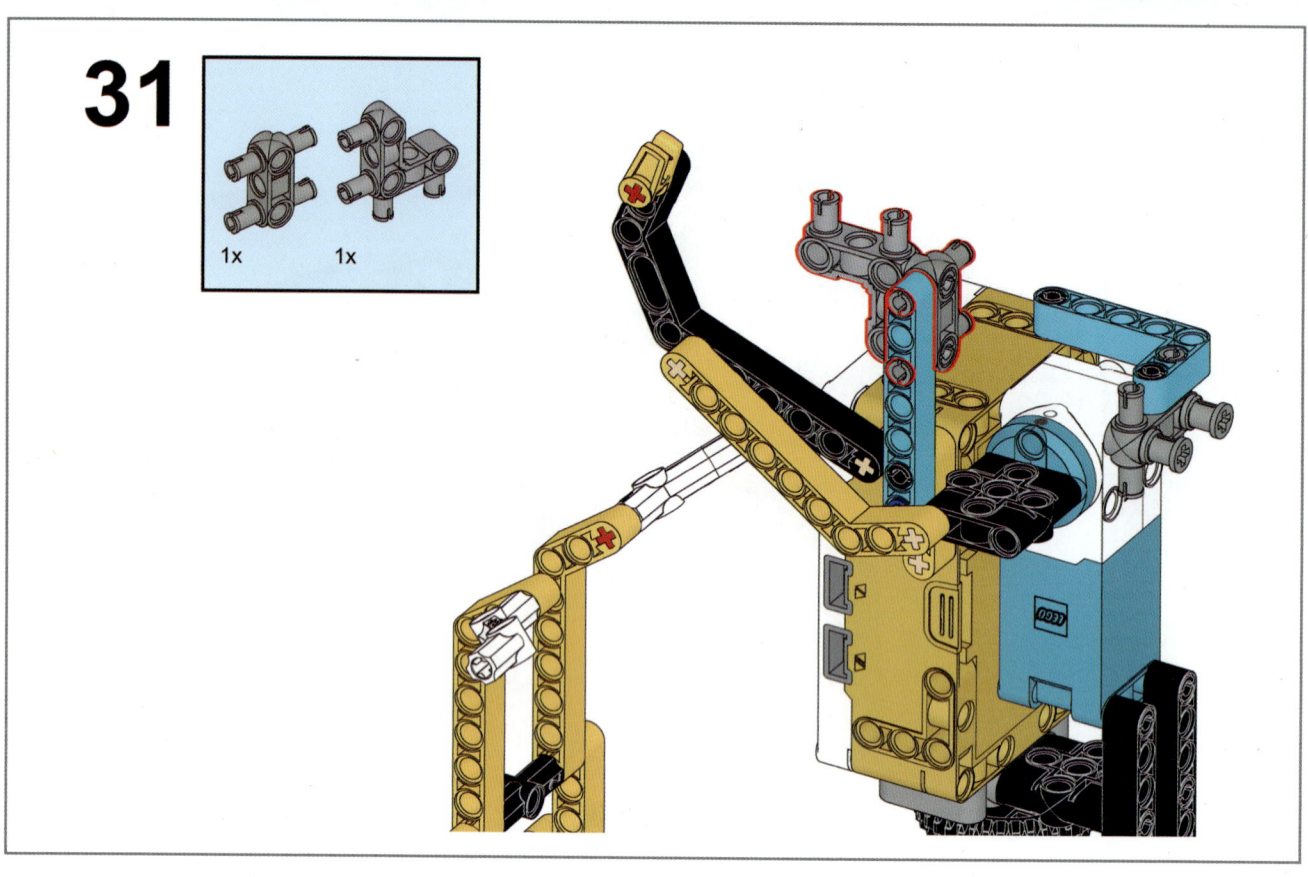

32

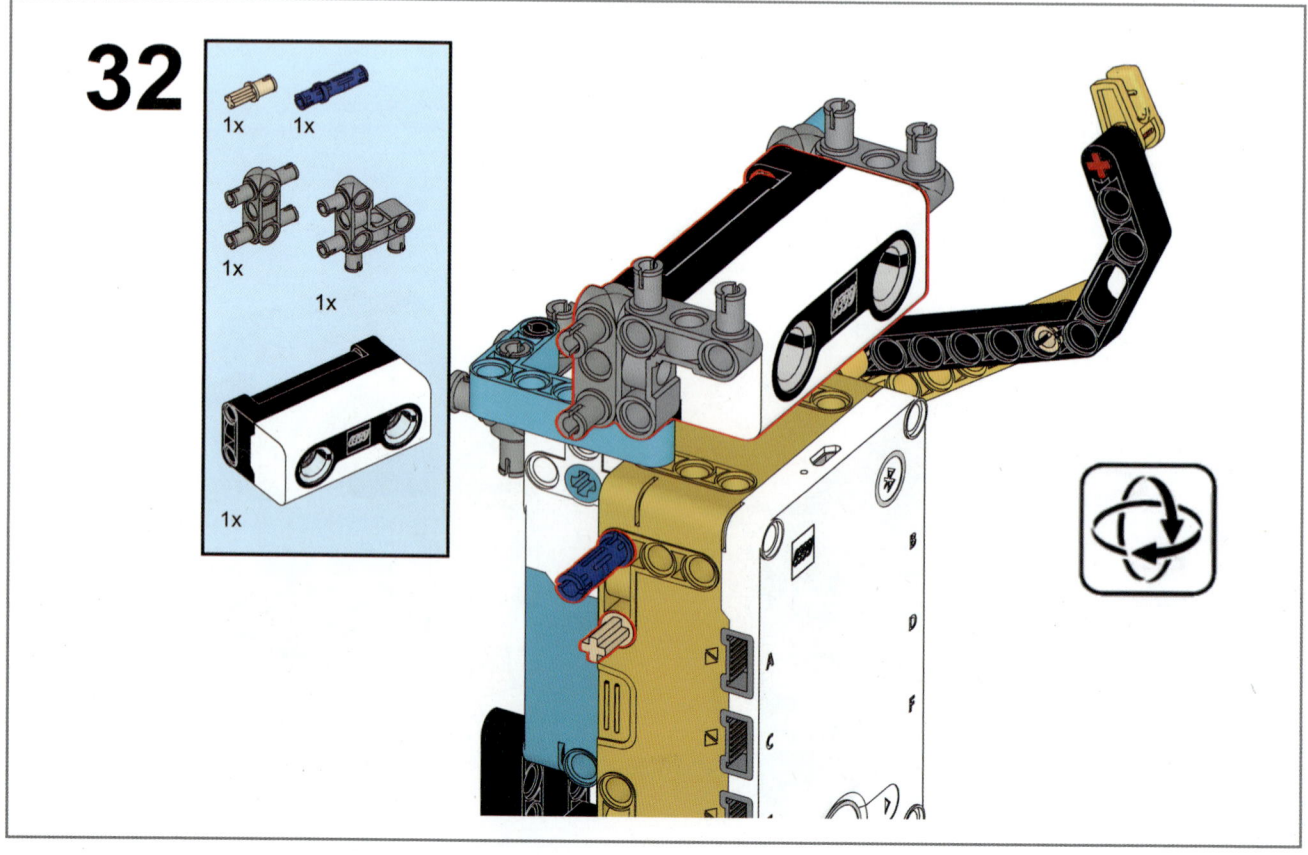

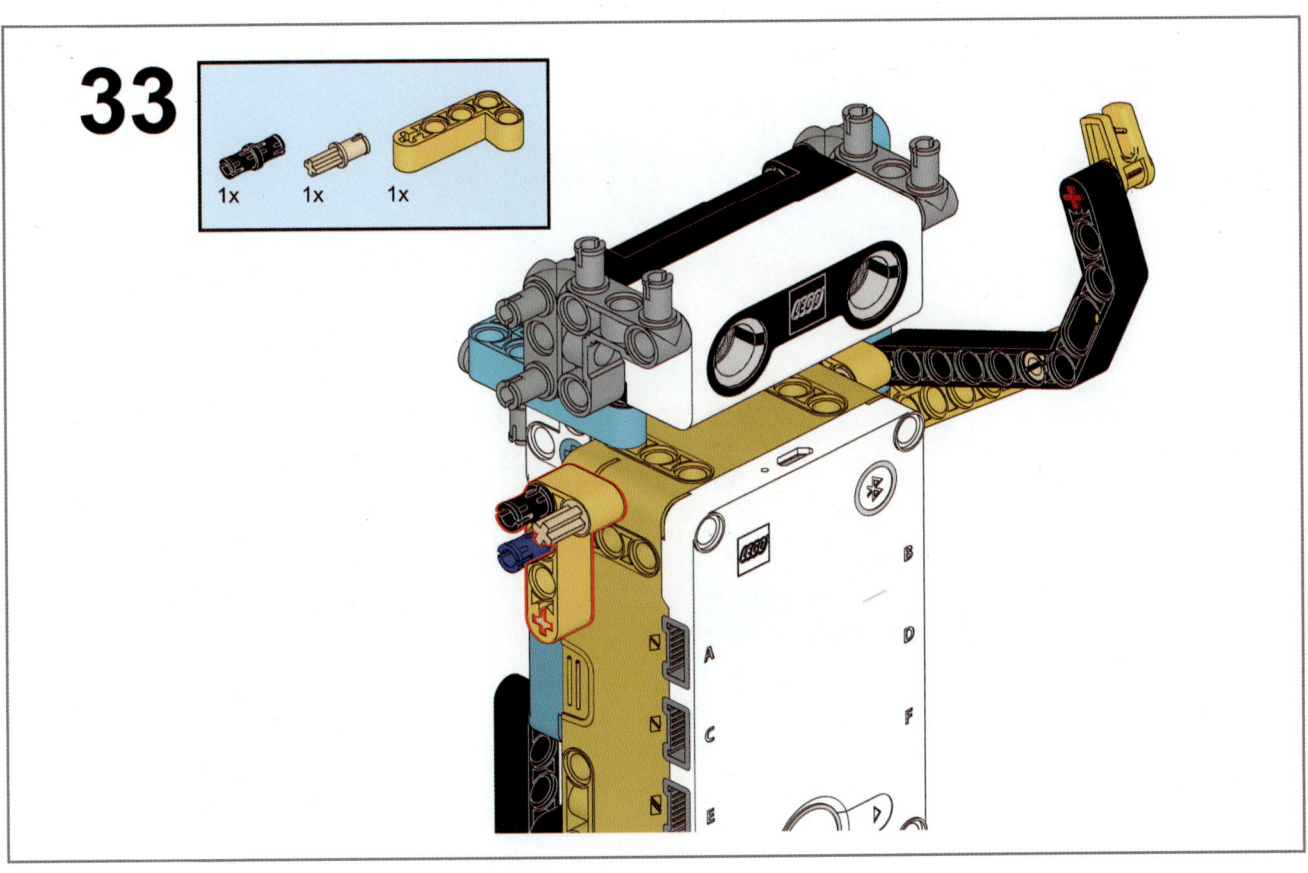
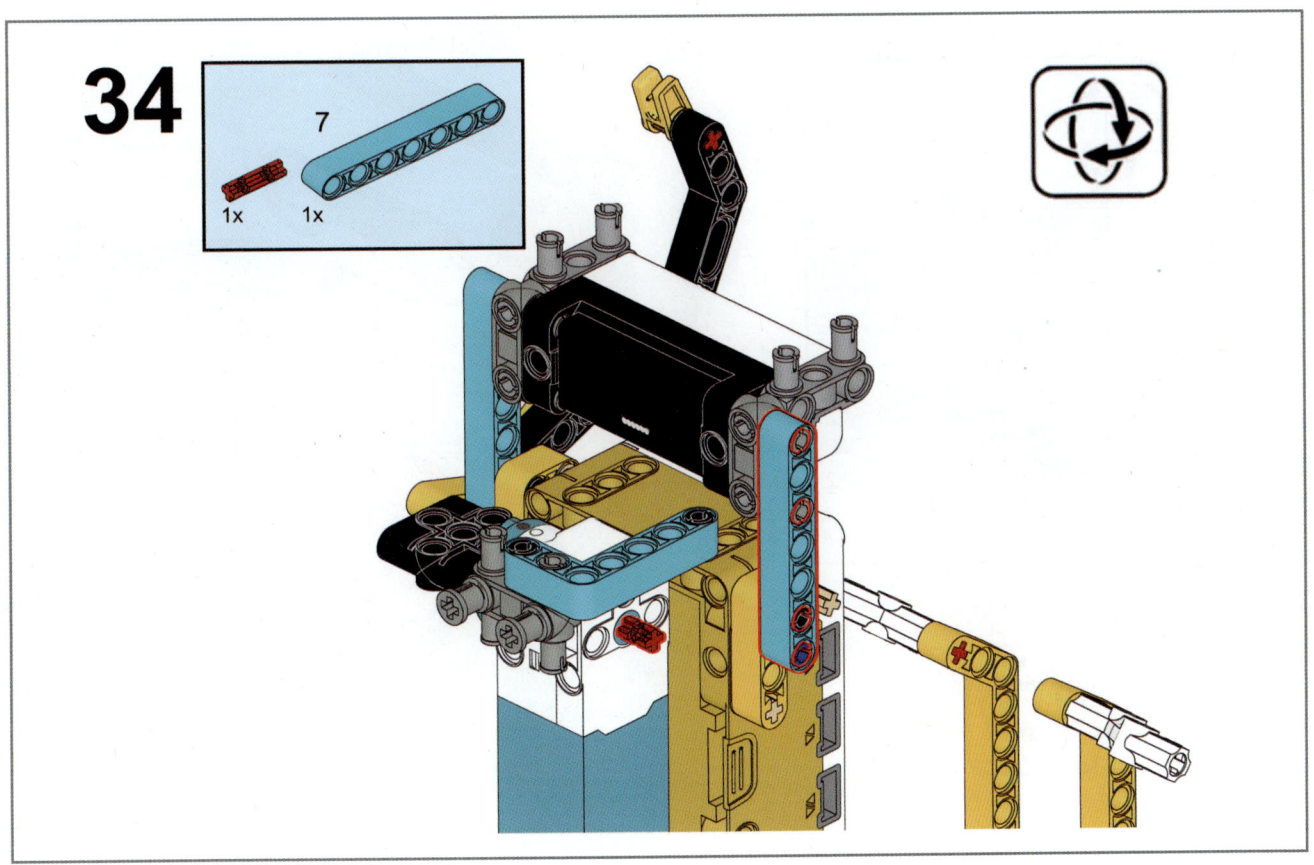

스피닝(Spinning) 147

조립하기 스피닝 (Spinning)

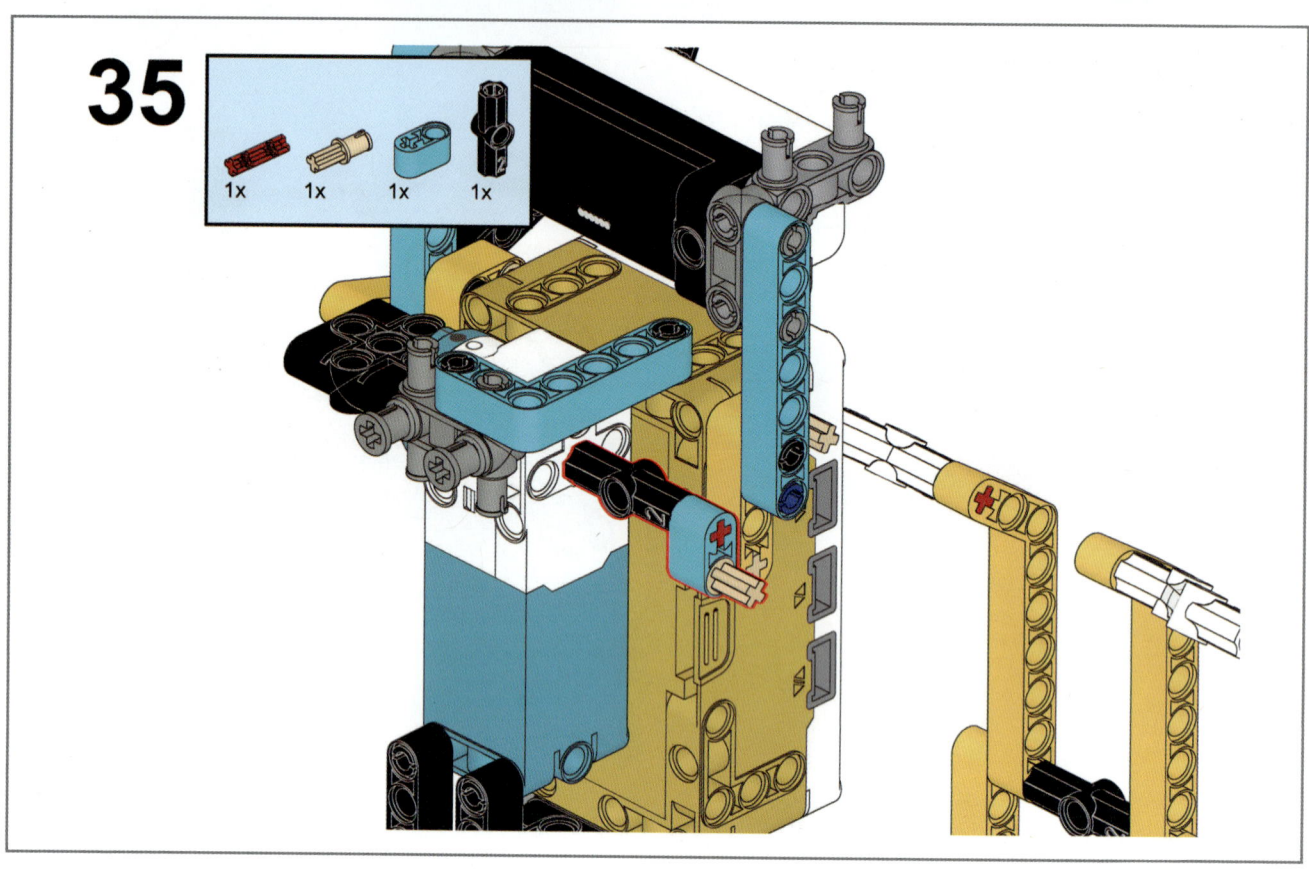

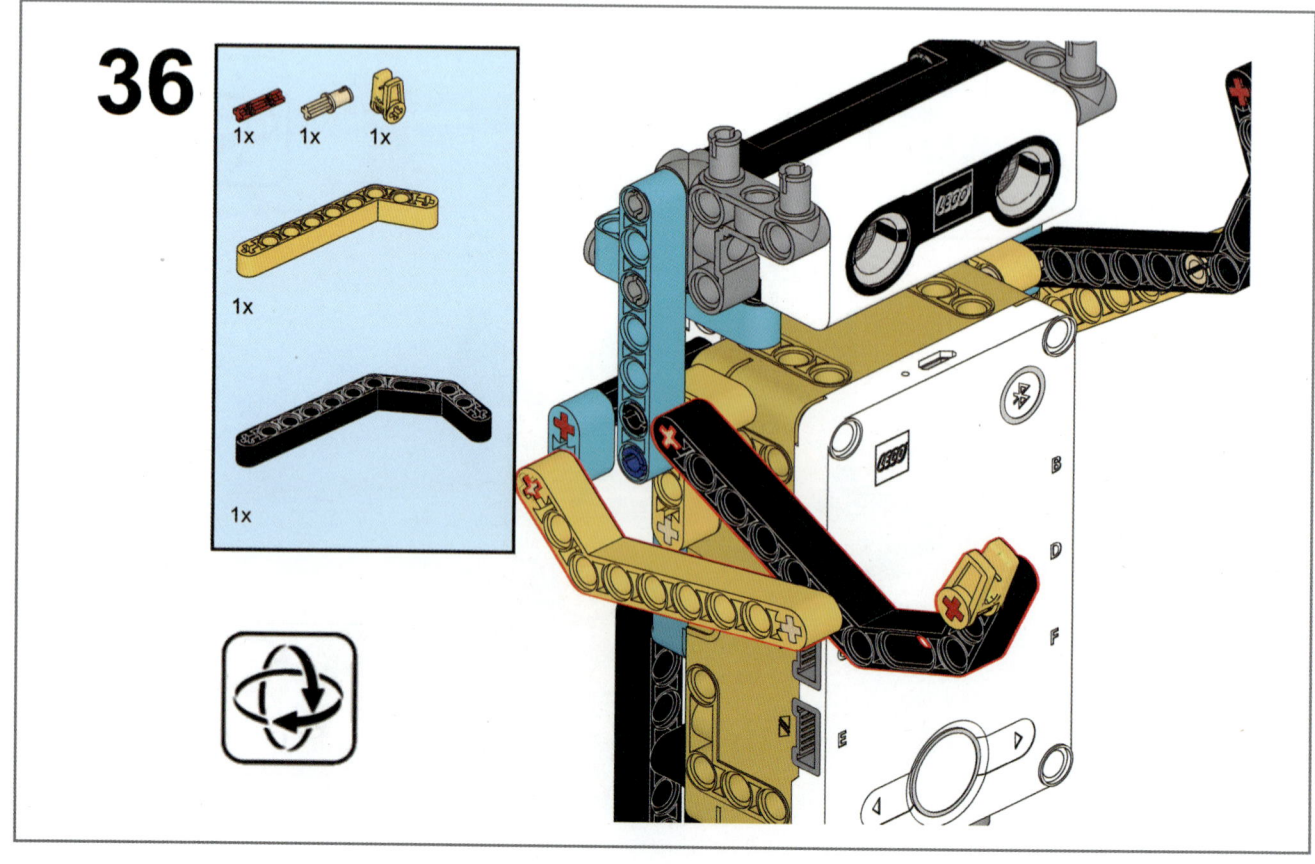

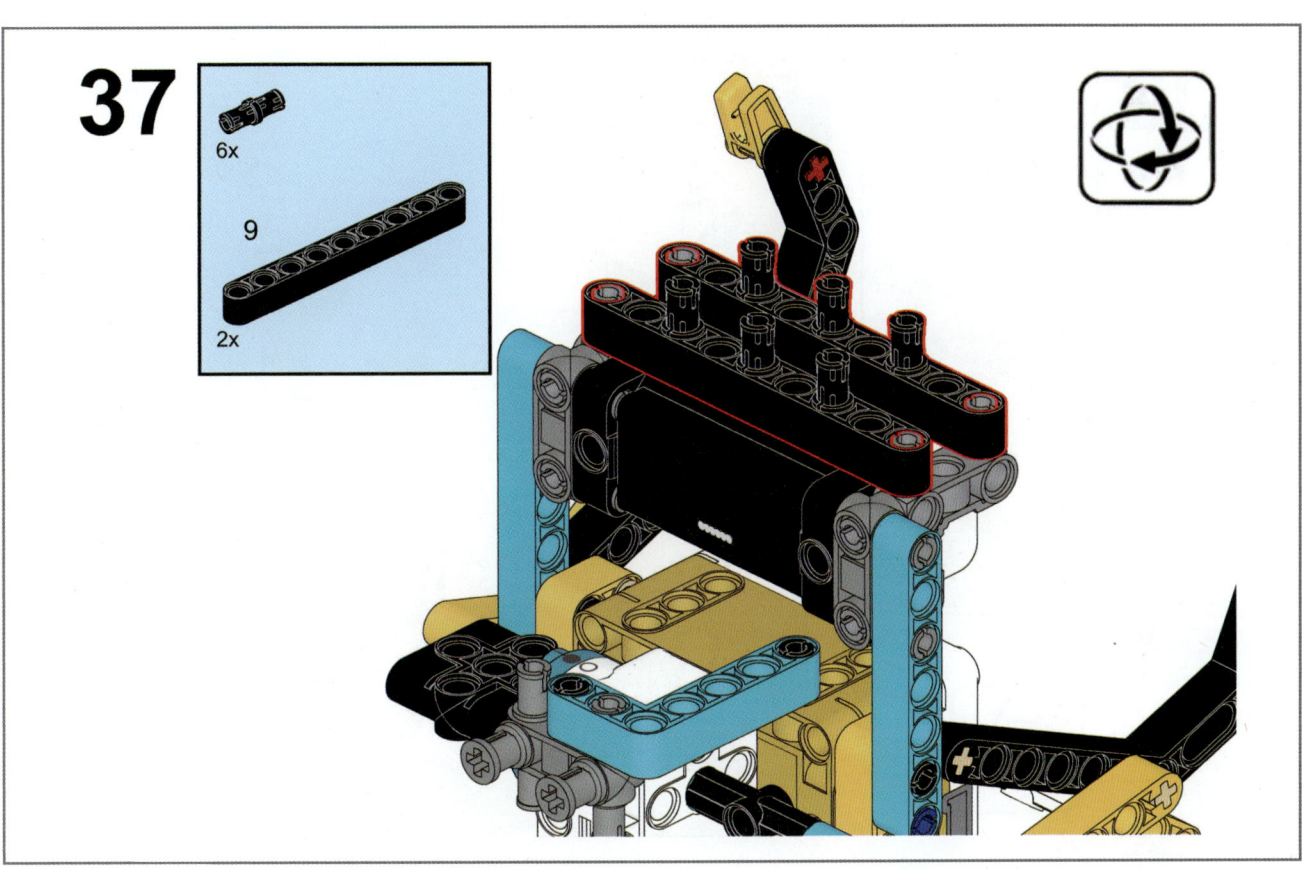

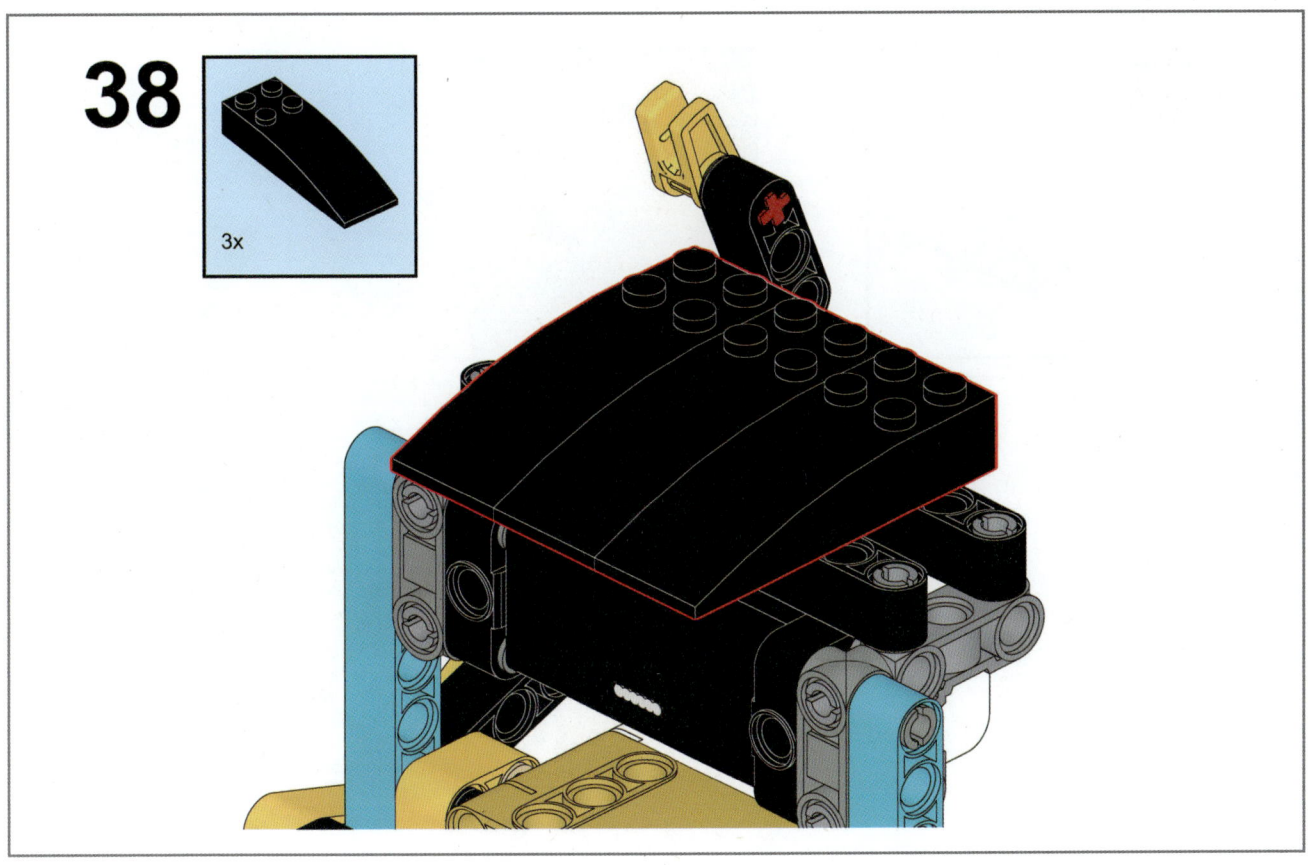

조립하기 스피닝 (Spinning)

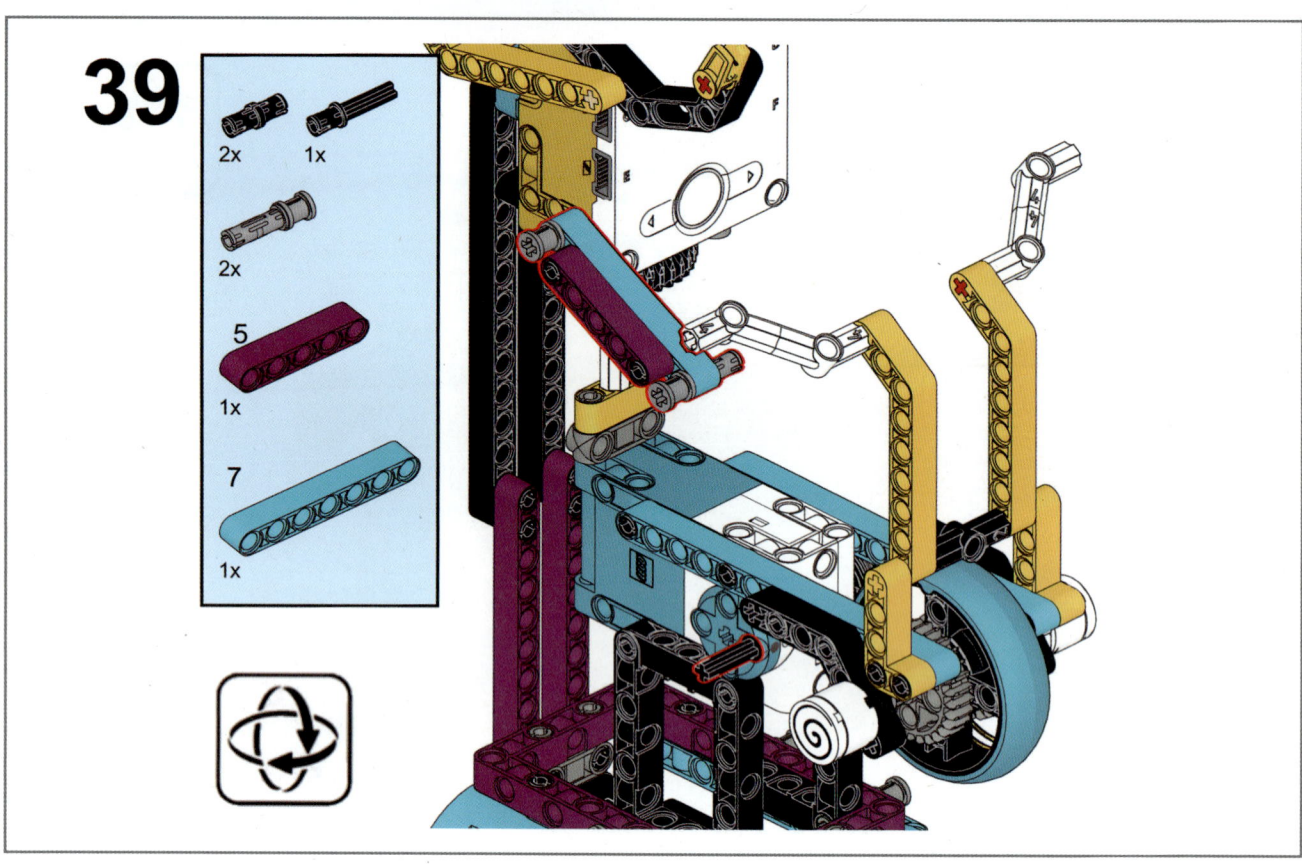

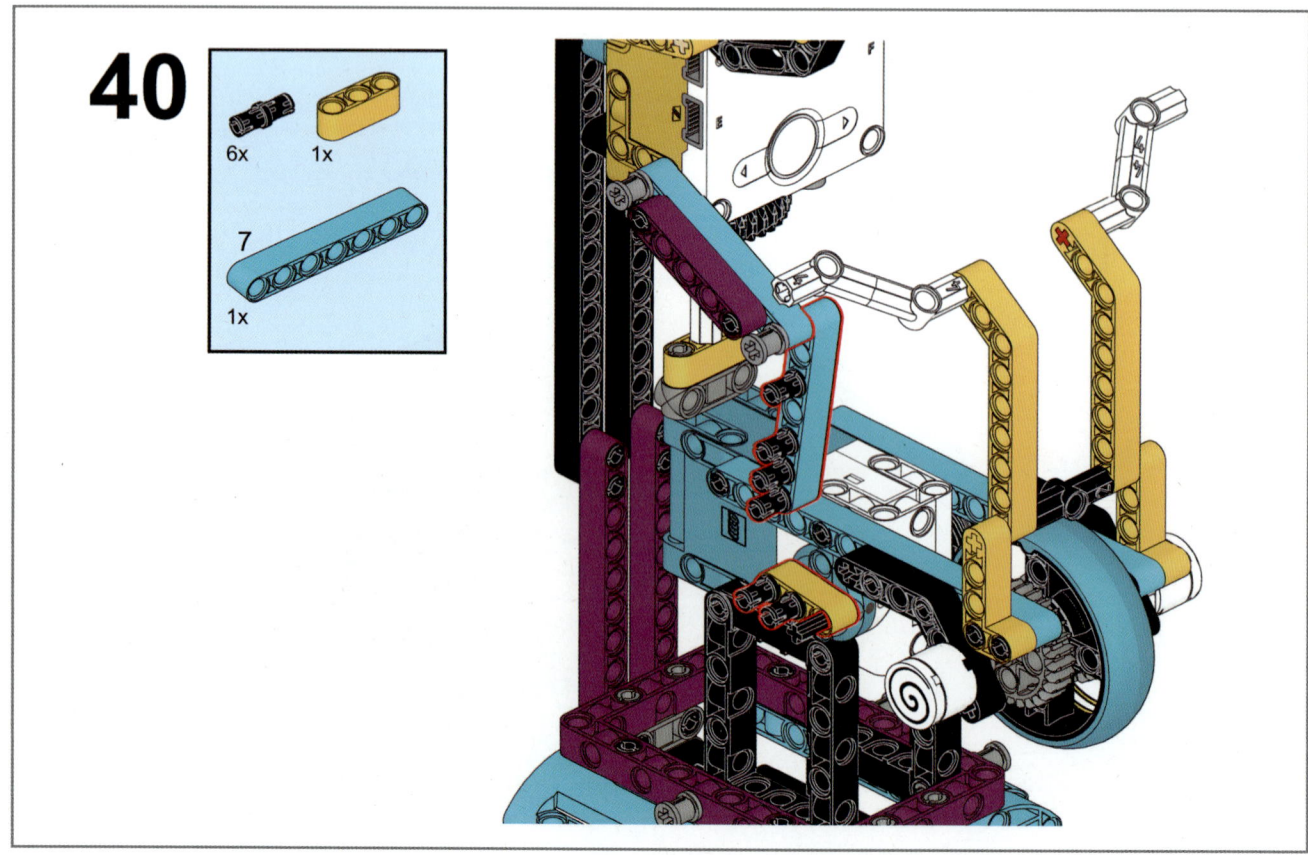

스피닝(Spinning)

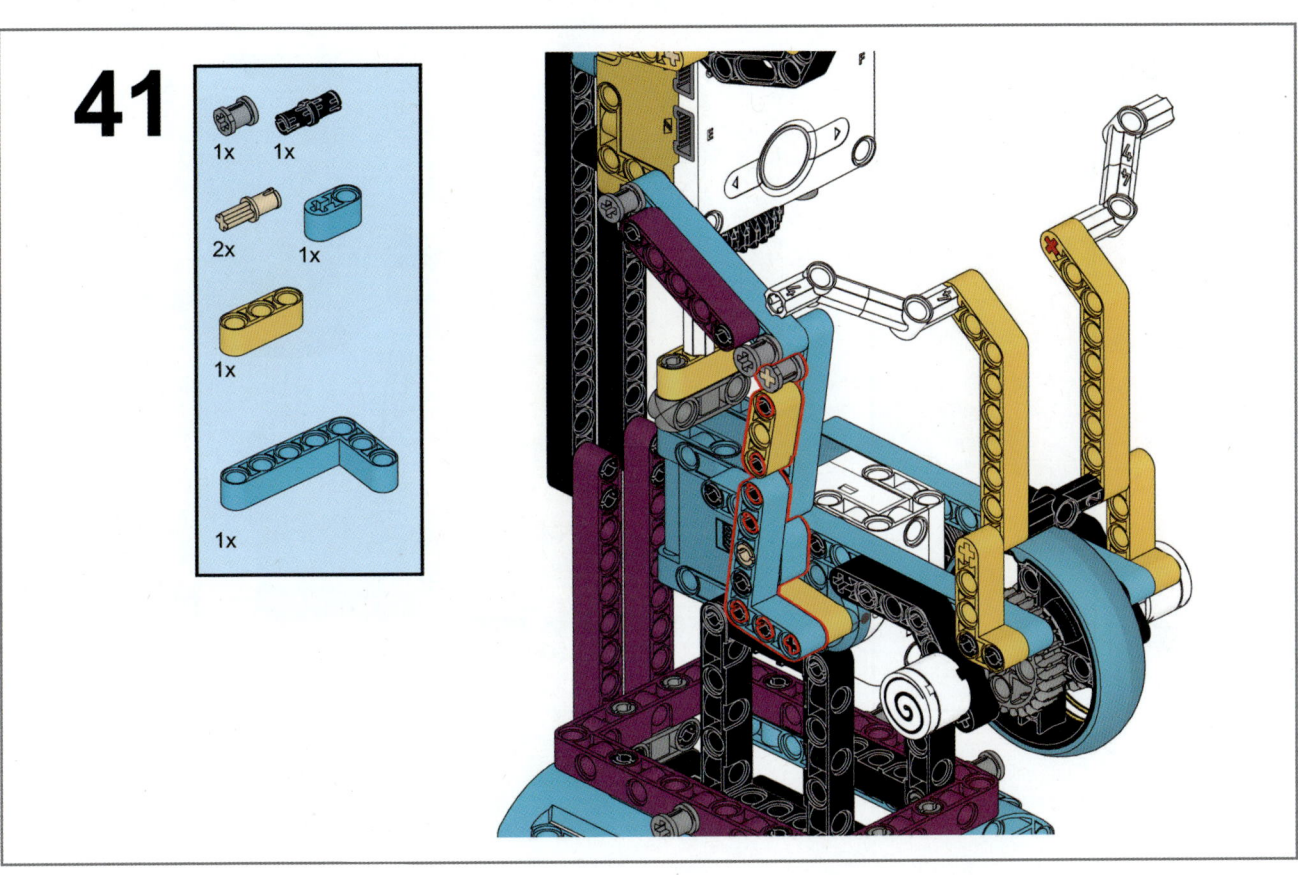
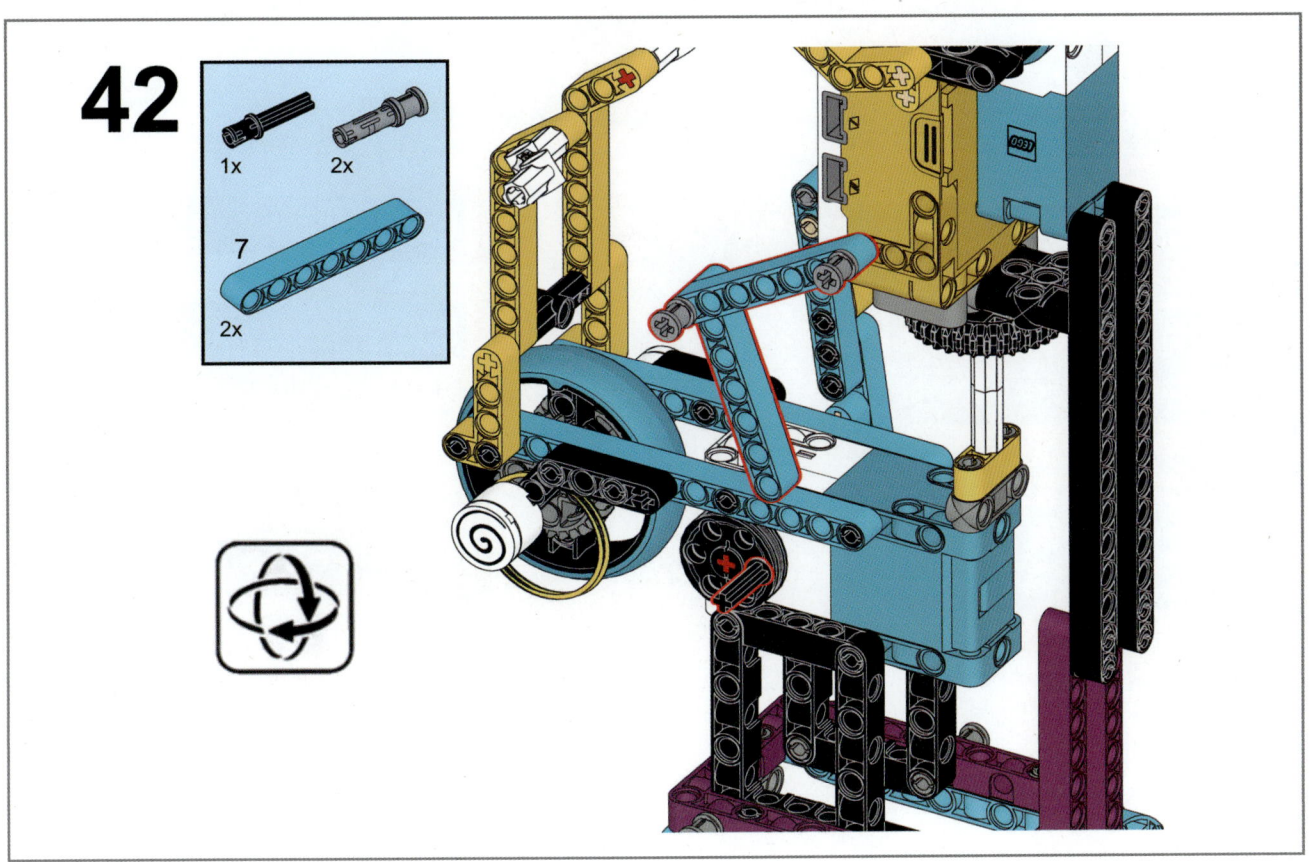

조립하기 스피닝 (Spinning)

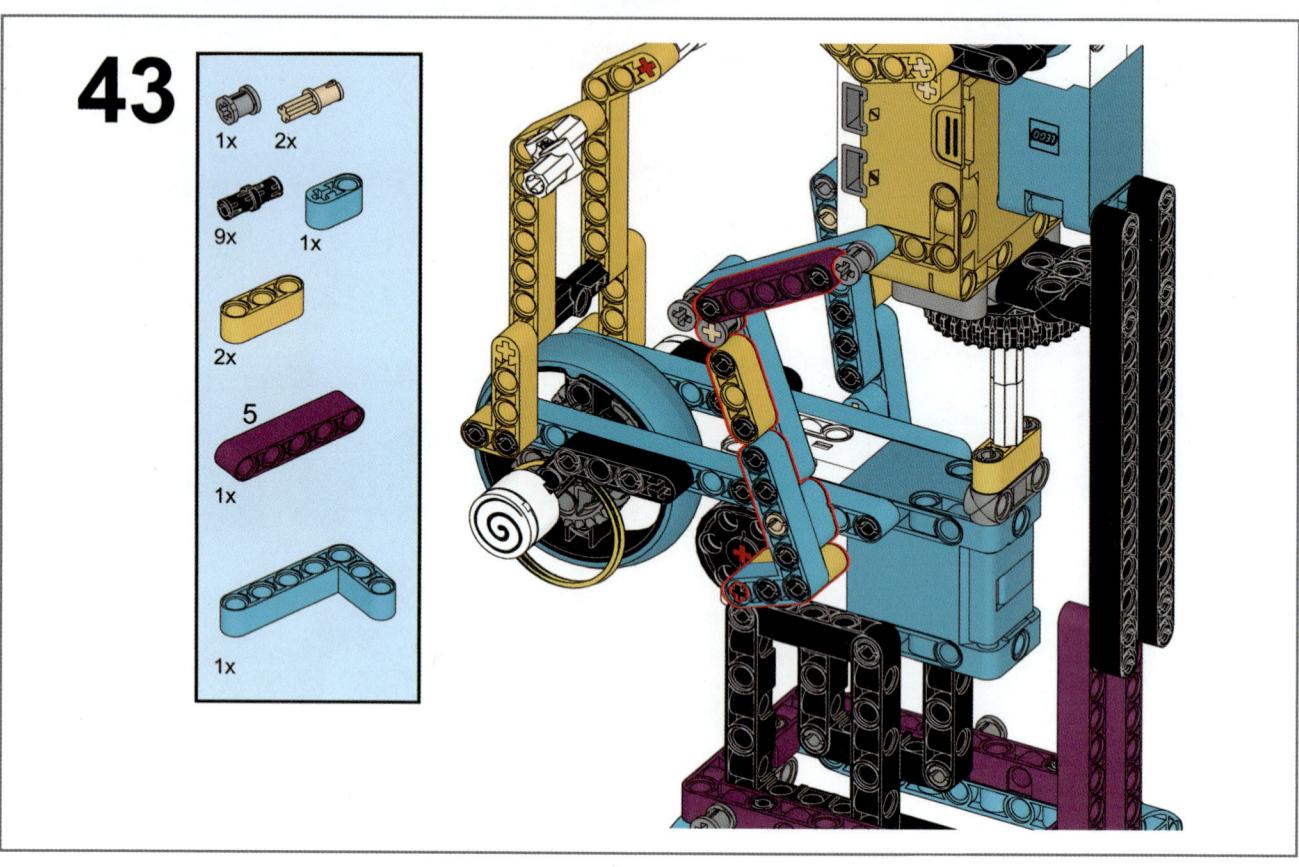

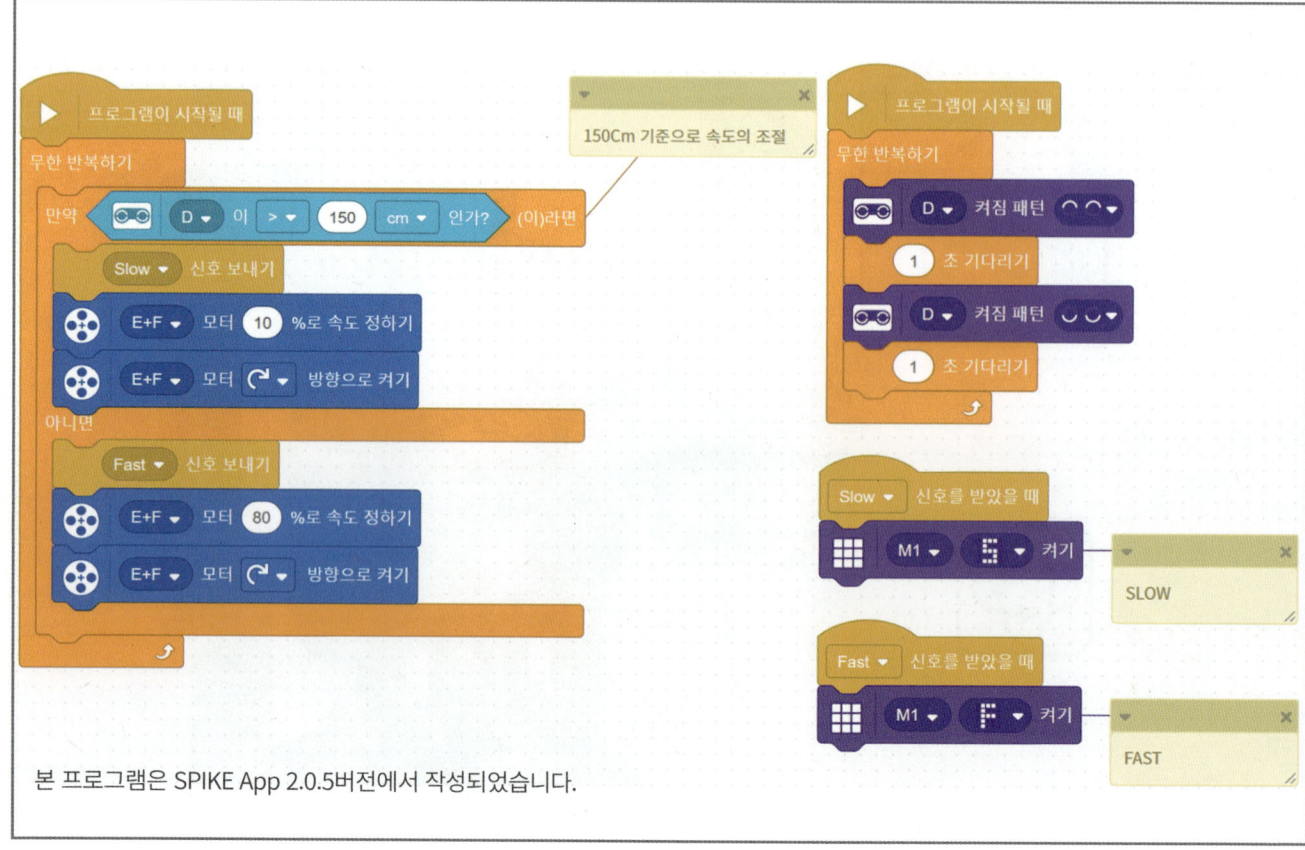

본 프로그램은 SPIKE App 2.0.5버전에서 작성되었습니다.

완성!

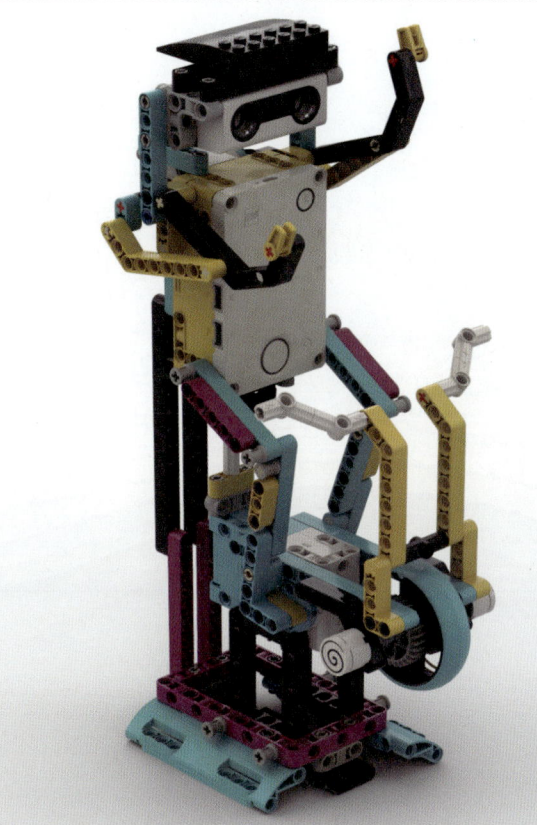

동작 동영상

D: Diatance Sensor
E: Leg L-Motor
F: Arm M-Motor

08 로데오 머신 (Rodeo Machine)

길들이지 않아 뛰어다니는
소나 말을 타고 버티는 경기입니다.
다리 힘이 중요하지만,
그보다 더 중요한 것은 동물의
움직임에 따라 몸을 반대방향으로
움직여 무게중심을 잡는 것입니다.

동작 동영상

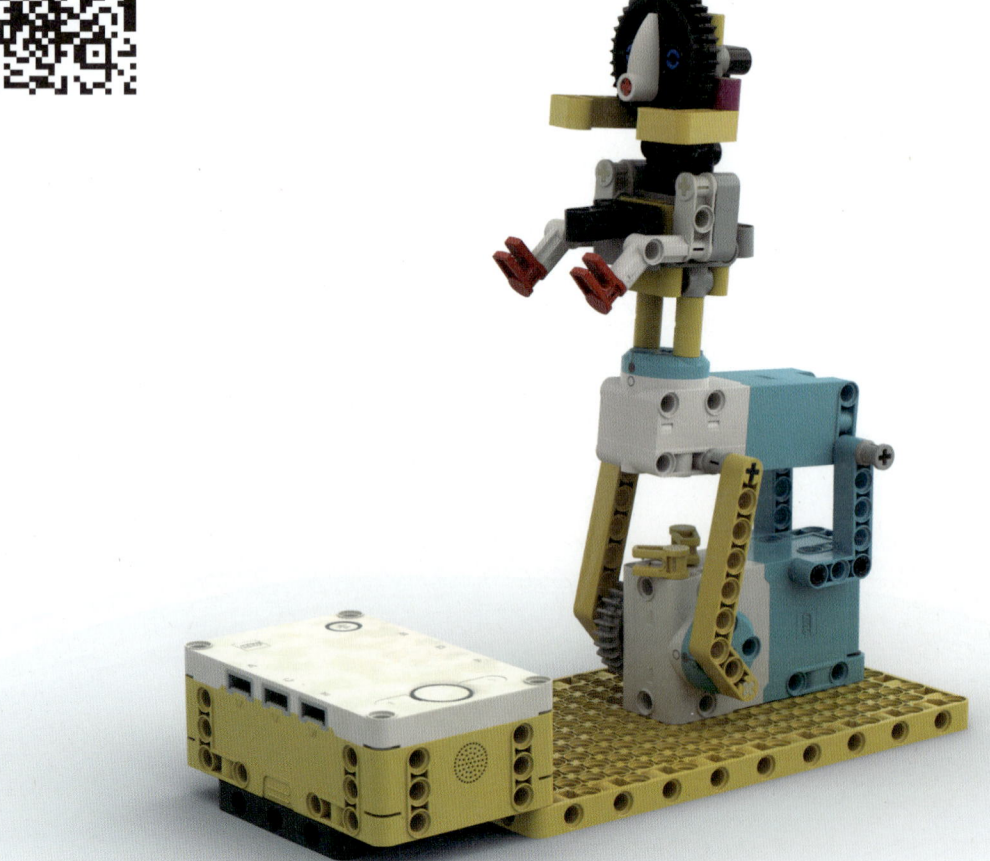

필요 부품 목록

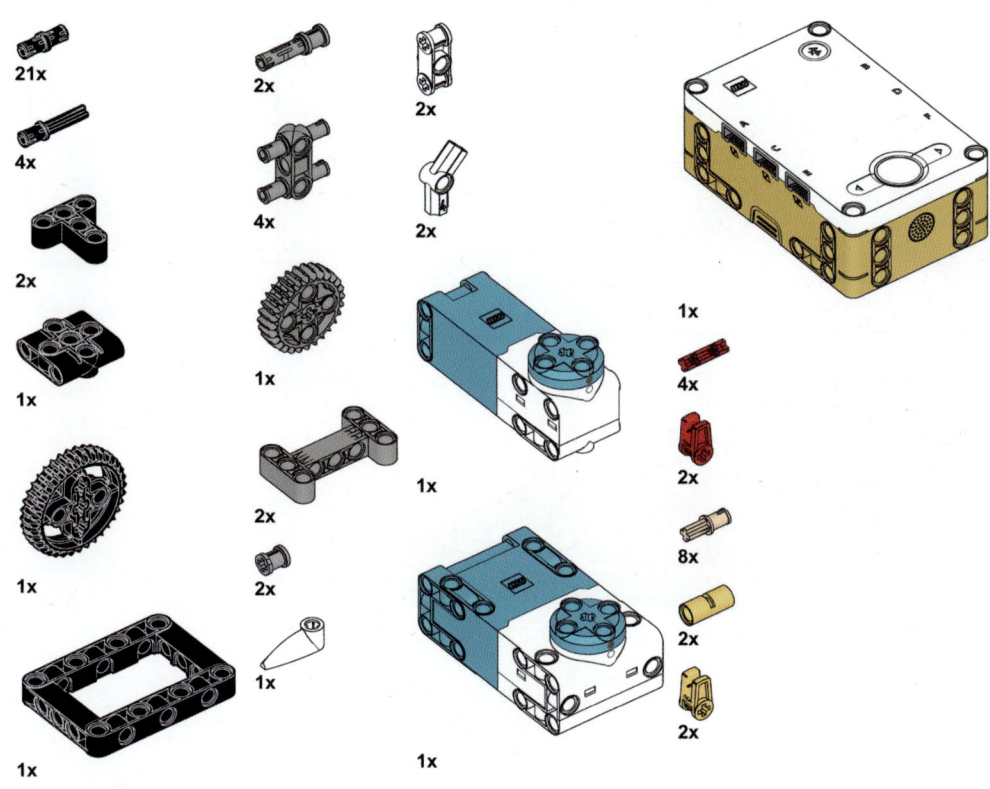

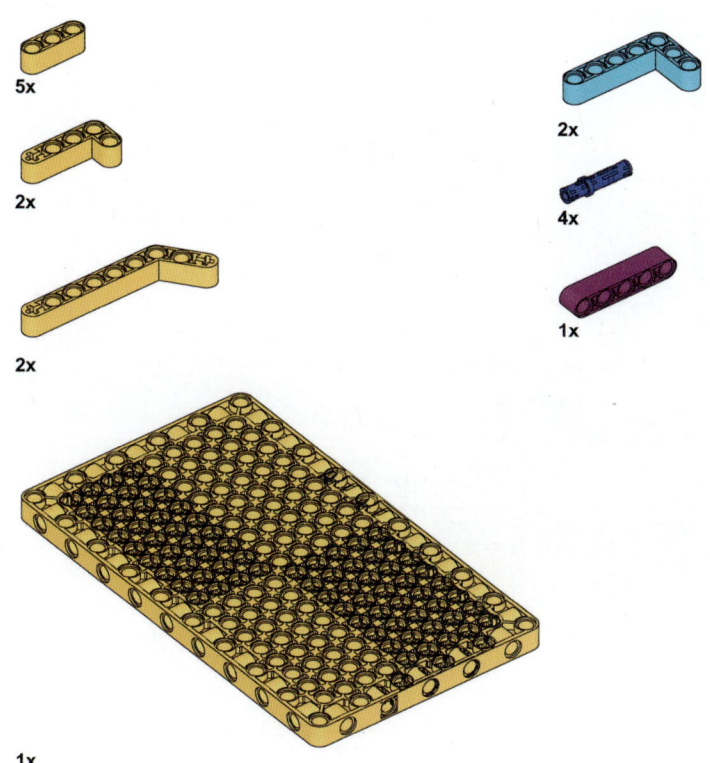

Design by junastudio

로데오 머신 (Rodeo Machine)

조립하기 로데오 머신 (Rodeo Machine)

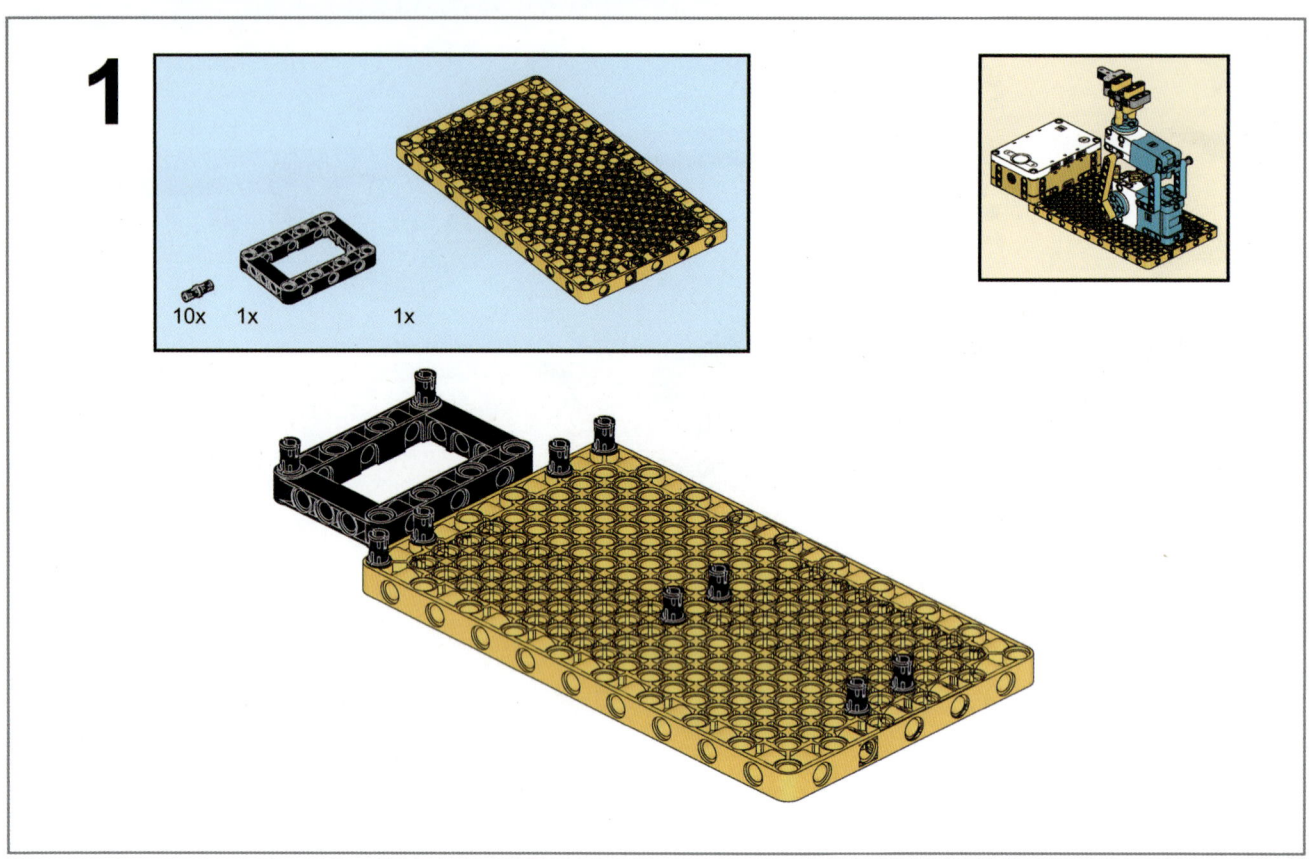

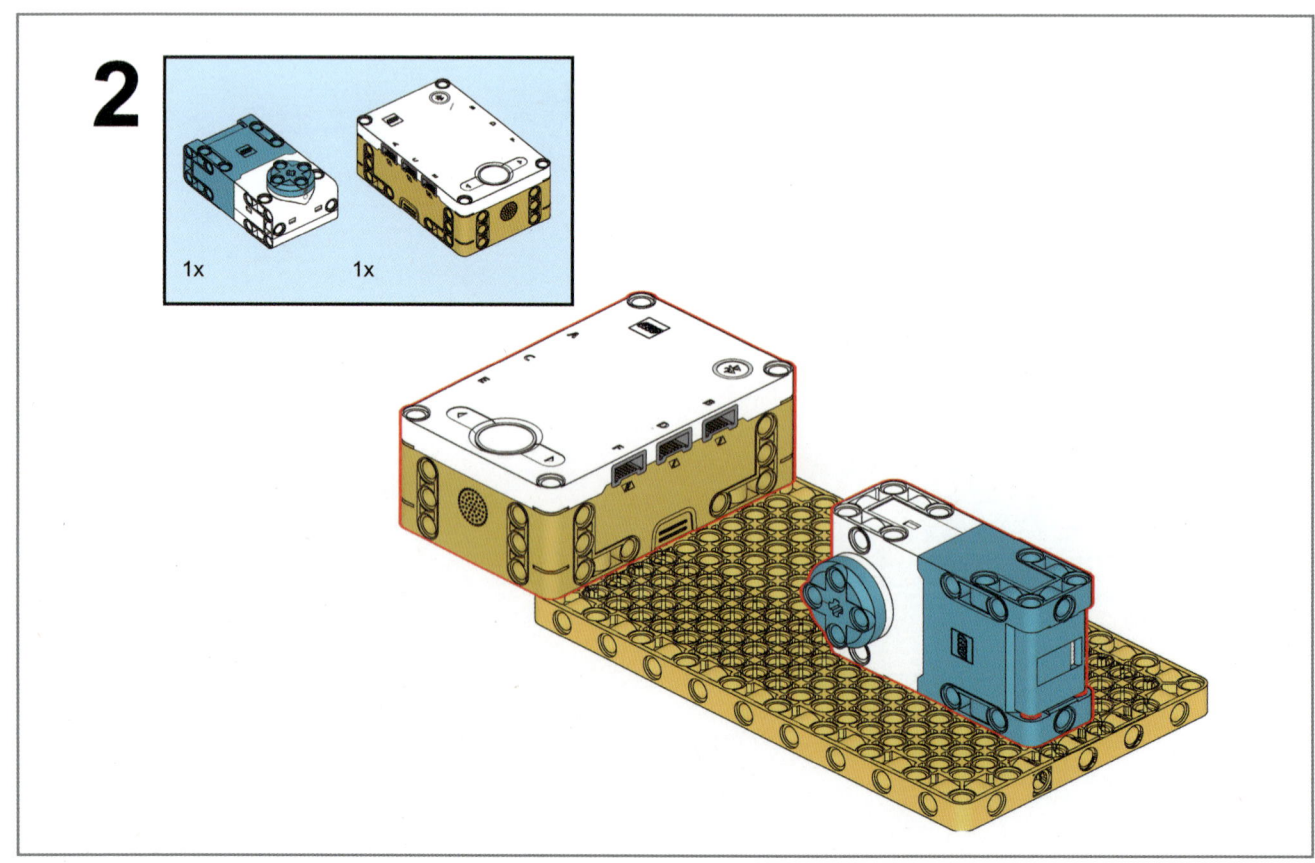

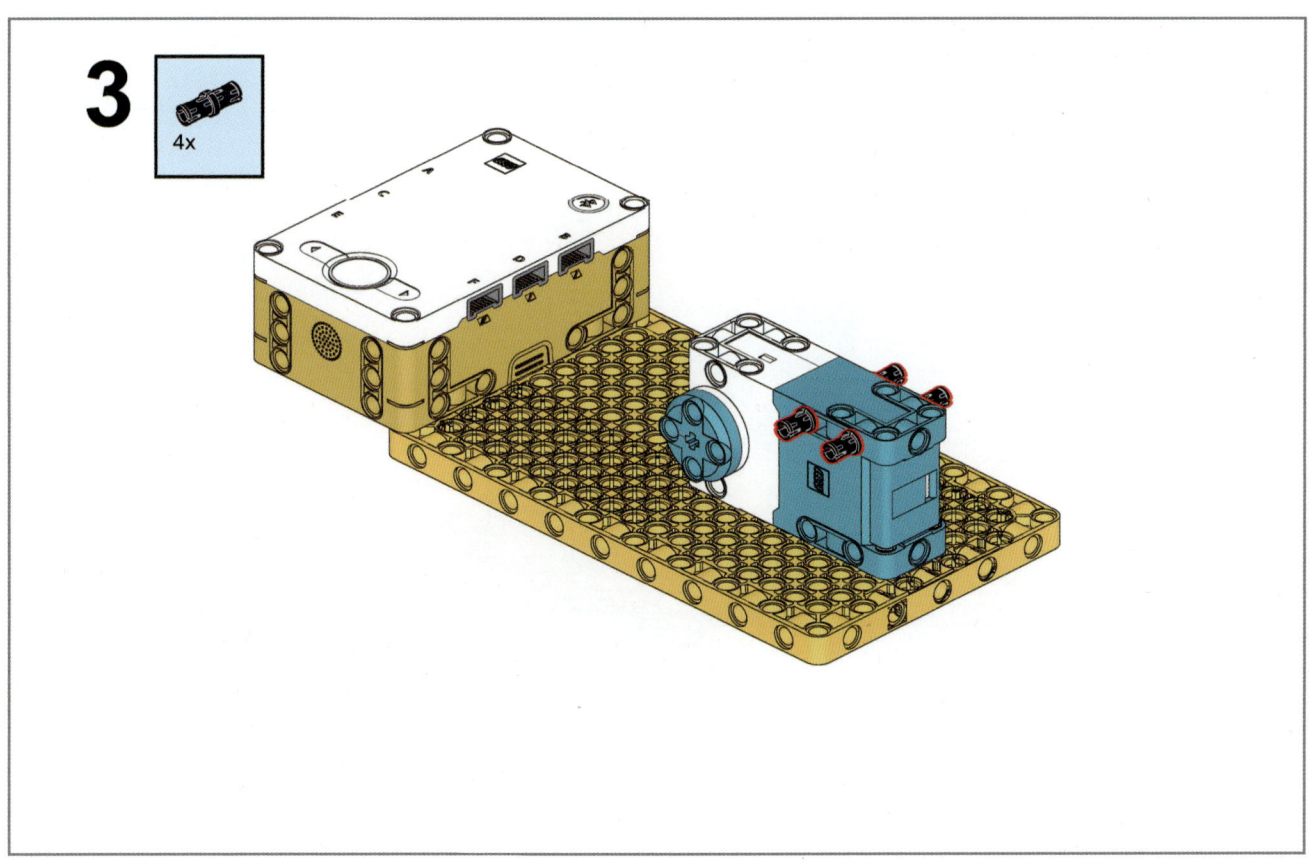

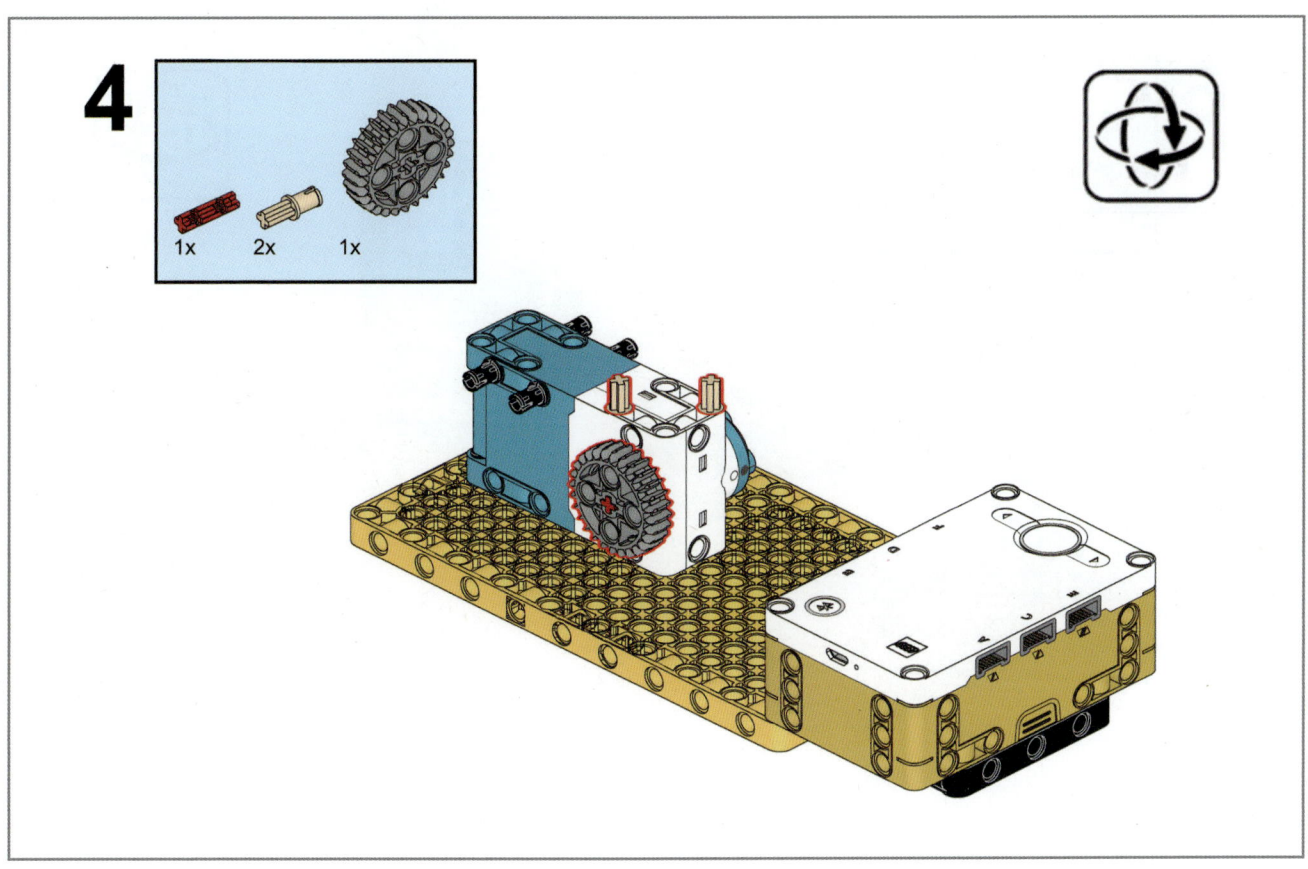

로데오 머신 (Rodeo Machine)

조립하기 로데오 머신 (Rodeo Machine)

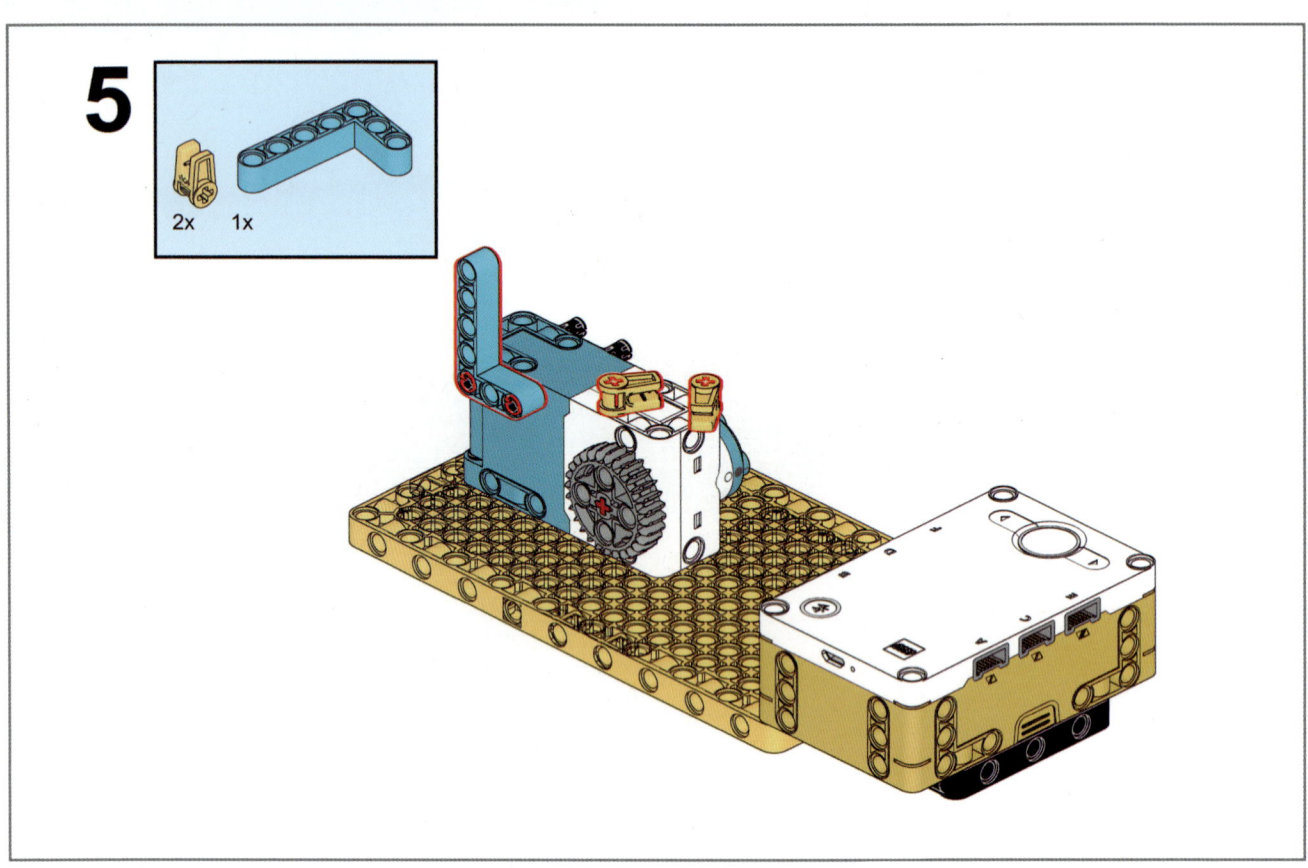

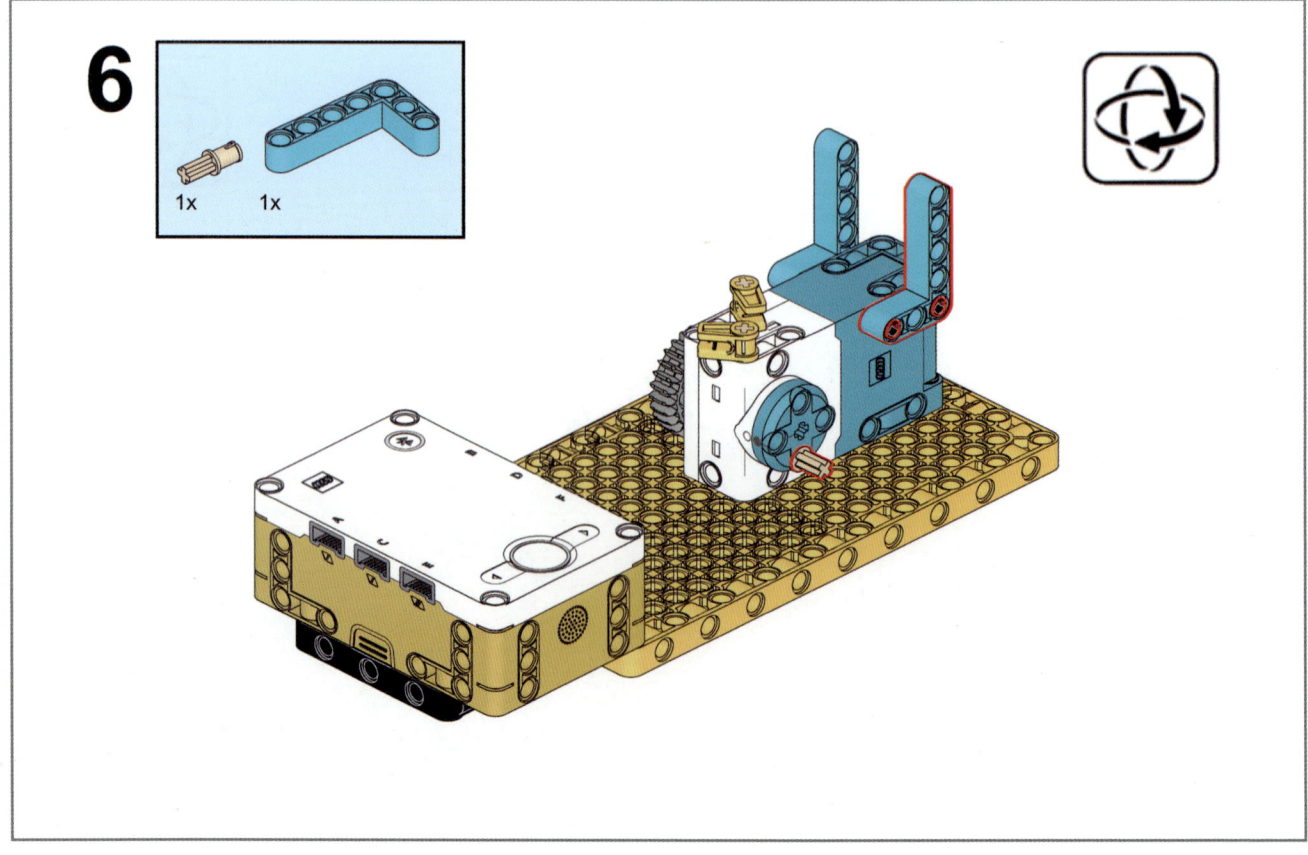

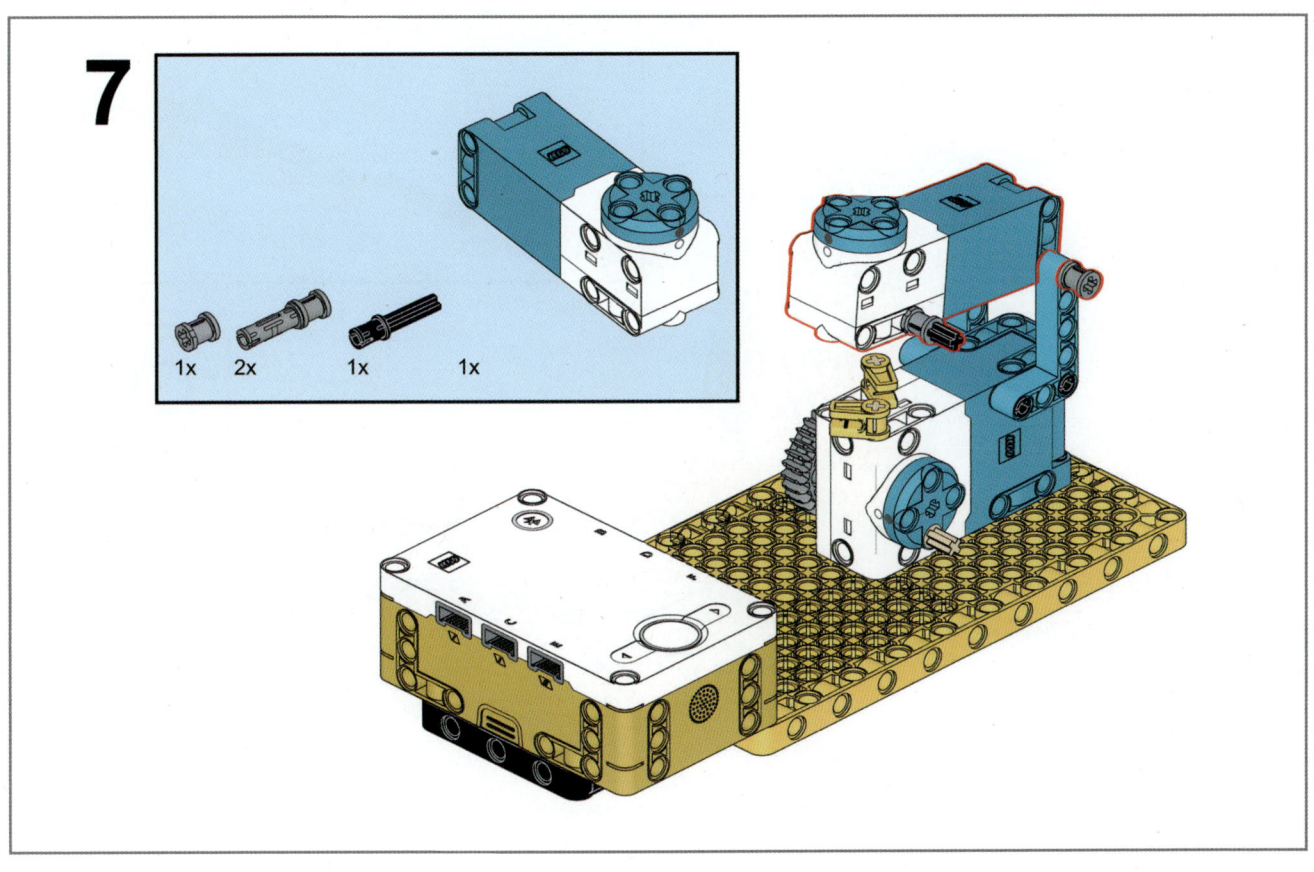

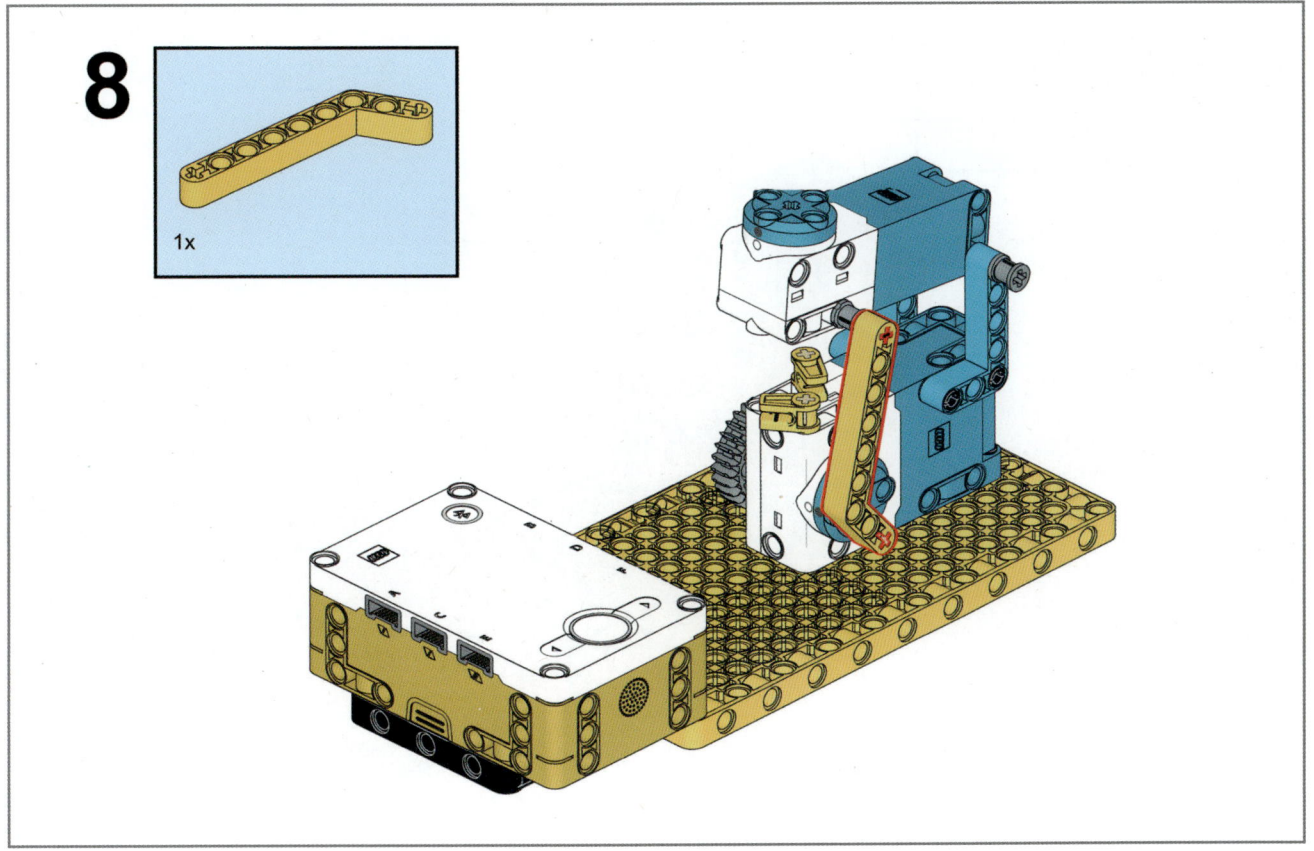

로데오 머신 (Rodeo Machine)

조립하기 로데오 머신 (Rodeo Machine)

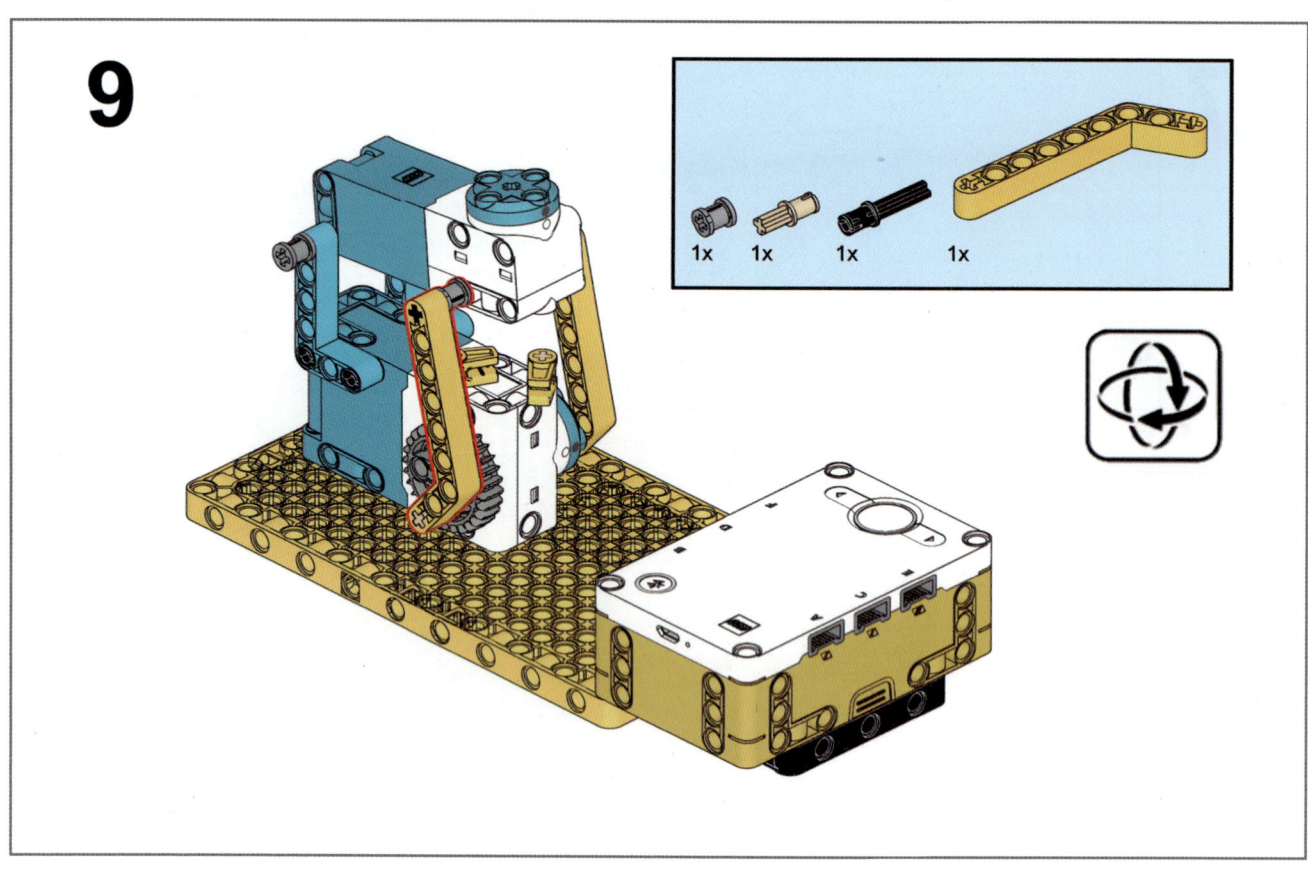

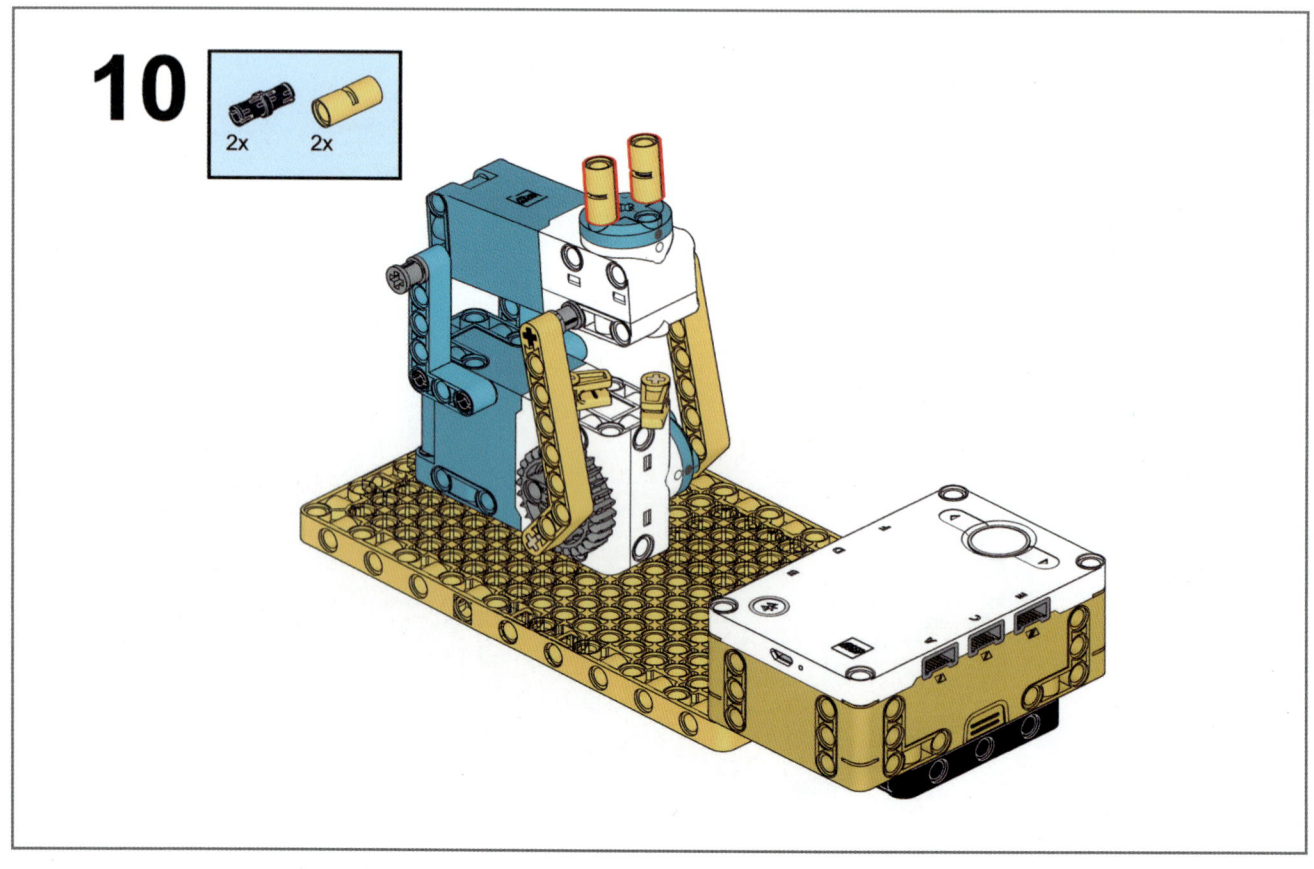

로데오 머신 (Rodeo Machine)

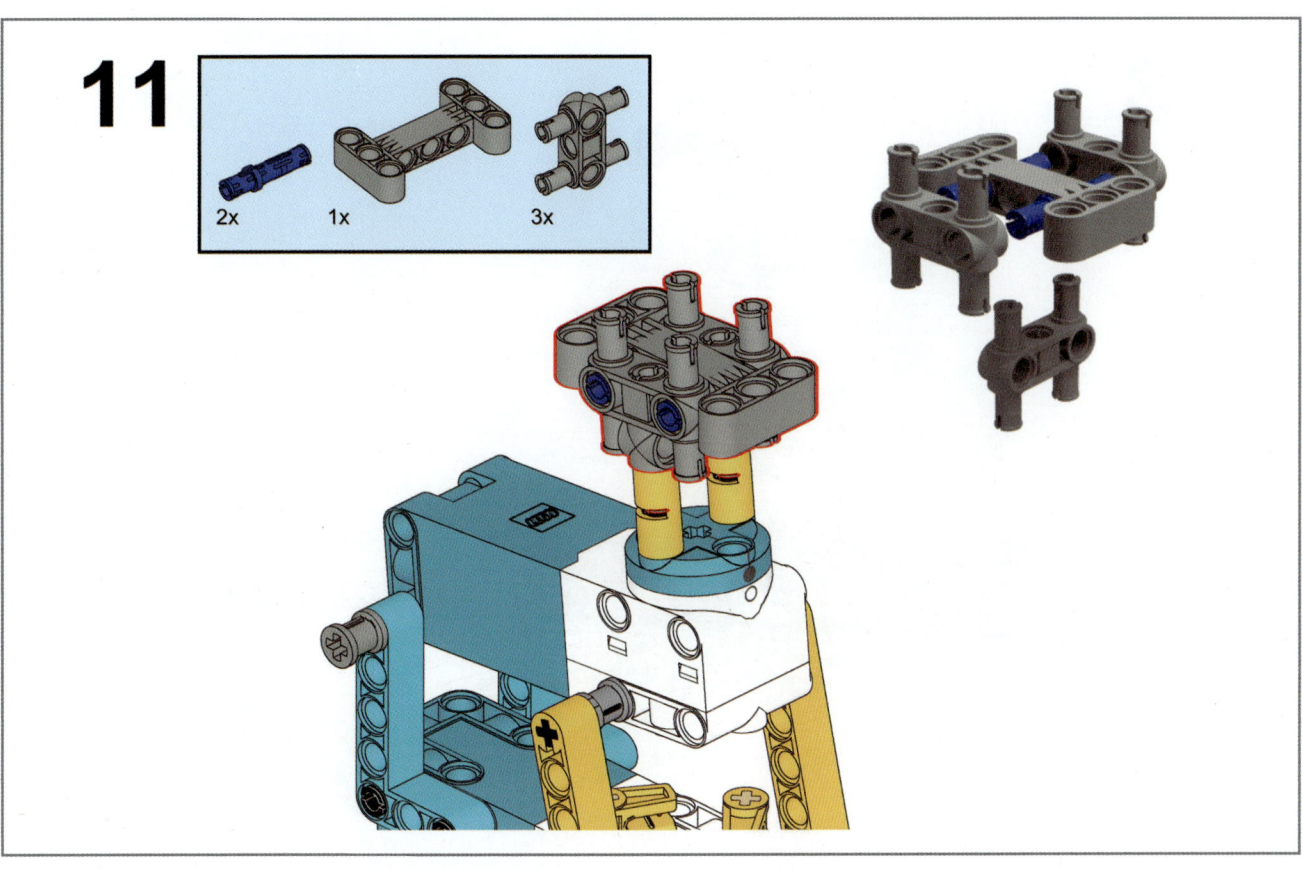

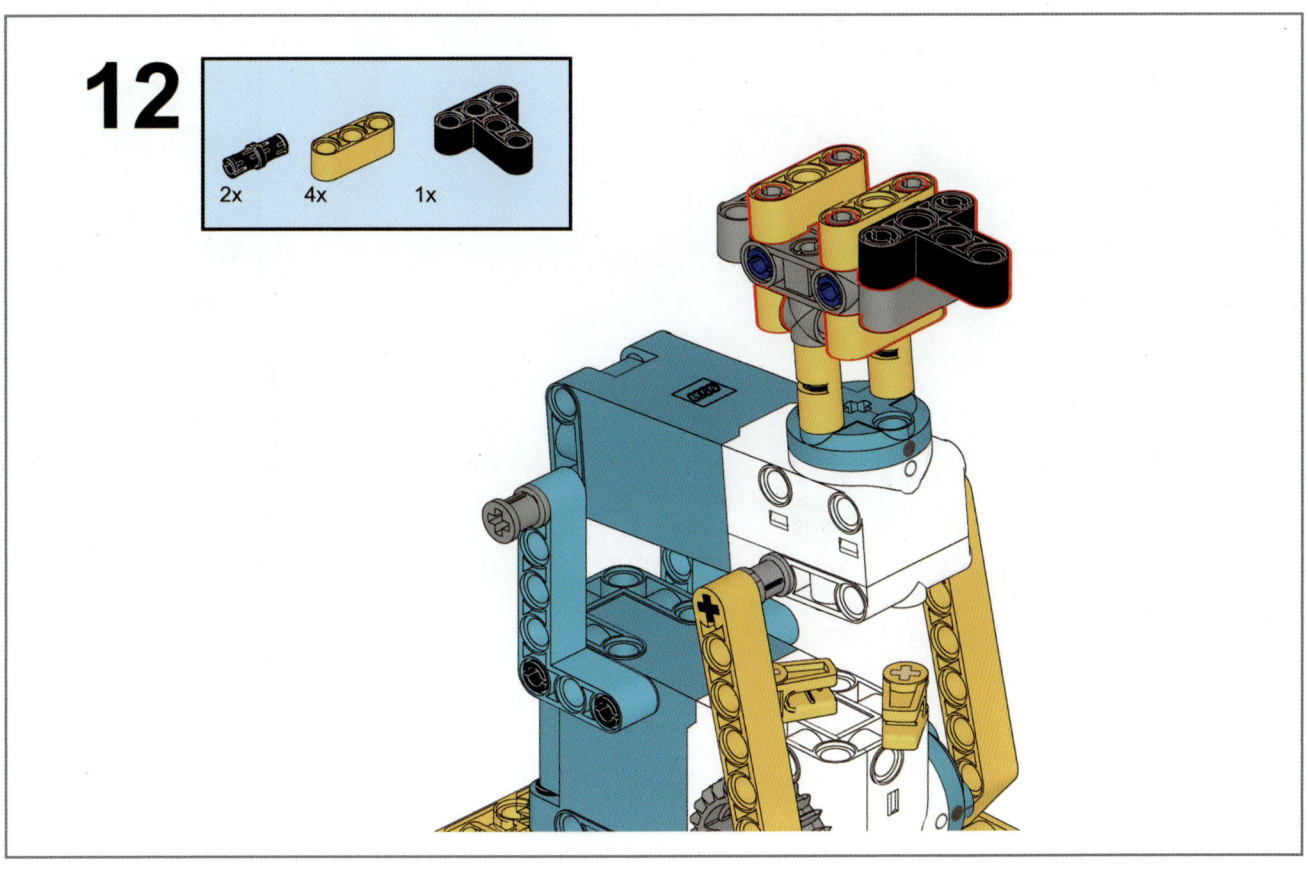

조립하기   로데오 머신 (Rodeo Machine)

13

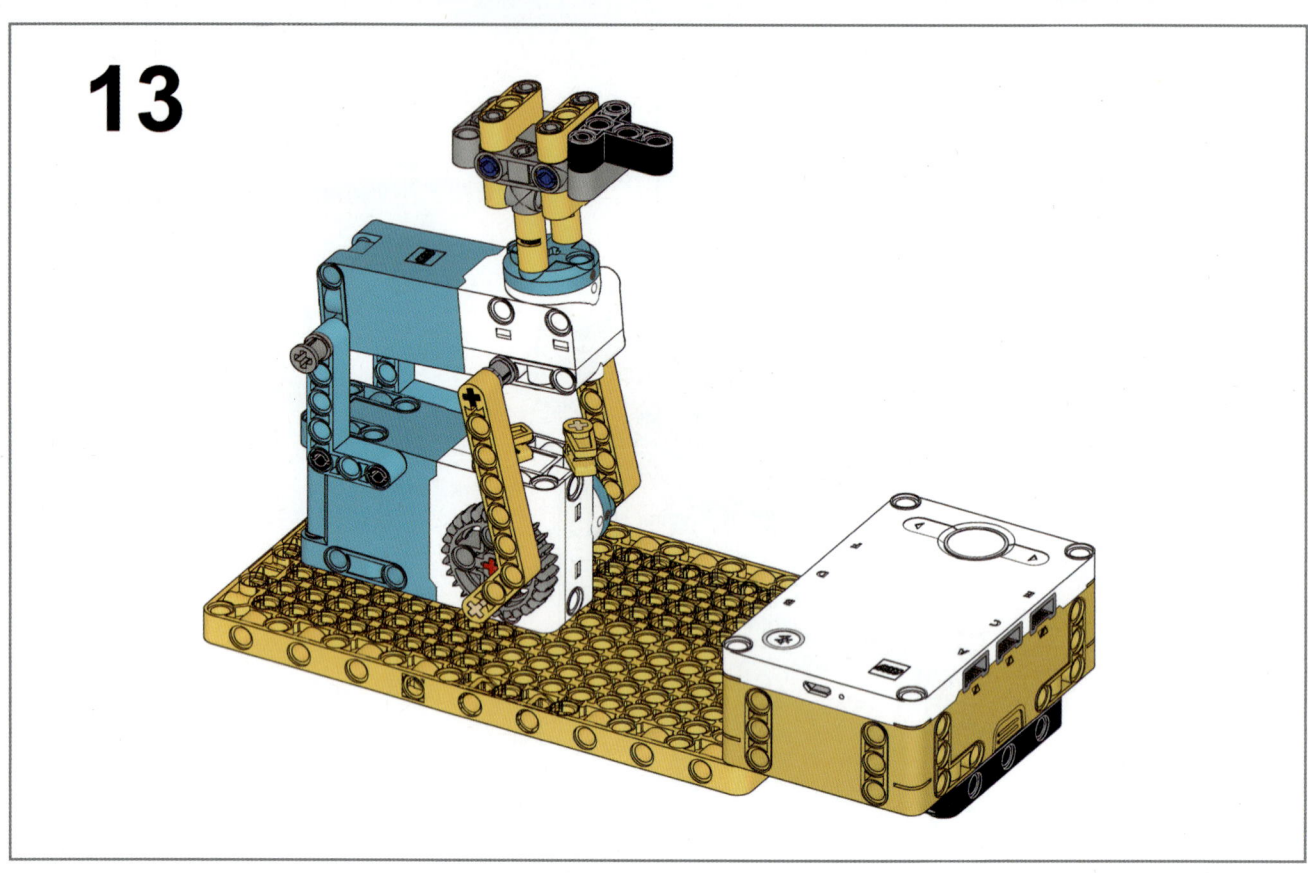

14

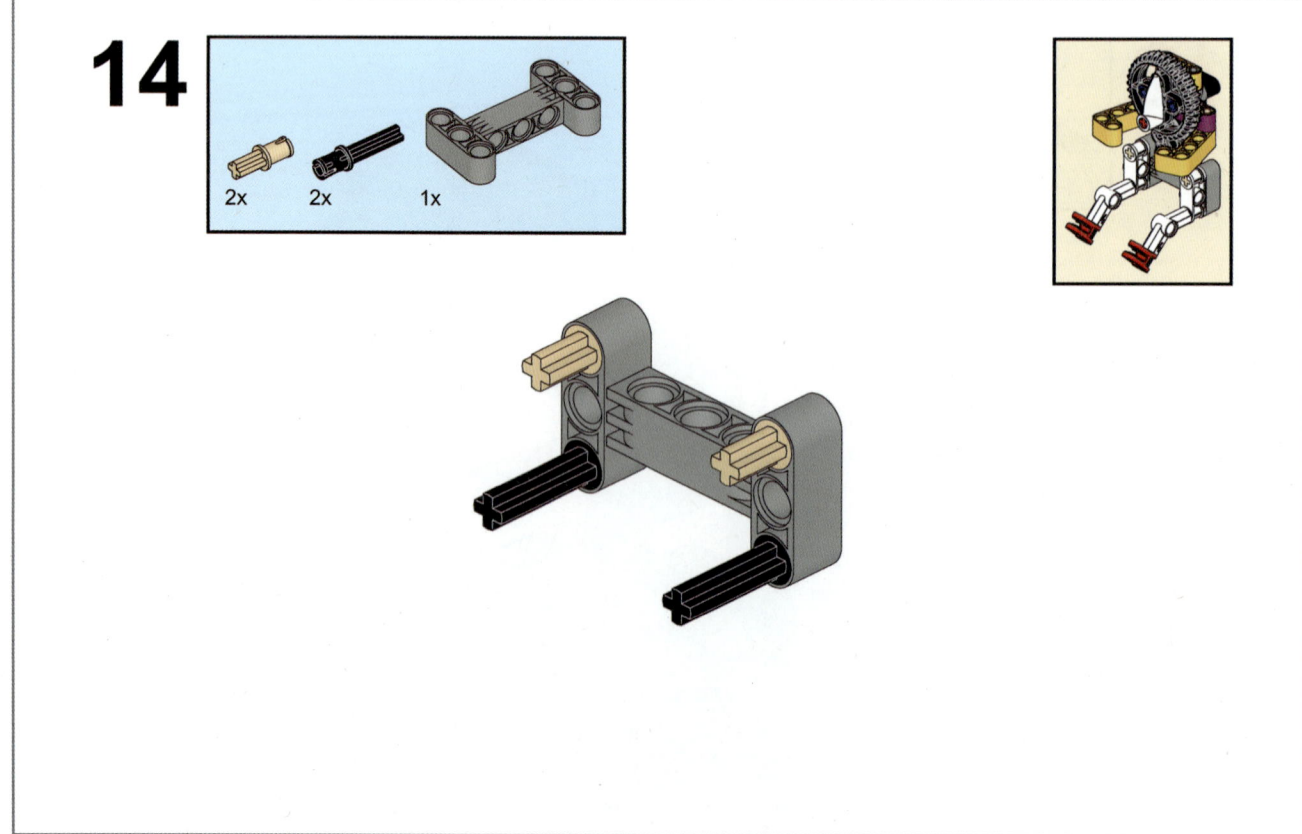

로데오 머신 (Rodeo Machine)

15

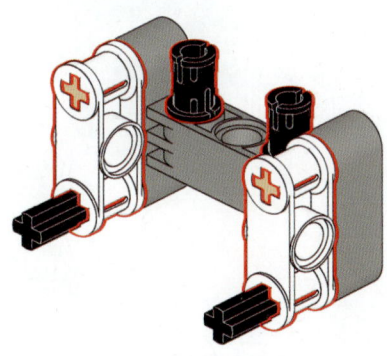

16

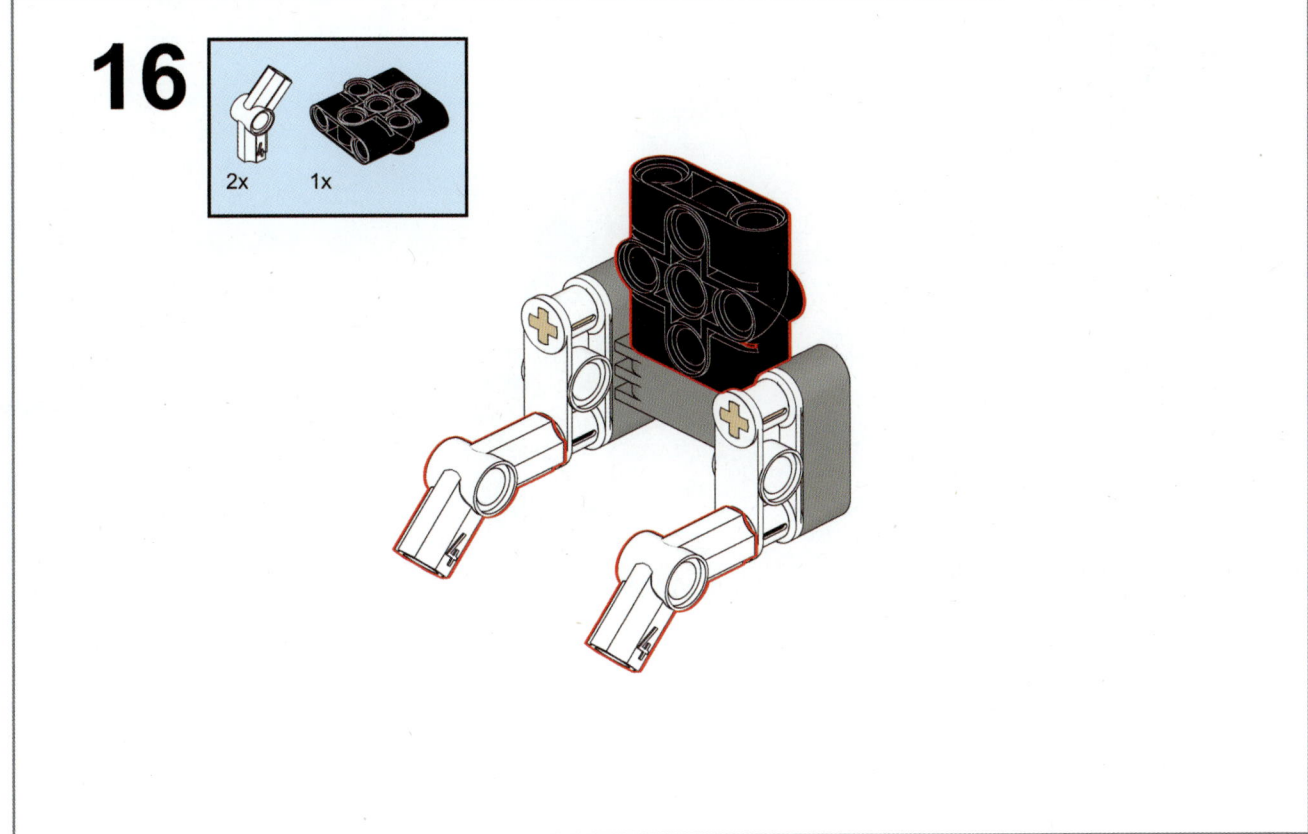

조립하기 로데오 머신 (Rodeo Machine)

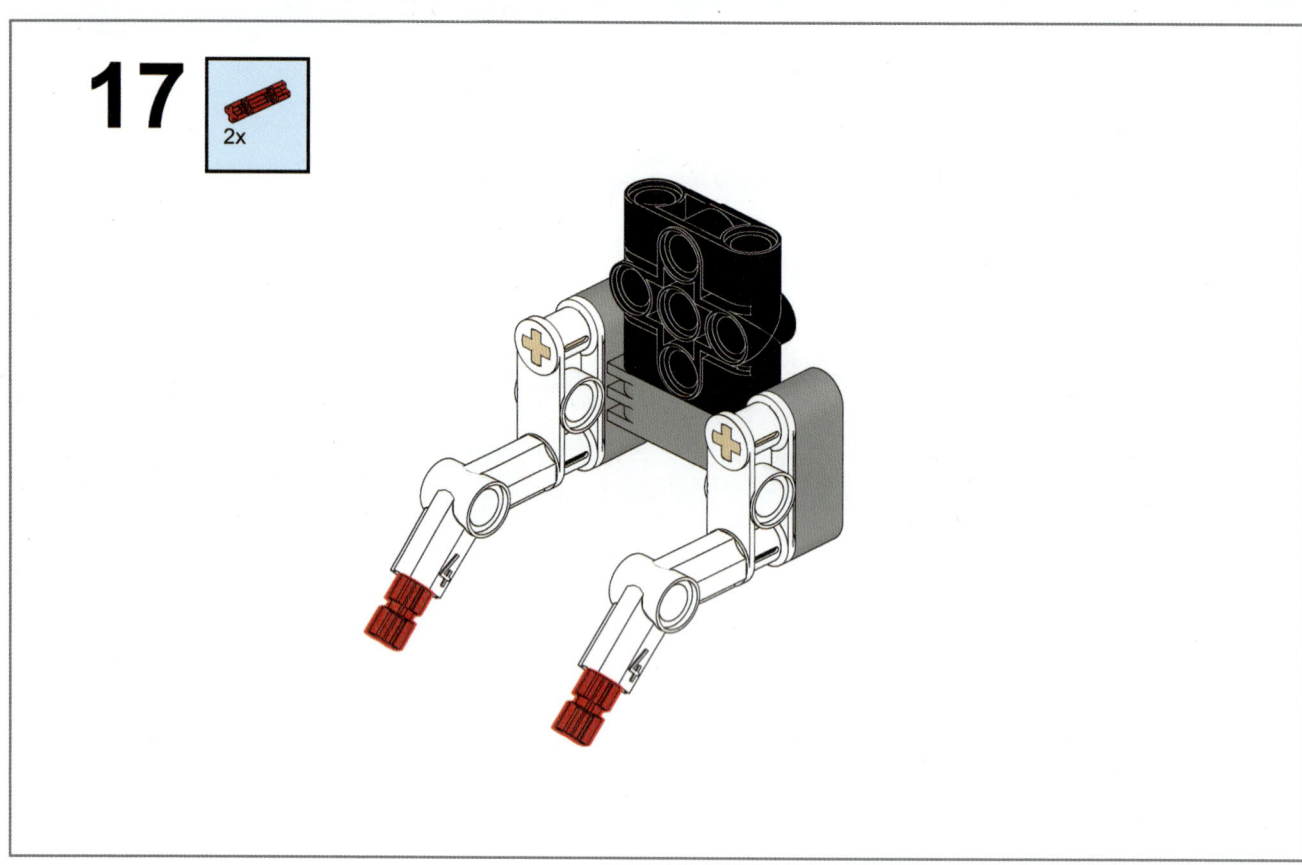

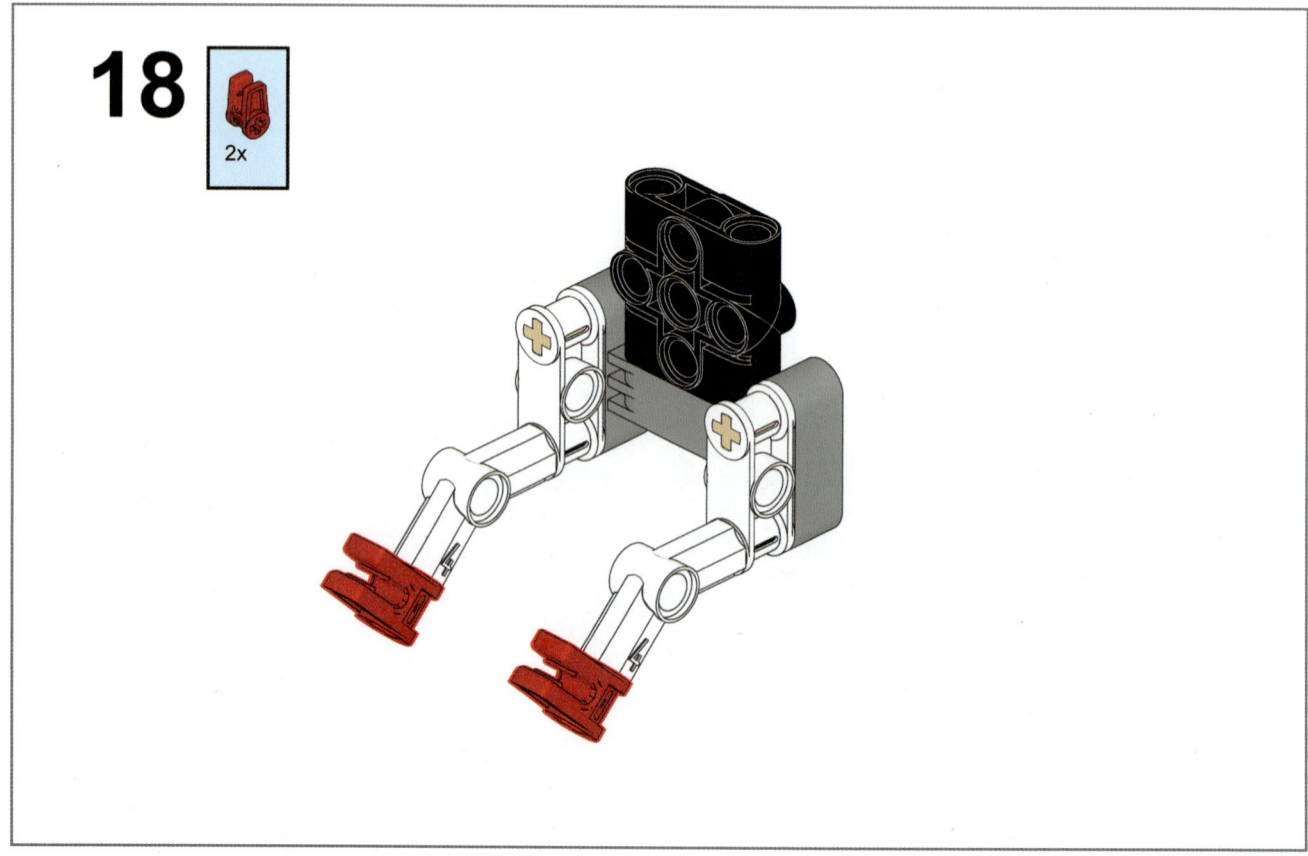

로데오 머신 (Rodeo Machine)

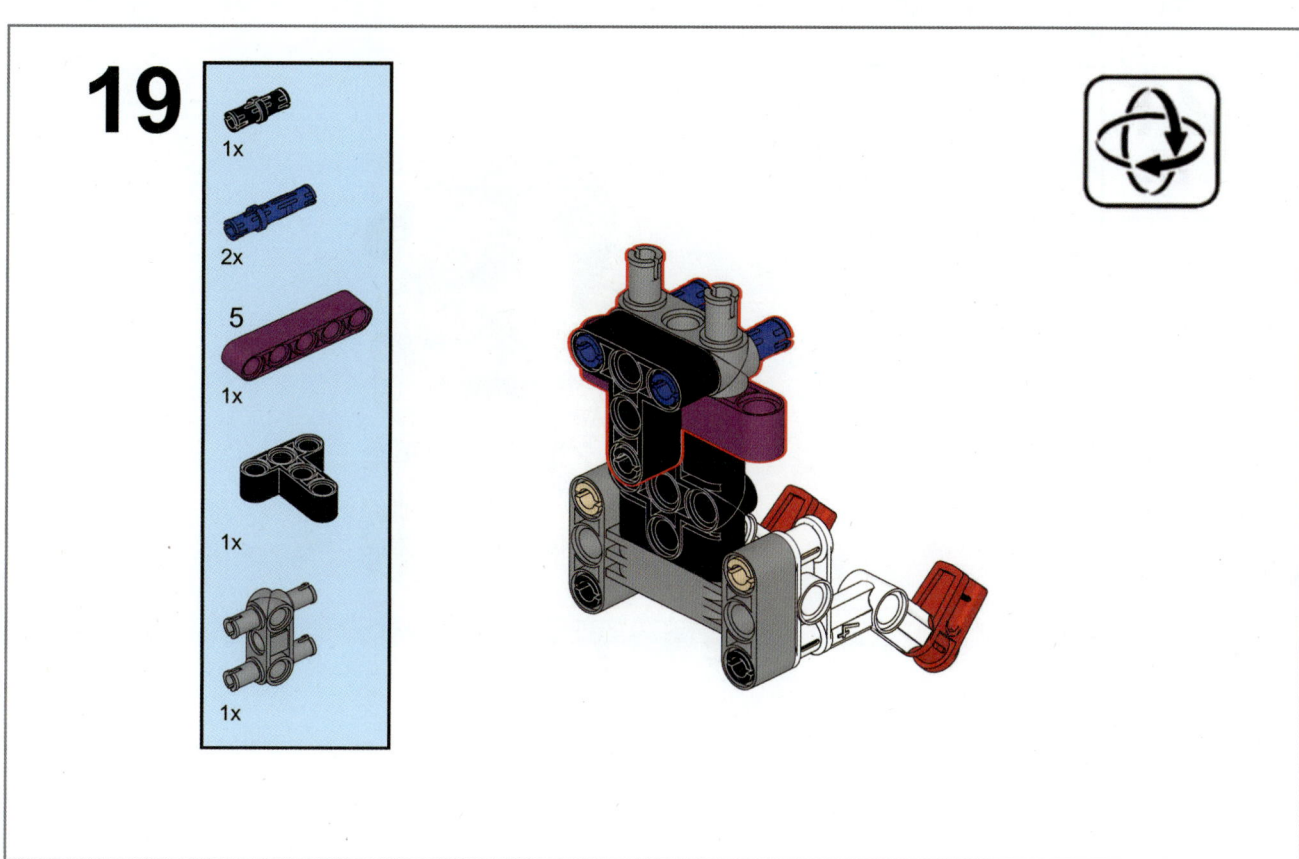

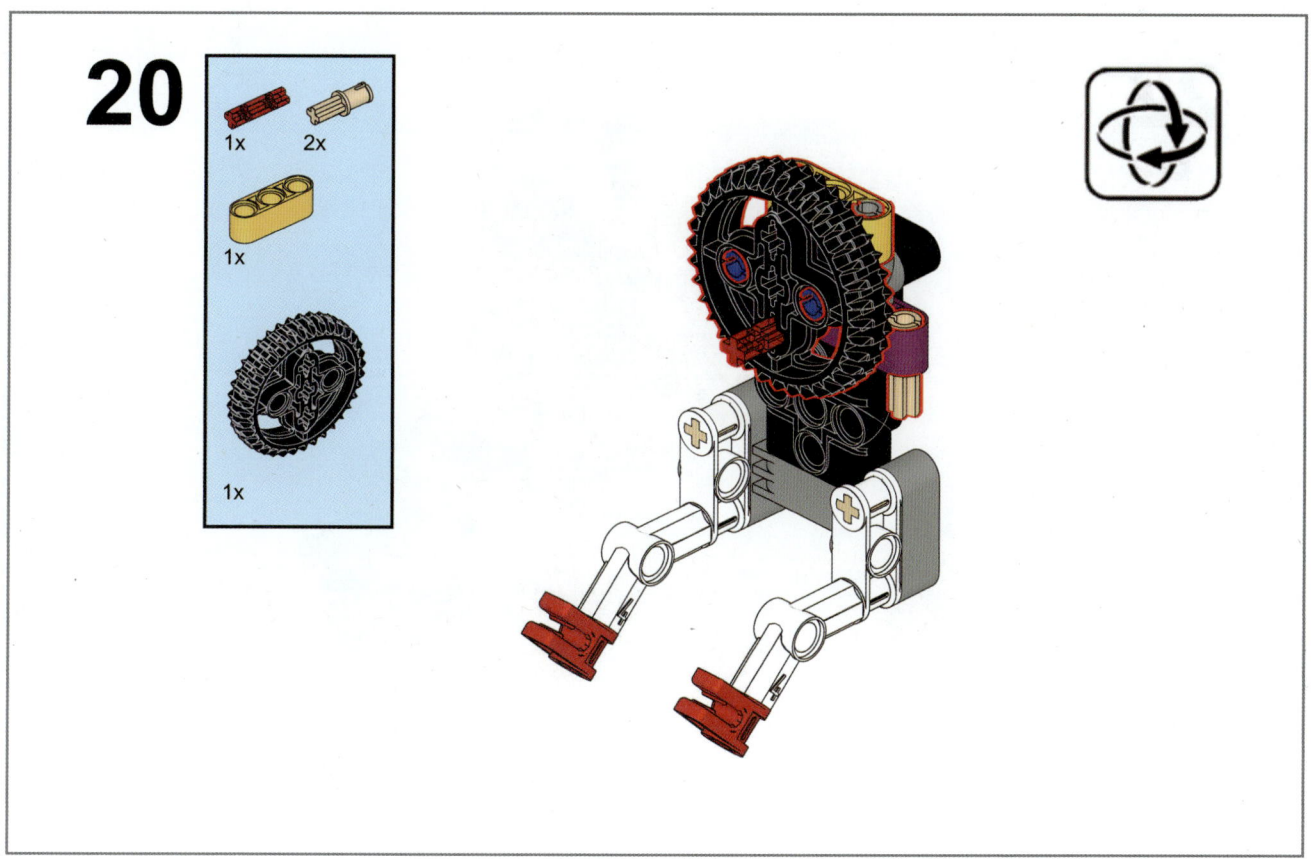

로데오 머신 (Rodeo Machine) 165

조립하기 로데오 머신 (Rodeo Machine)

21

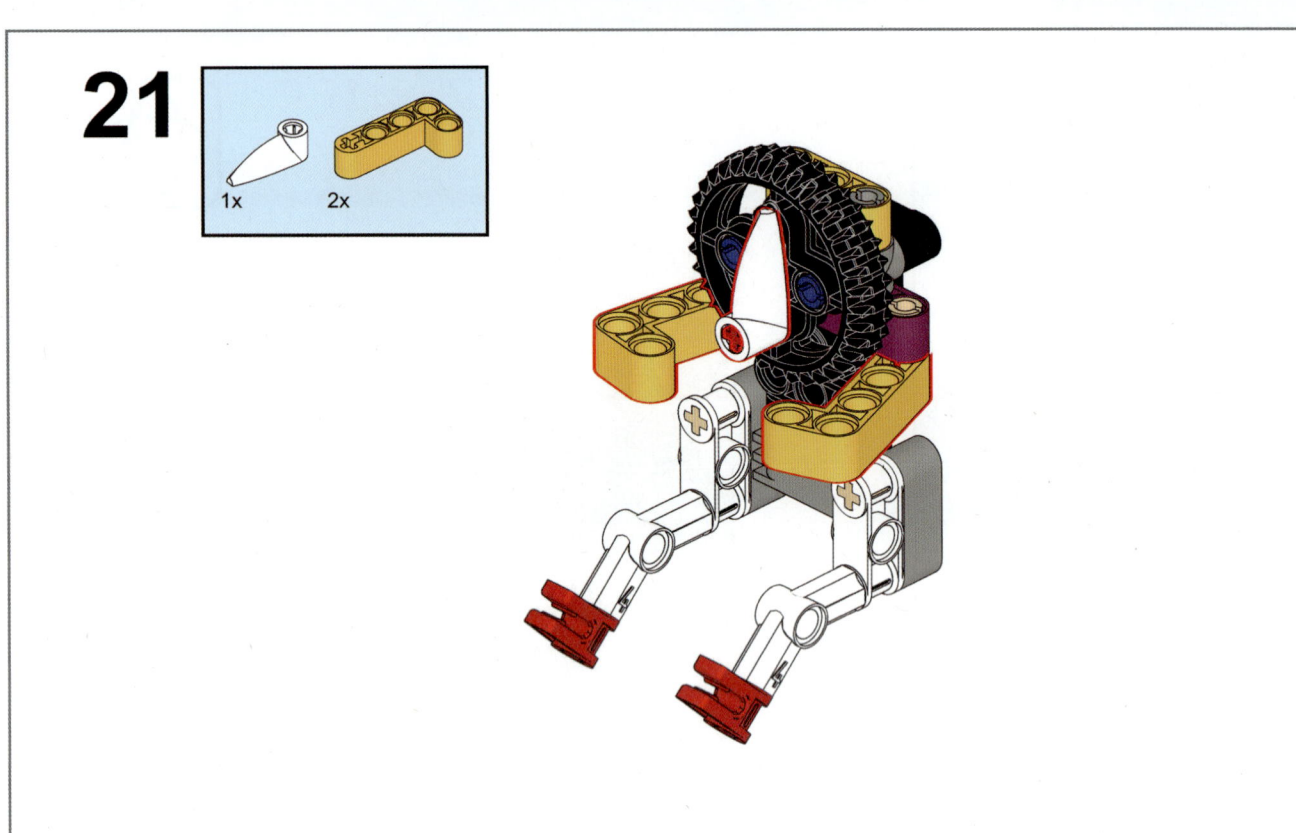

22

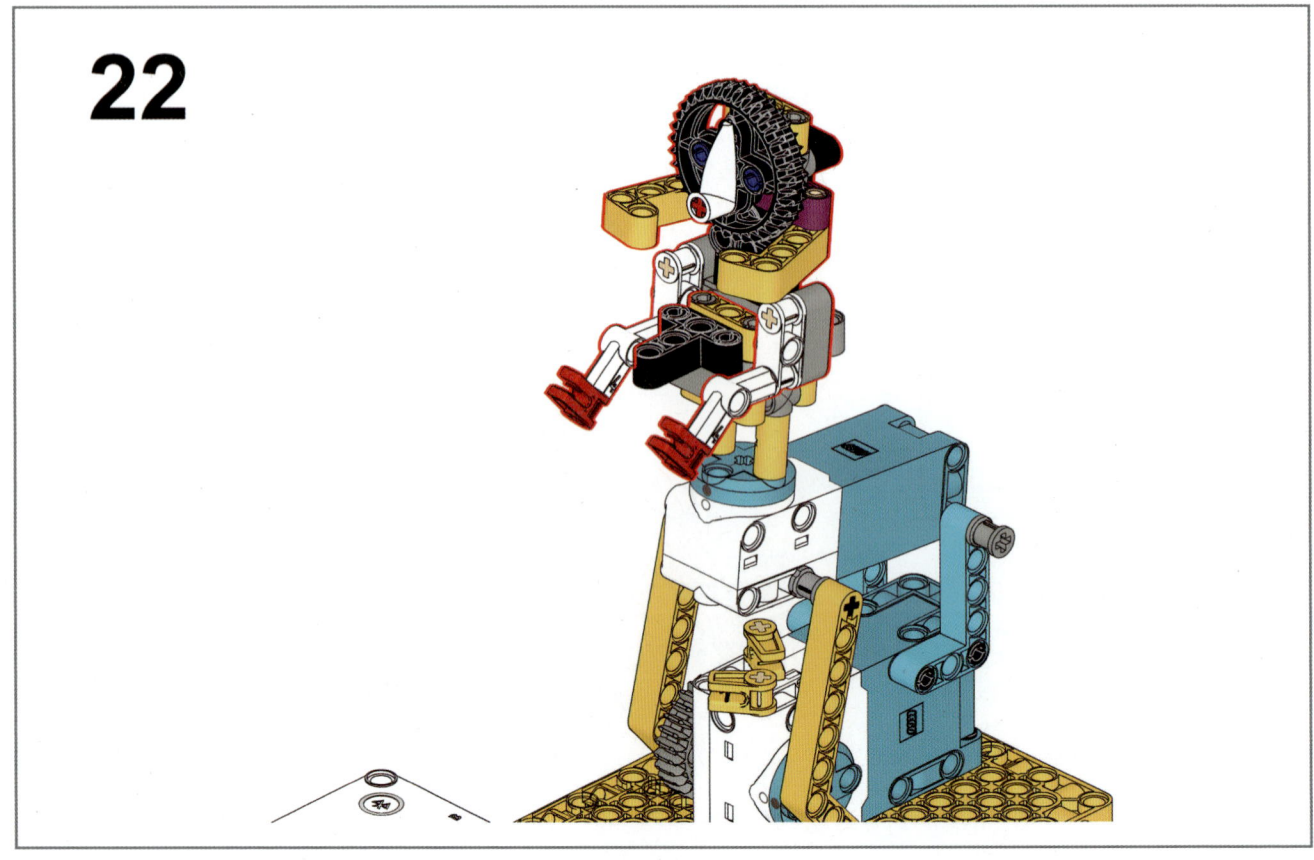

23

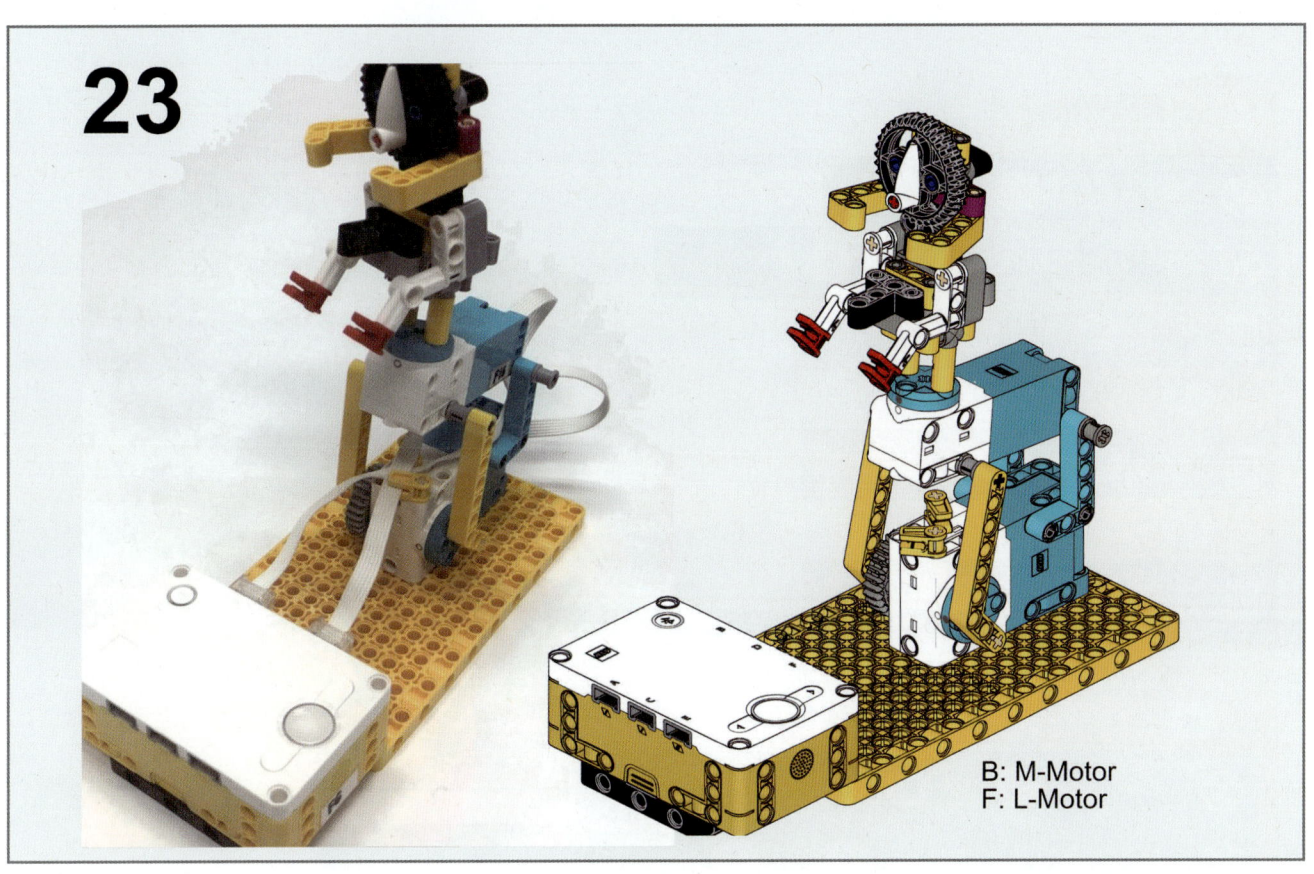

B: M-Motor
F: L-Motor

조립하기 로데오 머신 (Rodeo Machine)

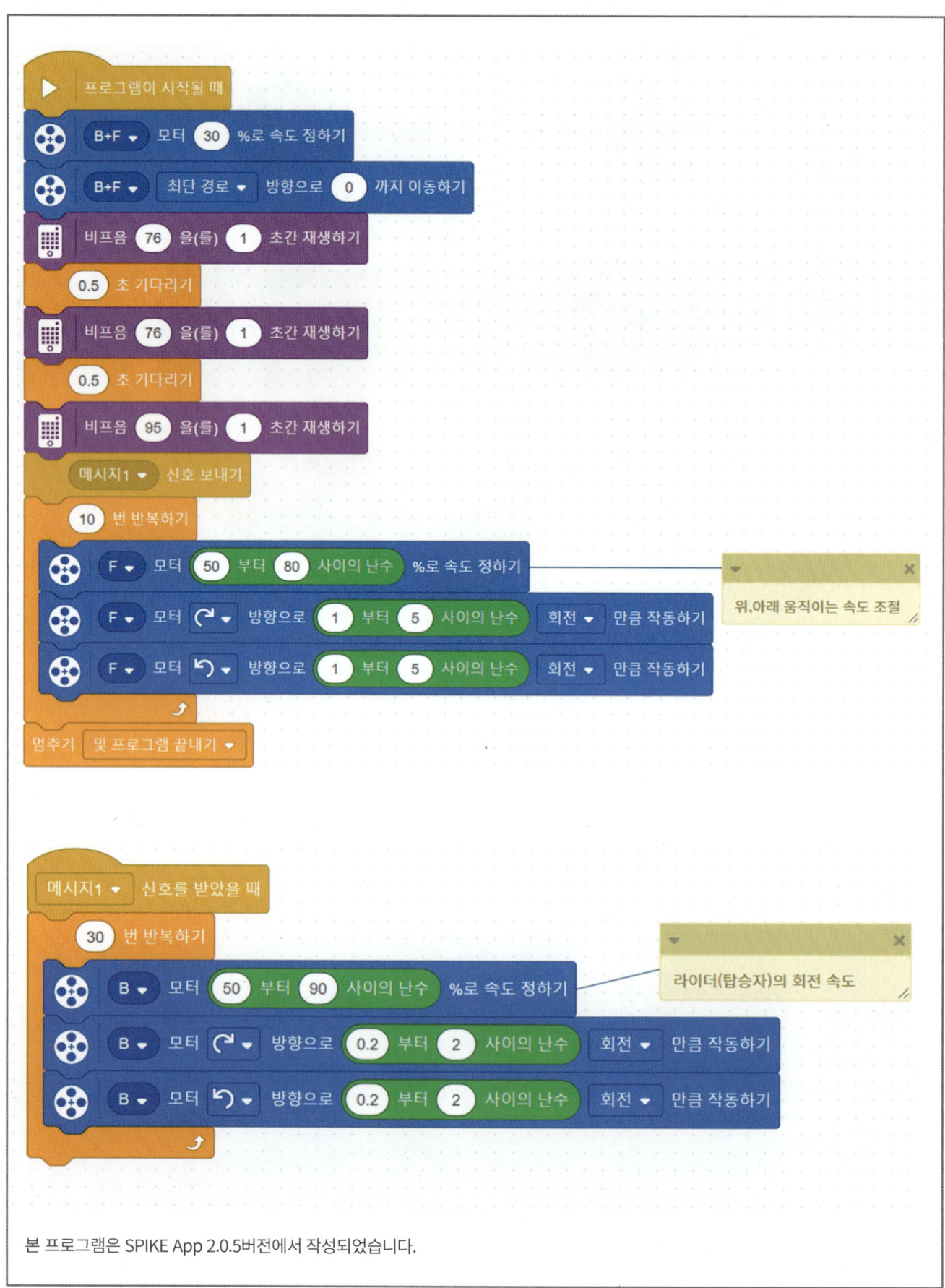

본 프로그램은 SPIKE App 2.0.5버전에서 작성되었습니다.

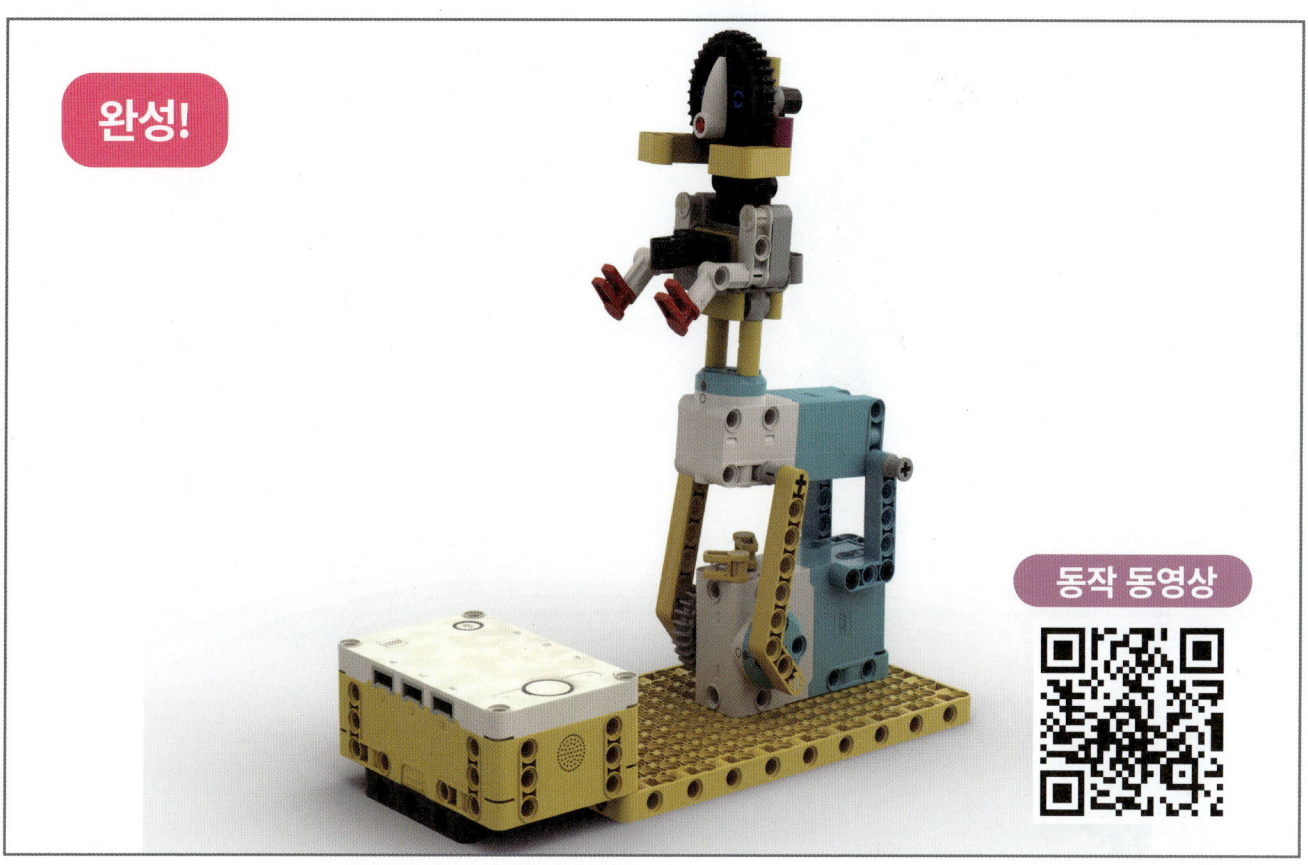

로데오 머신 (Rodeo Machine)

09 골프 (Golf)

경기장 위에서 정지된 공을 골프채로 쳐서 정해진 홀에 넣어 그때까지 소요된 타수로 우열을 겨루는 경기입니다.
강한 힘과 섬세한 힘조절이 필요한 스포츠입니다.

동작 동영상

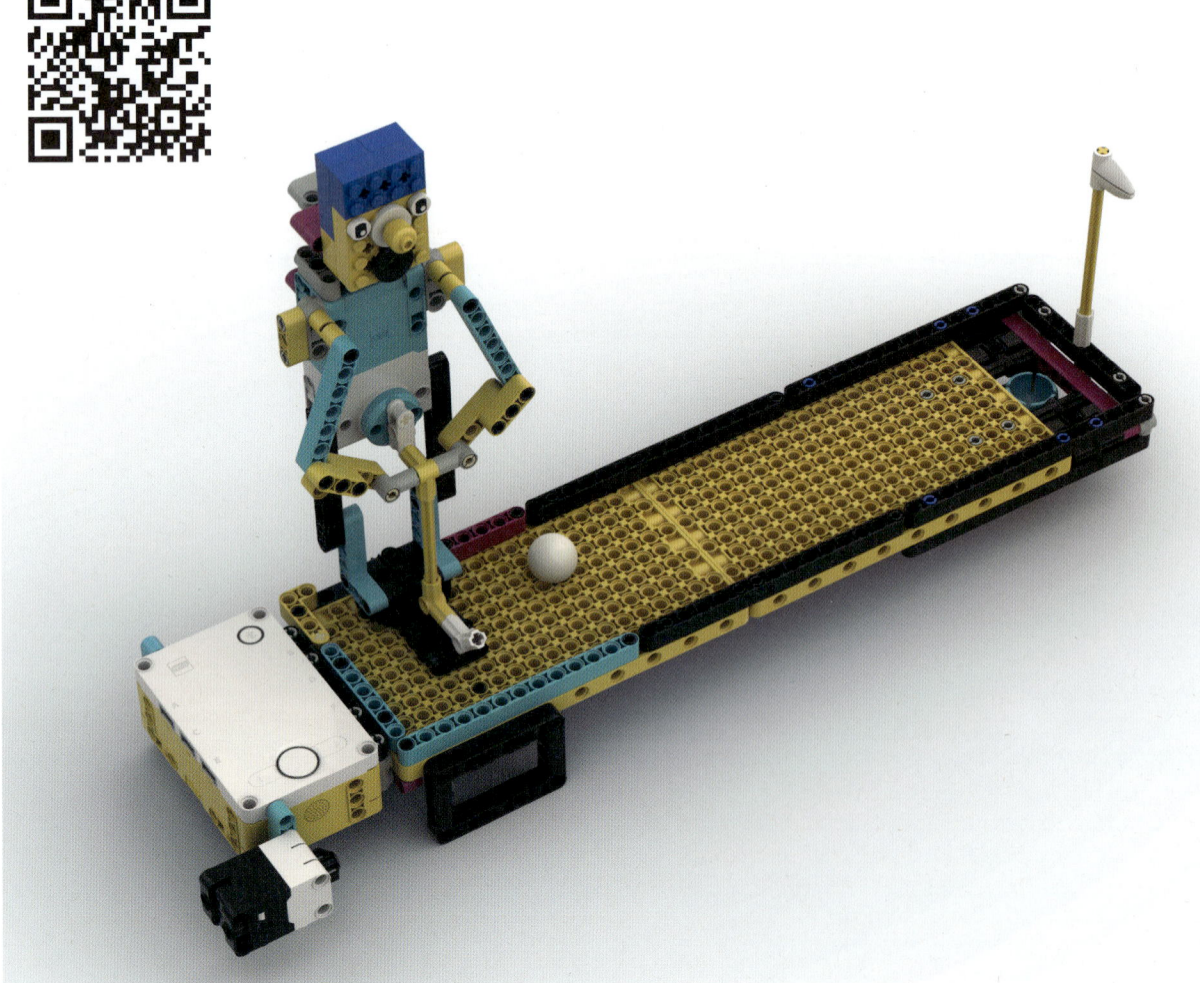

필요 부품 목록

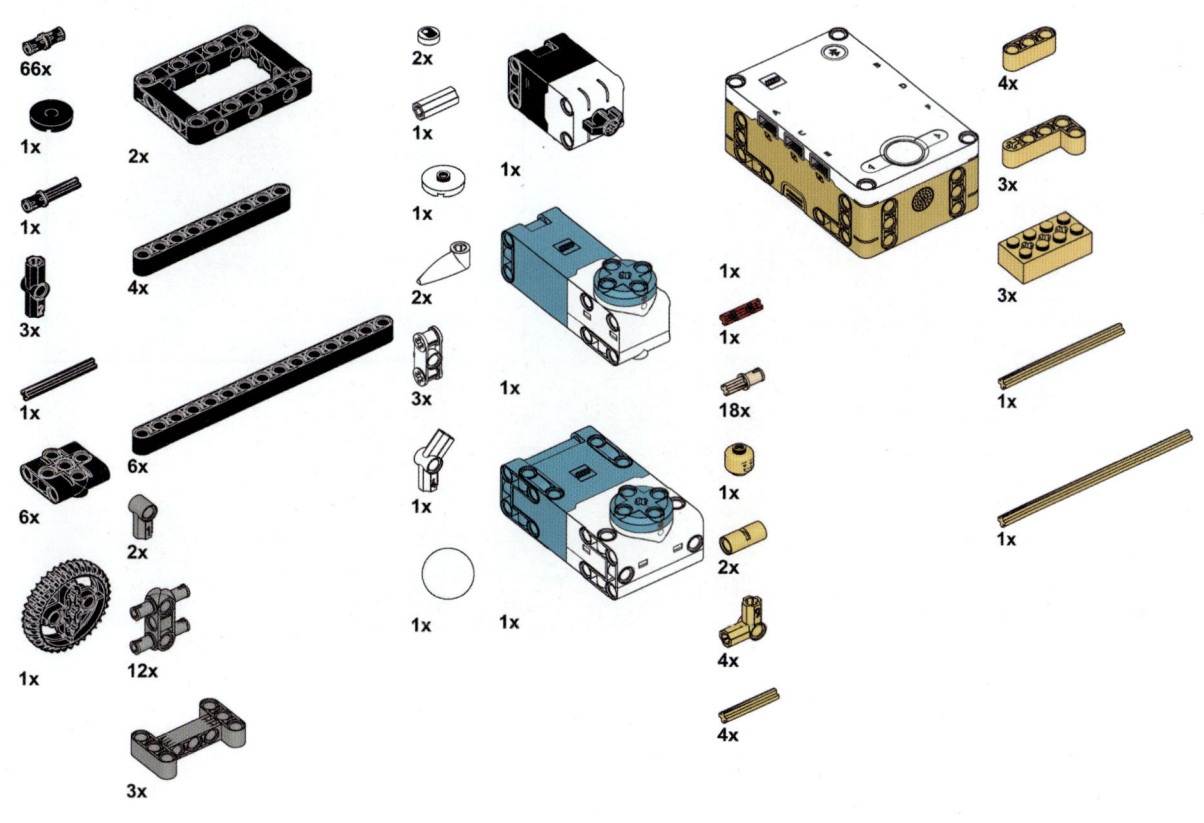

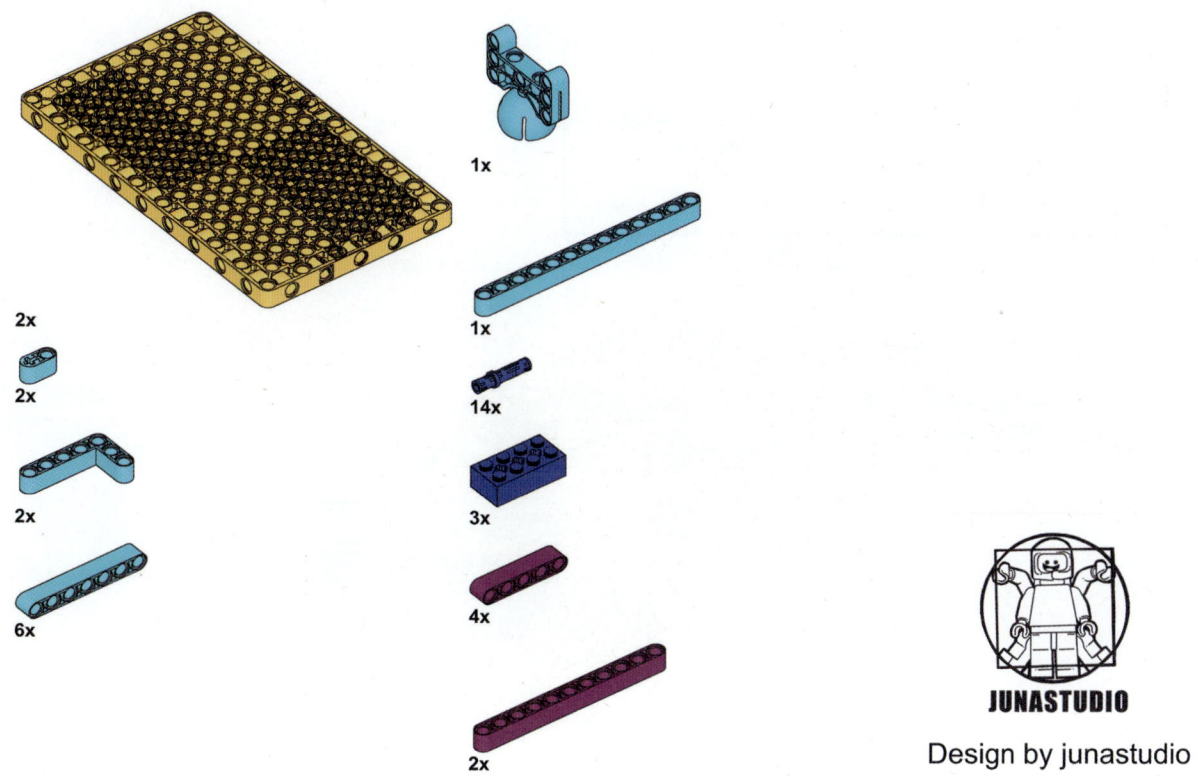

해당 차시는 스파이크™ 프라임 코어세트(45678)에 포함된 부품 보충팩을 사용해야 합니다

Design by junastudio

조립하기 골프 (Golf)

1

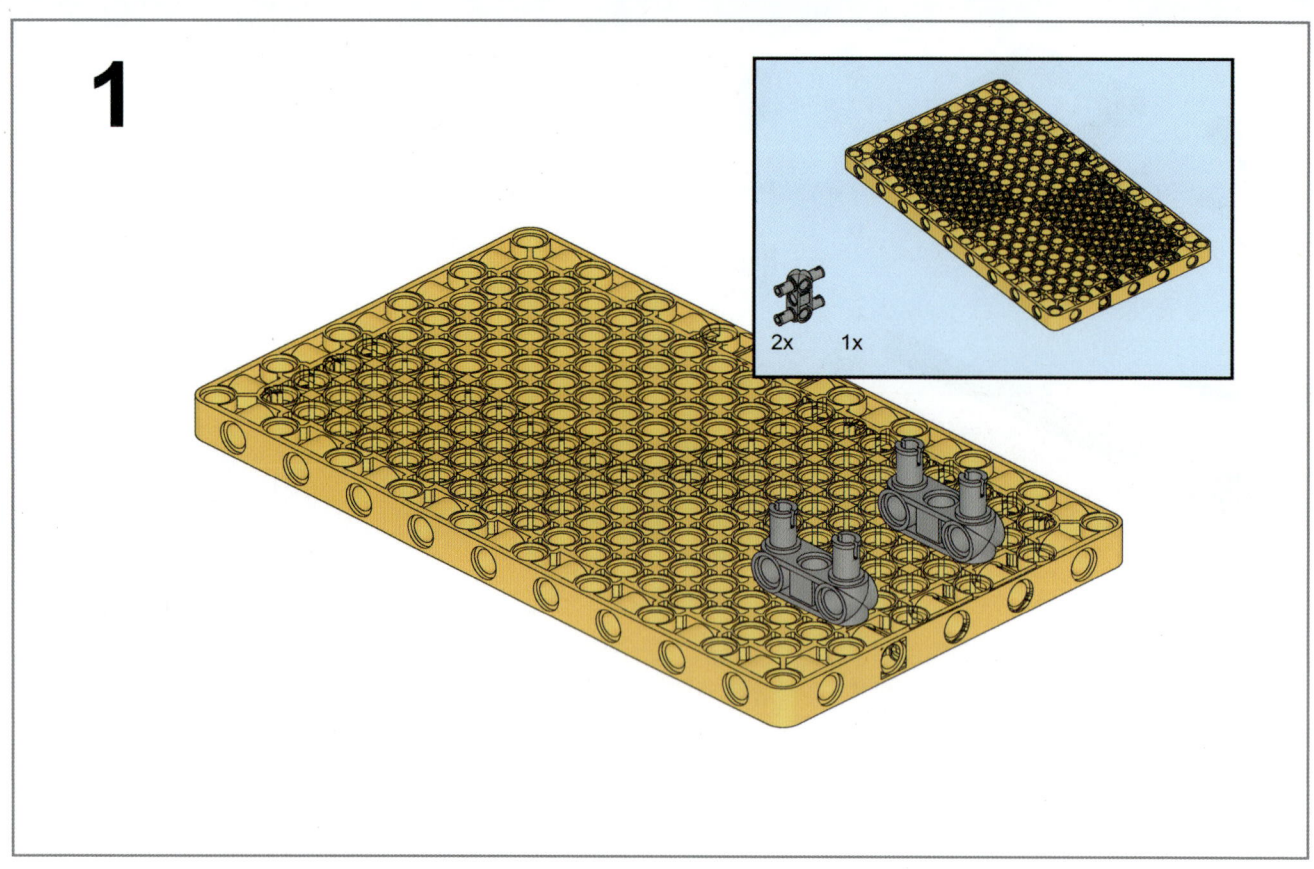

2

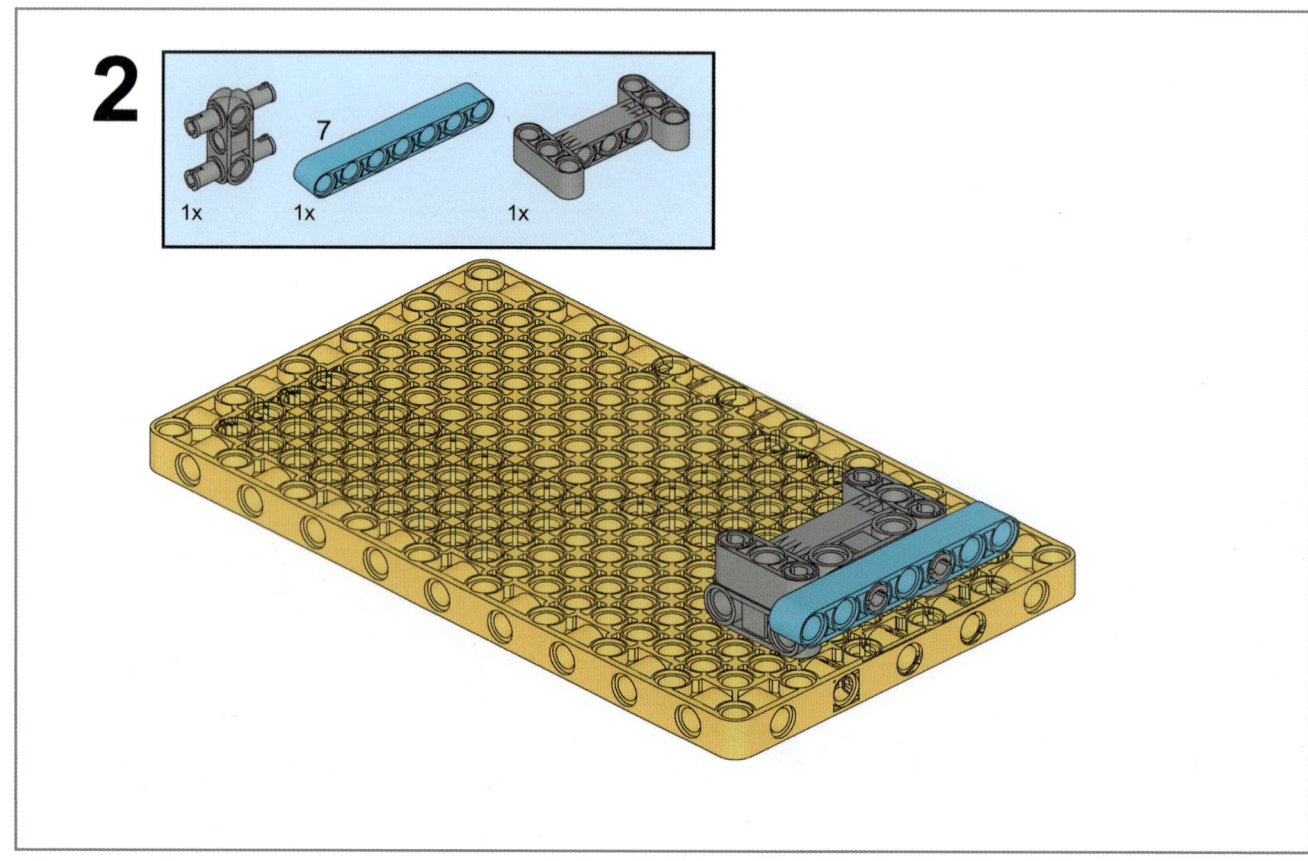

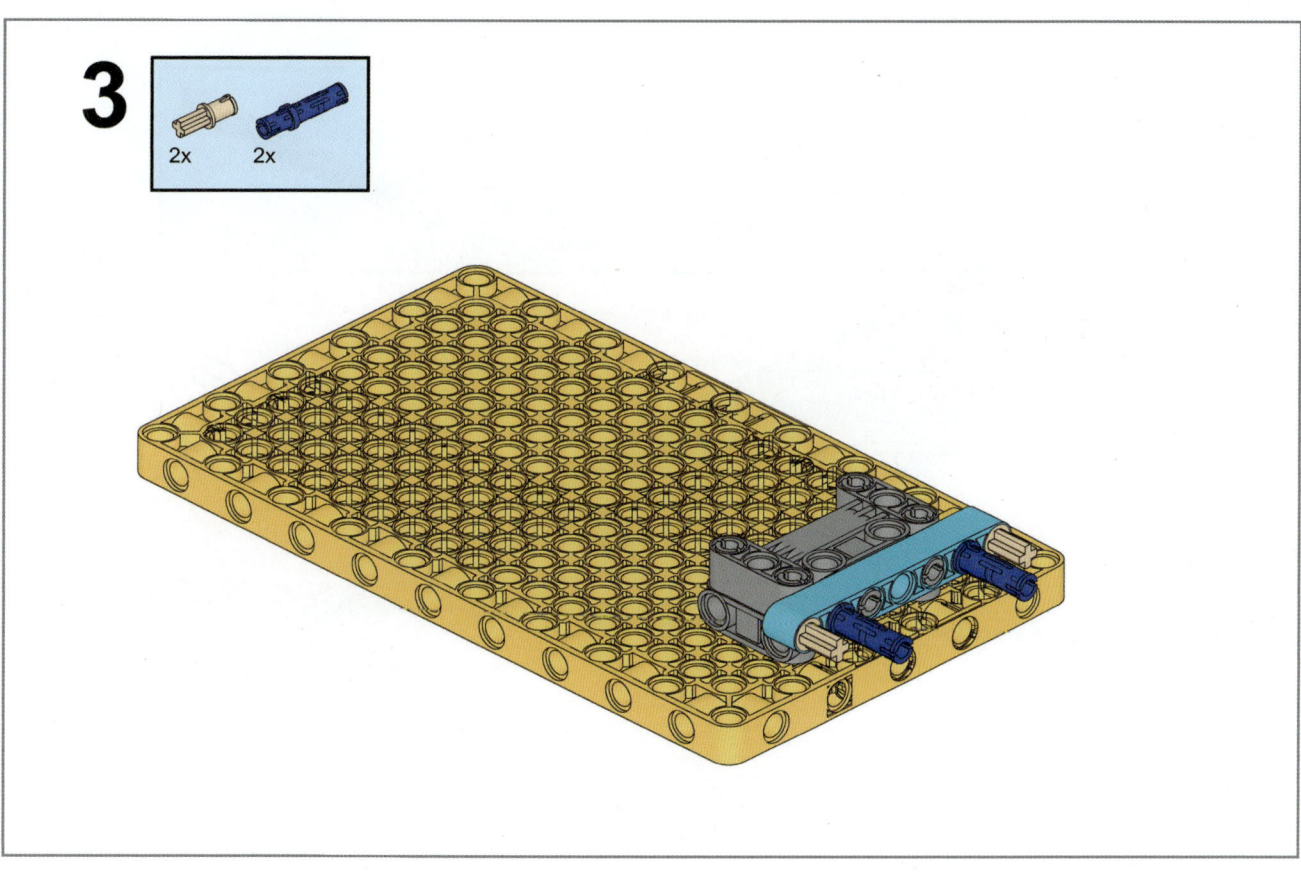

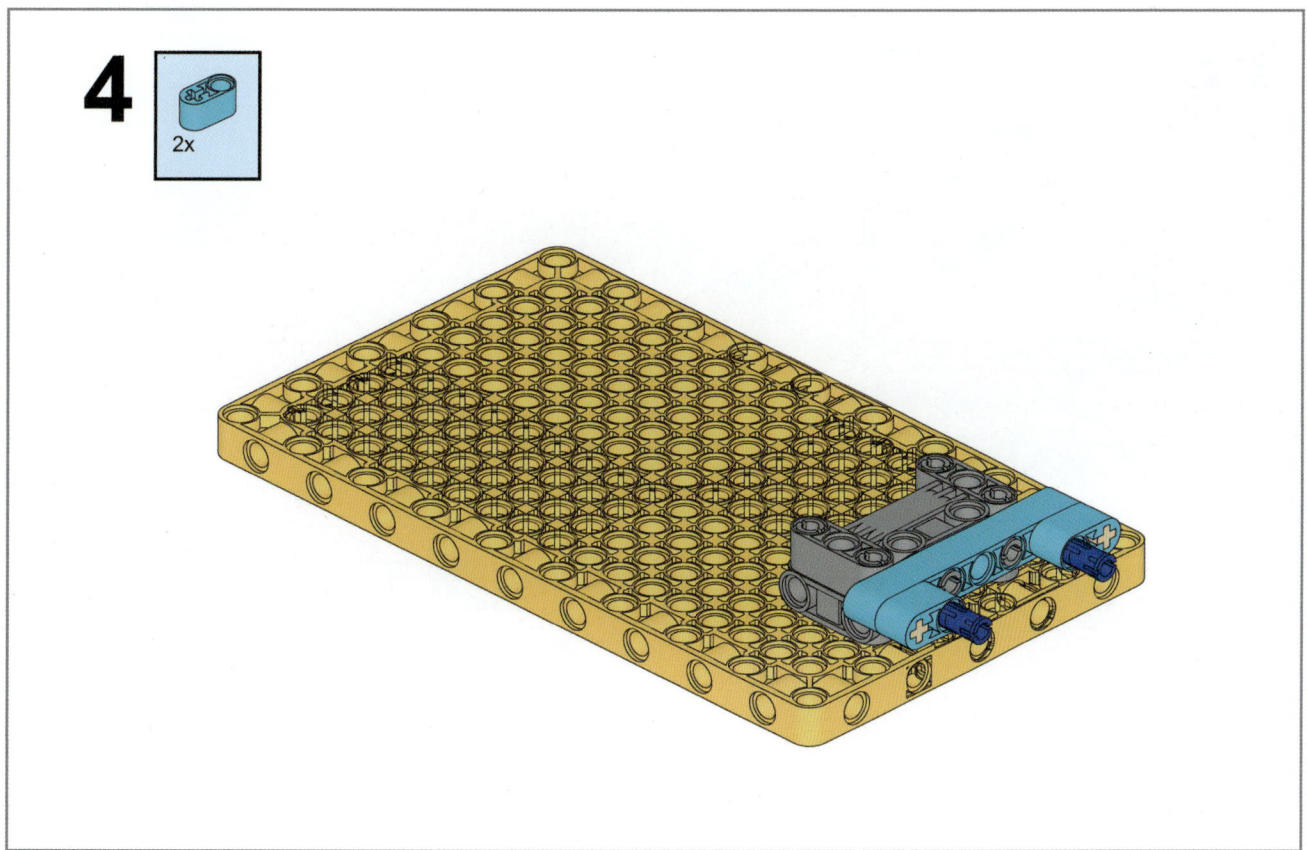

골프 (Golf) 173

조립하기 골프 (Golf)

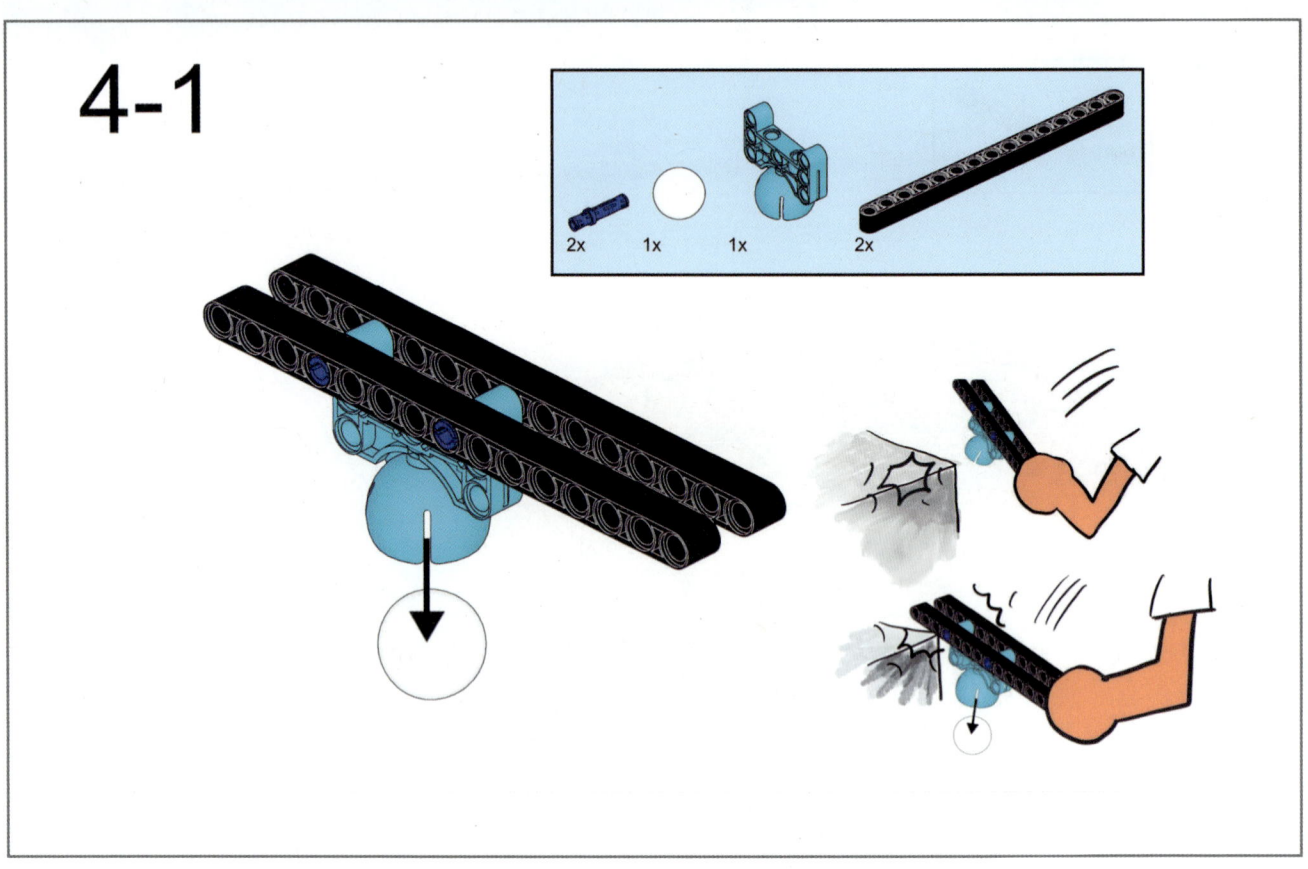

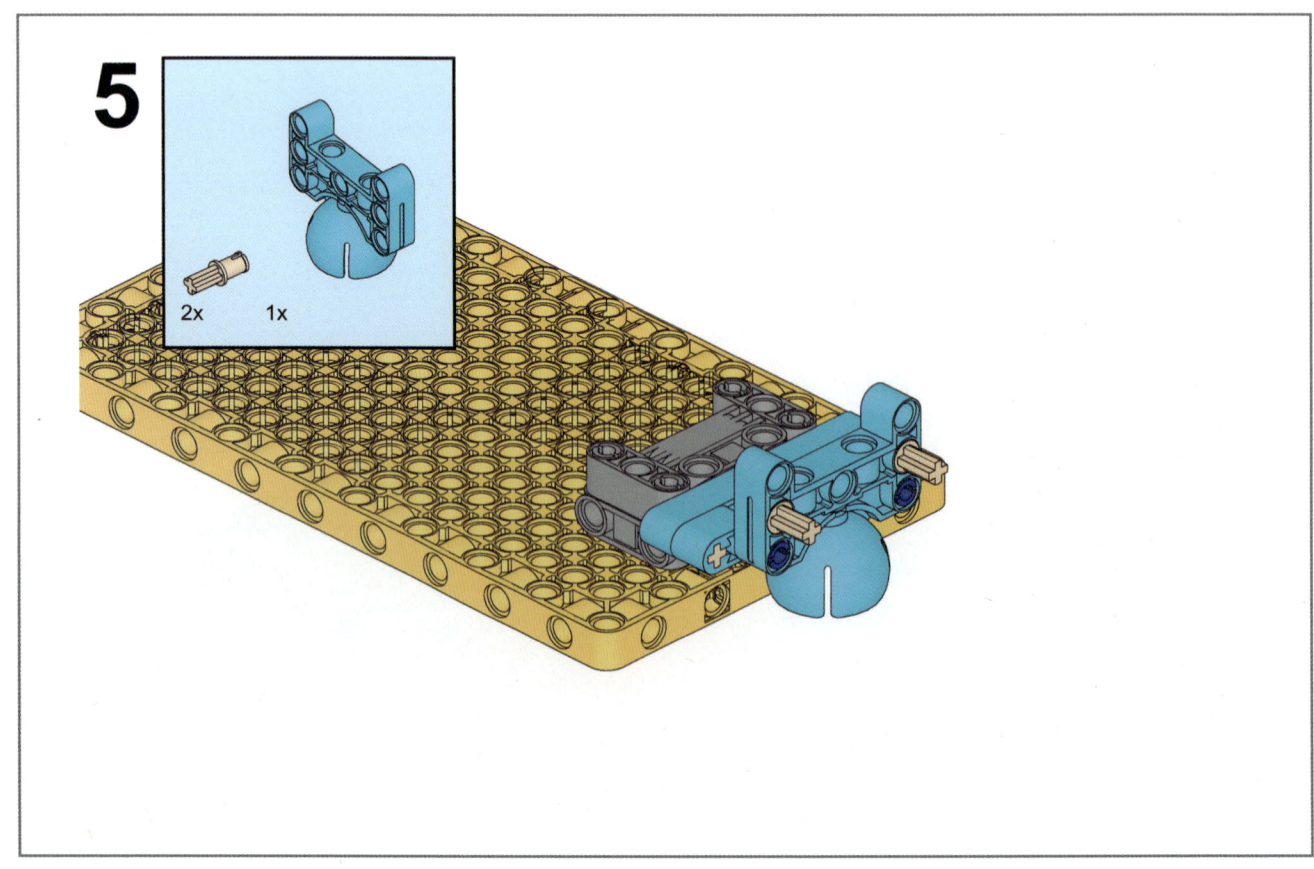

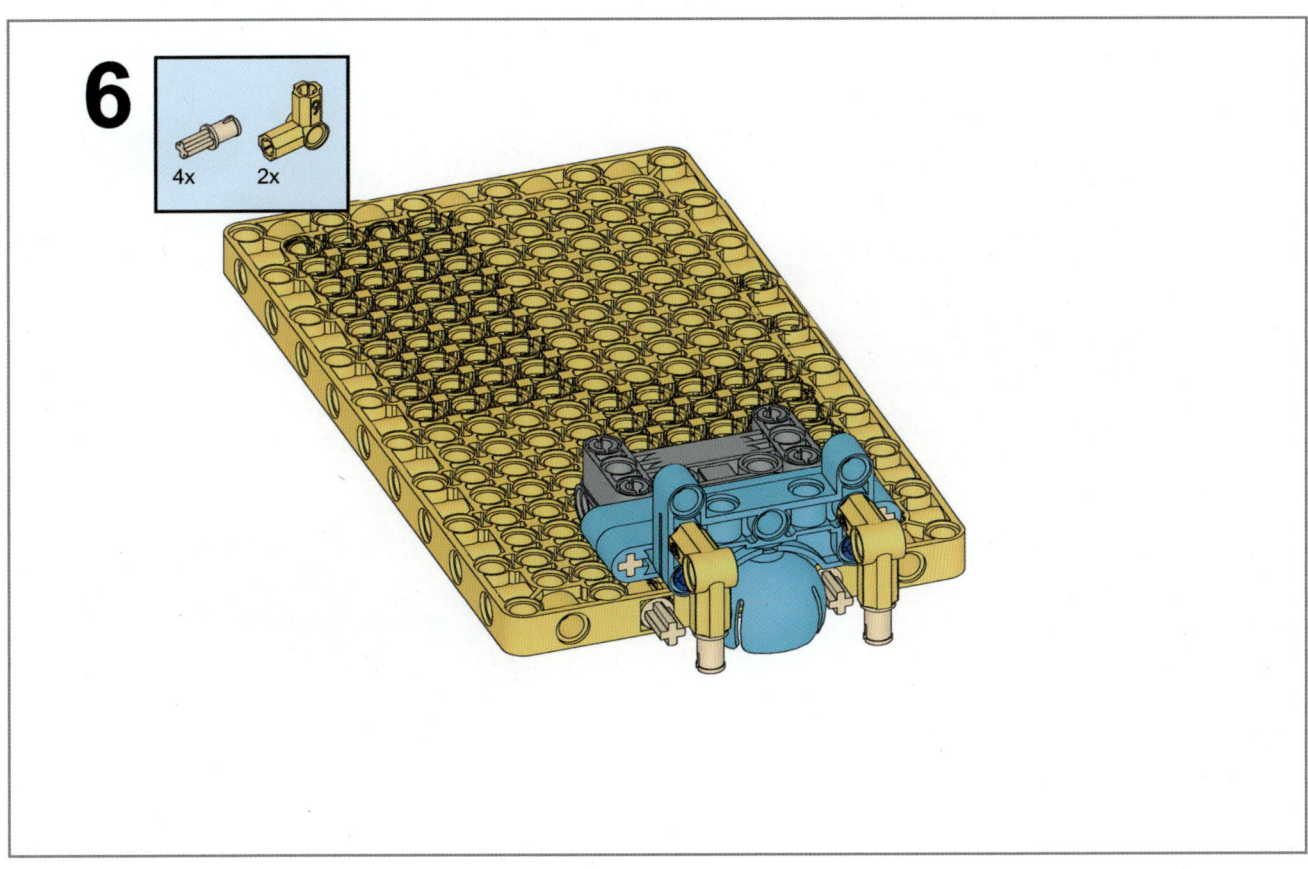

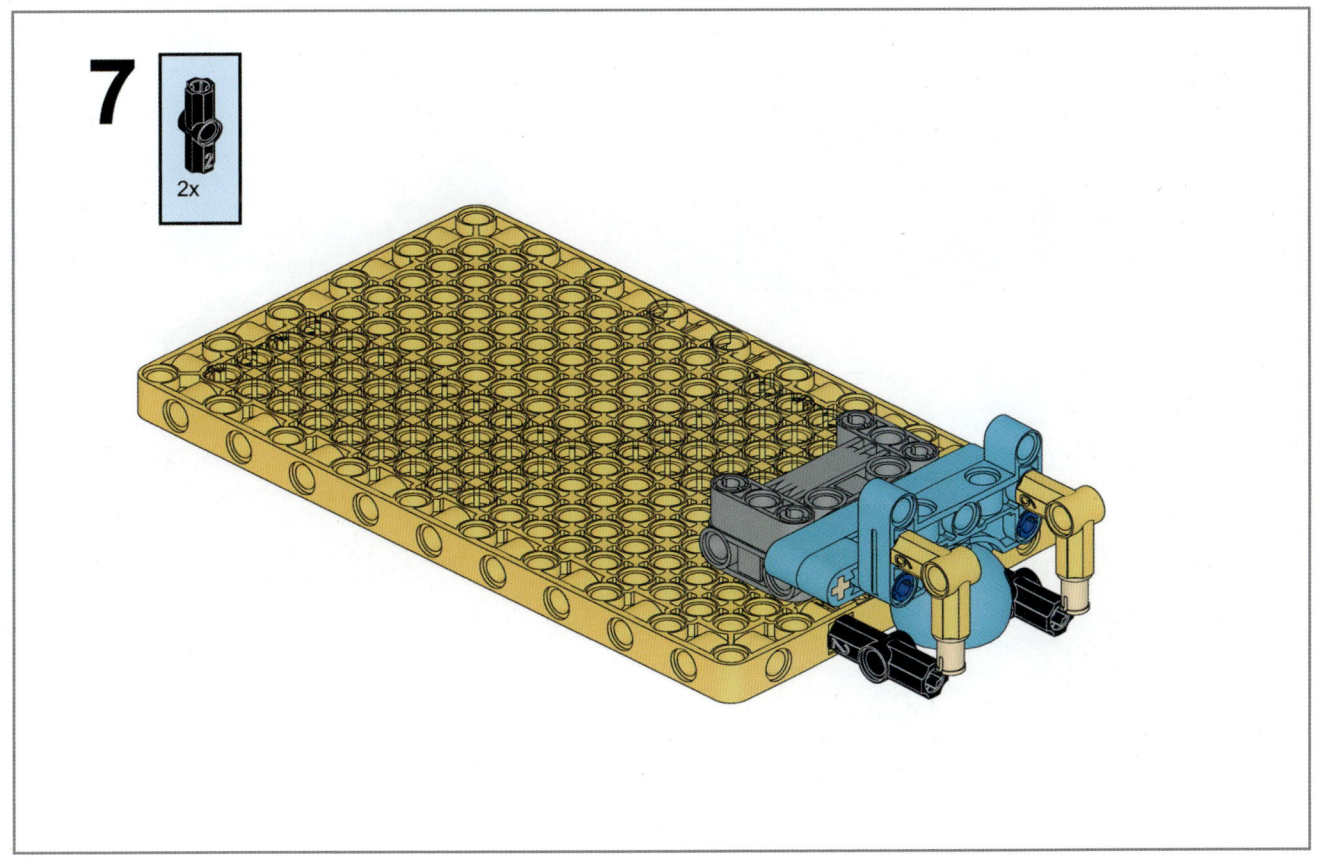

골프 (Golf)

조립하기 골프 (Golf)

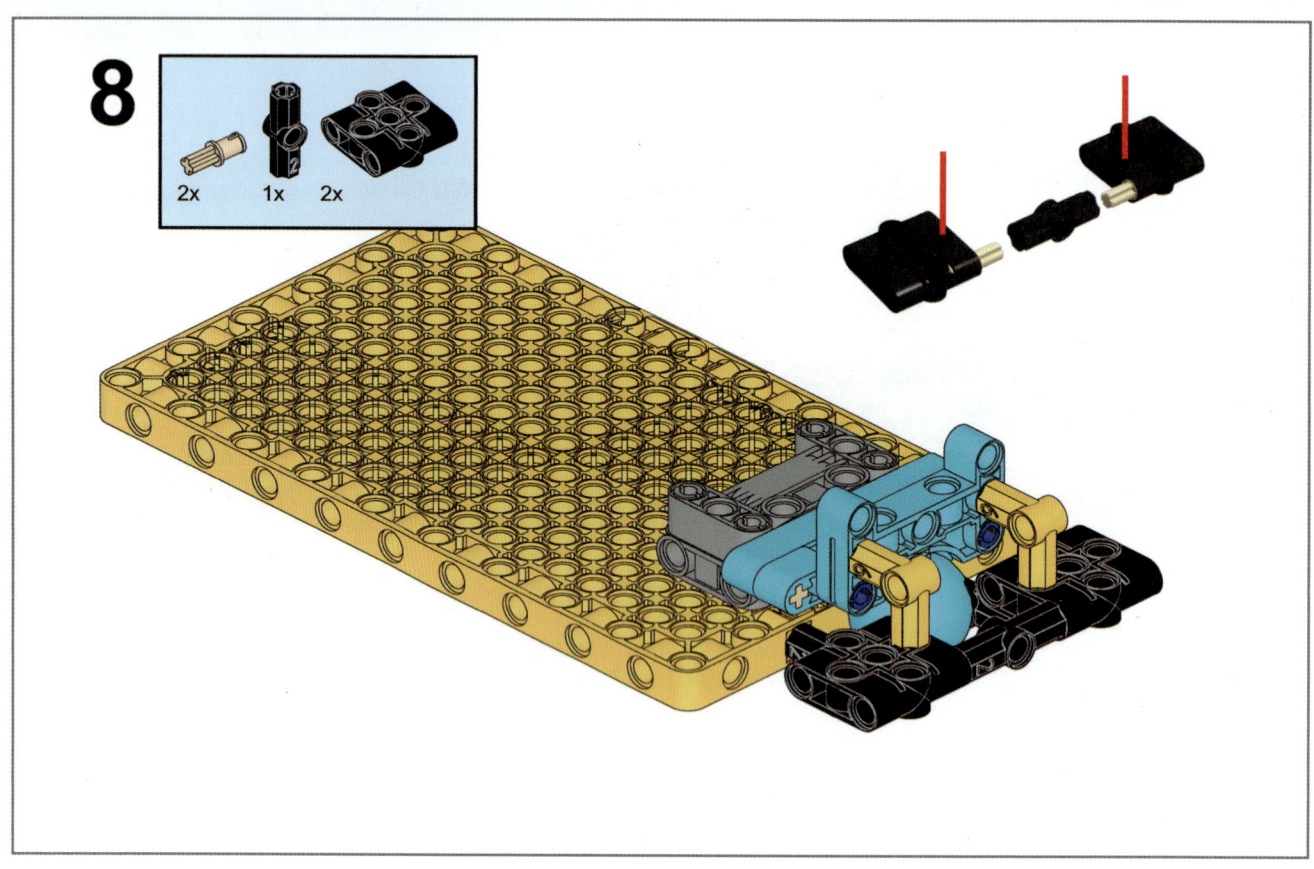

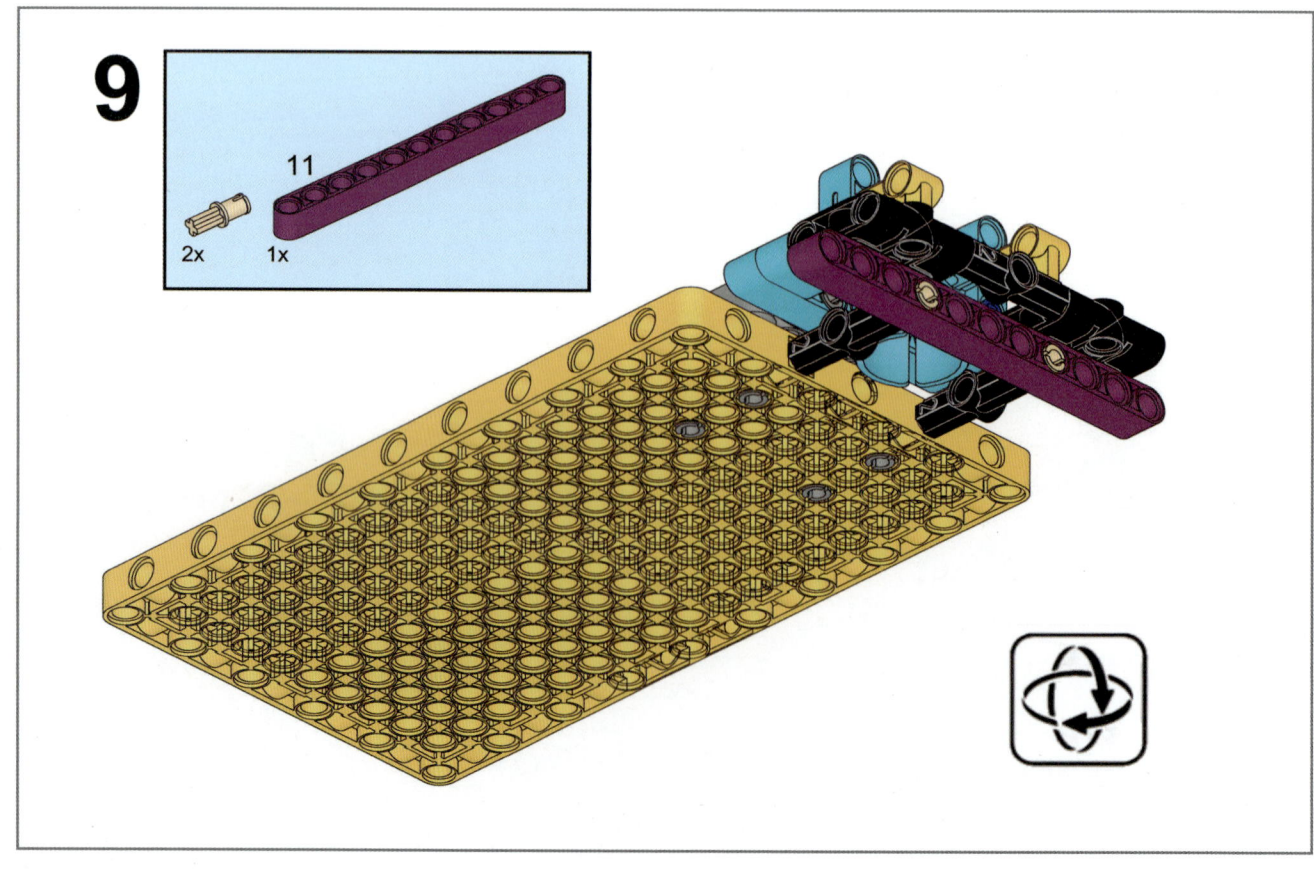

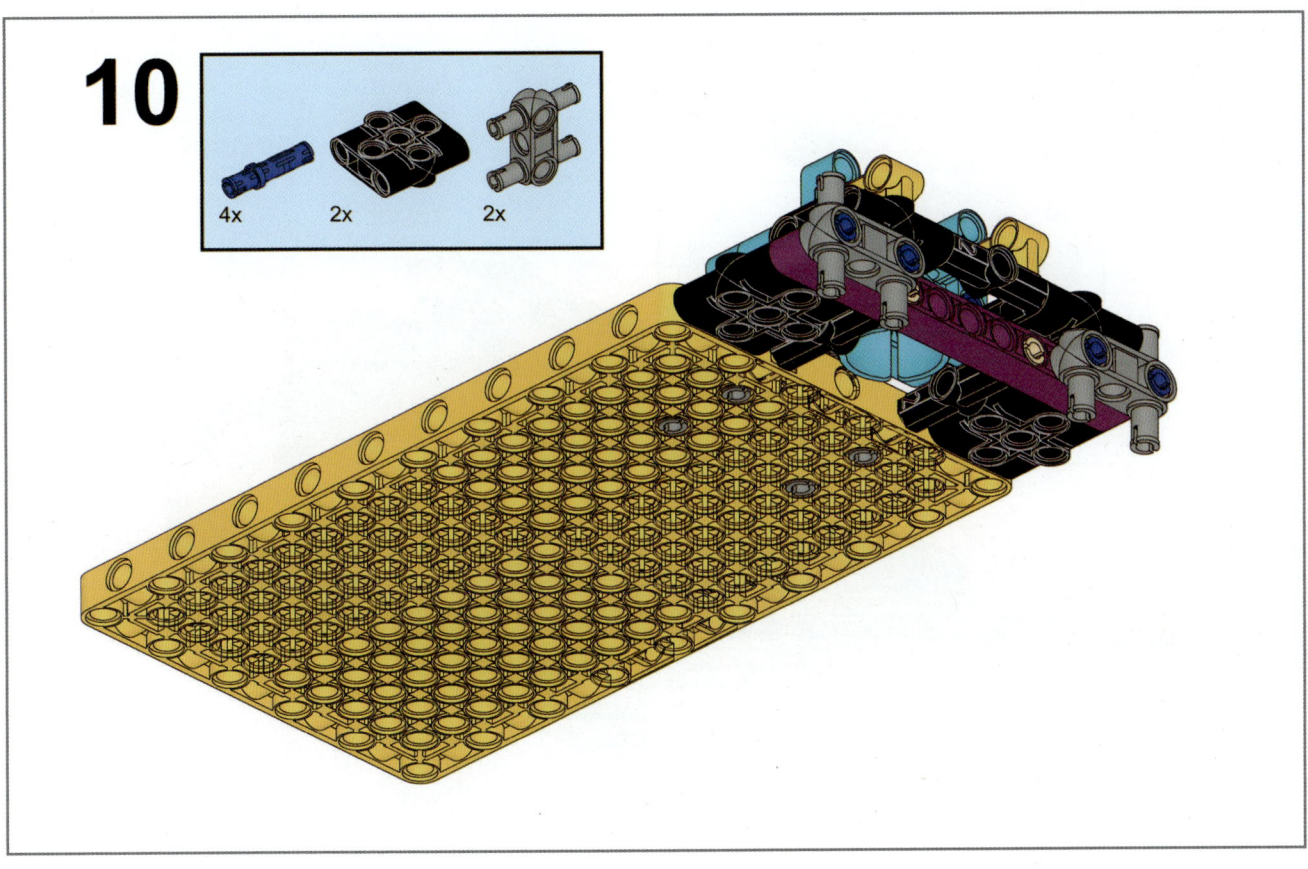

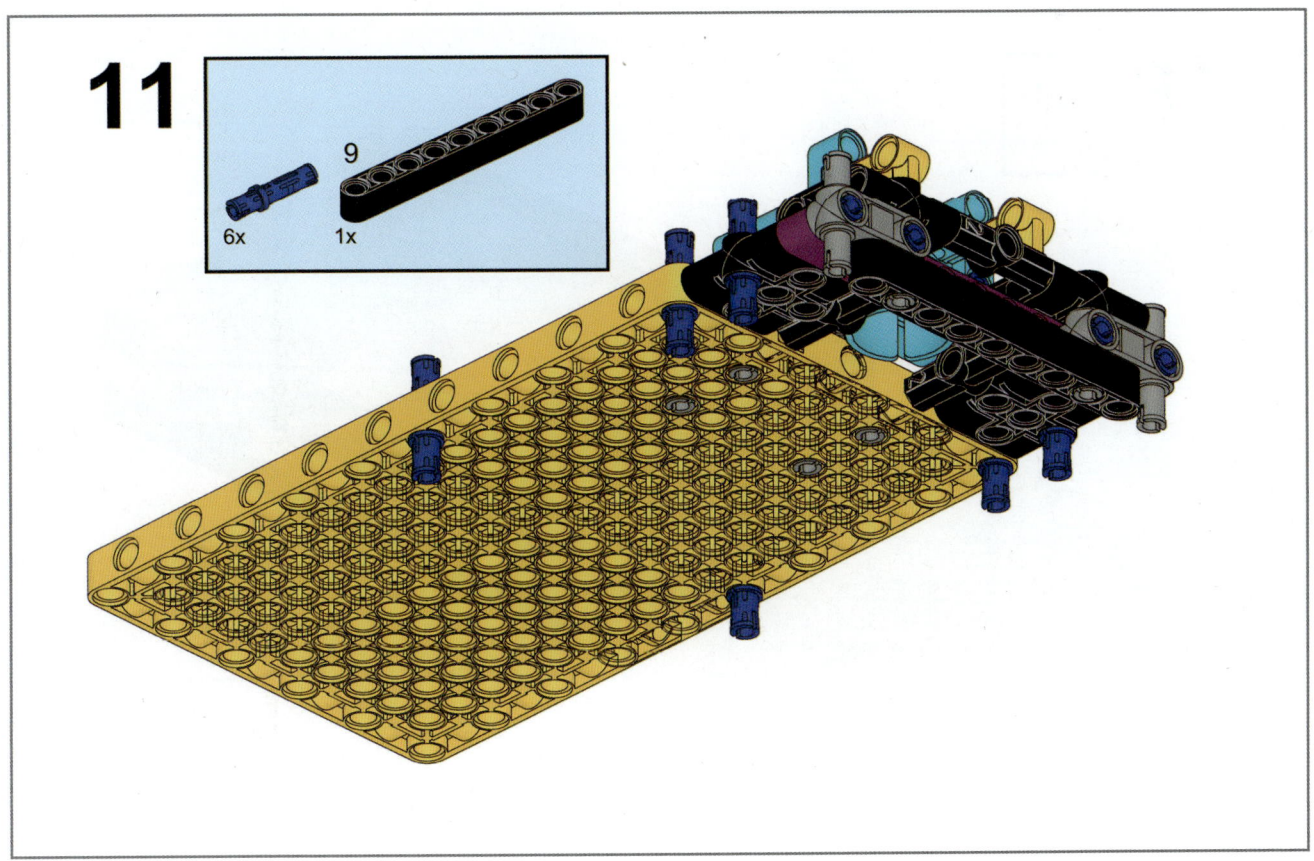

골프 (Golf) 177

조립하기 골프 (Golf)

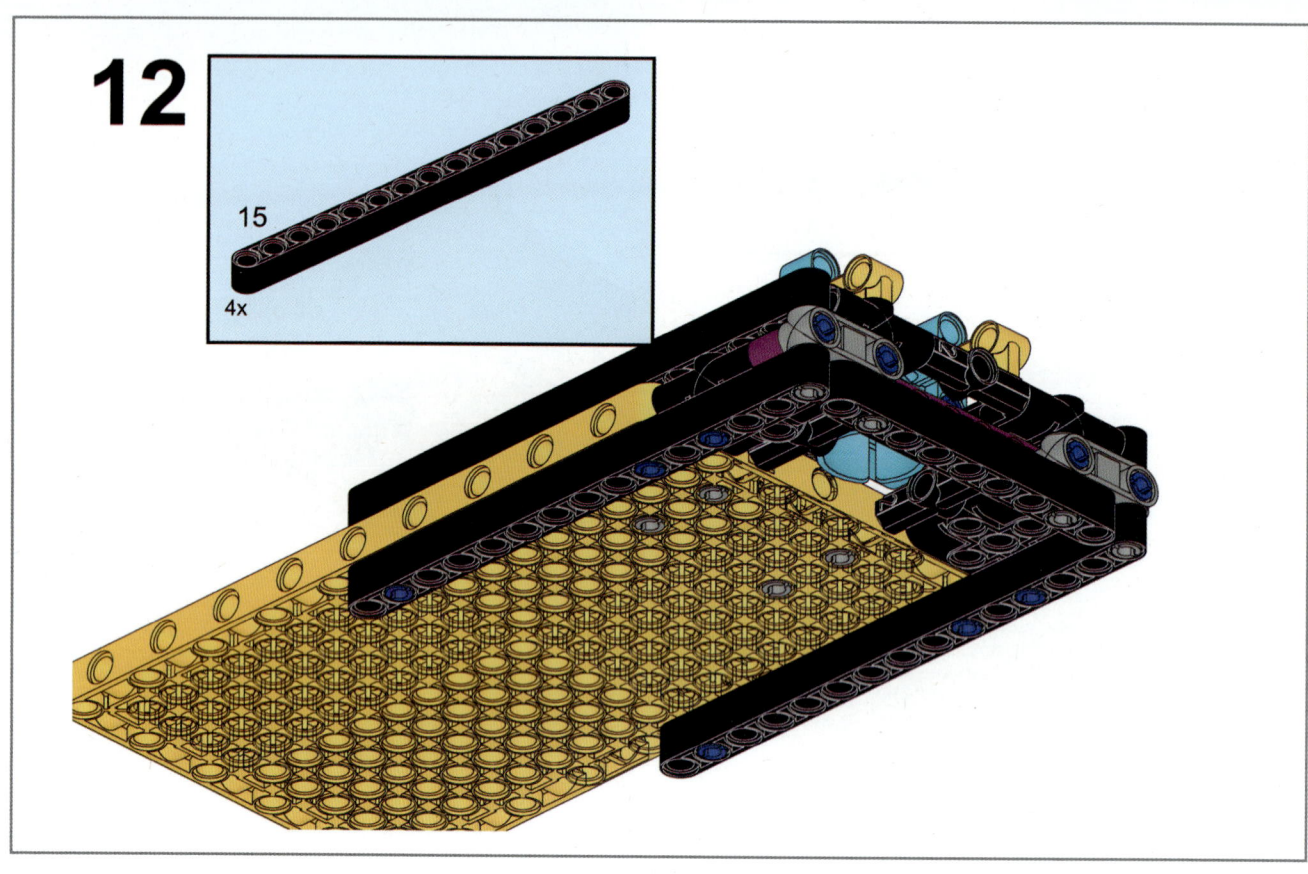

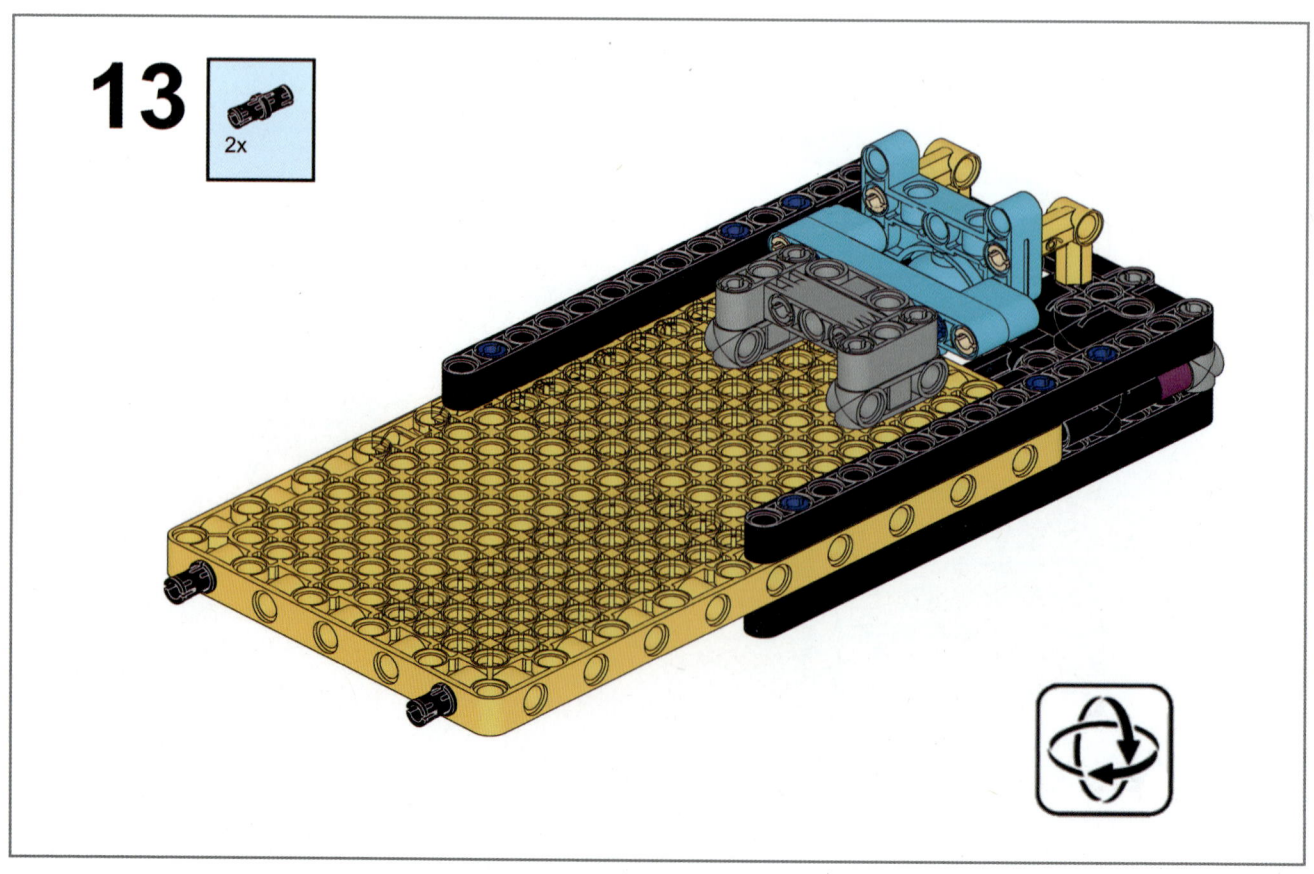

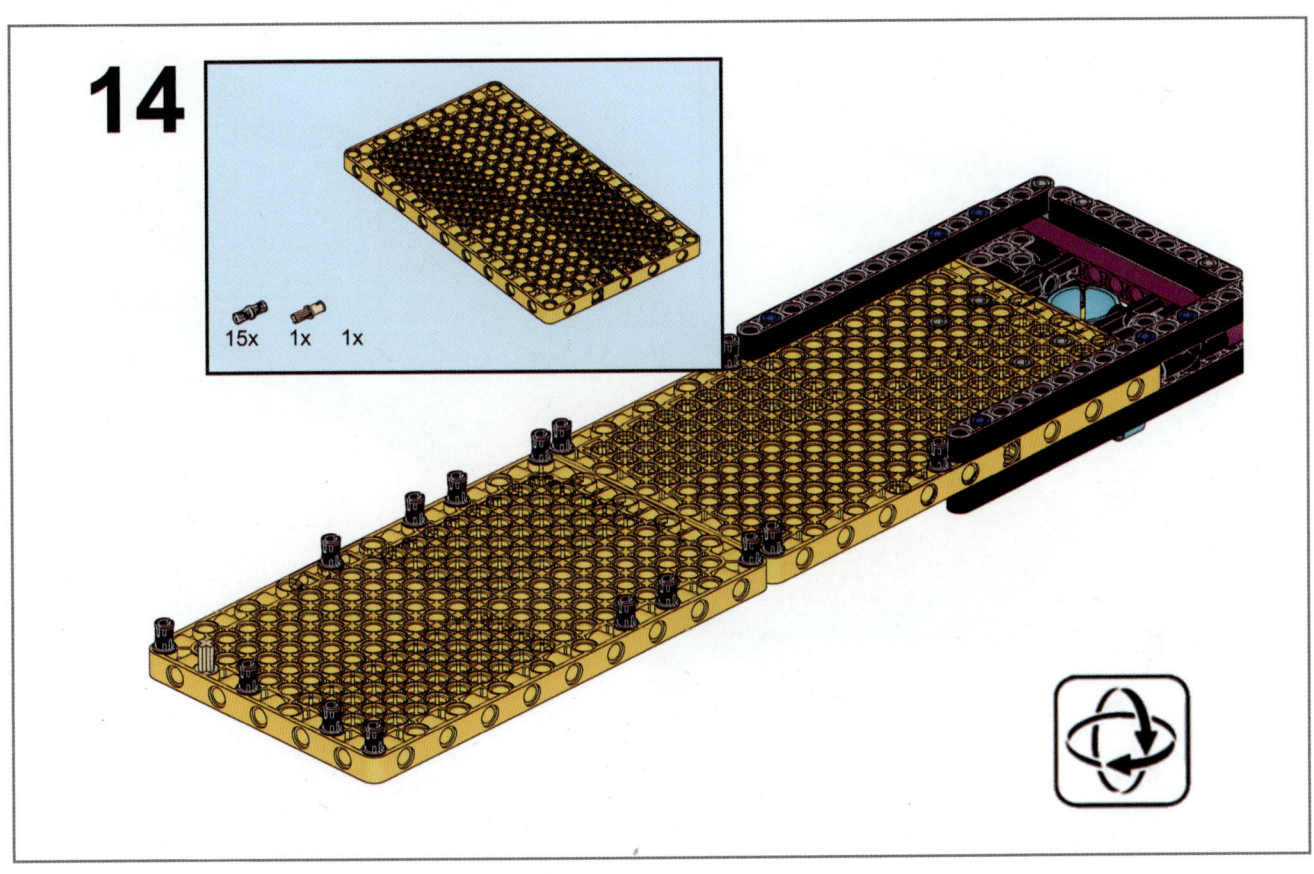

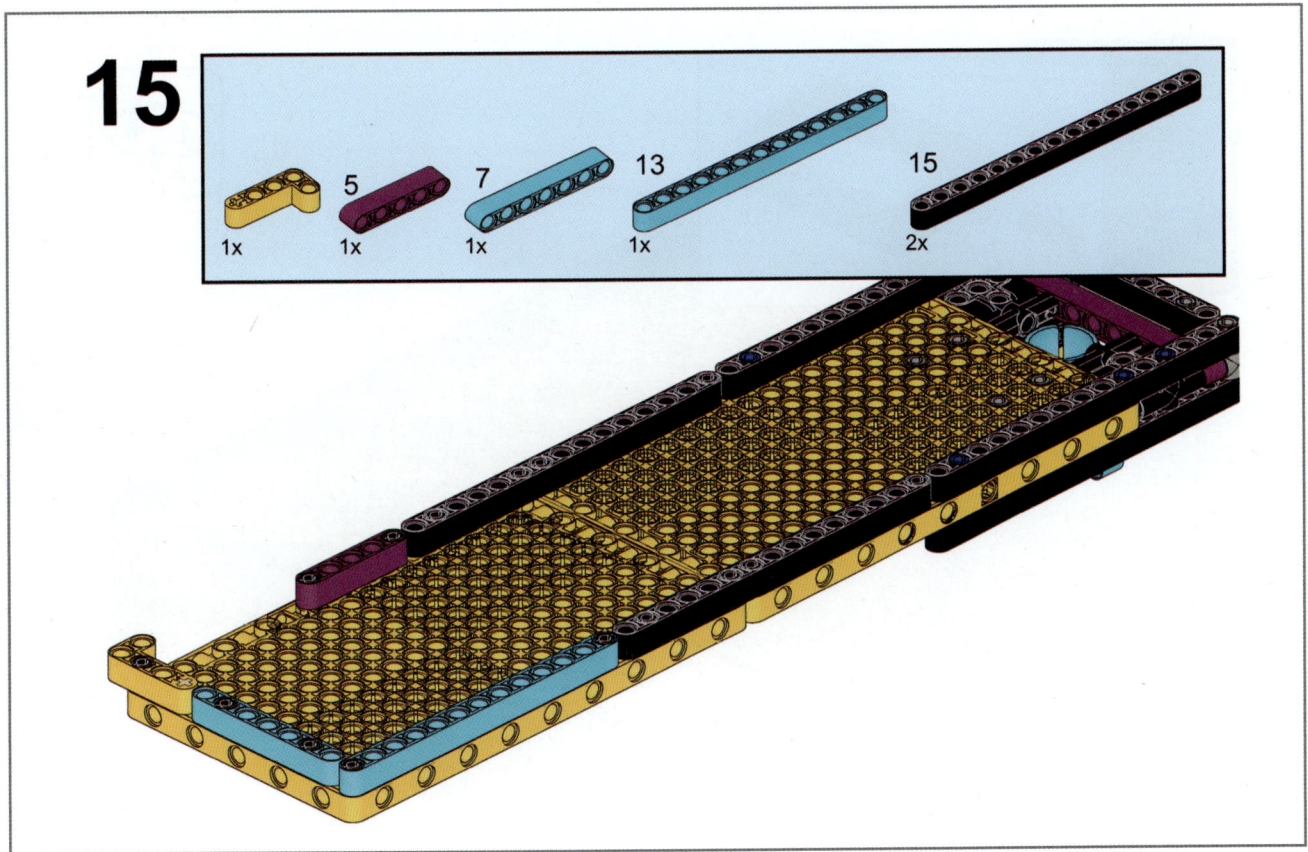

골프 (Golf)

조립하기 골프 (Golf)

16

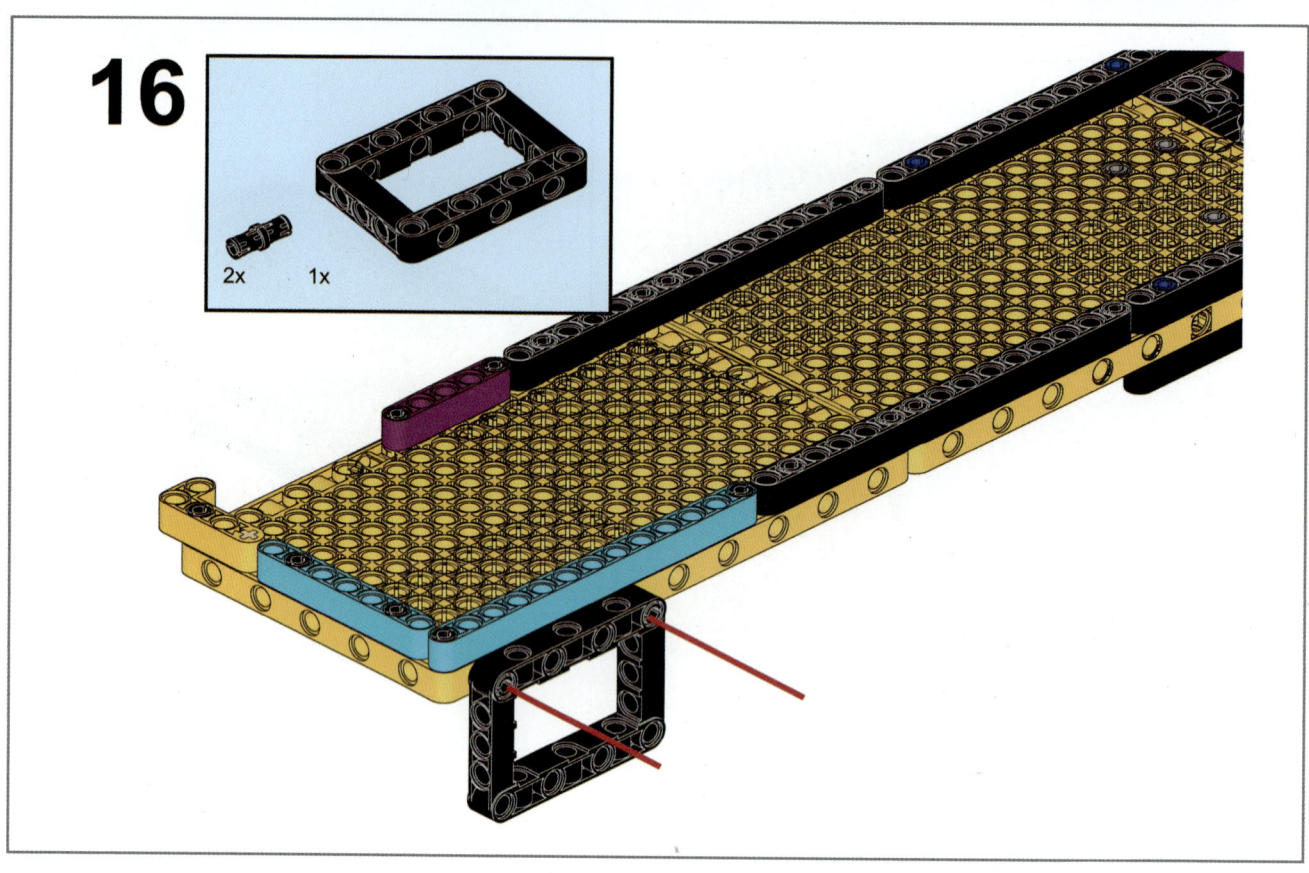

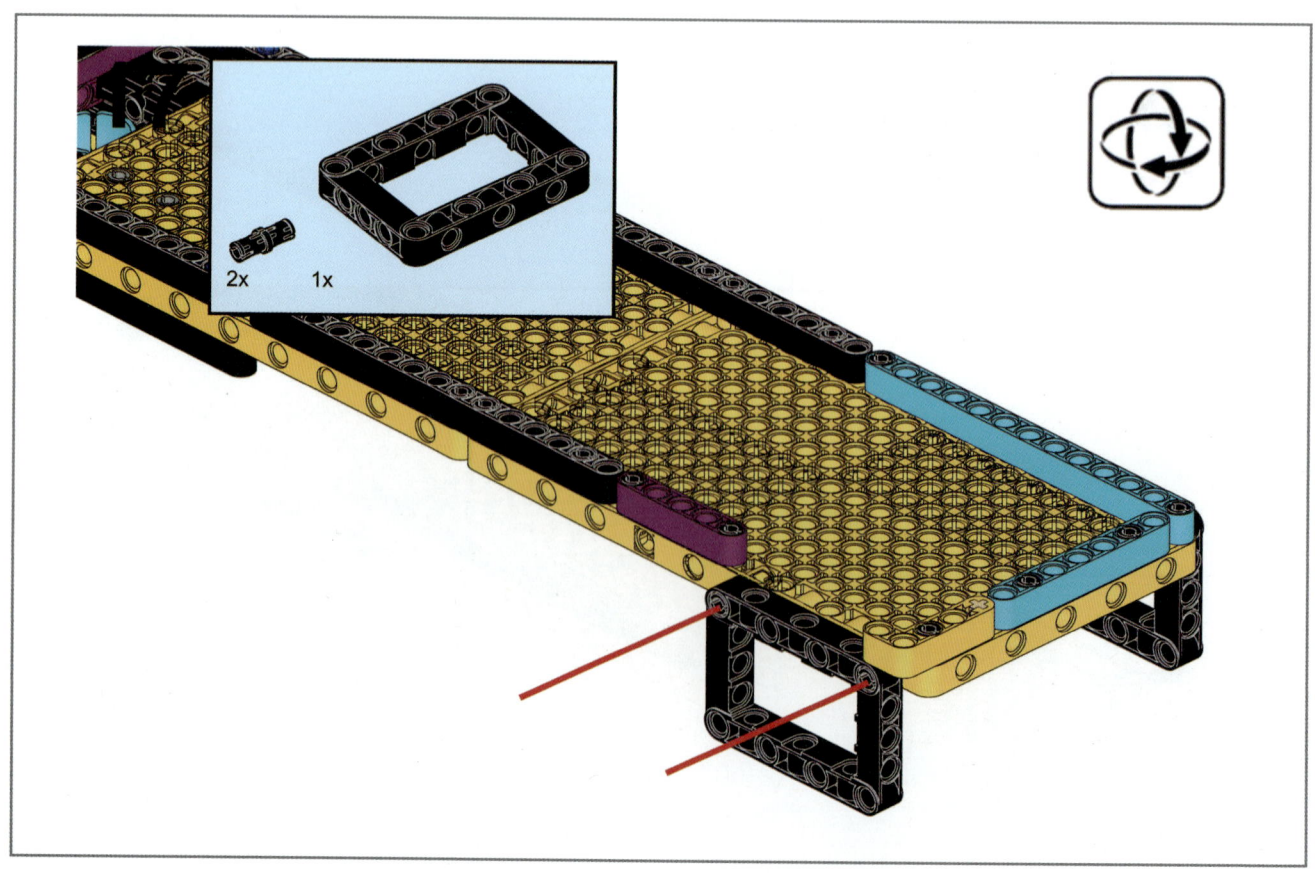

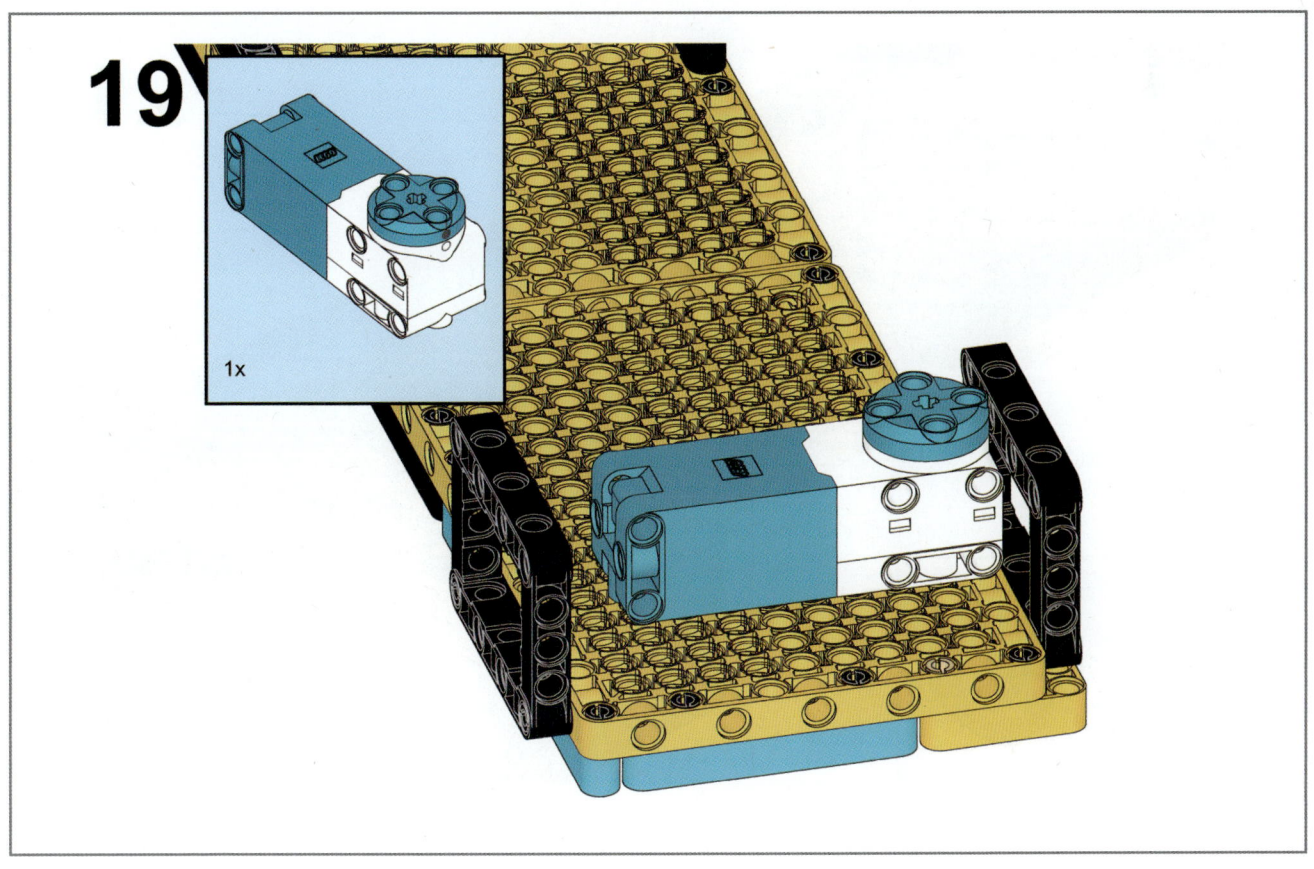

골프 (Golf)

조립하기 골프 (Golf)

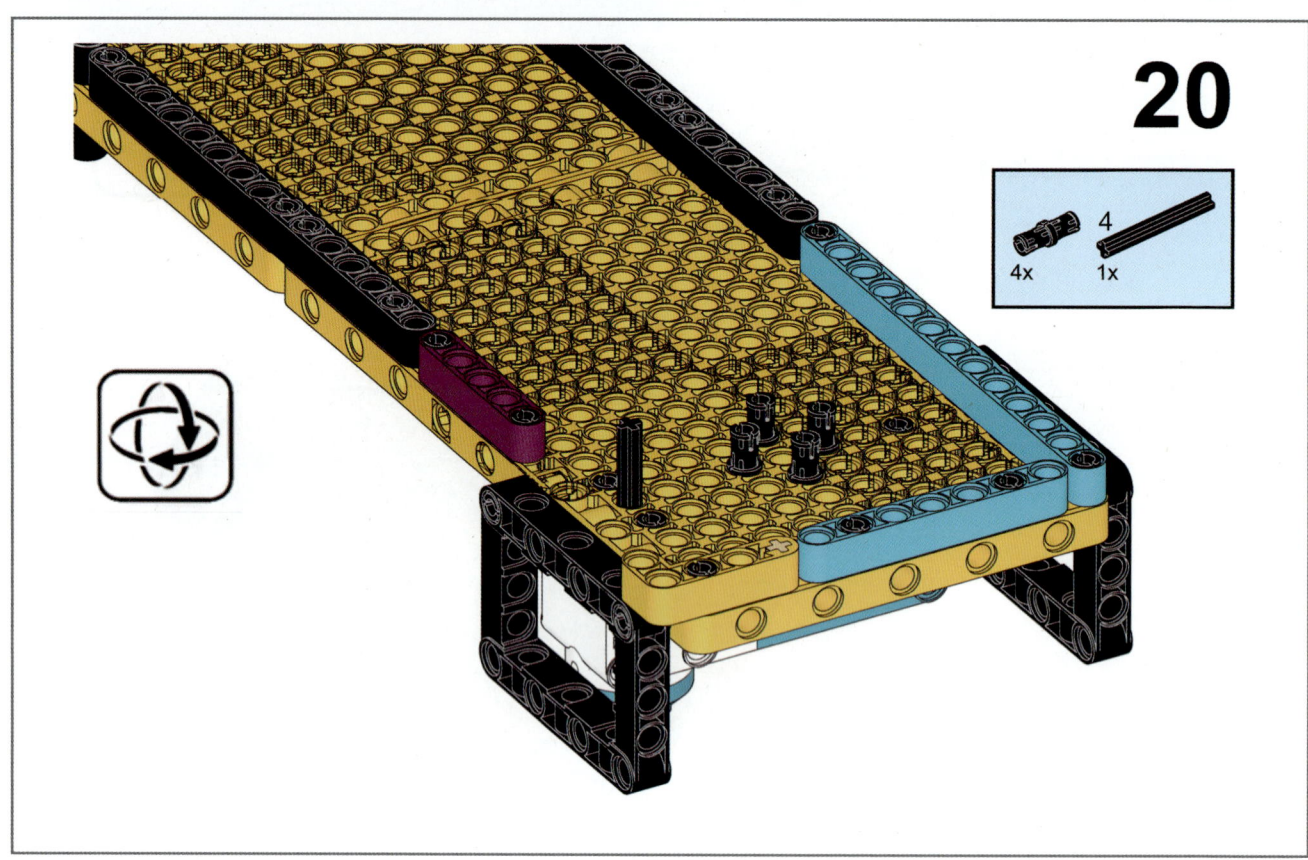

20

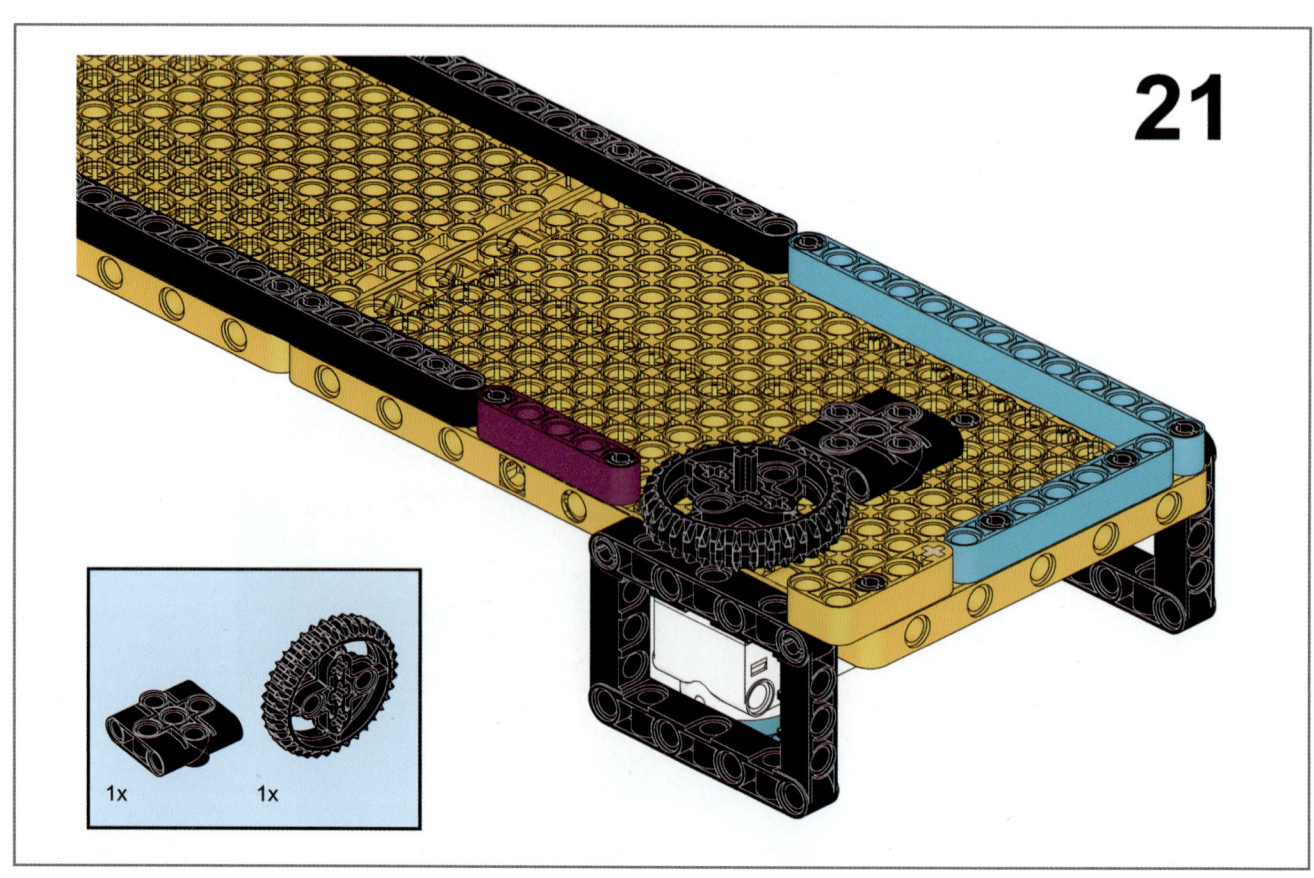

21

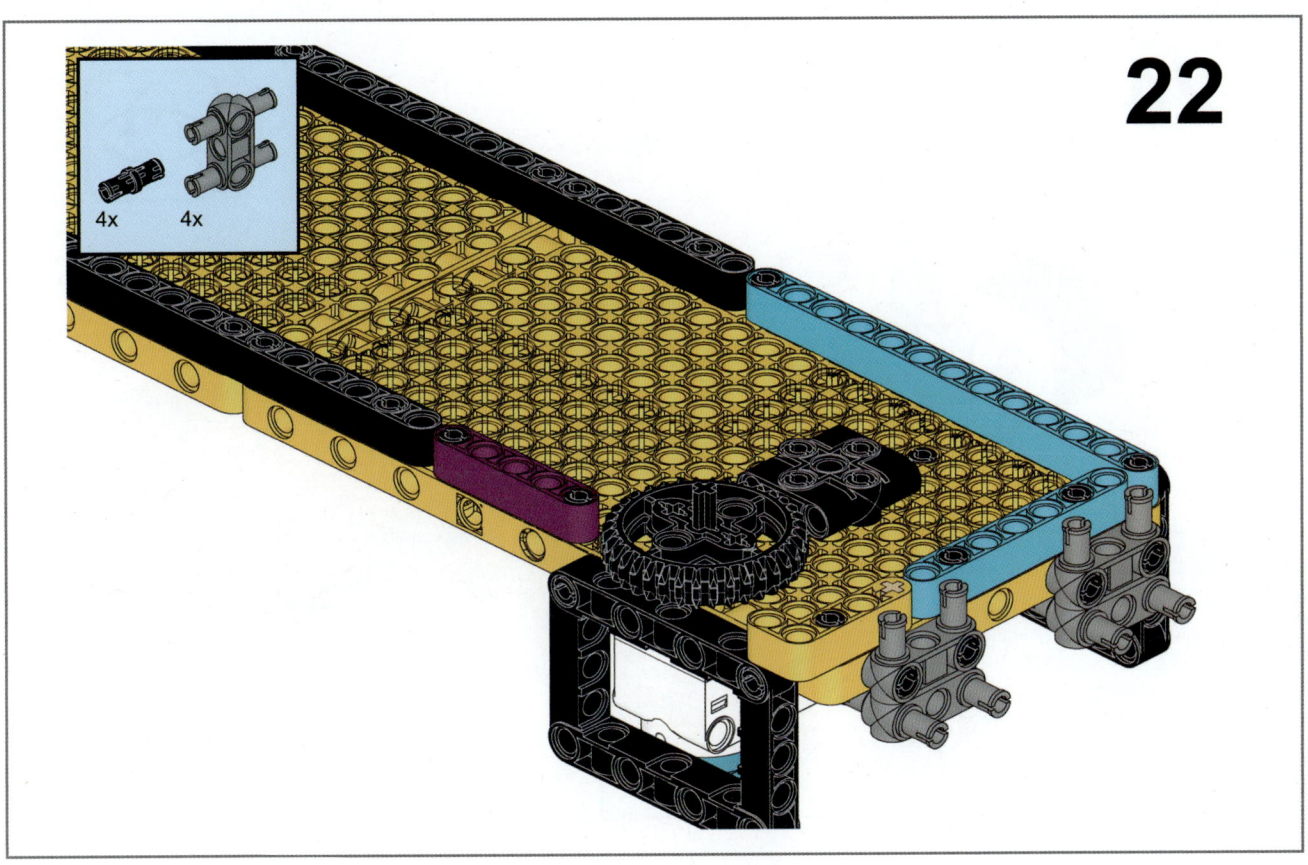

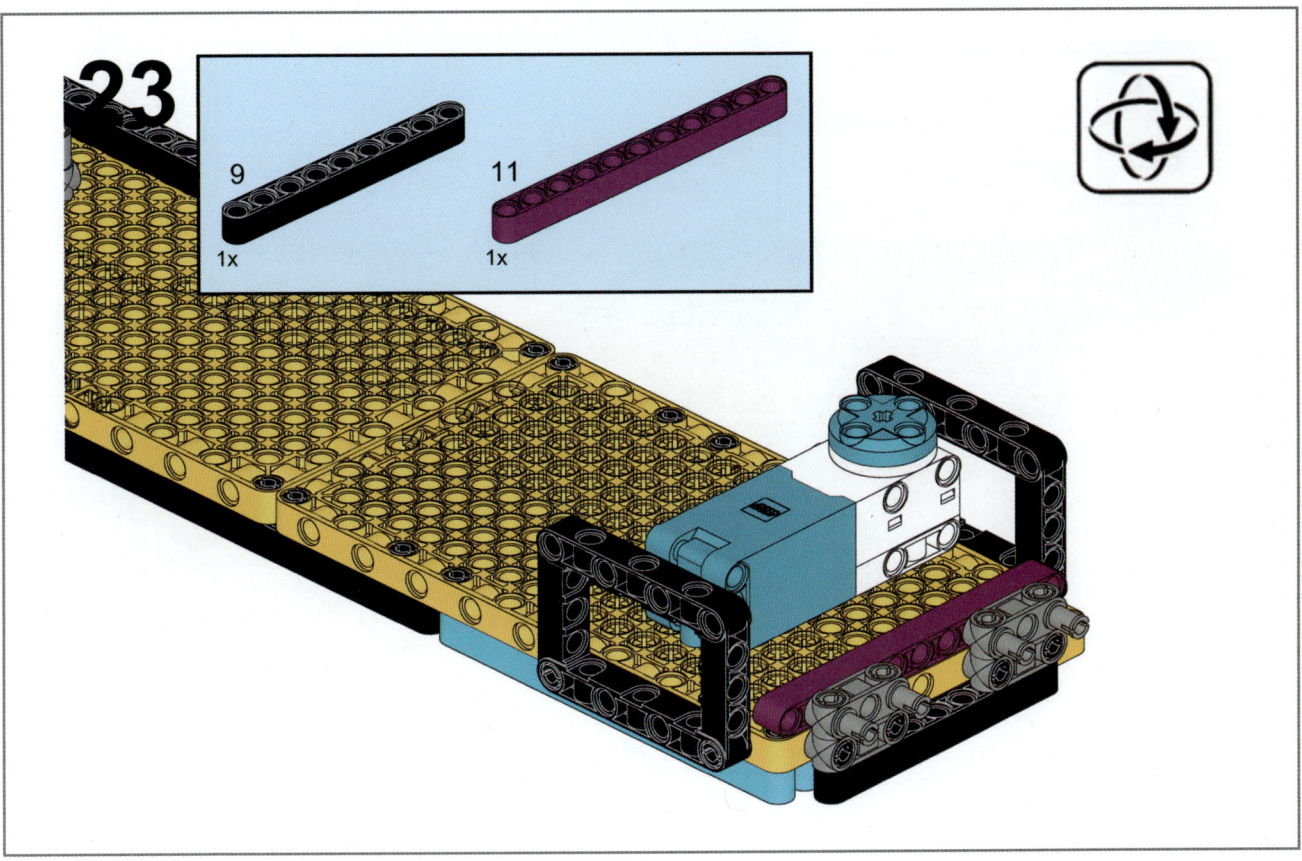

골프 (Golf) 183

조립하기 골프 (Golf)

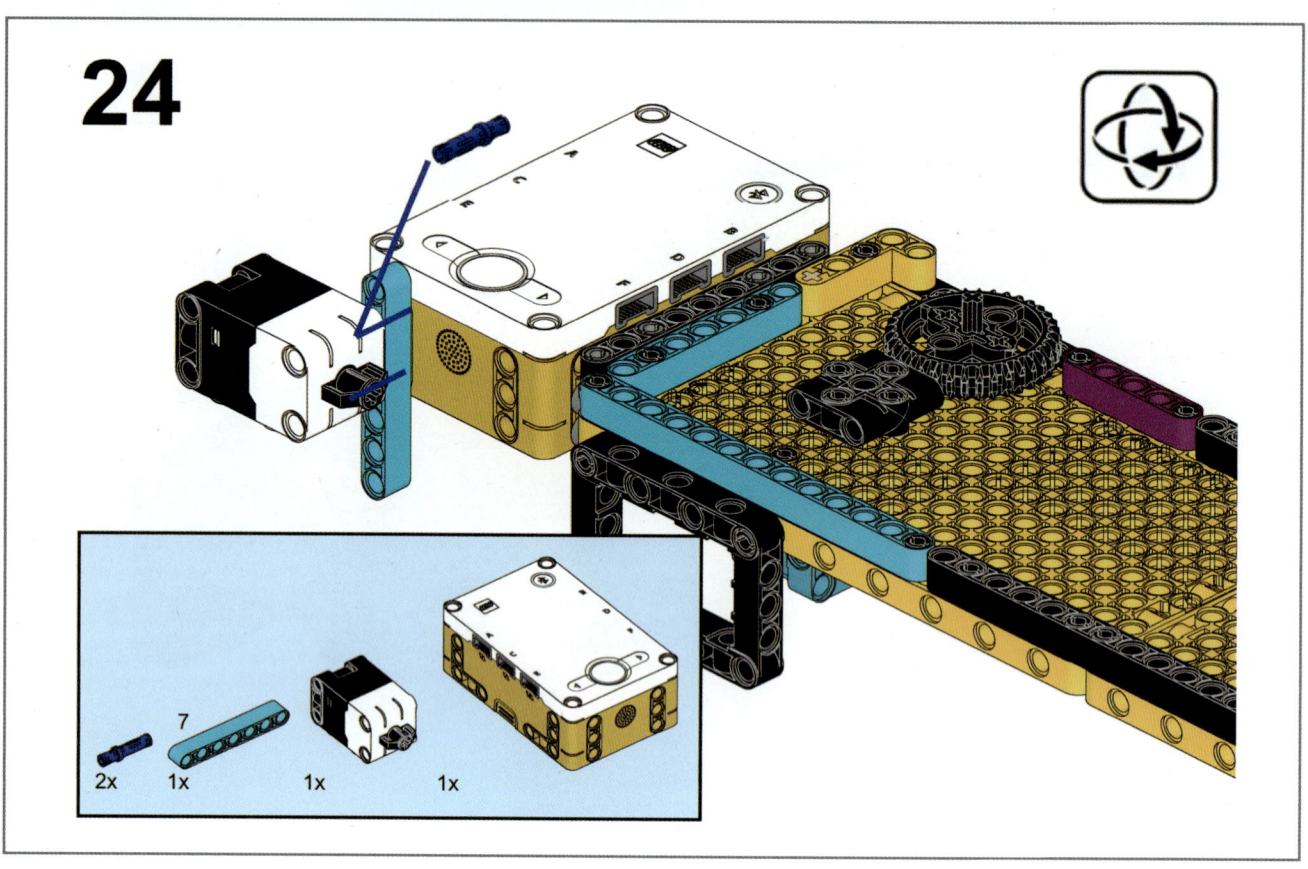

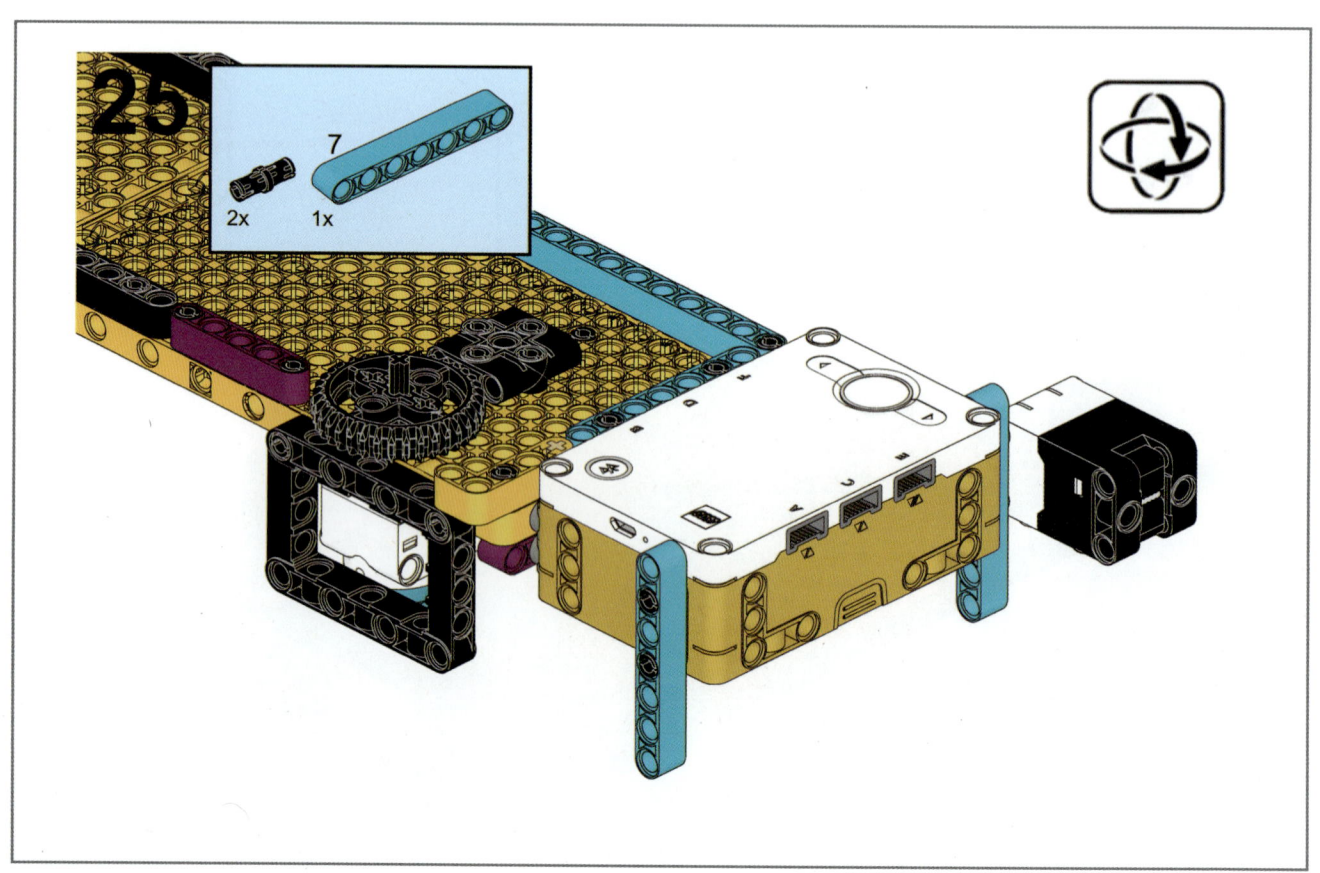

26

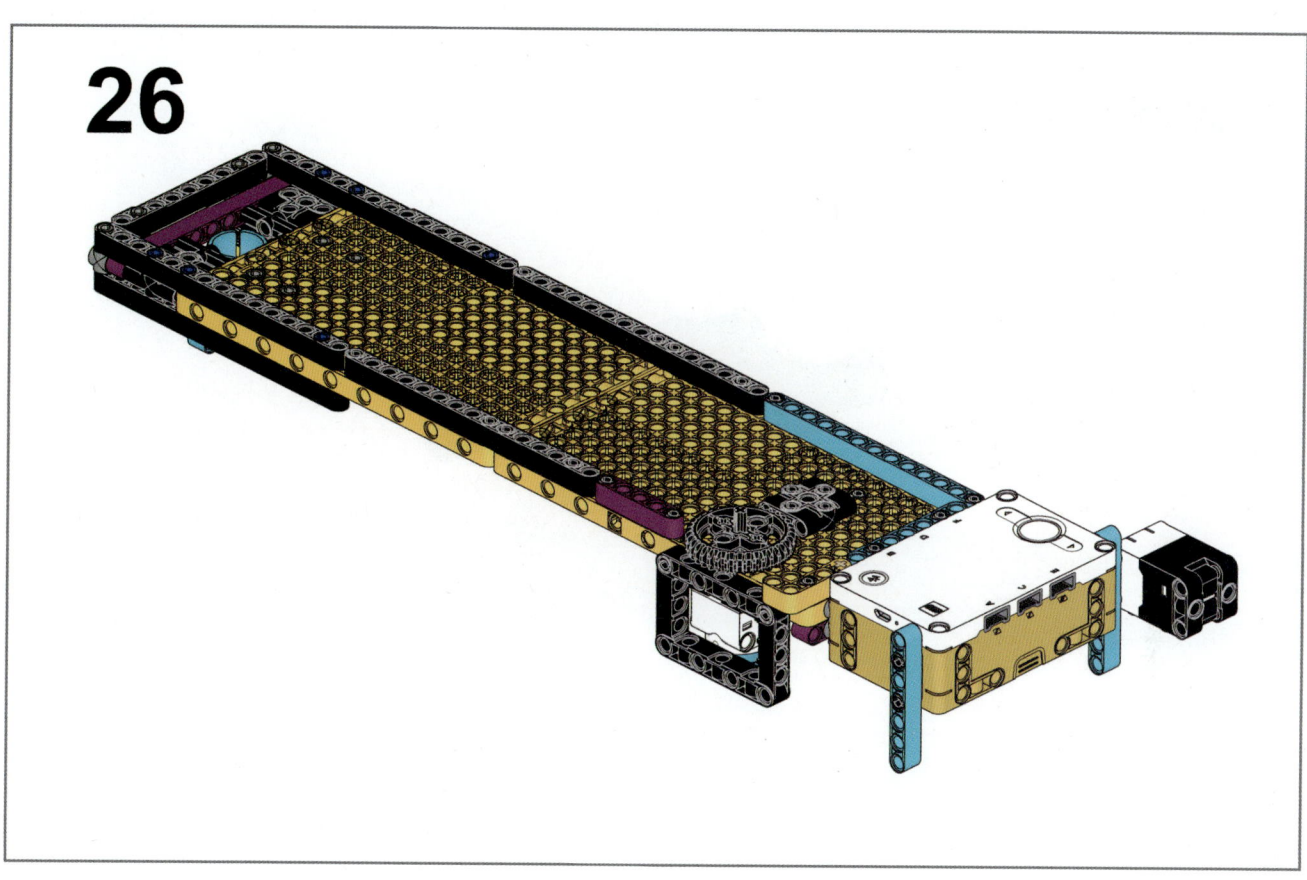

27

조립하기 골프 (Golf)

28
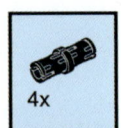
4x

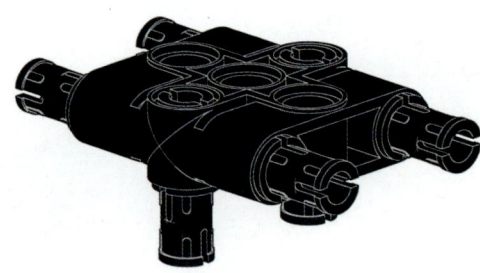

29

4x 2x

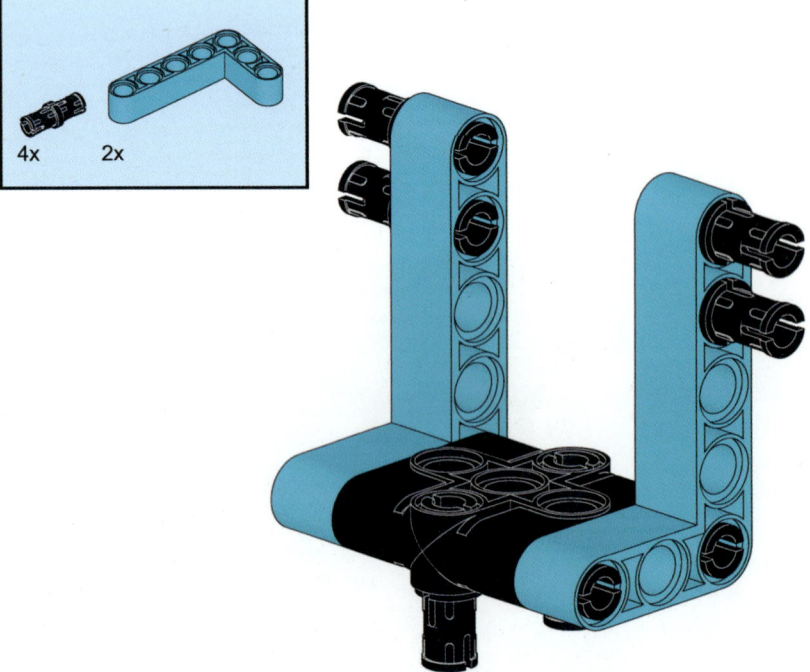

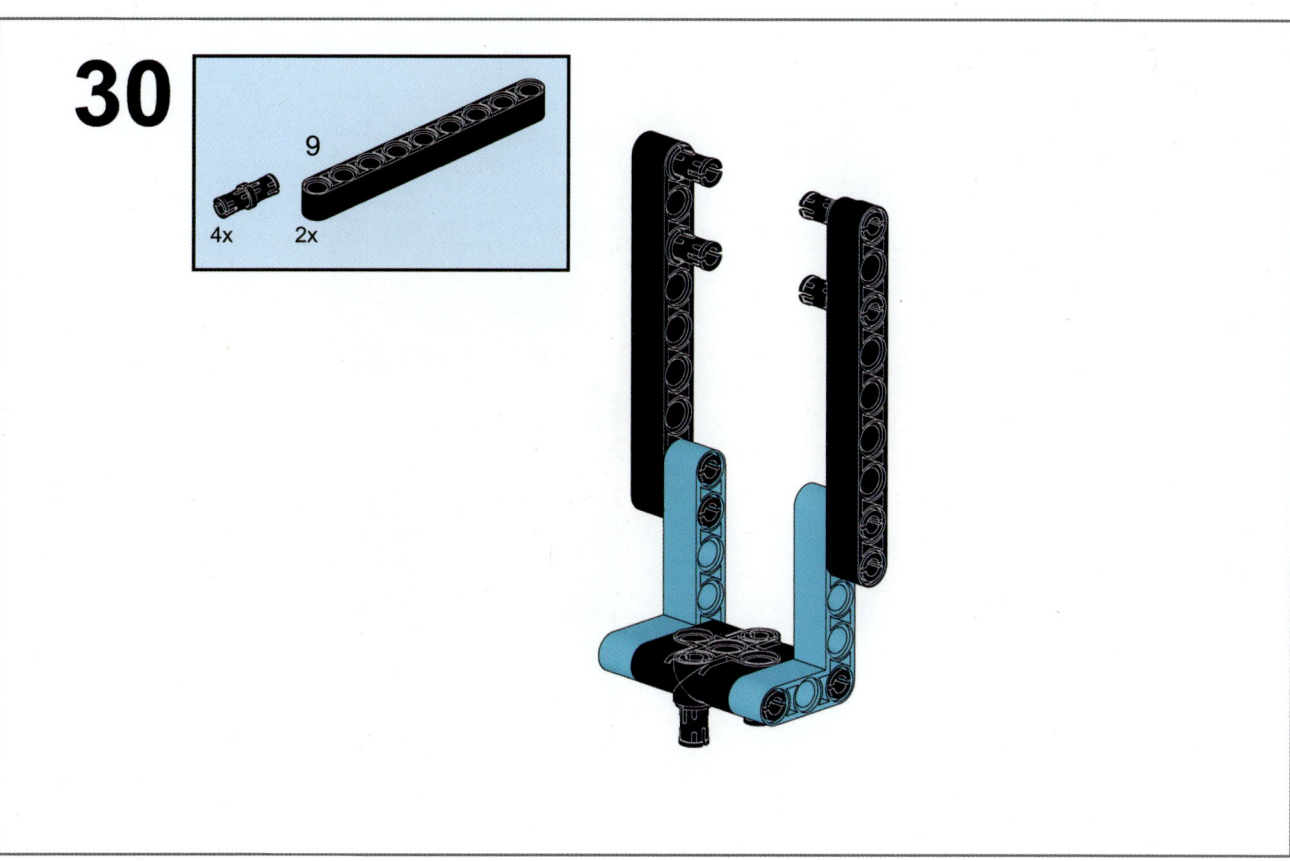

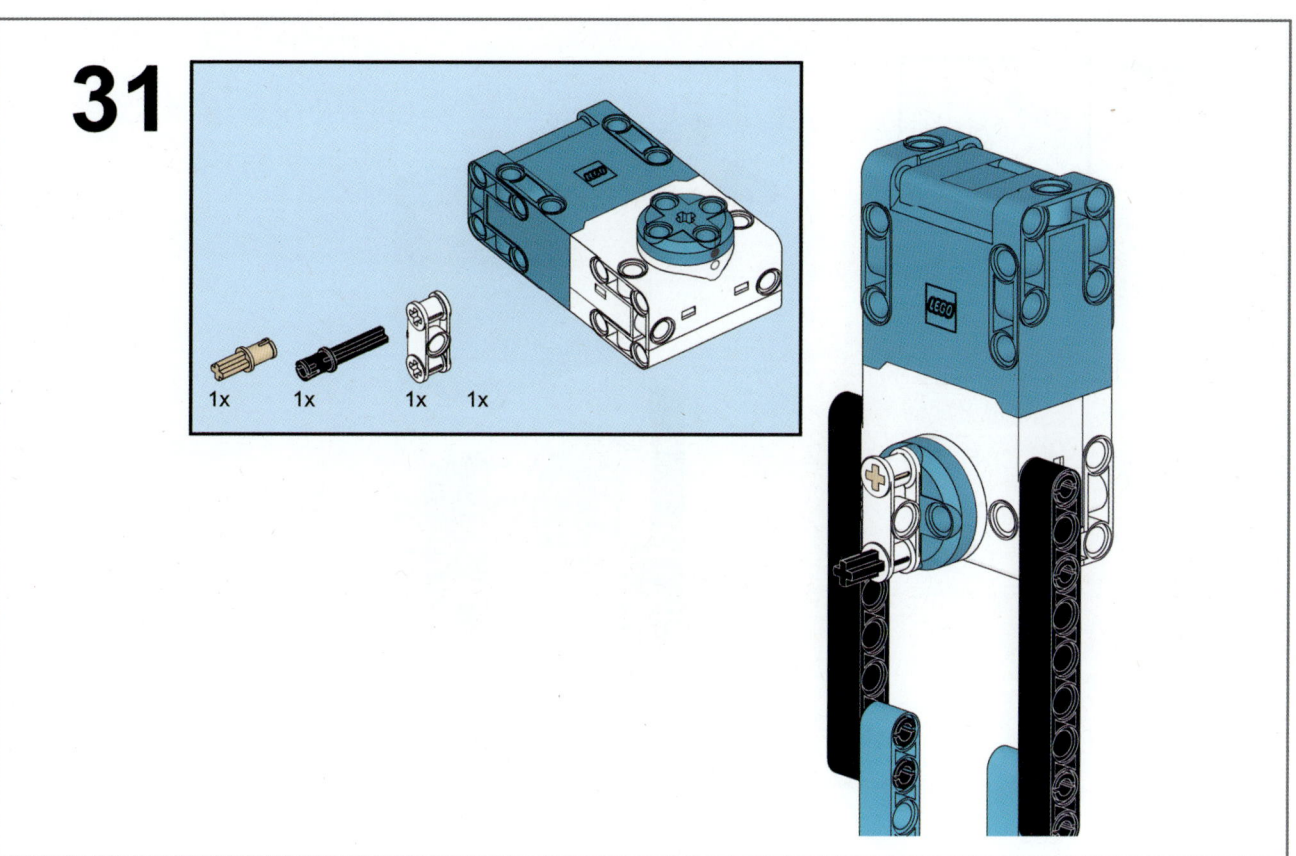

골프 (Golf)

조립하기 골프 (Golf)

32

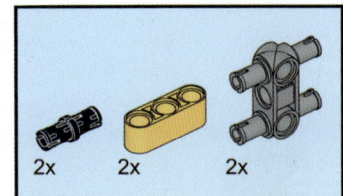
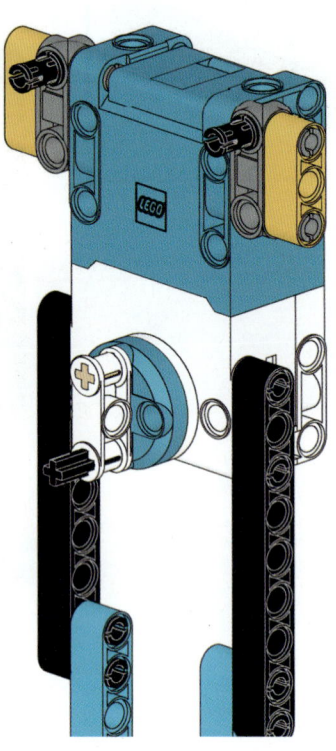

33

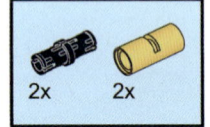
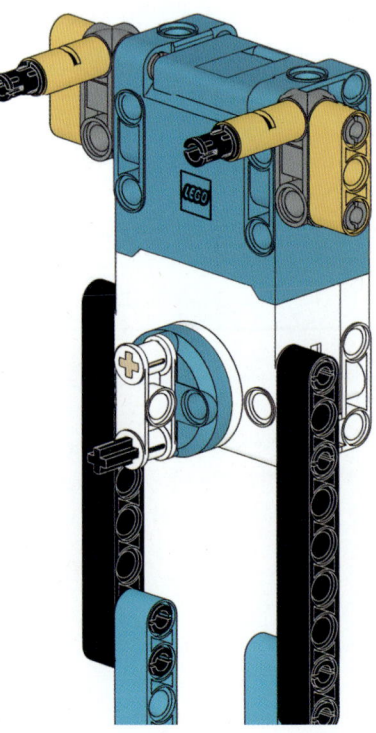

34

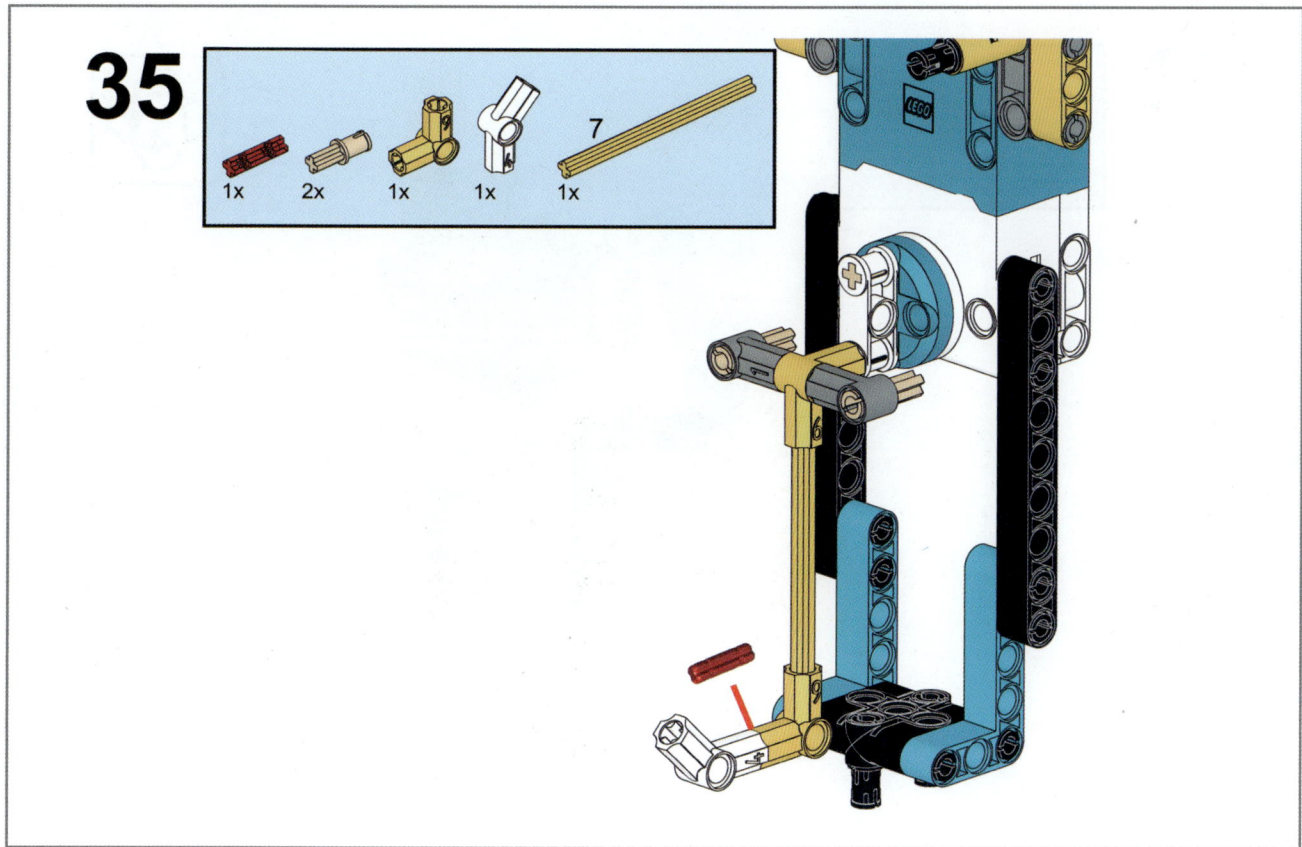

35

골프 (Golf) 189

조립하기 골프 (Golf)

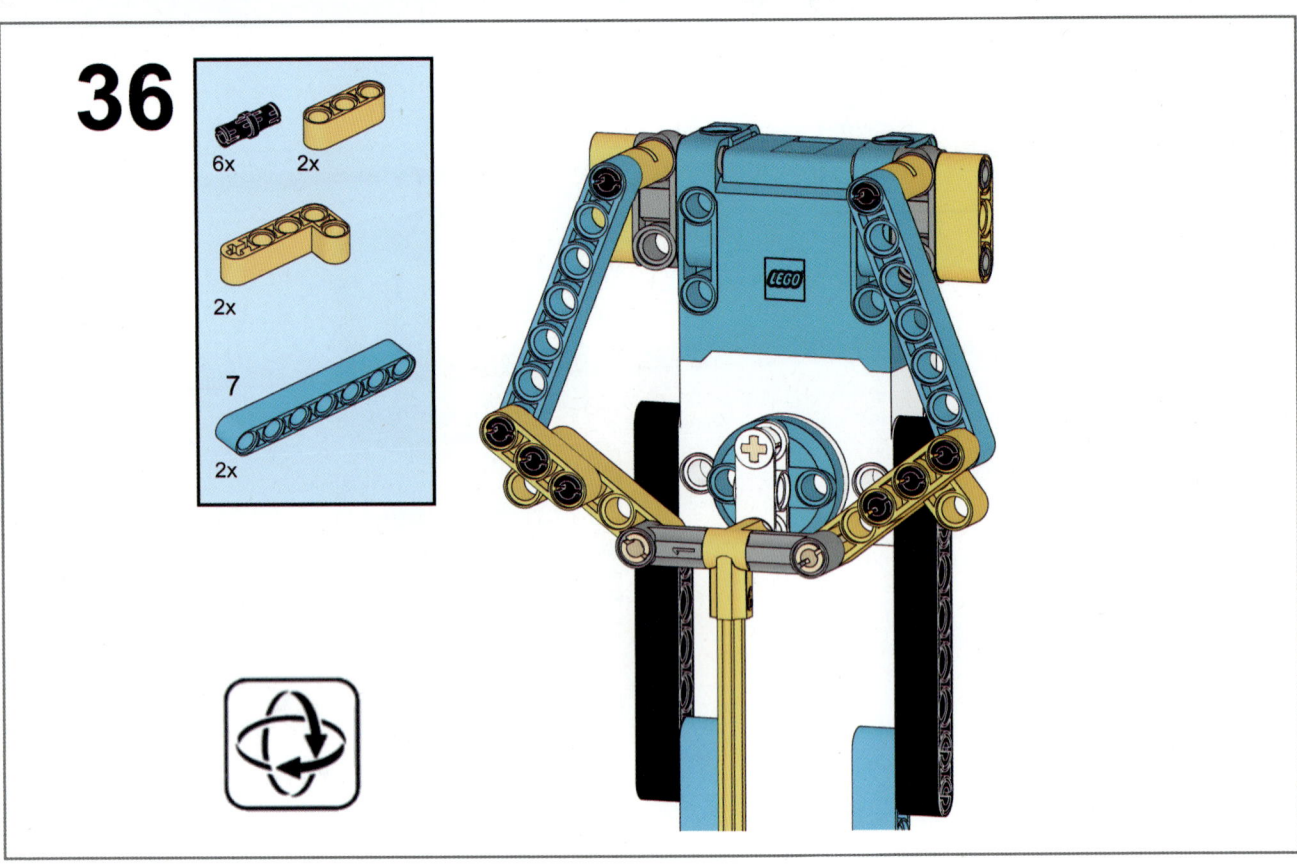

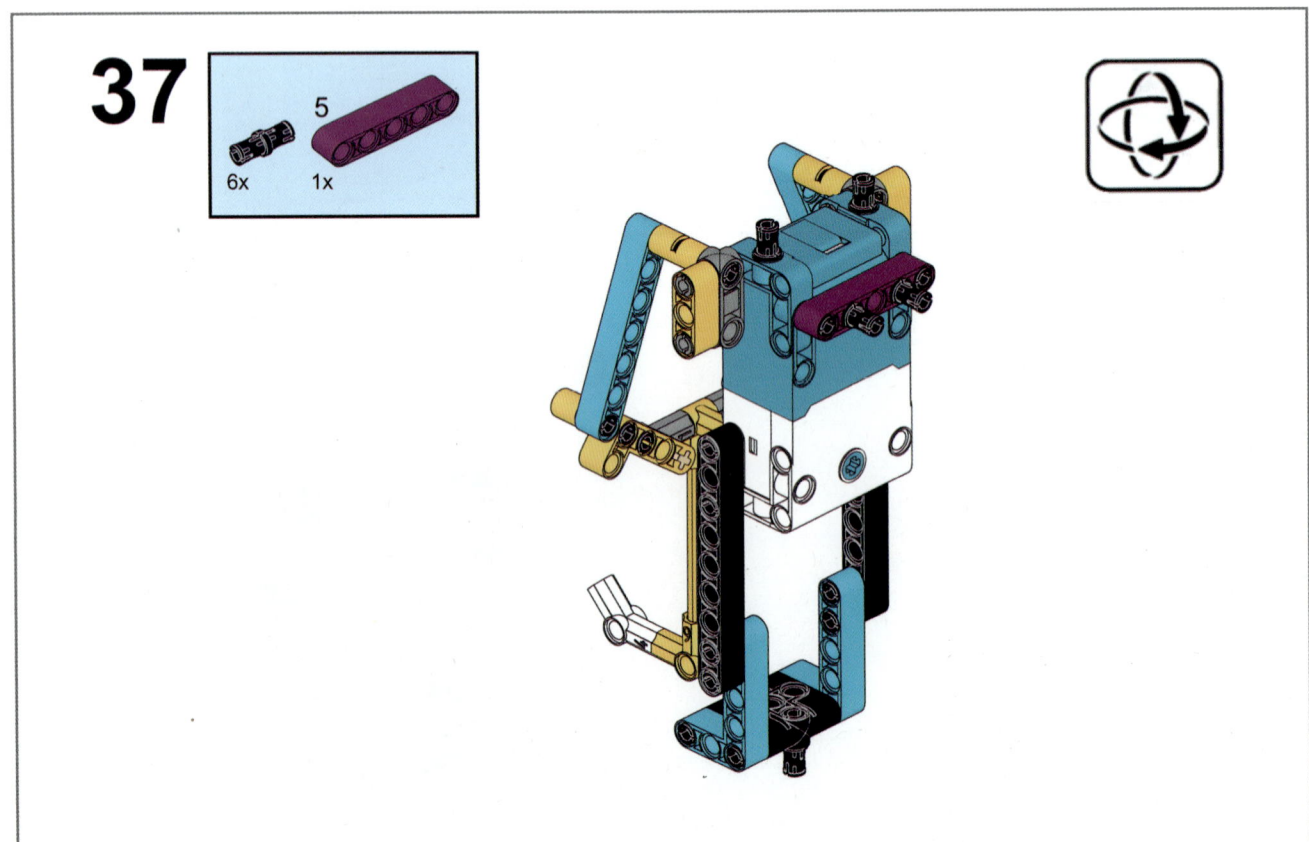

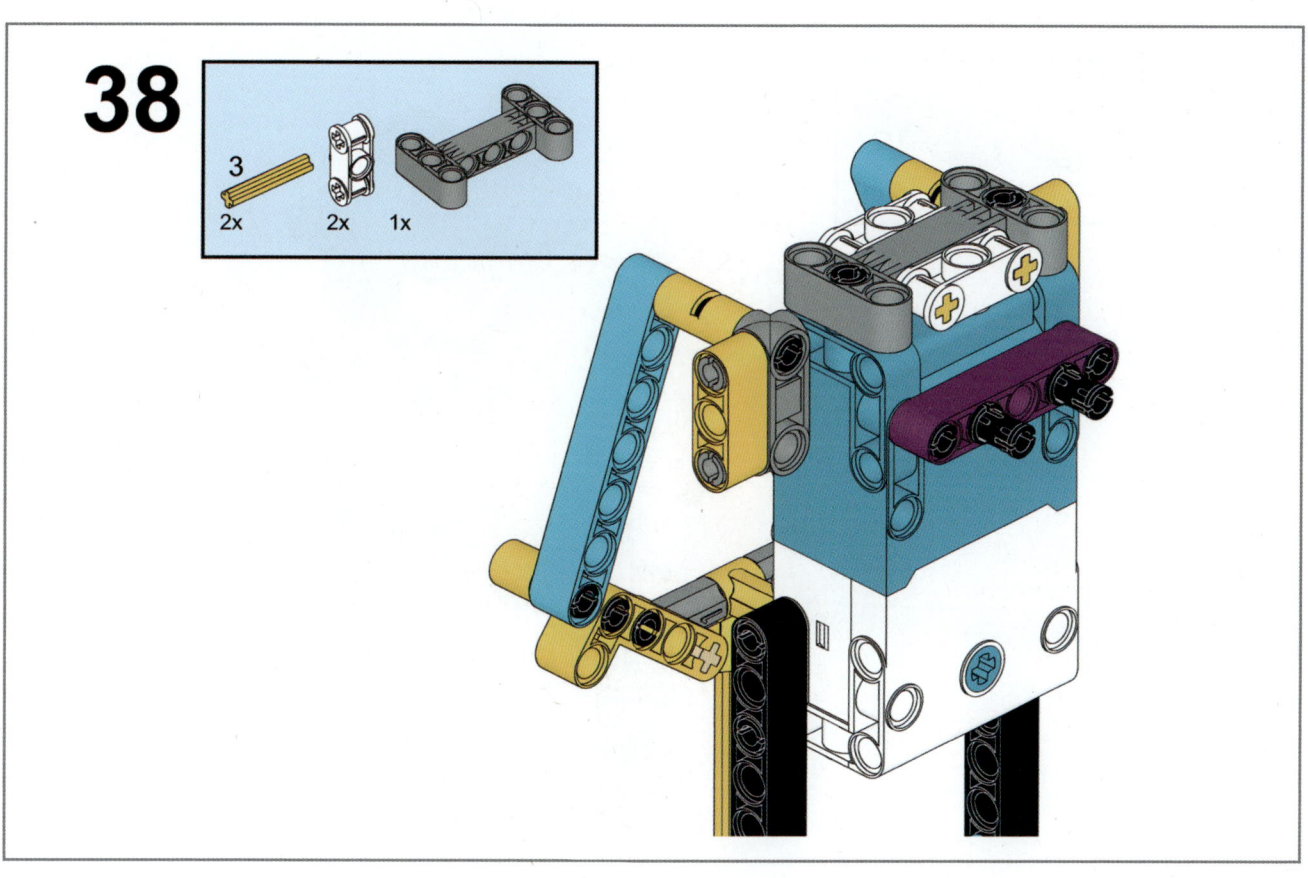

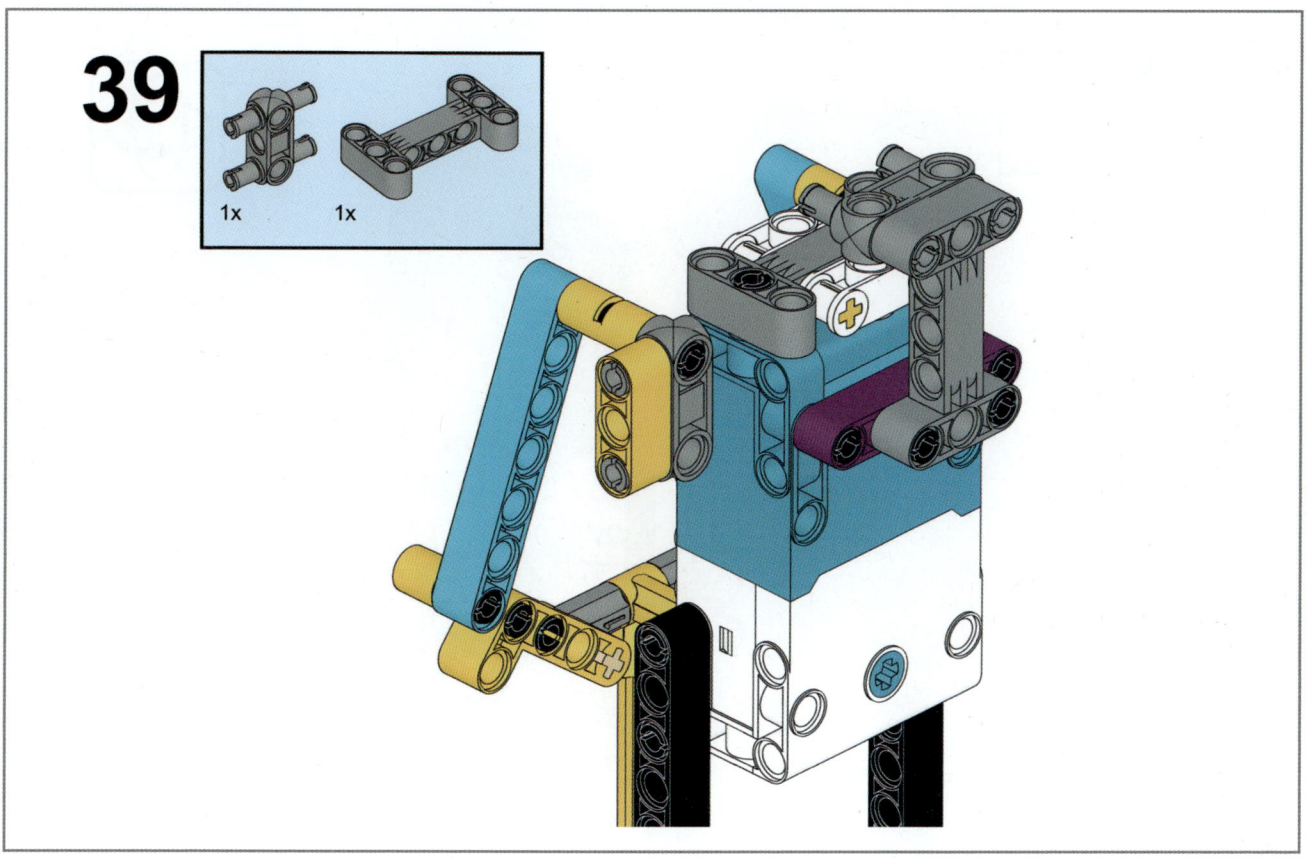

조립하기   골프 (Golf)

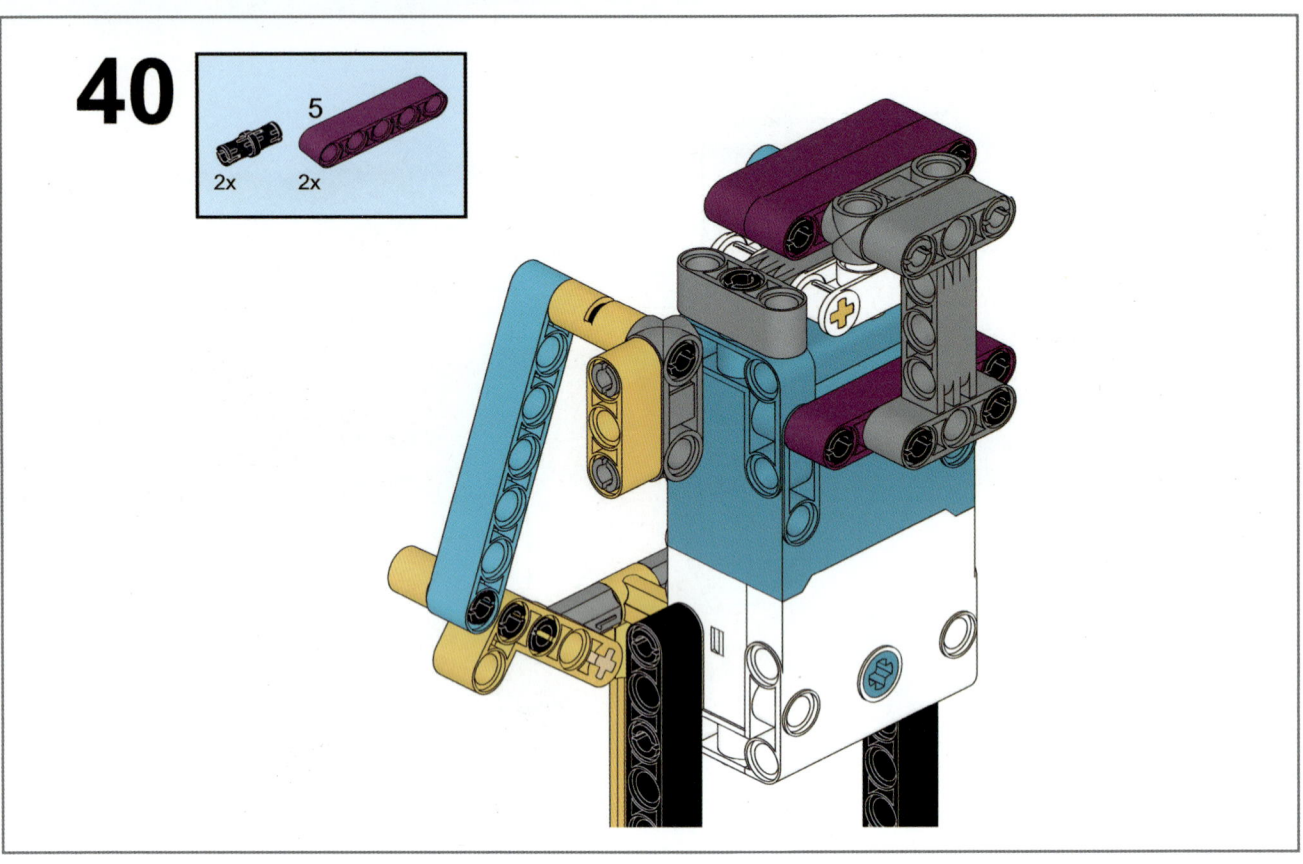

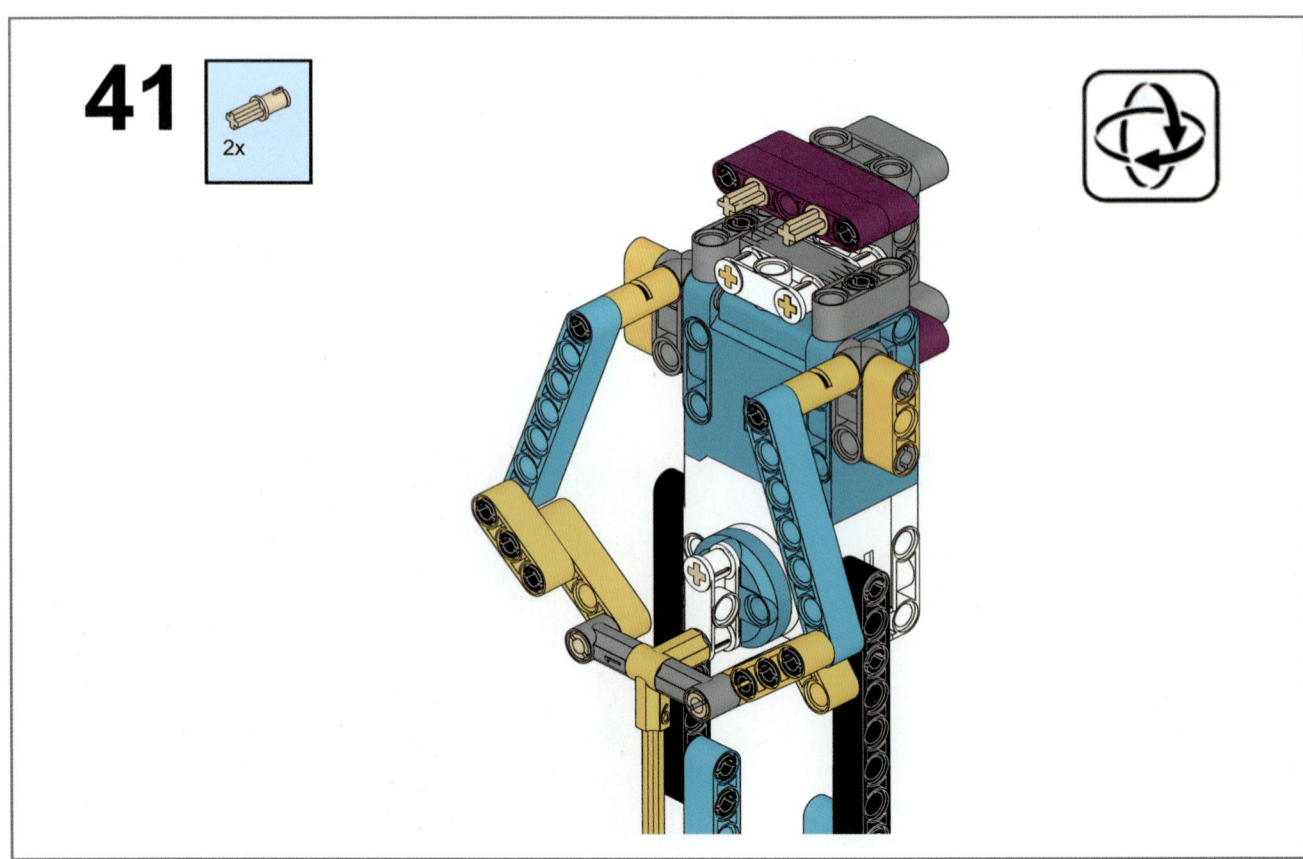

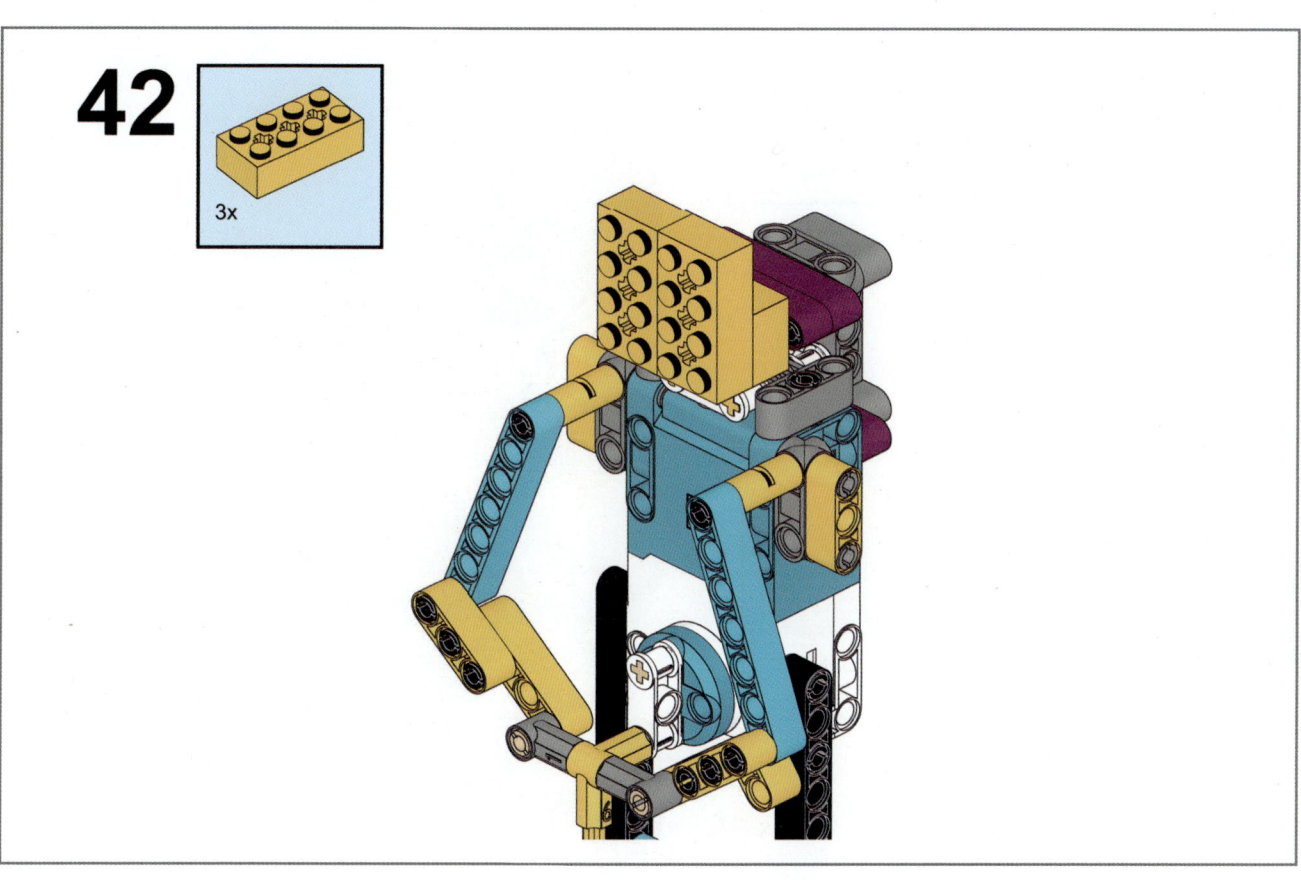
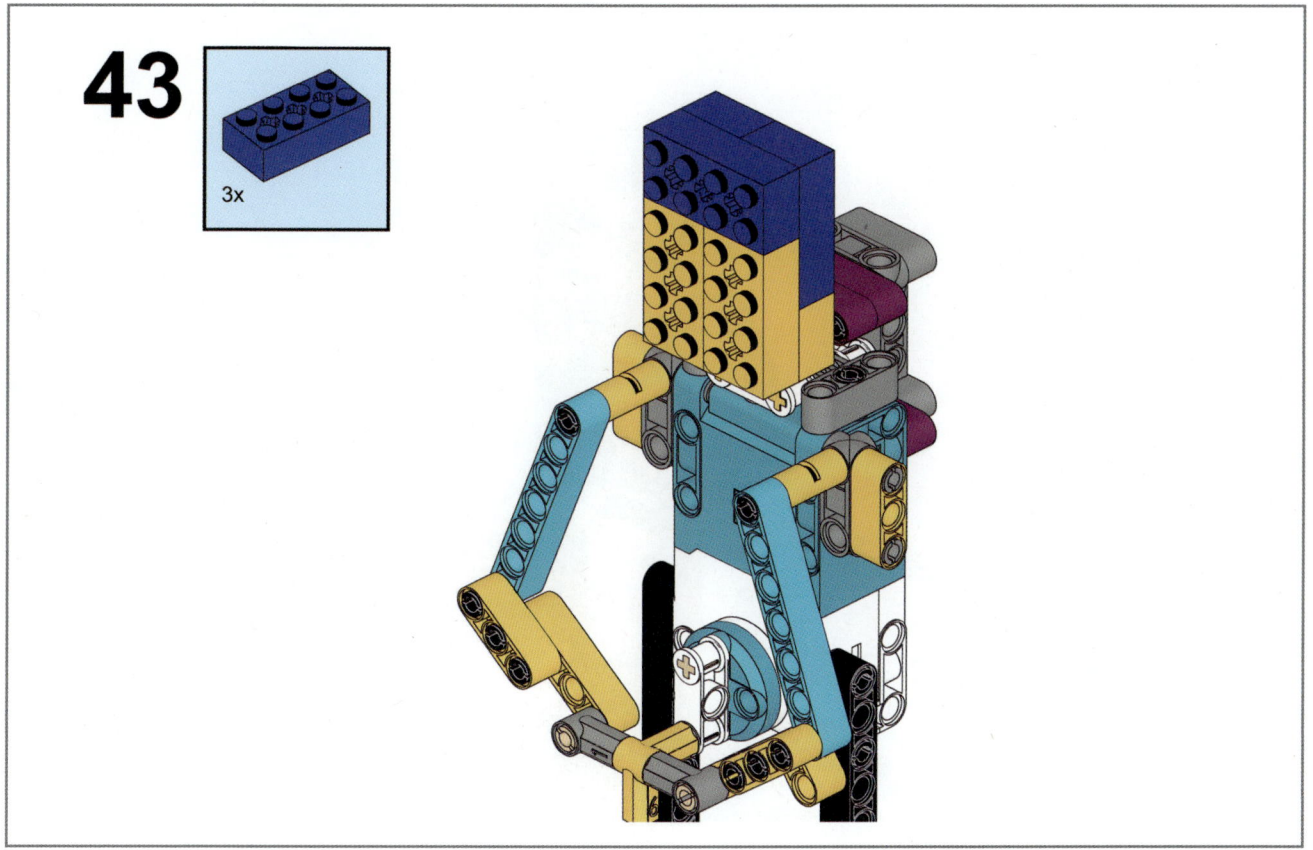

조립하기 골프 (Golf)

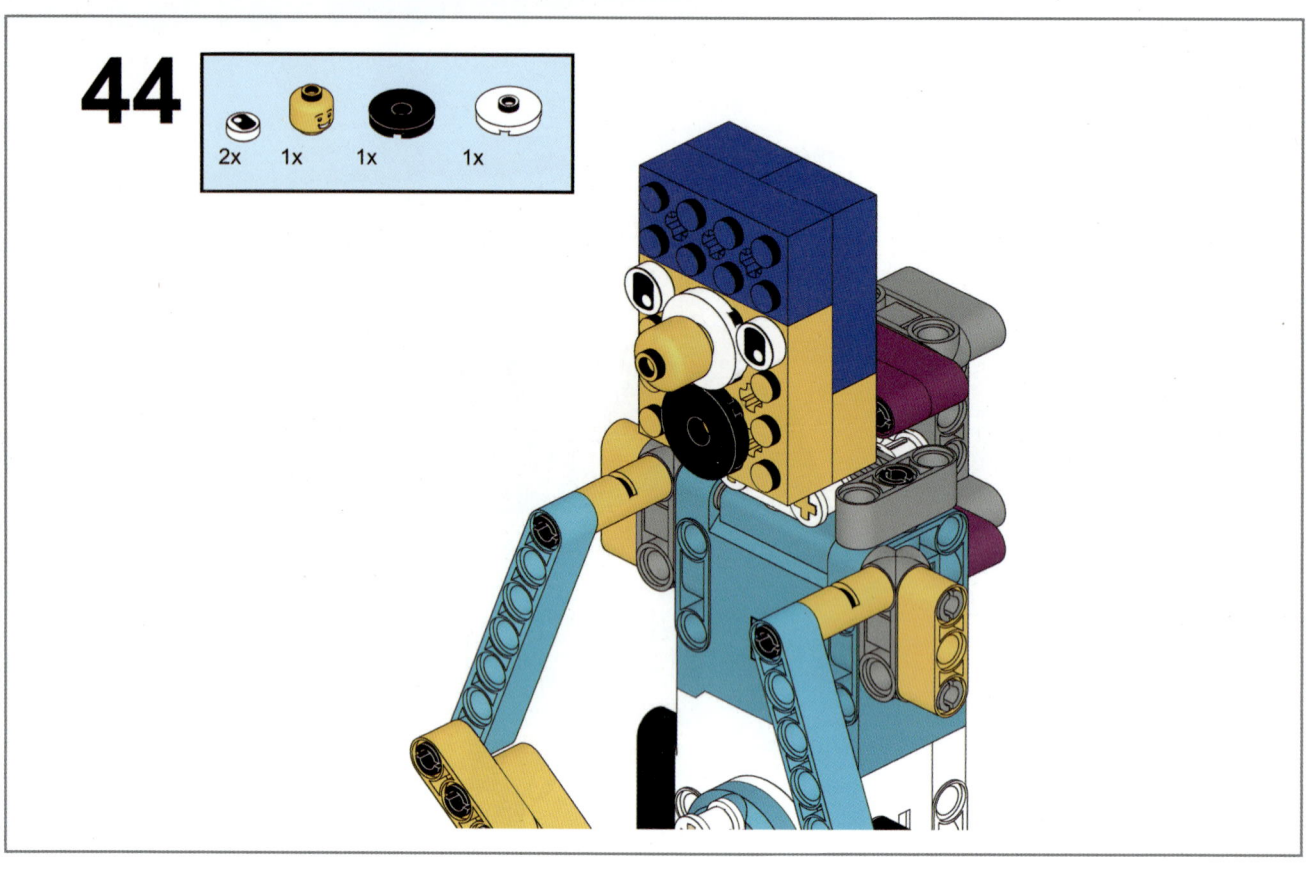

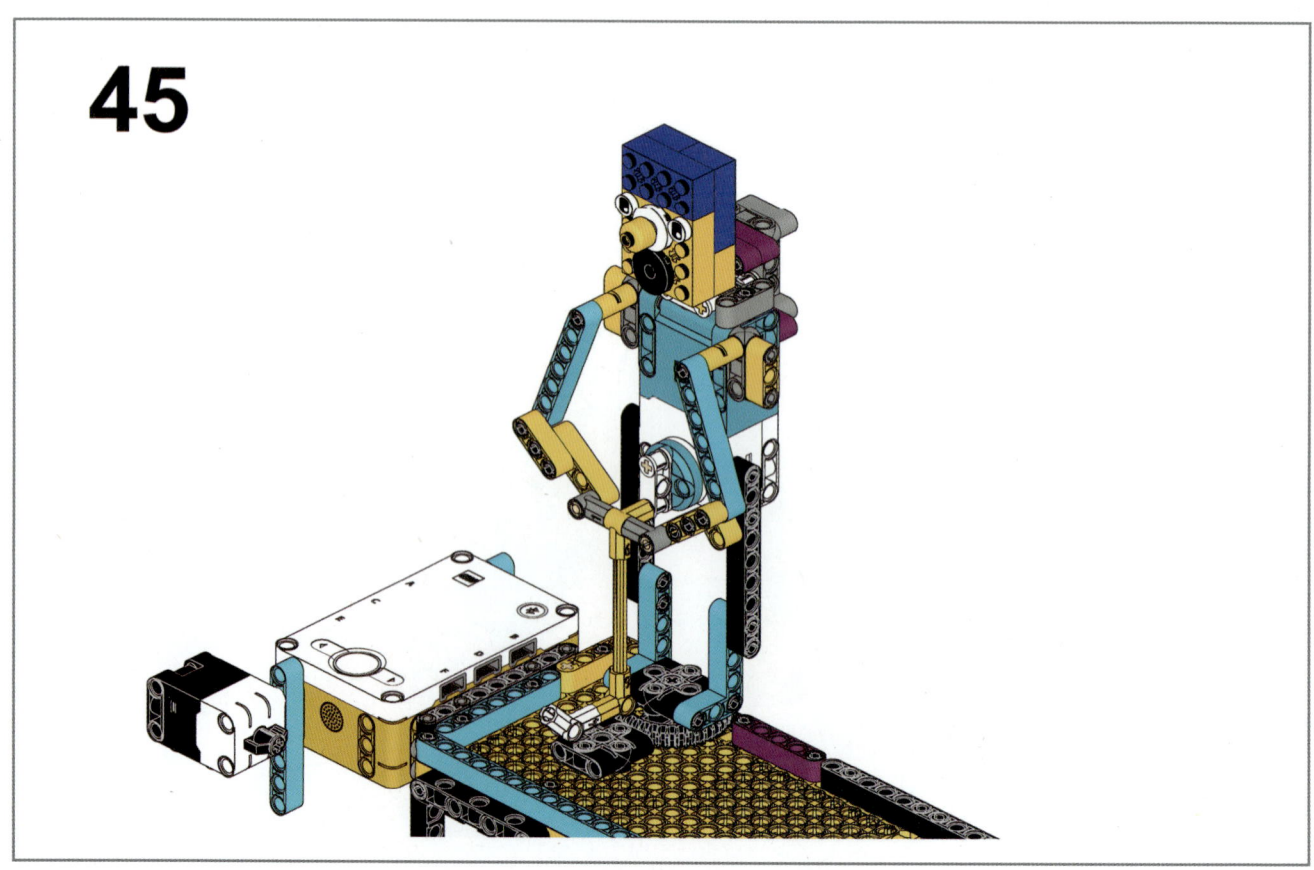

46

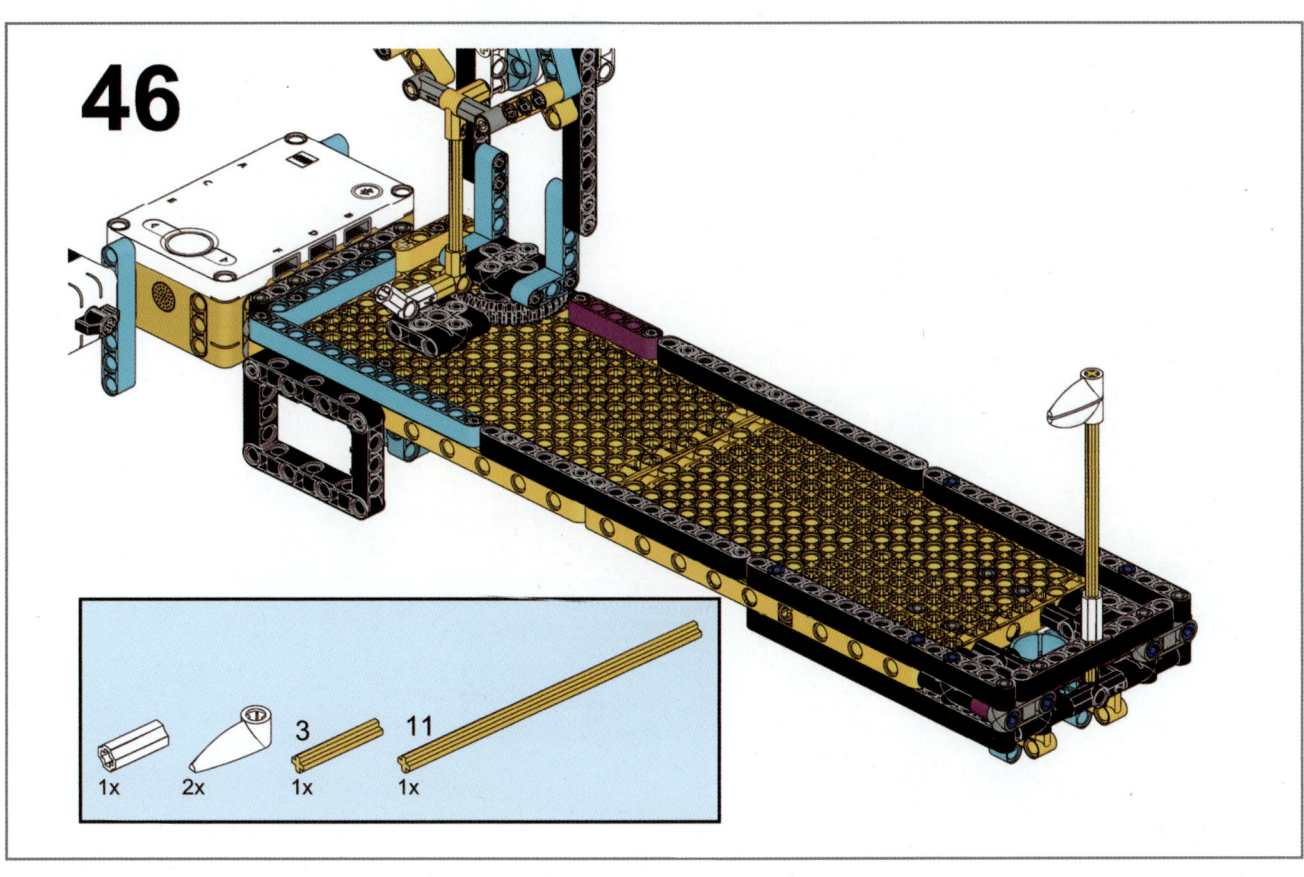

47

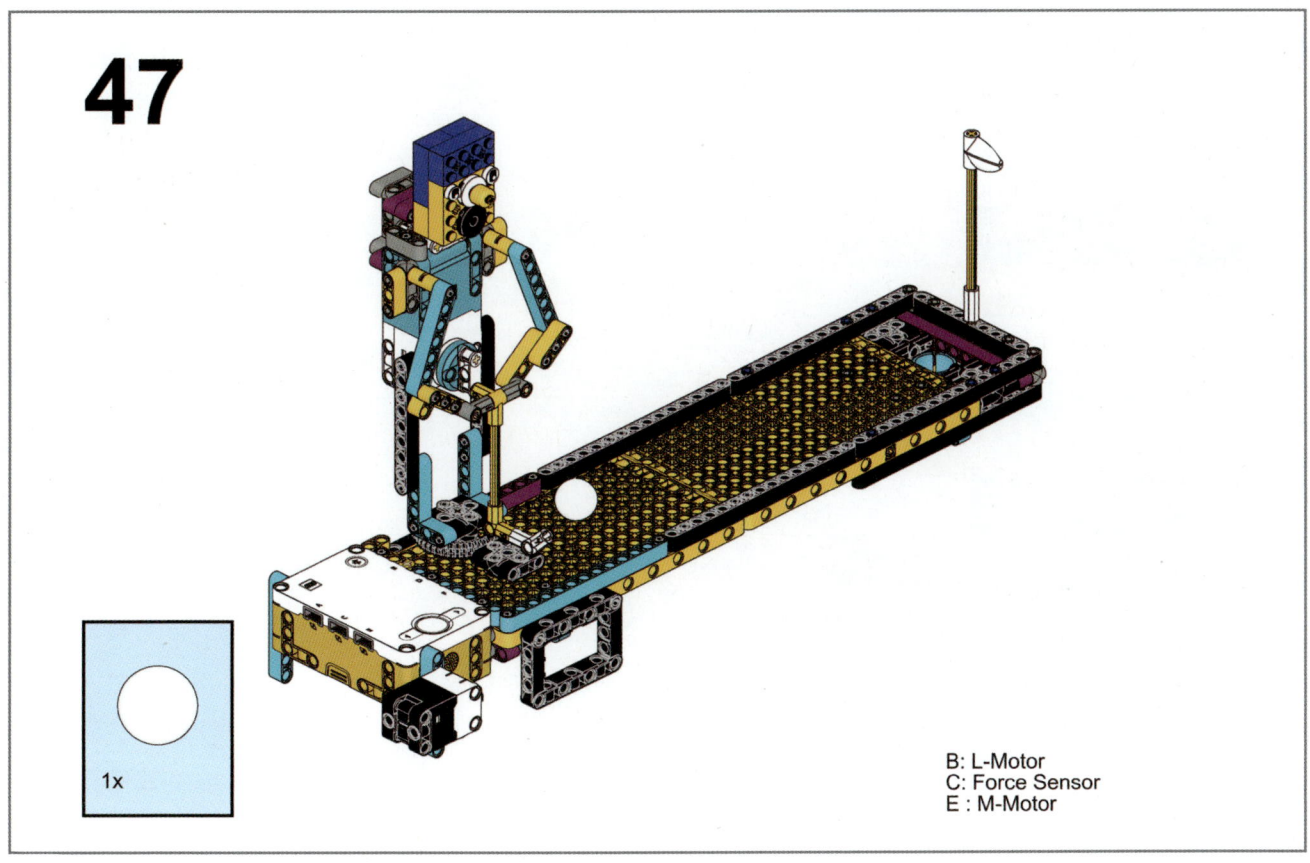

B: L-Motor
C: Force Sensor
E : M-Motor

골프 (Golf)

조립하기 골프 (Golf)

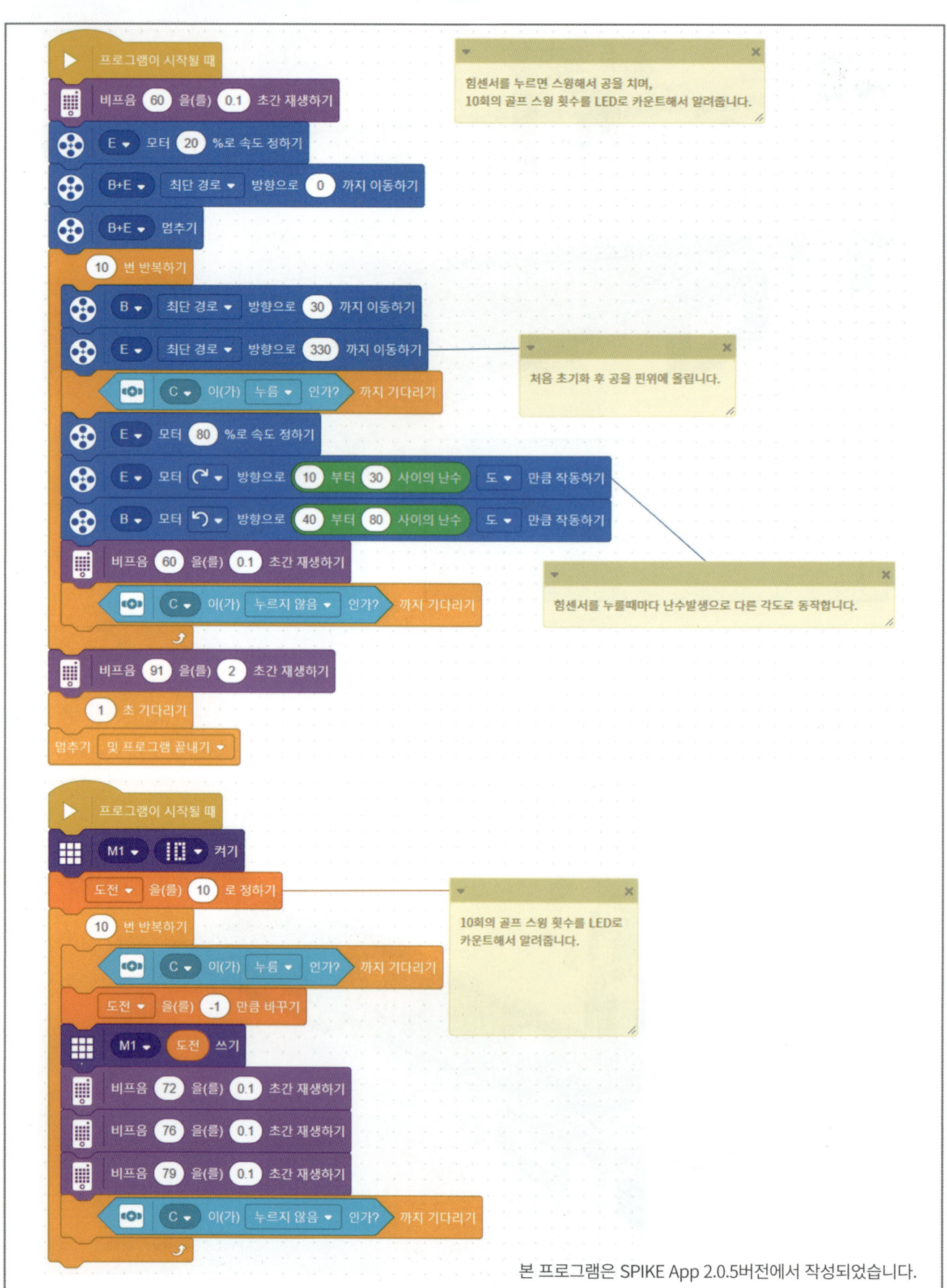

본 프로그램은 SPIKE App 2.0.5버전에서 작성되었습니다.

완성!

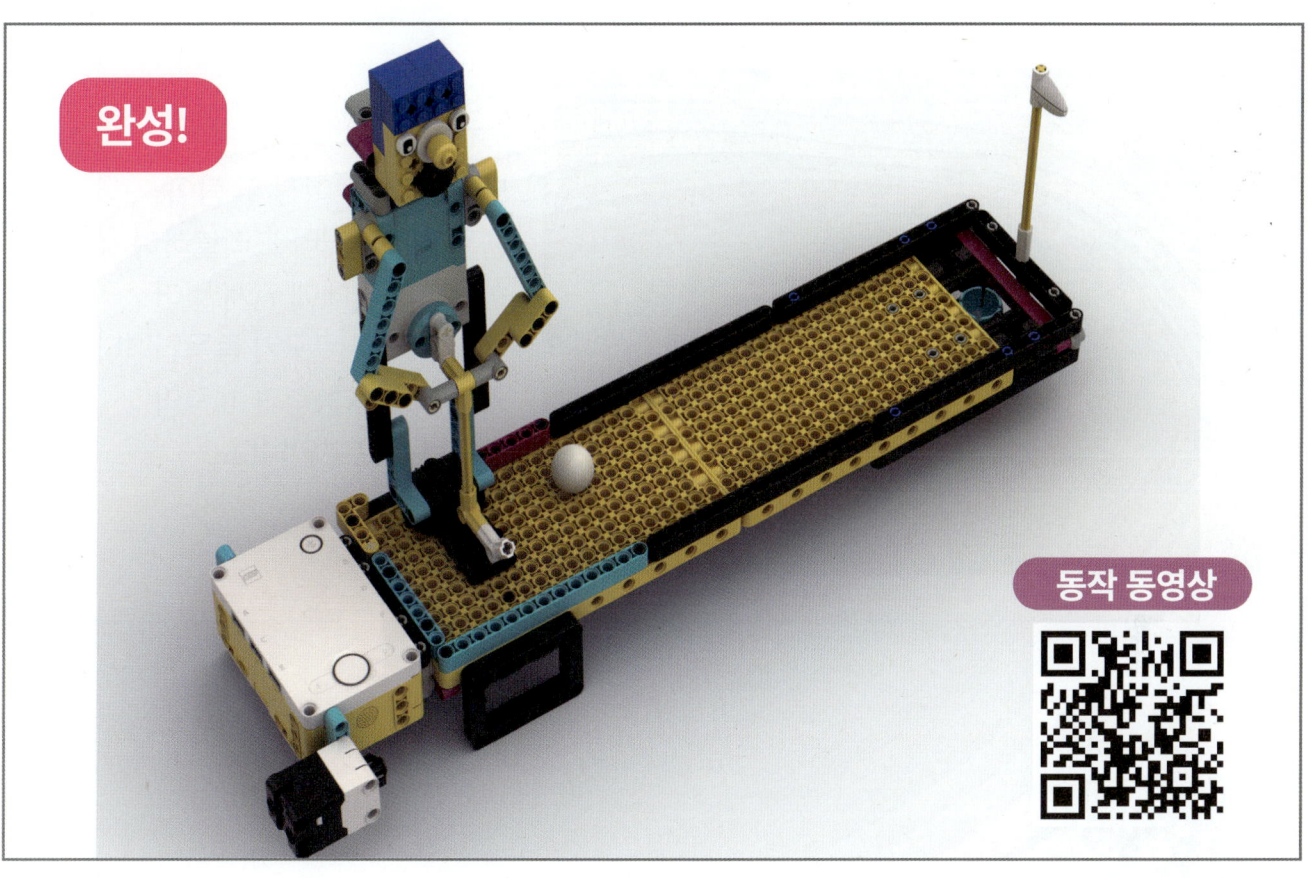

동작 동영상

골프 (Golf)

10 농구 (Basketball)

5명으로 이루어진 두 팀이 볼을 패스하거나 드리블하여 상대방의 골대에 던져 넣어 득점을 겨루는 구기 종목입니다. 공을 다루는 능력과 체력이 중요한 스포츠입니다.

동작 동영상

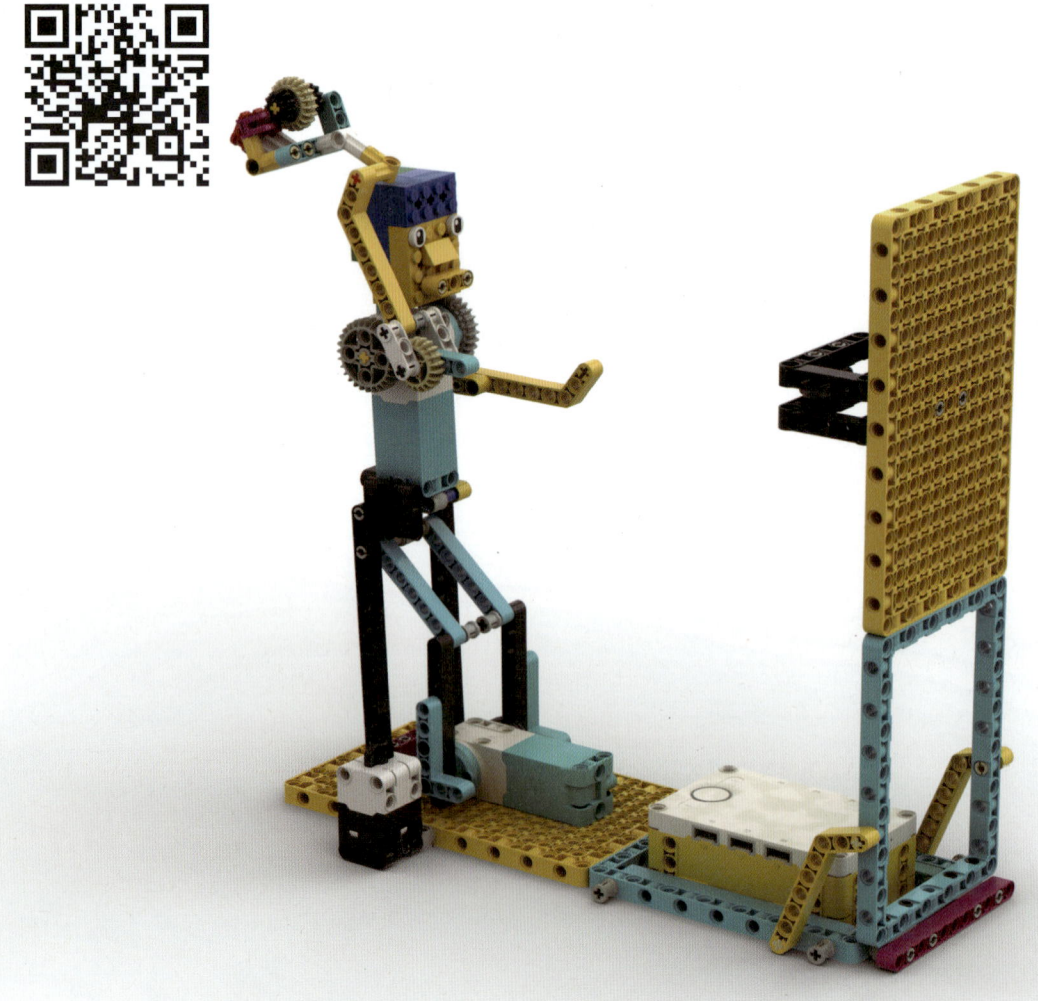

필요 부품 목록

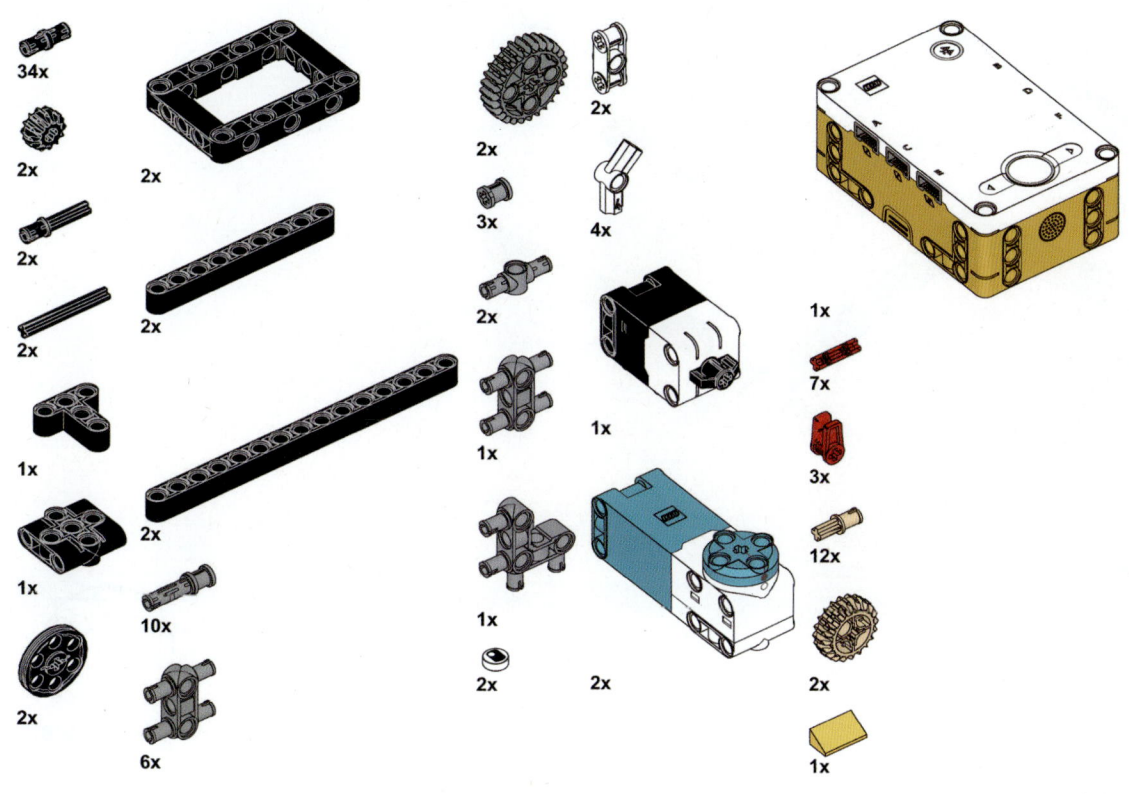

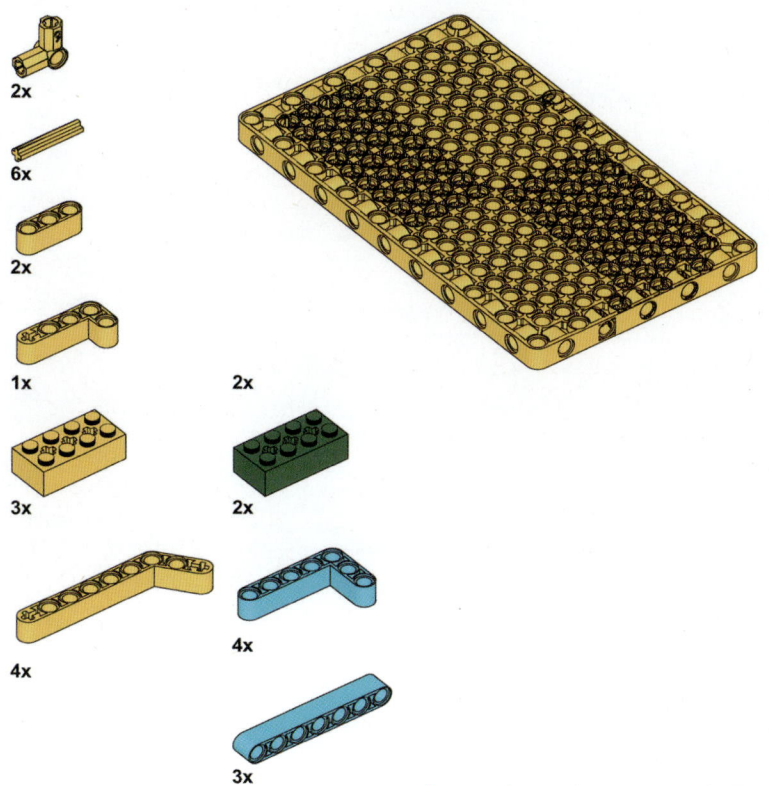

해당 차시는 스파이크™ 프라임 코어세트(45678)에 포함된 부품 보충팩을 사용해야 합니다

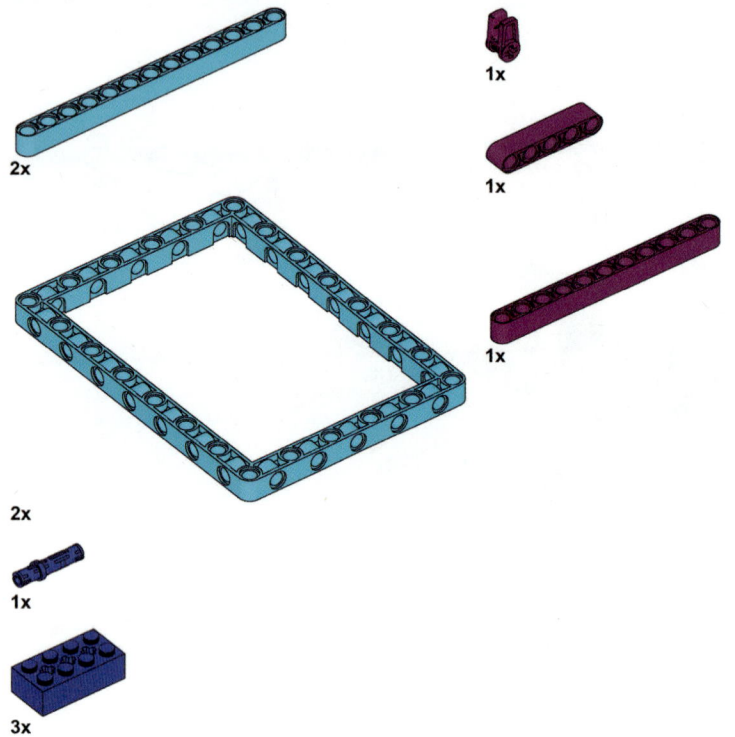

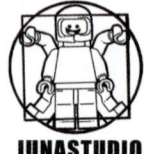

Design by junastudio

200　농구 (Basketball)

조립하기 농구 (Basketball)

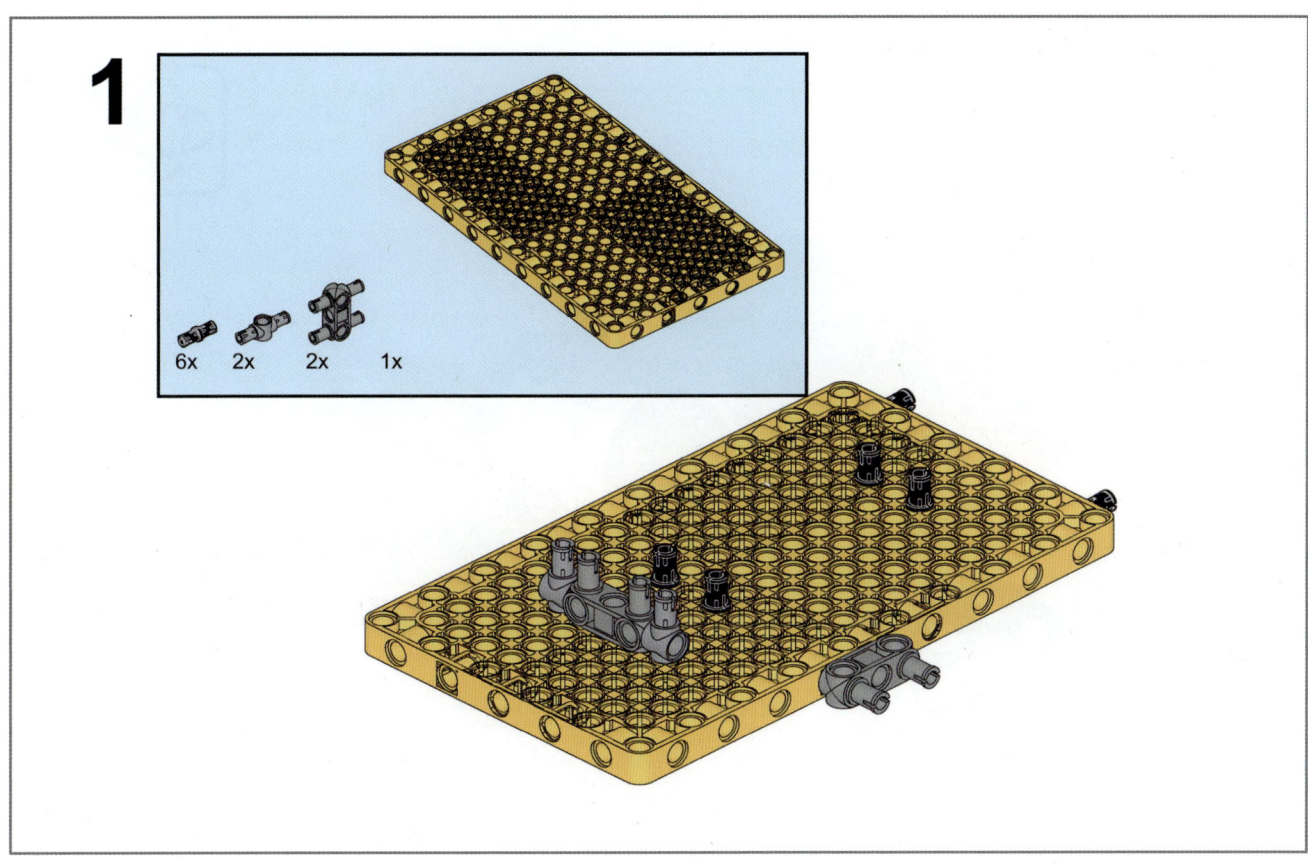

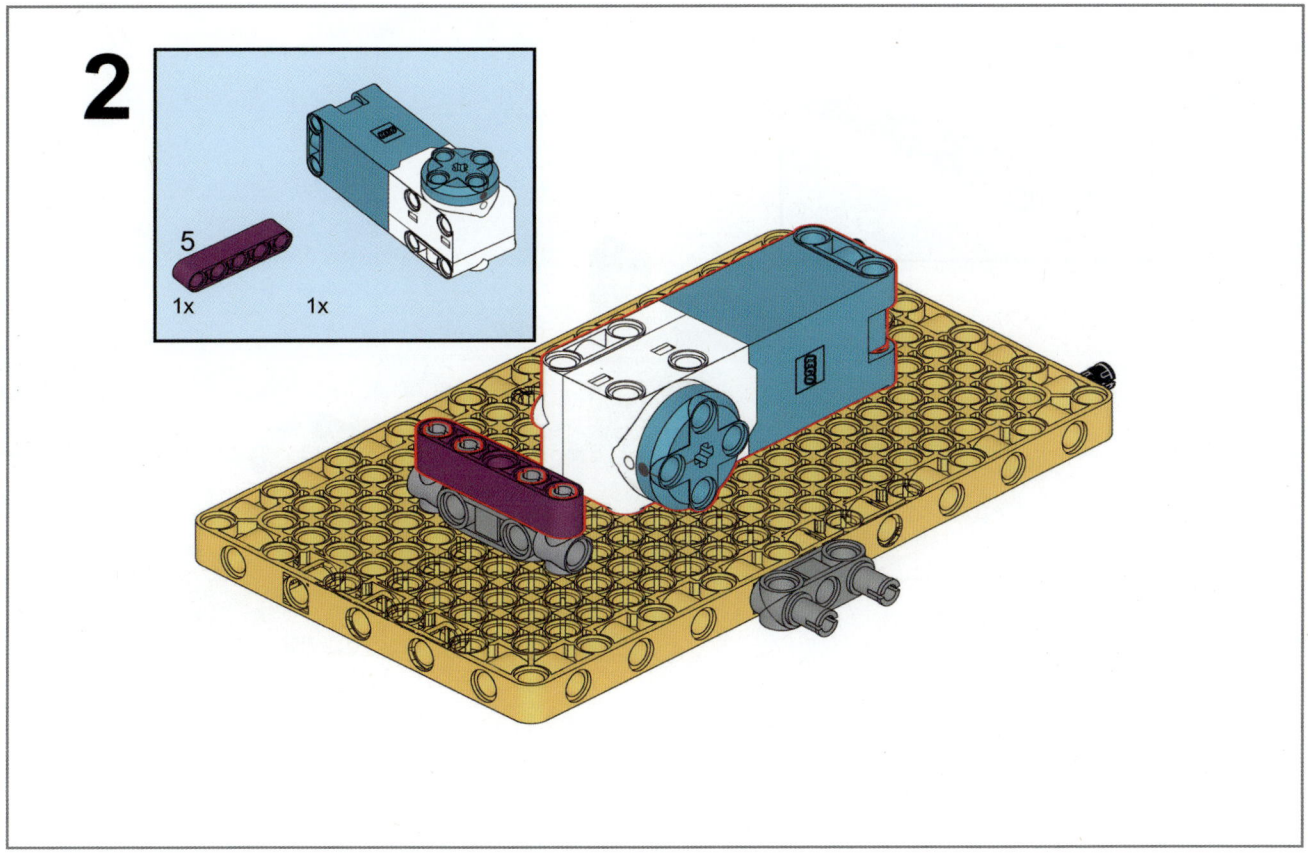

조립하기 농구 (Basketball)

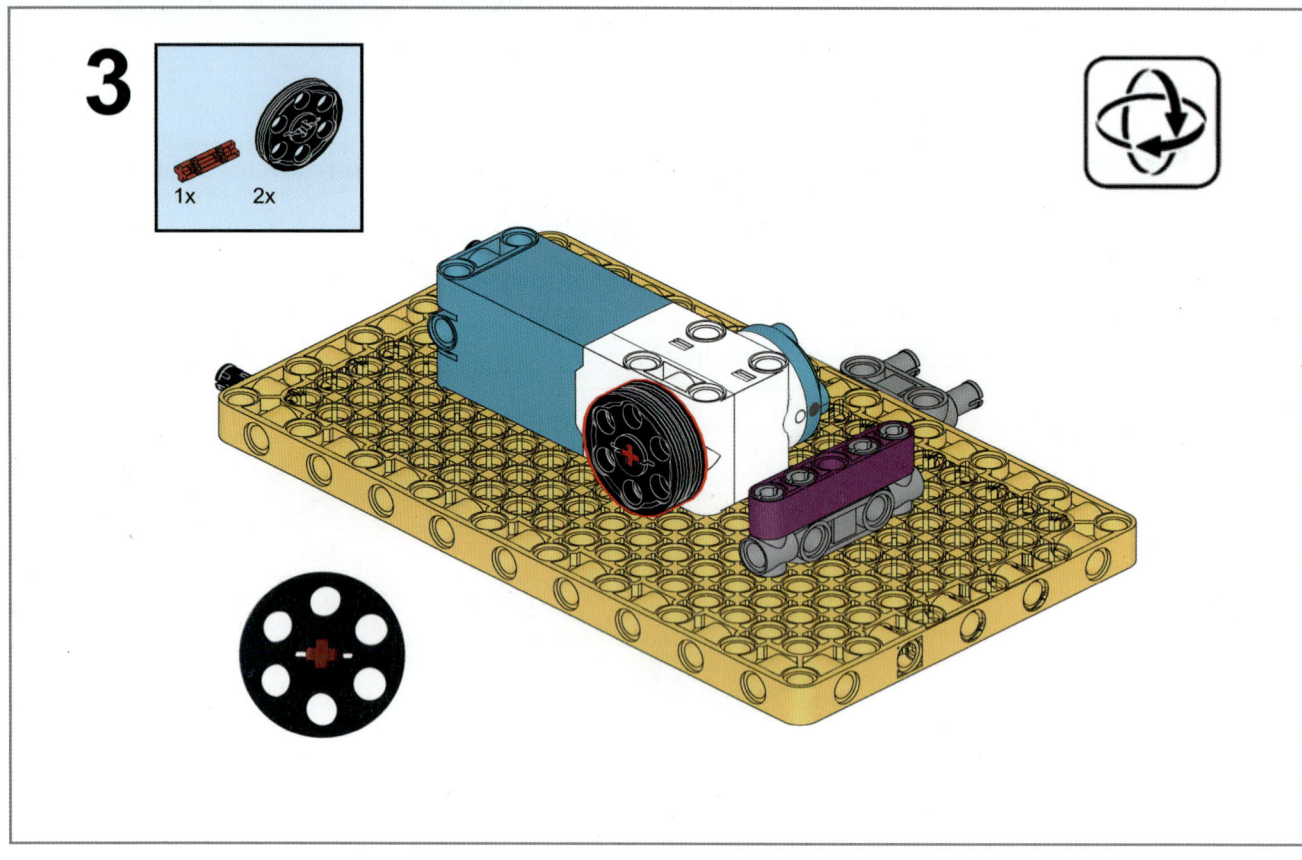

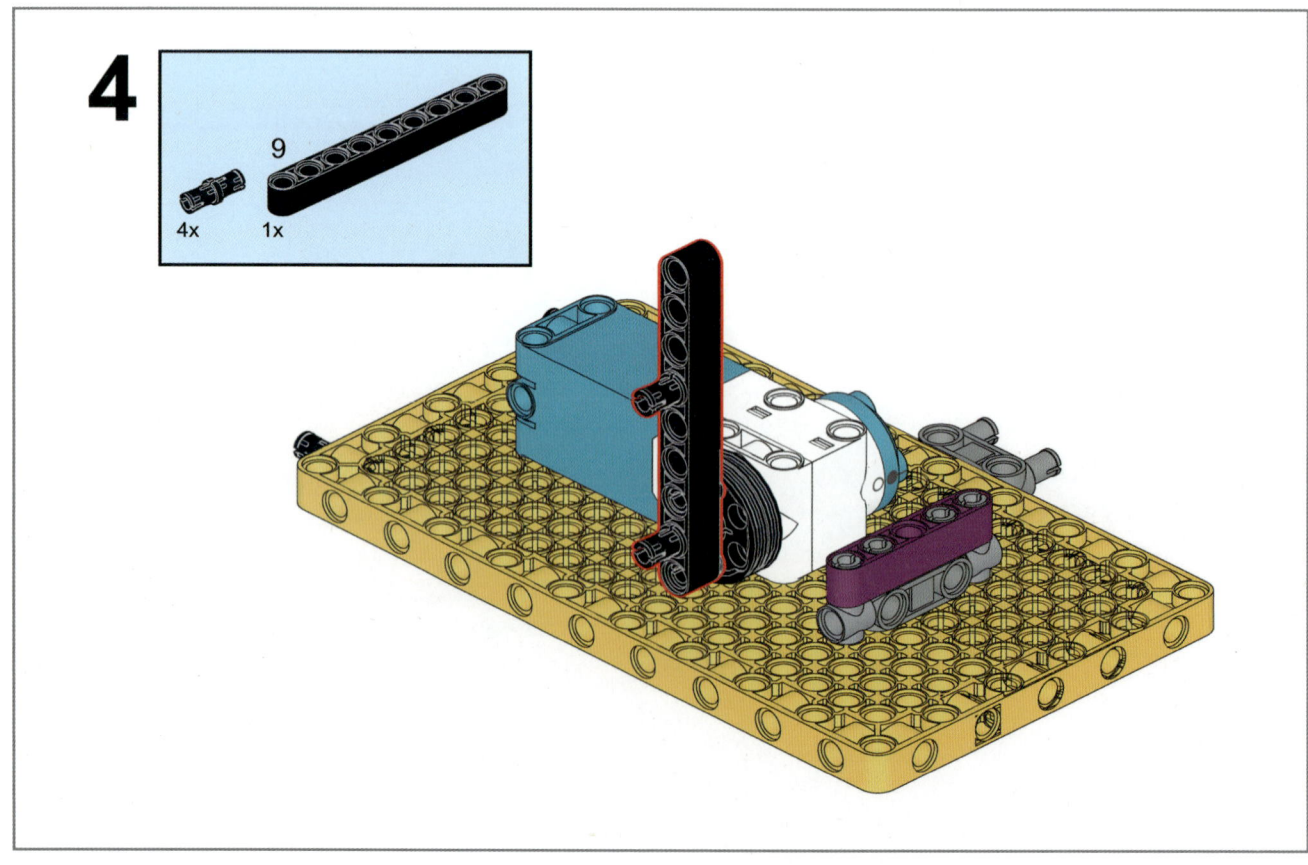

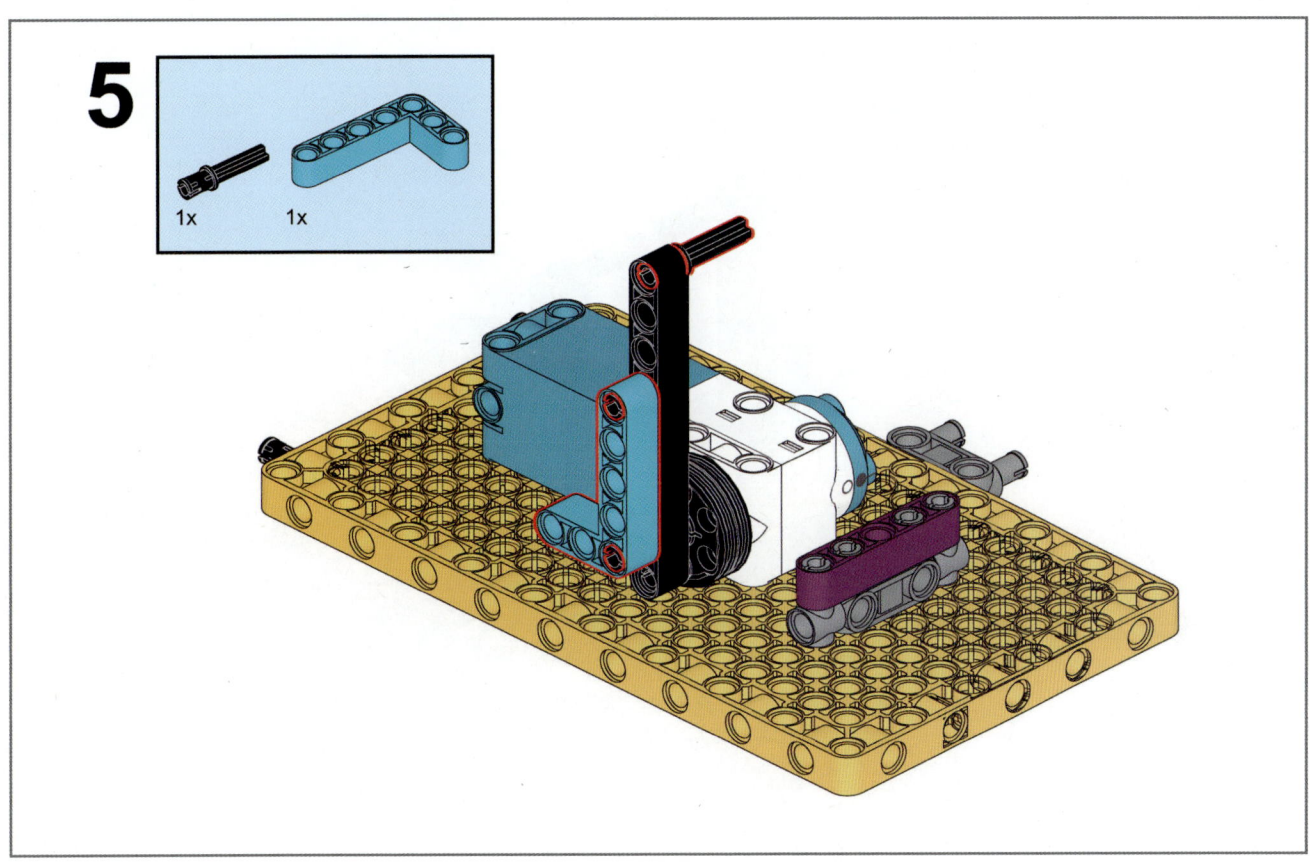

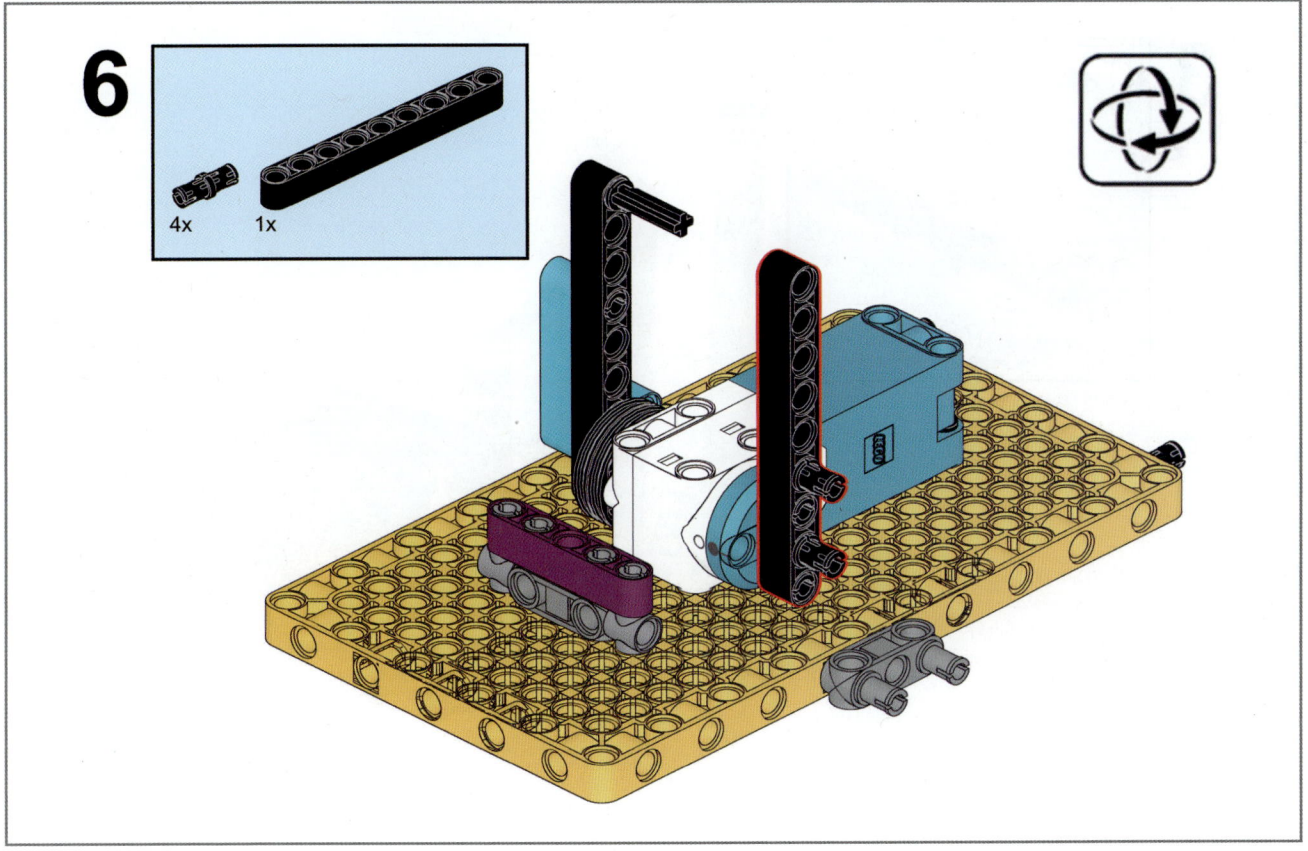

농구 (Basketball)

조립하기 농구 (Basketball)

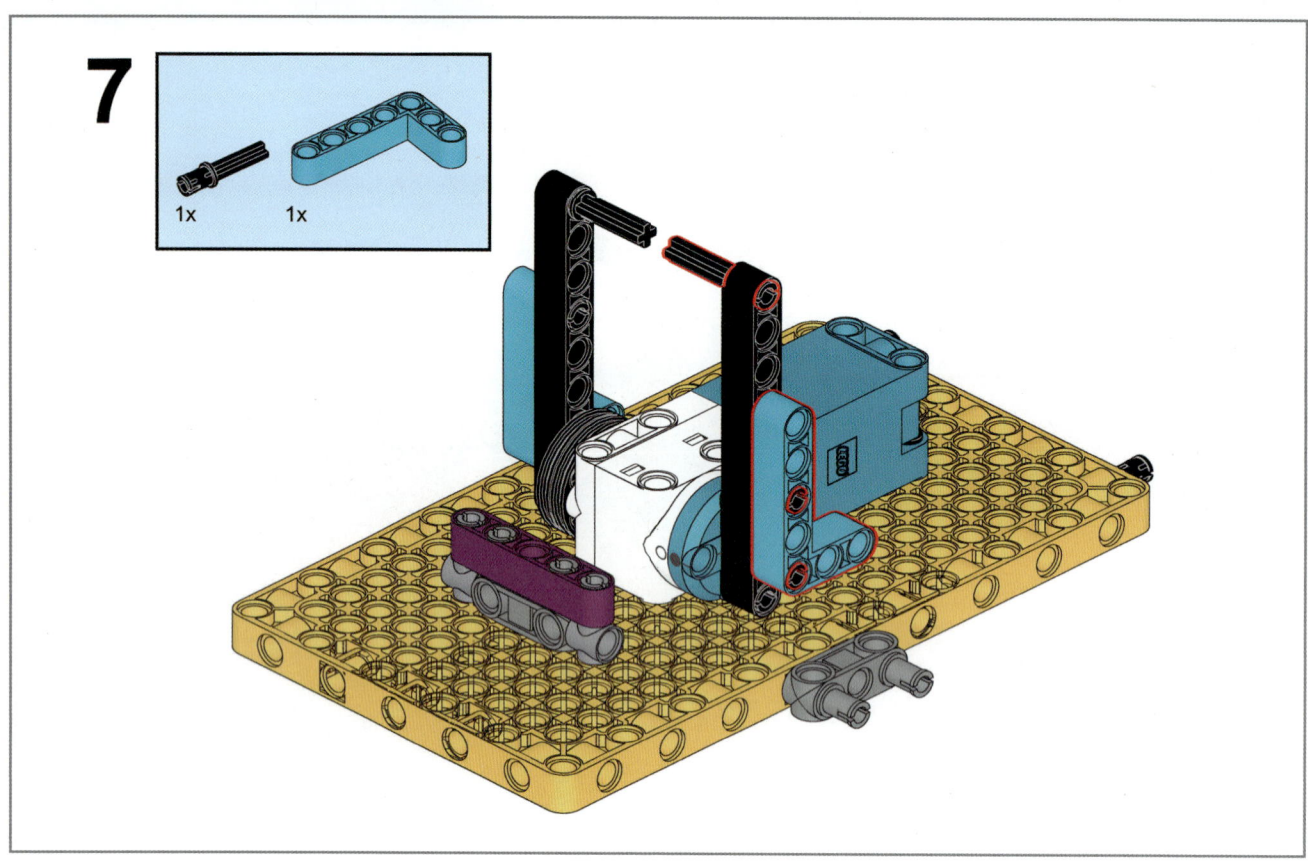

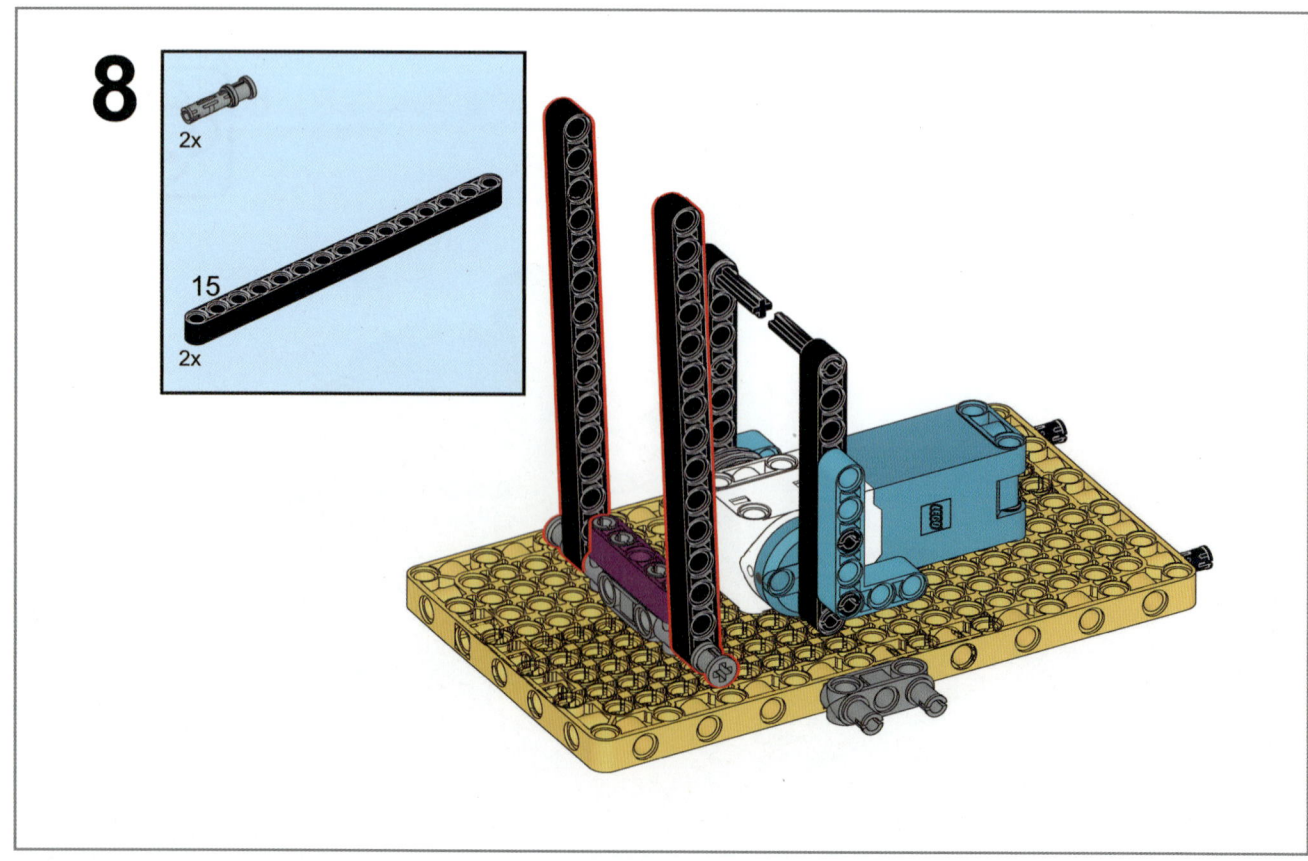

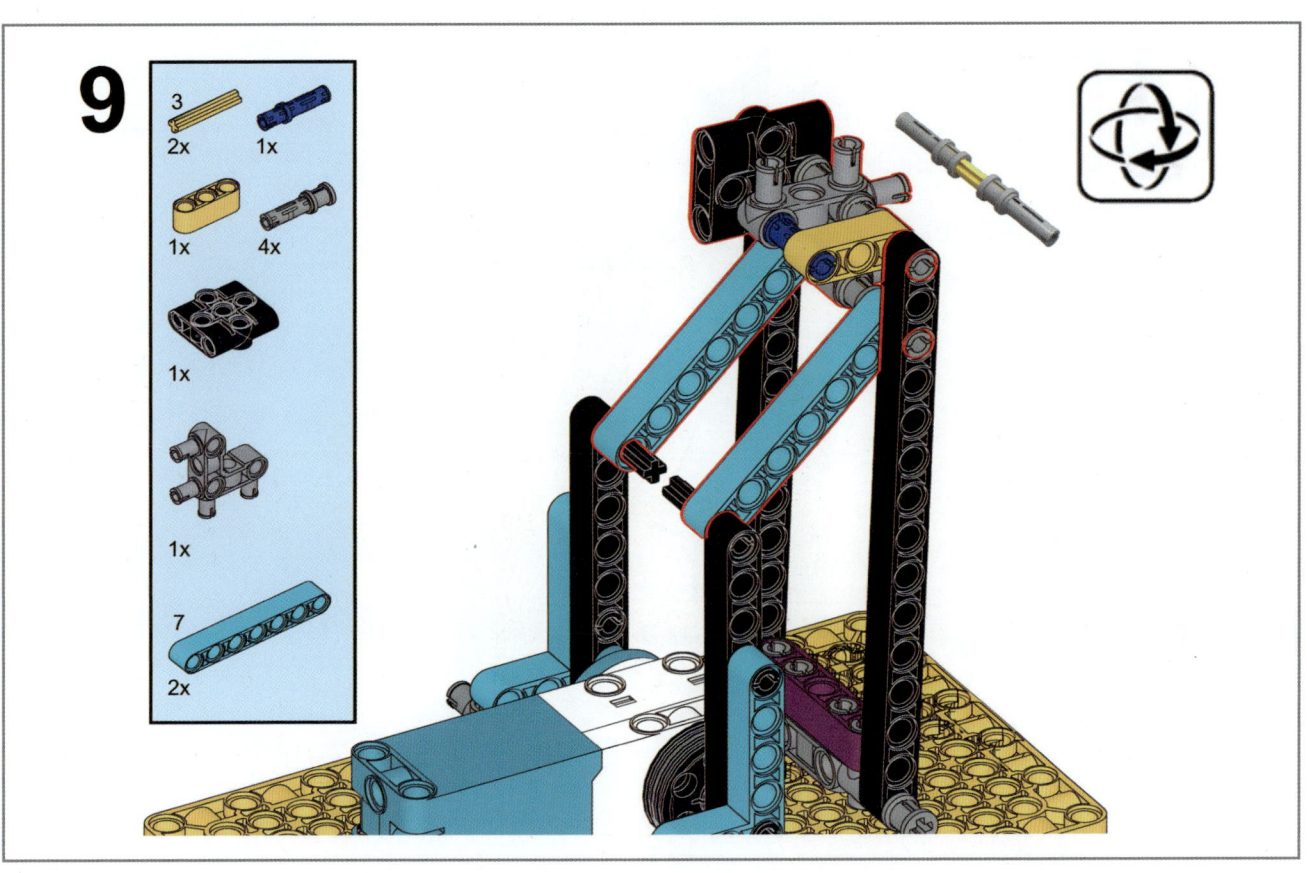
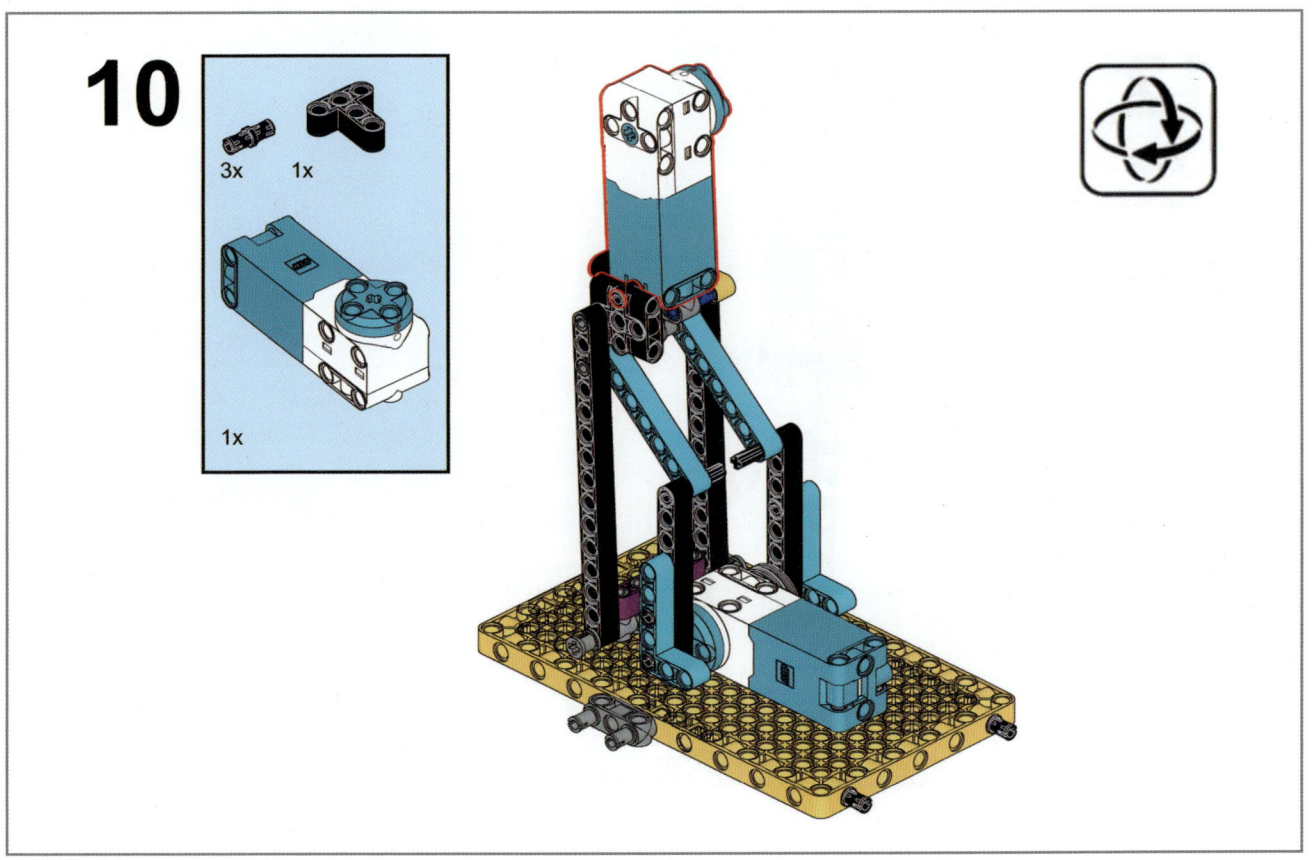

조립하기 농구 (Basketball)

11 2x

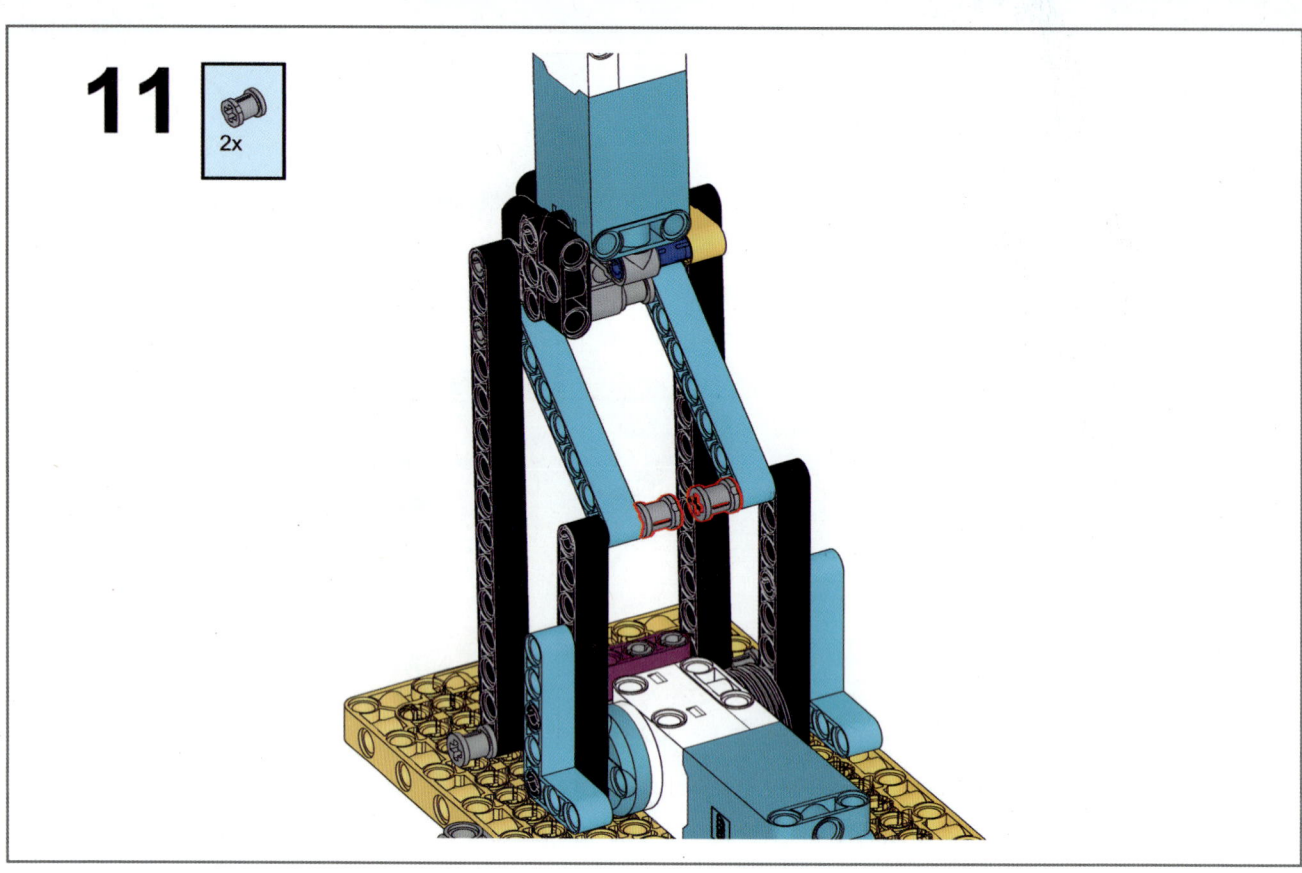

12

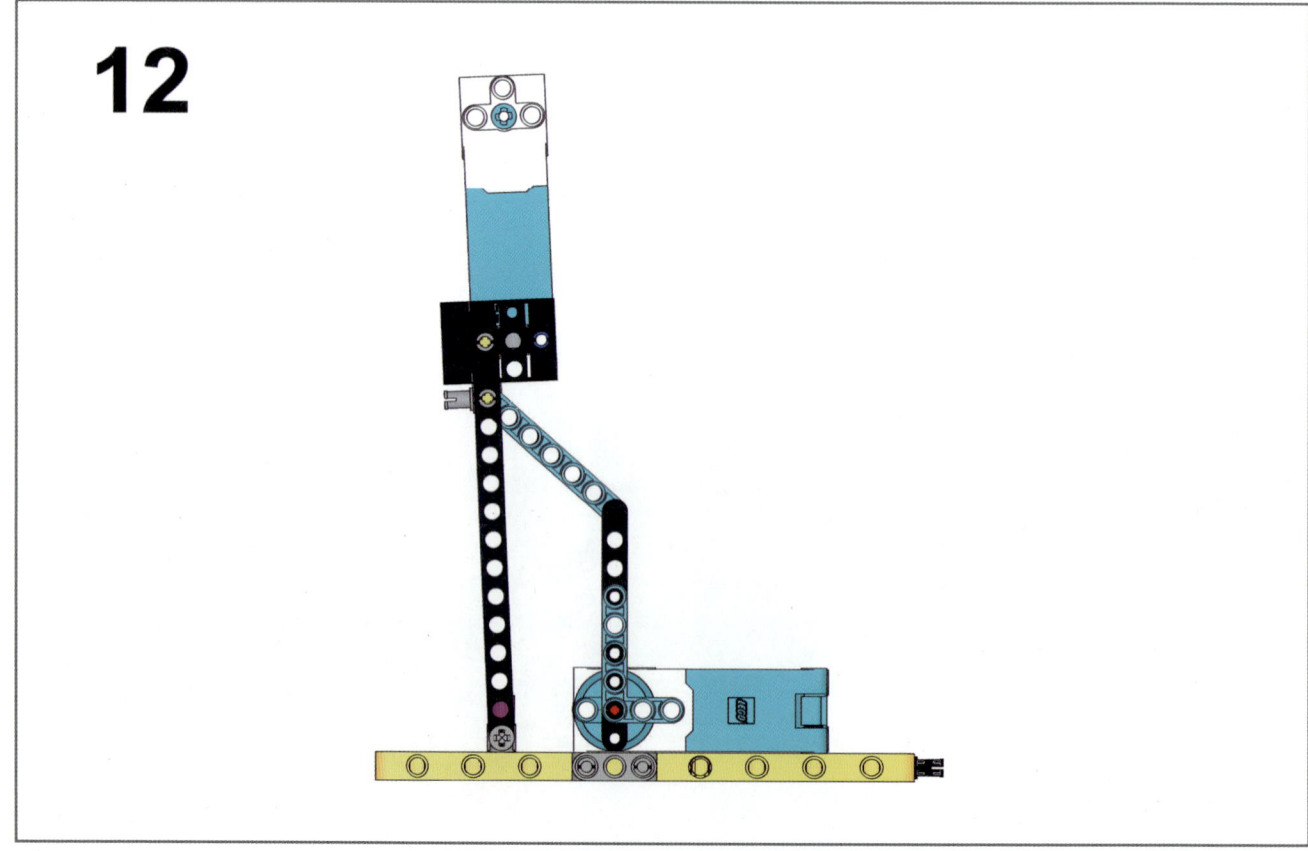

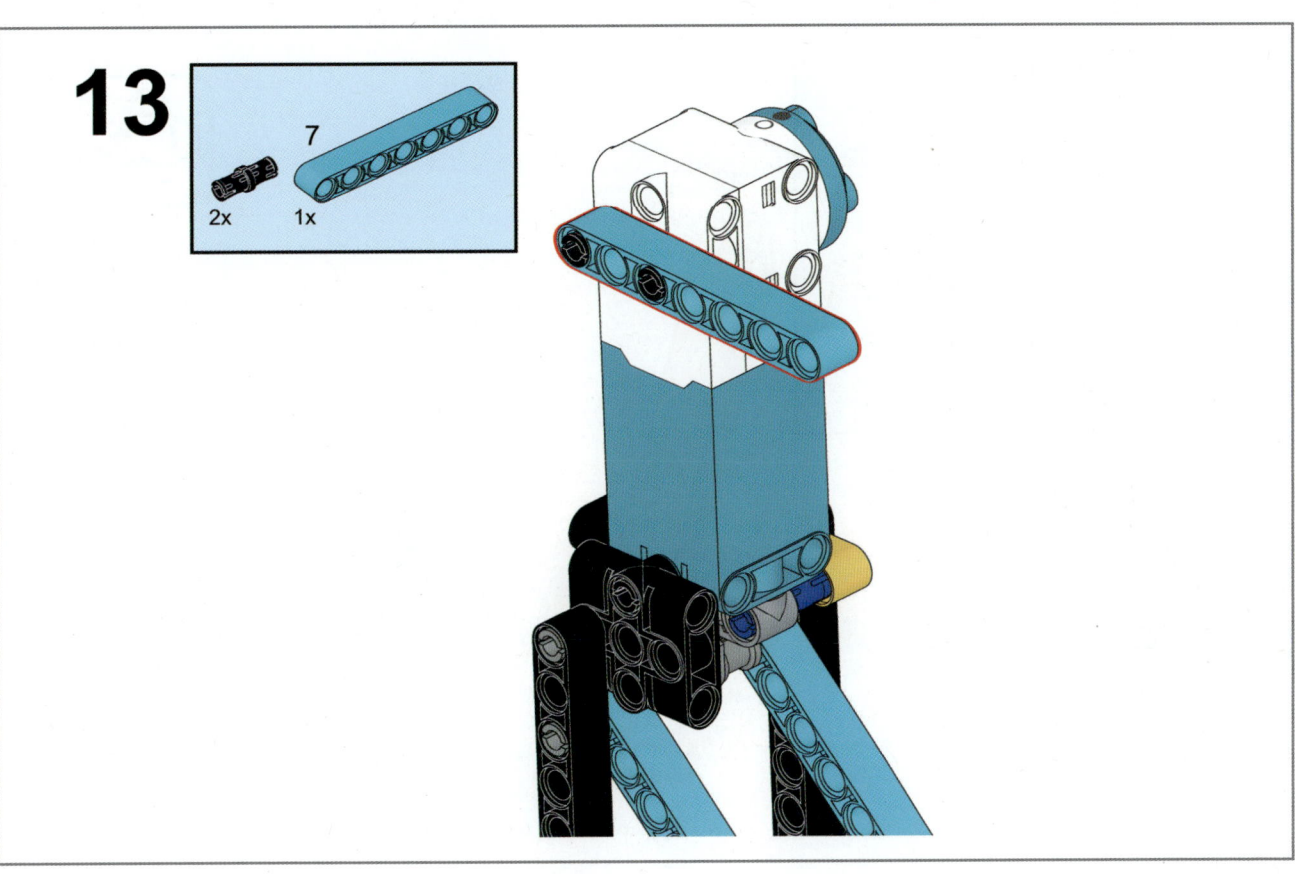
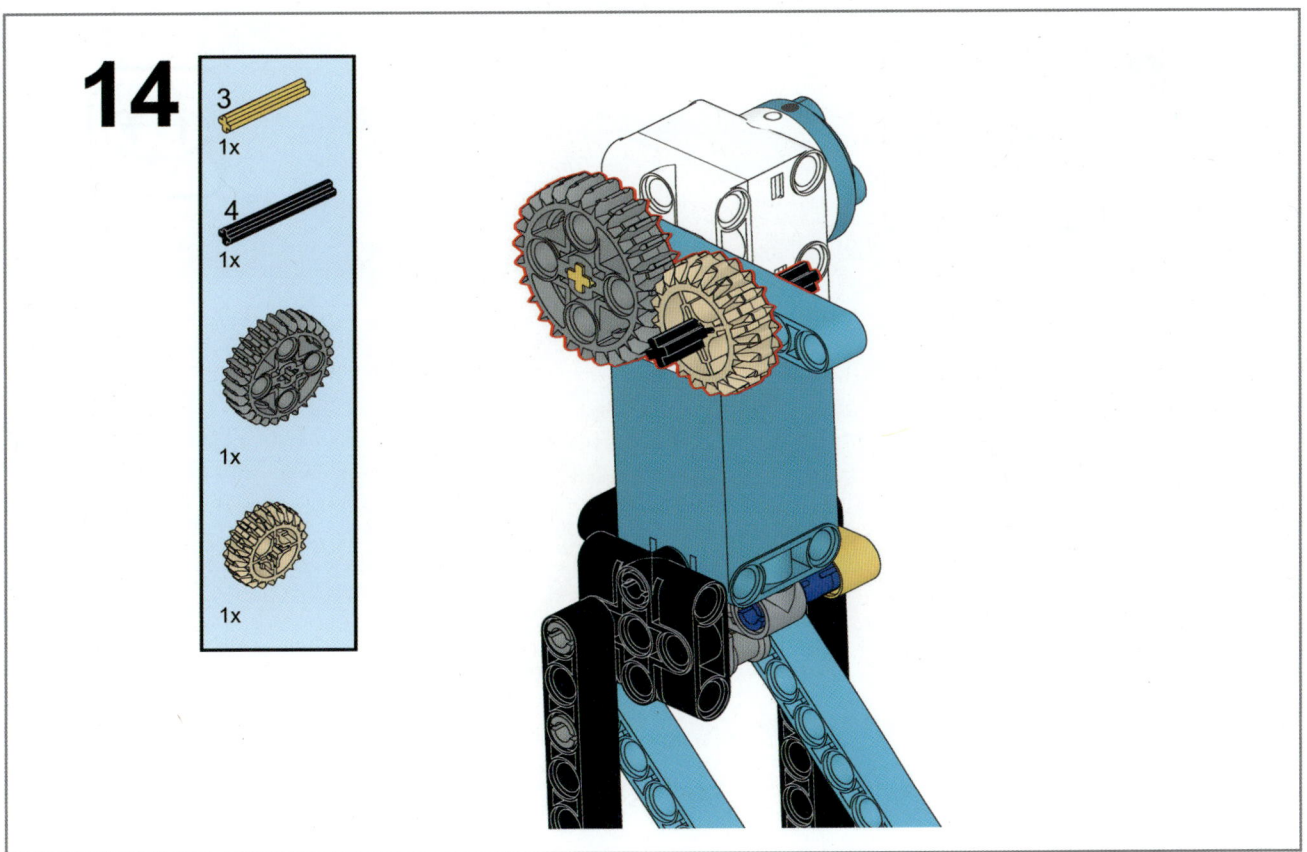

농구 (Basketball)

조립하기 농구 (Basketball)

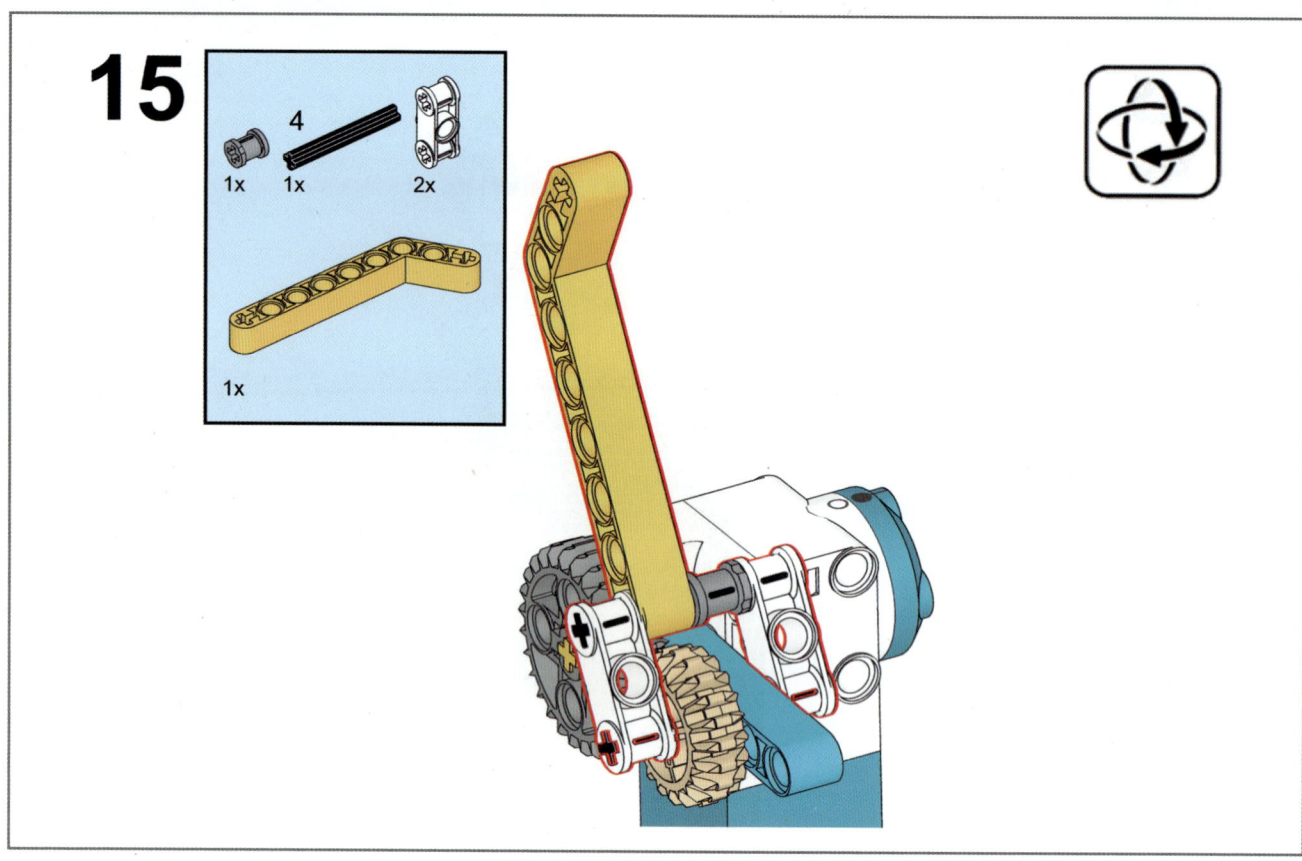

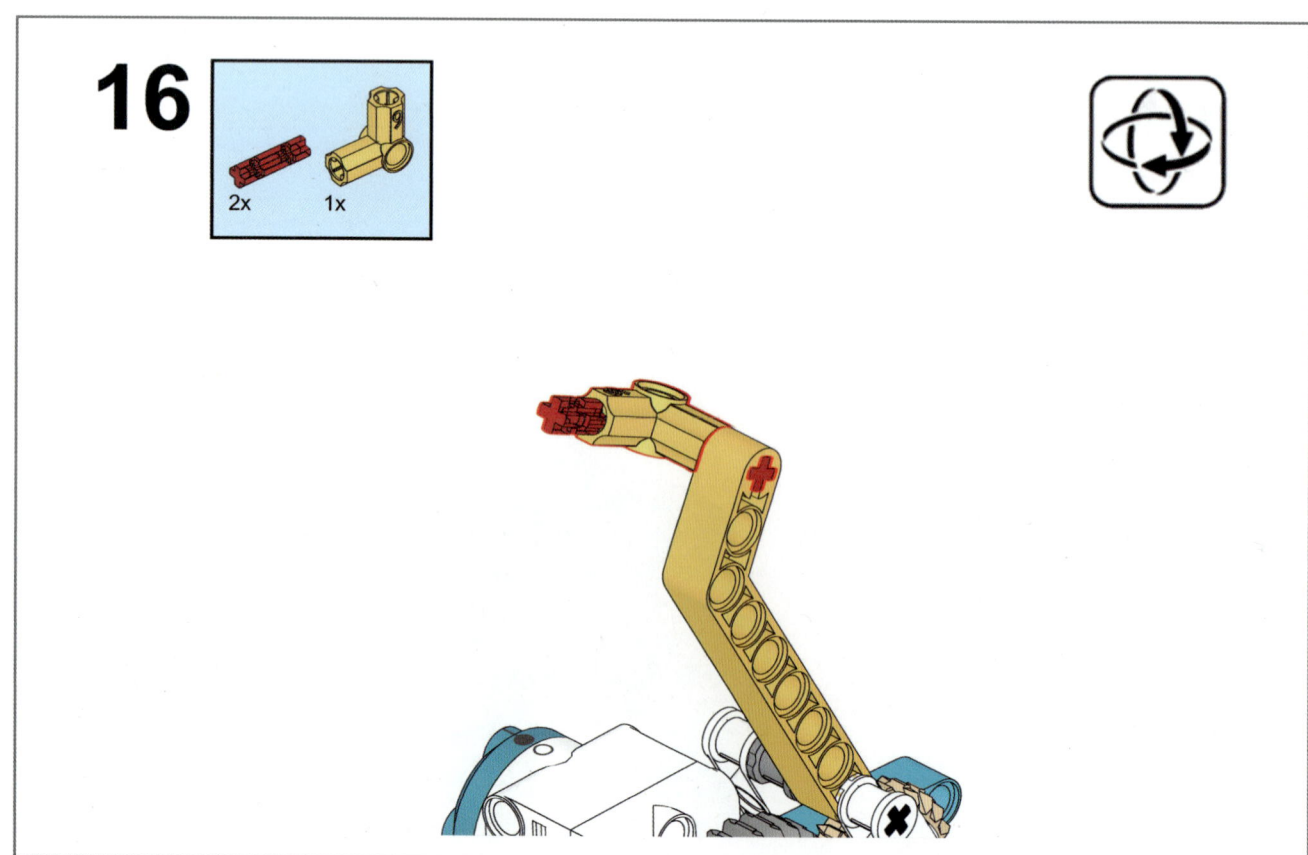

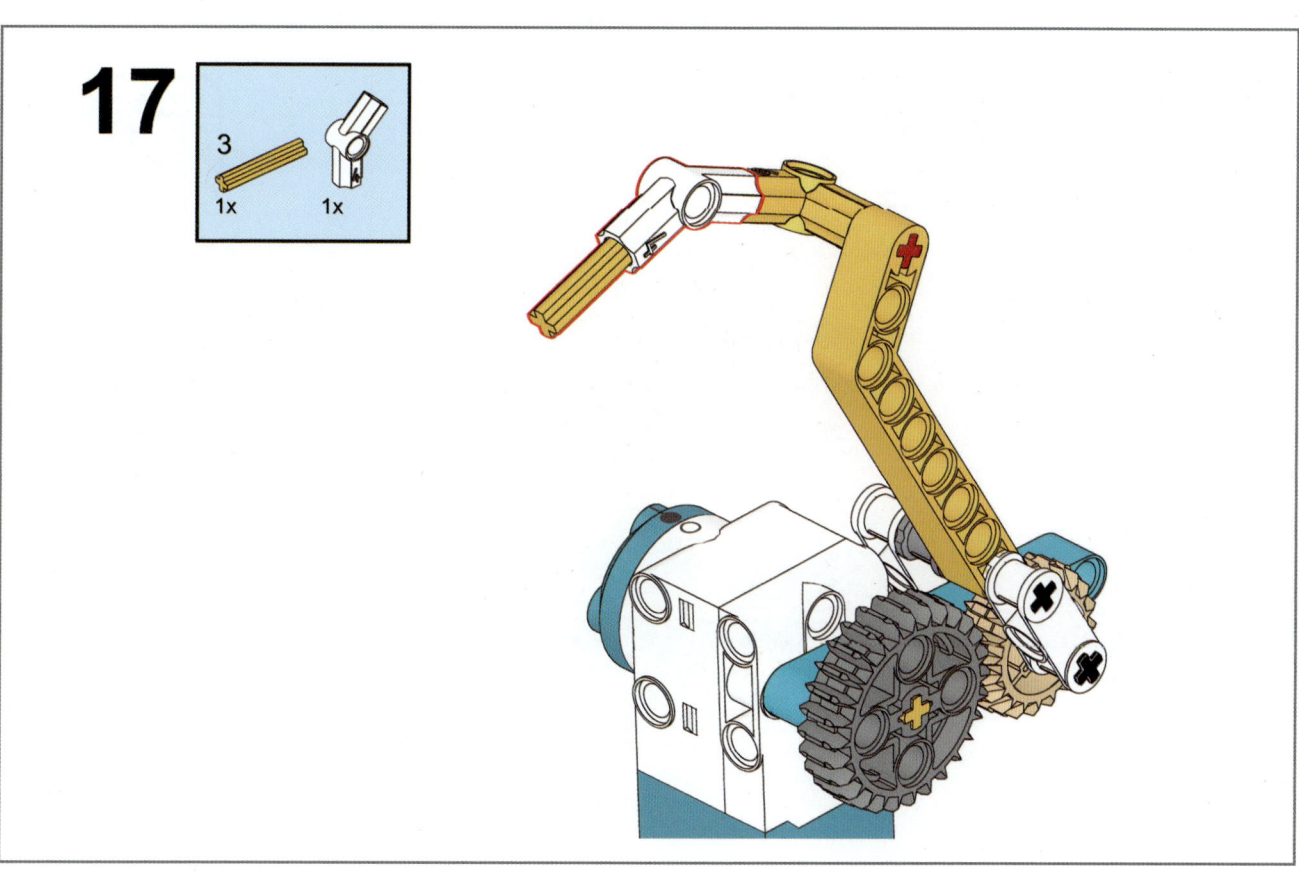
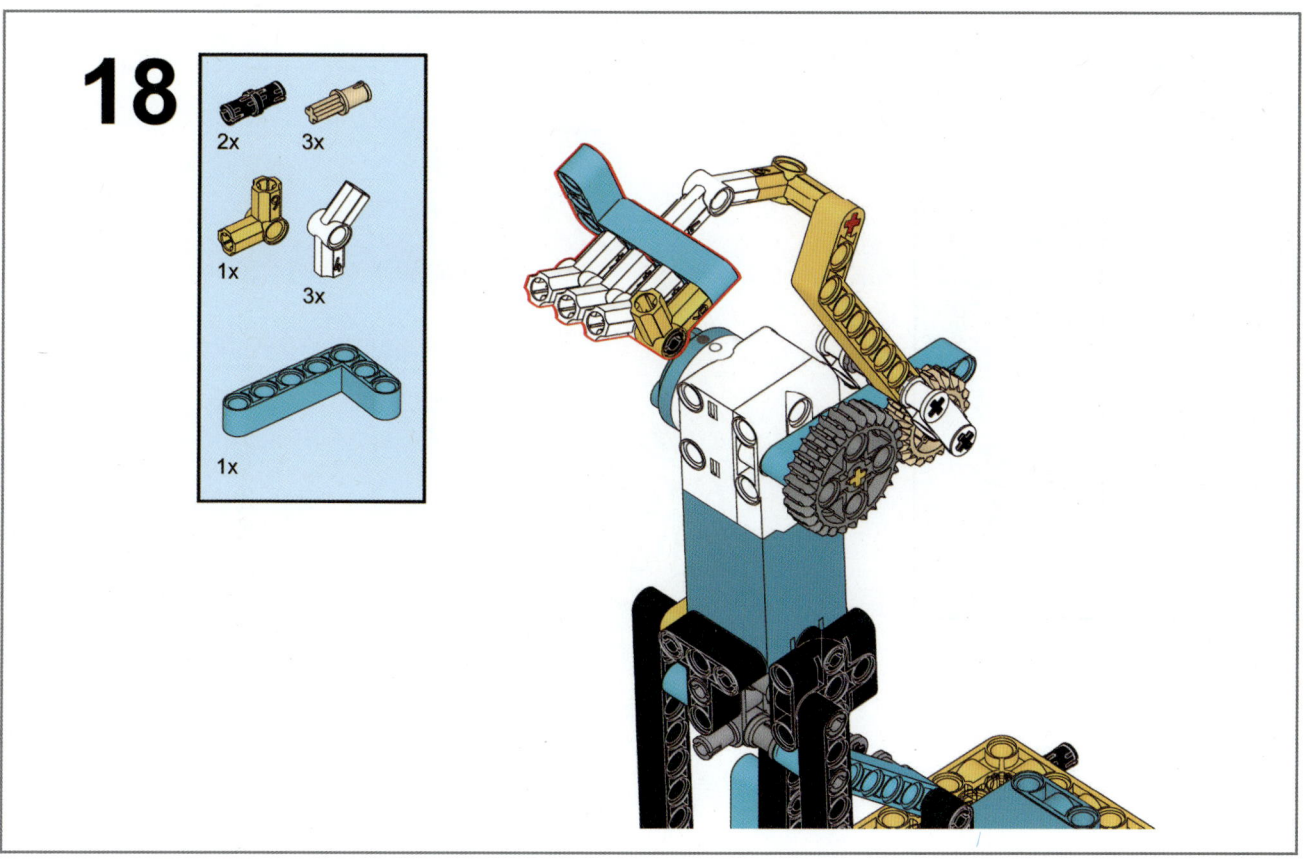

조립하기 농구 (Basketball)

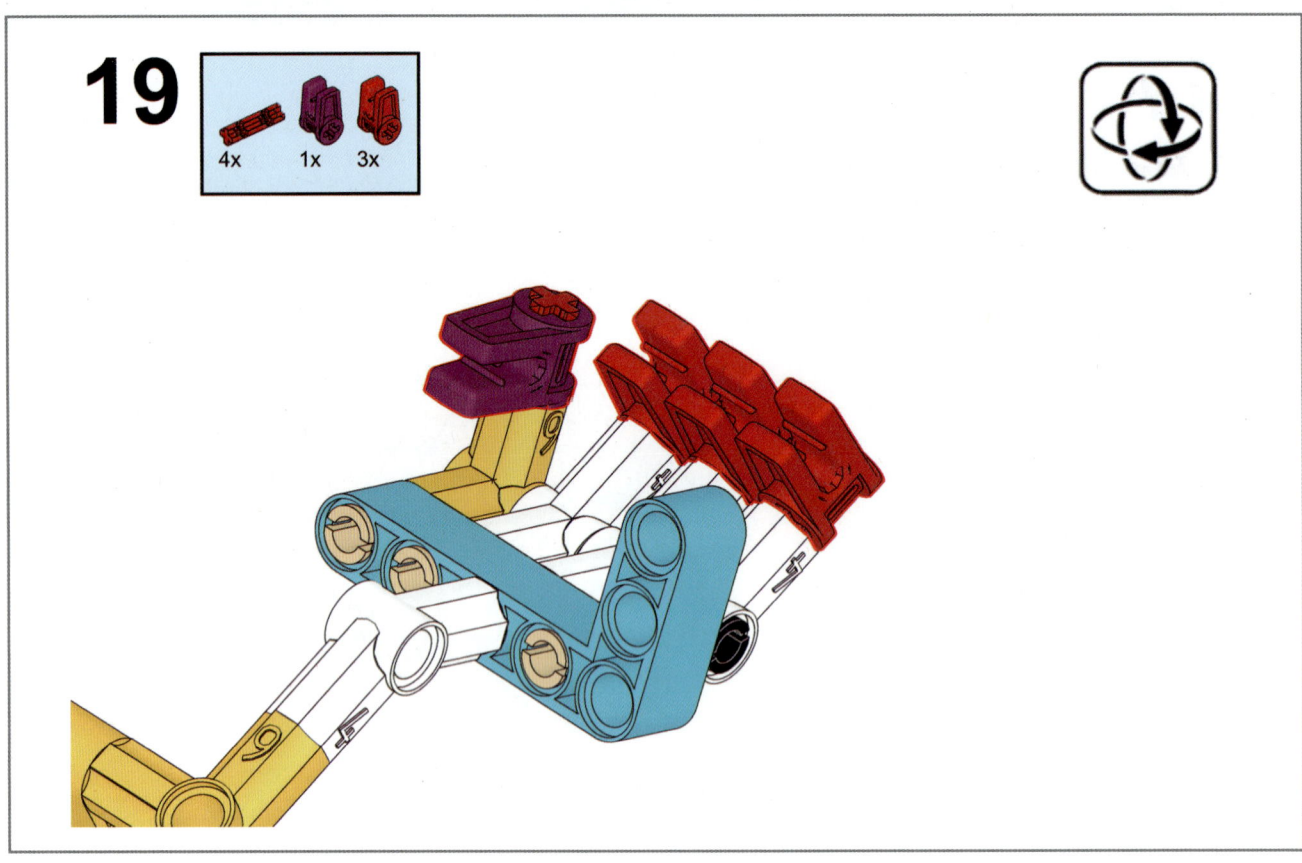

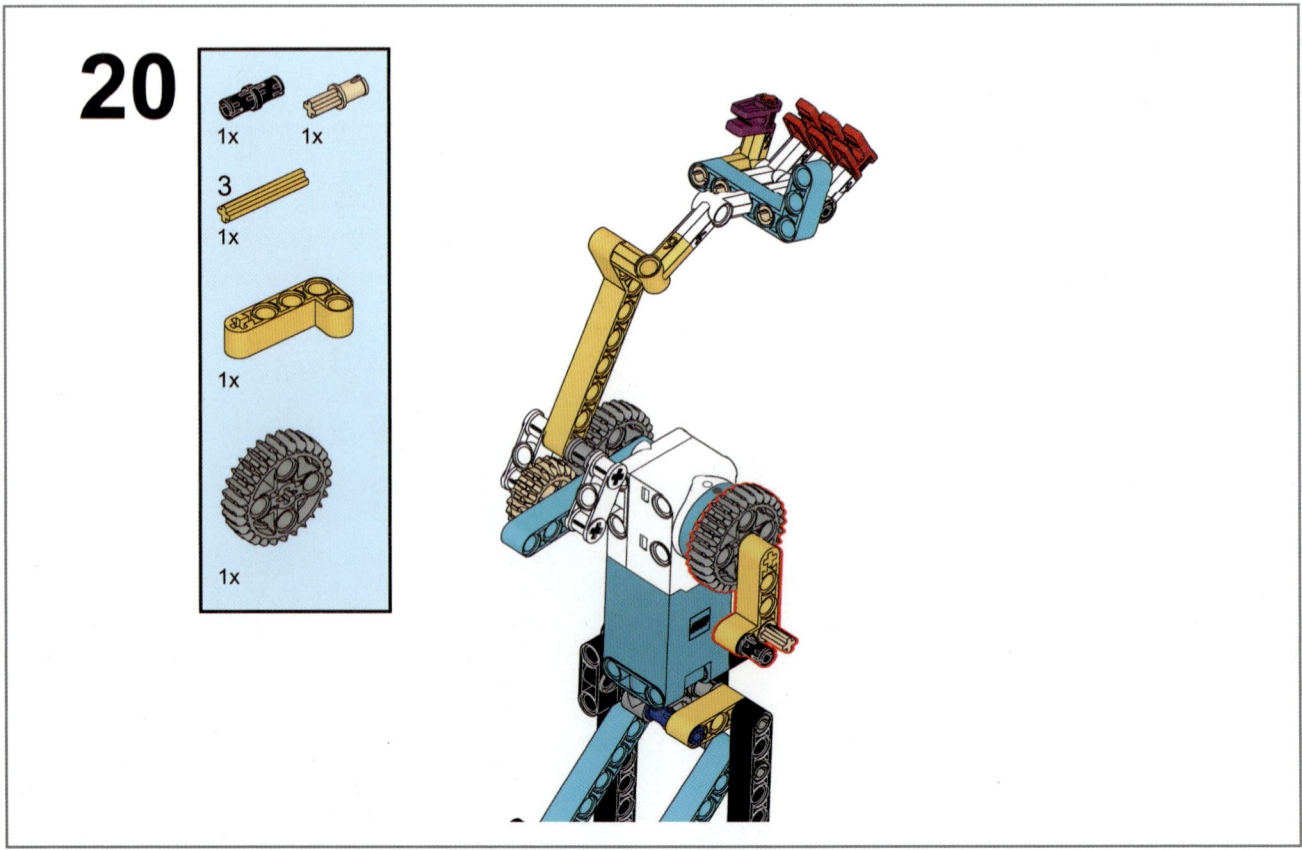

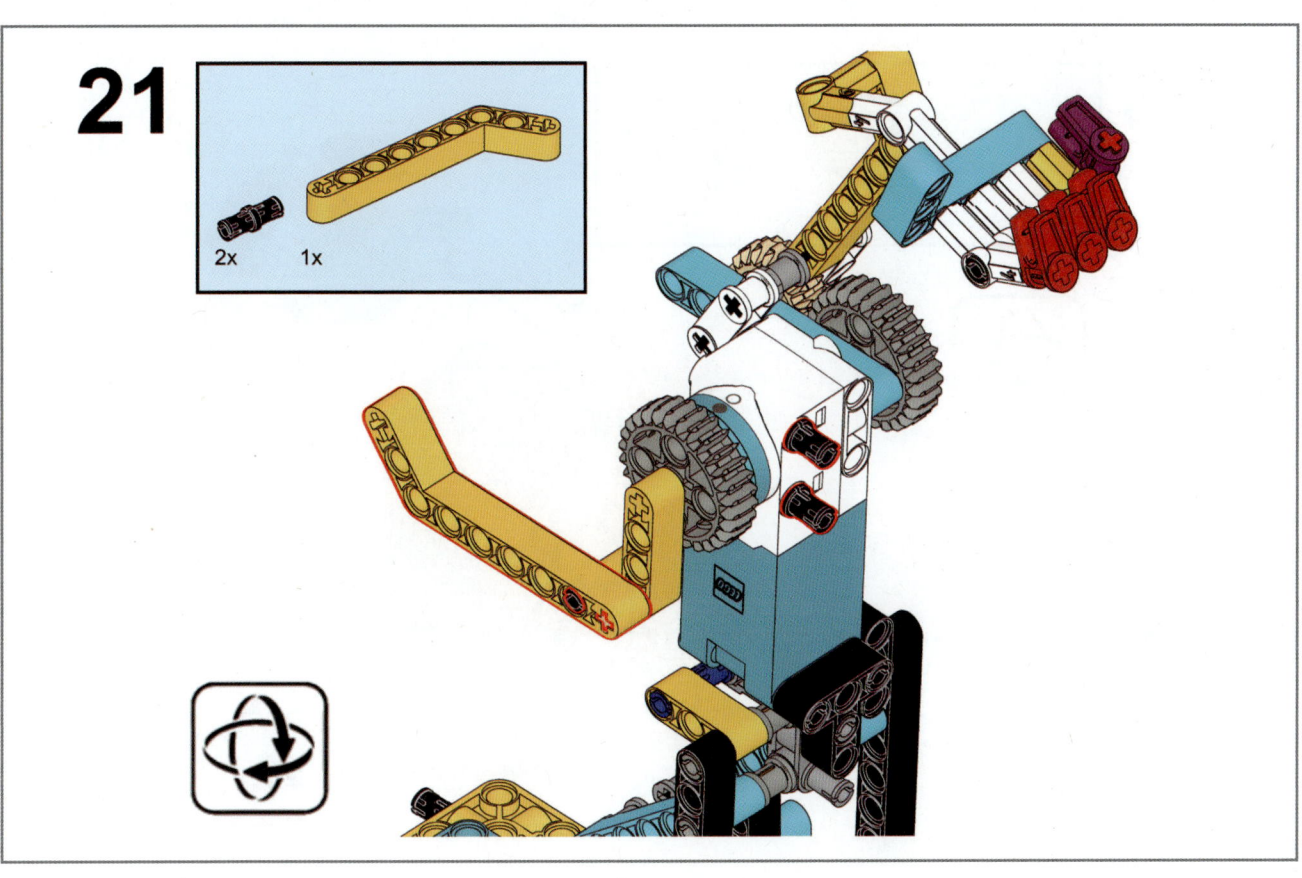
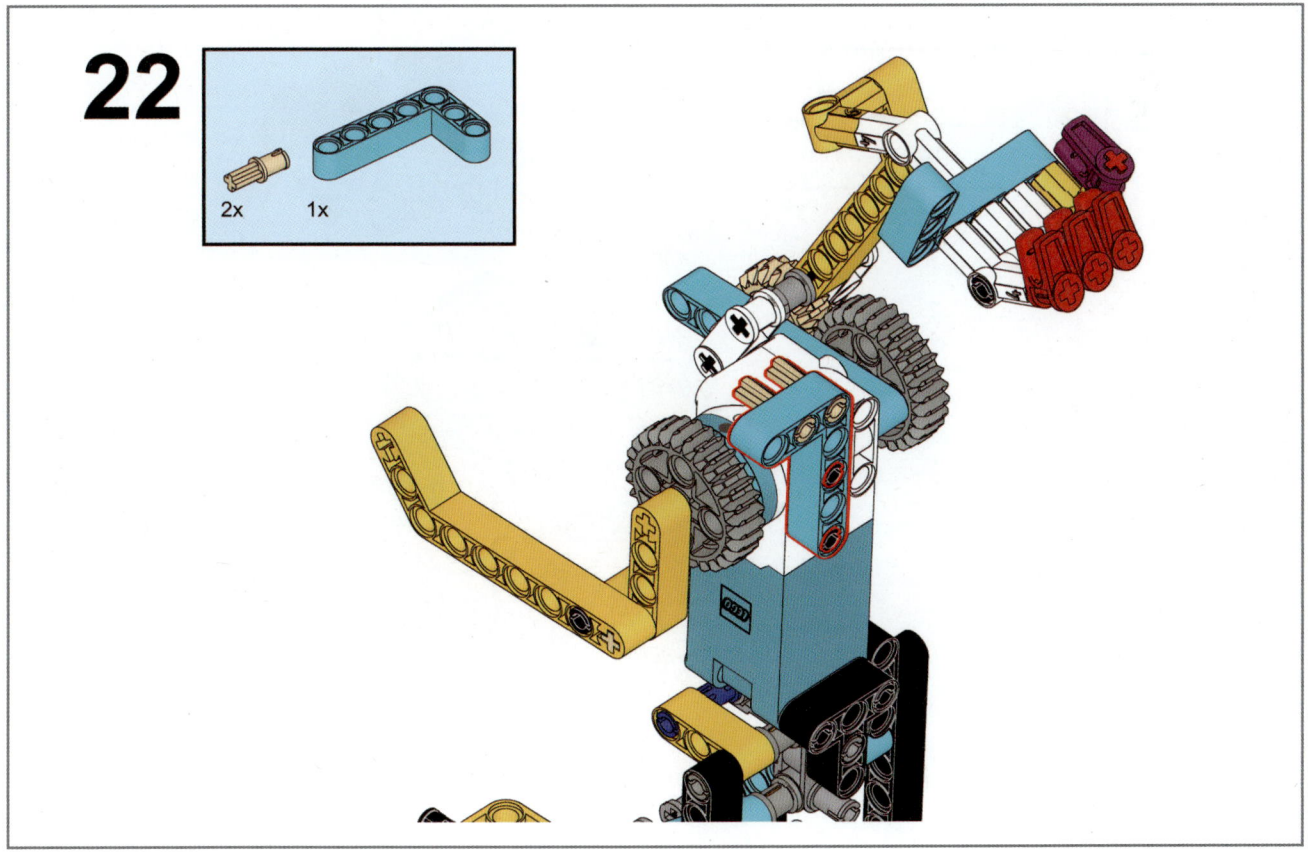

조립하기 　농구 (Basketball)

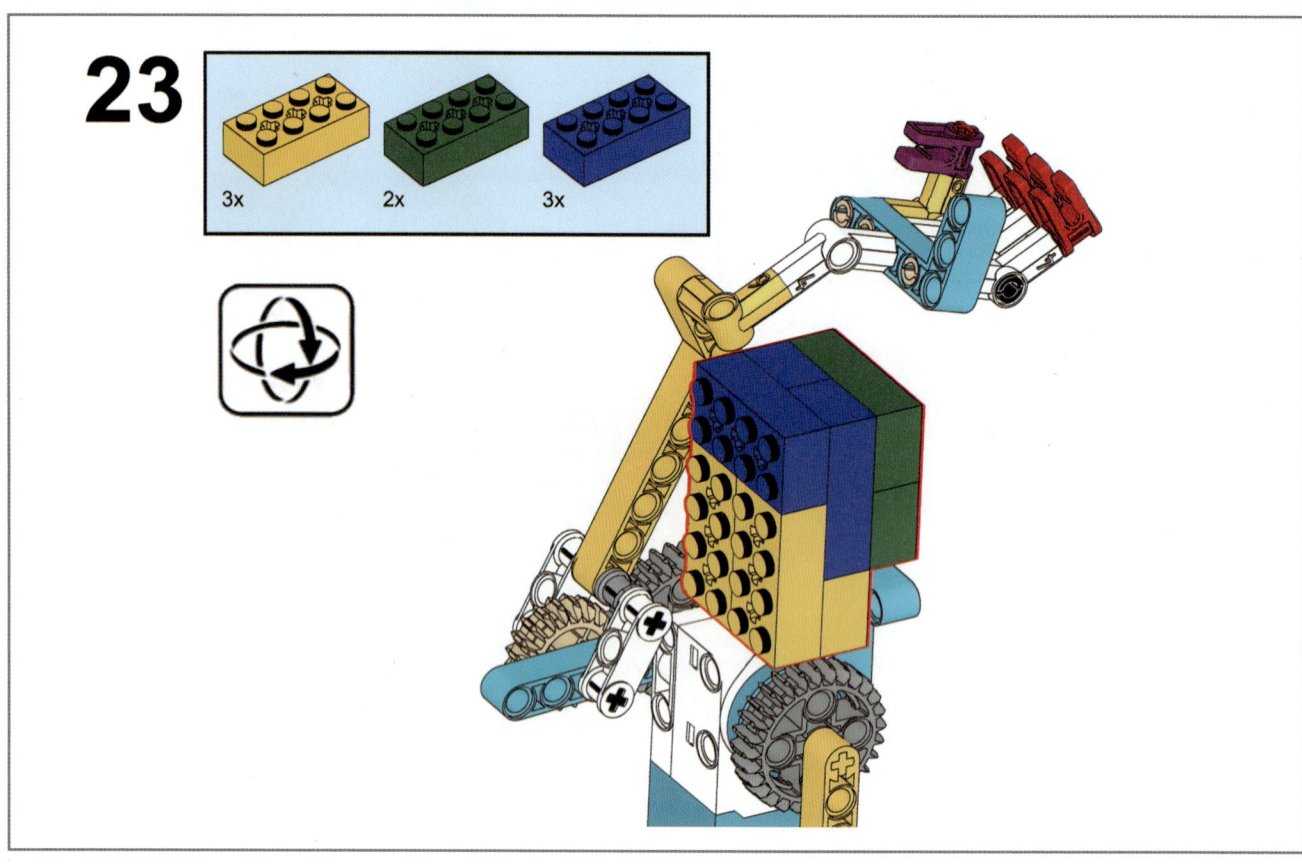

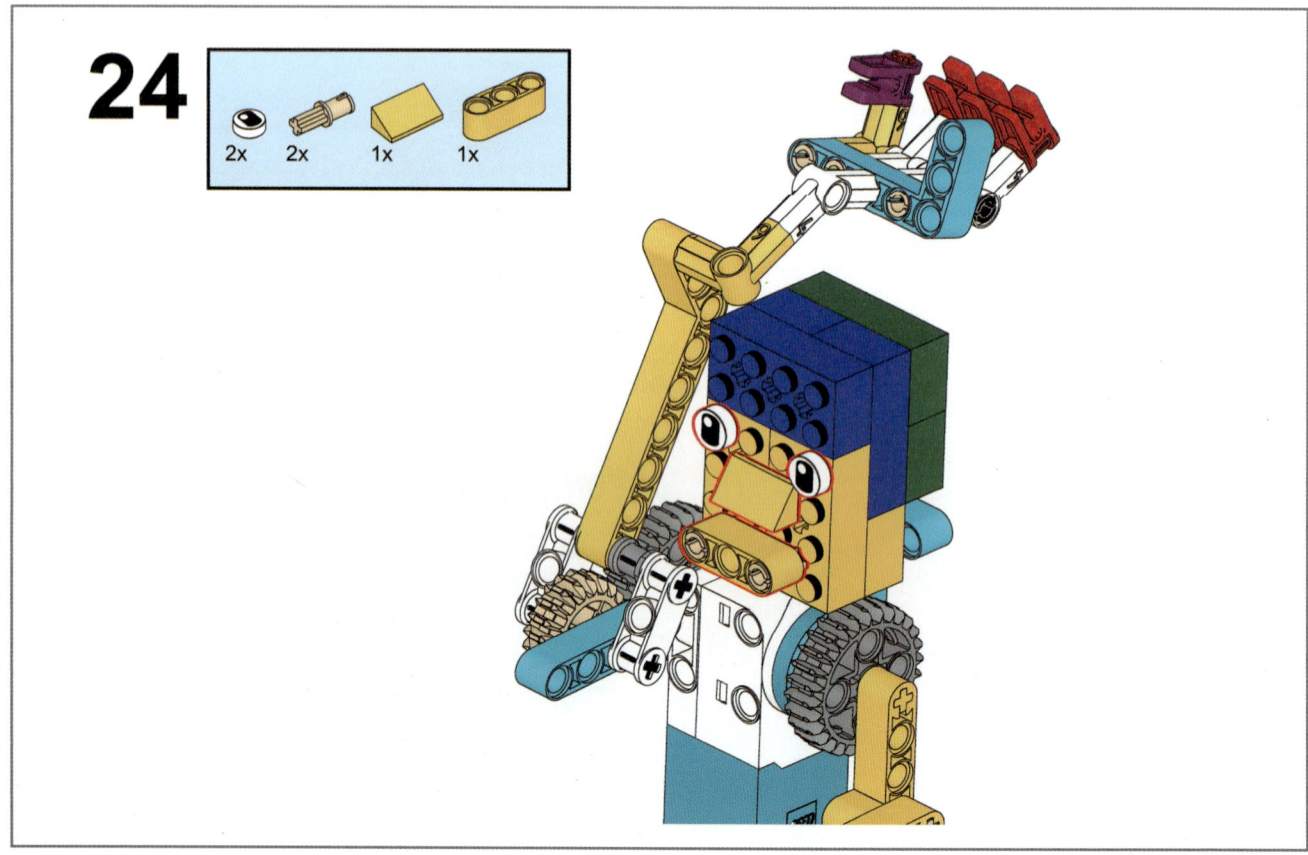

25

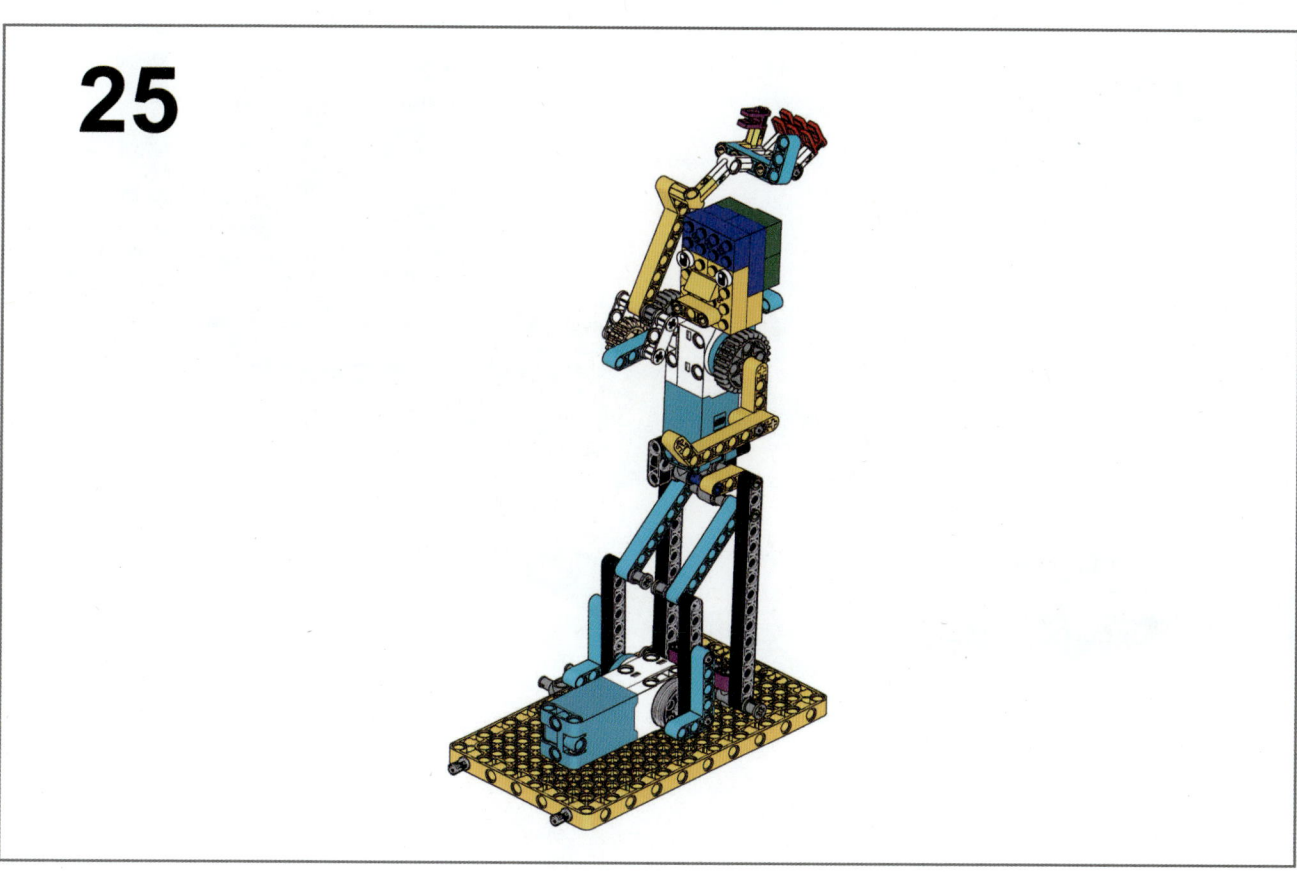

26

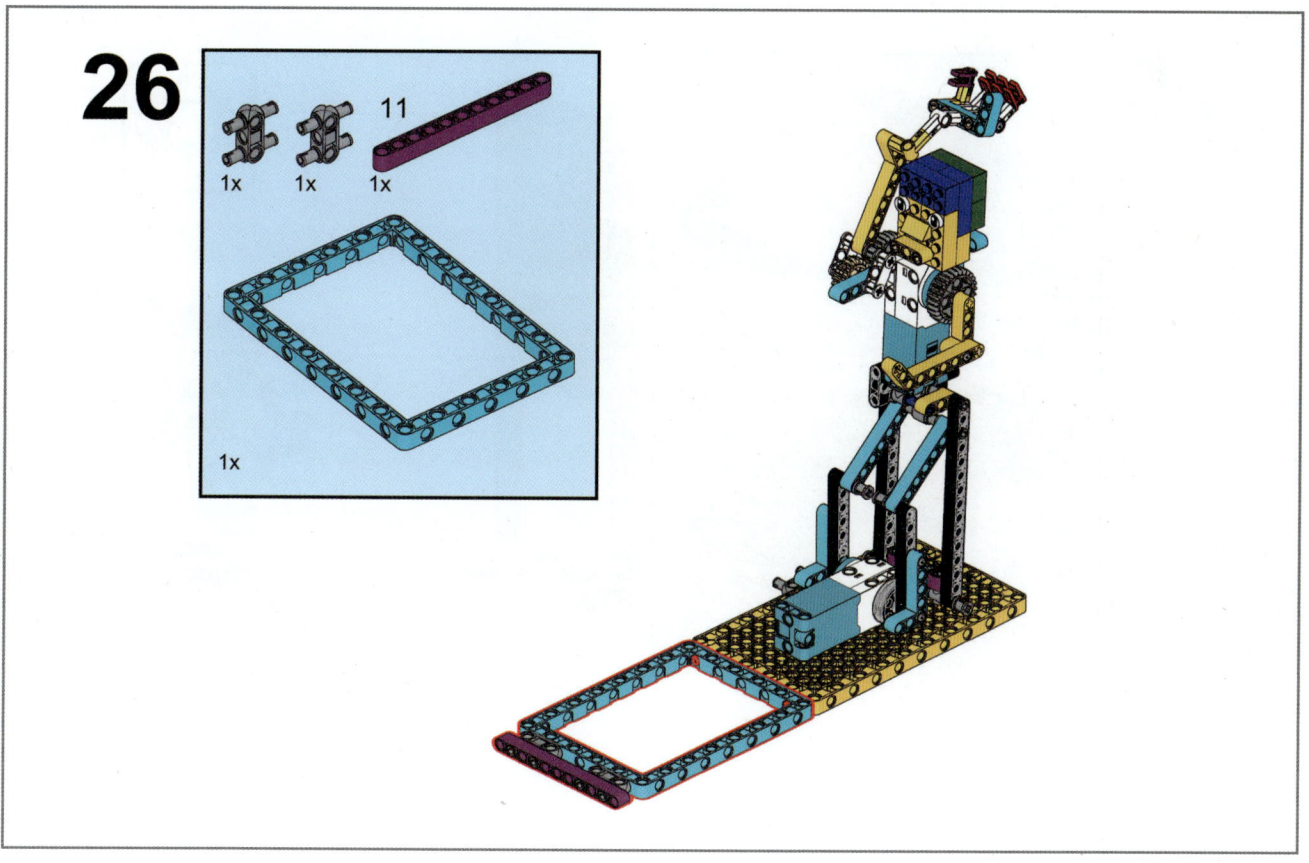

농구 (Basketball)

조립하기 농구 (Basketball)

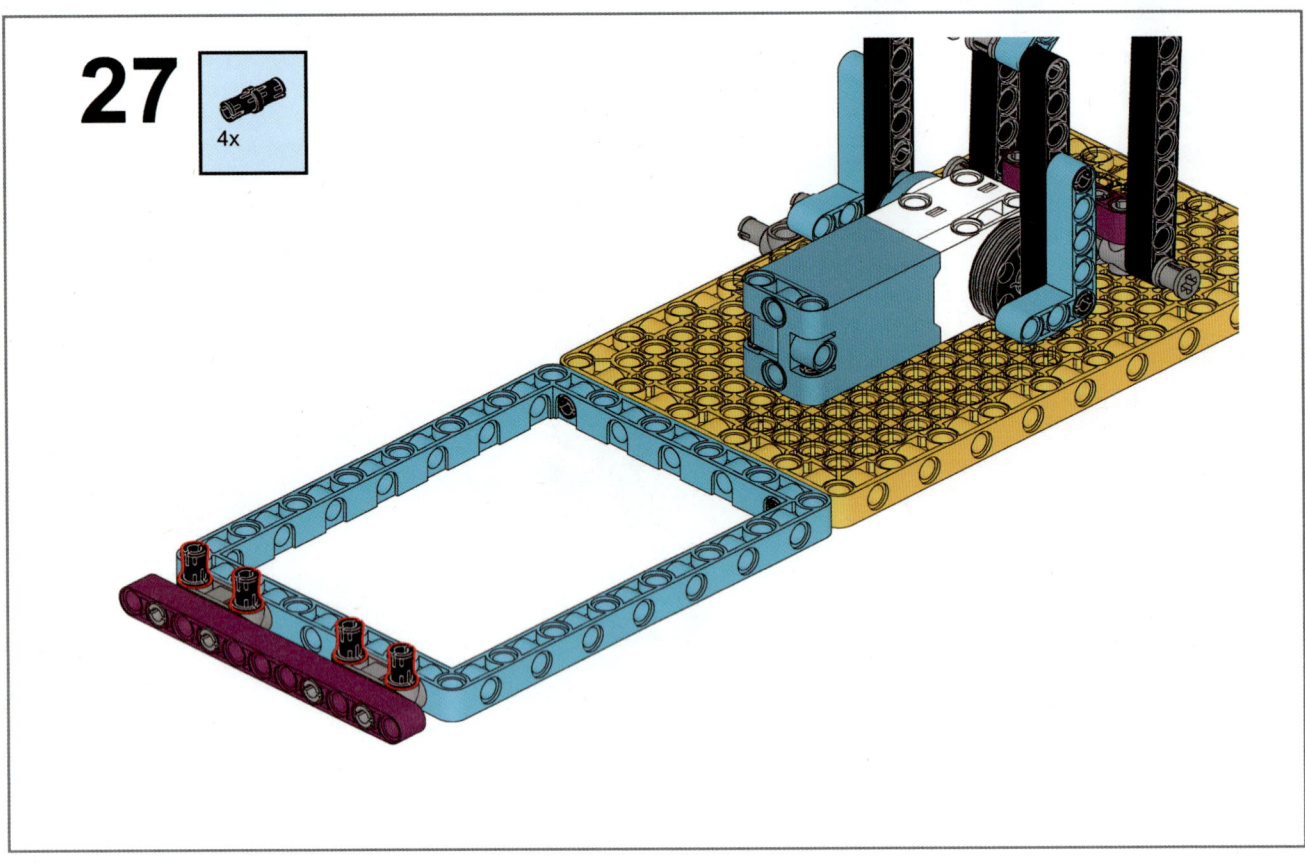

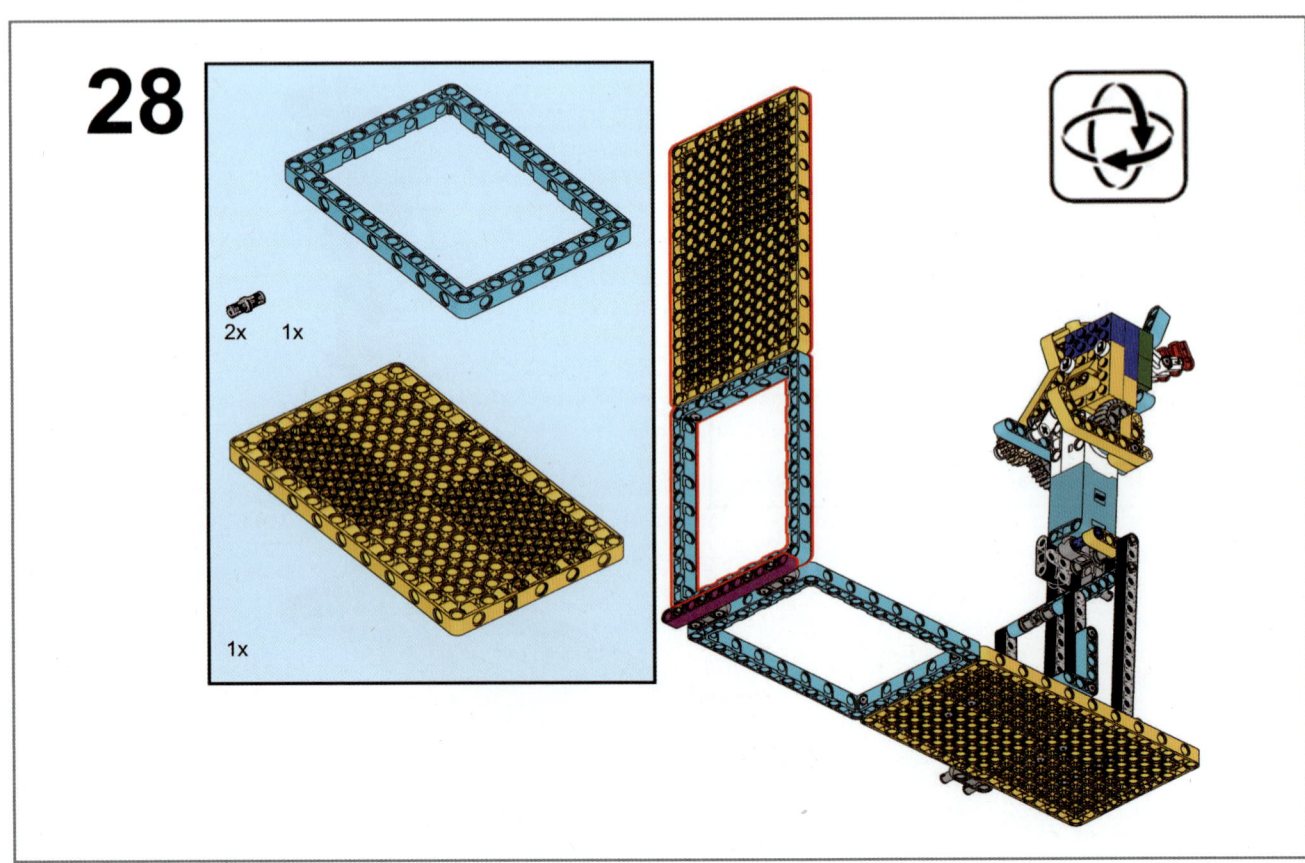

29

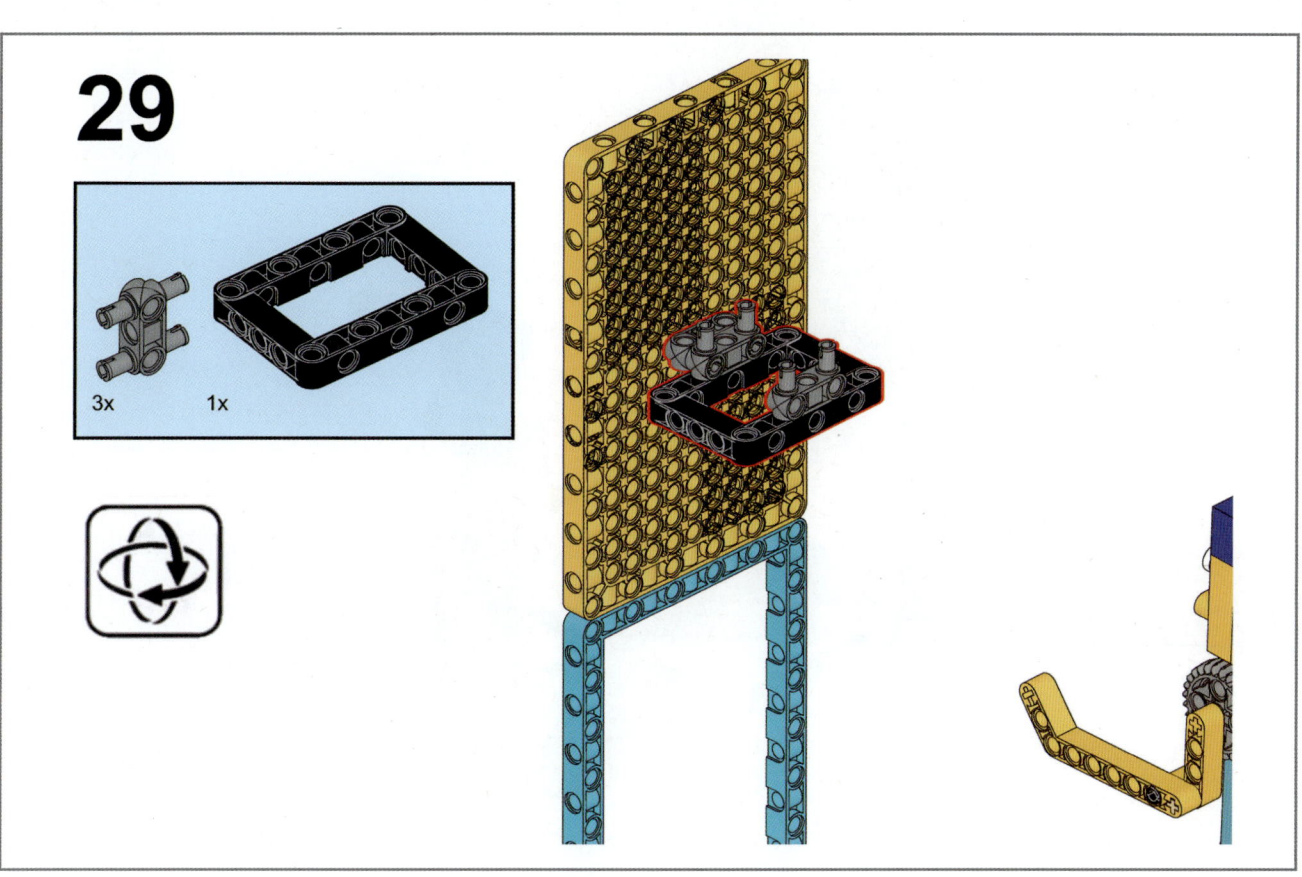

30

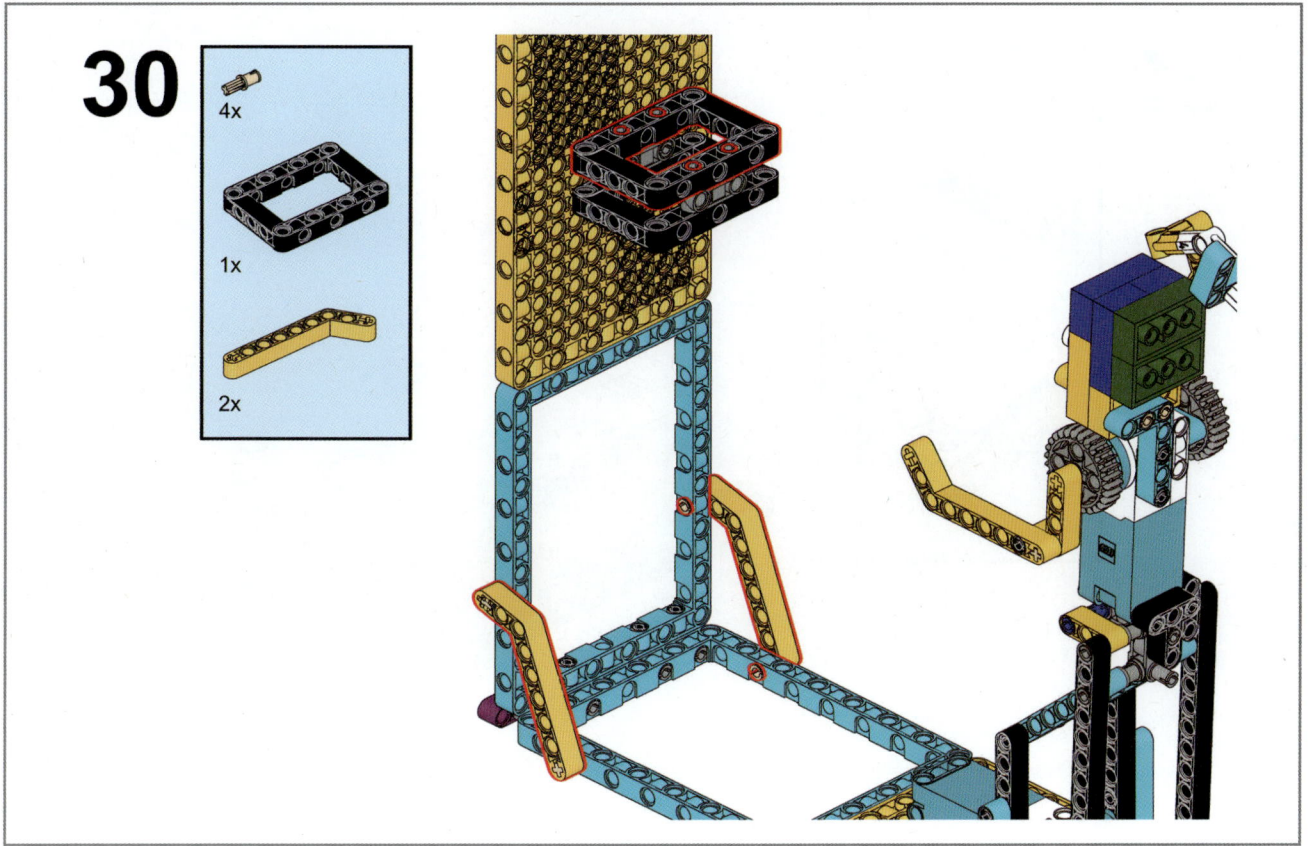

농구 (Basketball)

조립하기 농구 (Basketball)

31

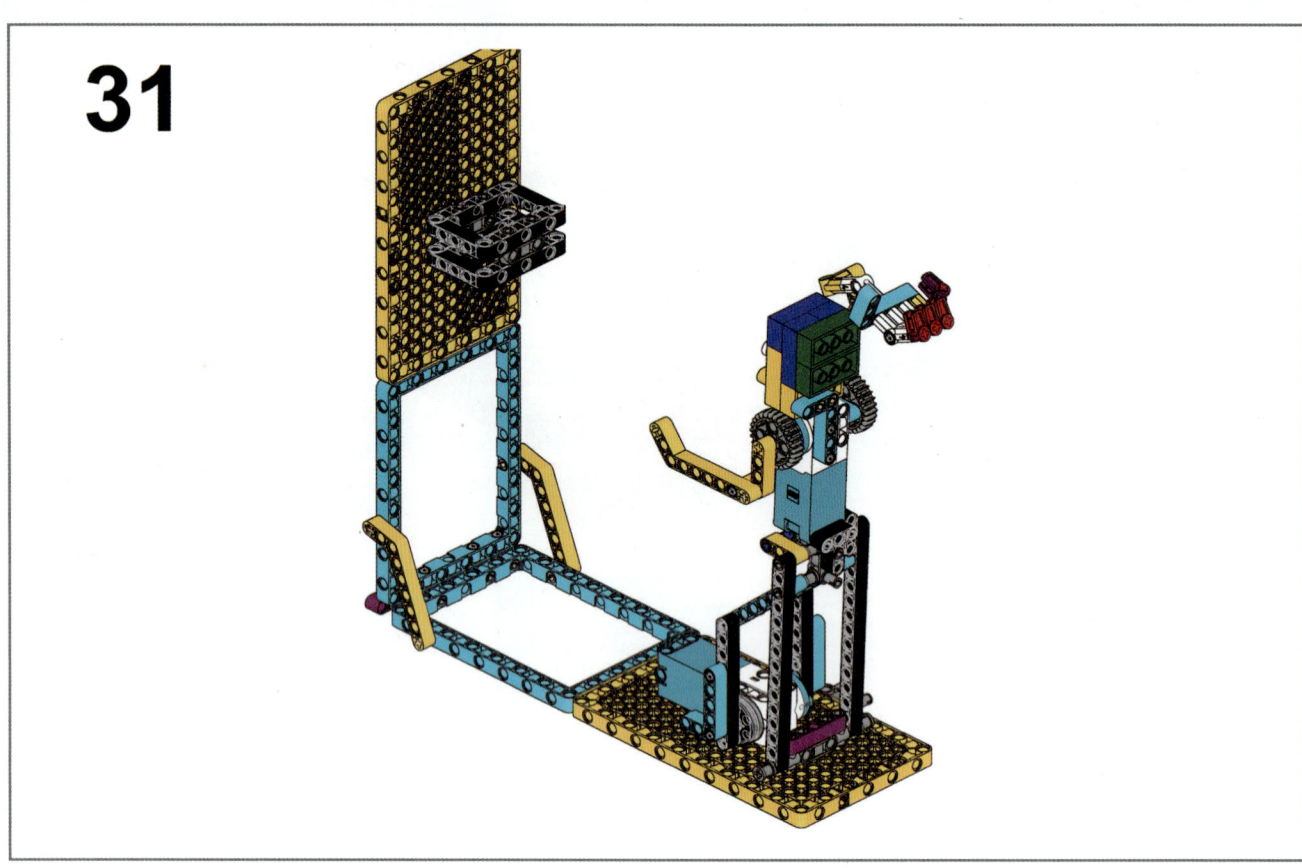

32

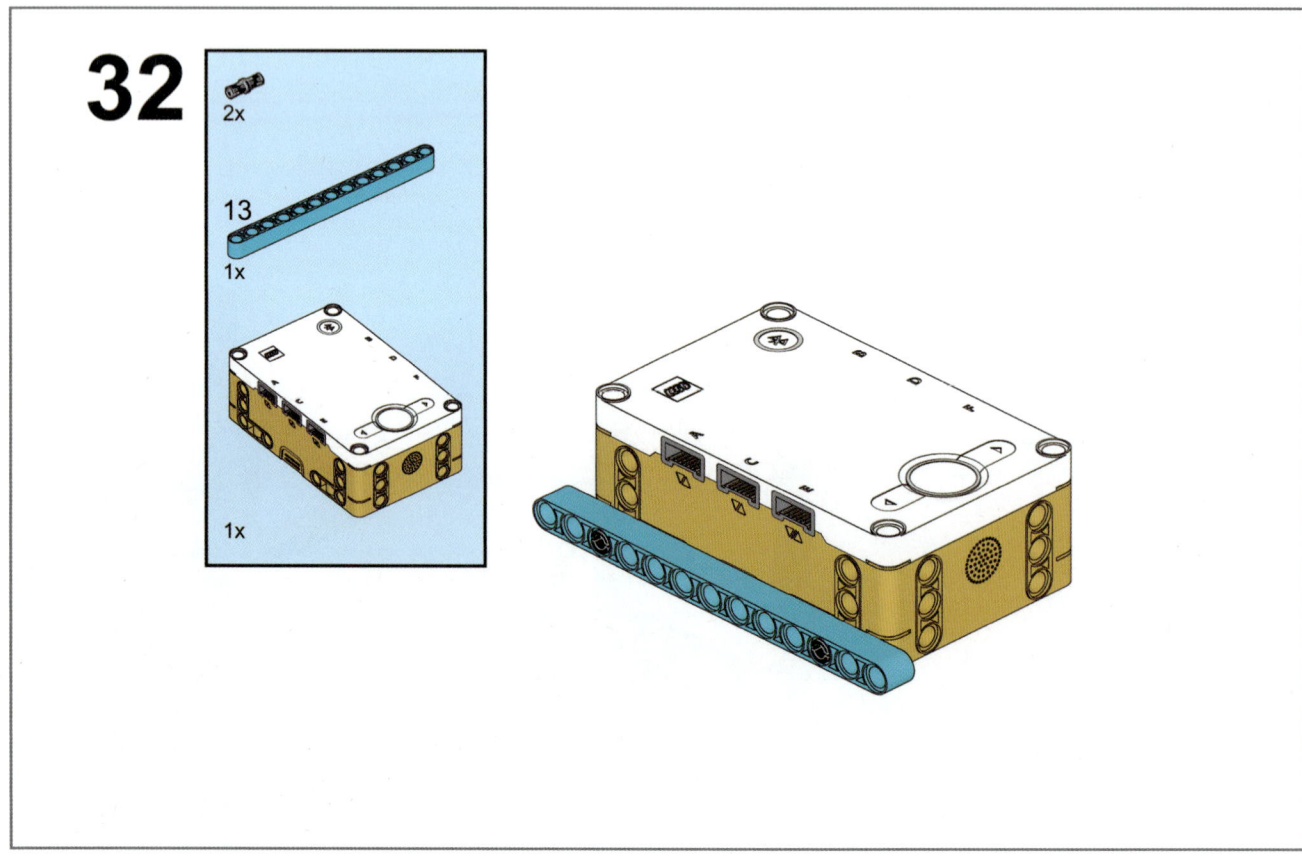

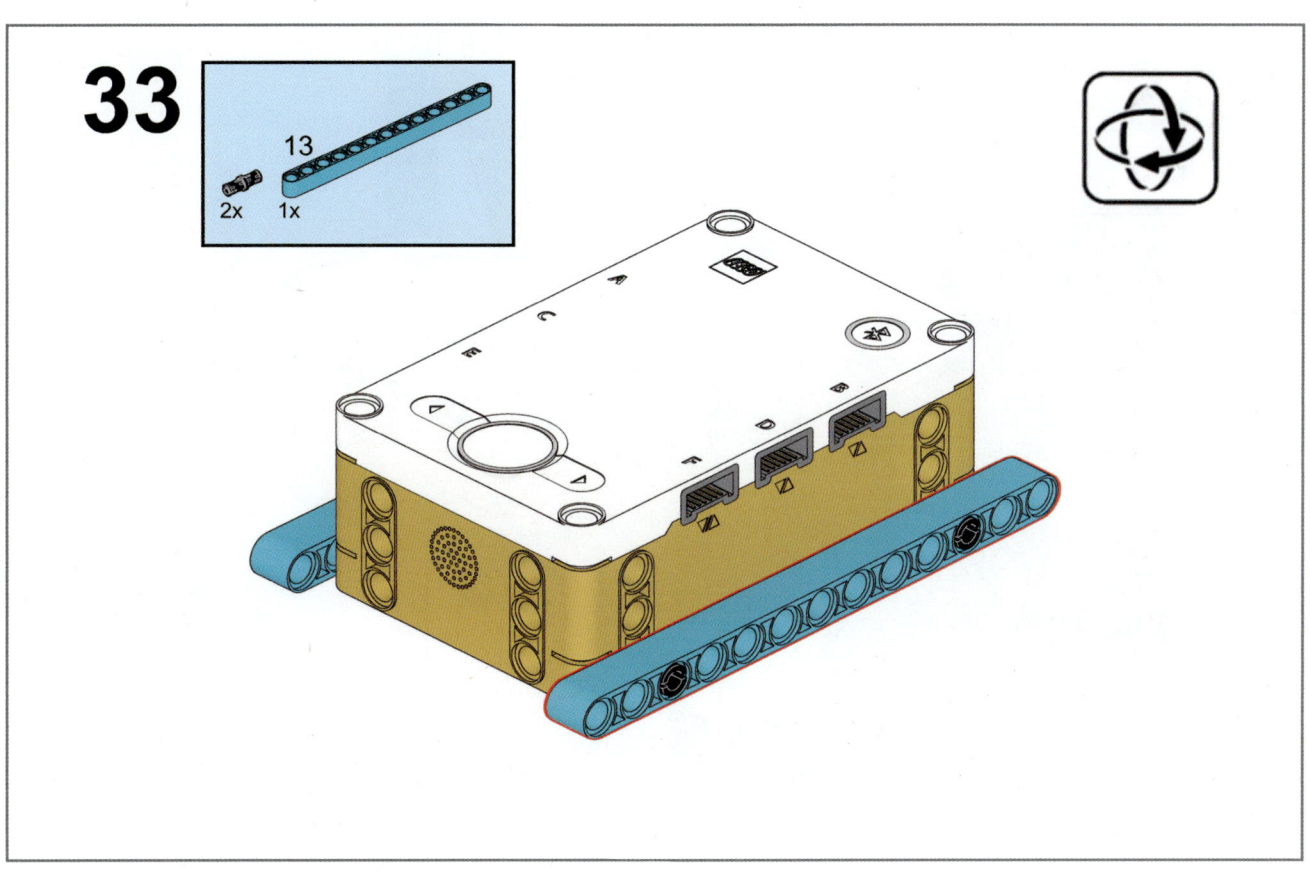
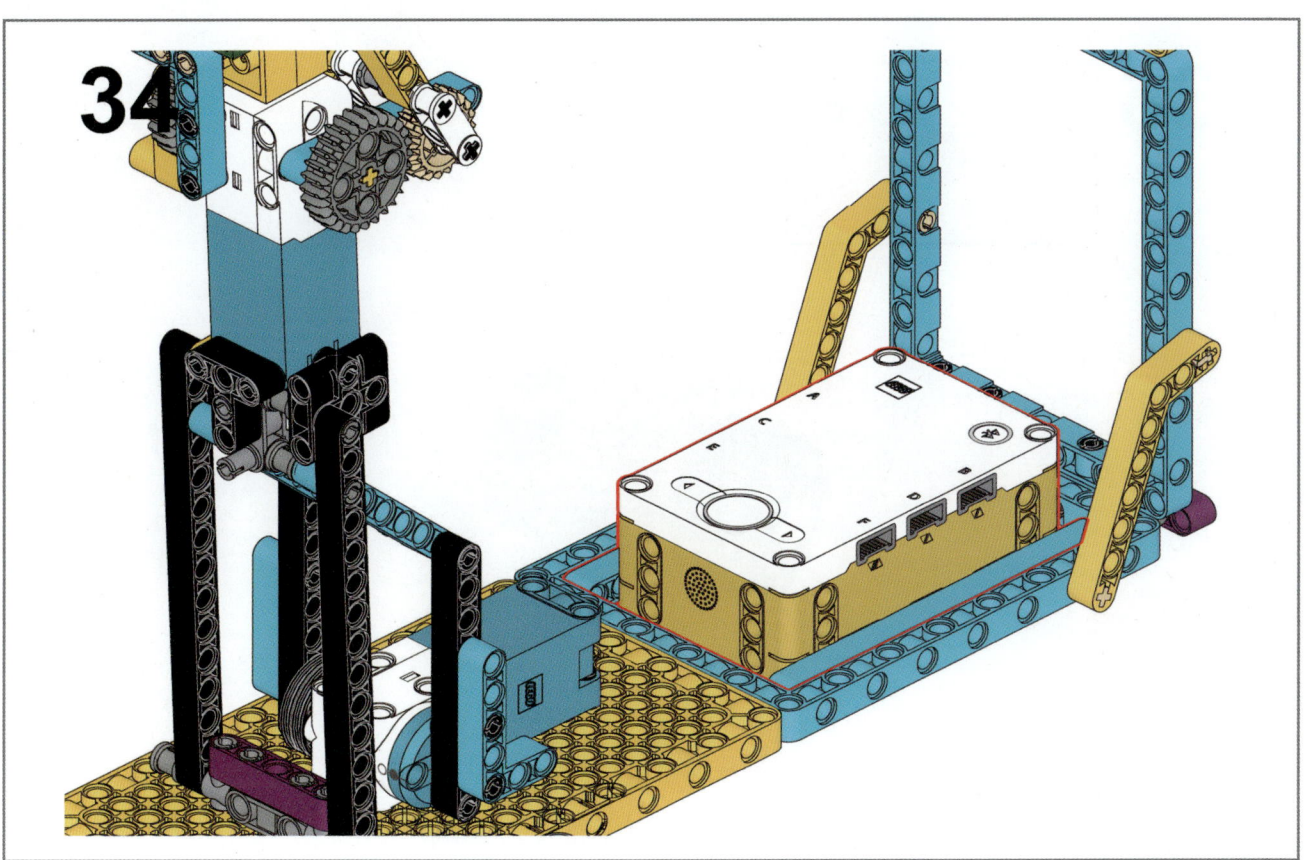

농구 (Basketball)

조립하기 농구 (Basketball)

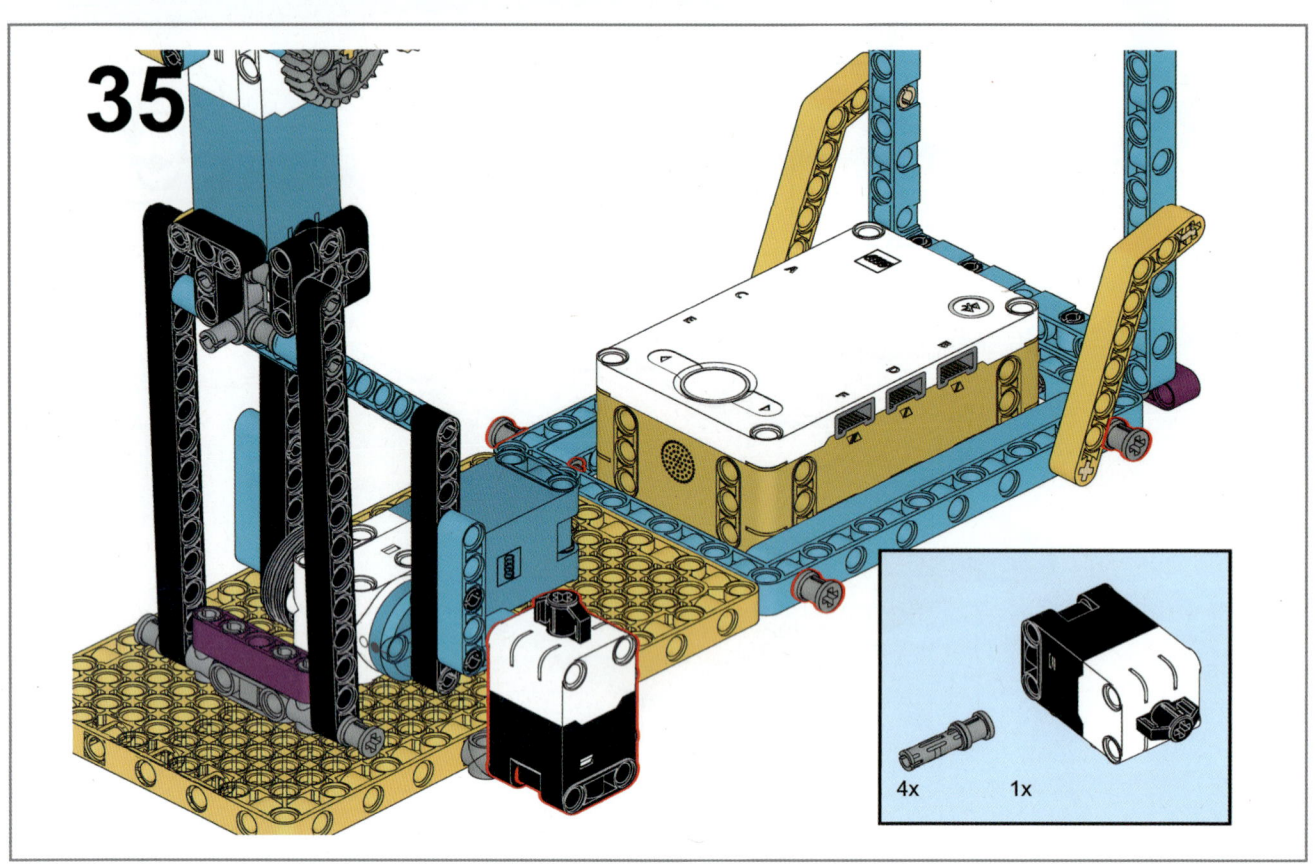

35

36

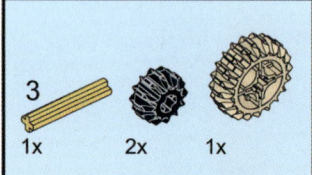

37

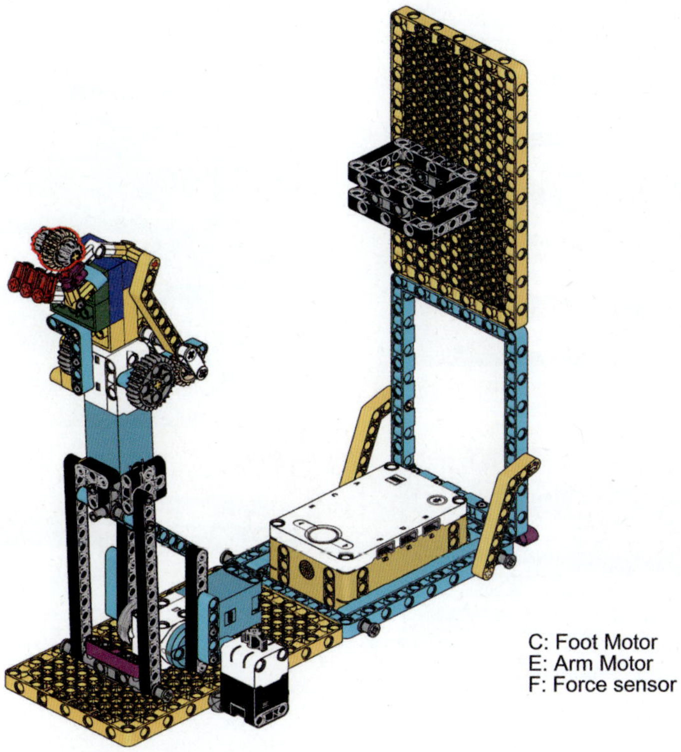

C: Foot Motor
E: Arm Motor
F: Force sensor

조립하기 농구 (Basketball)

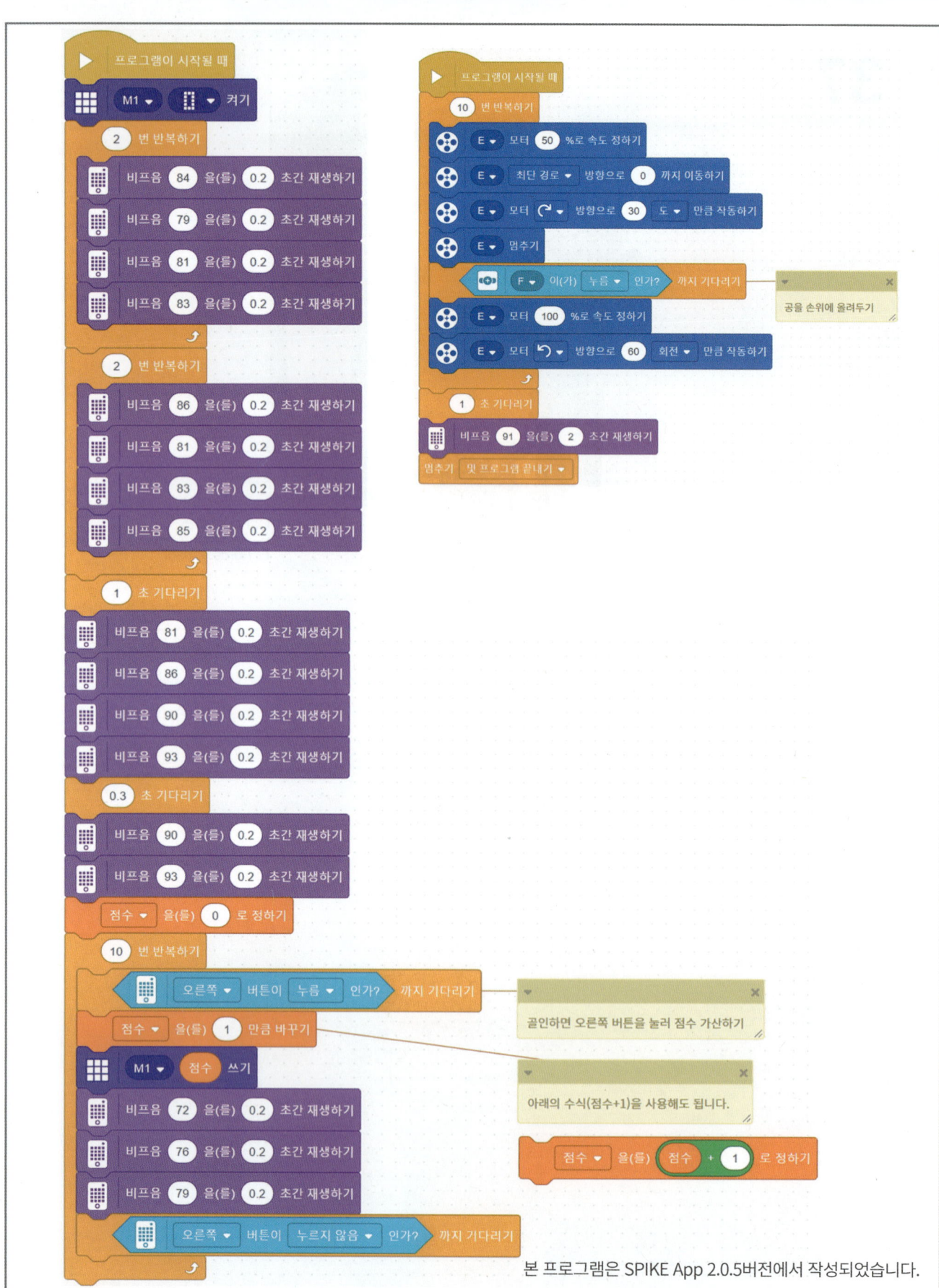

완성!

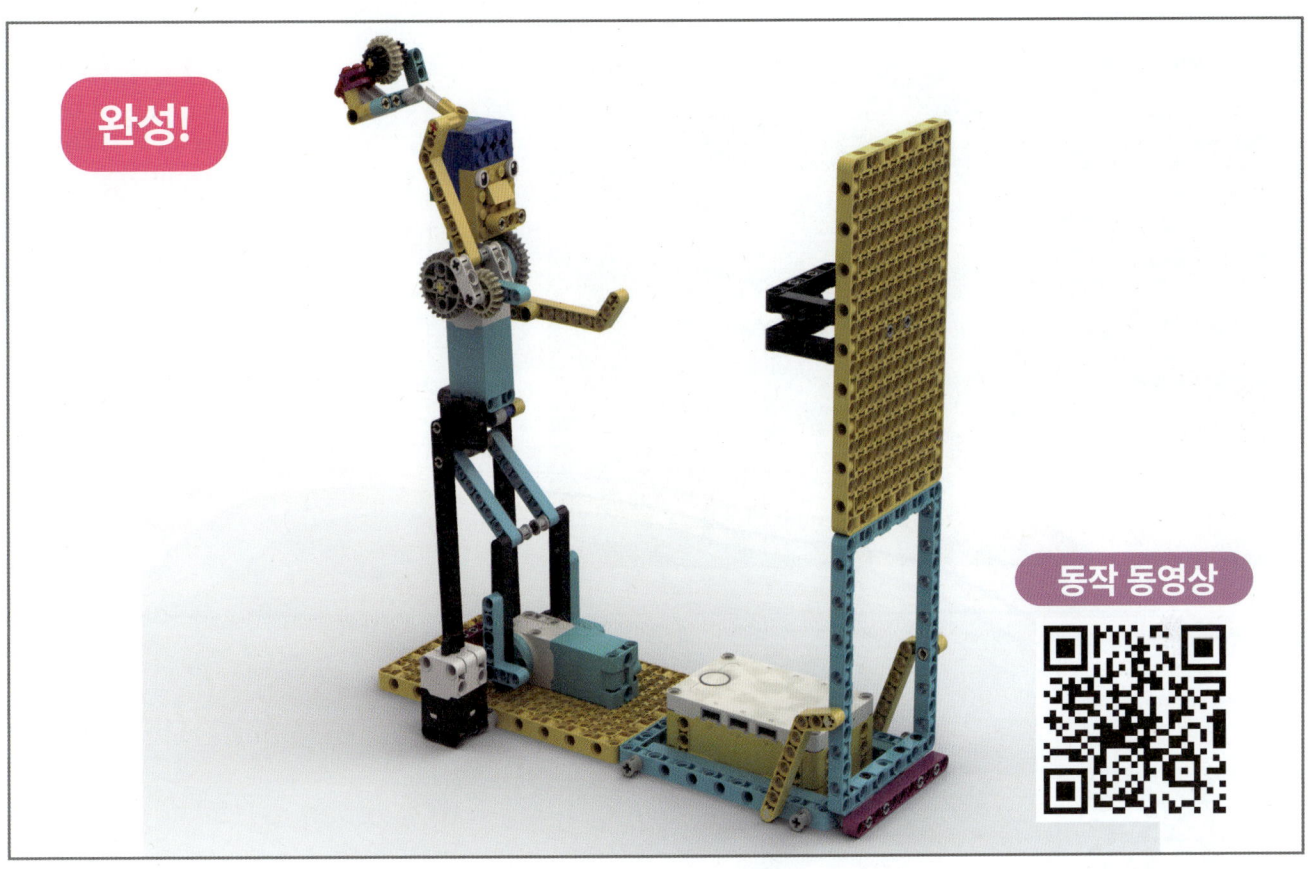

동작 동영상

농구 (Basketball)

11 권투 (Boxing)

경기장 안에서 손으로 상대방을 타격하여 승패를 결정하는 경기입니다. 권투는 몸과 몸이 순간적으로 맞부딪치기 때문에 어느 경기보다 민첩성과 순발력이 동시에 필요한 경기입니다.

동작 동영상

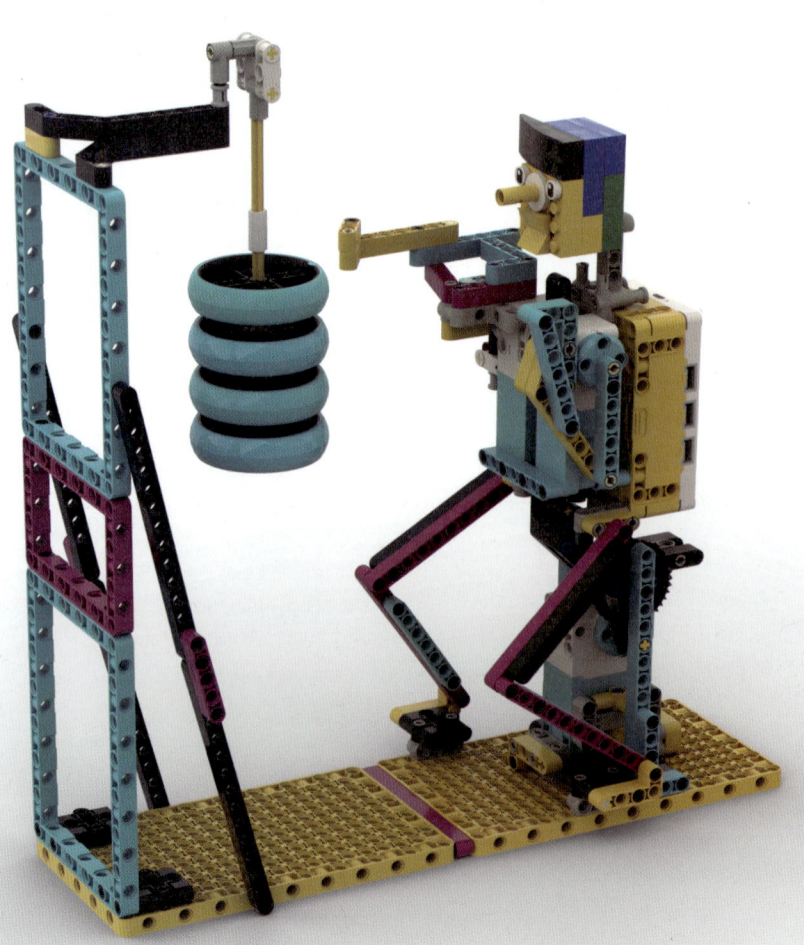

필요 부품 목록

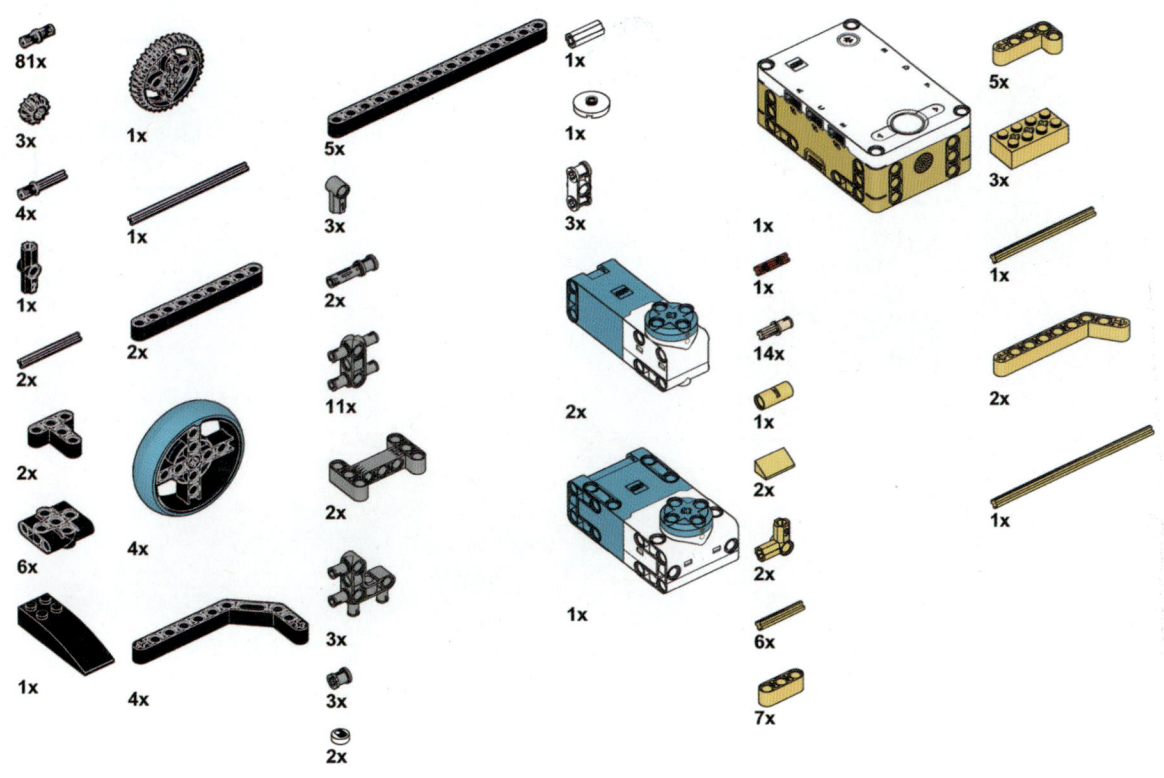

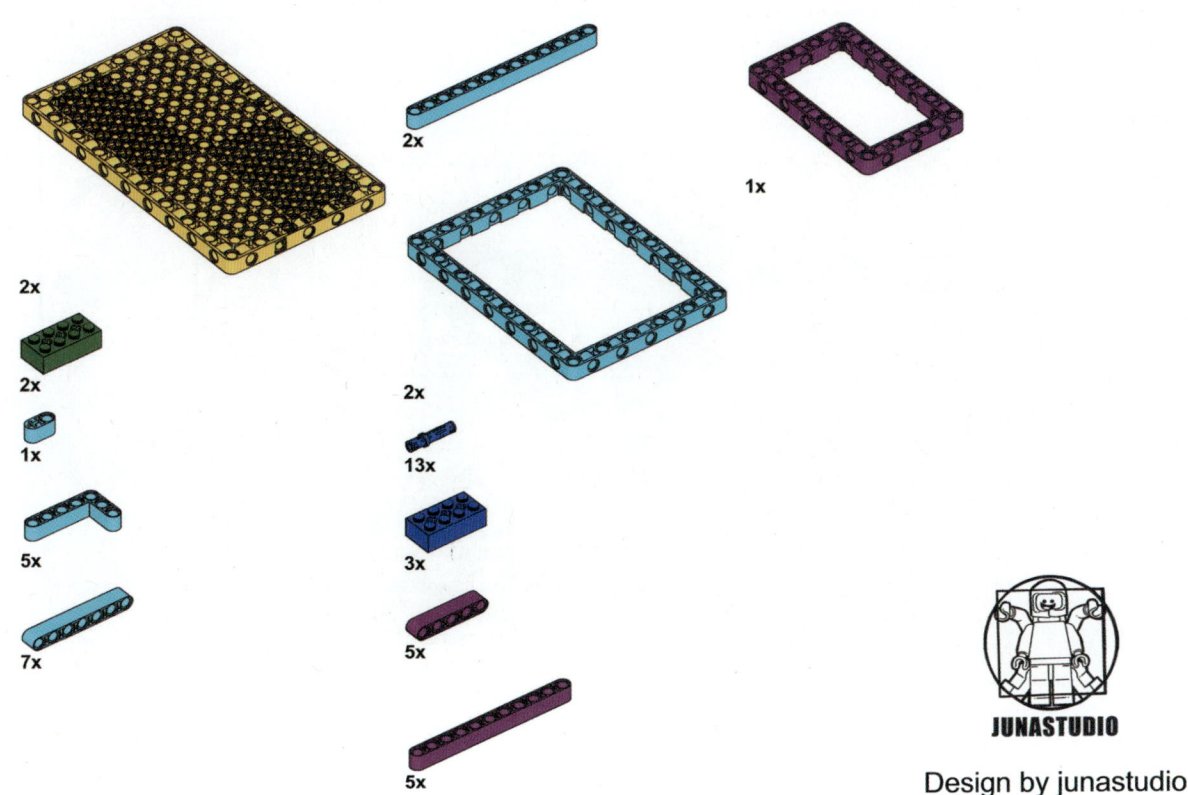

해당 차시는 스파이크™ 프라임 코어세트(45678)에 포함된 부품 보충팩을 사용해야 합니다

Design by junastudio

권투 (Boxing)

조립하기 권투 (Boxing)

1

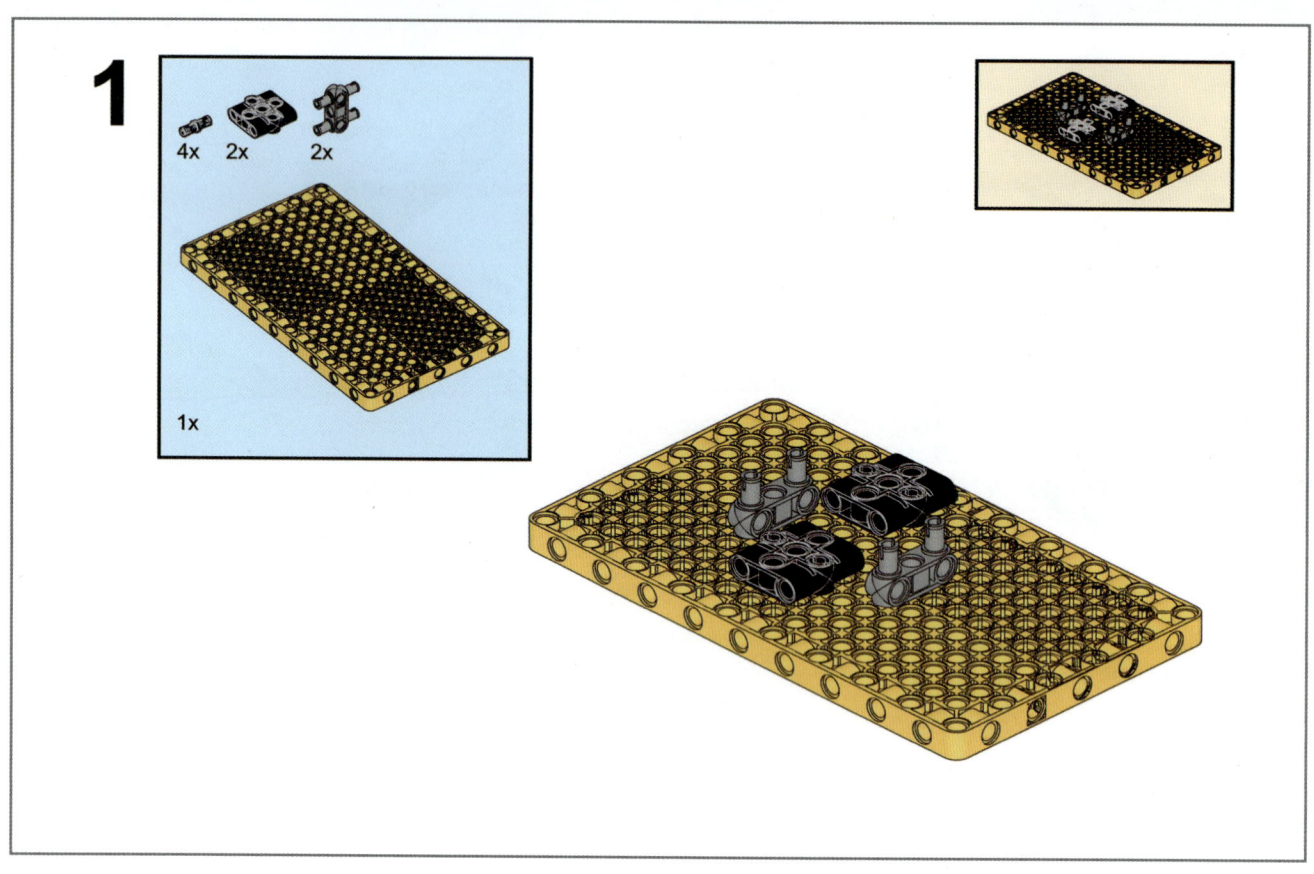

2

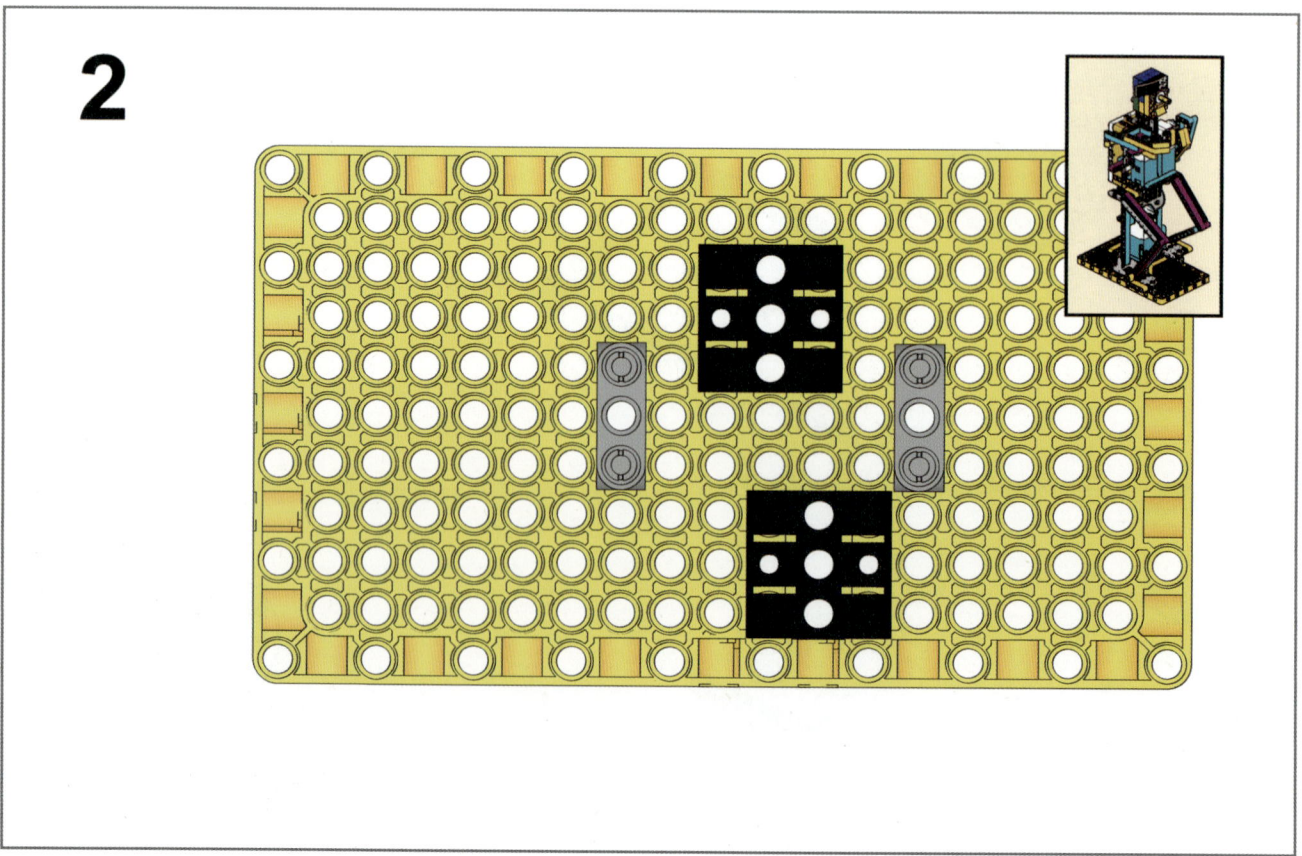

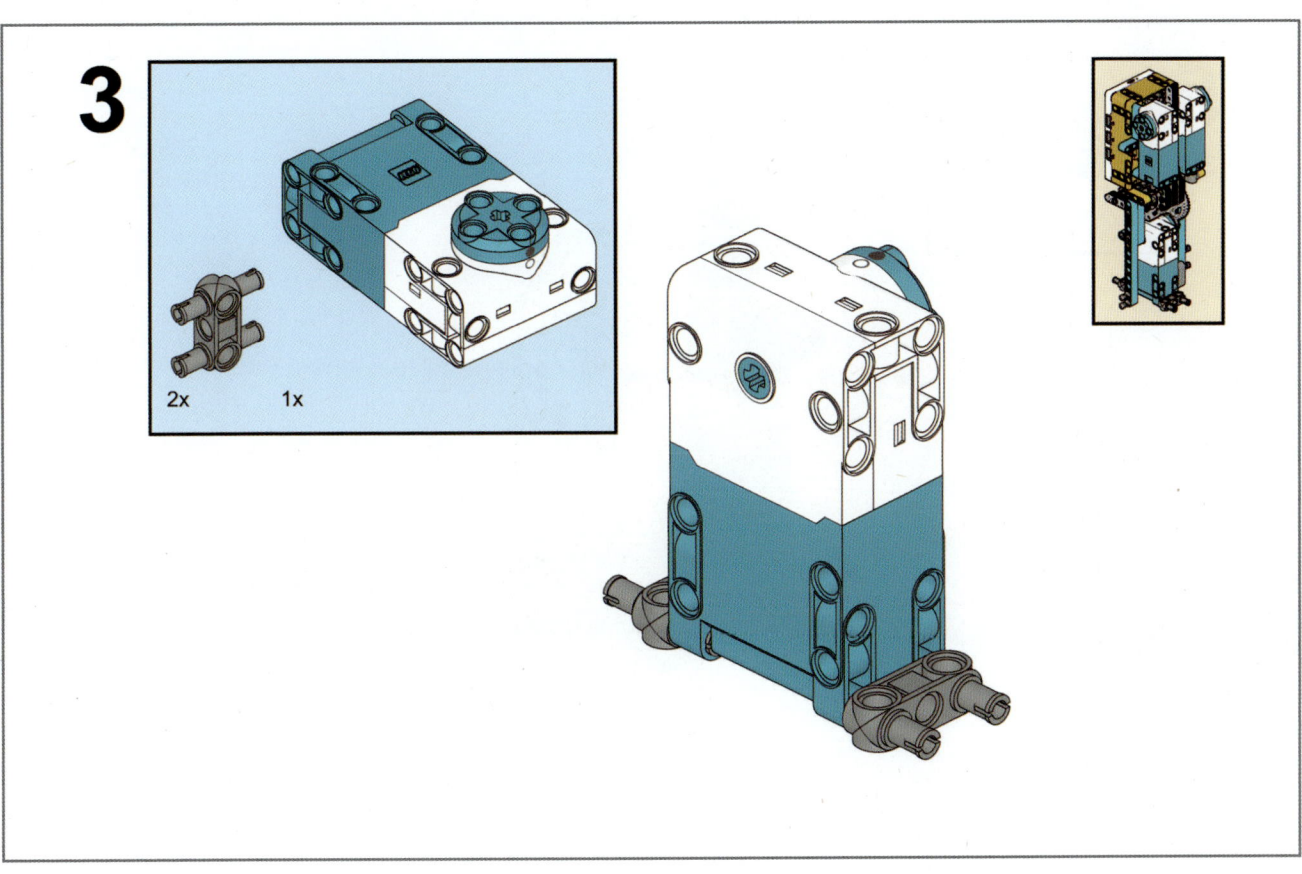
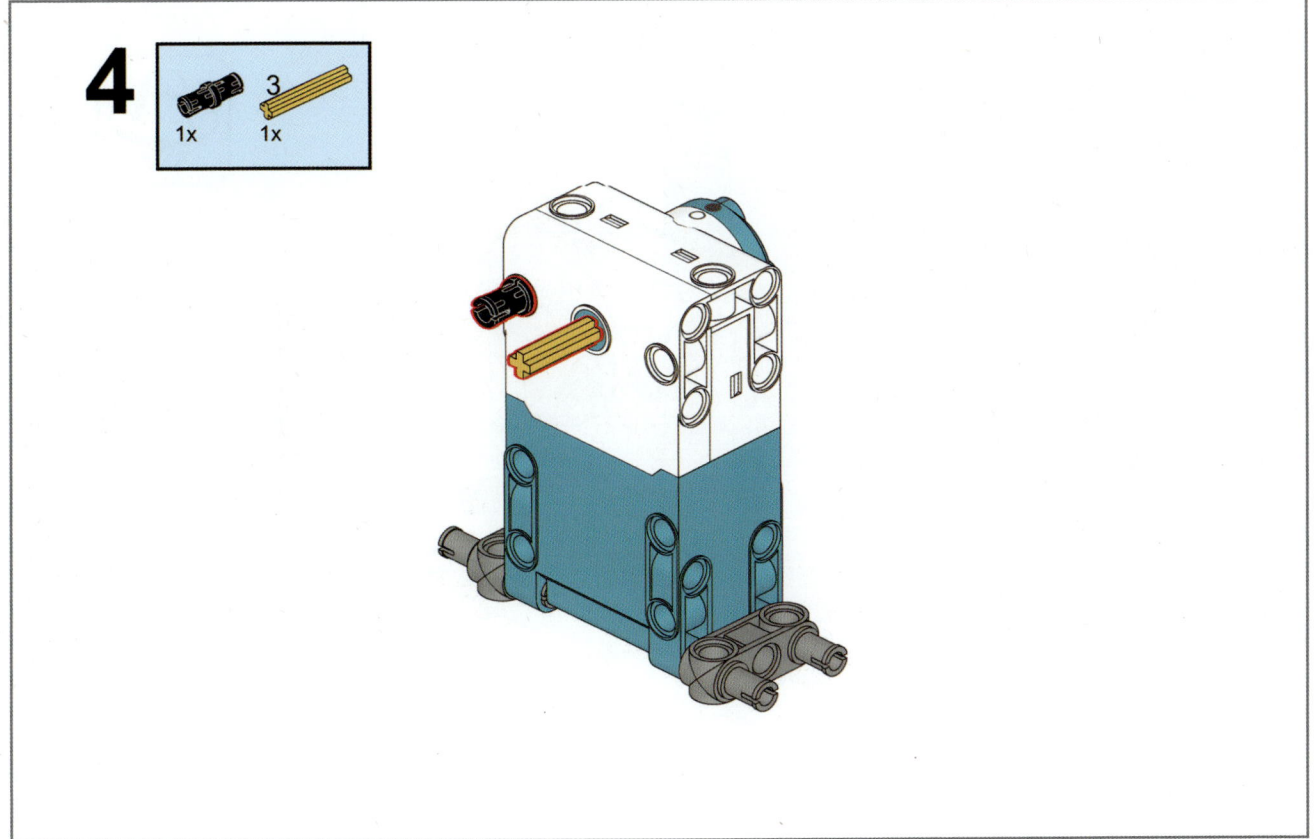

권투 (Boxing) 225

조립하기   권투 (Boxing)

5   1x

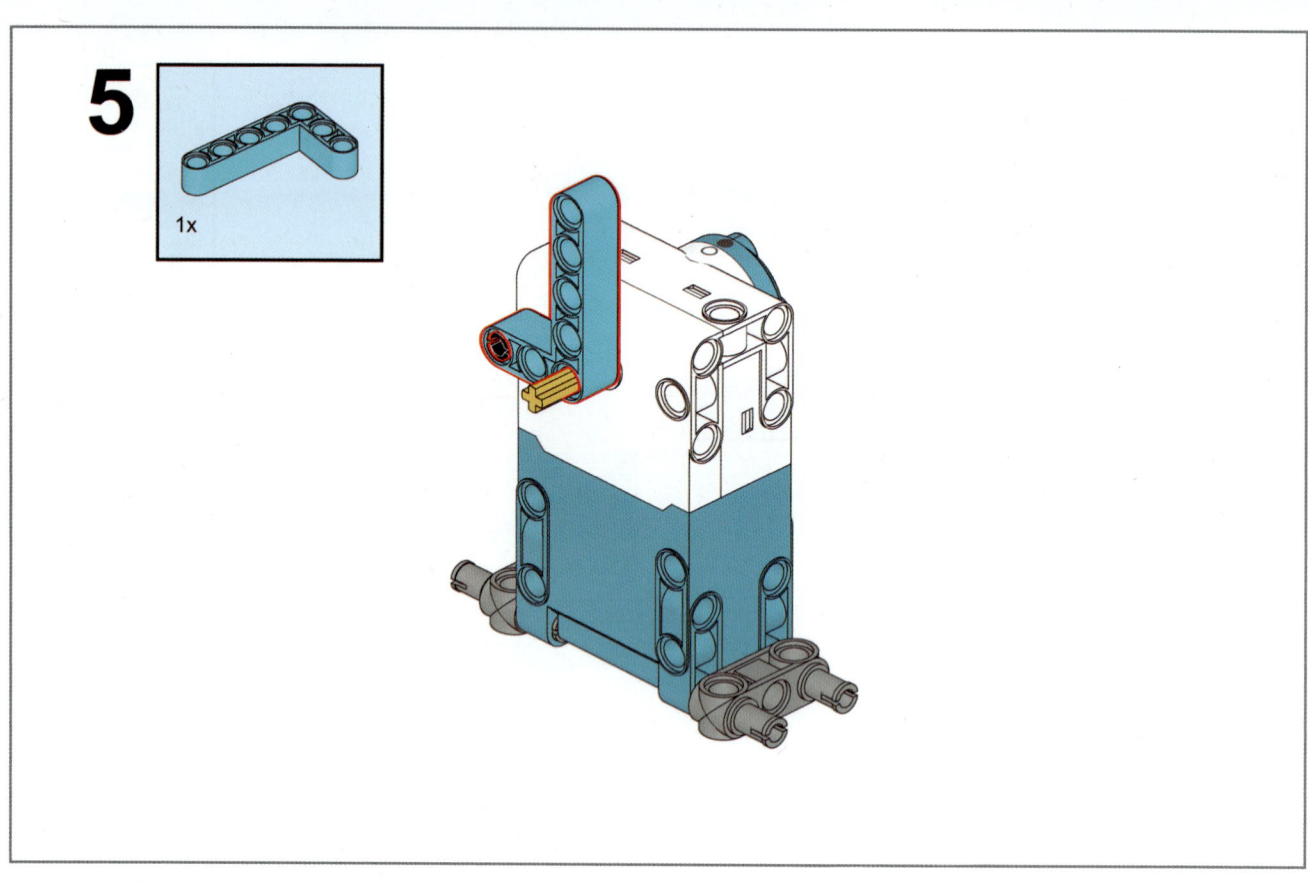

6   4x

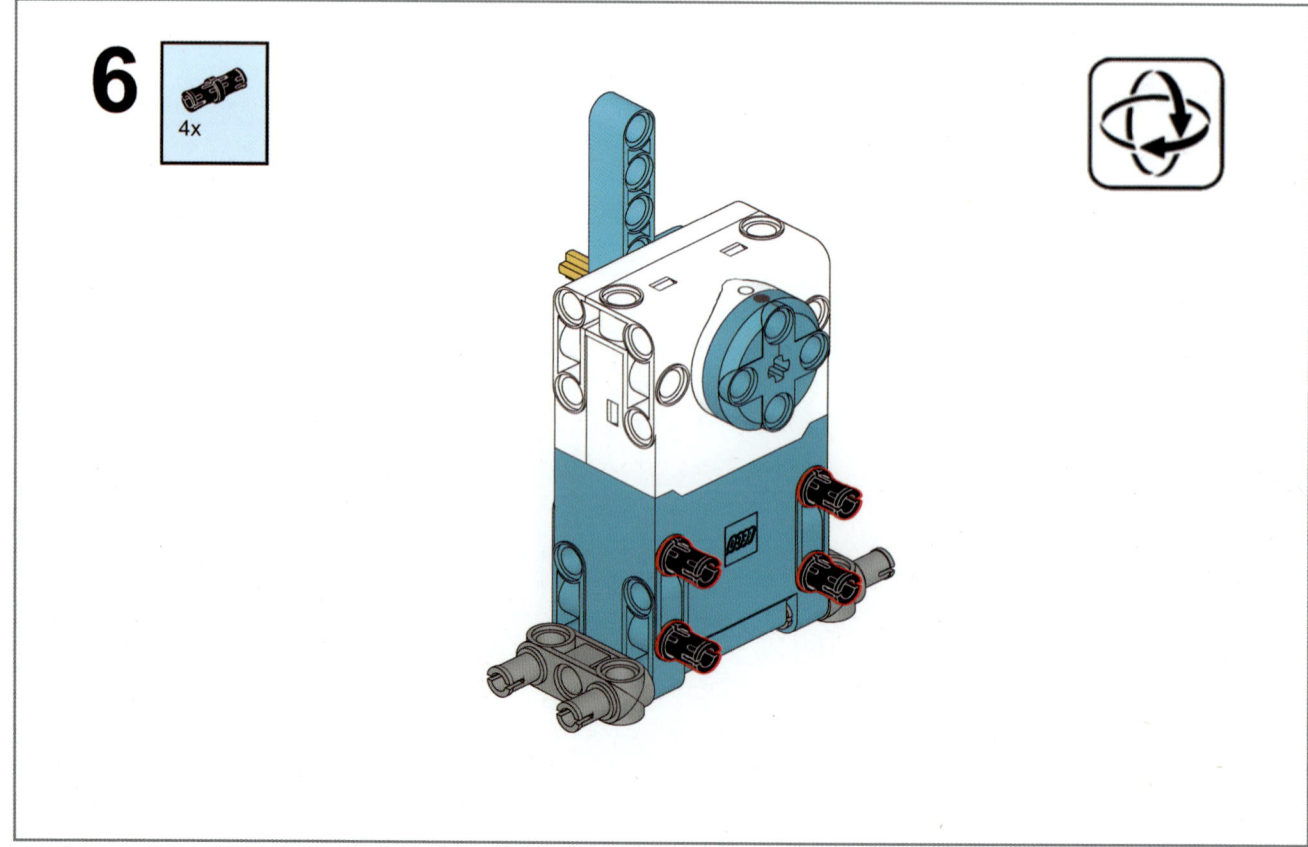

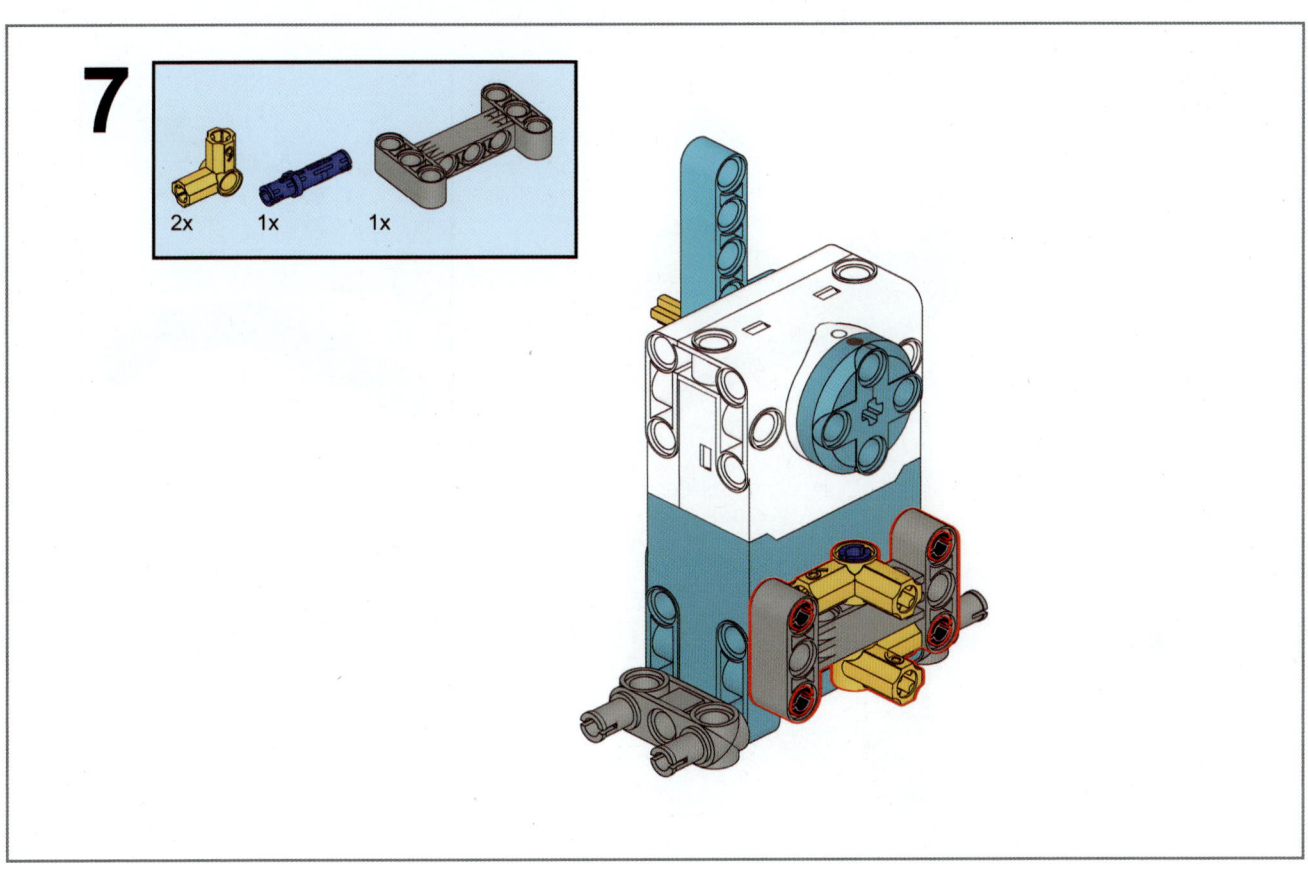
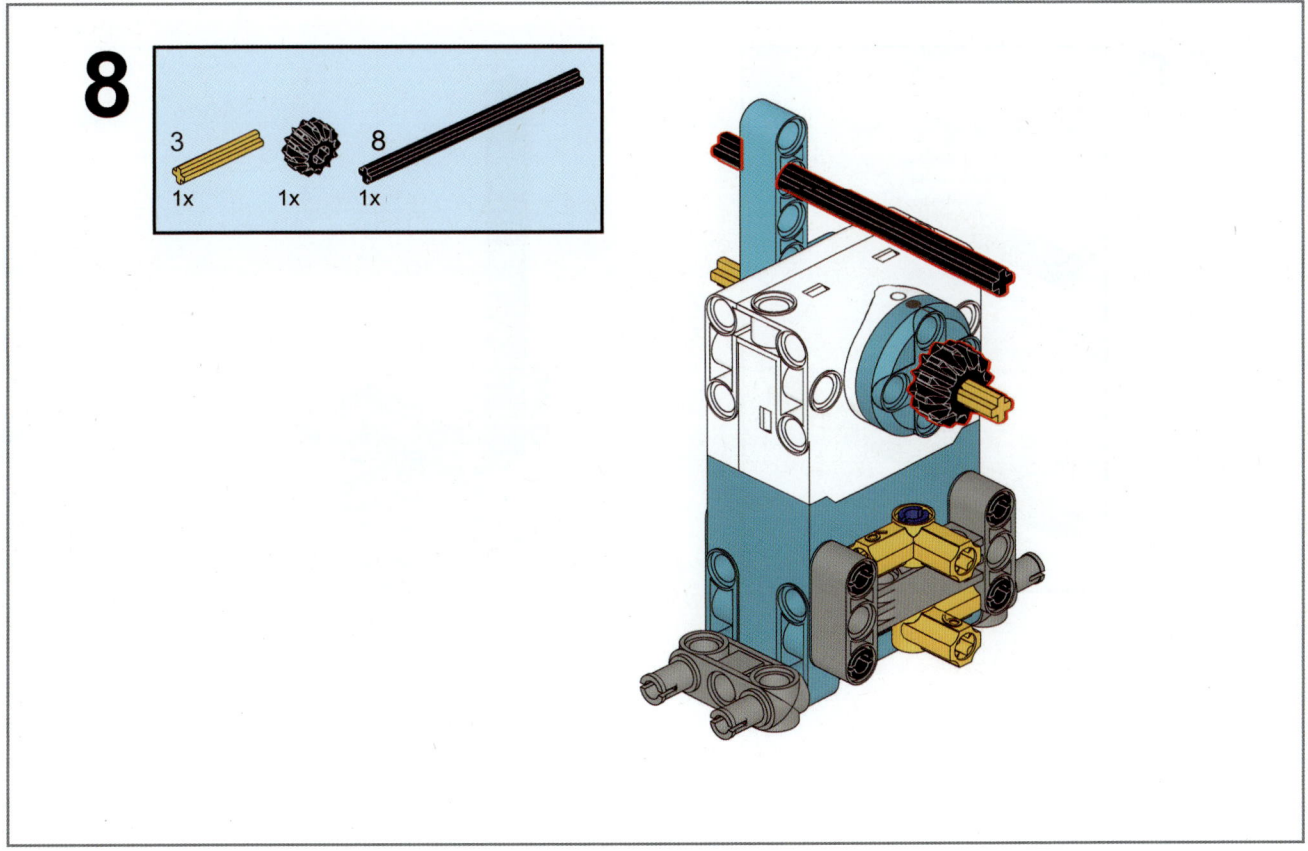

조립하기 권투 (Boxing)

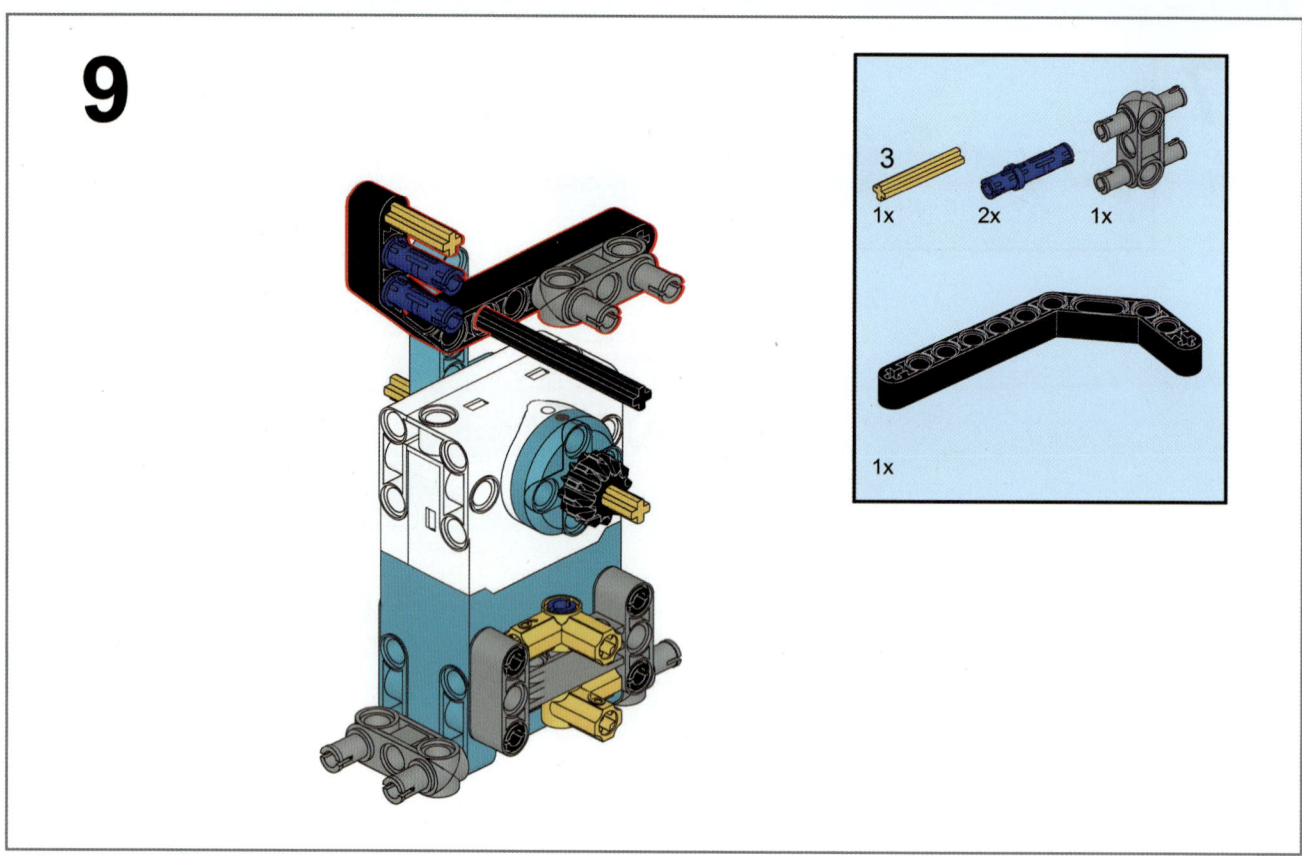

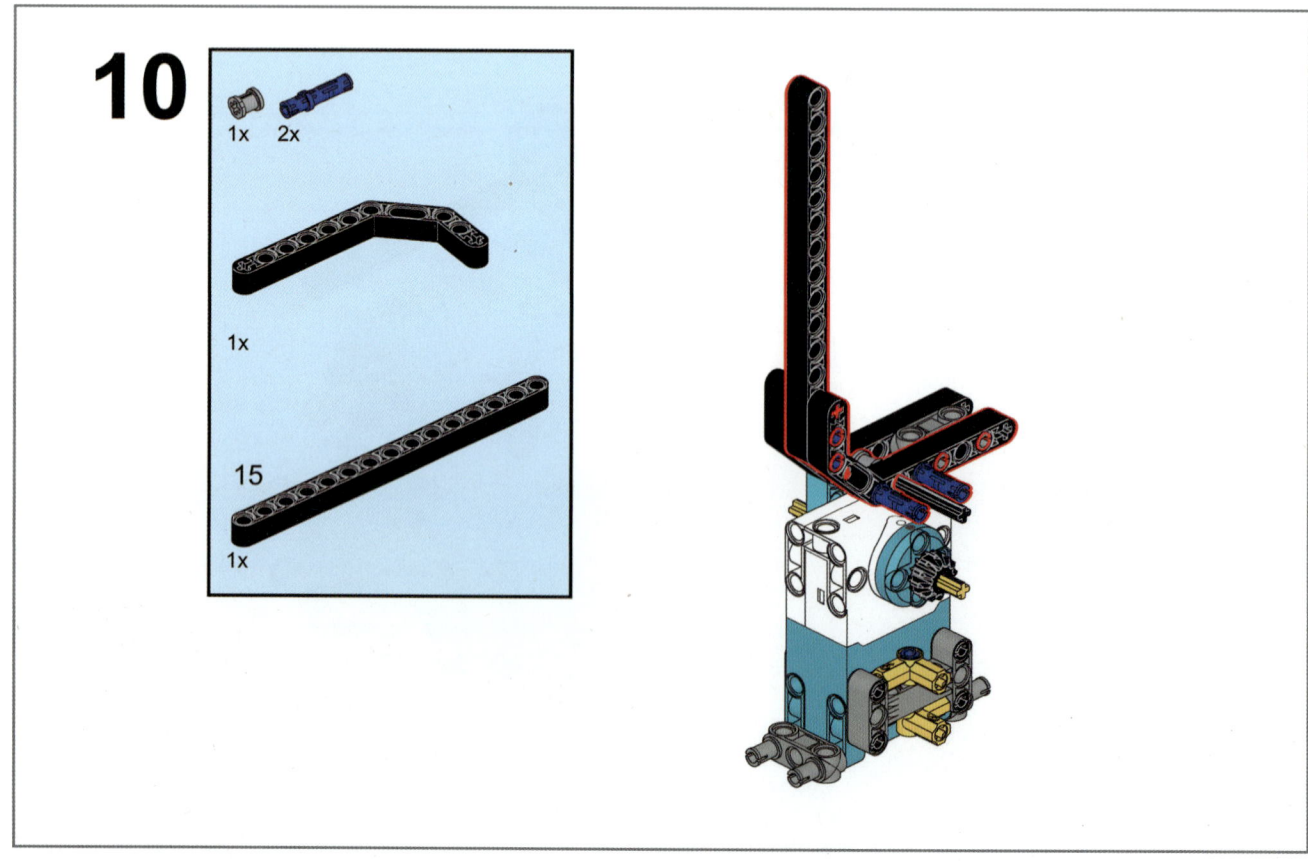

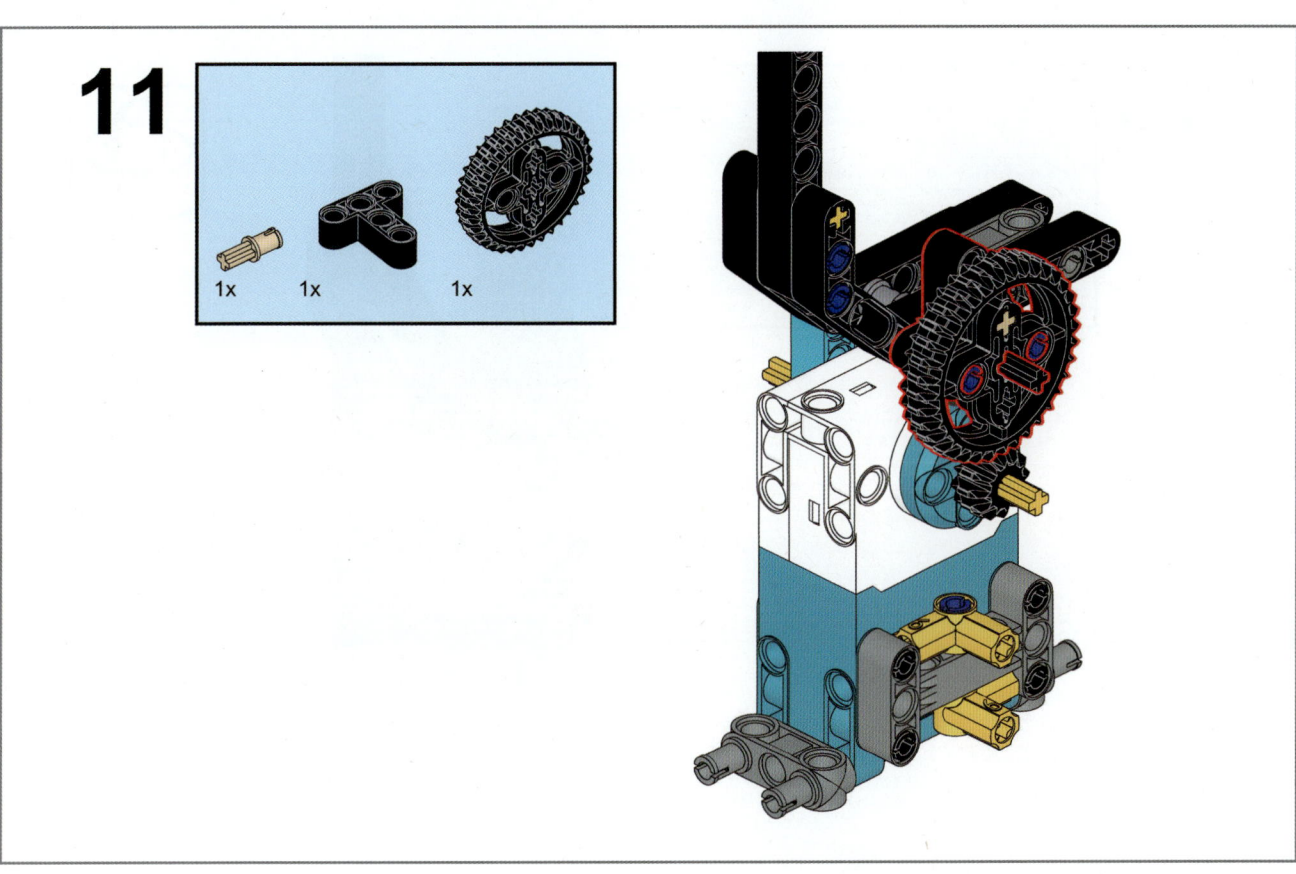
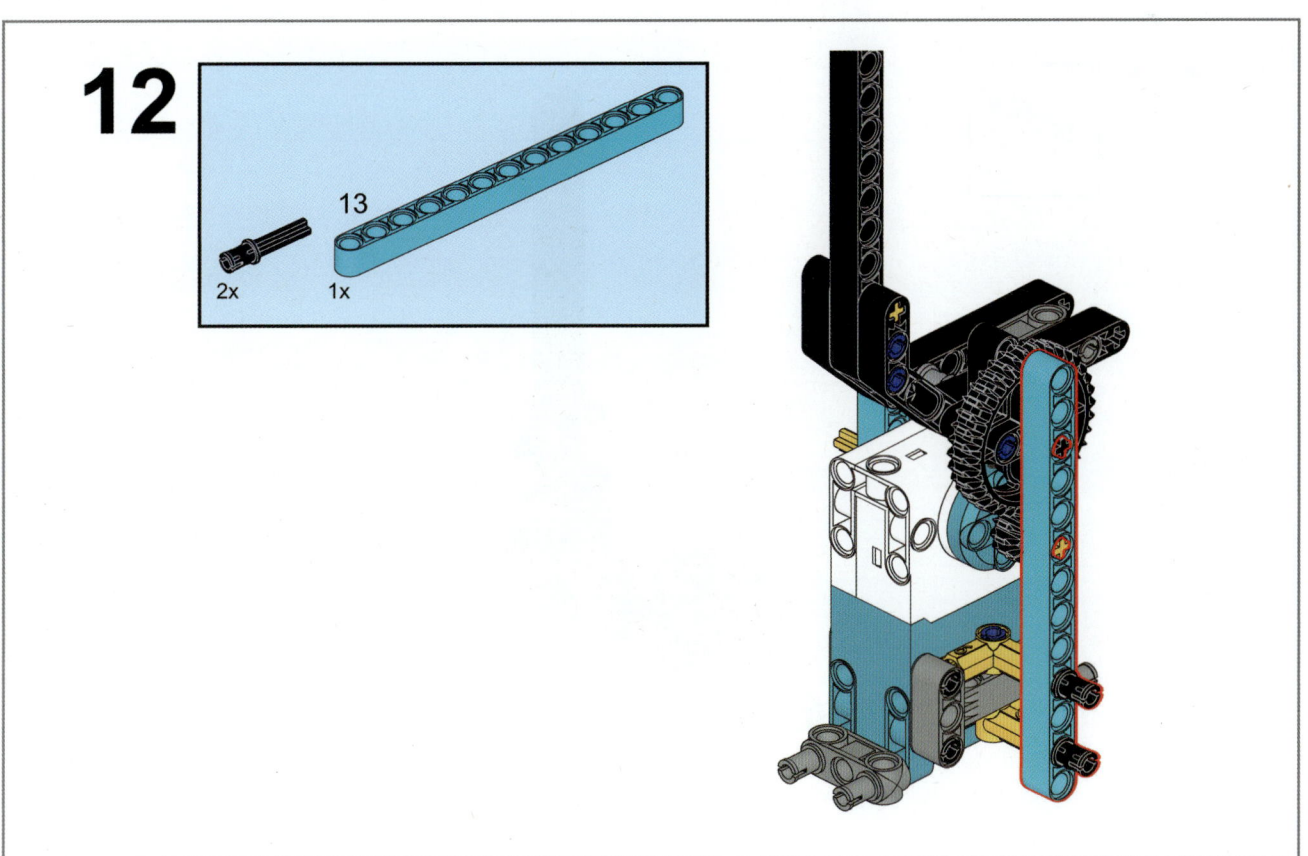

권투 (Boxing)

조립하기 권투 (Boxing)

13

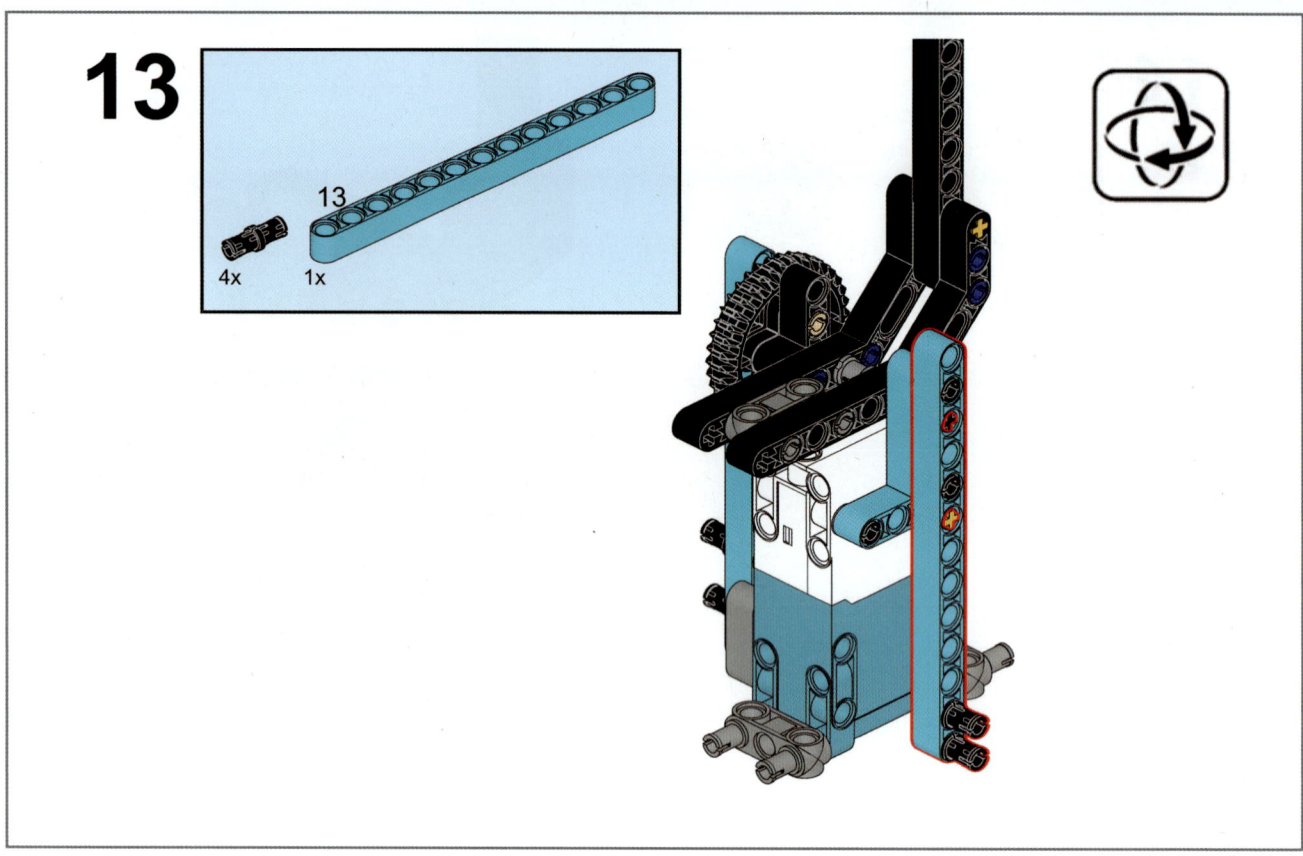

14

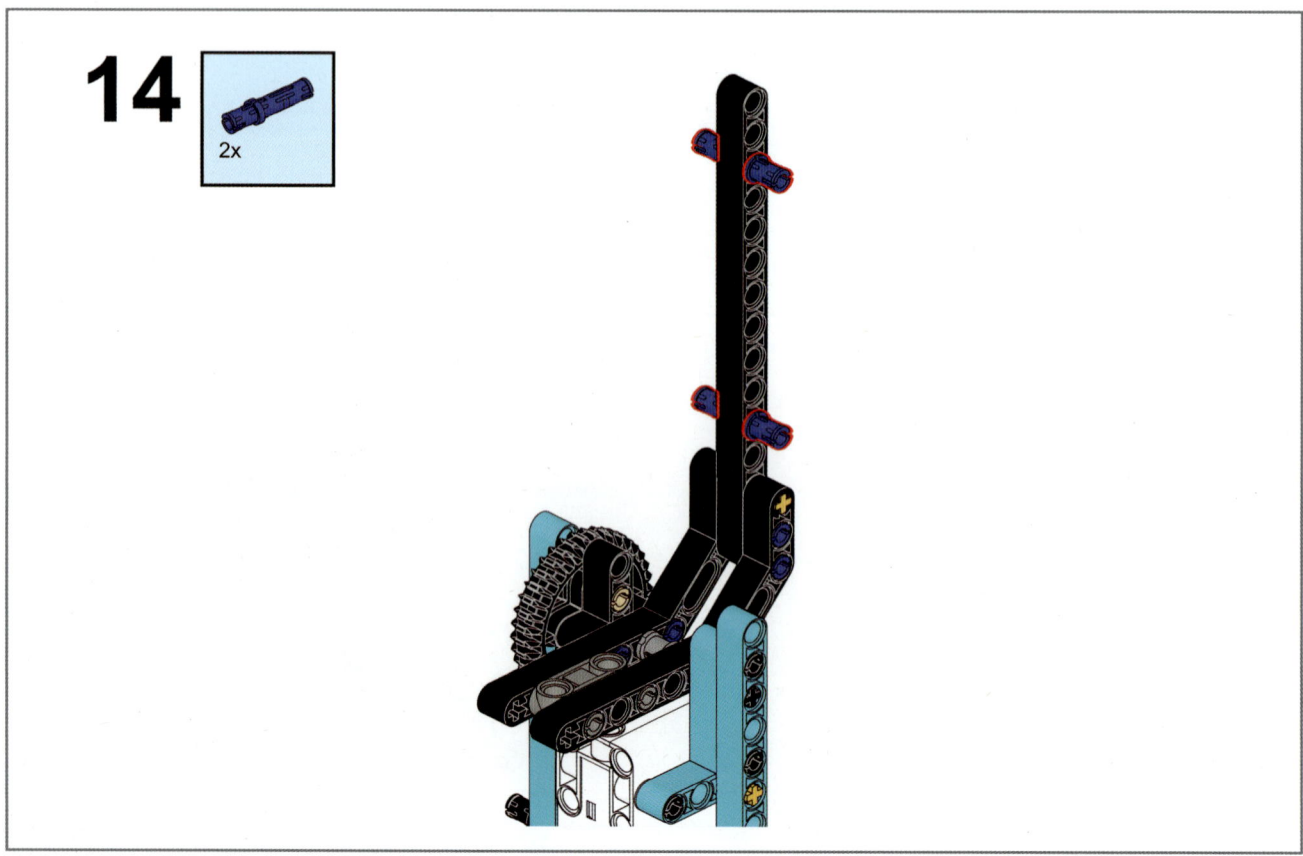

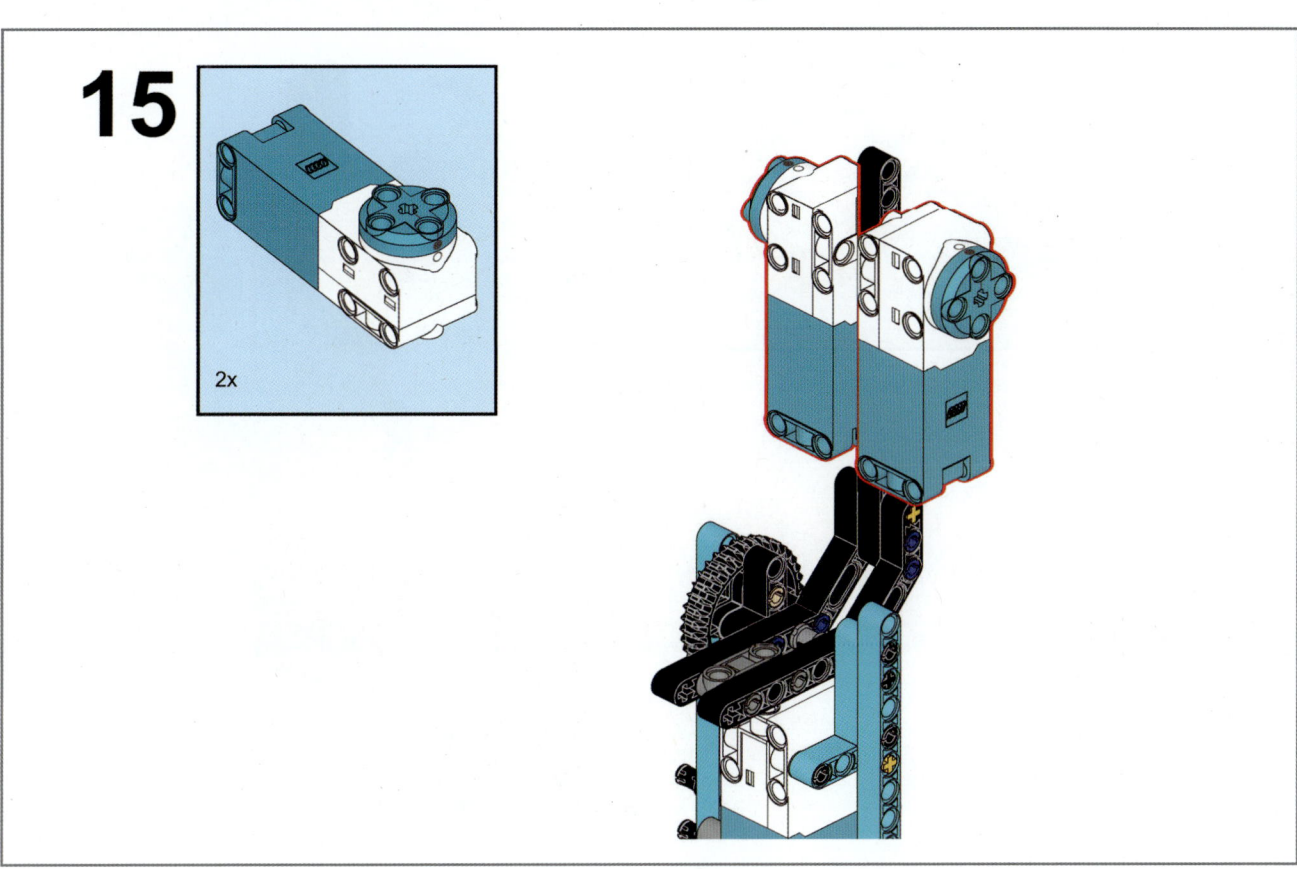

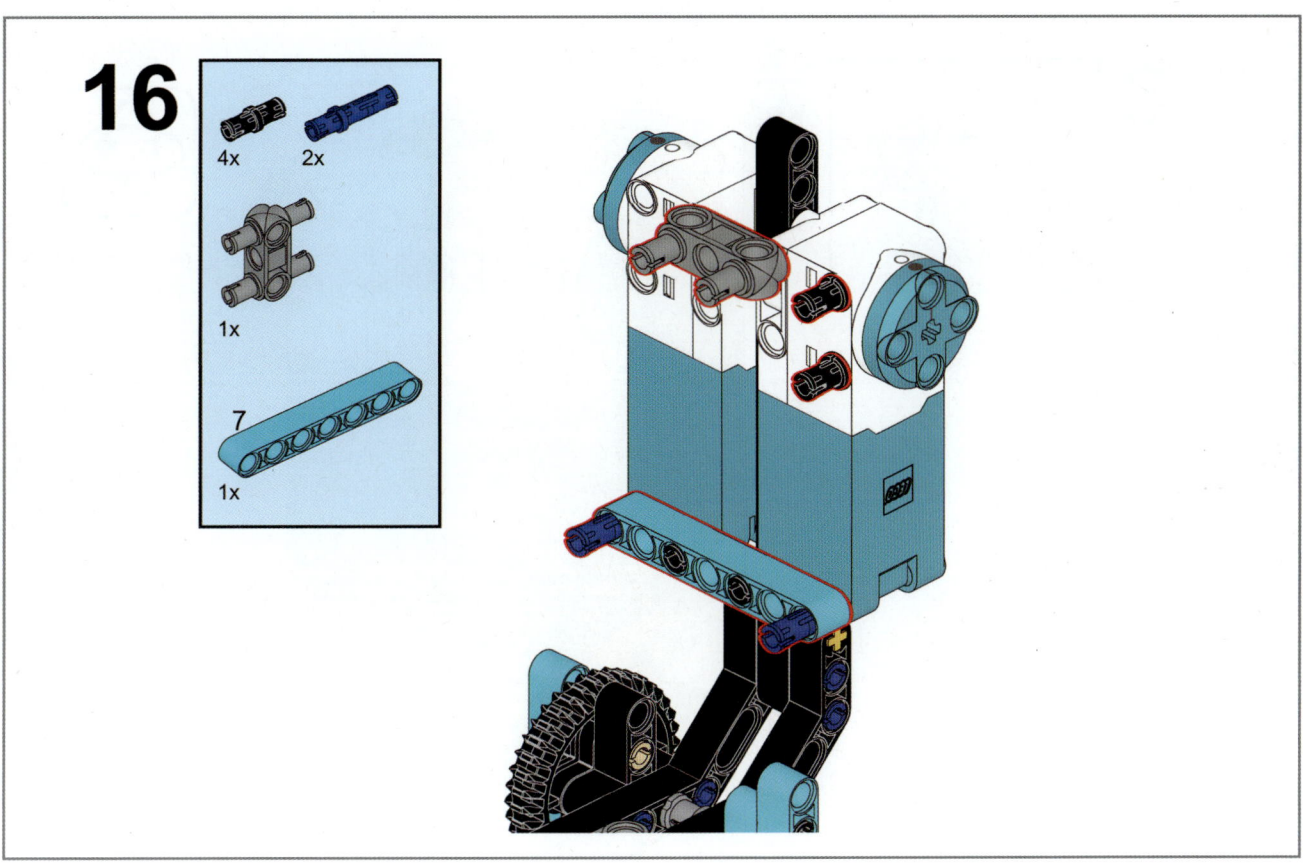

조립하기 권투 (Boxing)

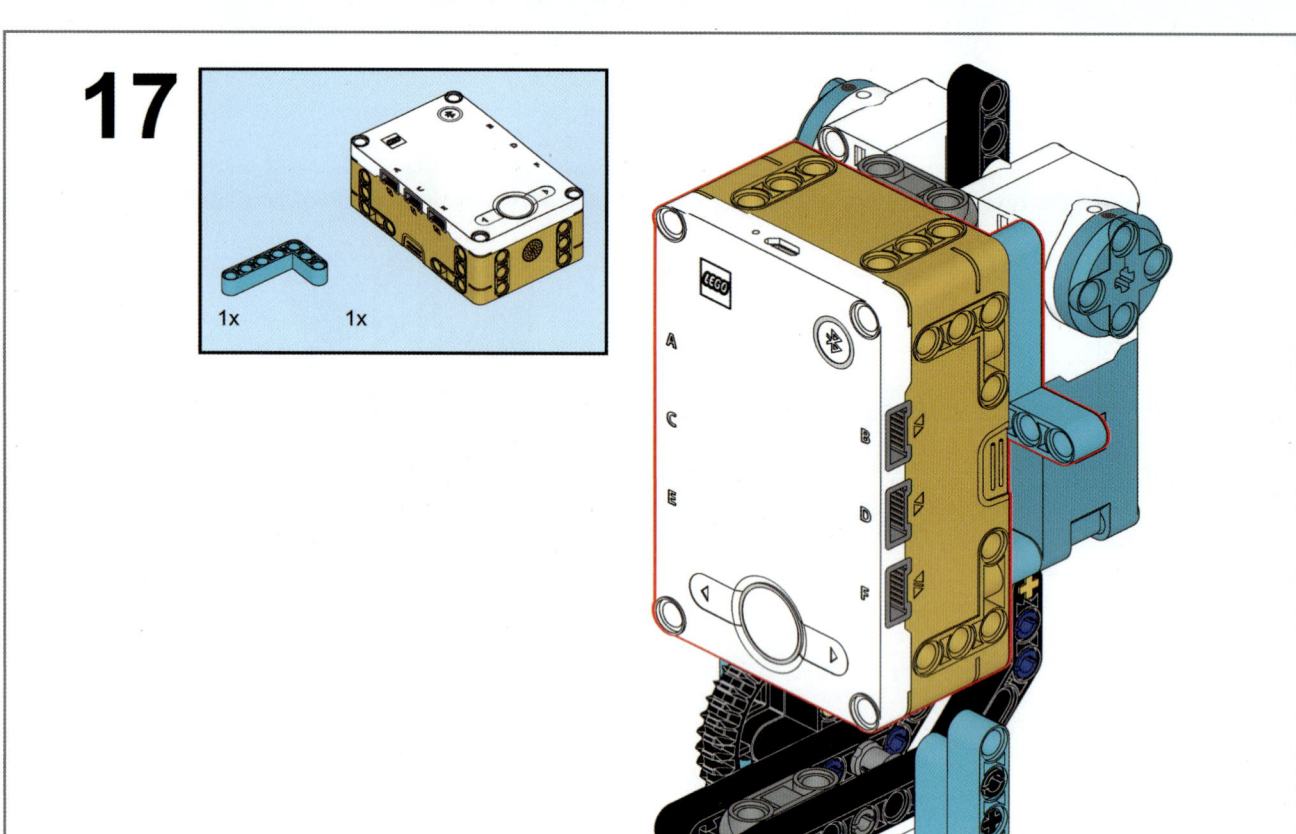

19

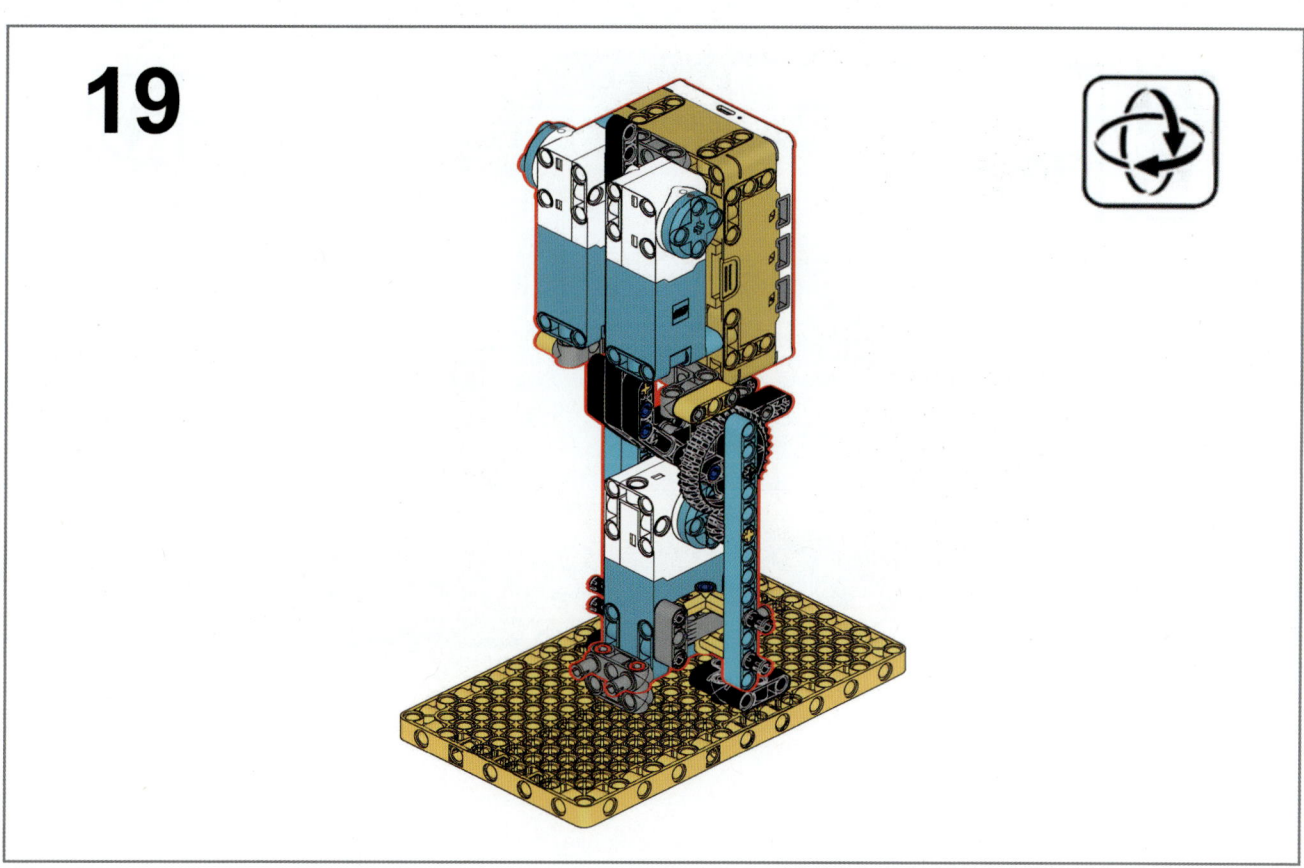

20 4x

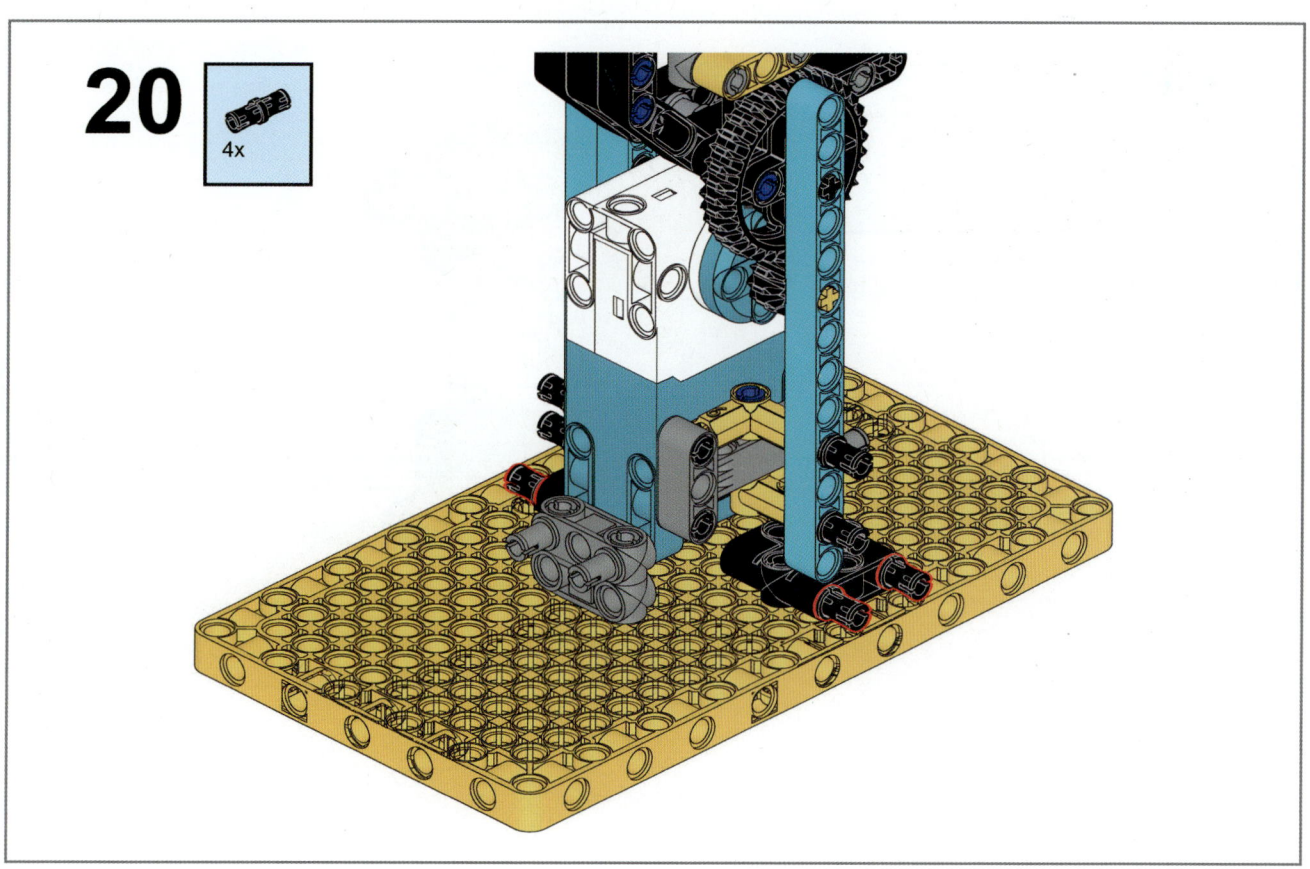

권투 (Boxing)

조립하기 권투 (Boxing)

21

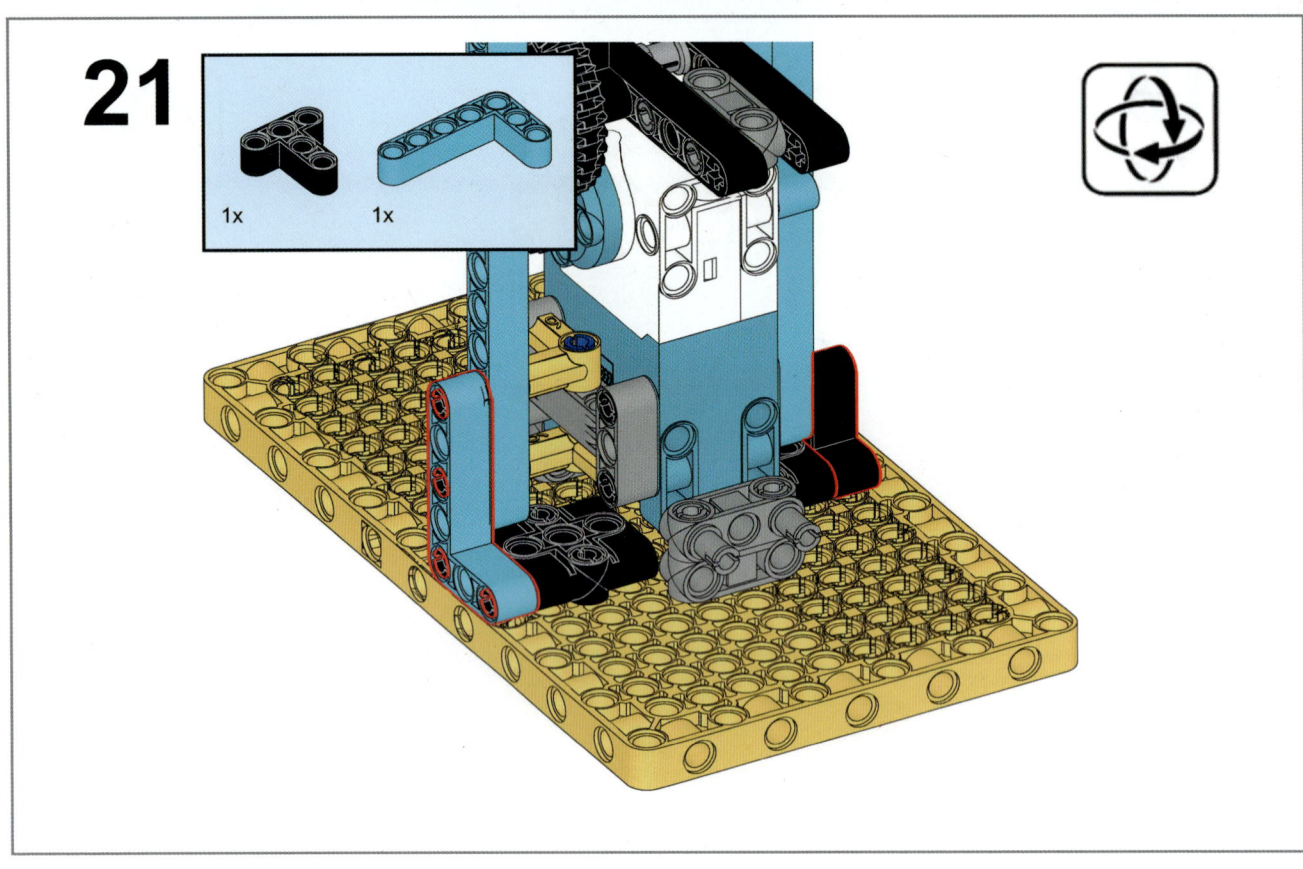

22

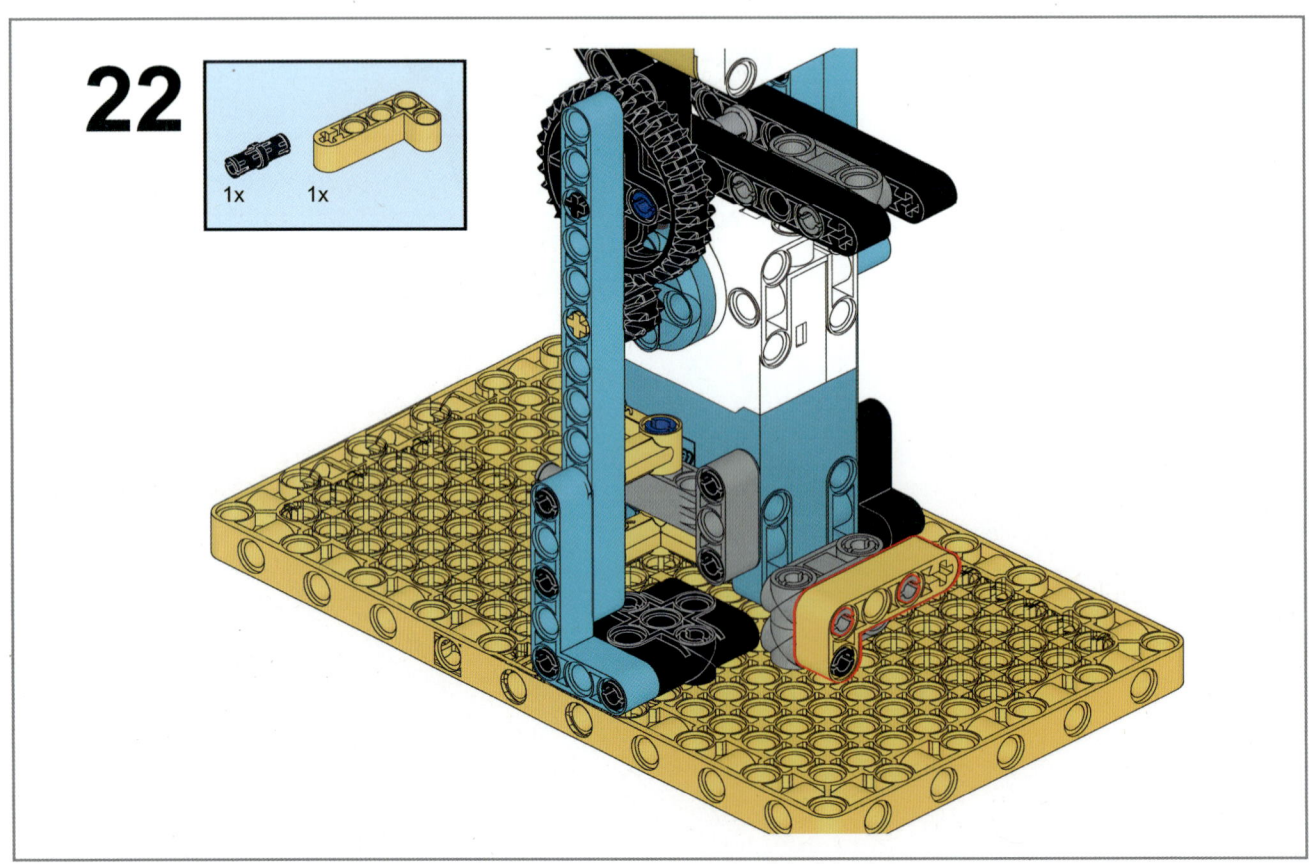

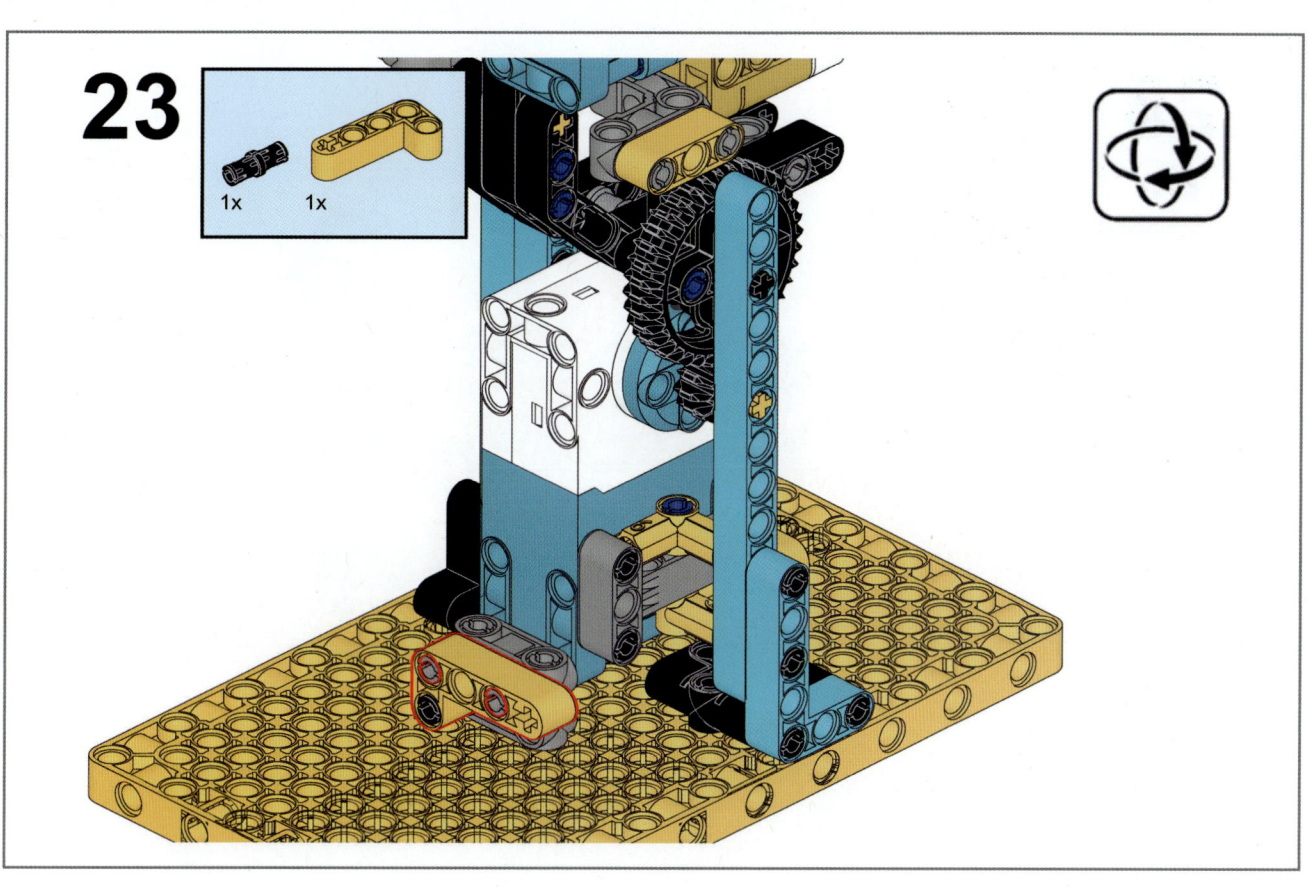
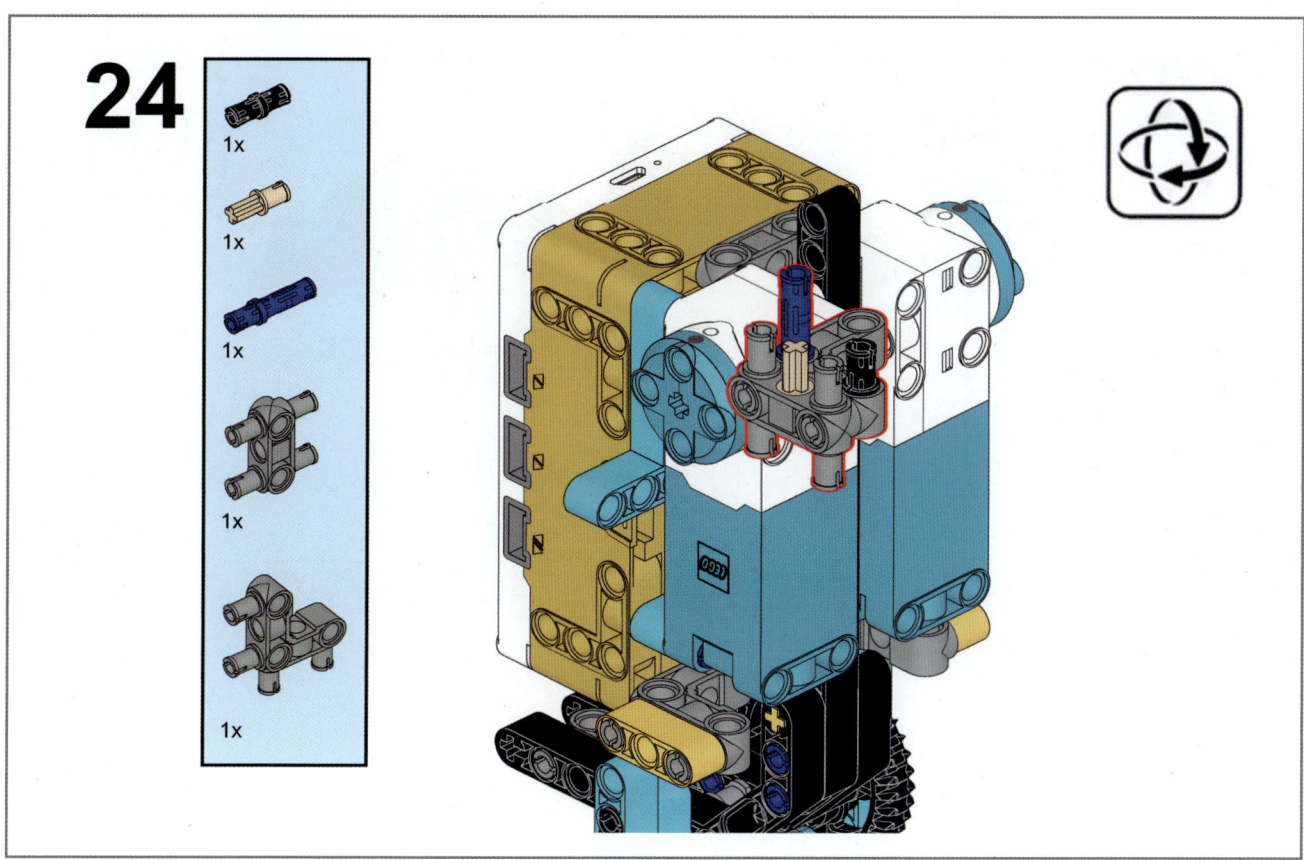

조립하기 권투 (Boxing)

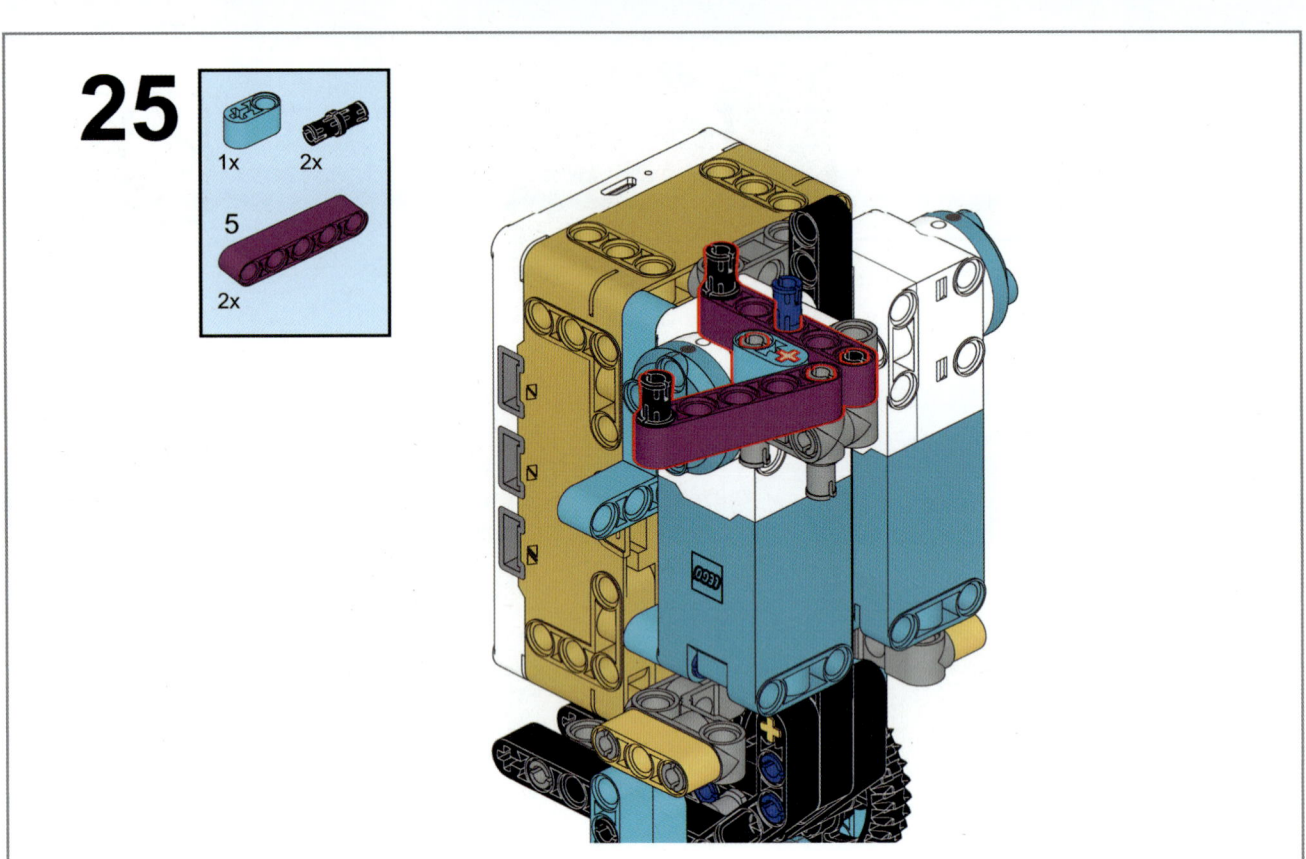

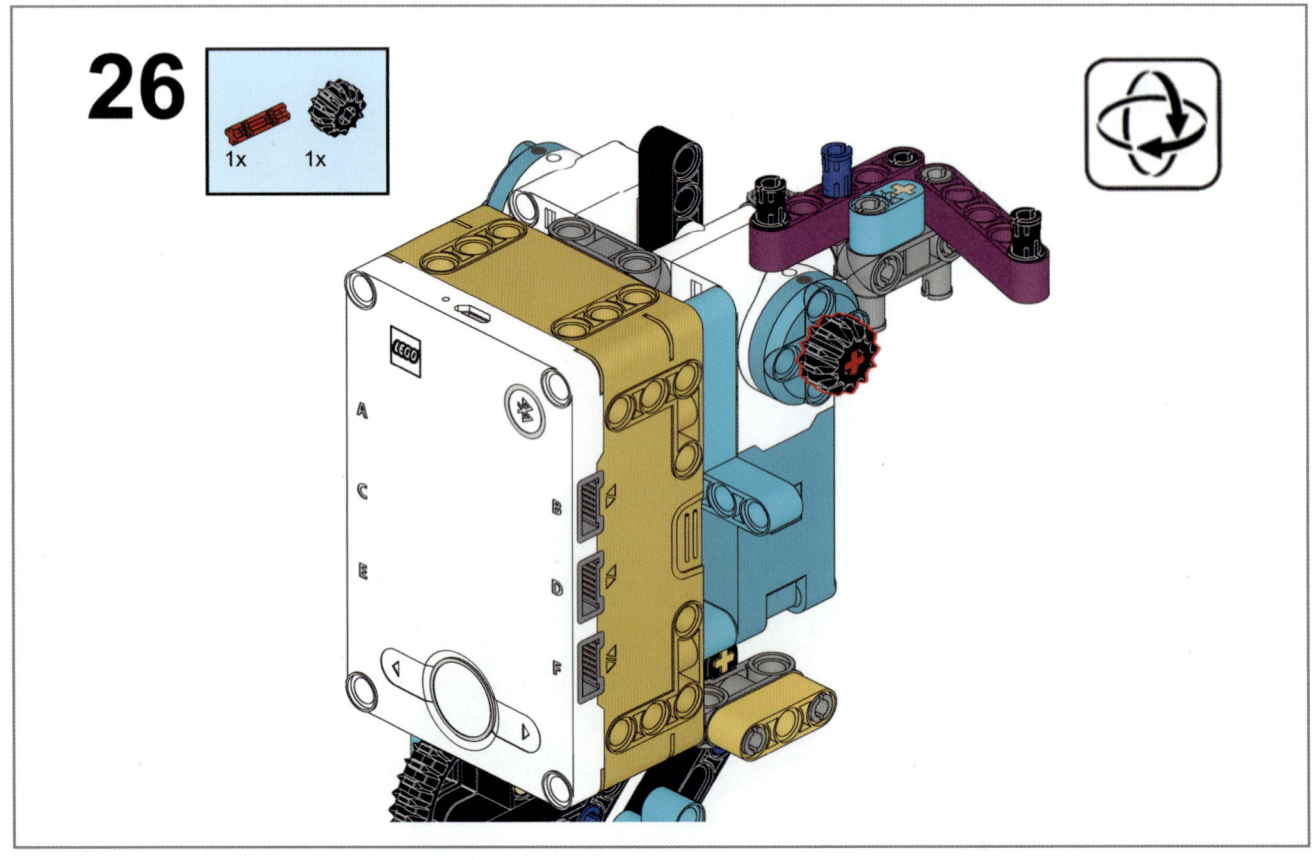

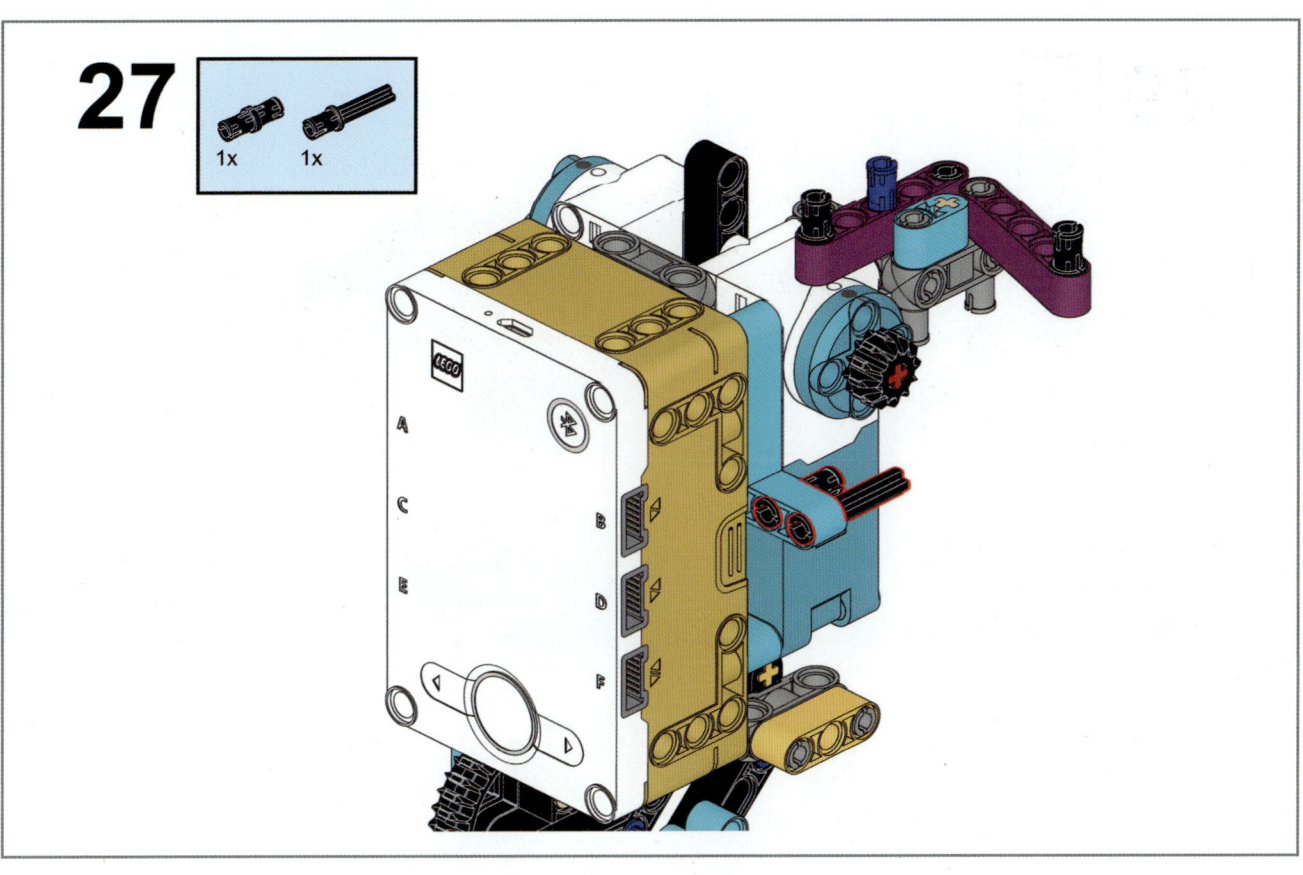
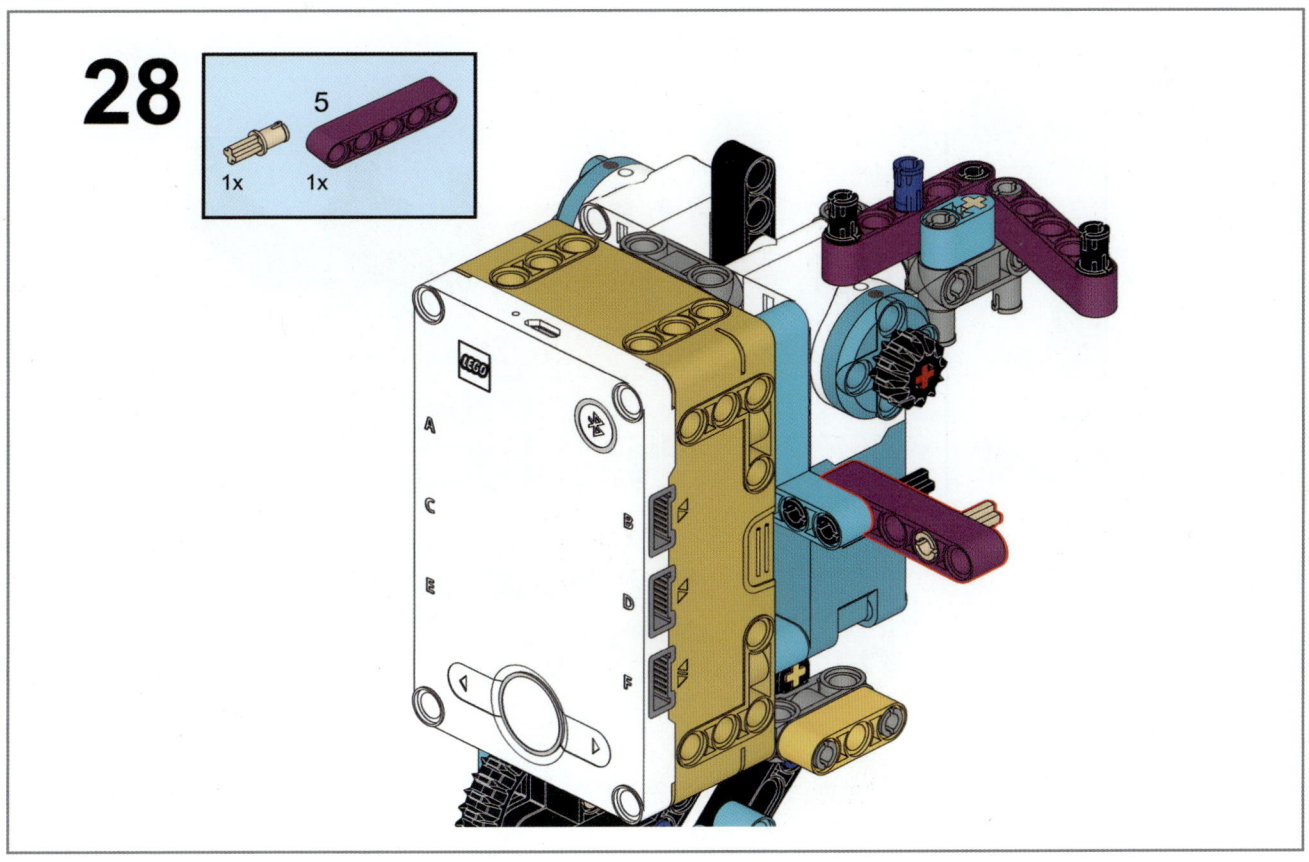

조립하기 권투 (Boxing)

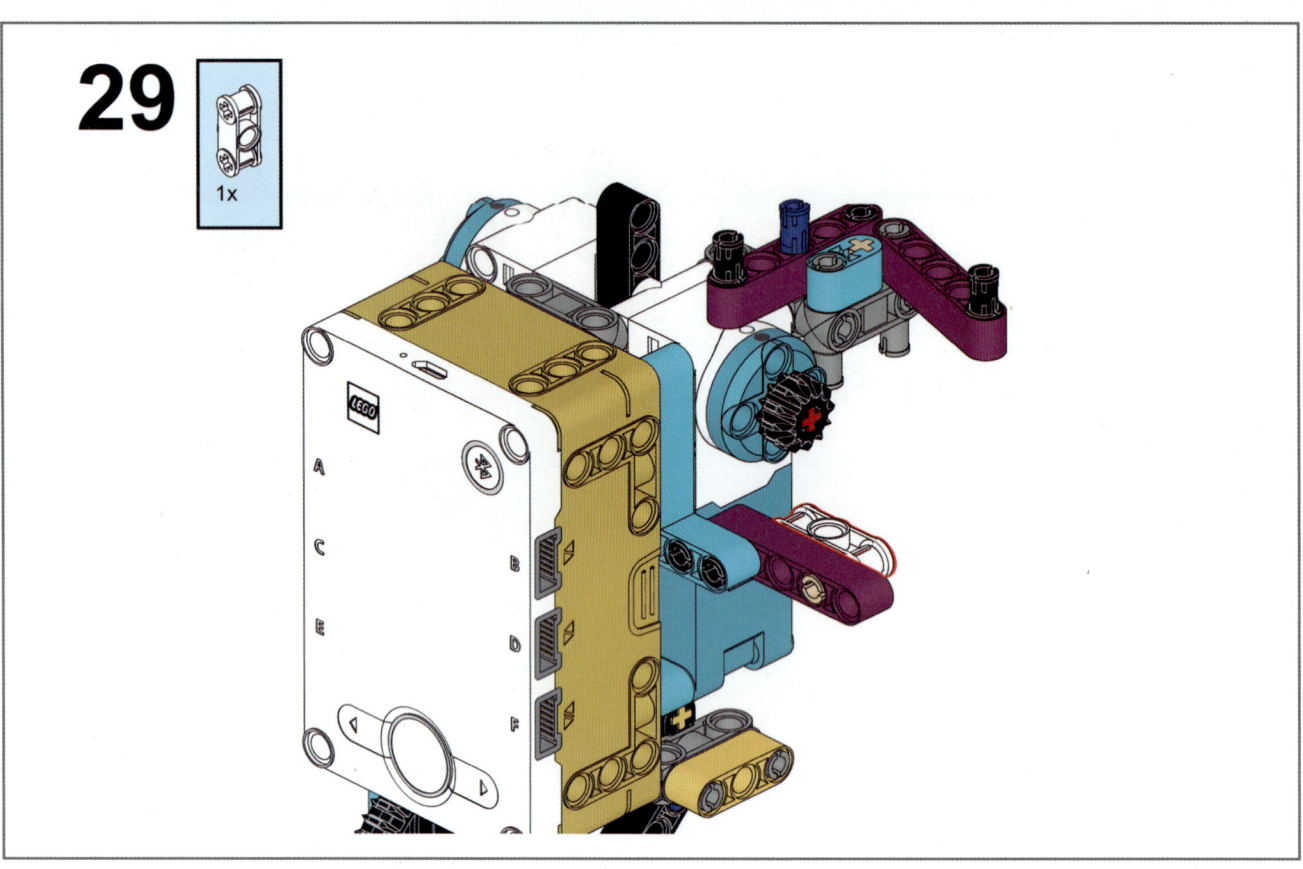

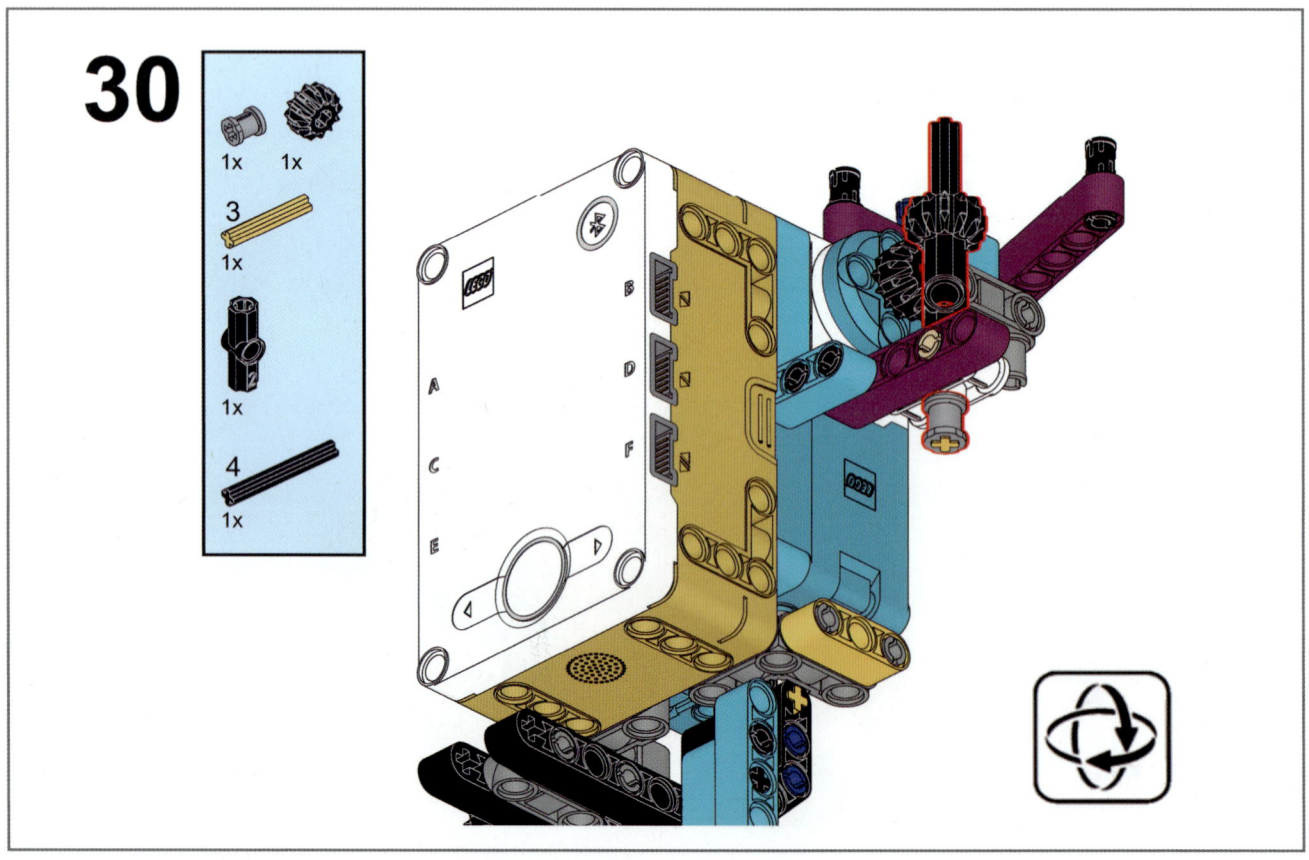

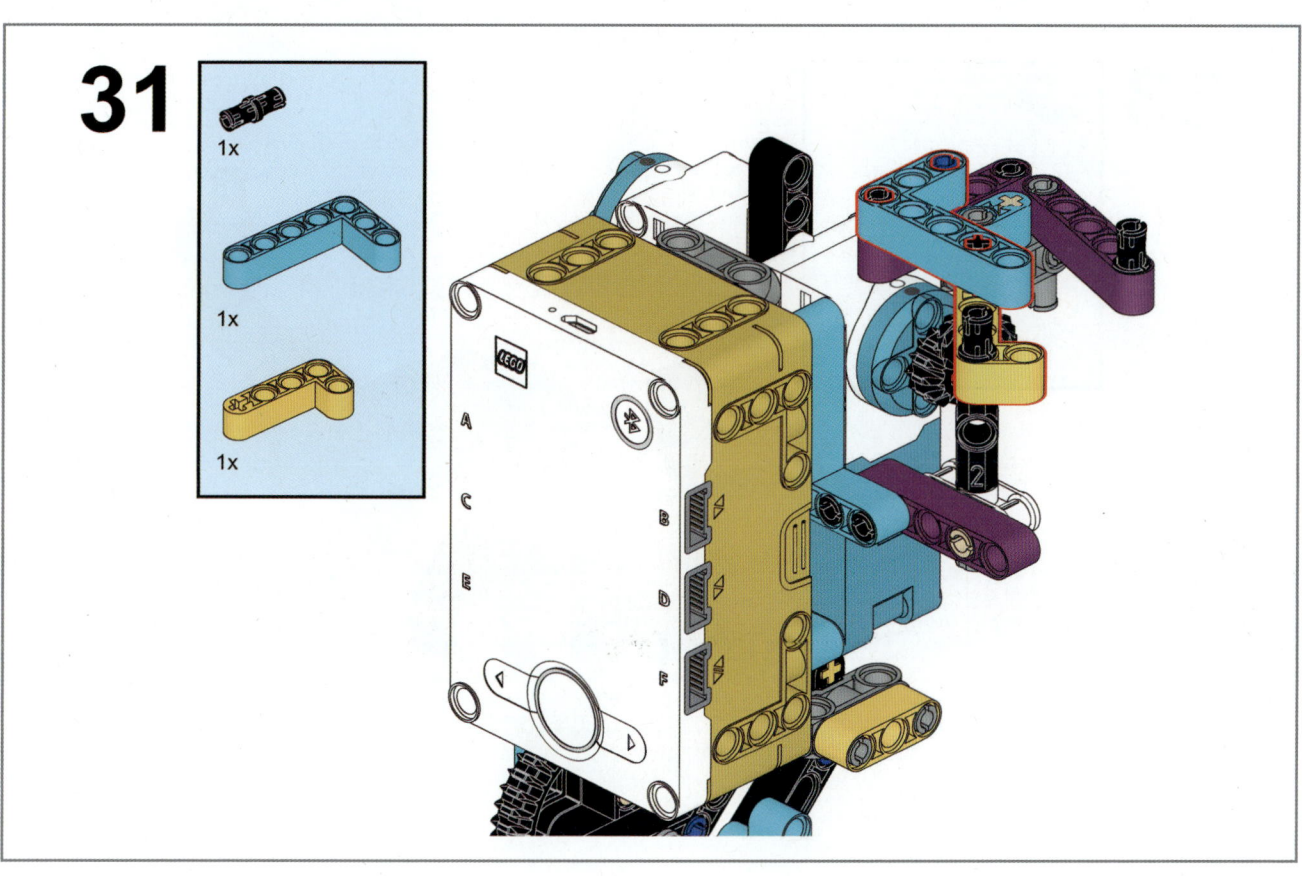

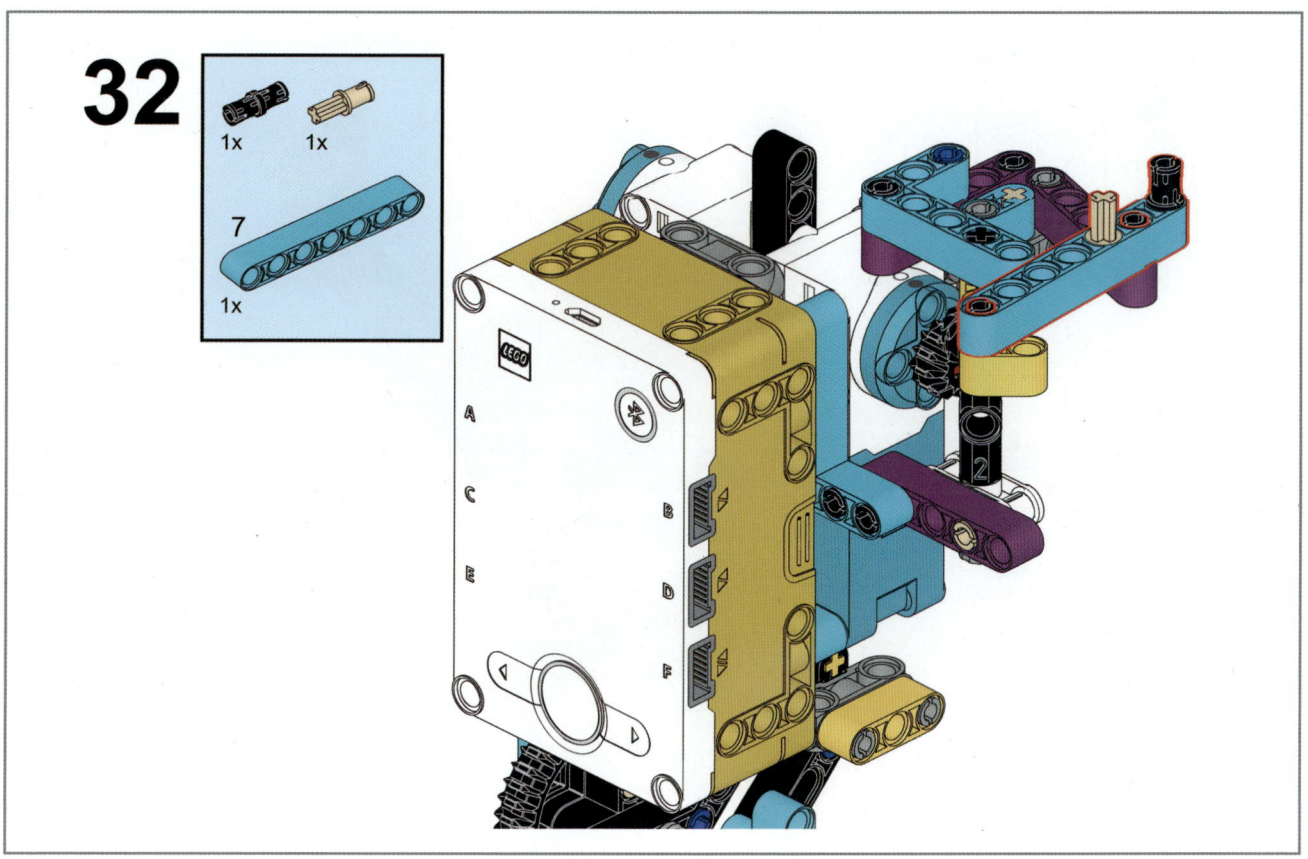

권투 (Boxing)

조립하기 권투 (Boxing)

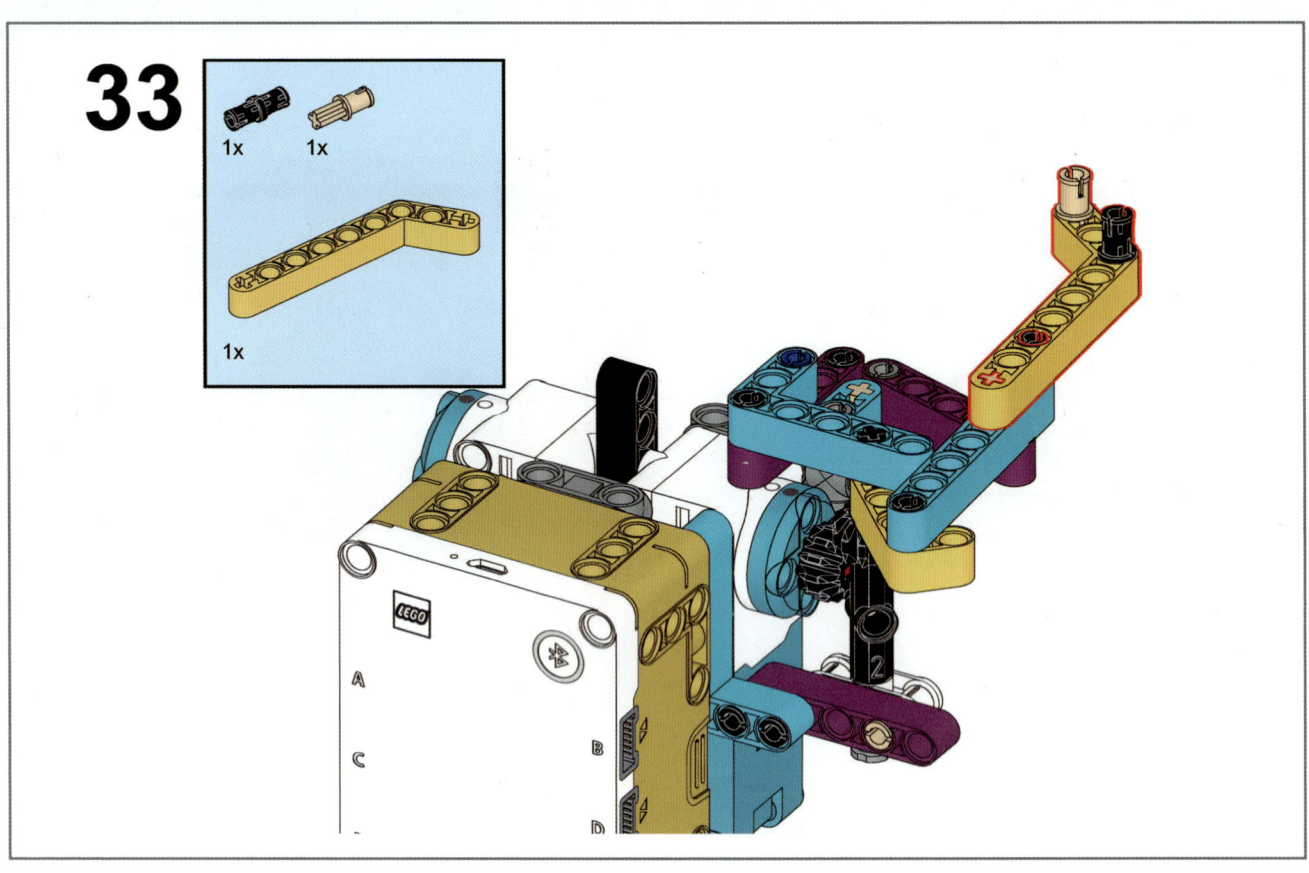

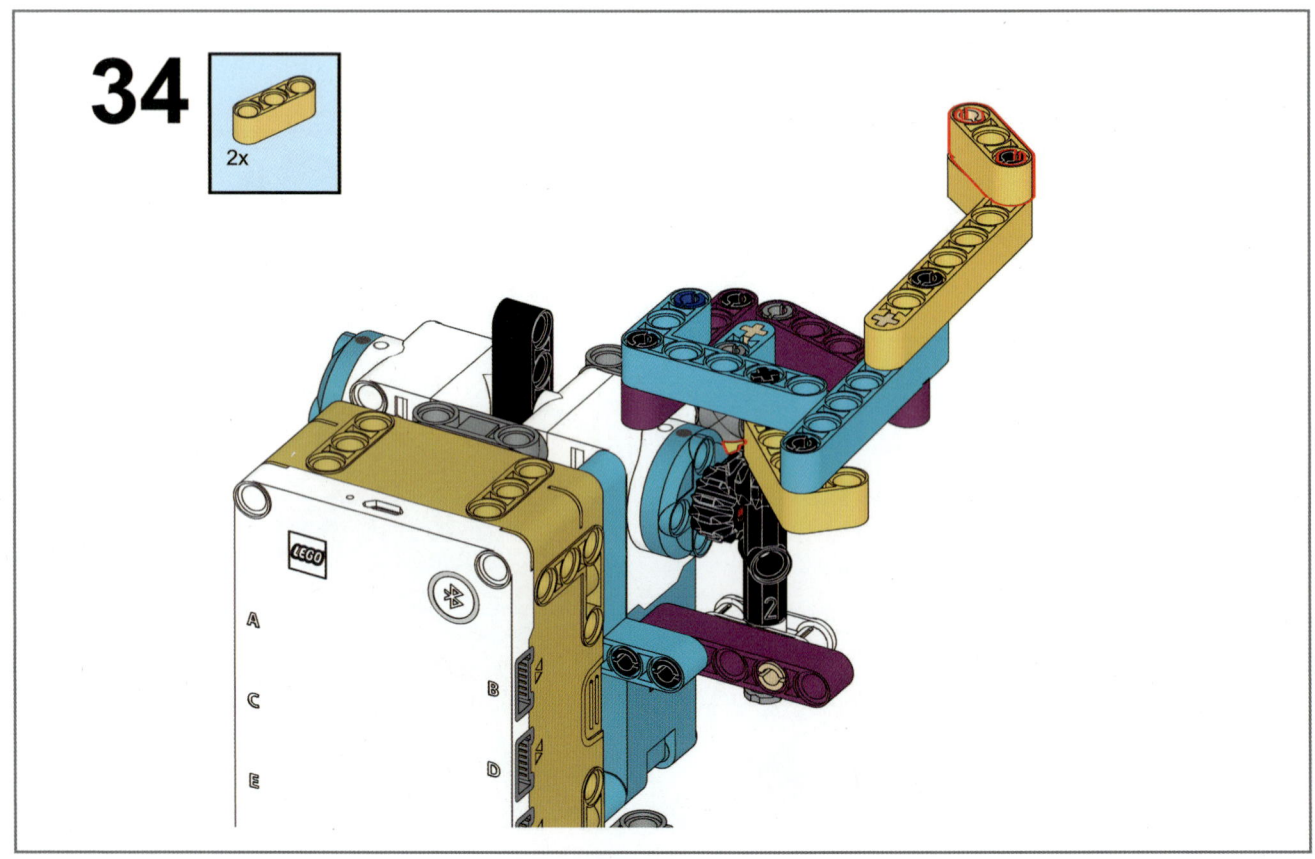

35

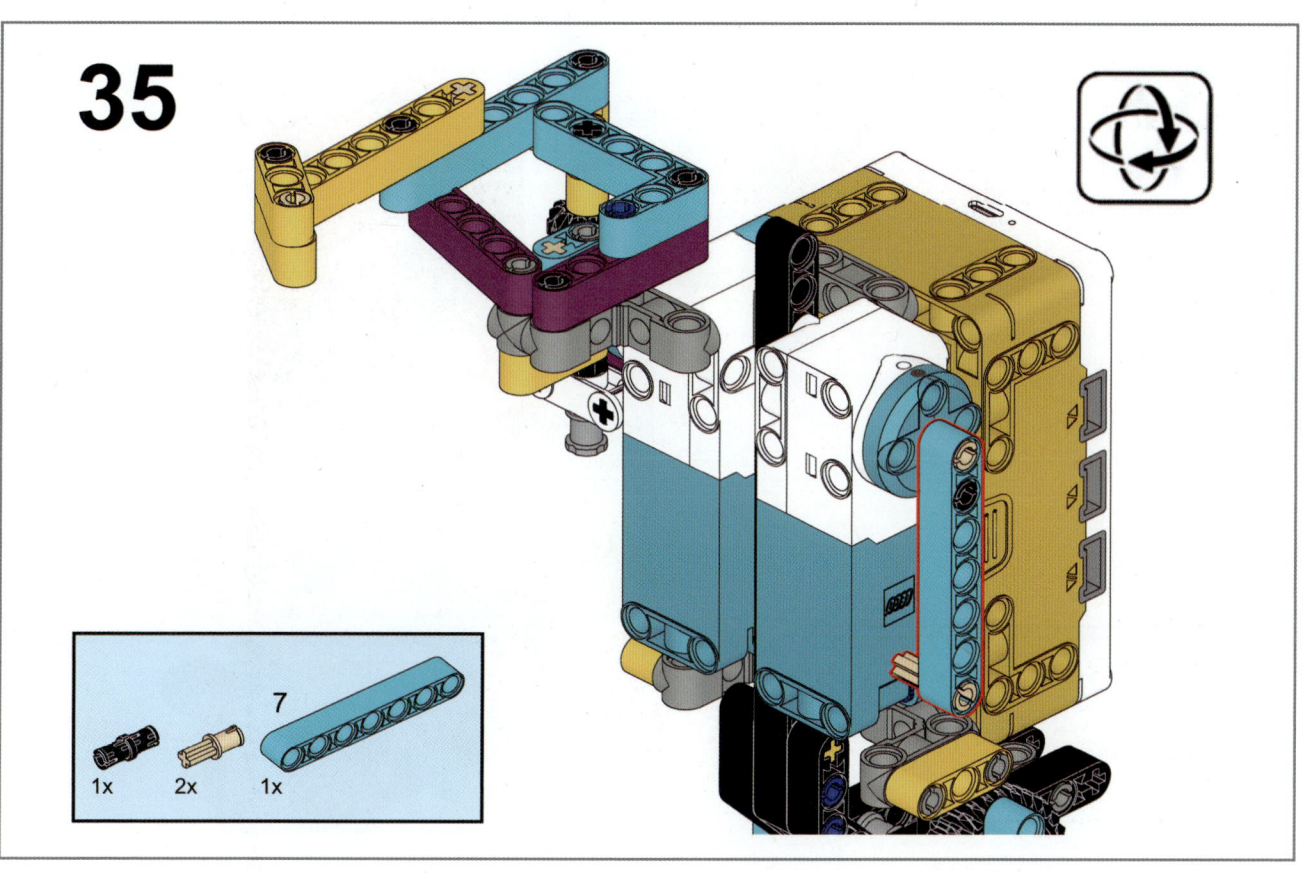

36

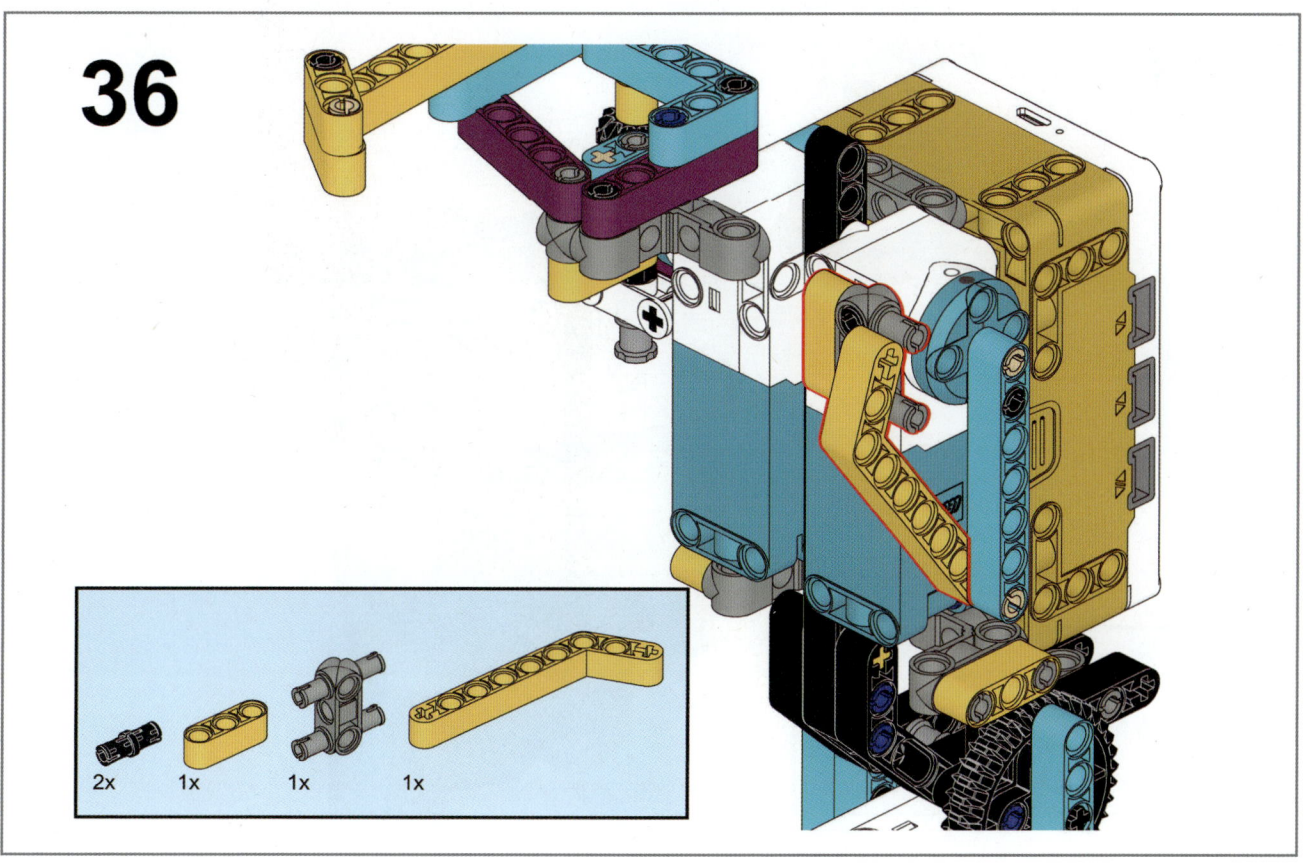

조립하기 권투 (Boxing)

37

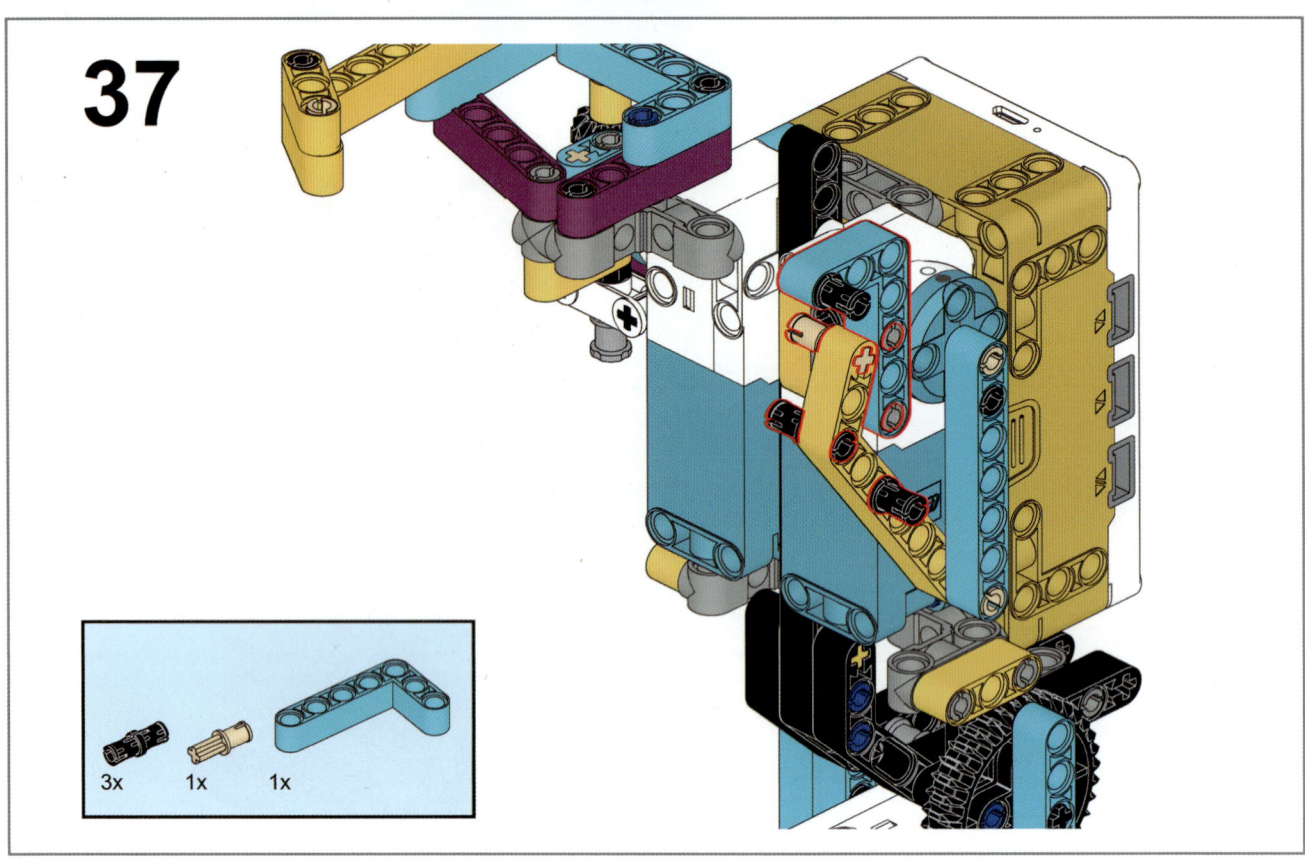

38

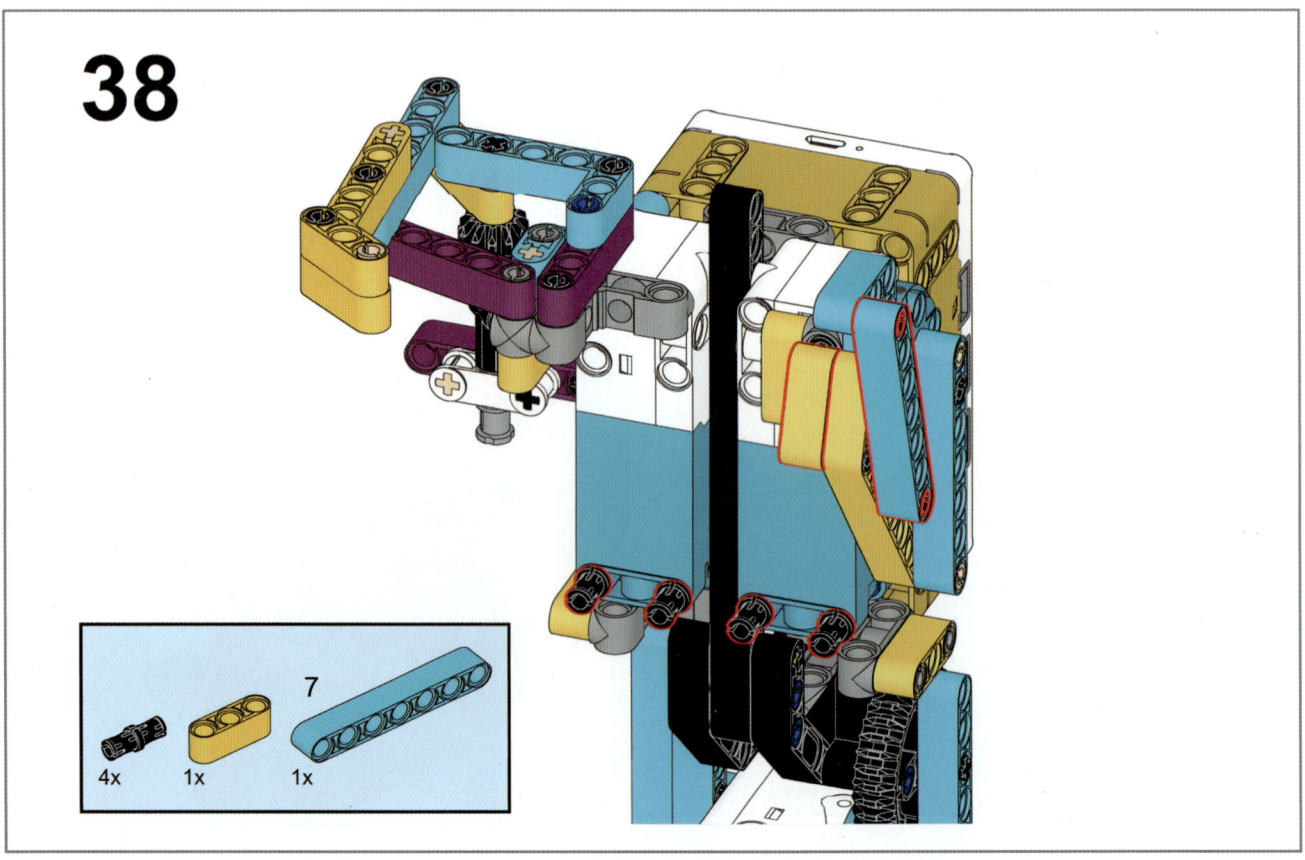

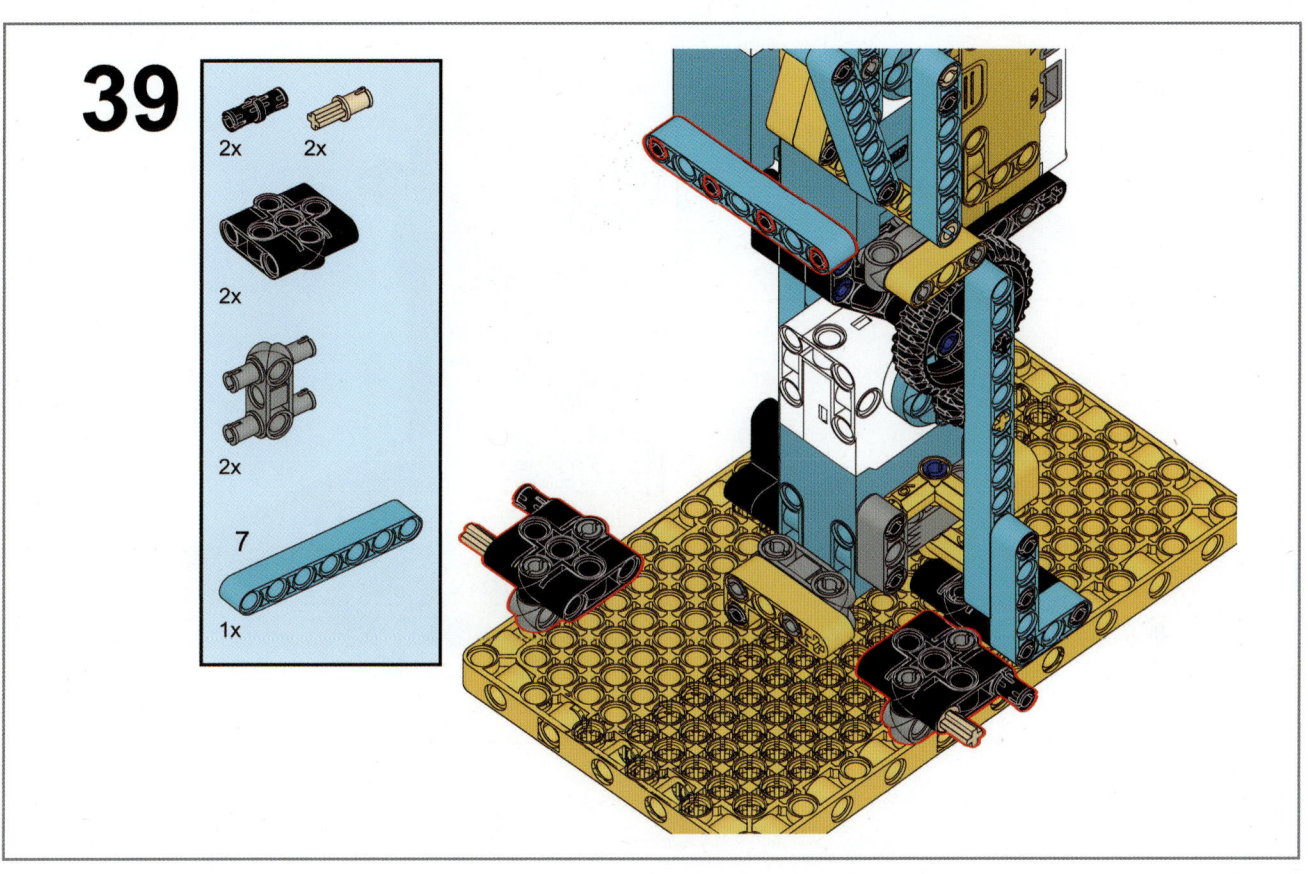
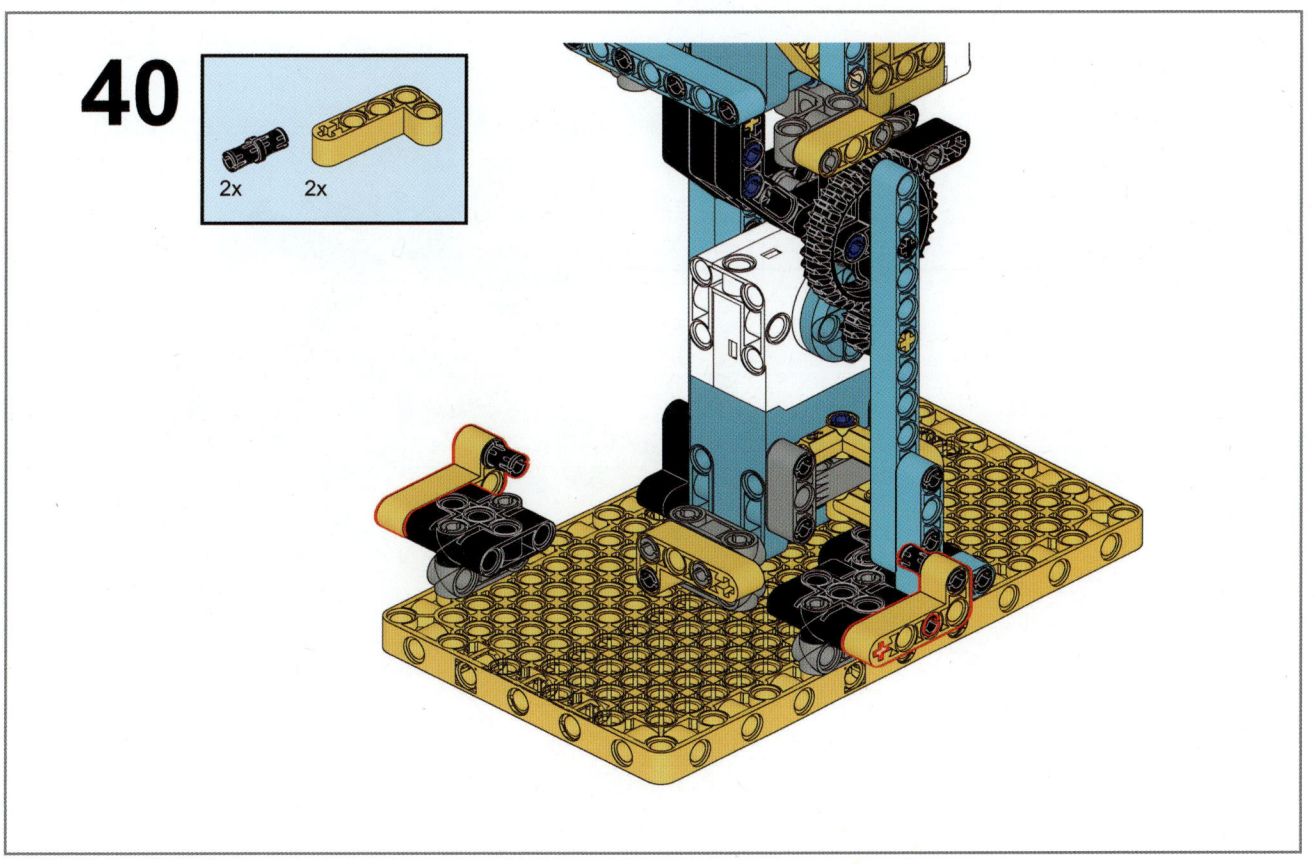

조립하기 권투 (Boxing)

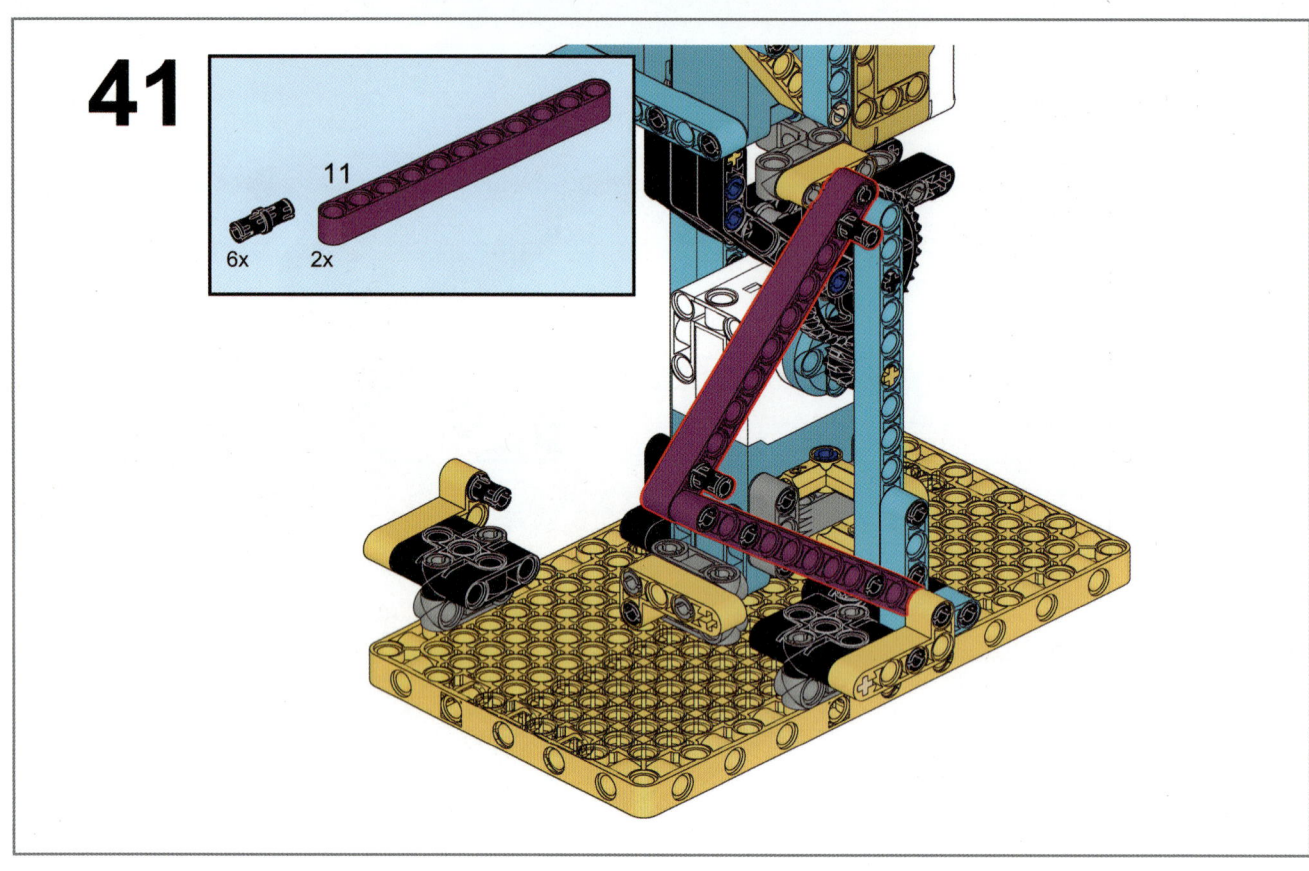

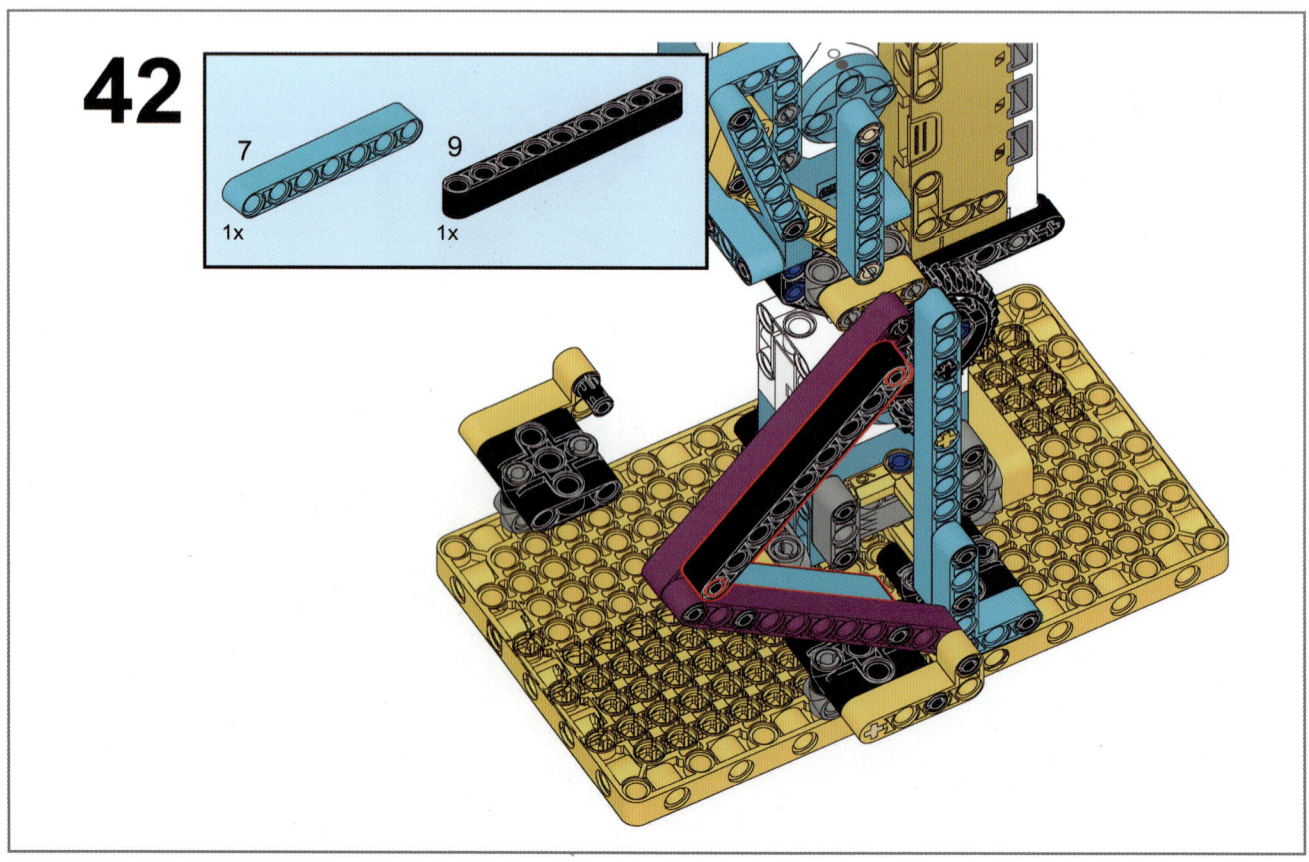

43

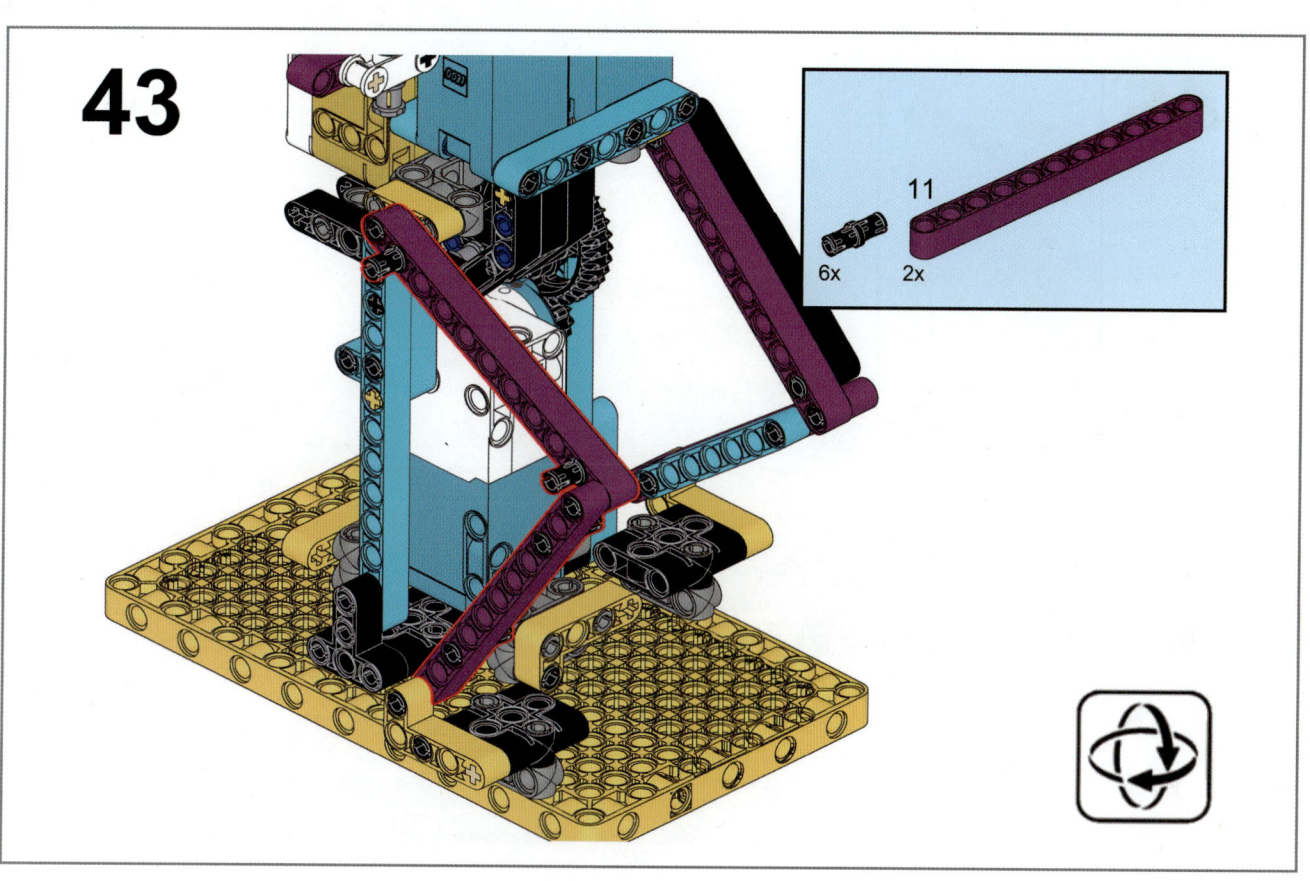

44

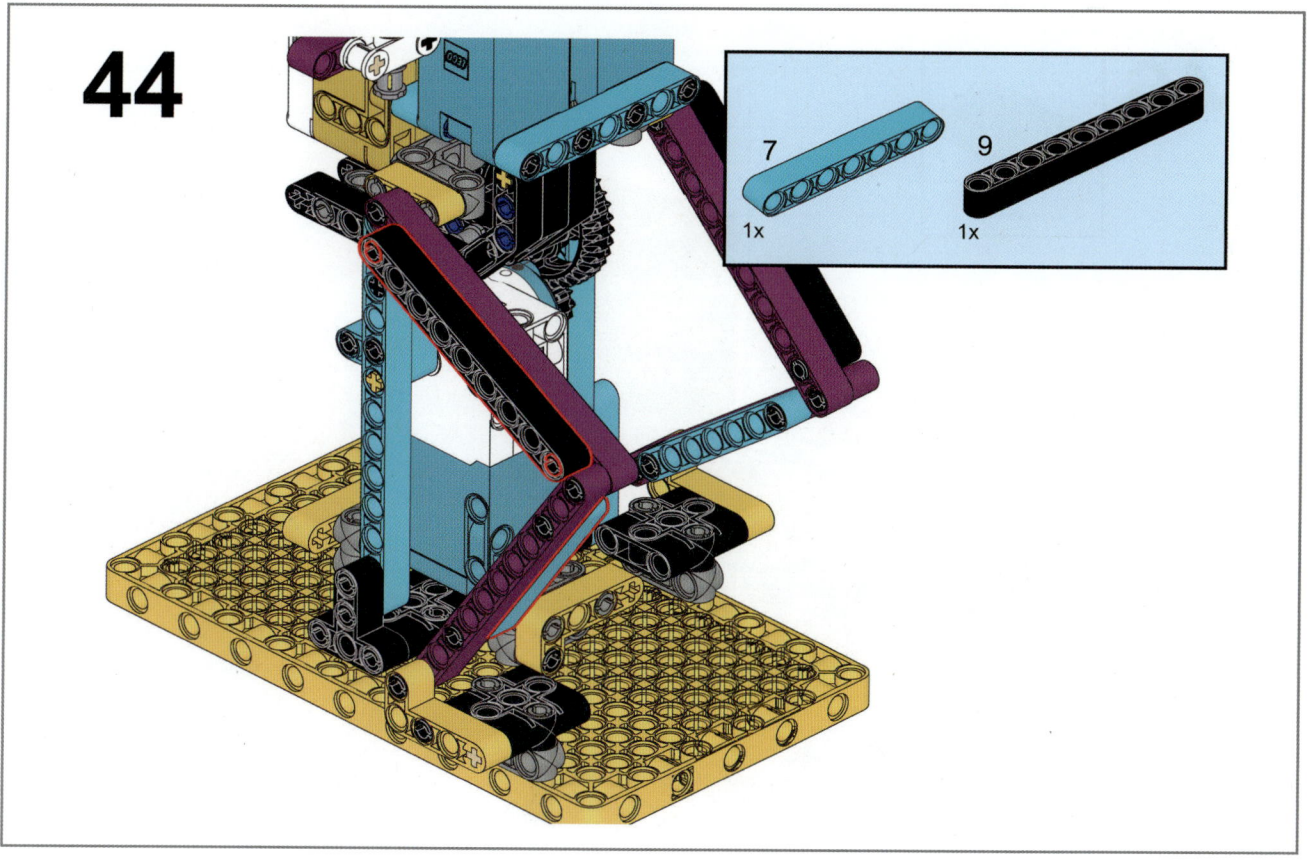

권투 (Boxing)

조립하기 권투 (Boxing)

45

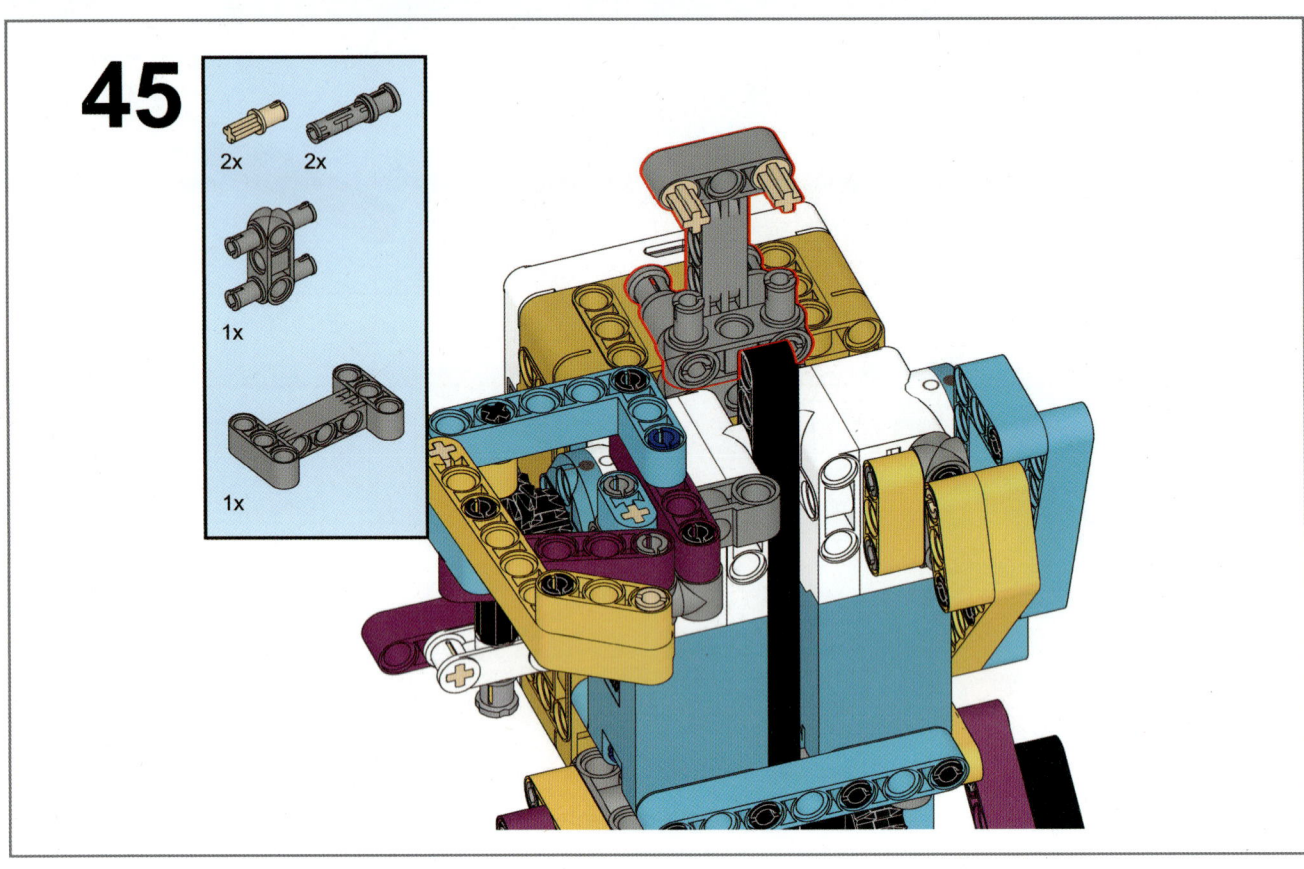

46

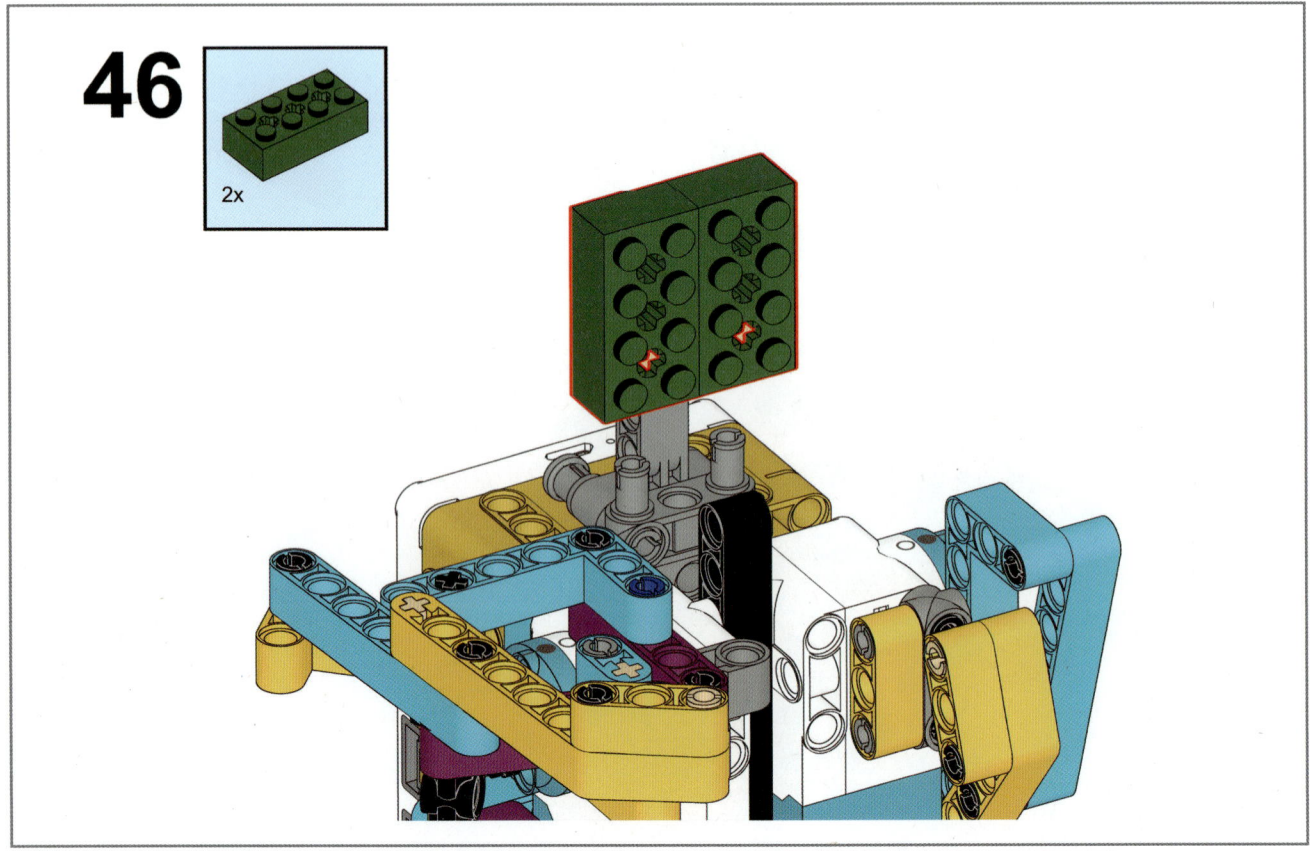

47

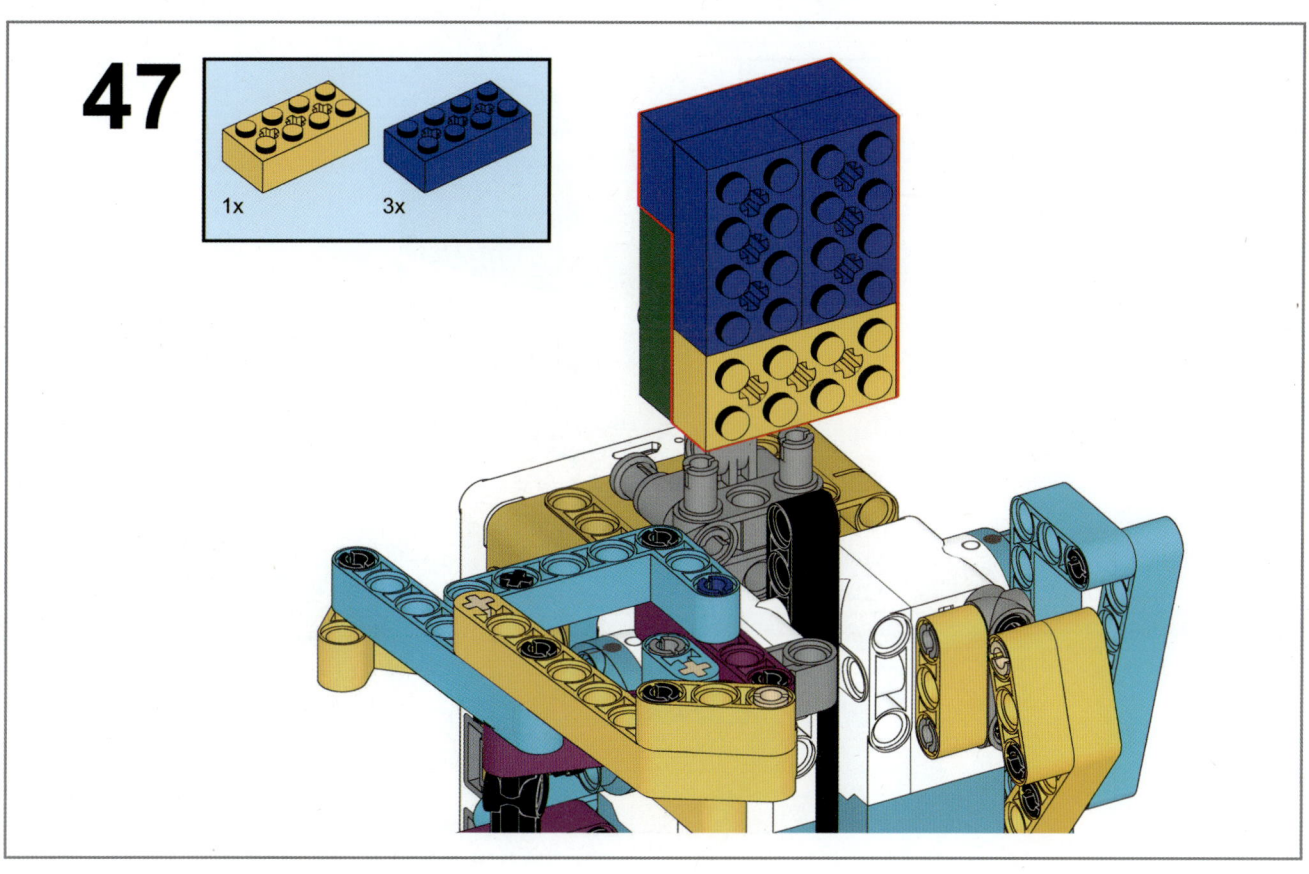

48

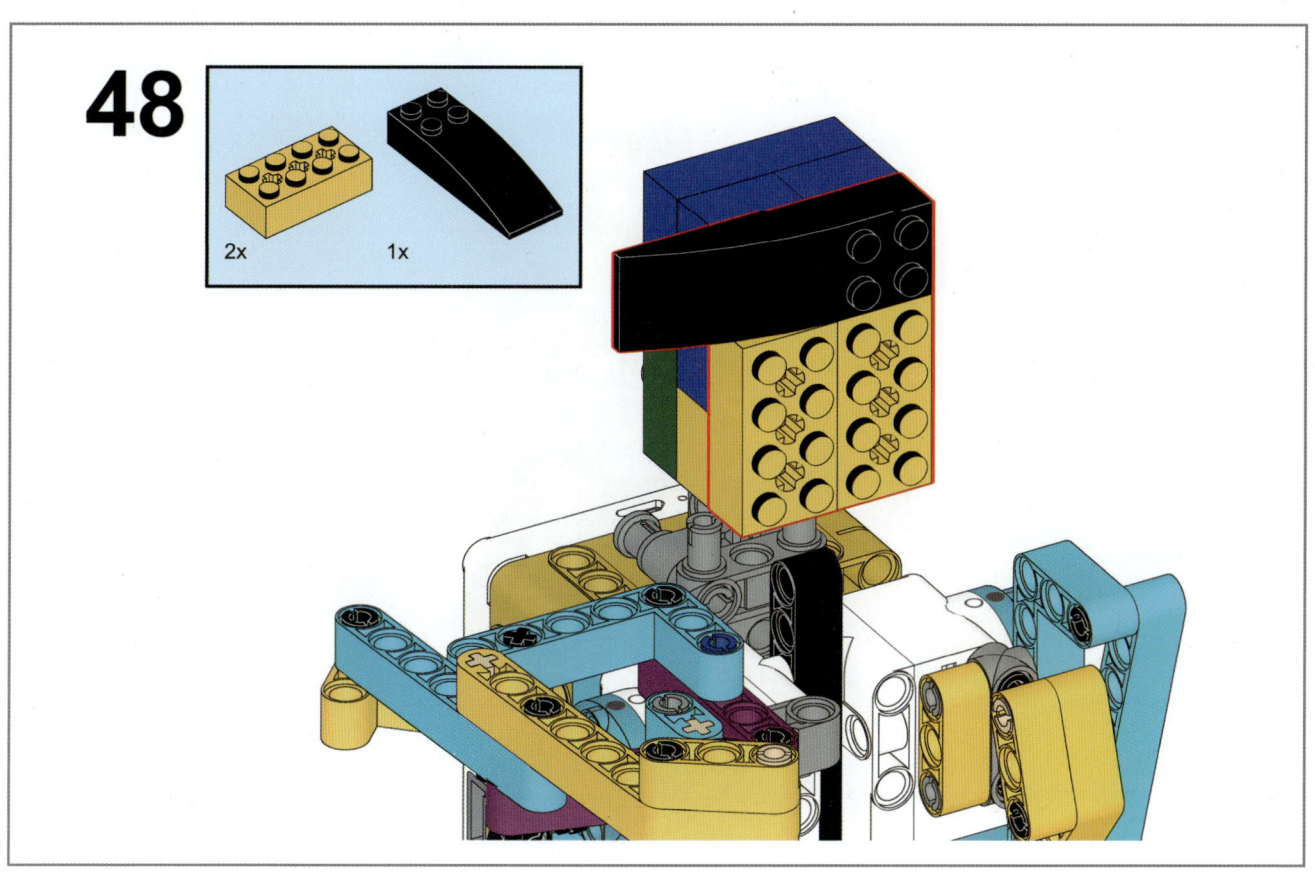

조립하기 권투 (Boxing)

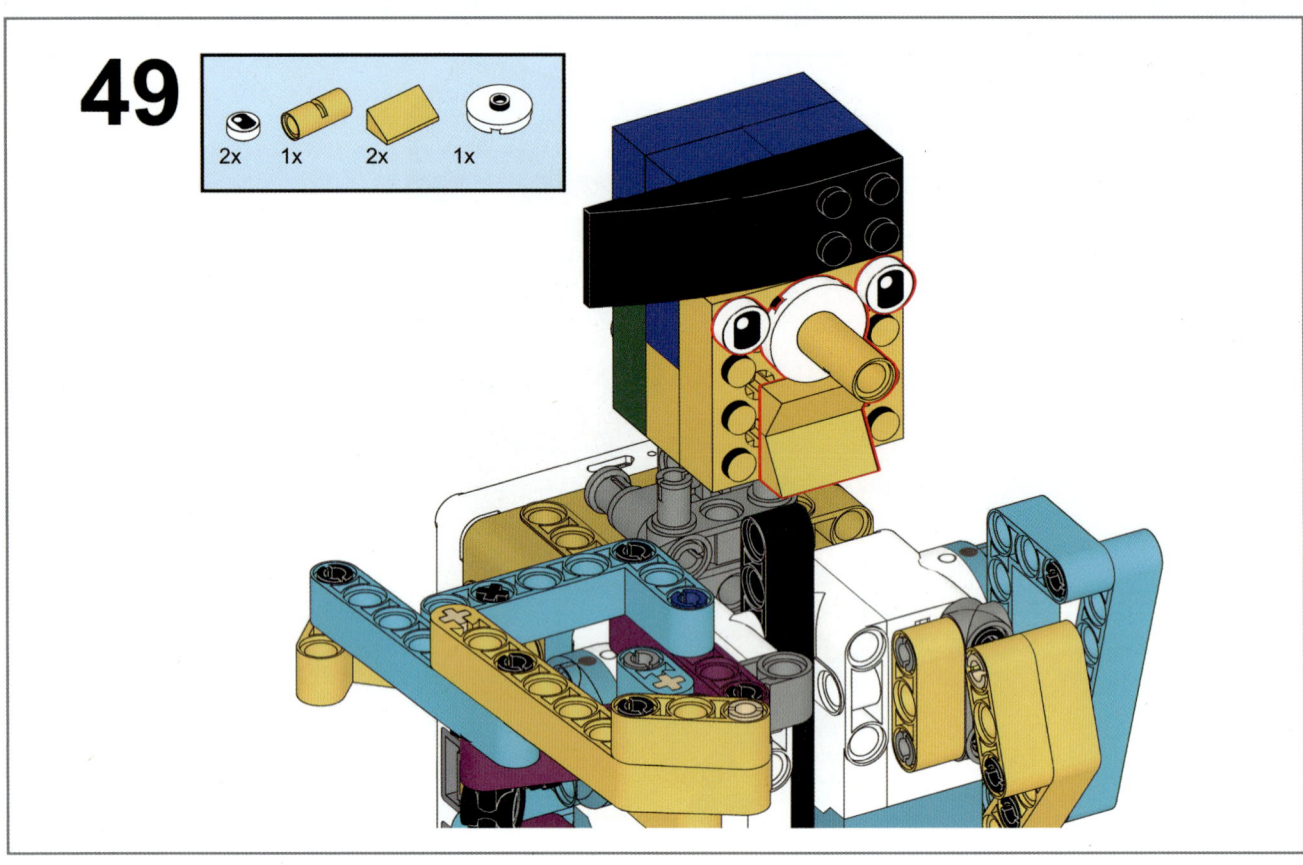

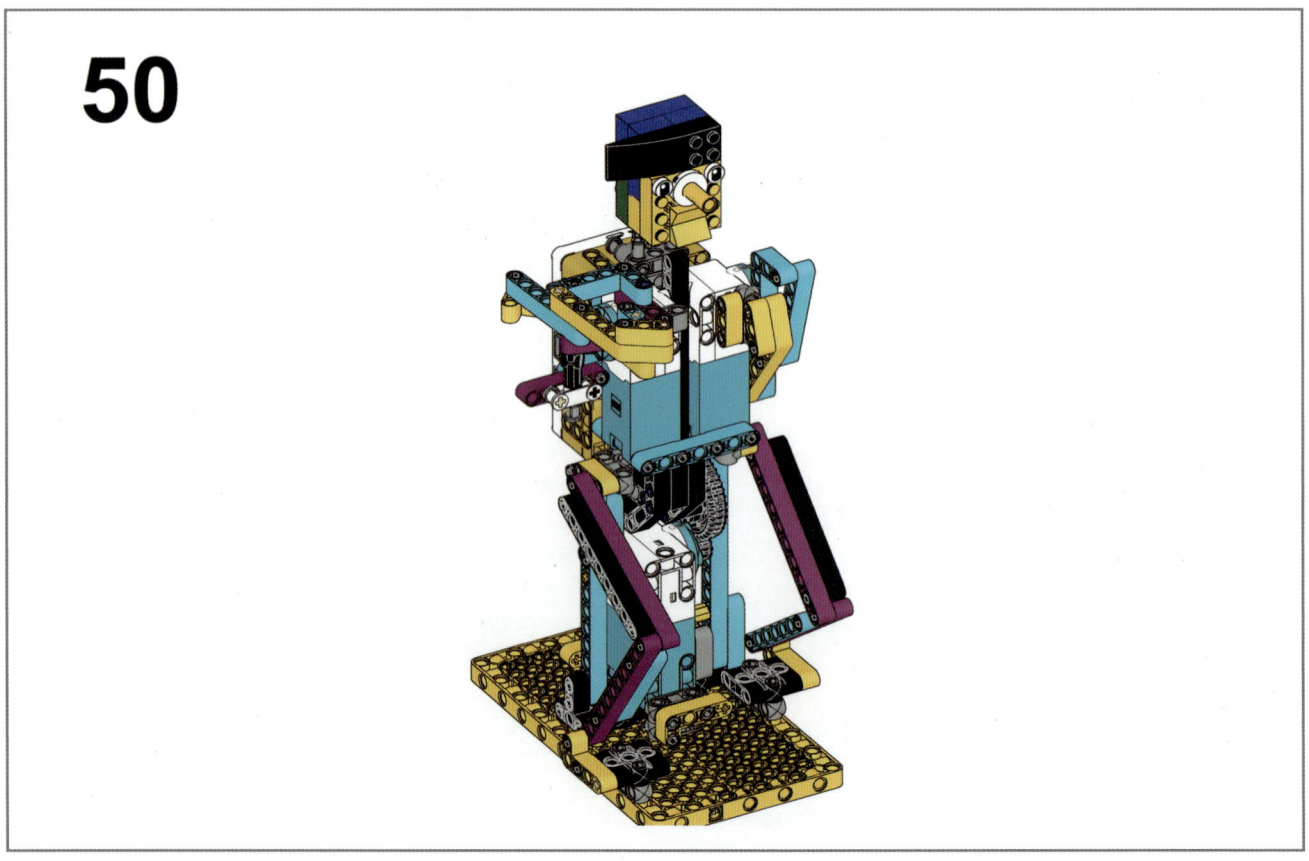

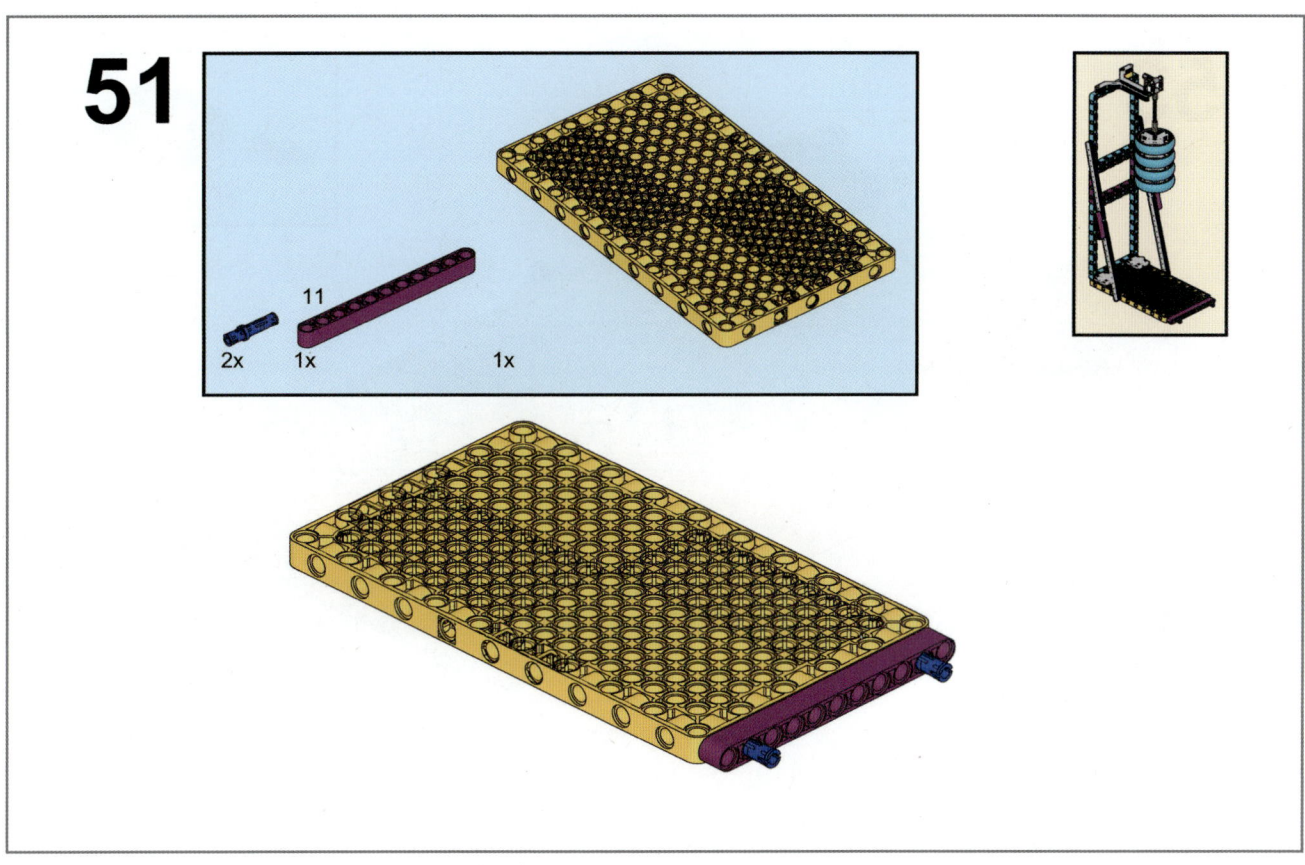
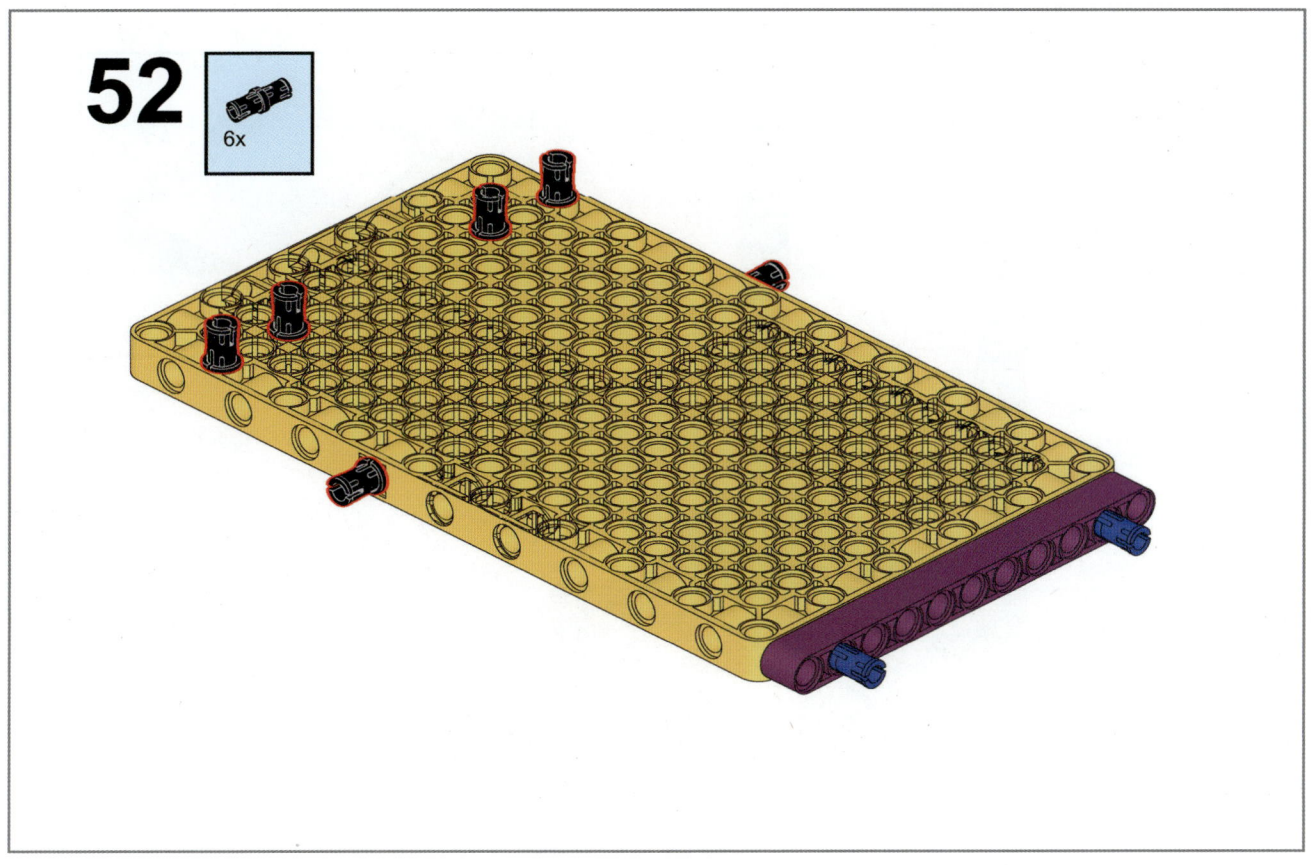

권투 (Boxing)

조립하기   권투 (Boxing)

53

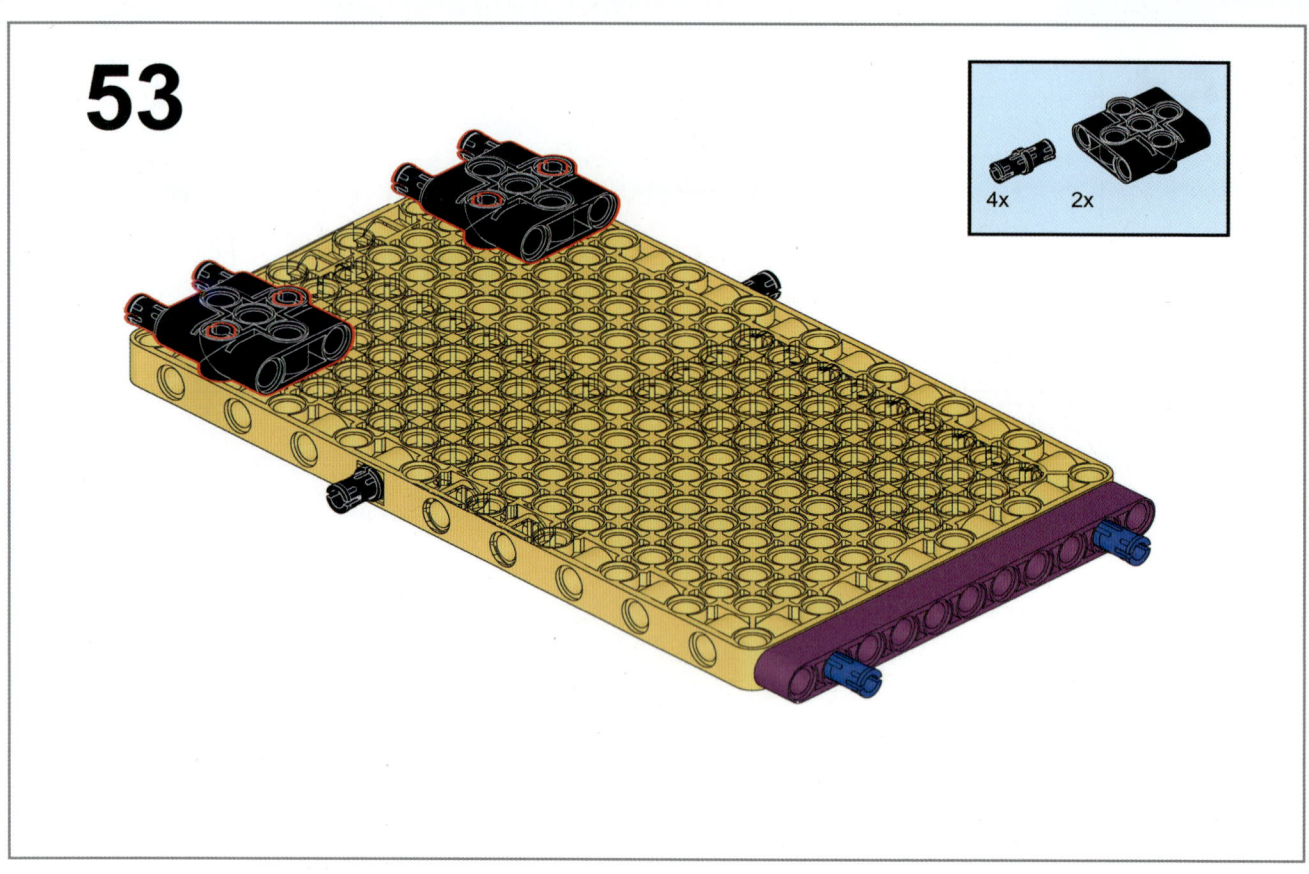

54

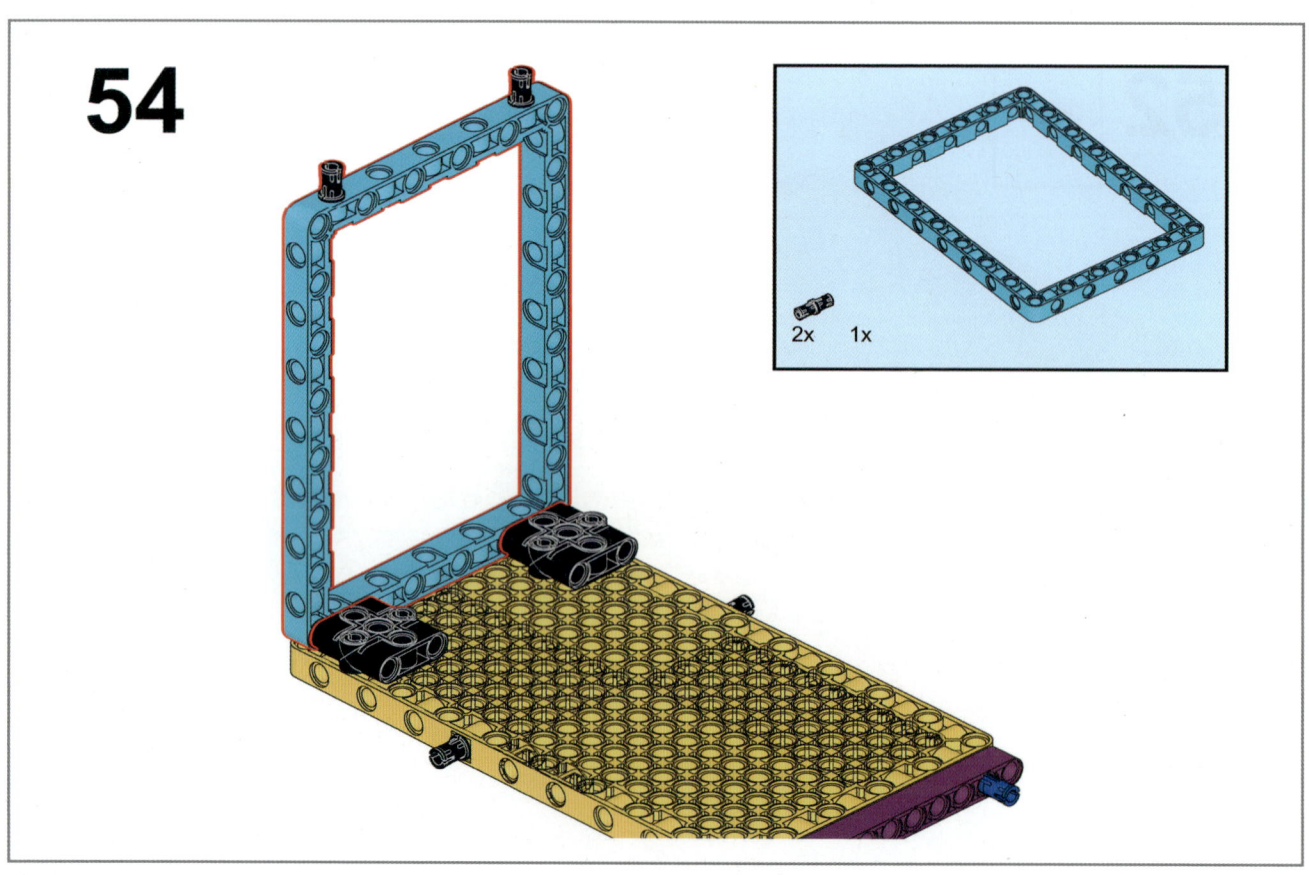

55

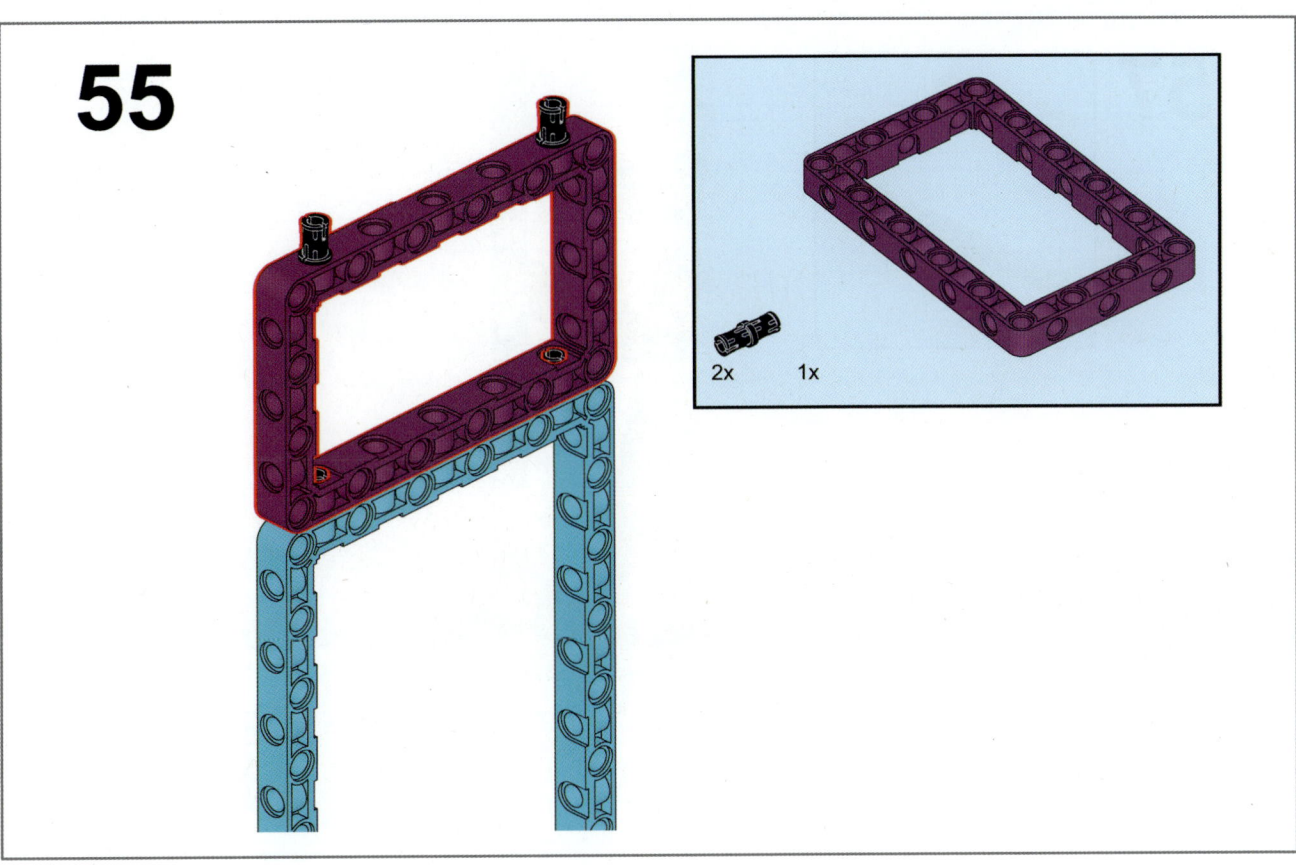

56

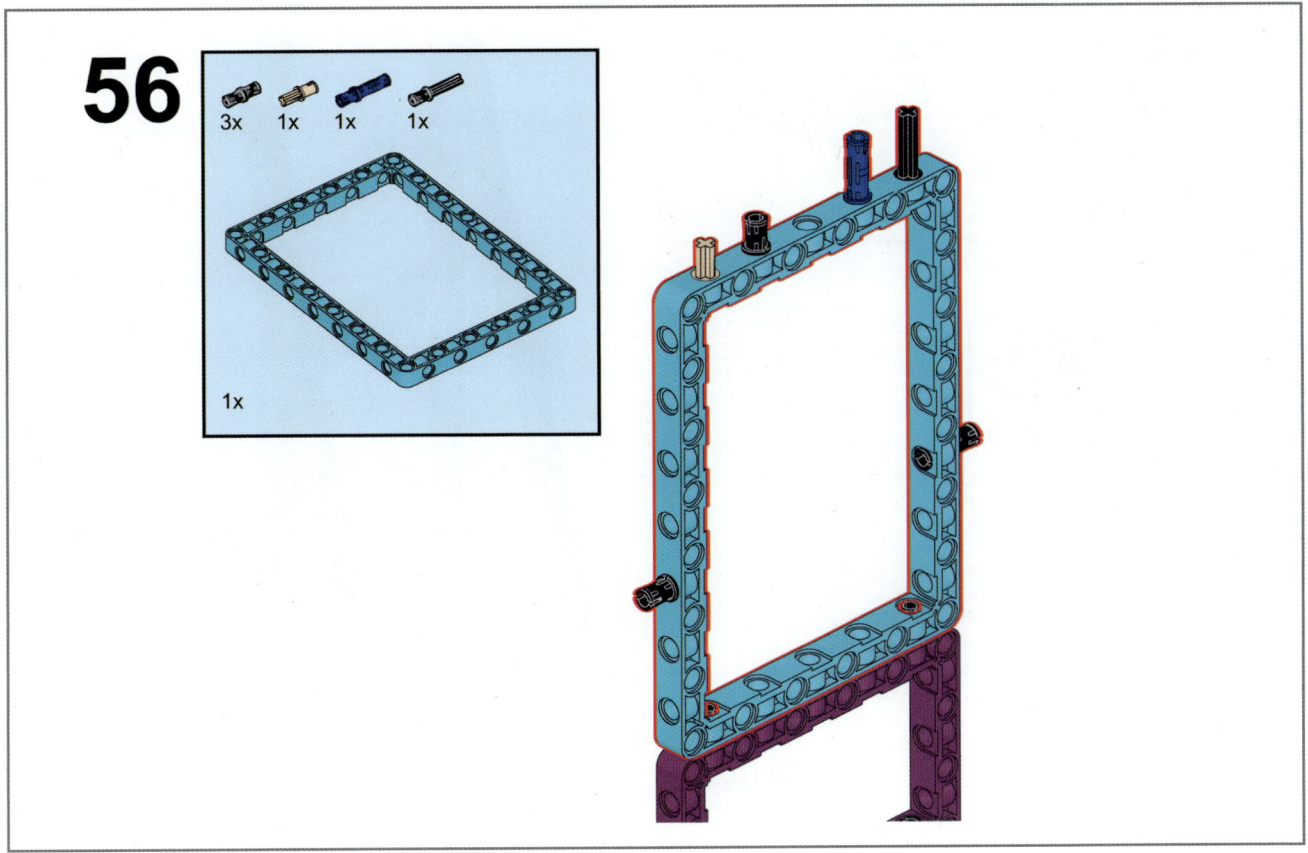

조립하기 권투 (Boxing)

57

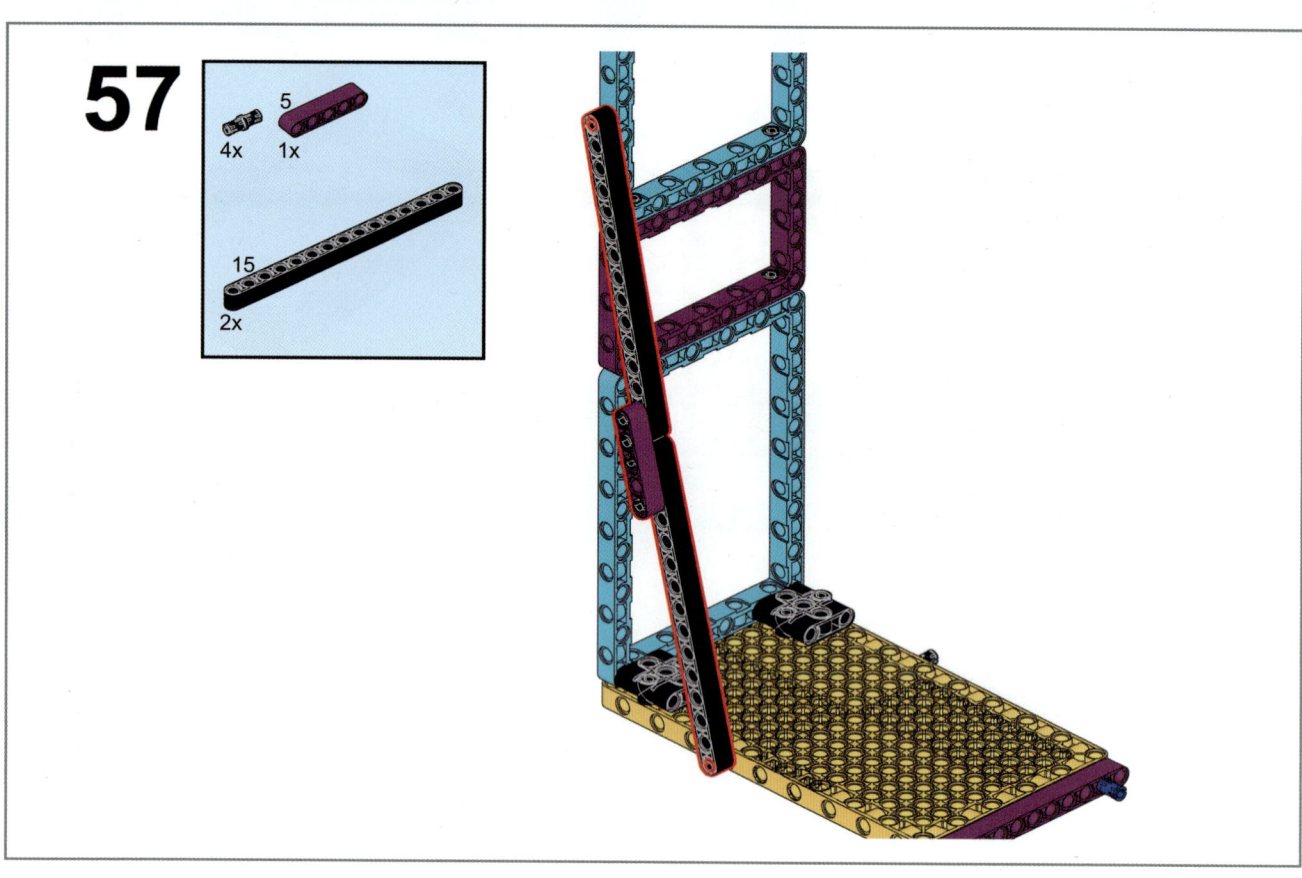

58

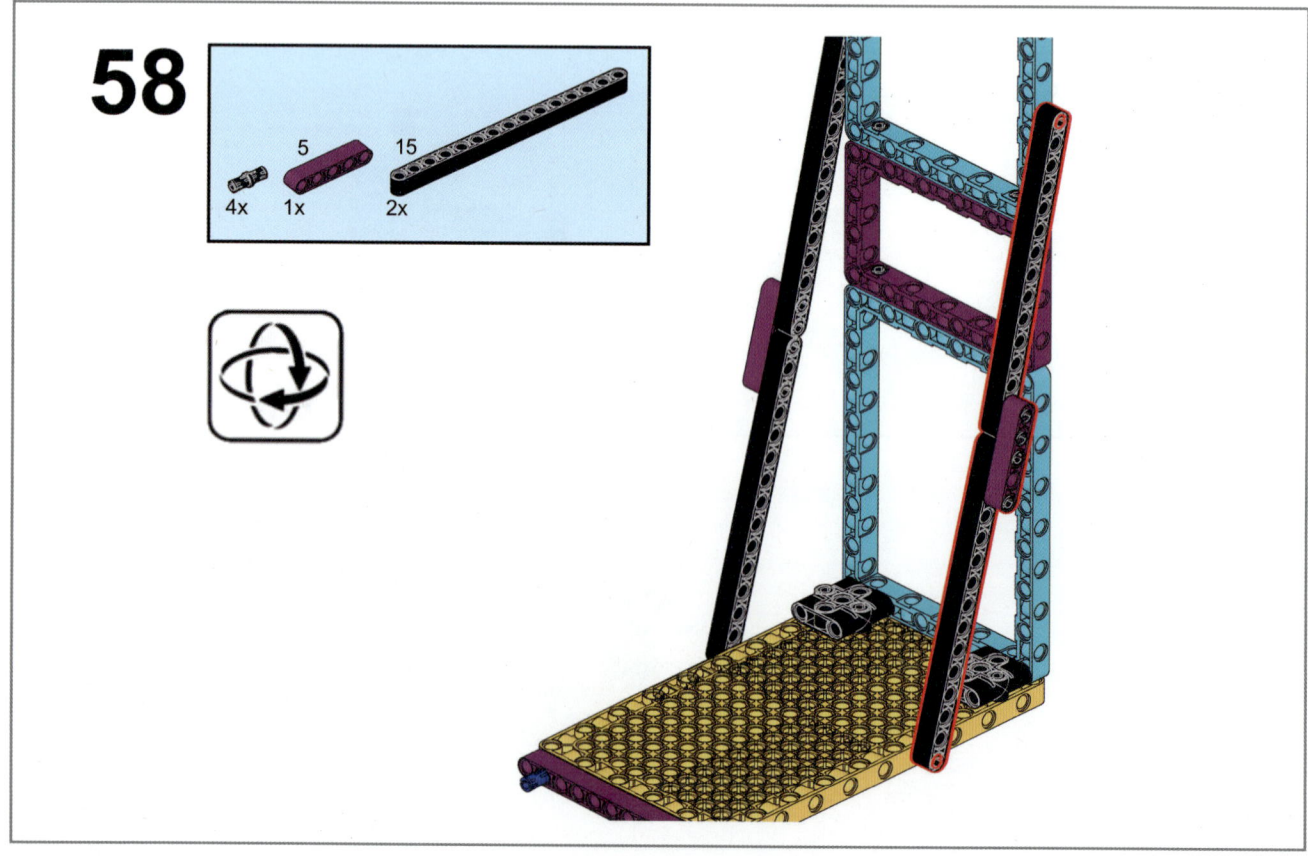

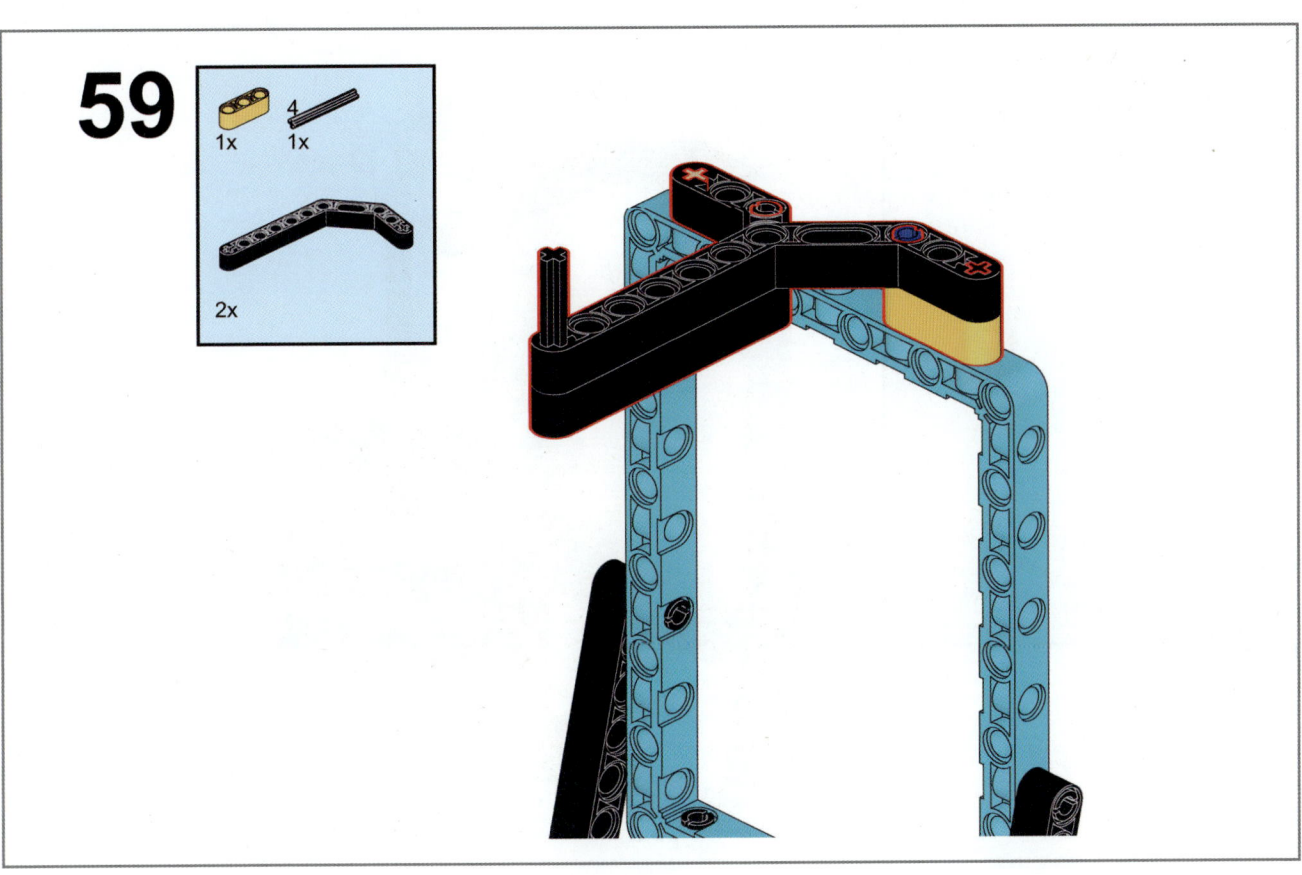
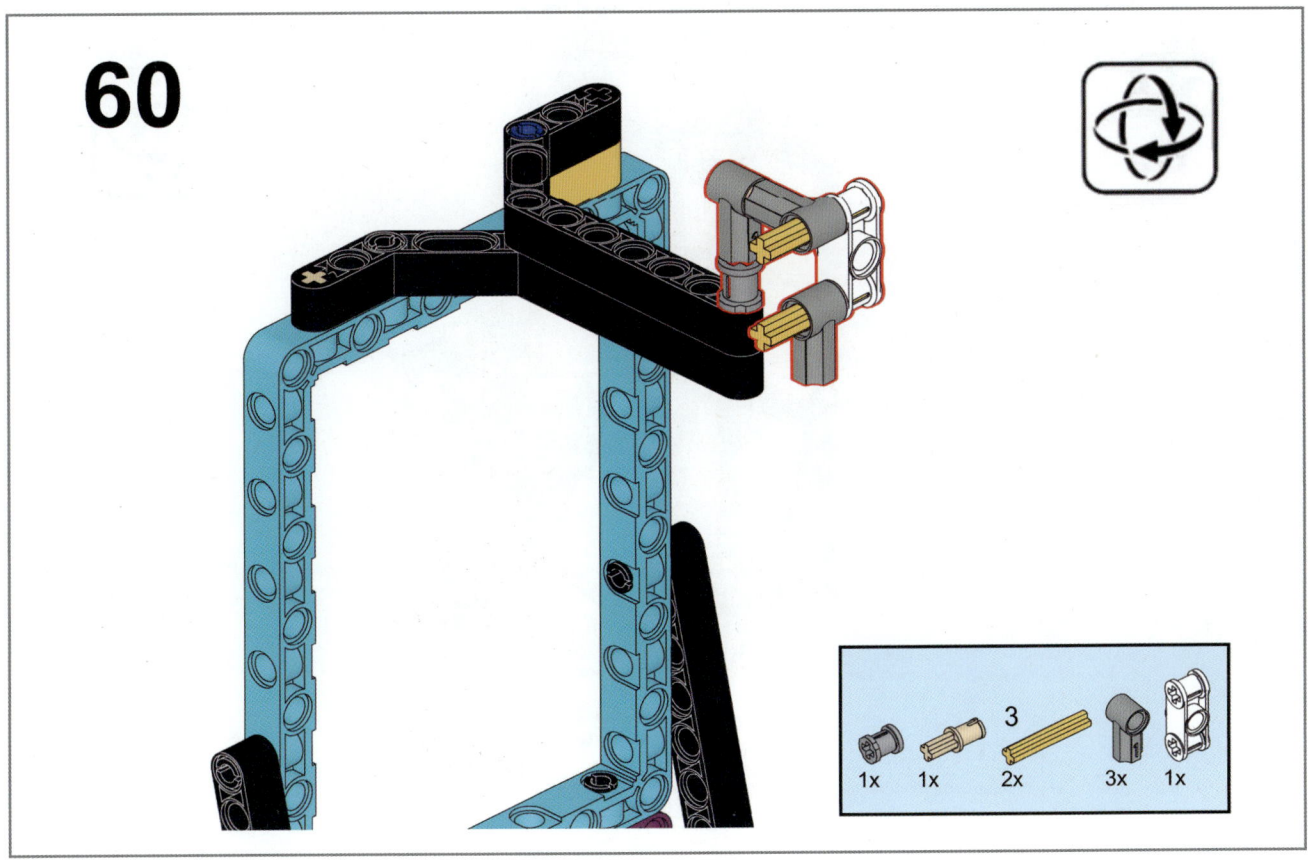

조립하기 권투 (Boxing)

61

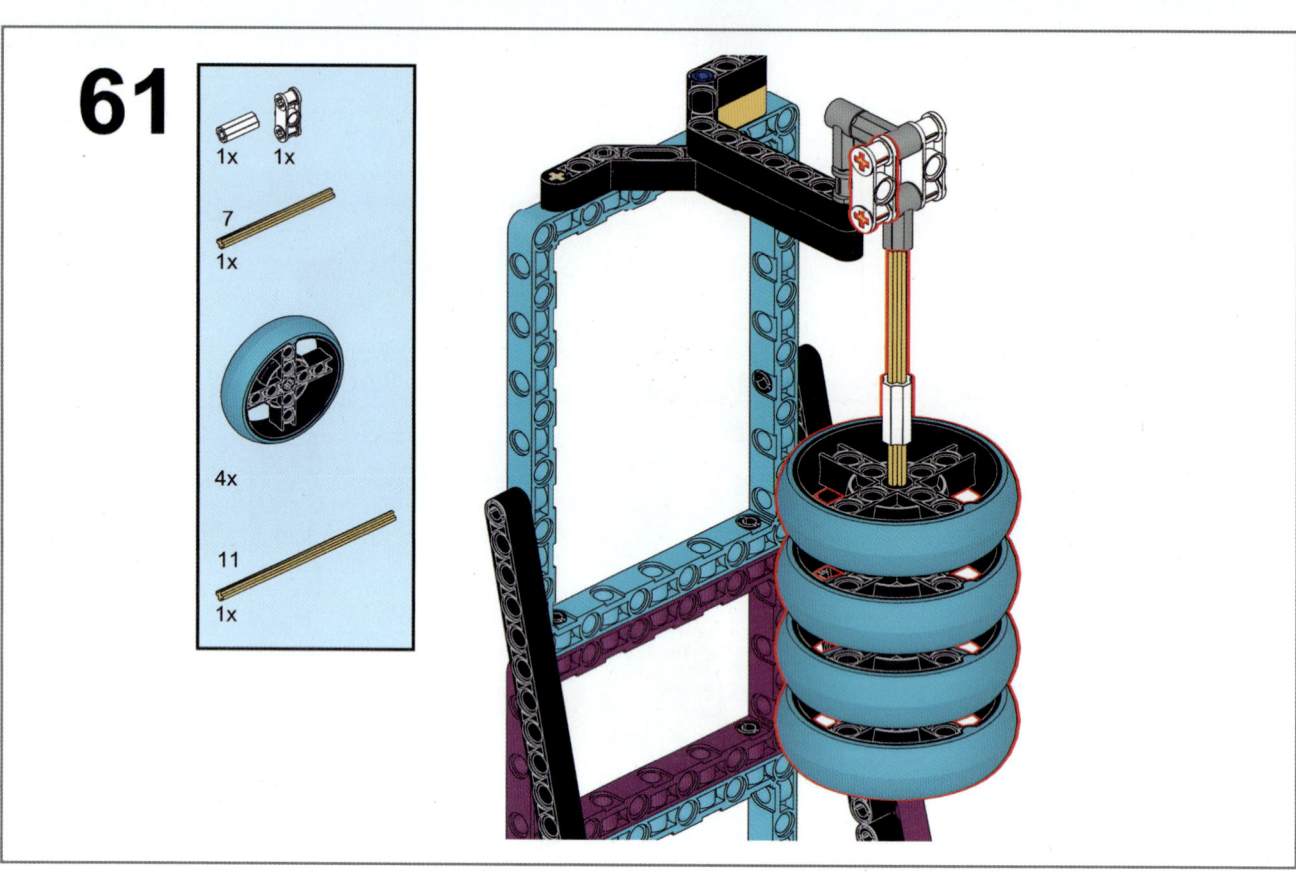

62

63

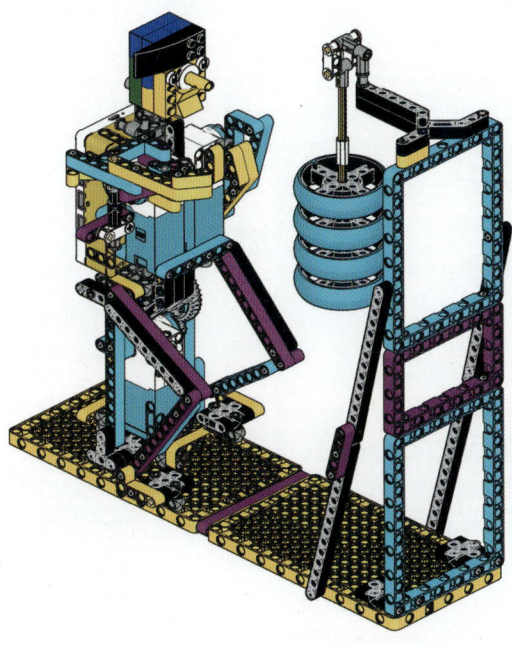

D: Right Arm - M Motor
E: Left Arm - M-Motor
F: Waist - L-Motor

조립하기   권투 (Boxing)

본 프로그램은 SPIKE App 2.0.5버전에서 작성되었습니다.

완성!

동작 동영상

권투 (Boxing)

12 트레드밀 게임 (Treadmill Sprint Game)

계속 회전하는 벨트의 위를 달리고, 그 운동량을 기록합니다.
전신 운동의 능력, 폐활량이나 체력을 측정하기에 알맞은 운동입니다.

동작 동영상

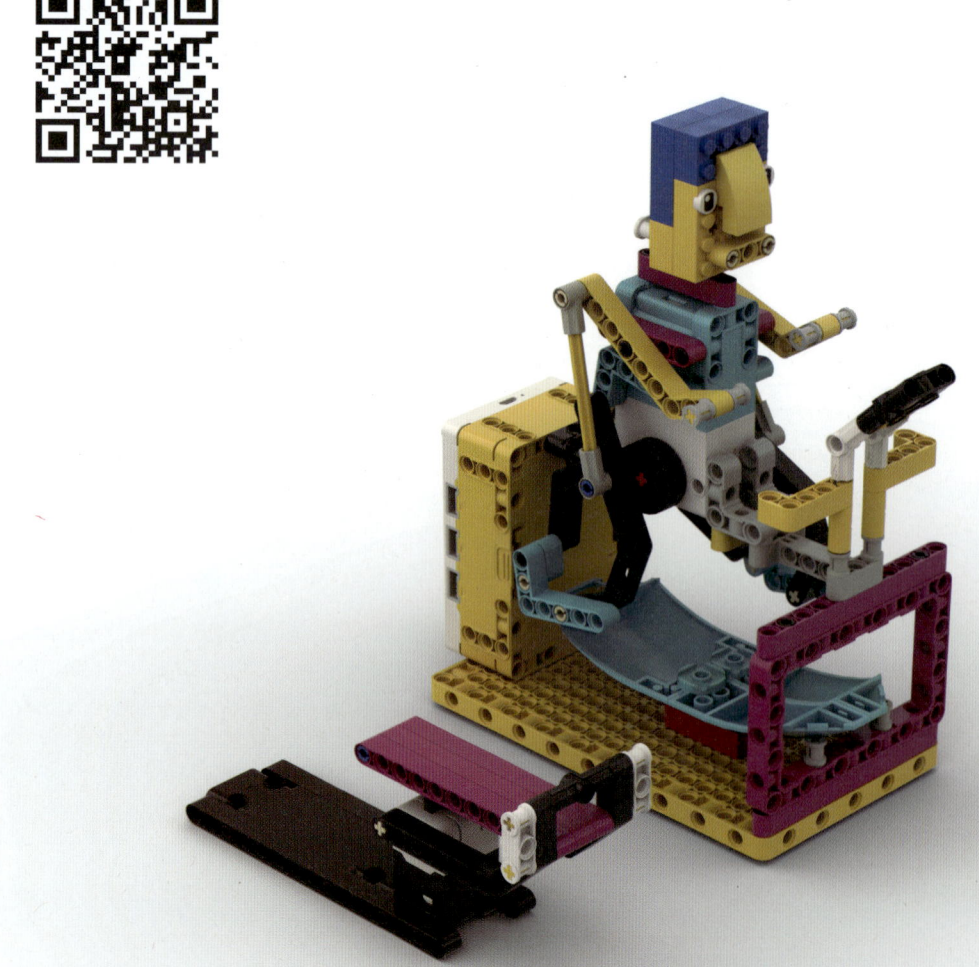

필요 부품 목록

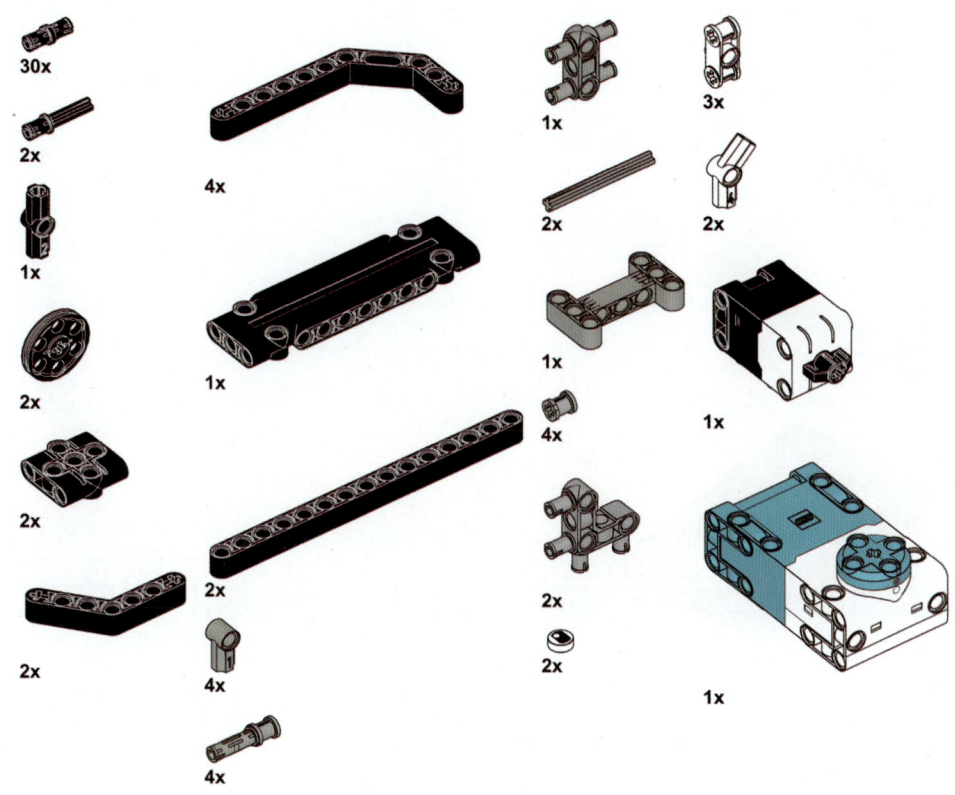

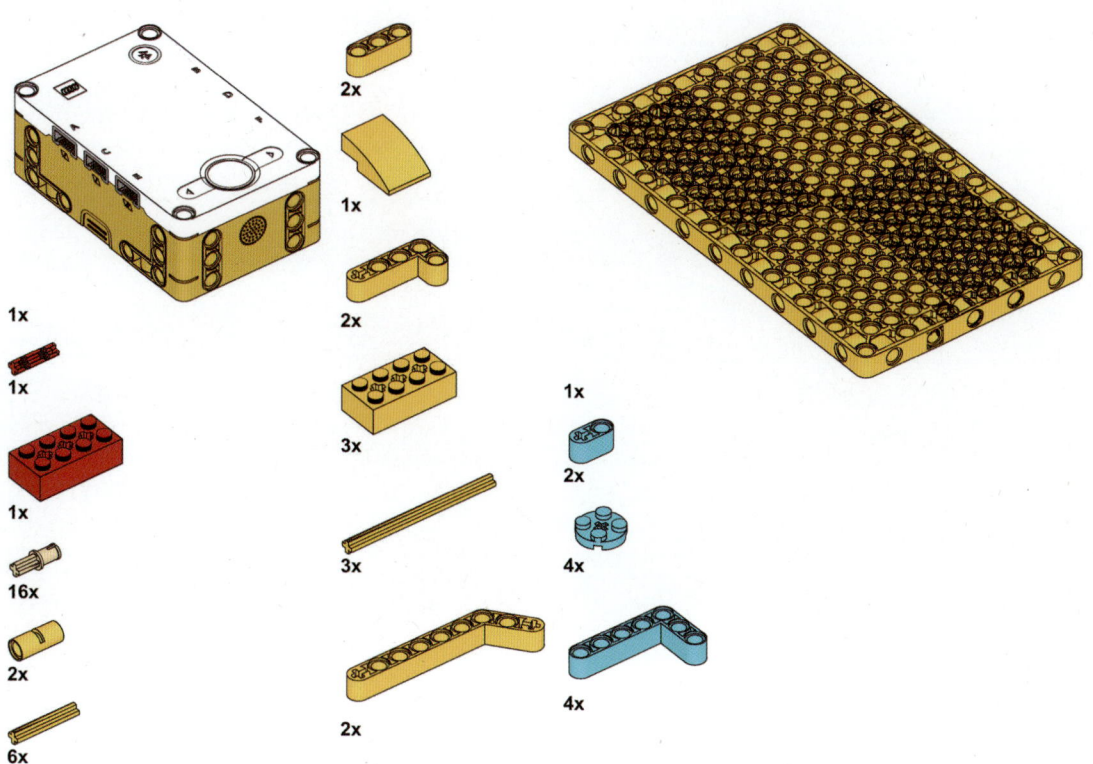

해당 차시는 스파이크™ 프라임 코어세트(45678)에 포함된 부품 보충팩을 사용해야 합니다

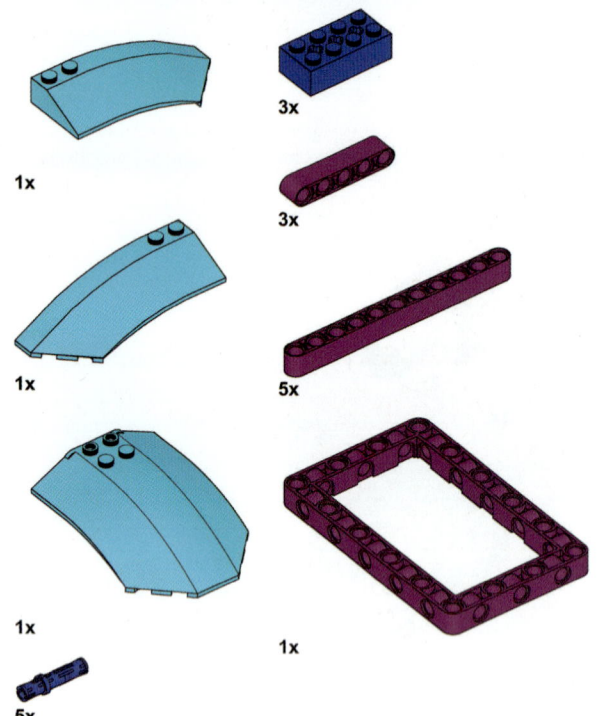

Design by junastudio

트레드밀 게임 (Treadmill Sprint Game)

조립하기 트레드밀 게임 (Treadmill Sprint Game)

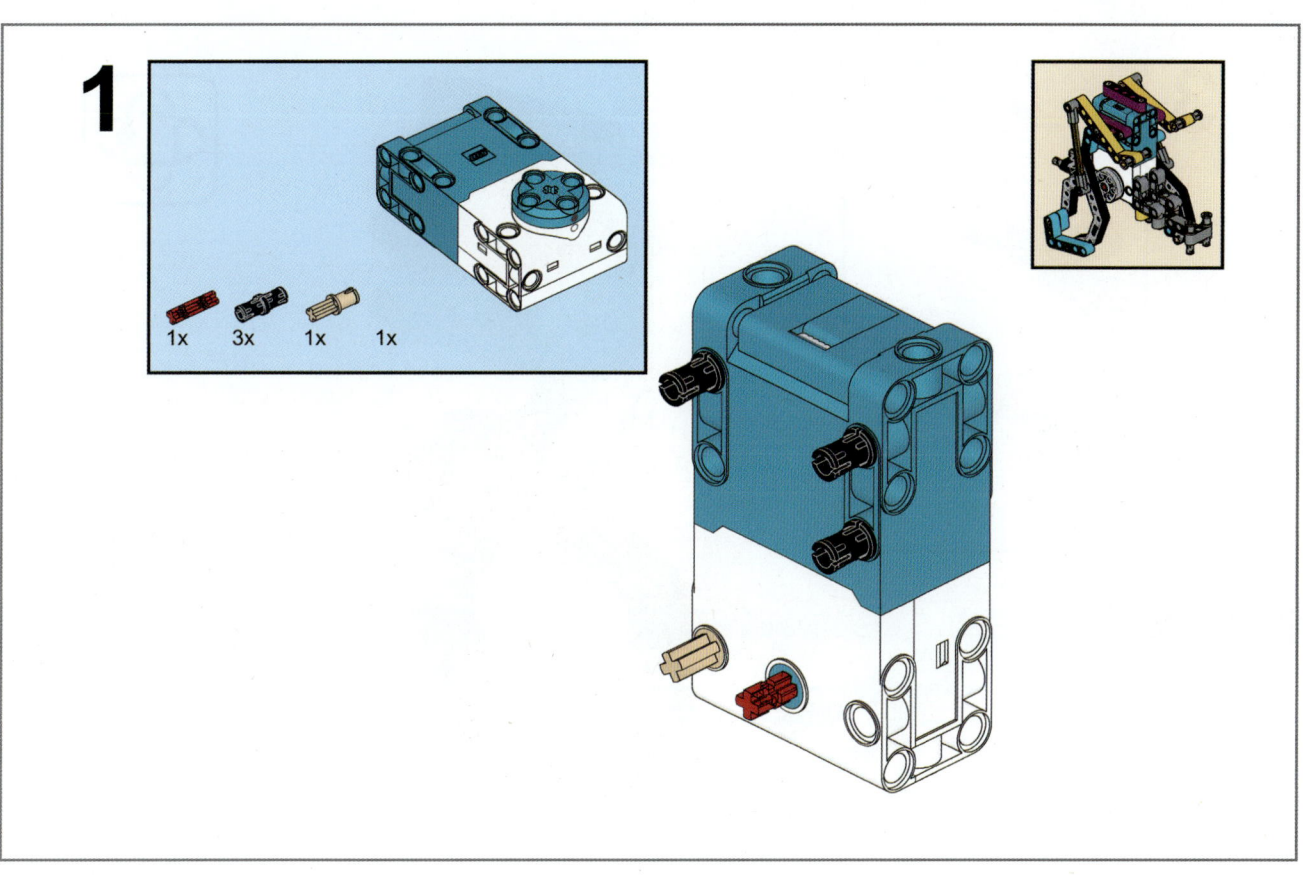

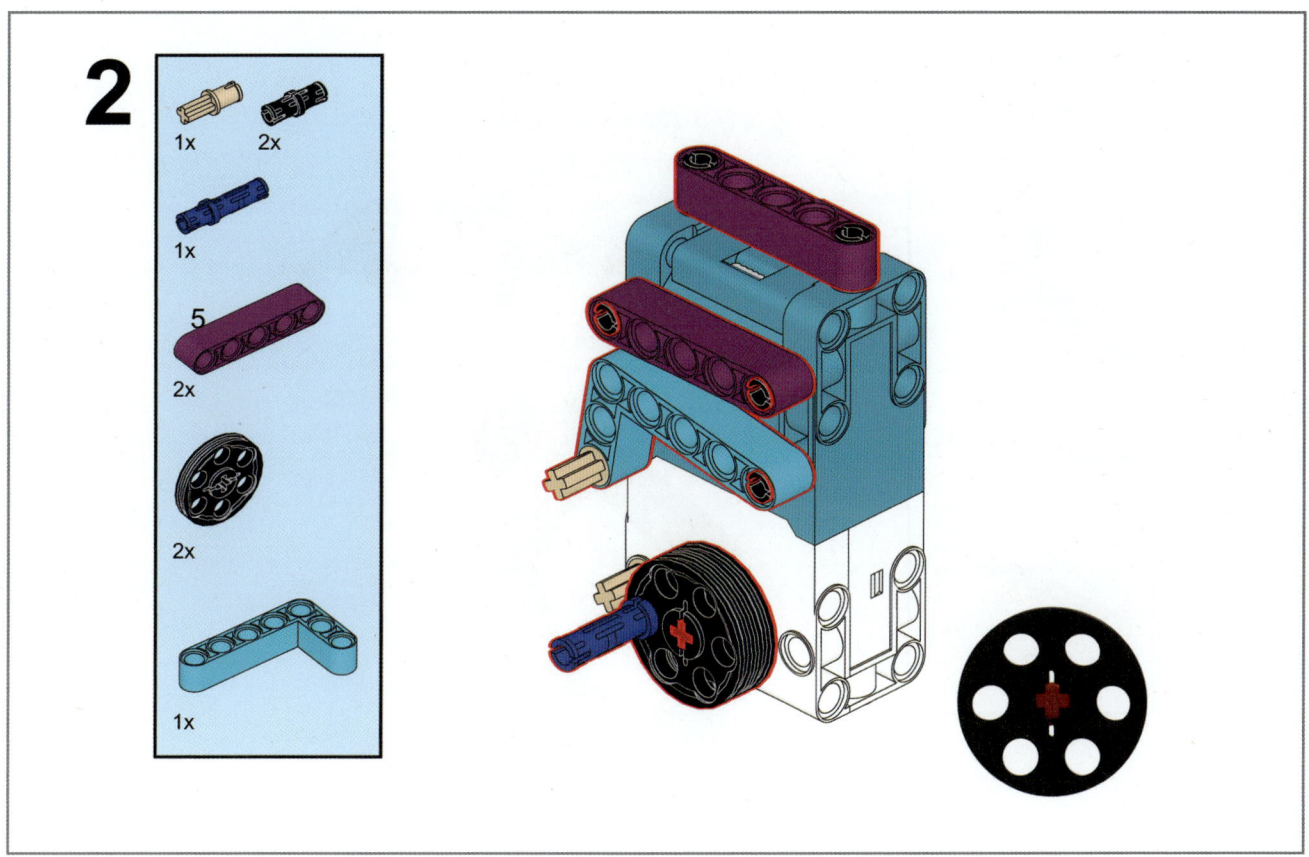

조립하기   트레드밀 게임 (Treadmill Sprint Game)

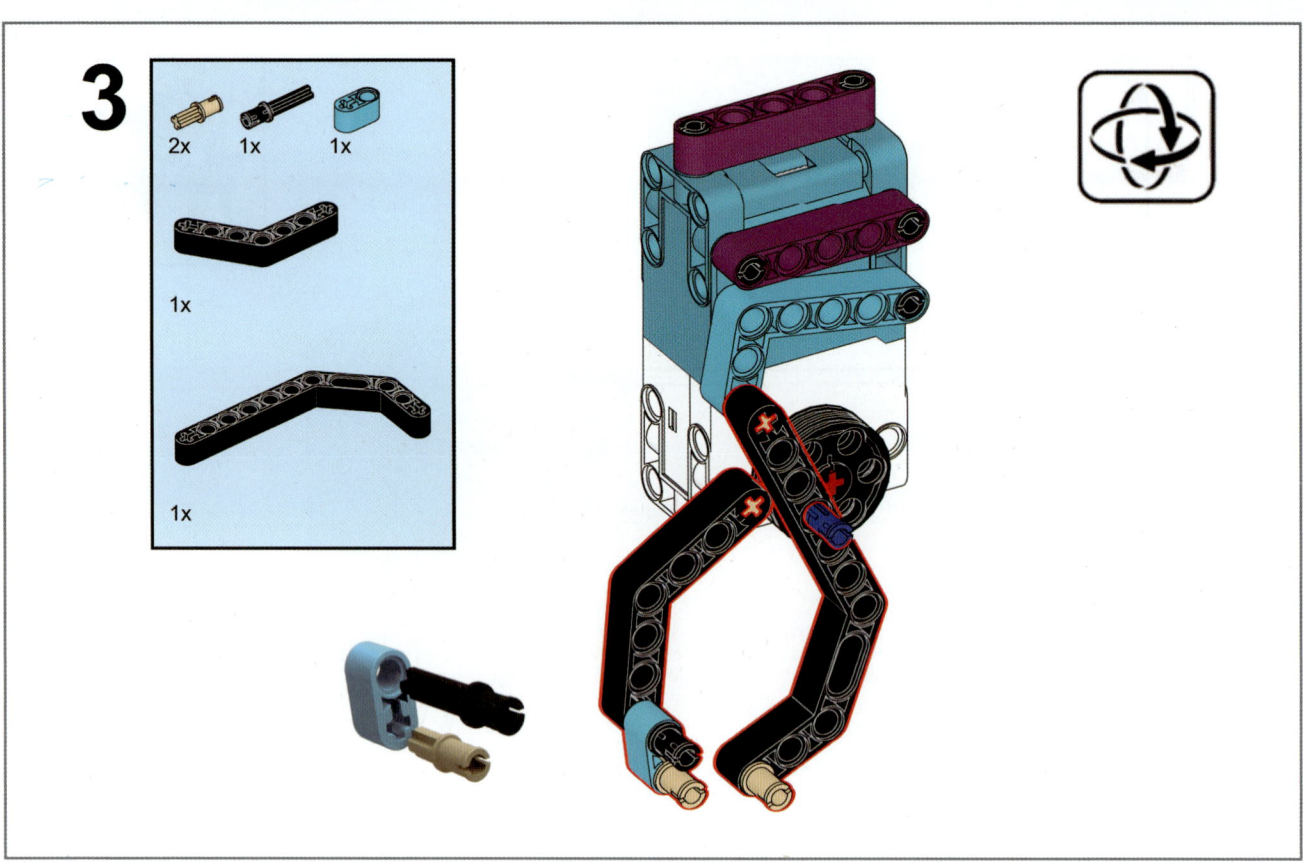

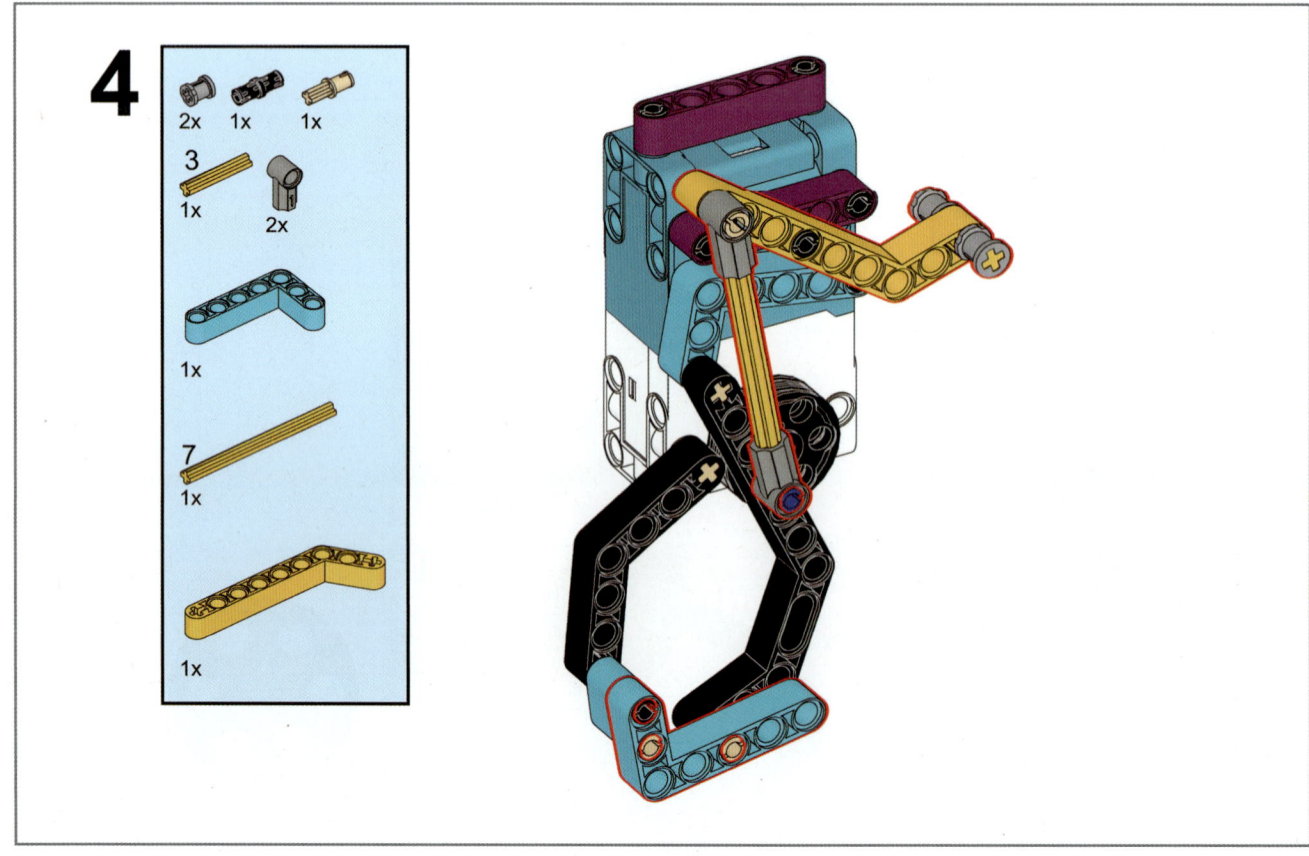

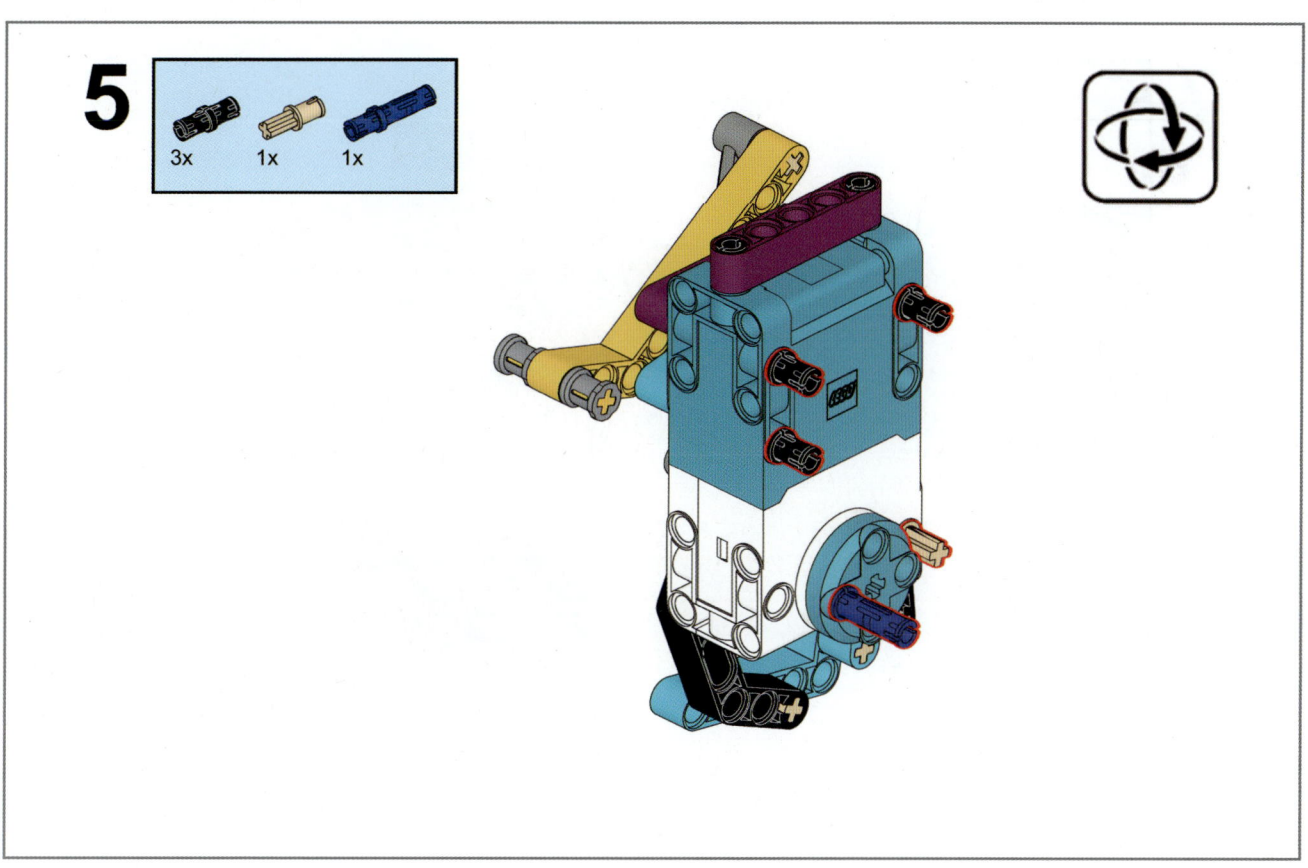
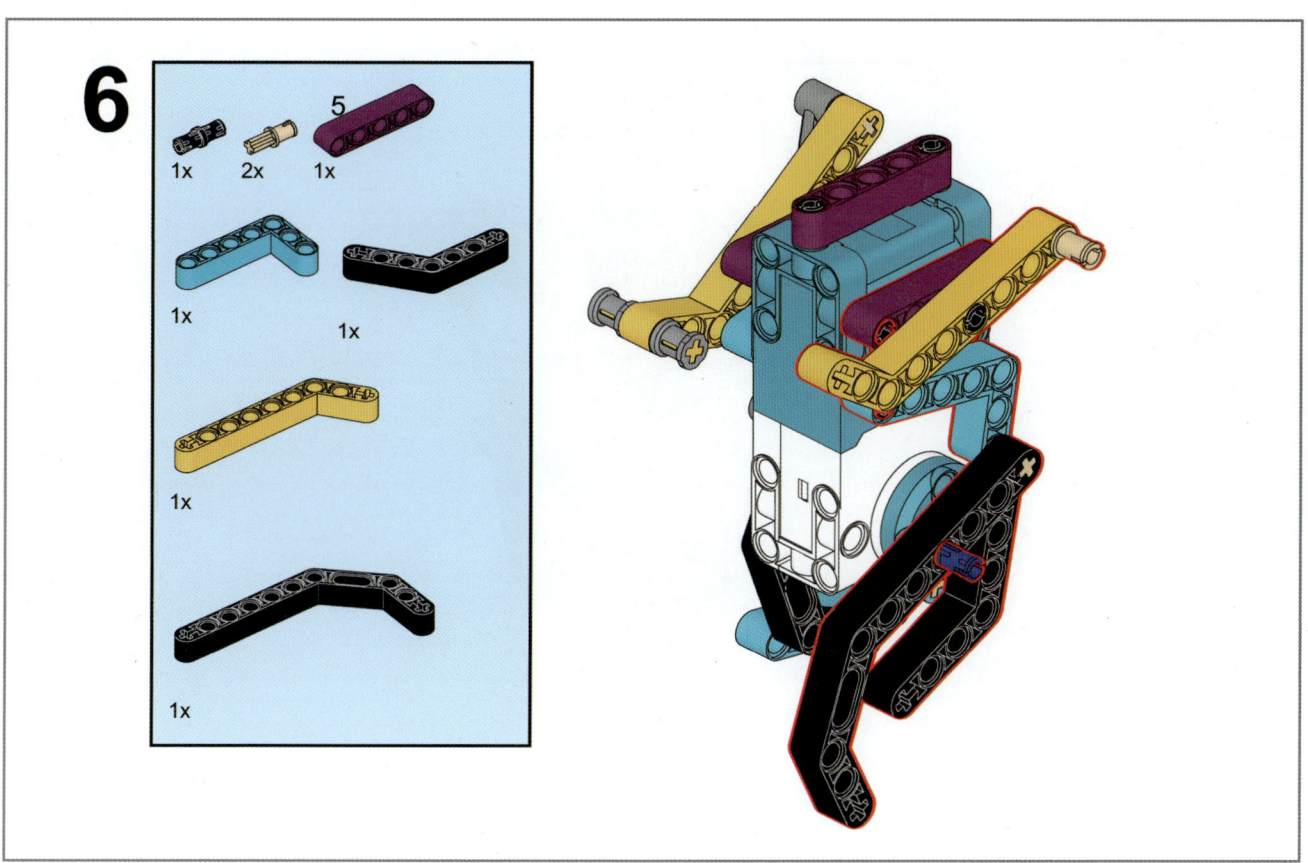

트레드밀 게임 (Treadmill Sprint Game)

조립하기 트레드밀 게임 (Treadmill Sprint Game)

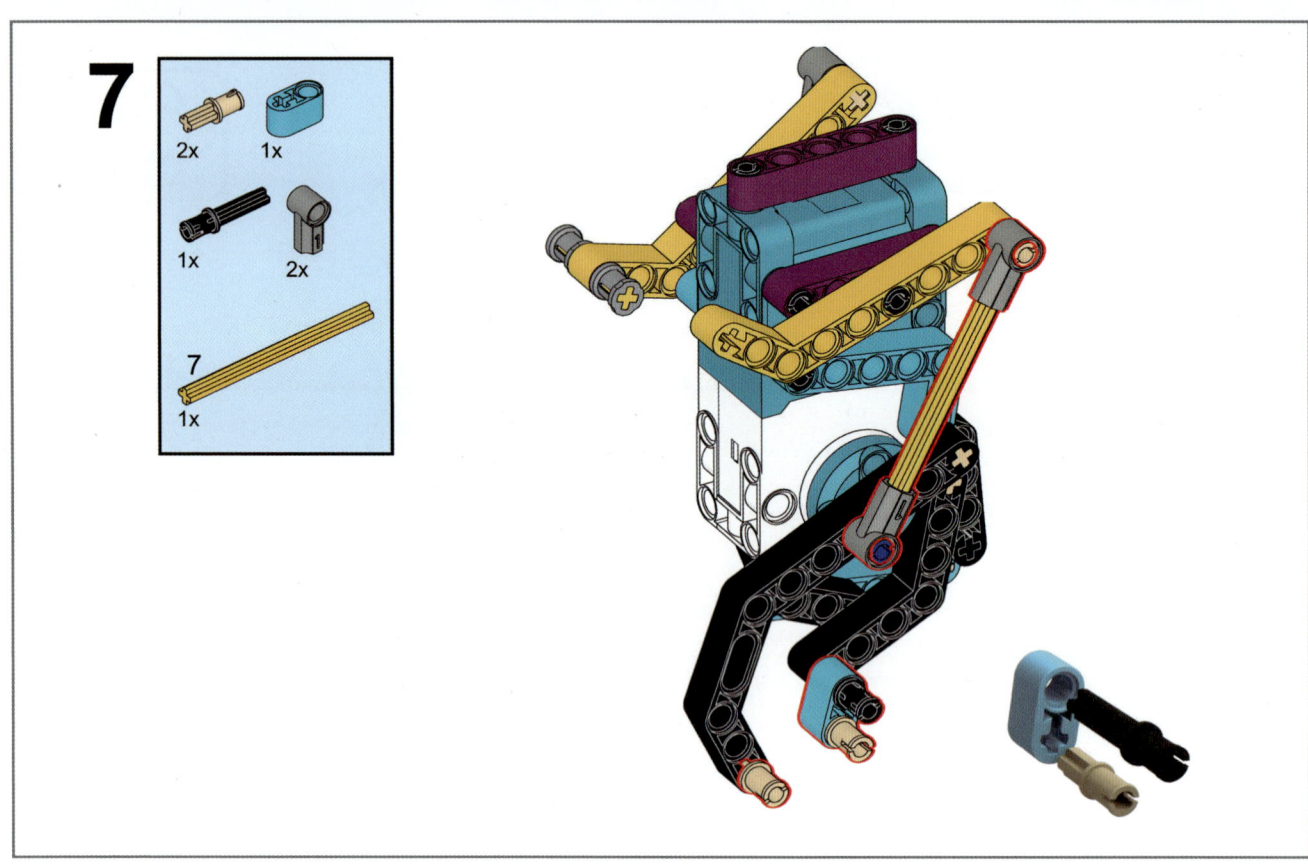

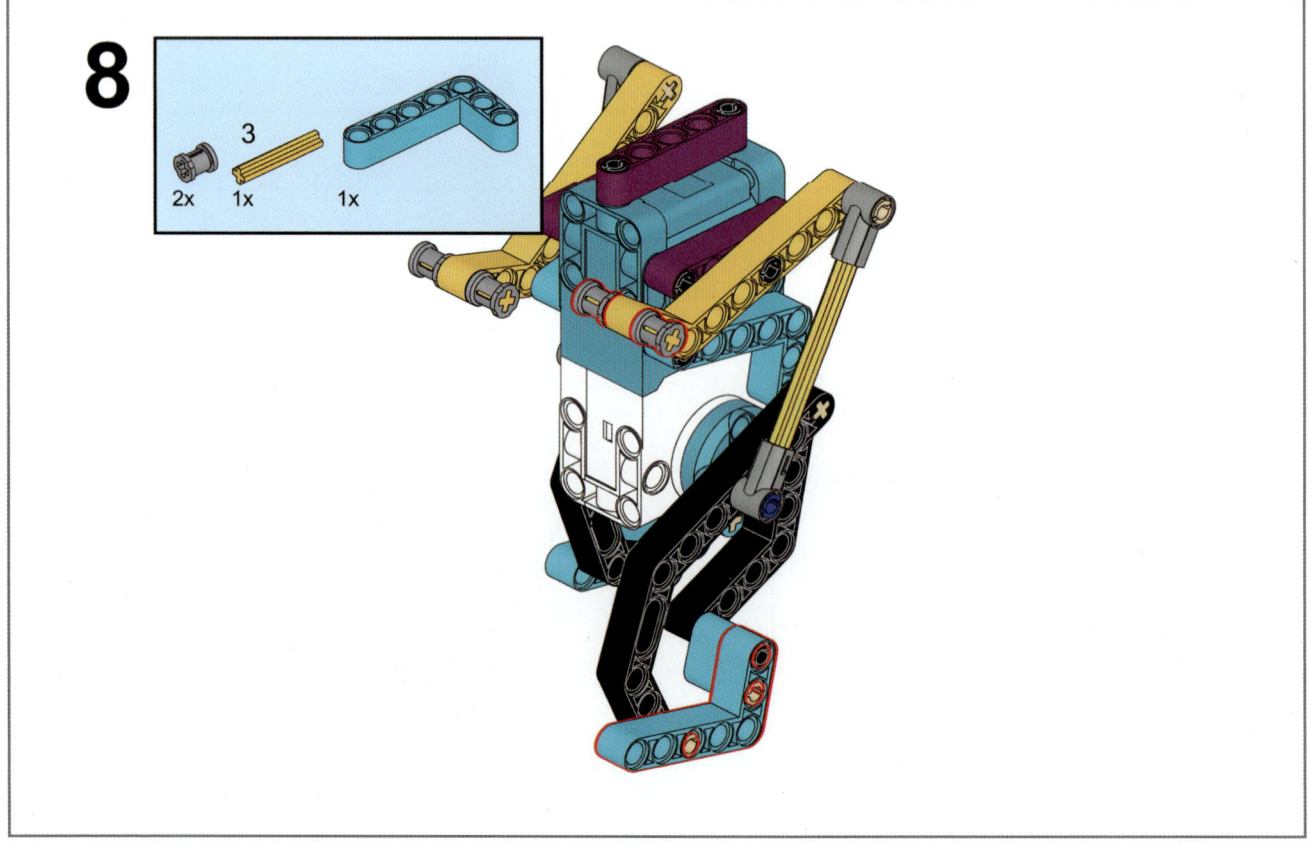

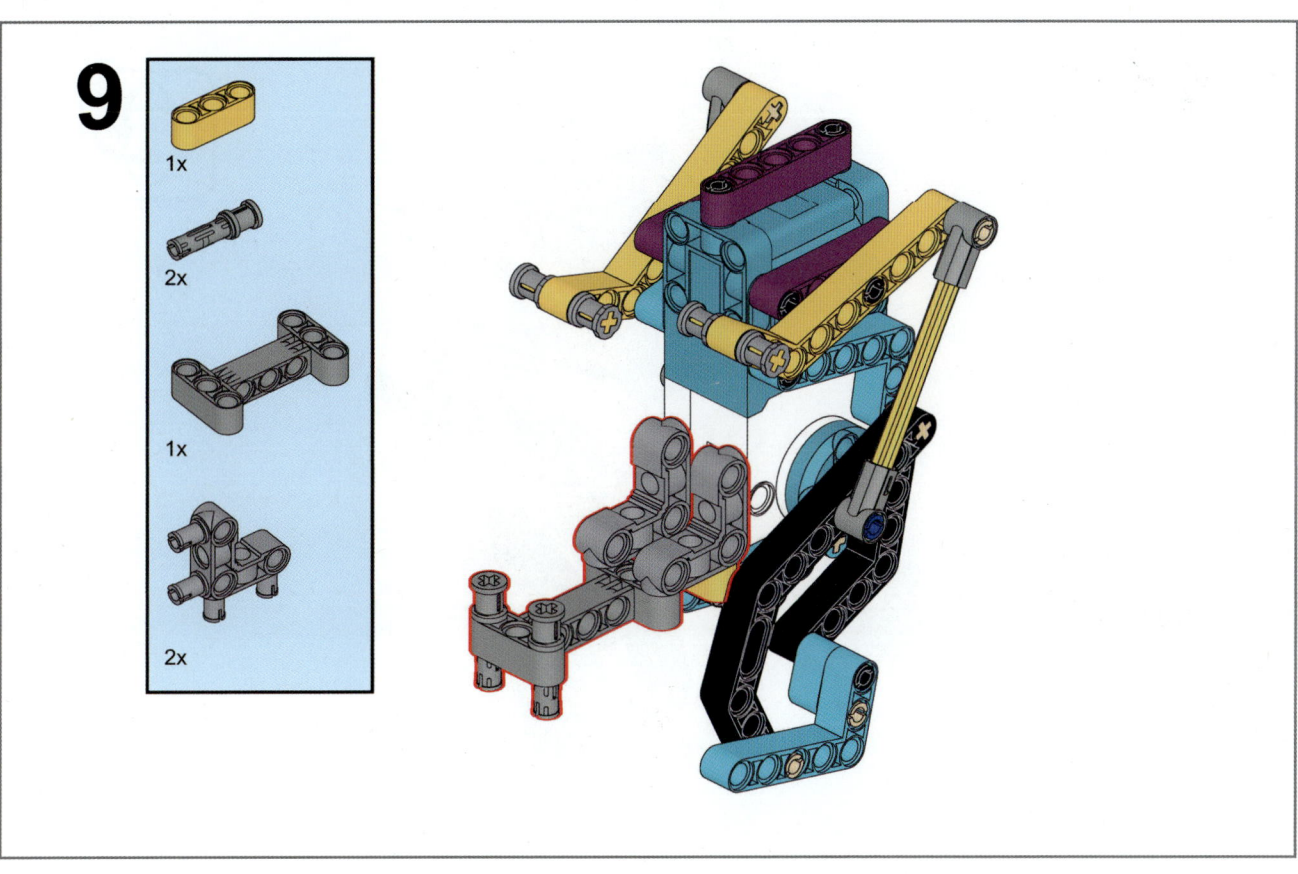
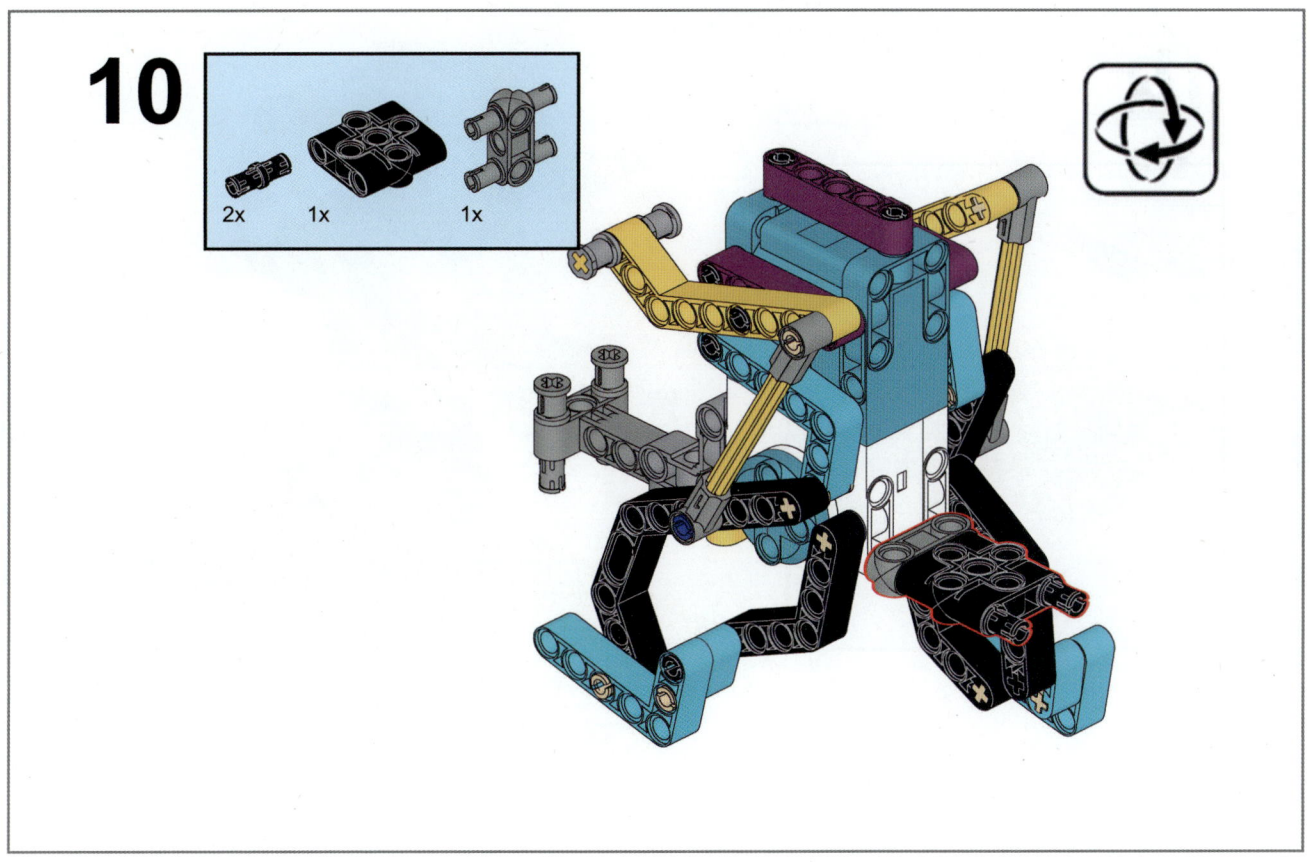

트레드밀 게임 (Treadmill Sprint Game)

조립하기 트레드밀 게임 (Treadmill Sprint Game)

11

12

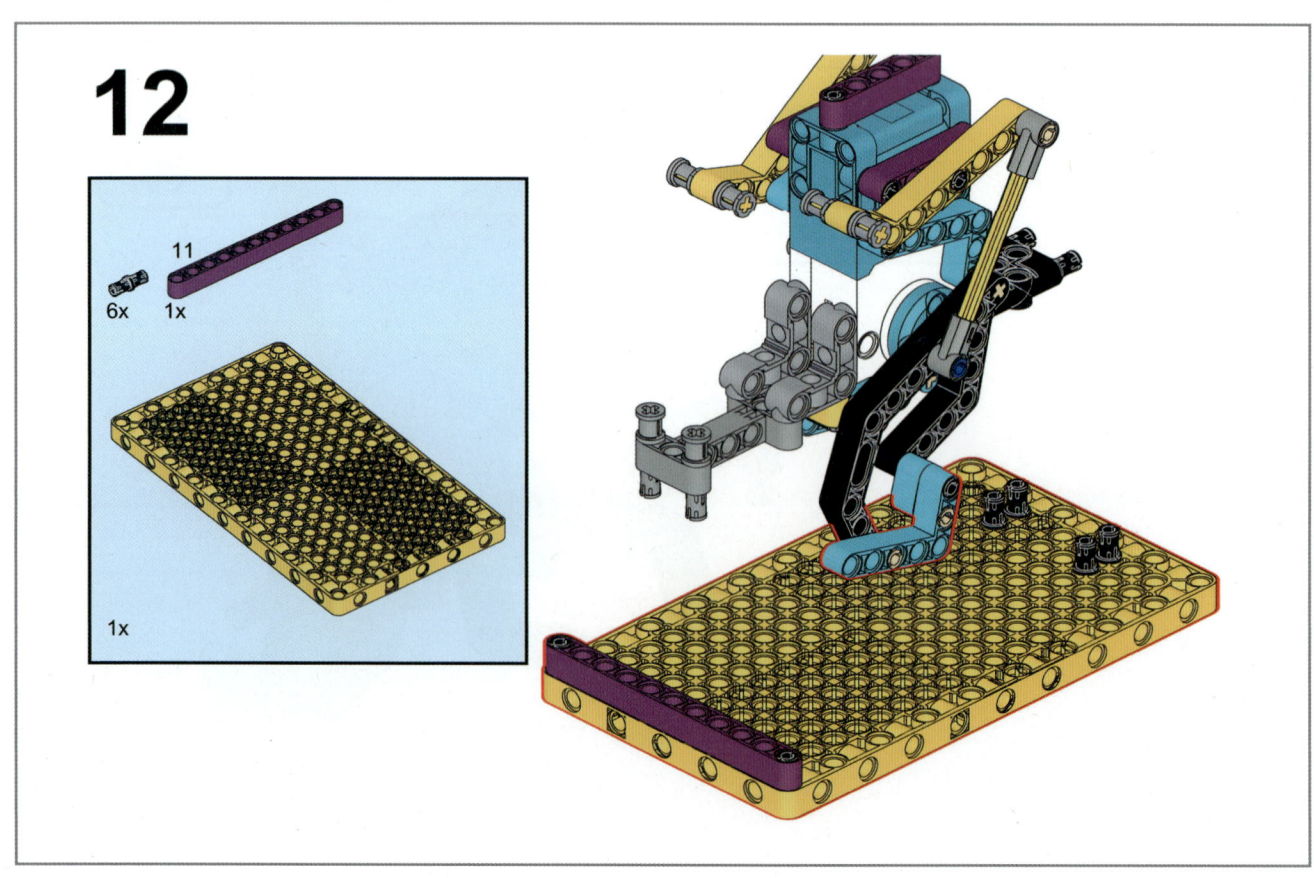

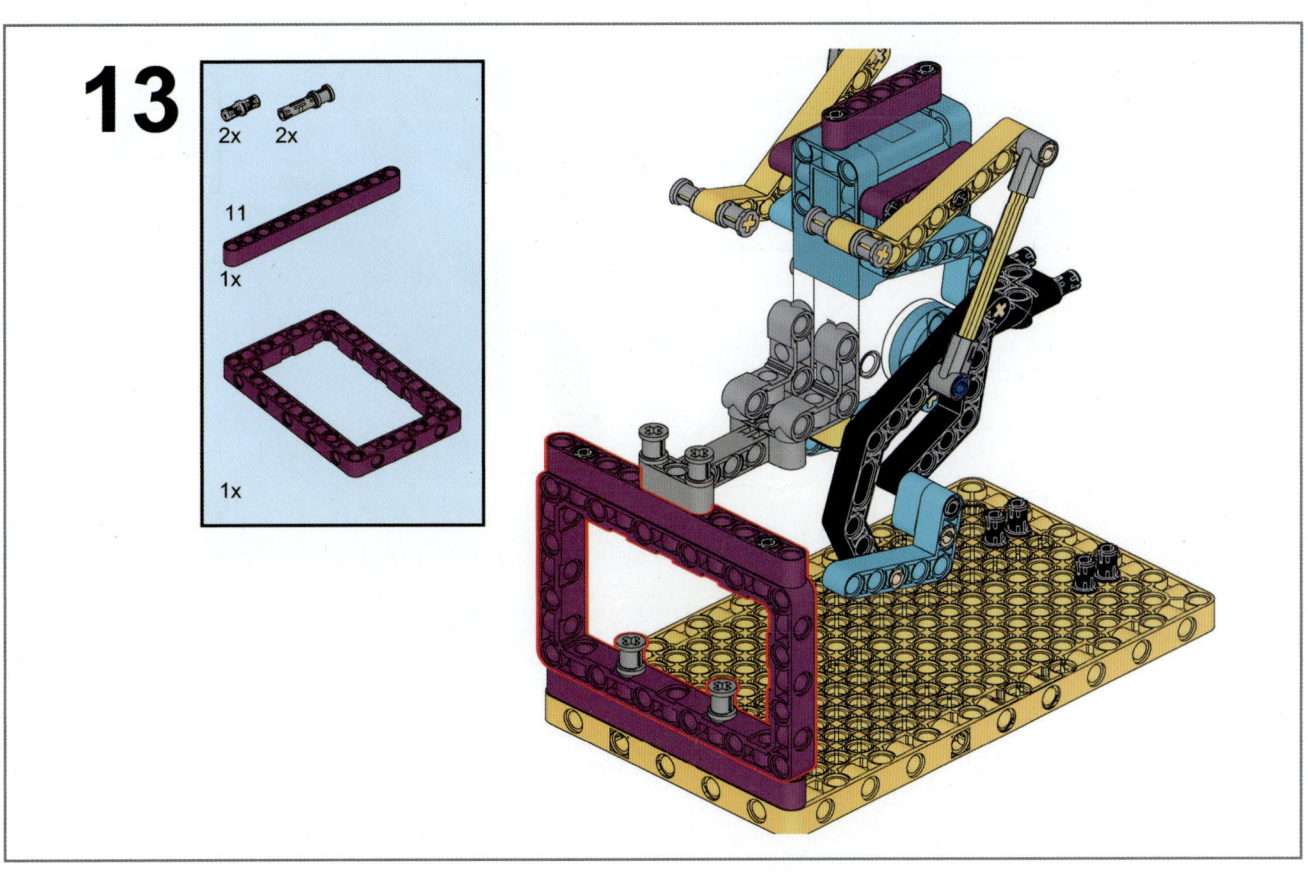
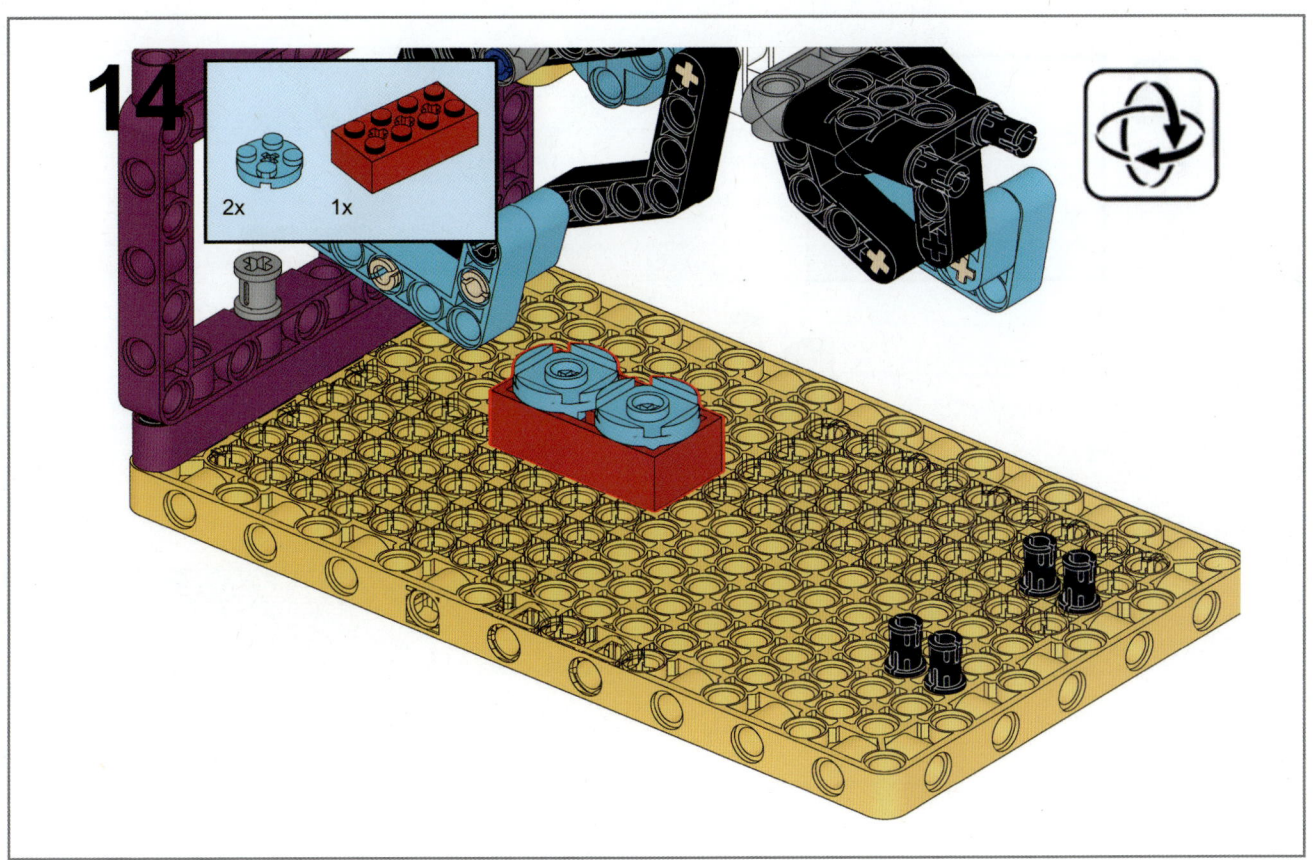

조립하기 트레드밀 게임 (Treadmill Sprint Game)

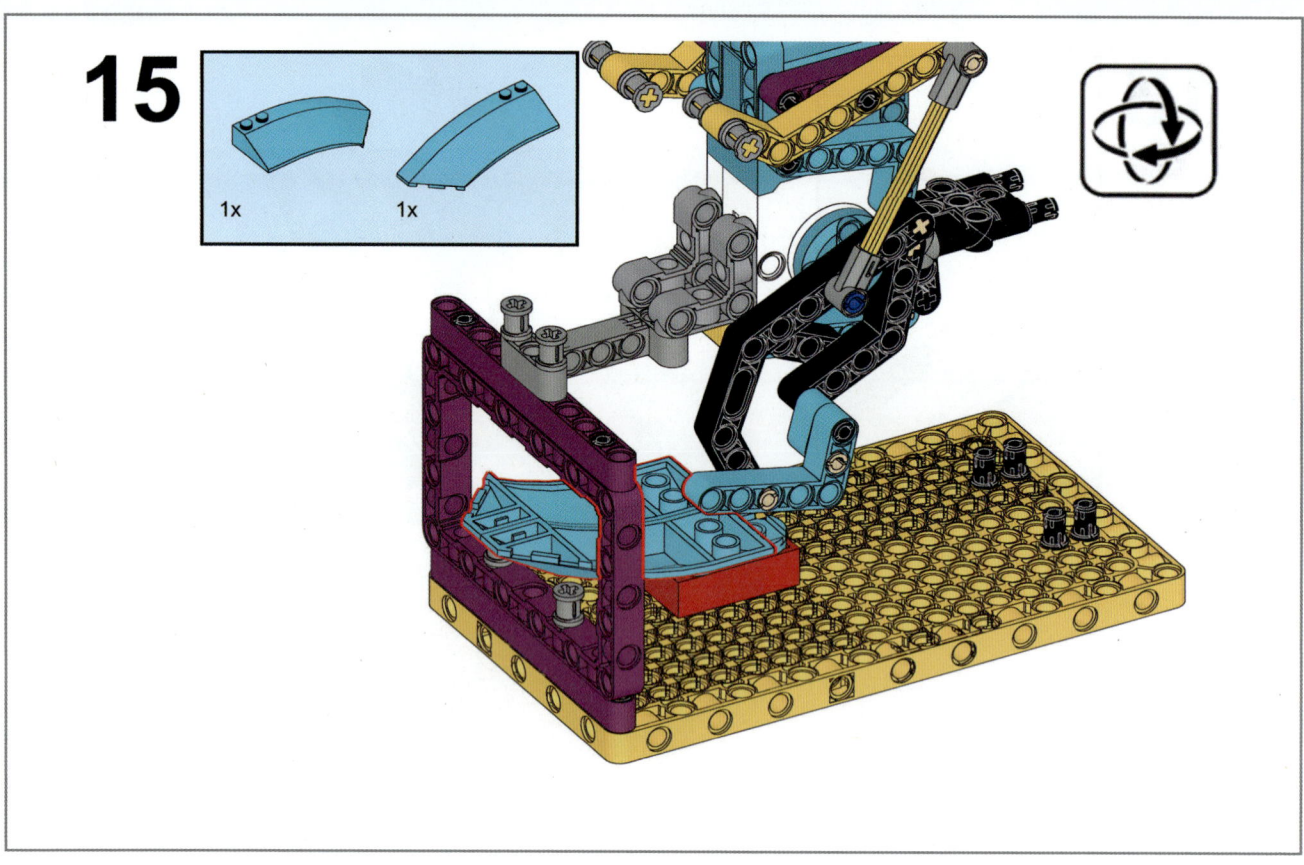

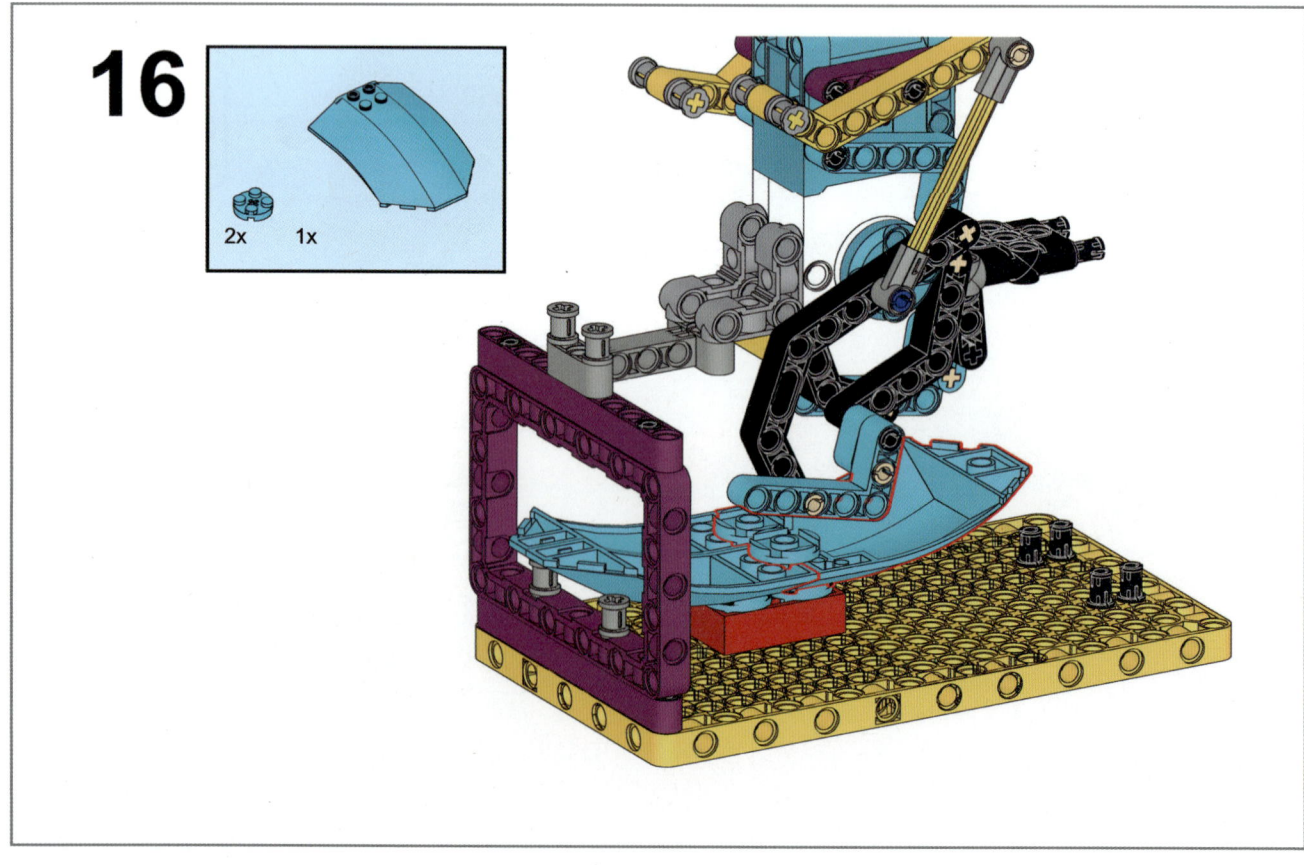

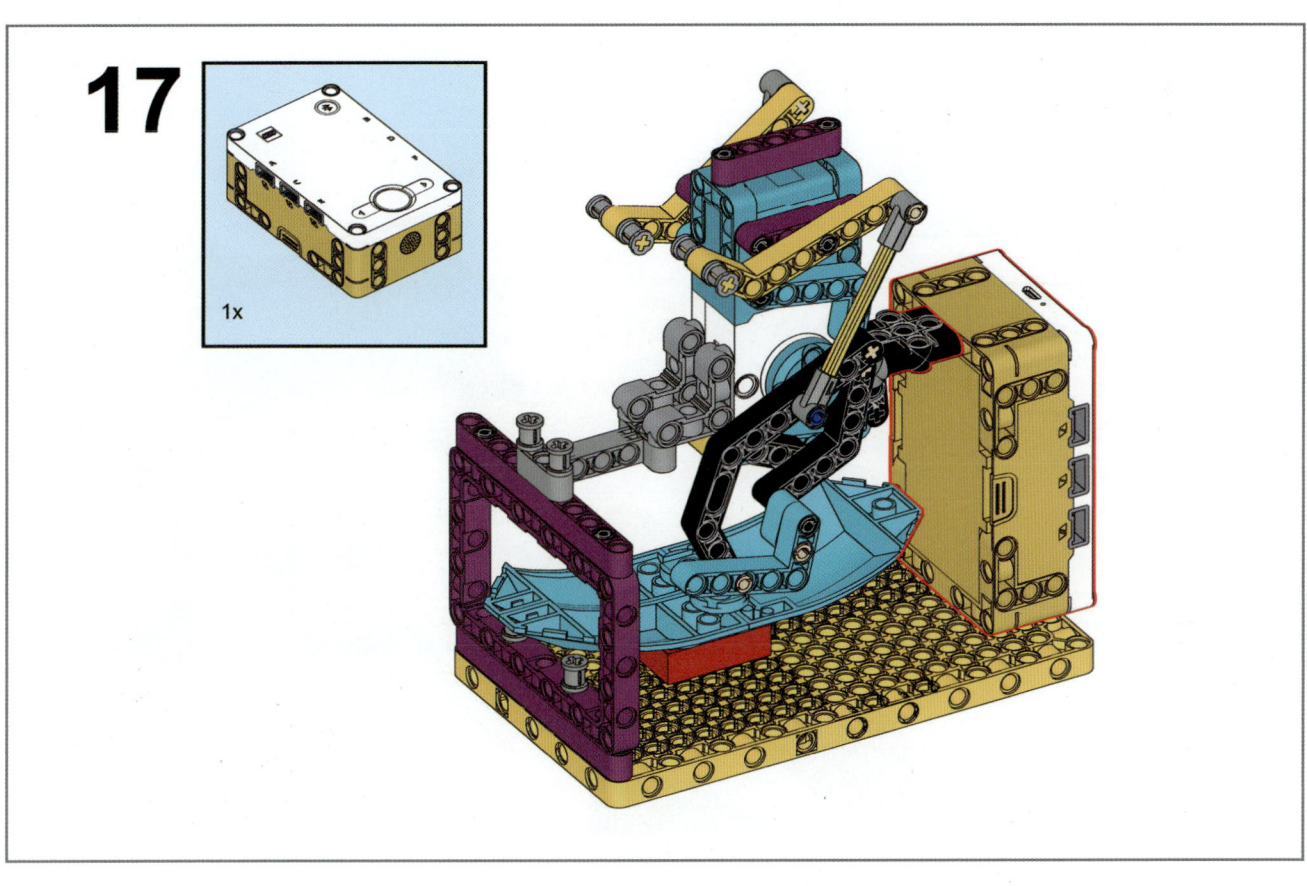
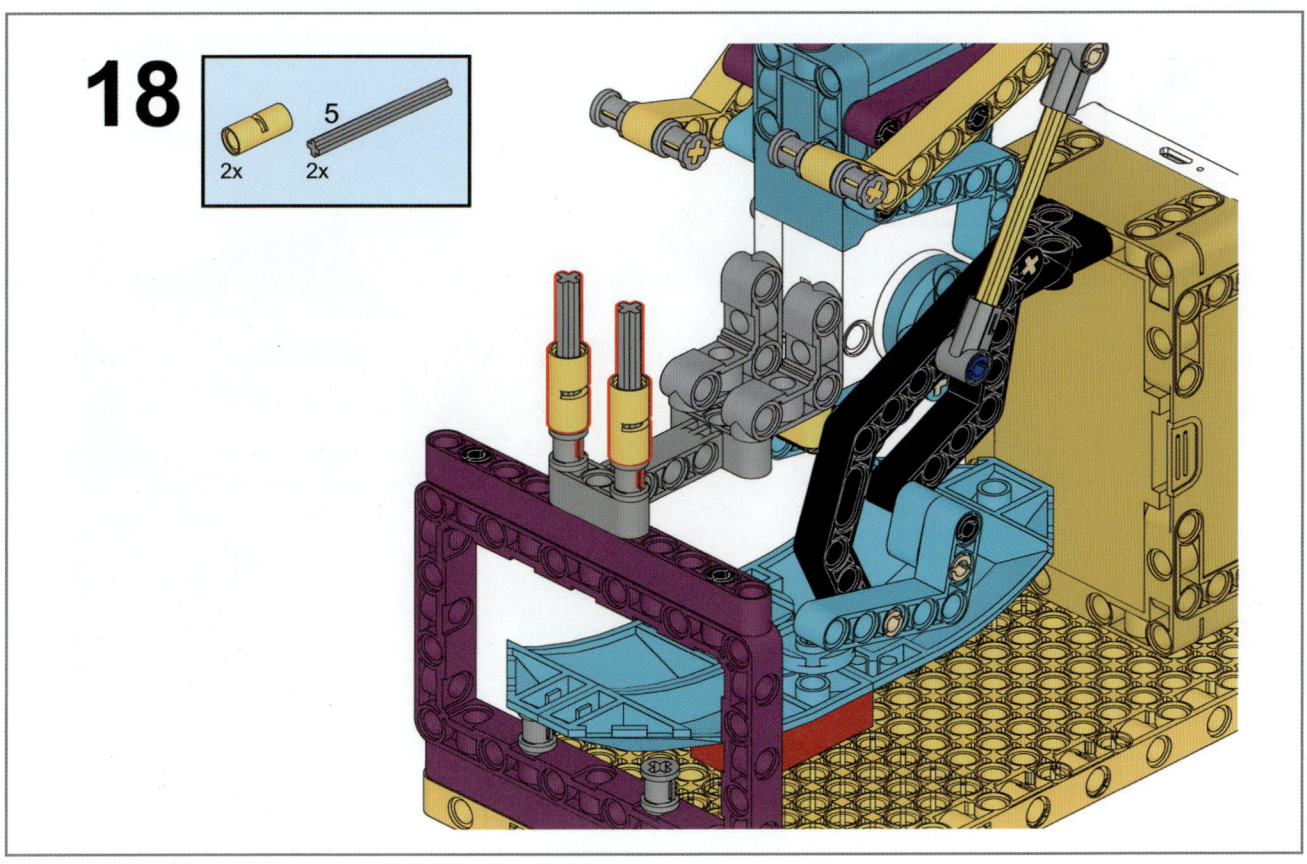

트레드밀 게임 (Treadmill Sprint Game)

조립하기 — 트레드밀 게임 (Treadmill Sprint Game)

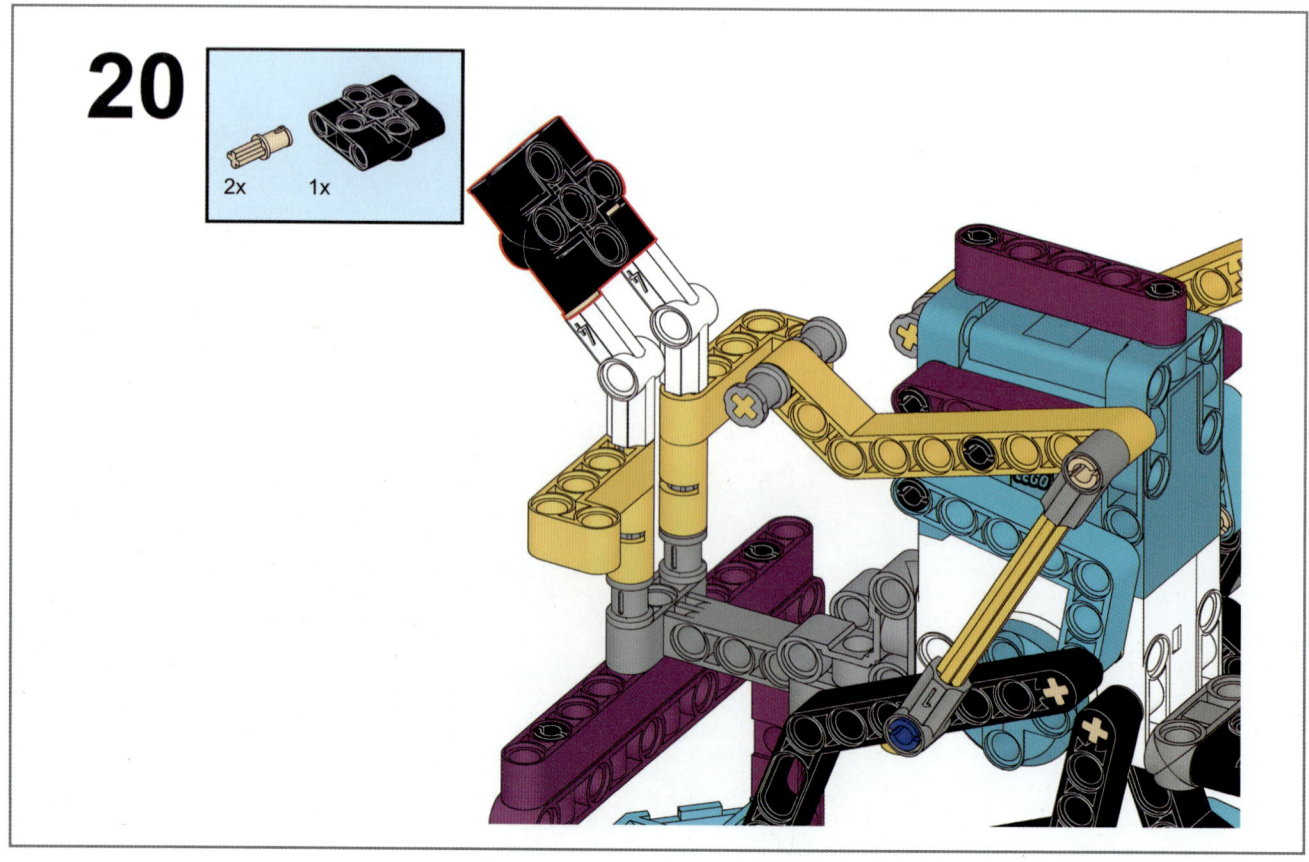

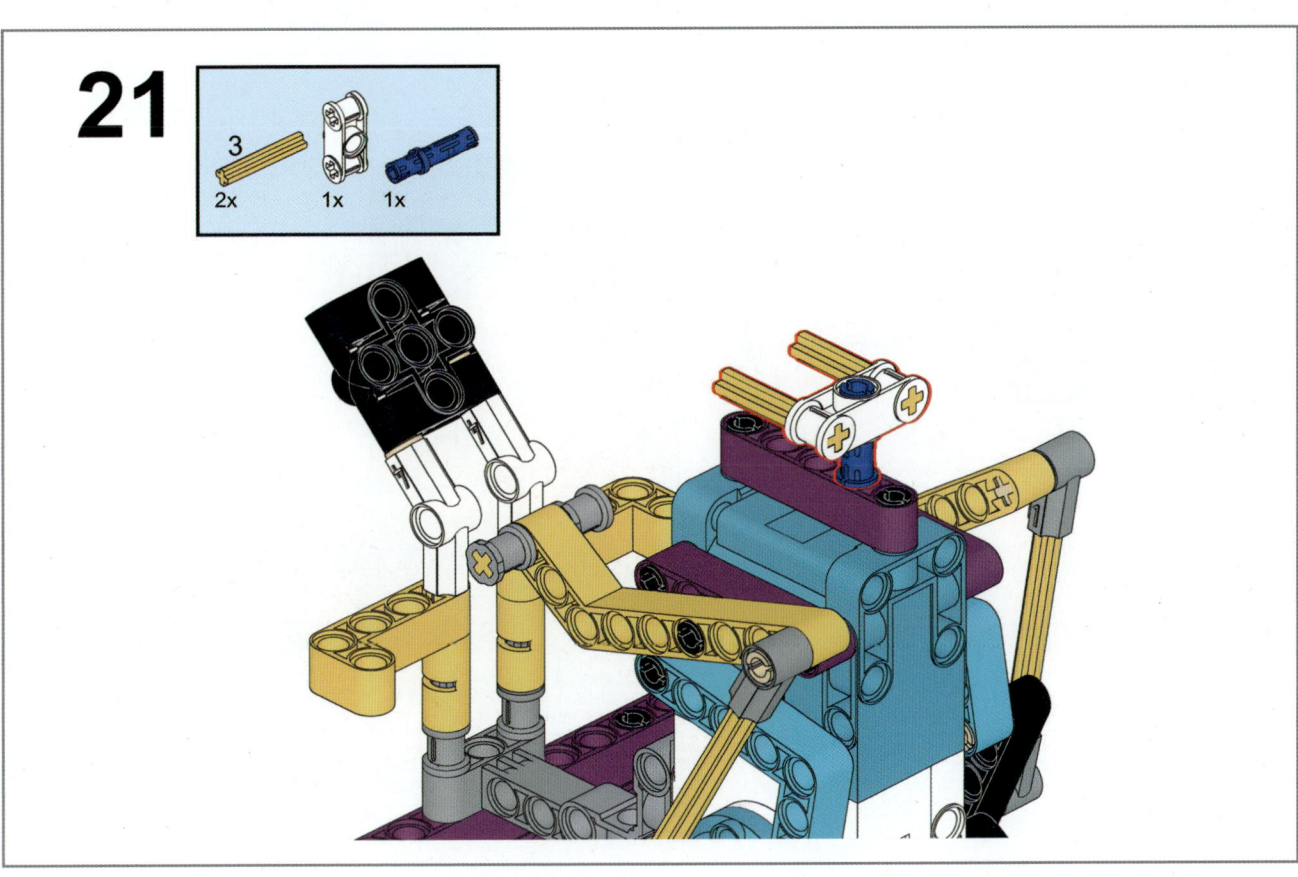

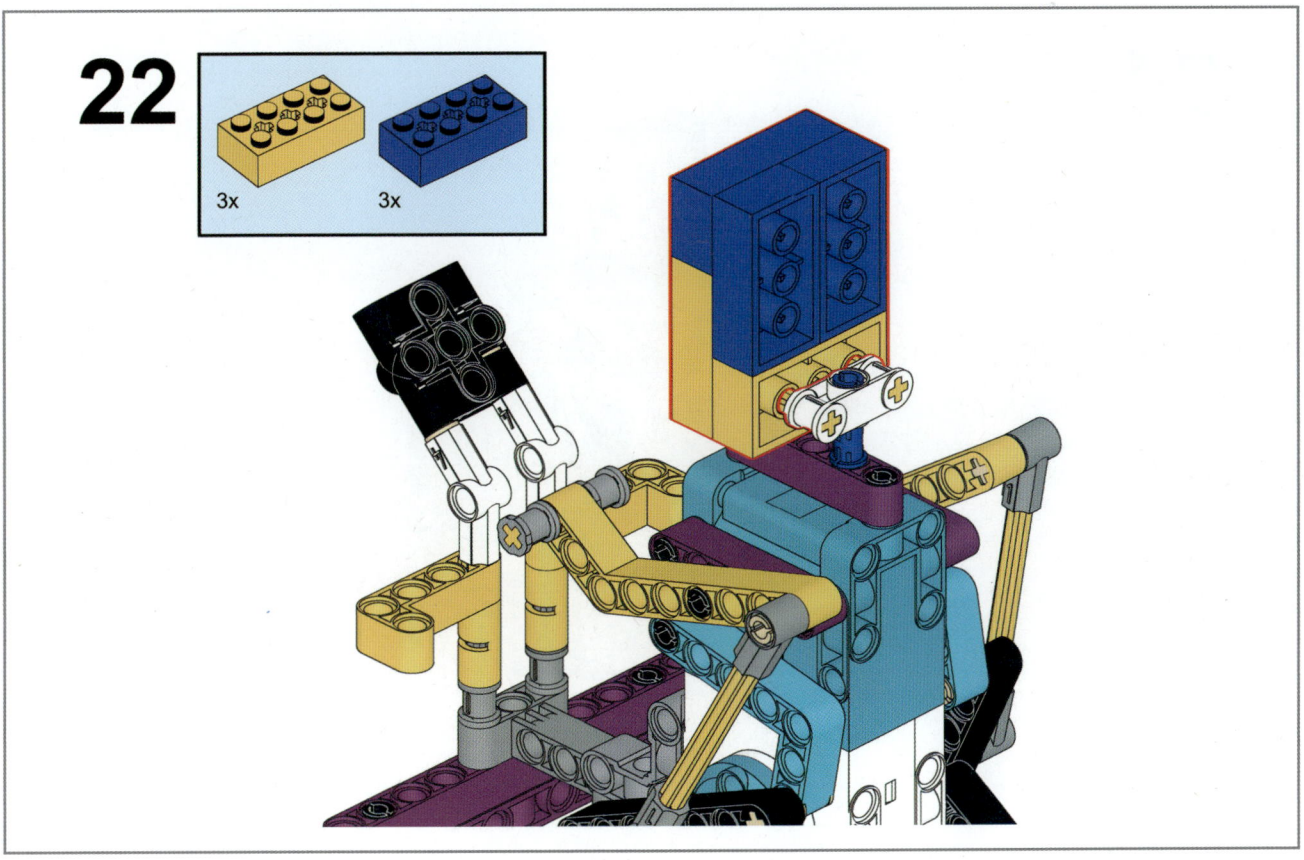

조립하기 트레드밀 게임 (Treadmill Sprint Game)

23

24

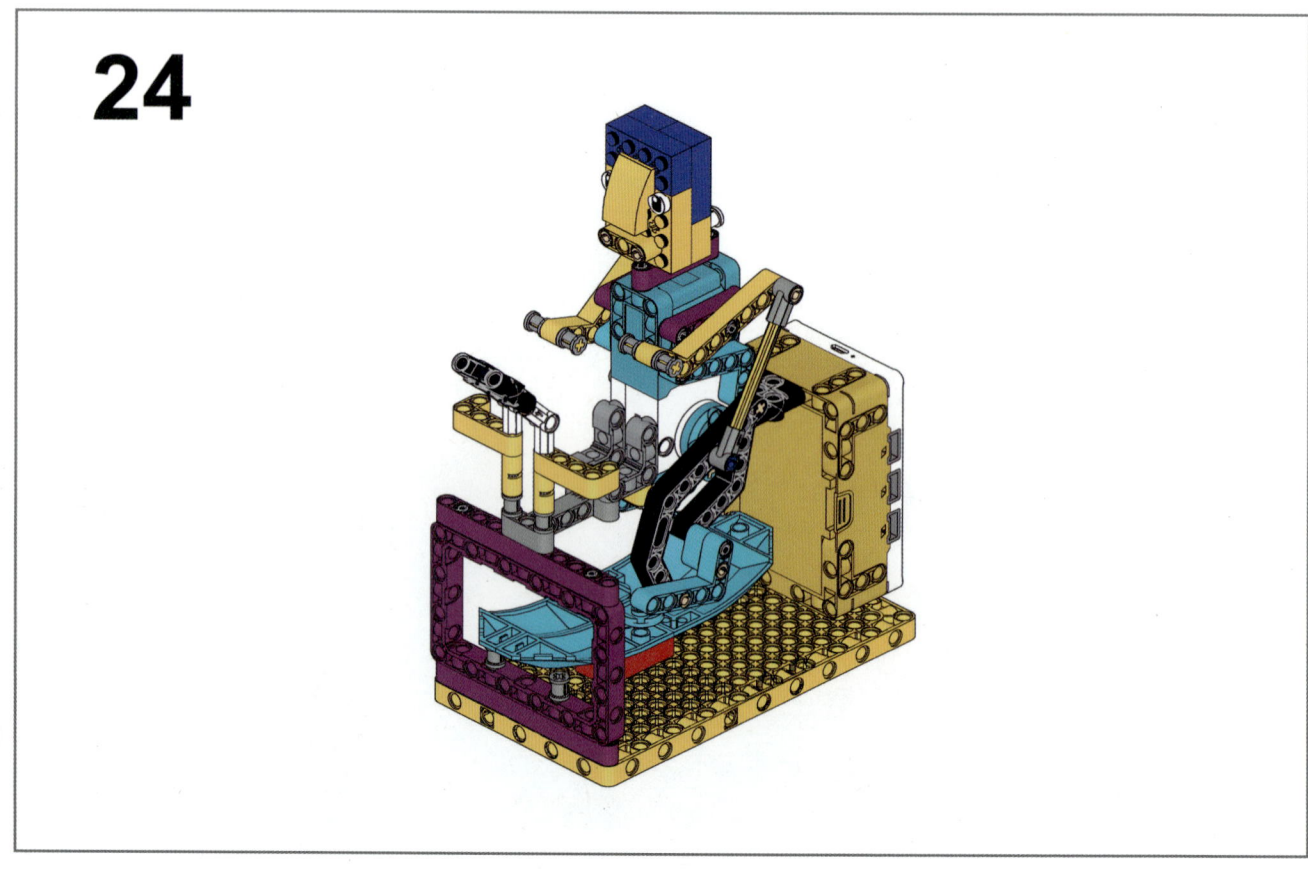

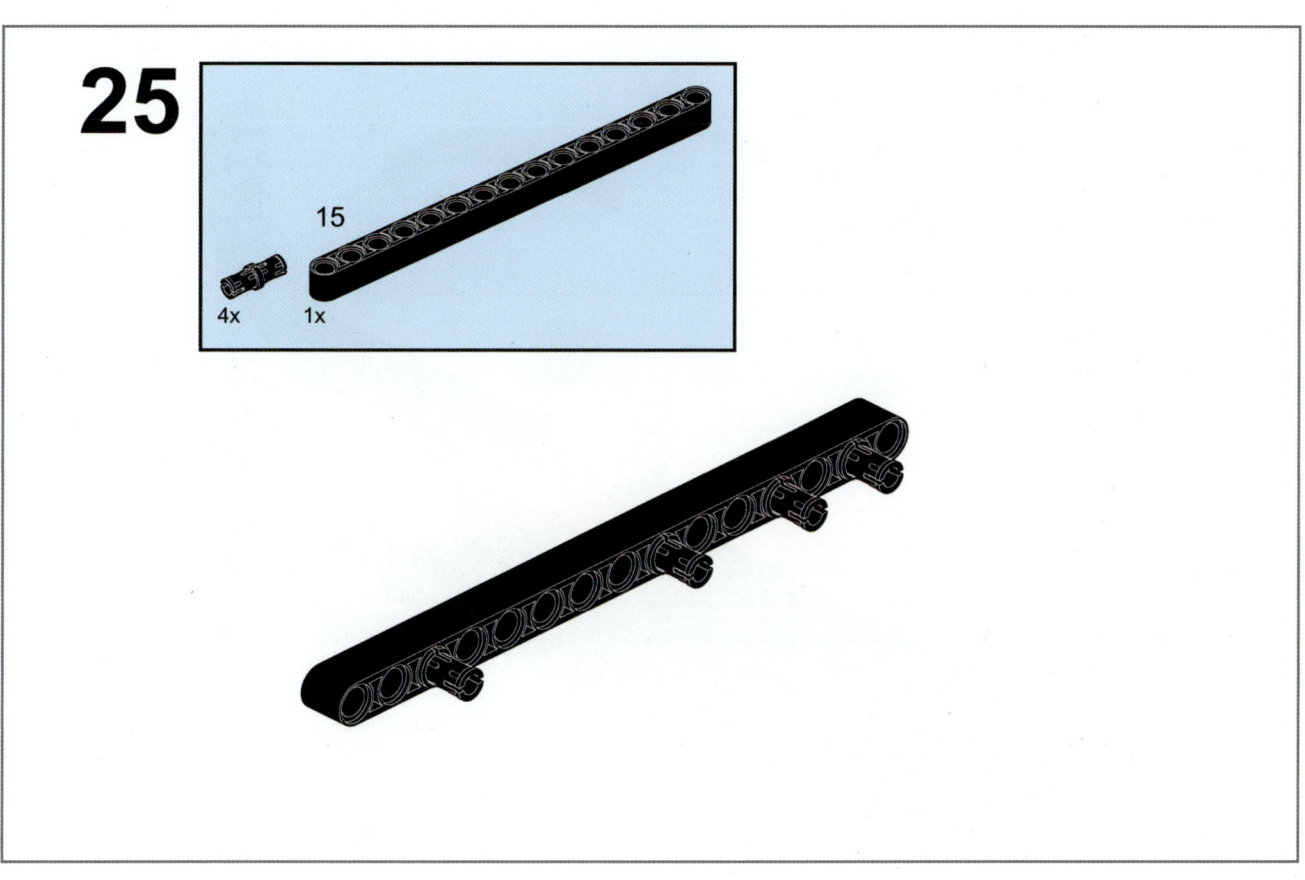

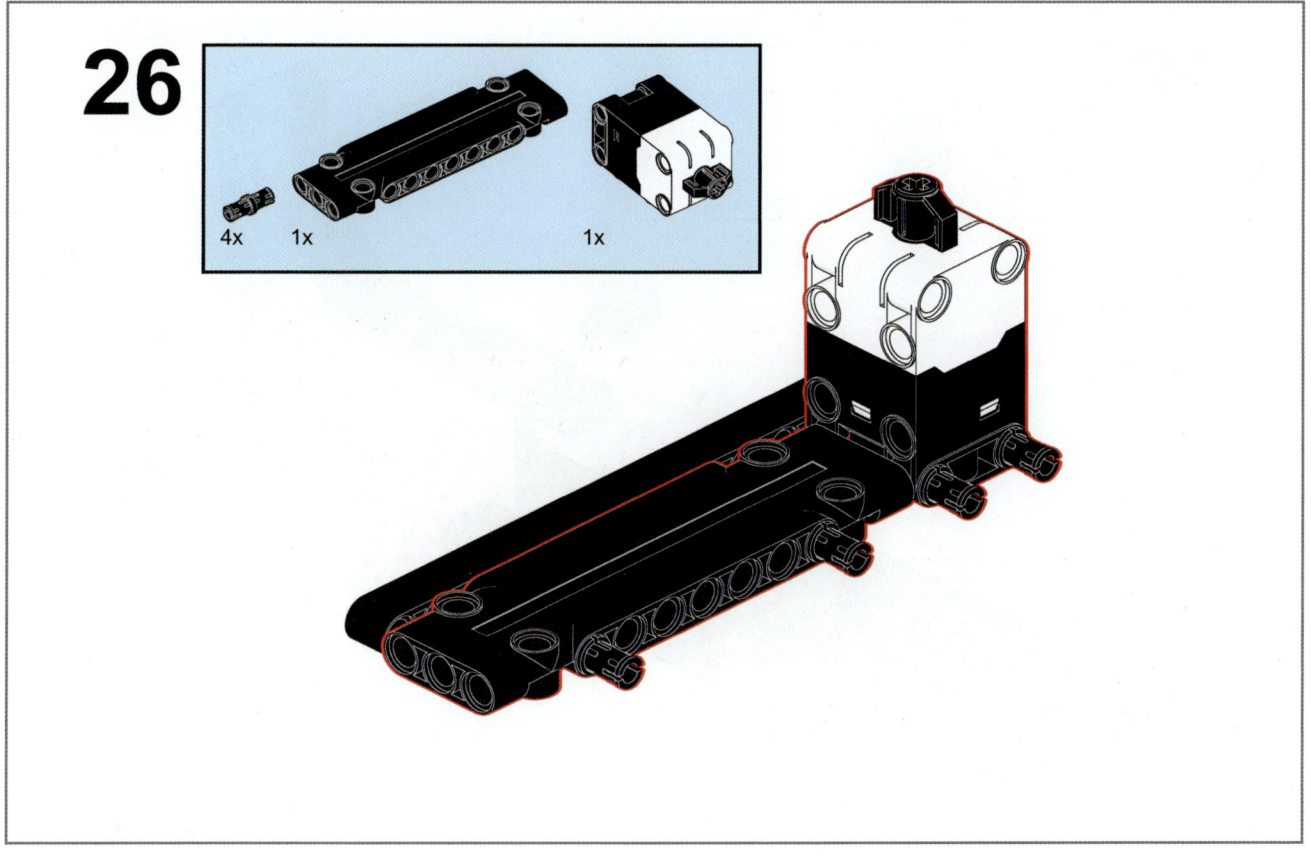

조립하기 트레드밀 게임 (Treadmill Sprint Game)

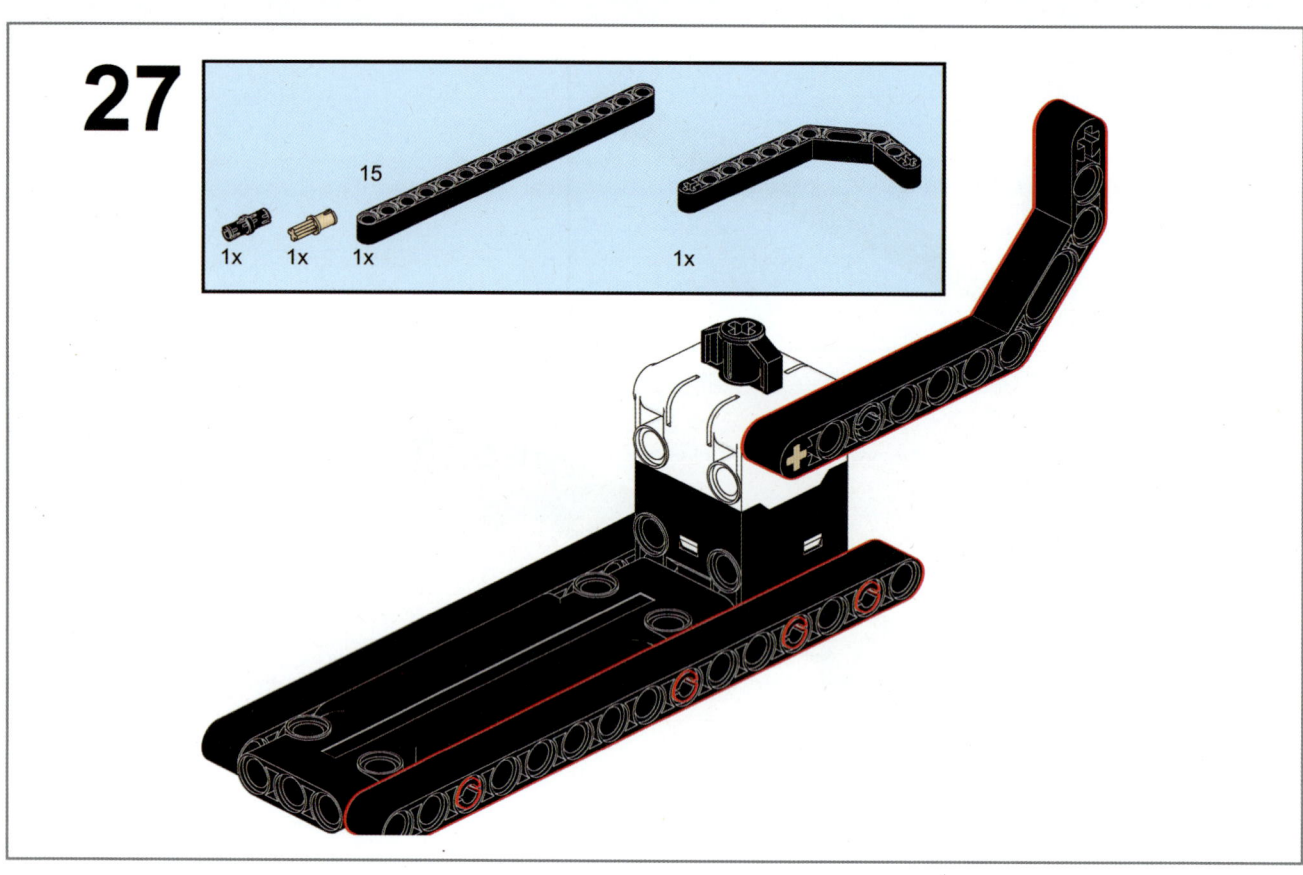

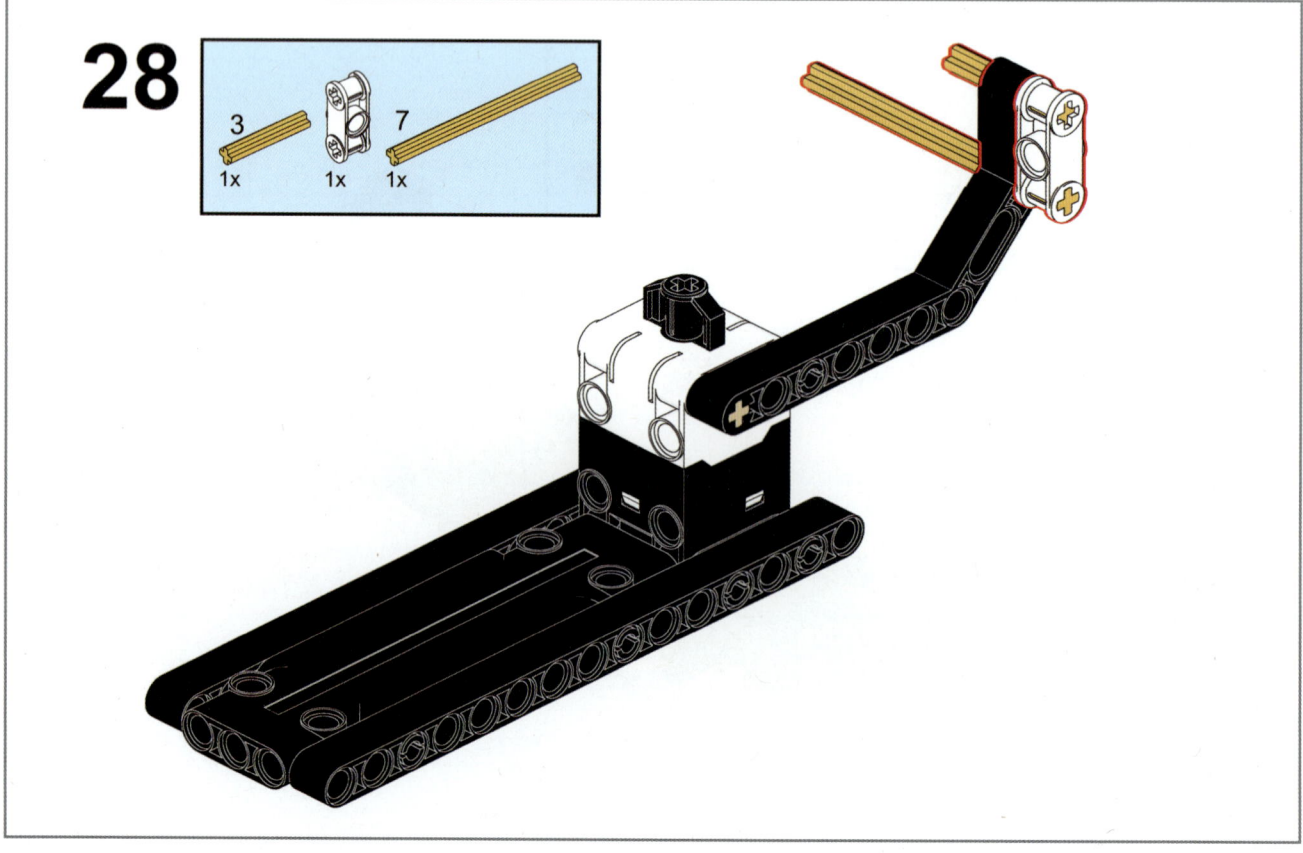

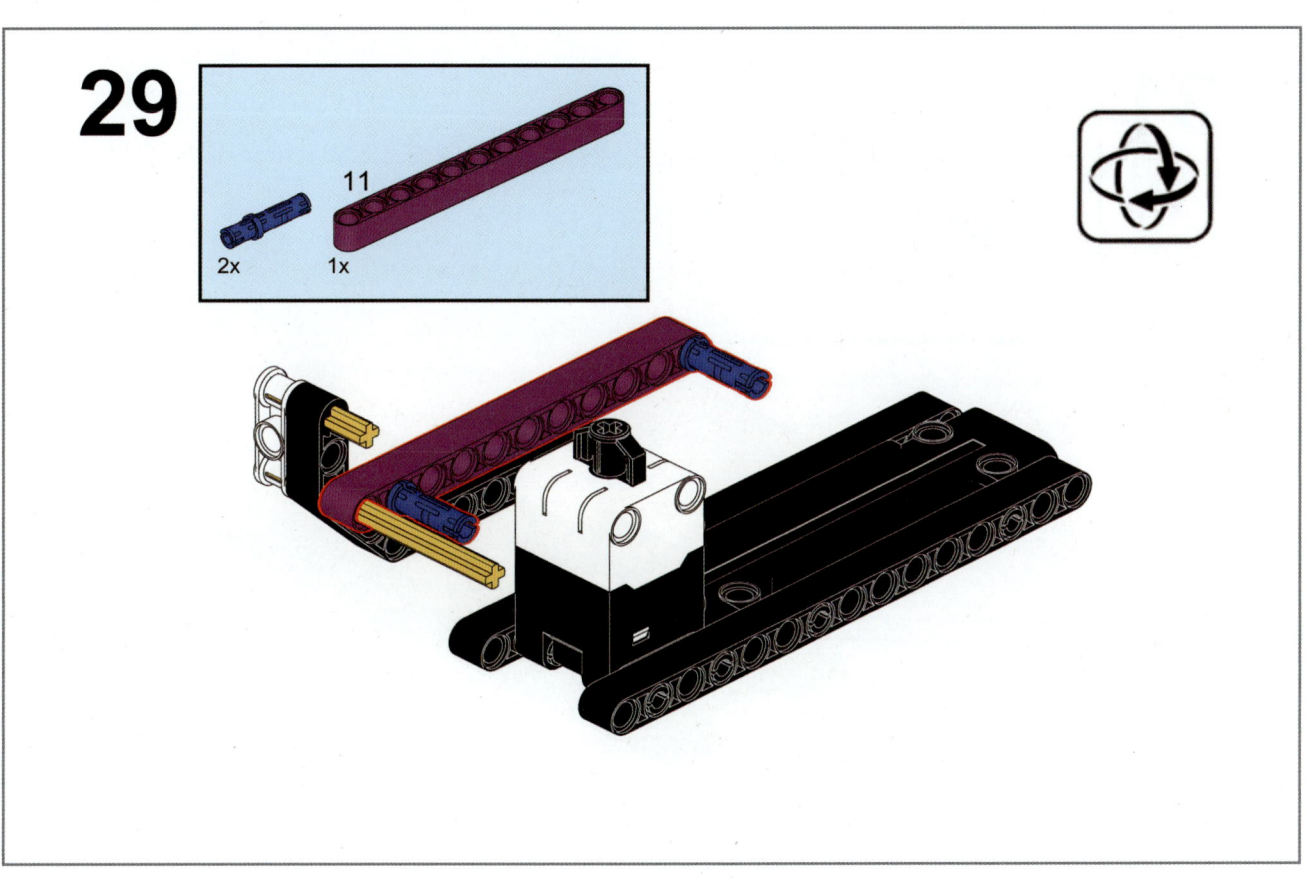

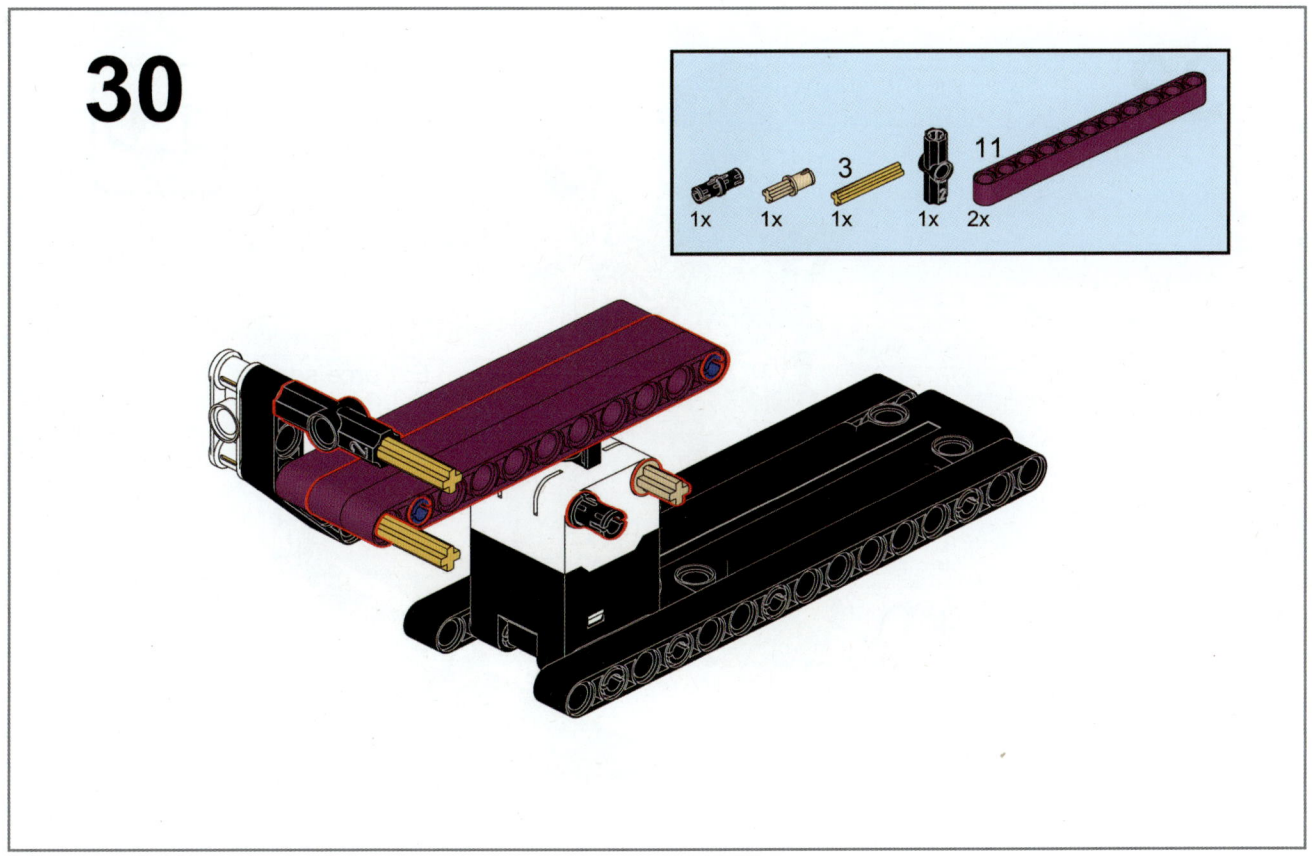

트레드밀 게임 (Treadmill Sprint Game)

조립하기 트레드밀 게임 (Treadmill Sprint Game)

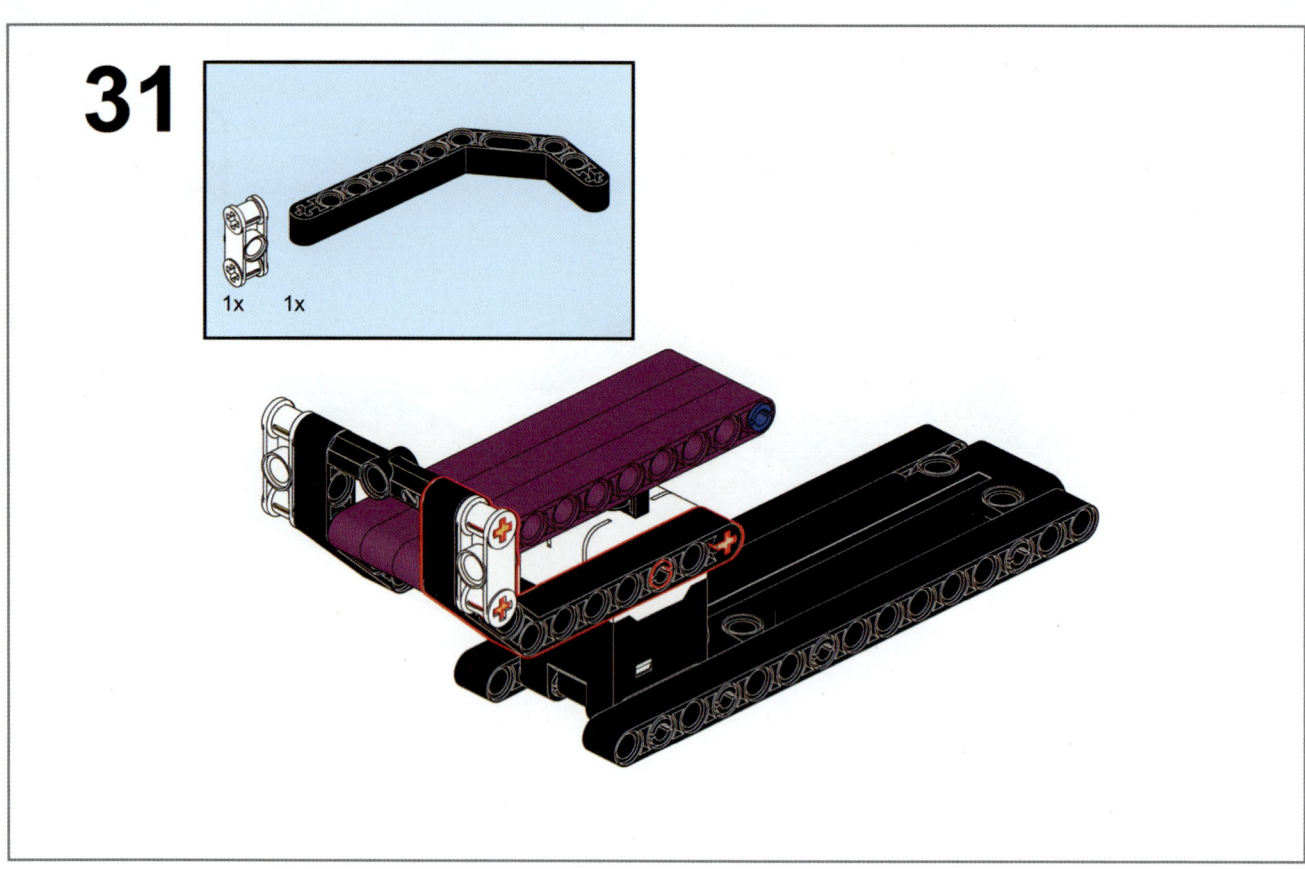

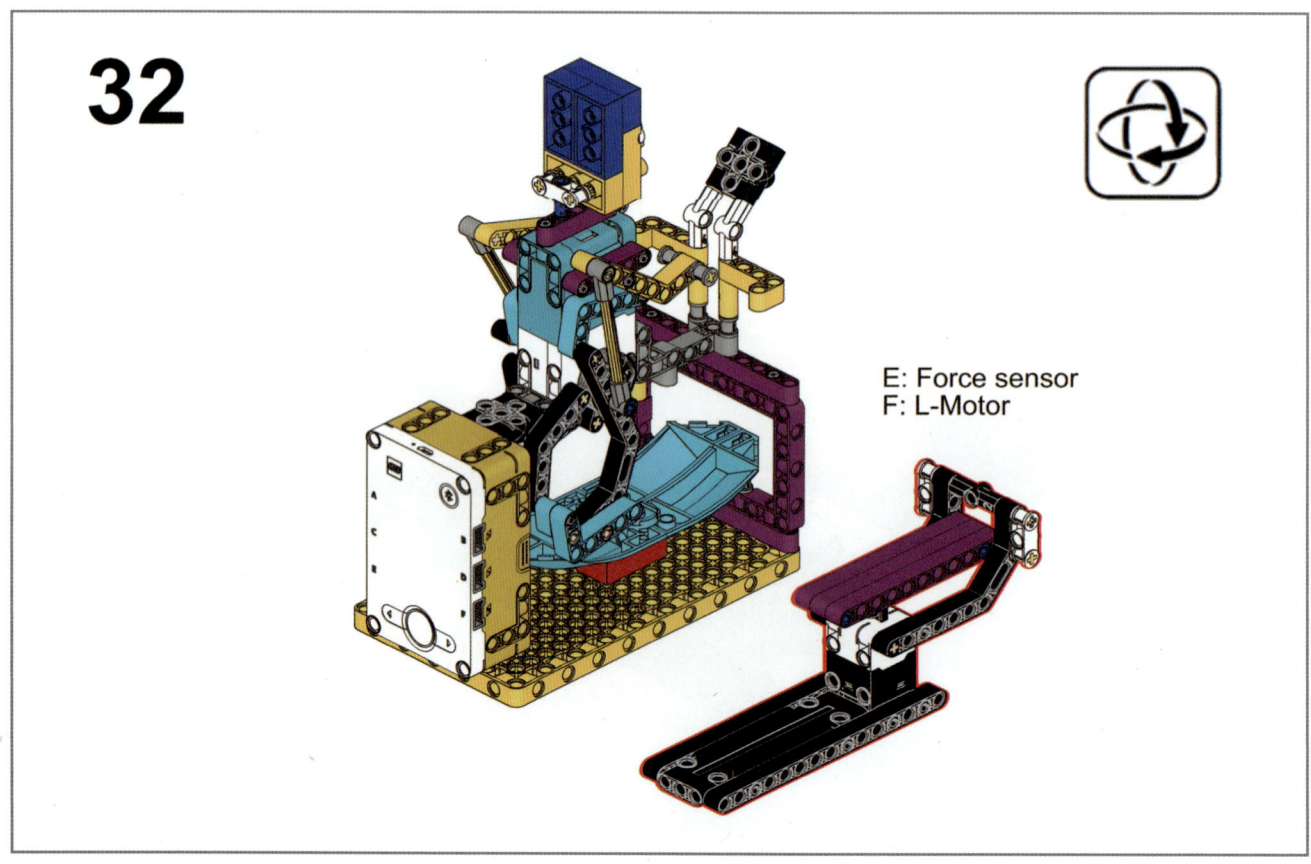

E: Force sensor
F: L-Motor

33

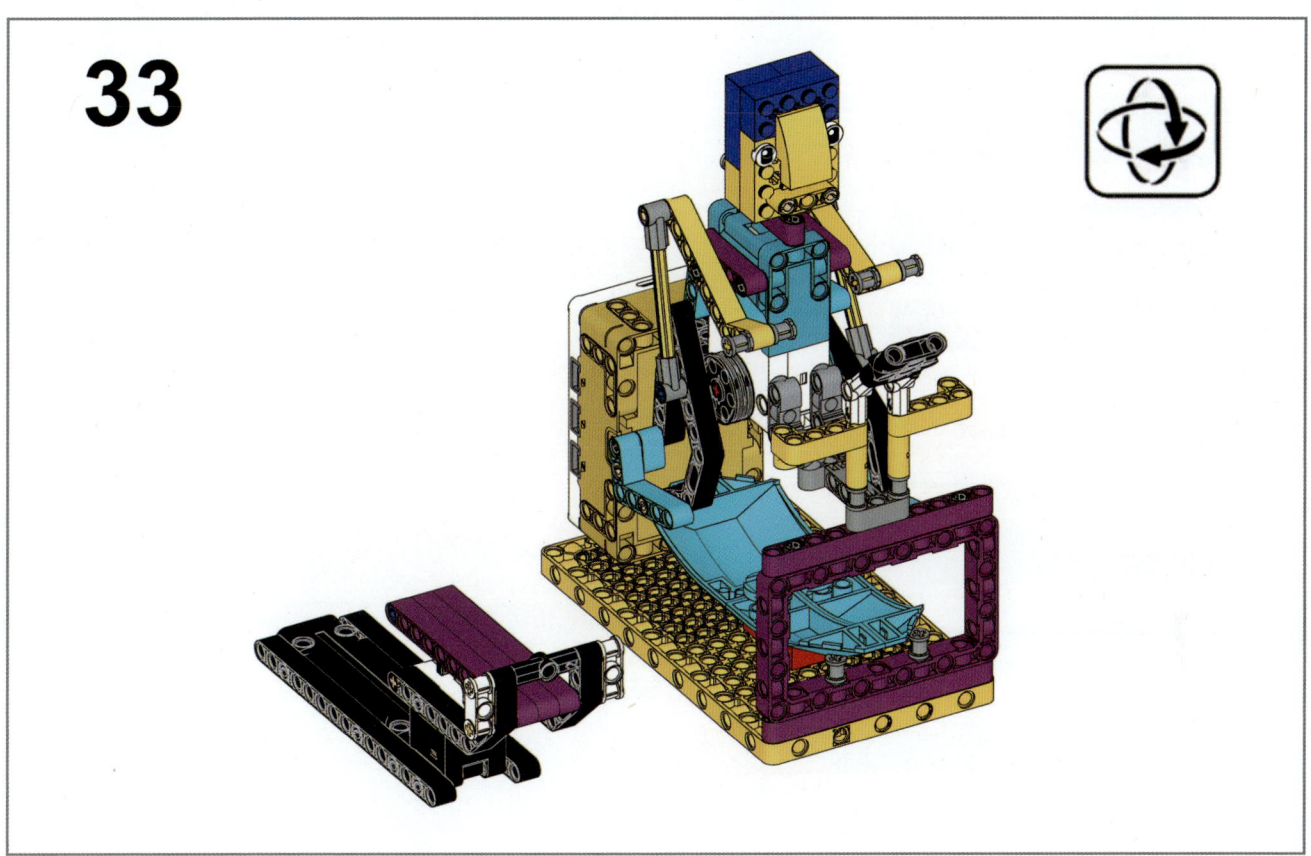

조립하기 트레드밀 게임 (Treadmill Sprint Game)

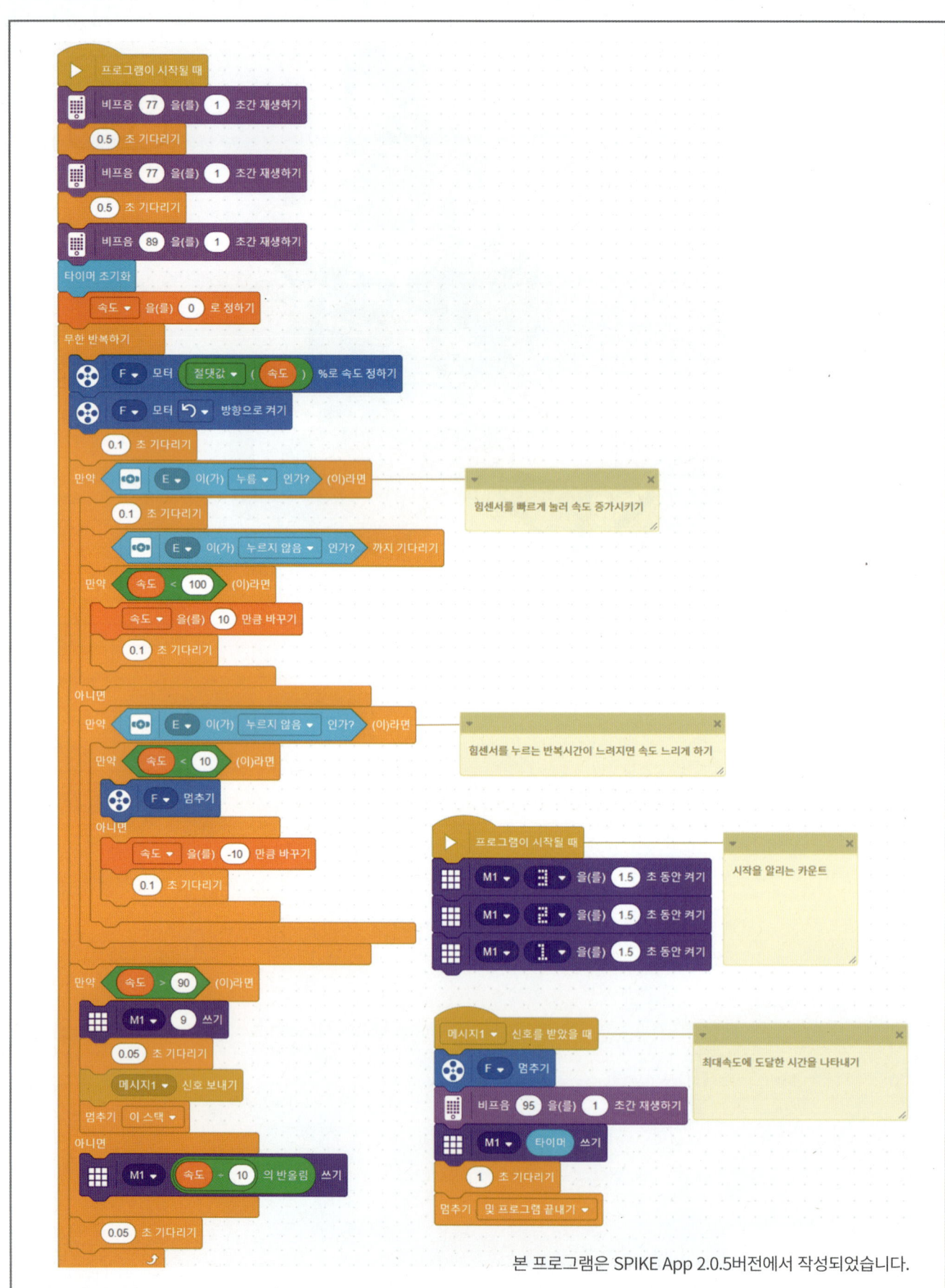

본 프로그램은 SPIKE App 2.0.5버전에서 작성되었습니다.

완성!

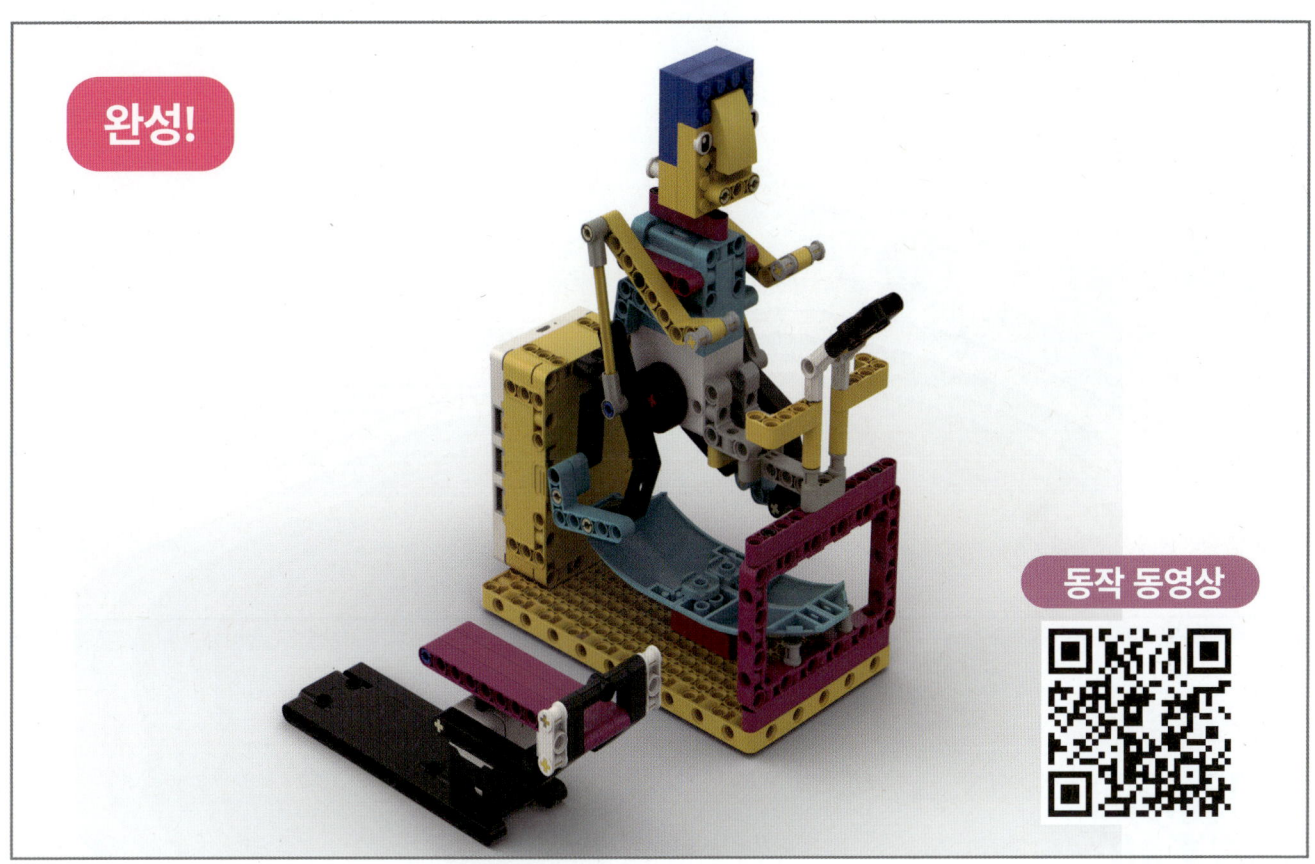

동작 동영상

+BONUS 승마 (Horse Rider)

말을 타고 모는 일로, 사람이 말을 타고 부리는 여러 가지 동작이나 속도로 경기를 진행할 수 있습니다.

동작 동영상

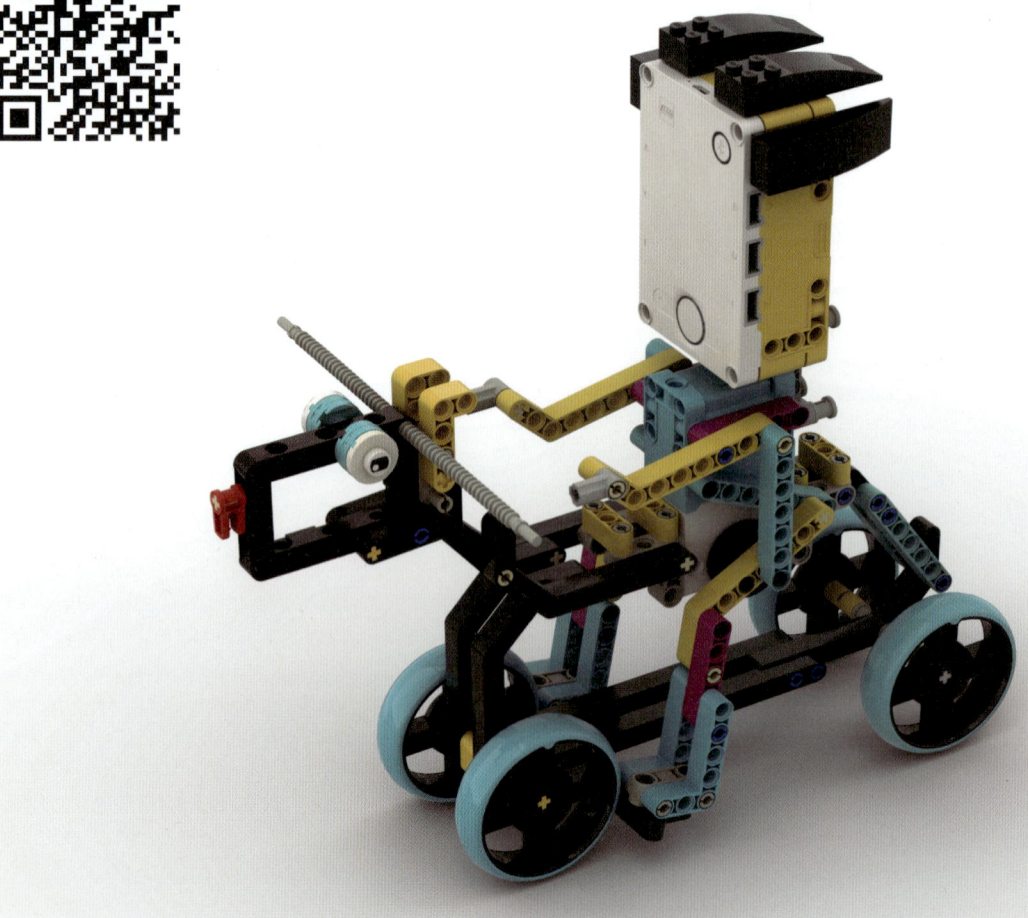

필요 부품 목록

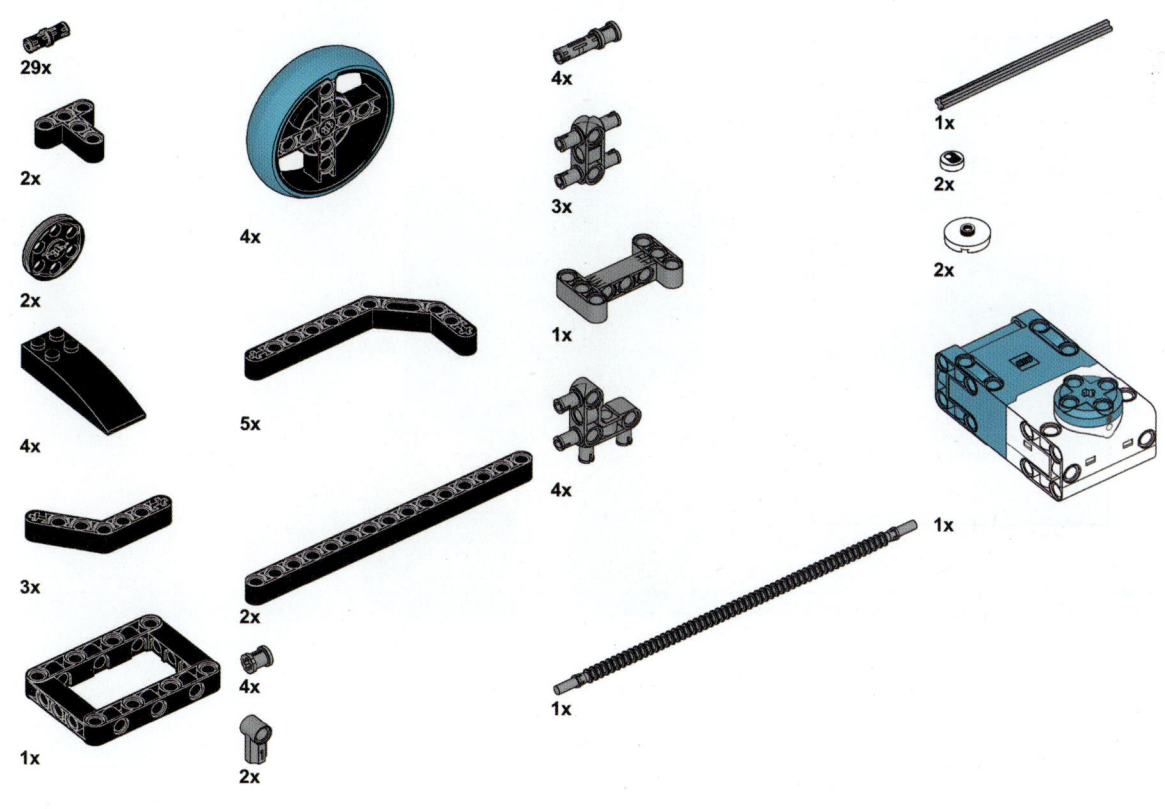
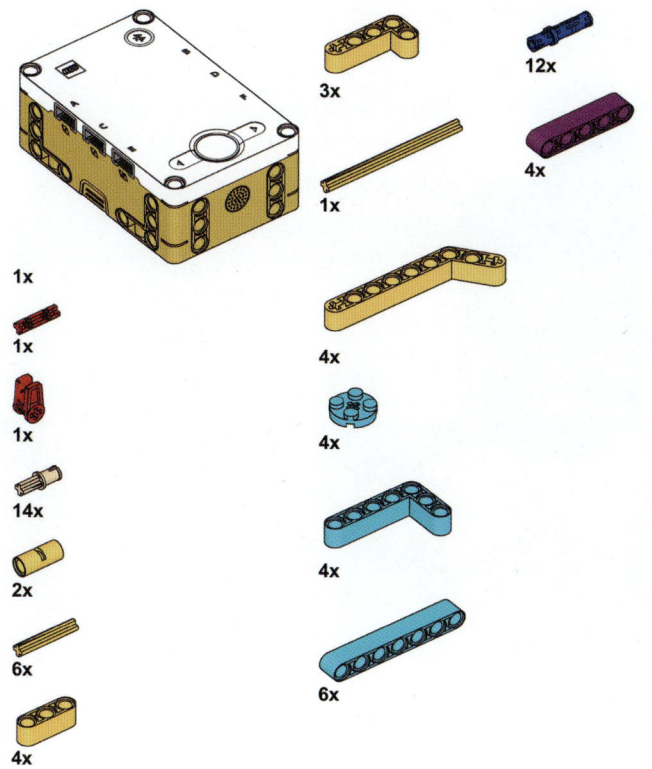

해당 차시는 스파이크™ 프라임 코어세트(45678)에 포함된 부품 보충팩을 사용해야 합니다

Design by junastudio

승마 (Horse Rider)

조립하기 승마 (Horse Rider)

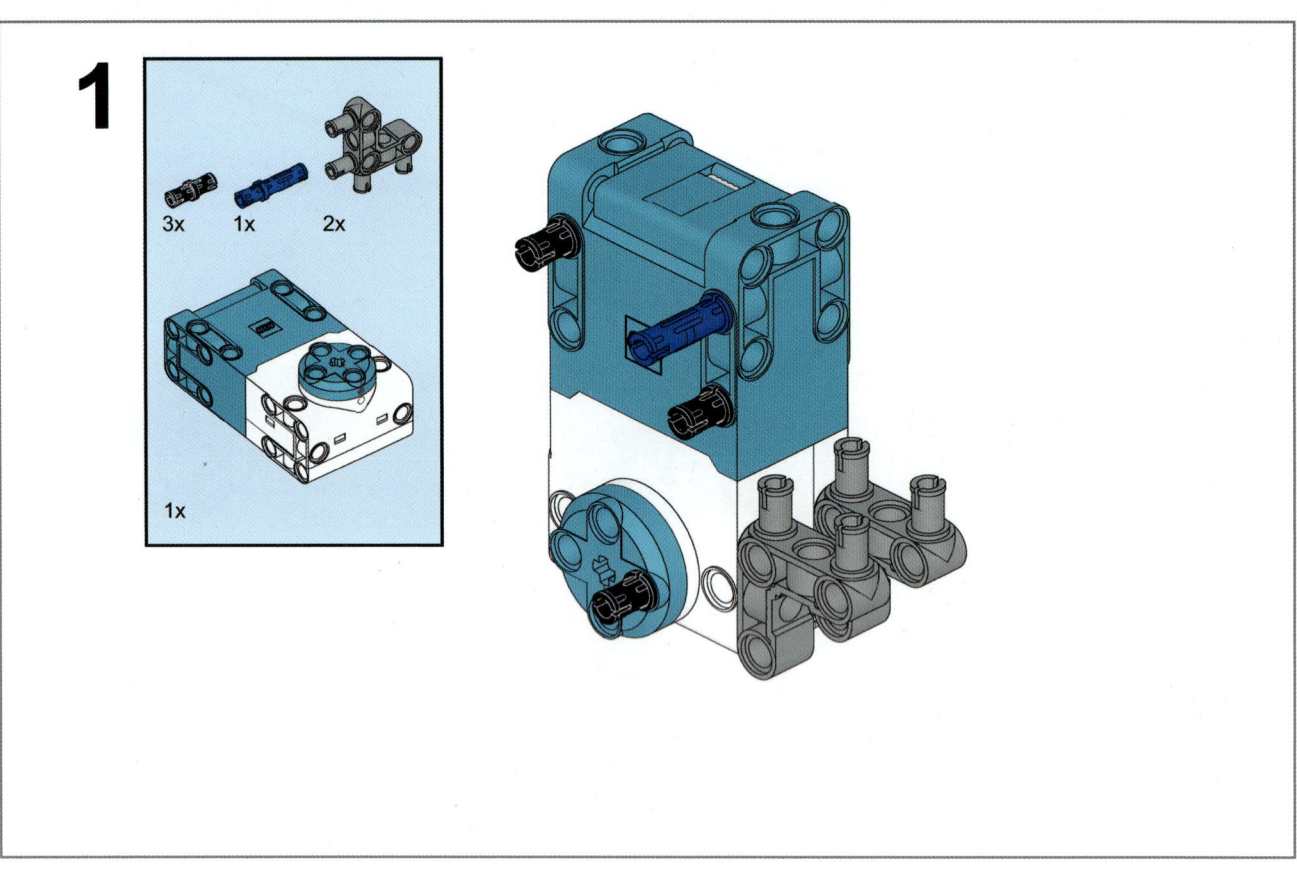

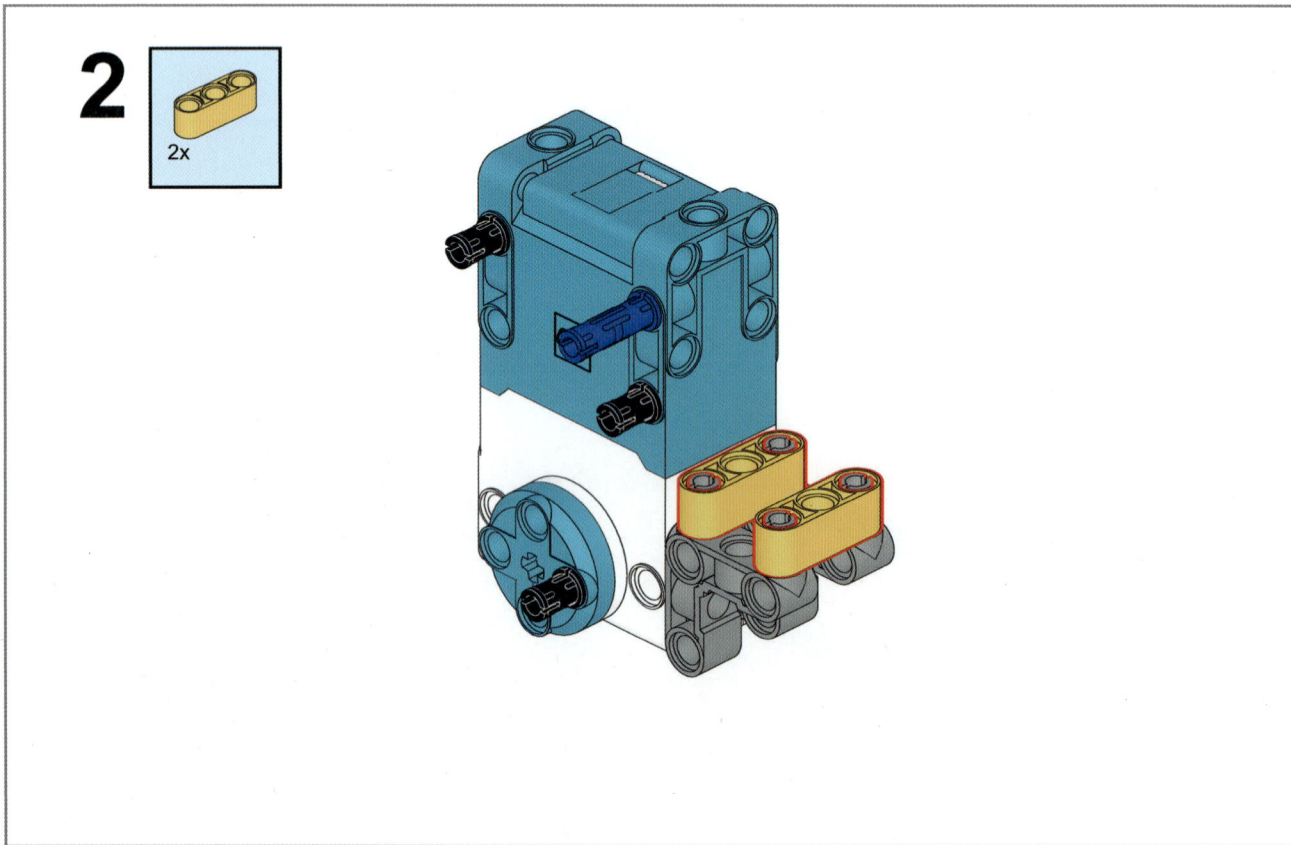

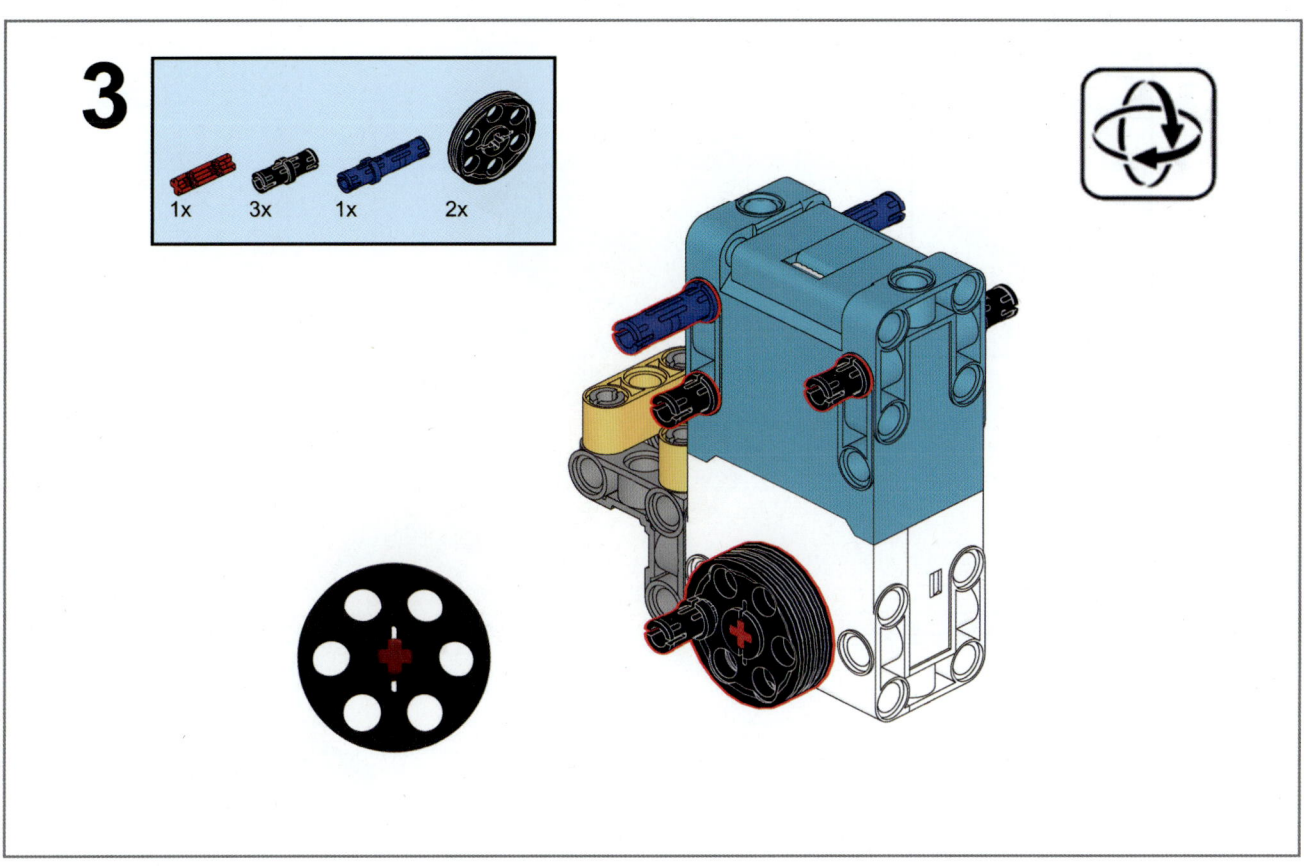
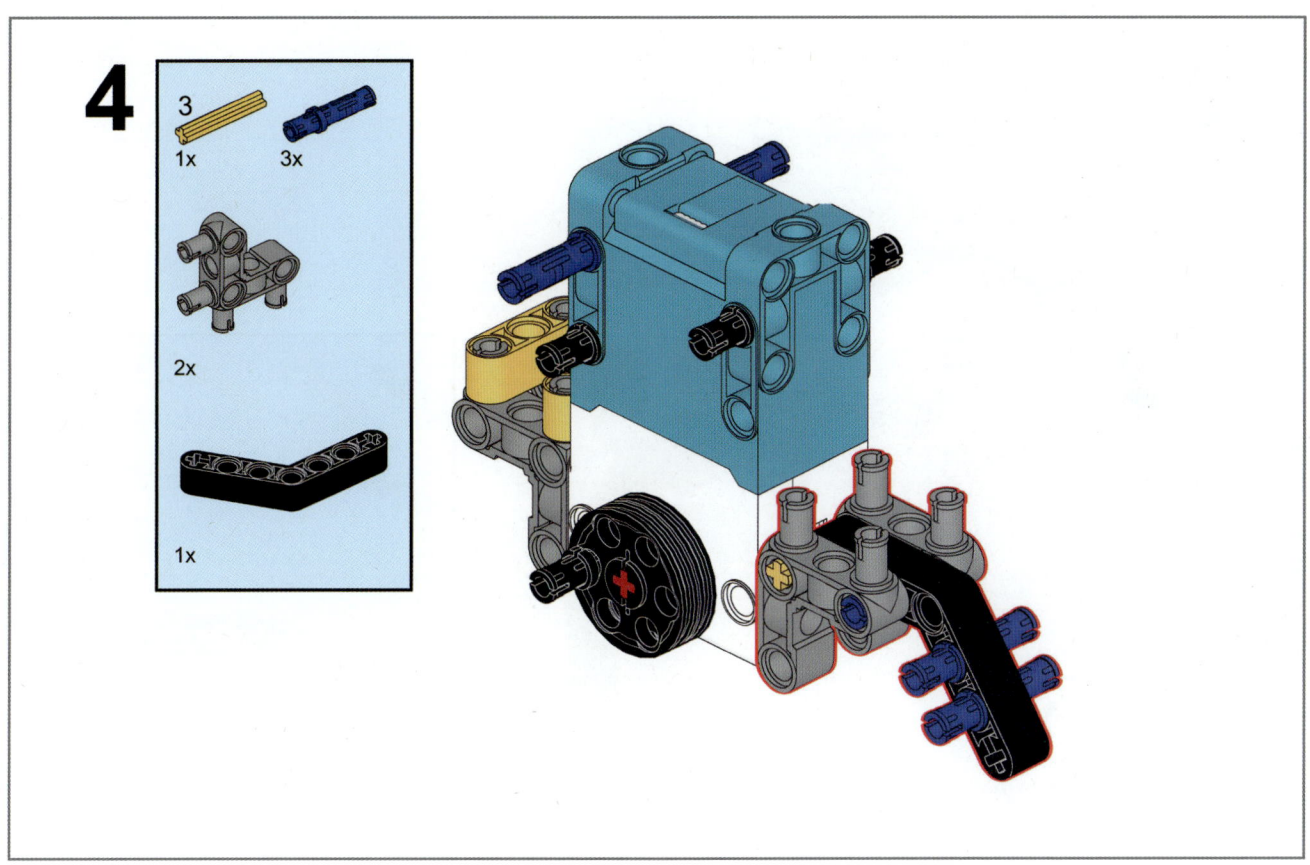

승마 (Horse Rider)

조립하기 승마 (Horse Rider)

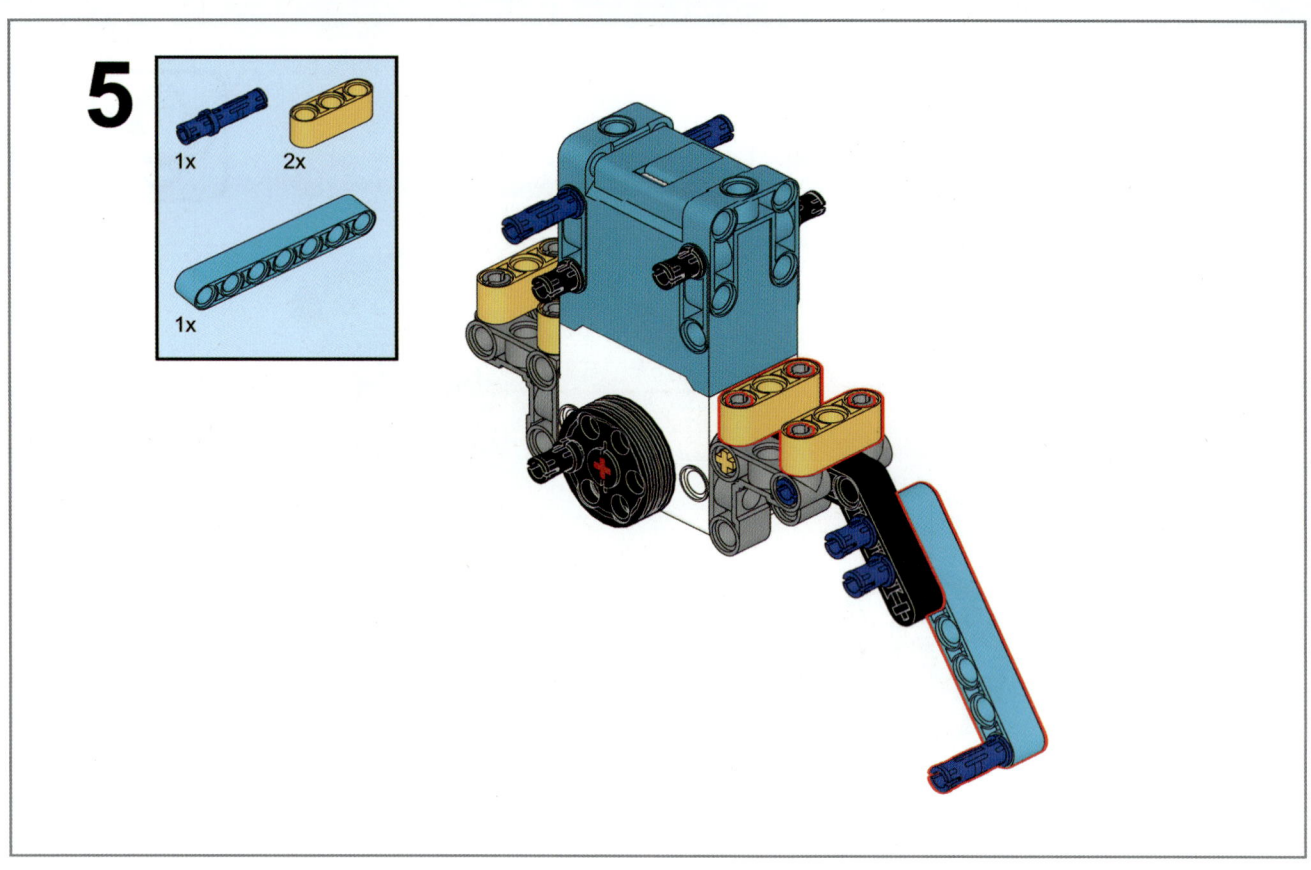

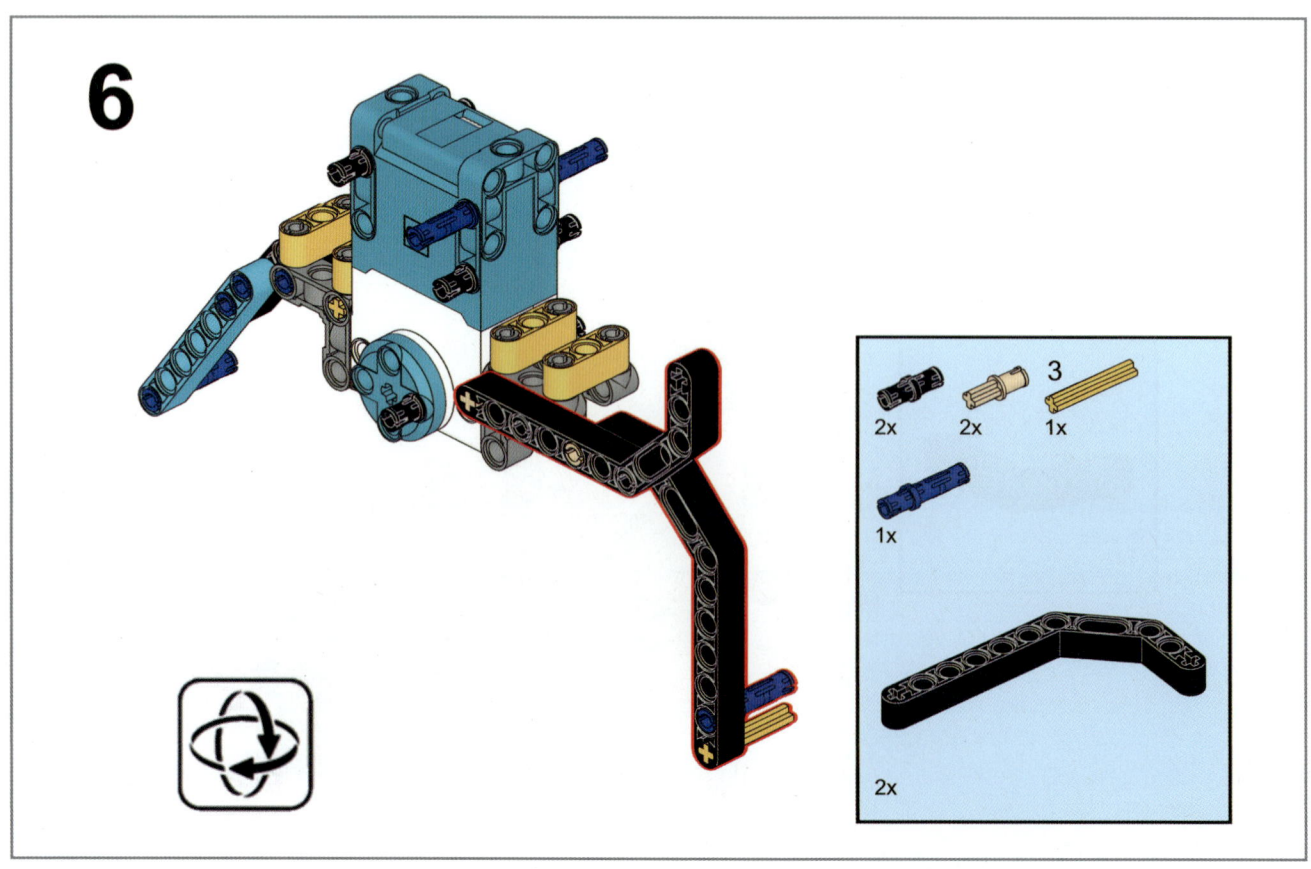

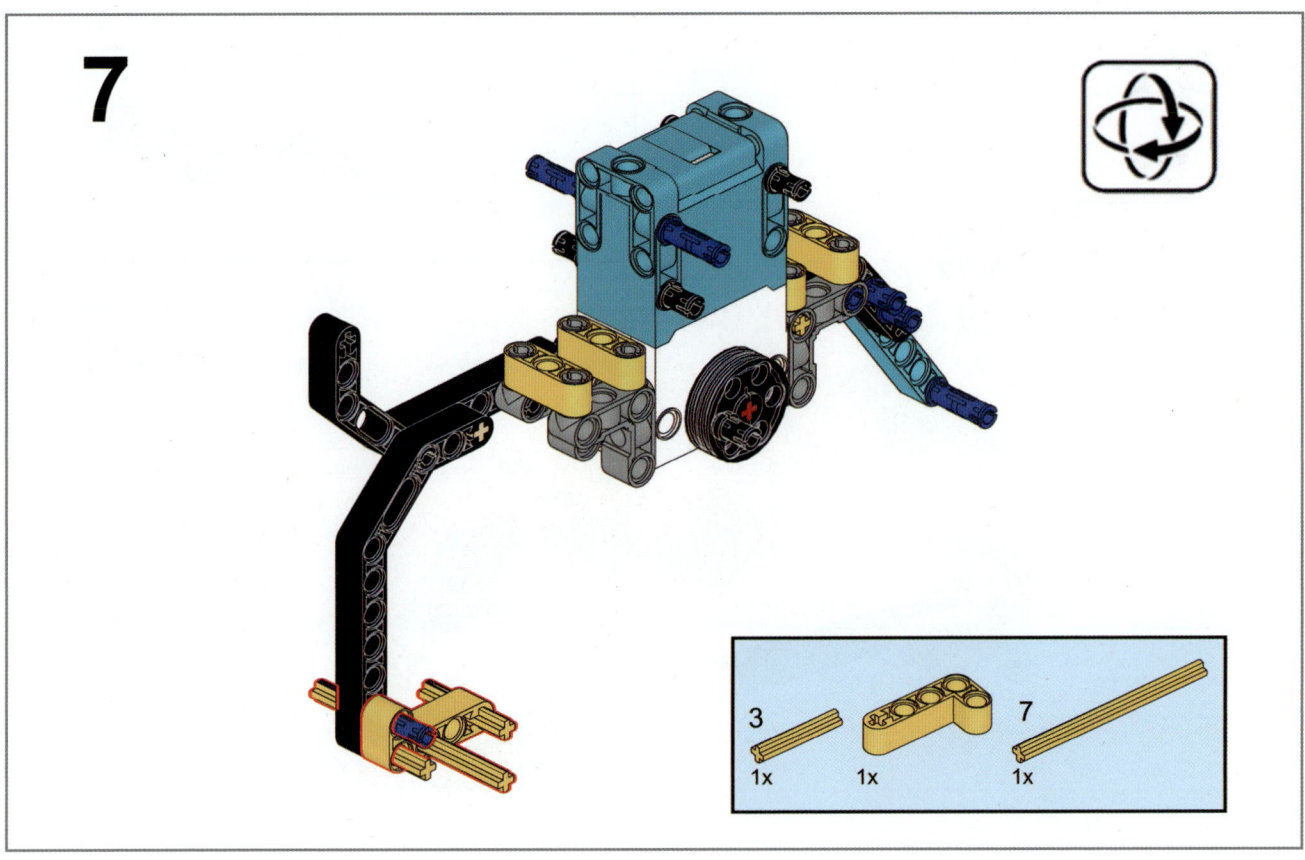
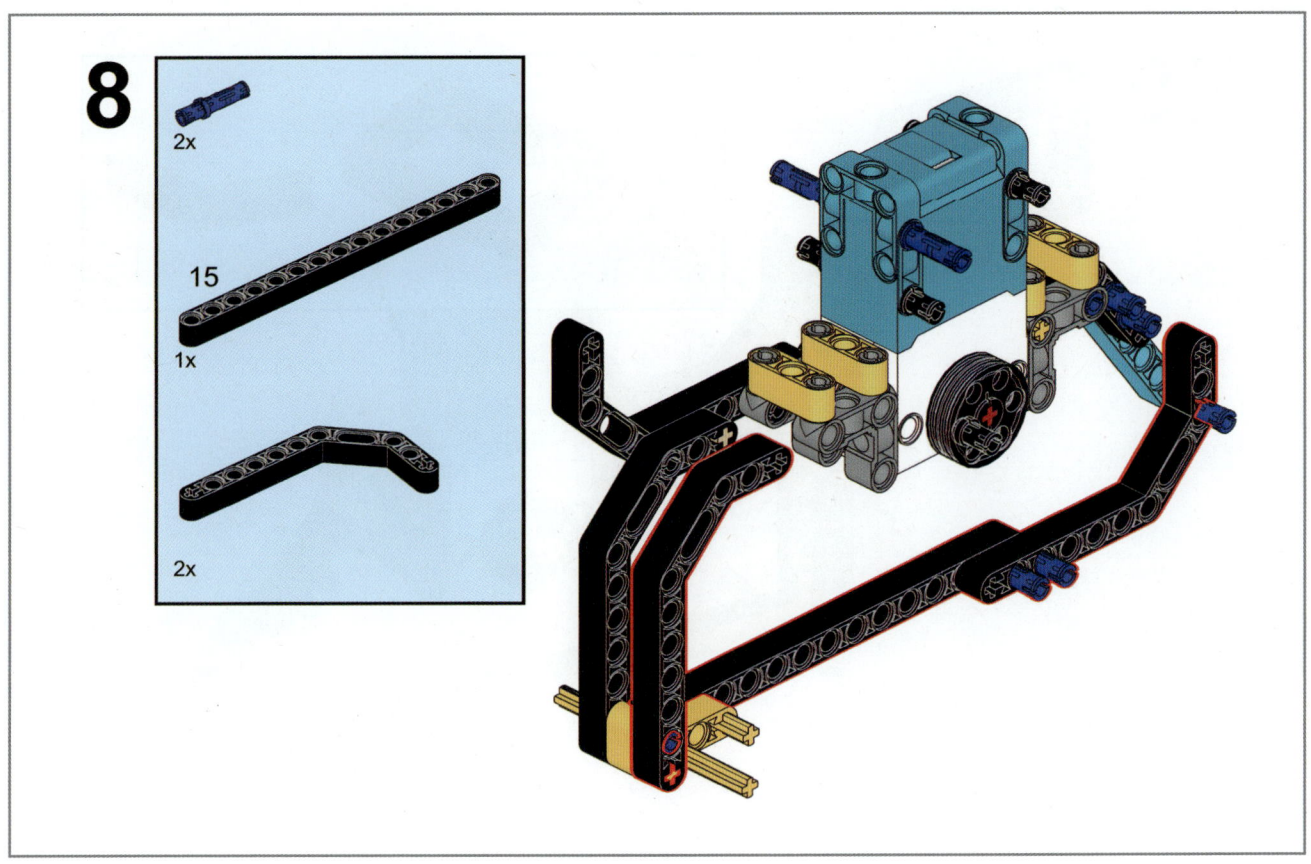

조립하기 승마 (Horse Rider)

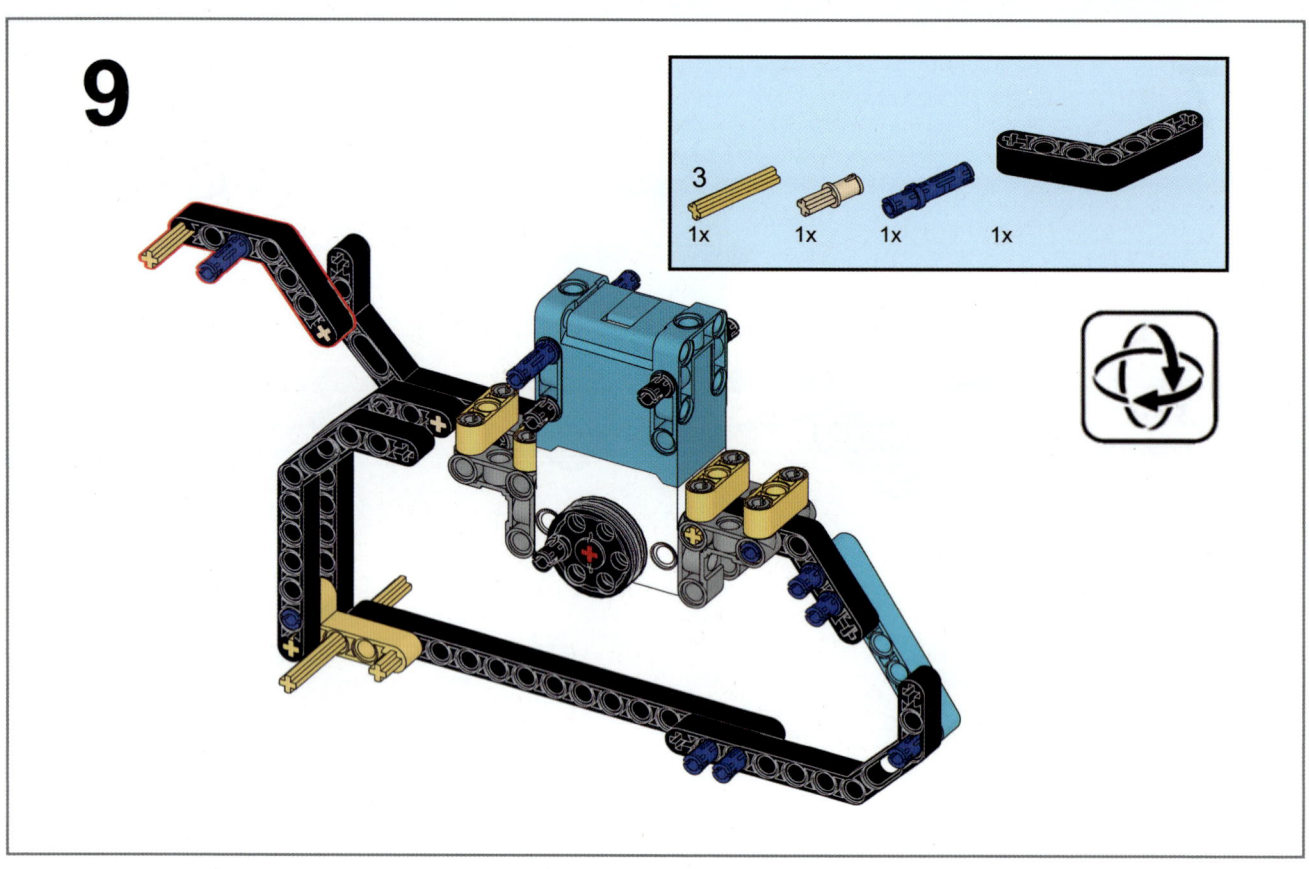

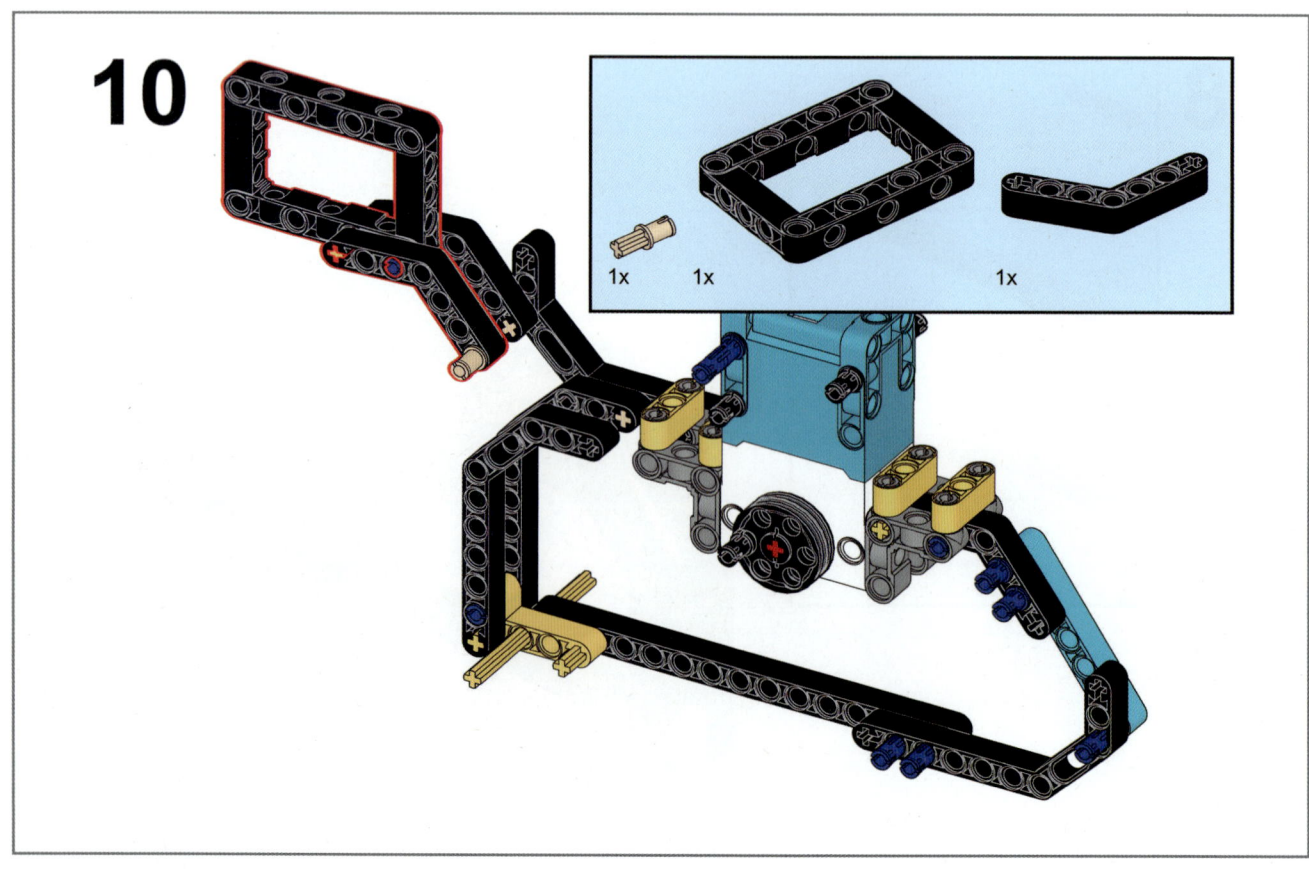

11

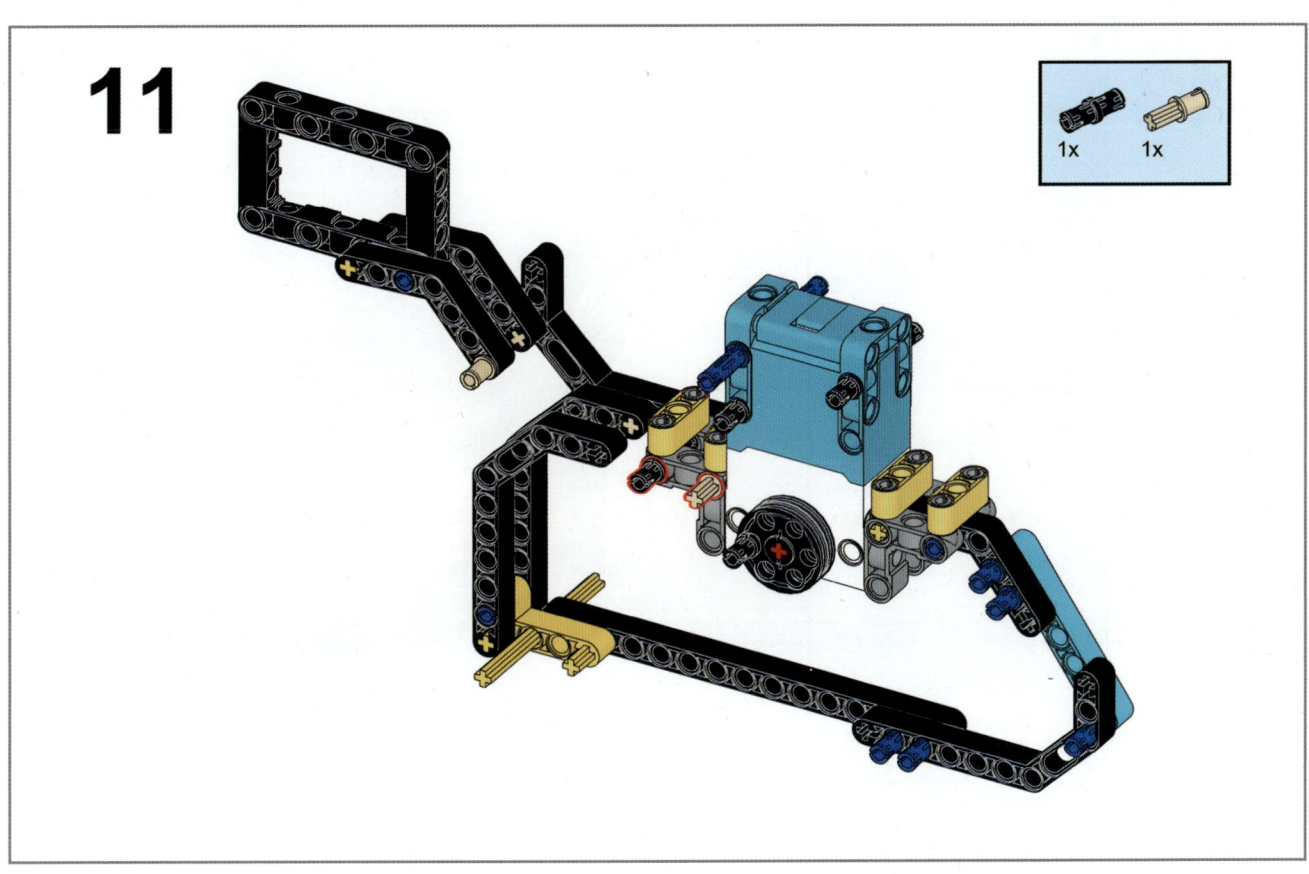

12

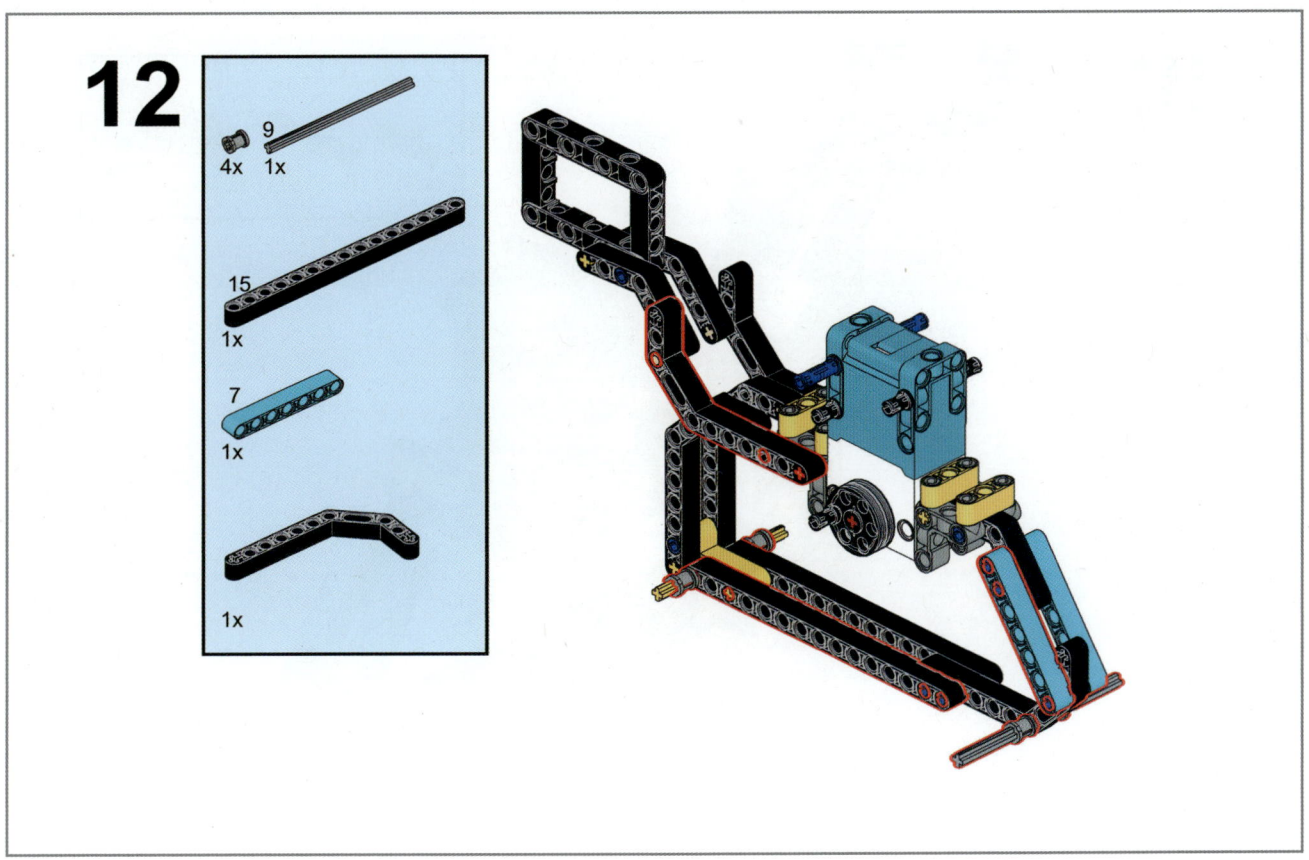

승마 (Horse Rider)

조립하기 승마 (Horse Rider)

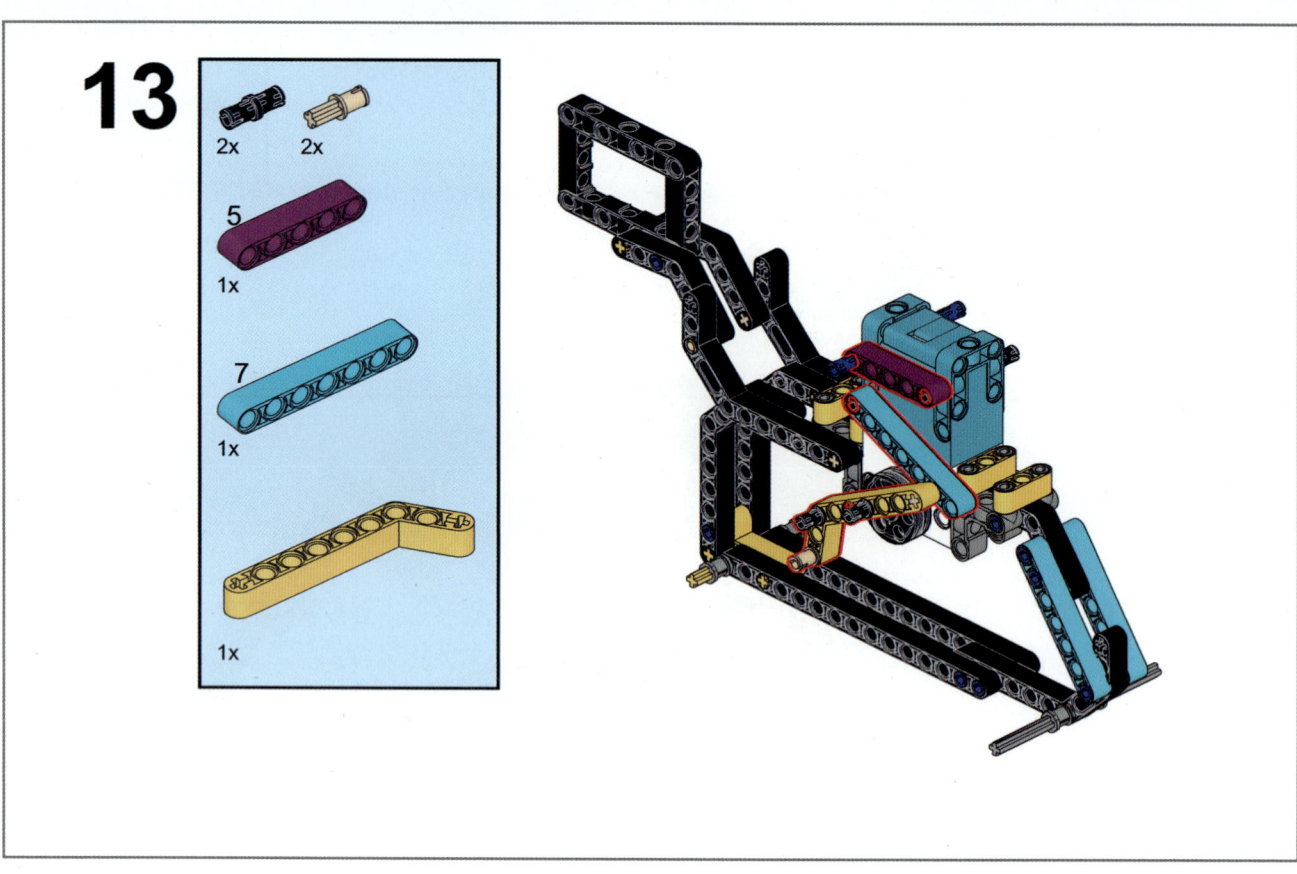

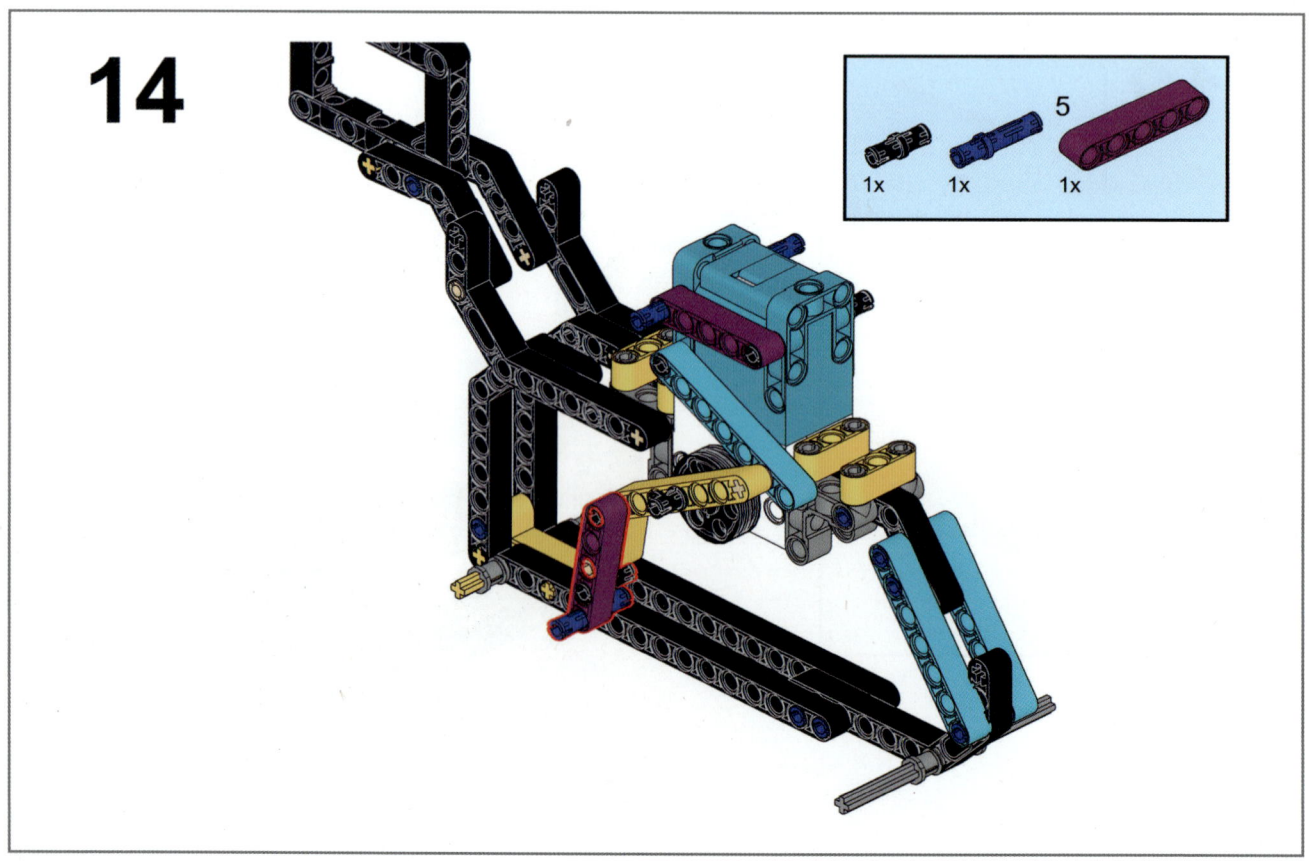

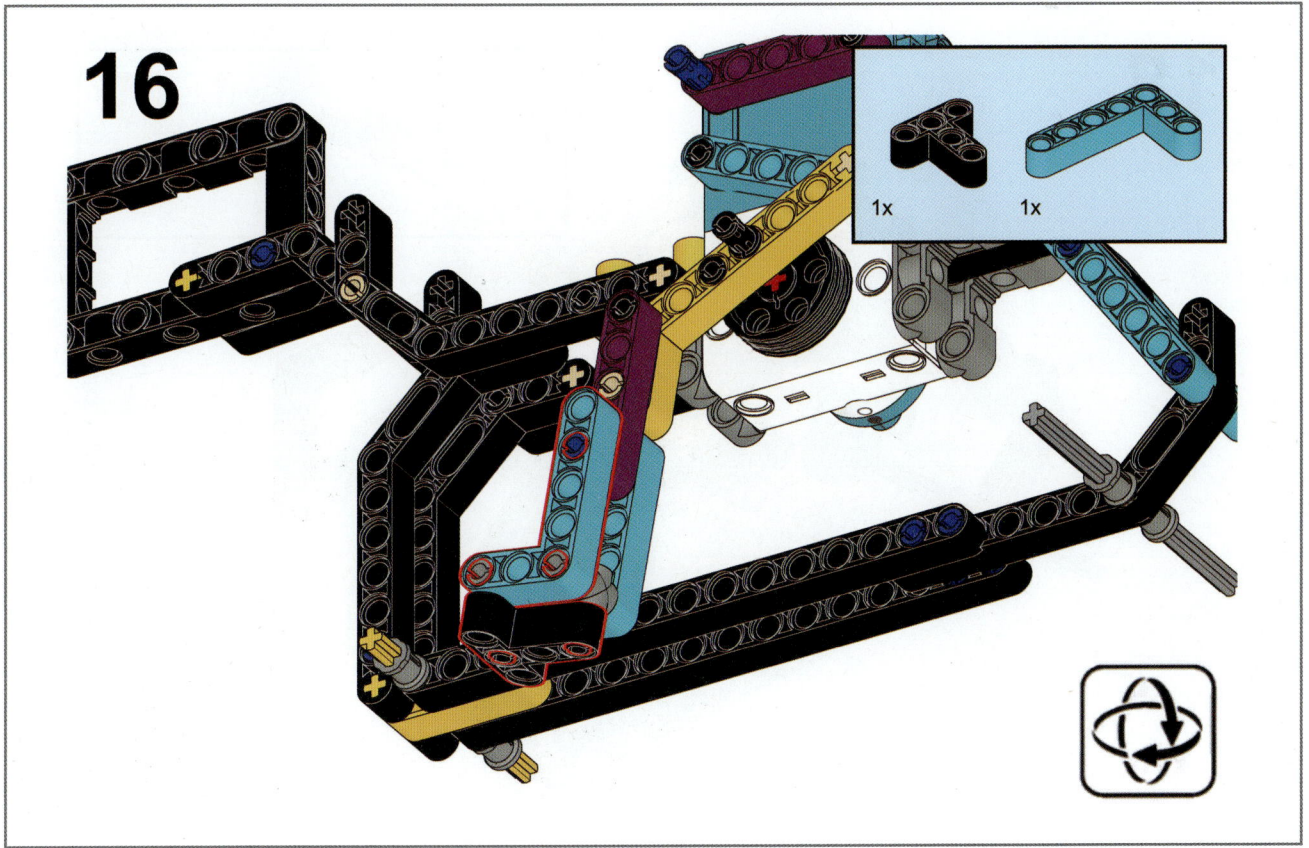

조립하기 승마 (Horse Rider)

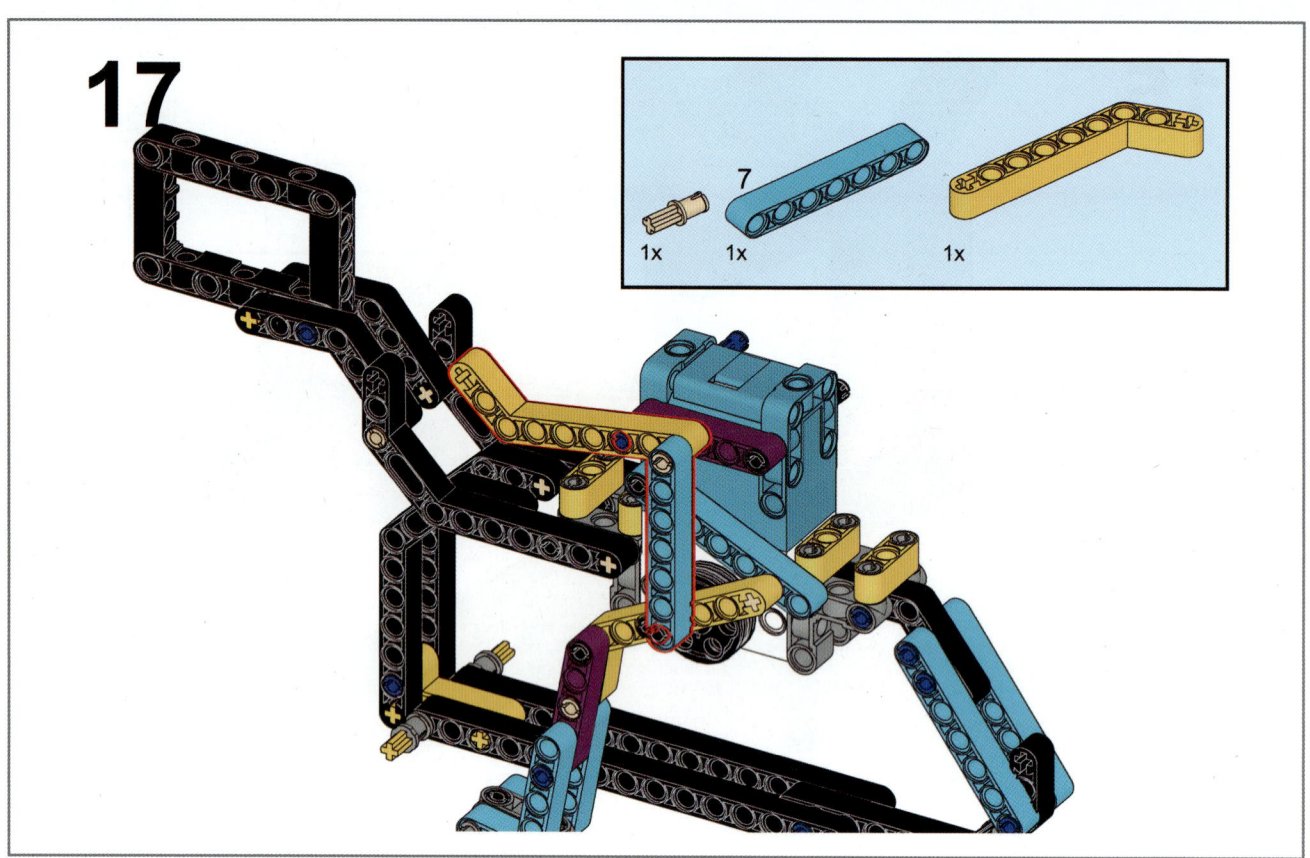

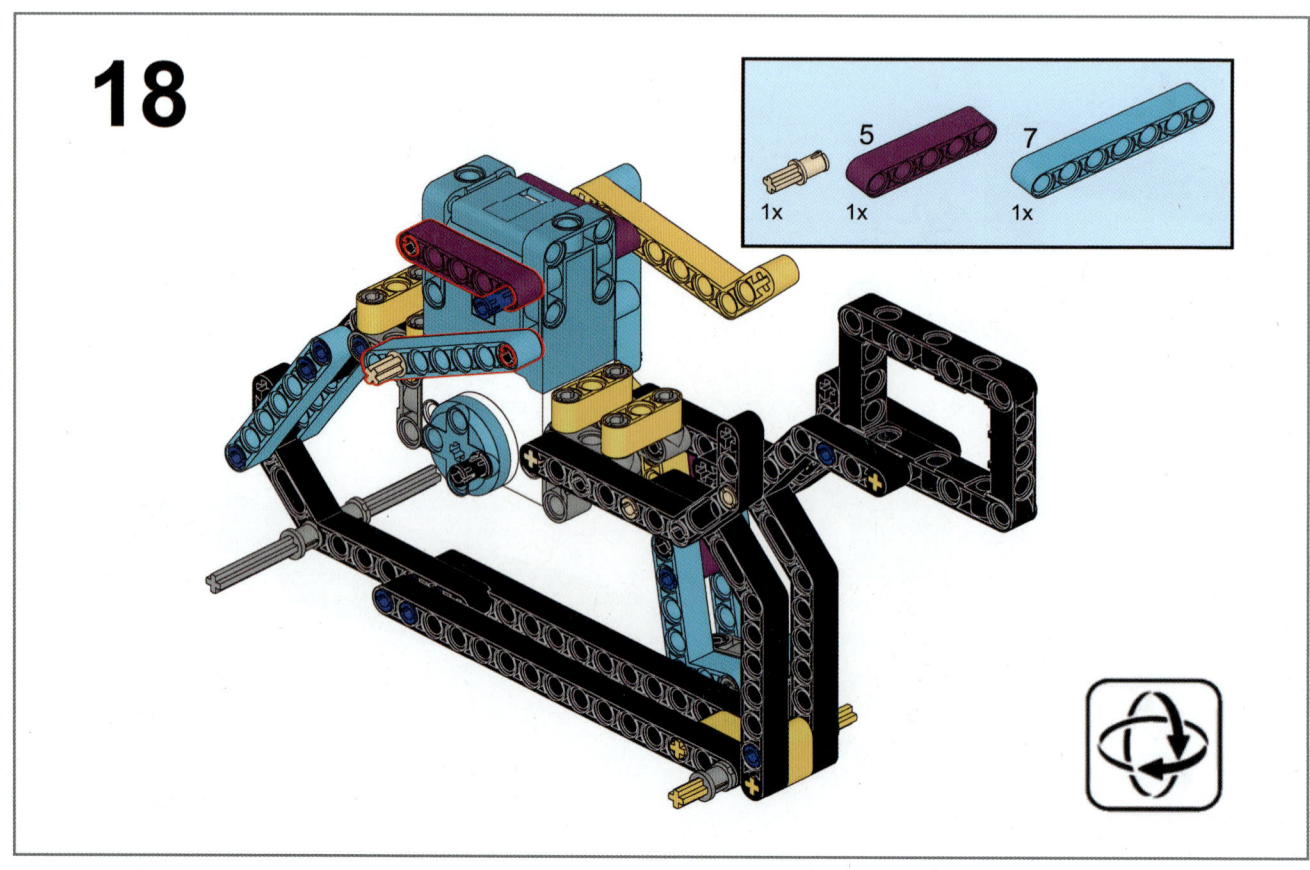

19

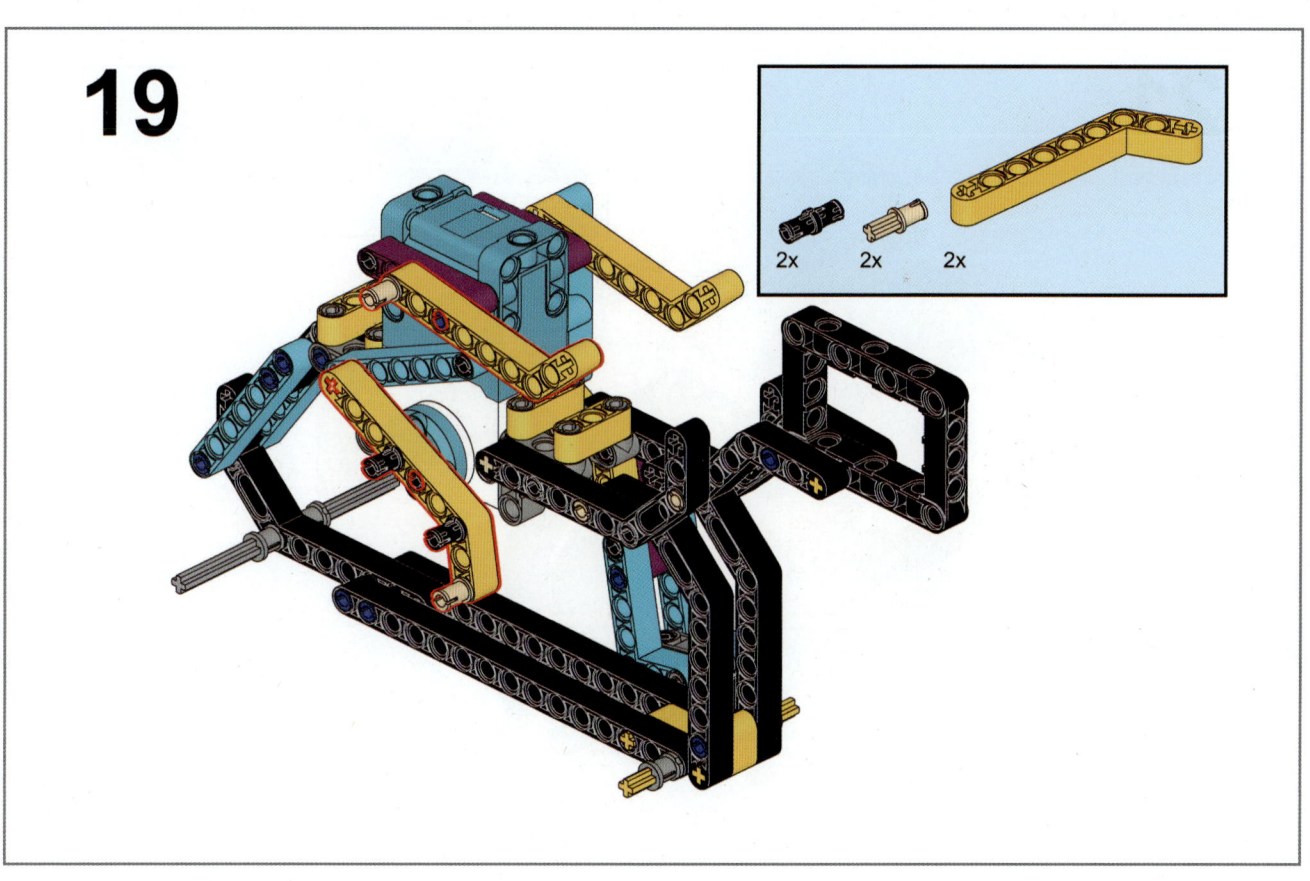

20

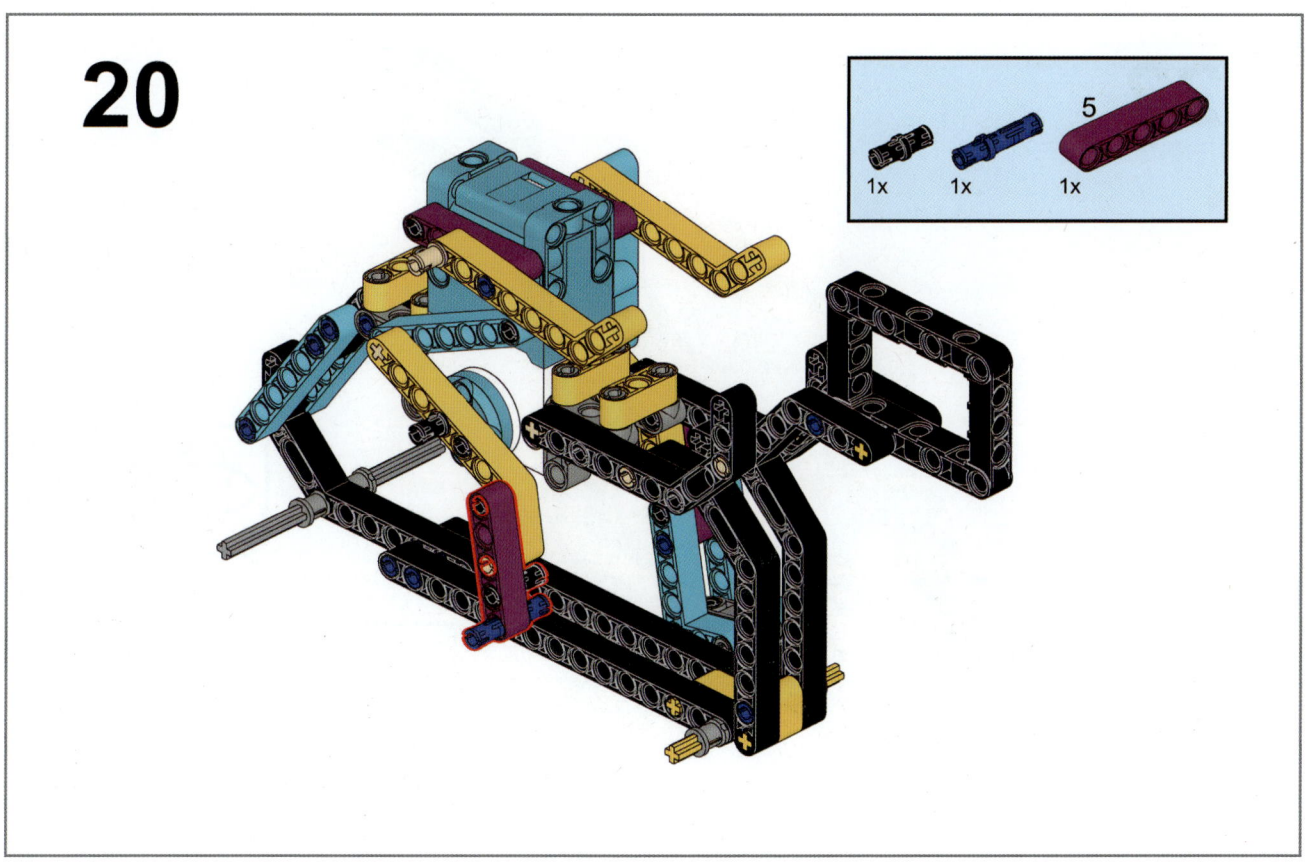

조립하기 승마 (Horse Rider)

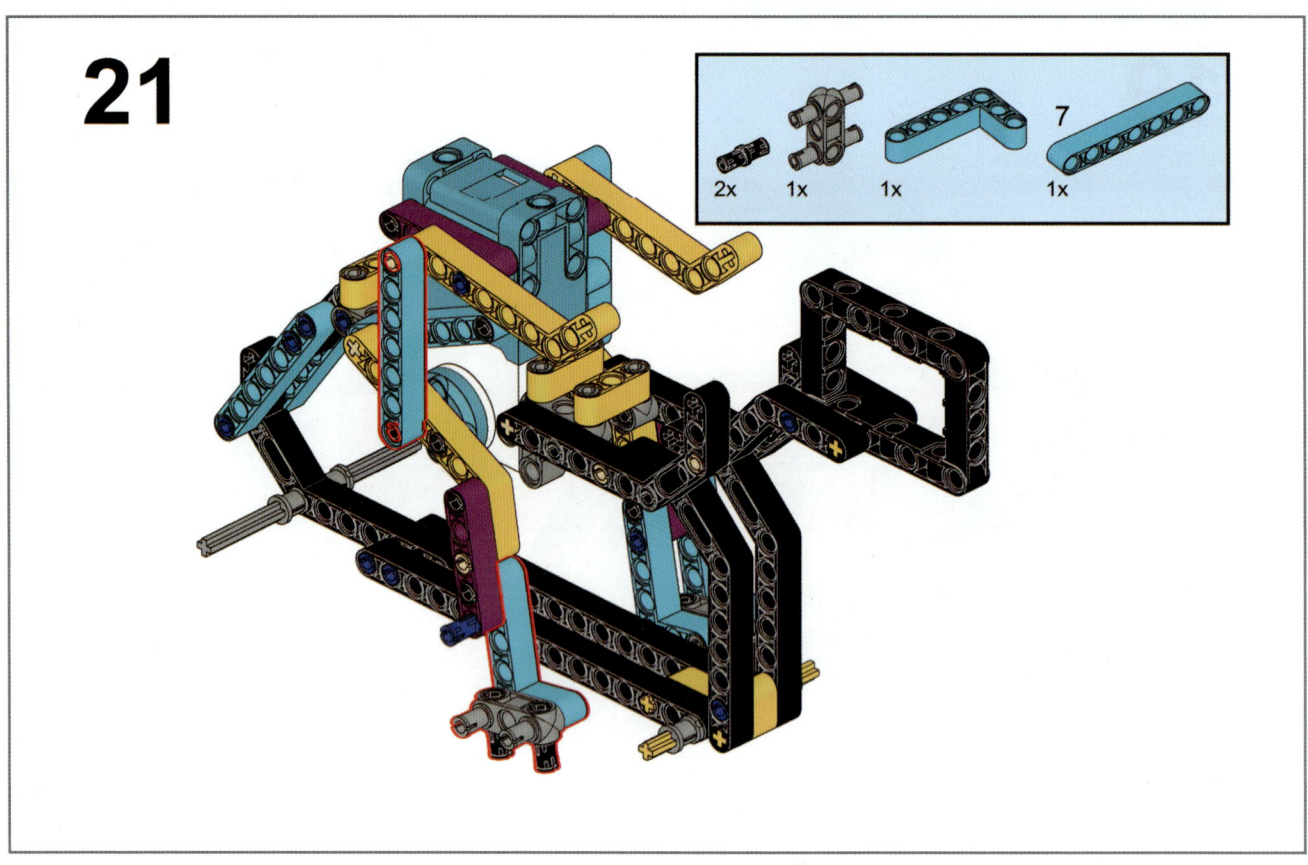

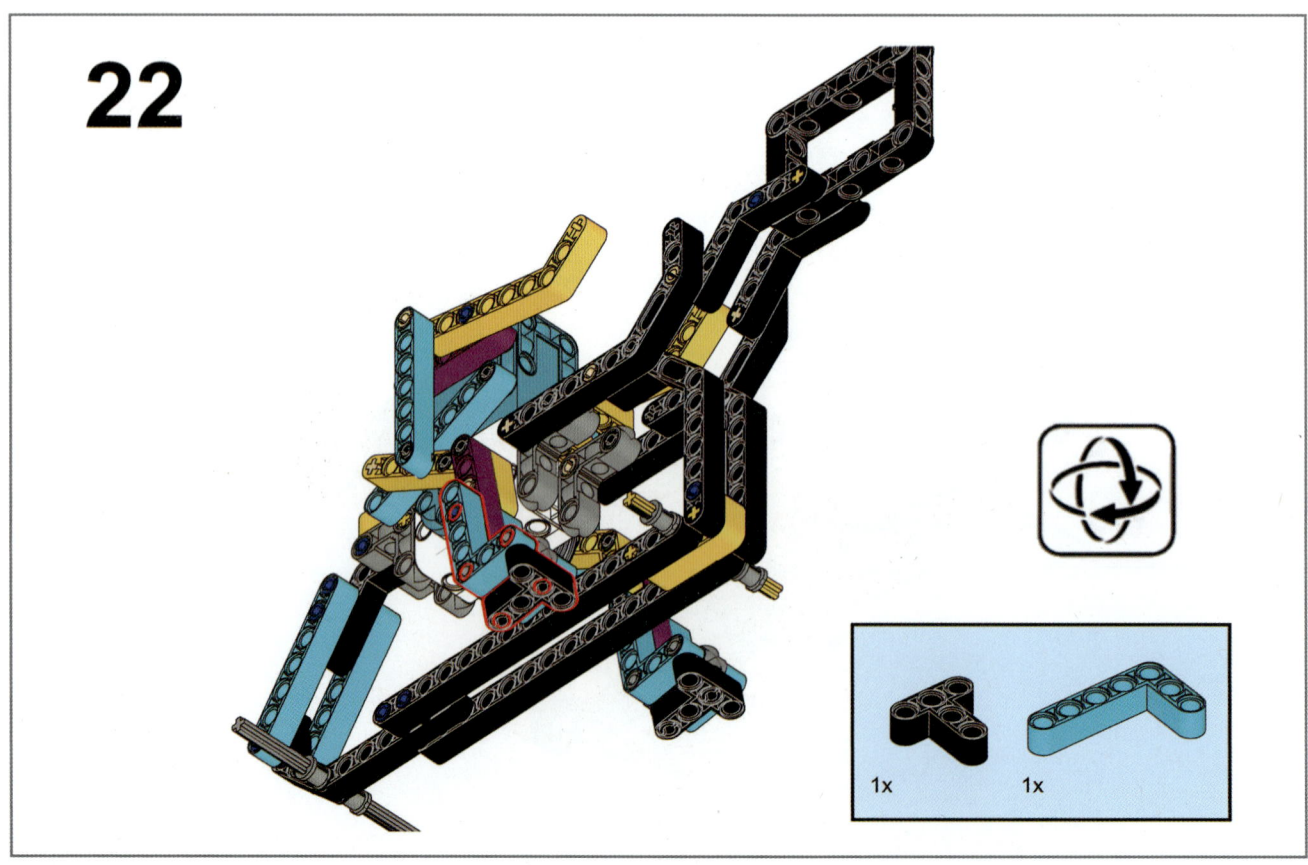

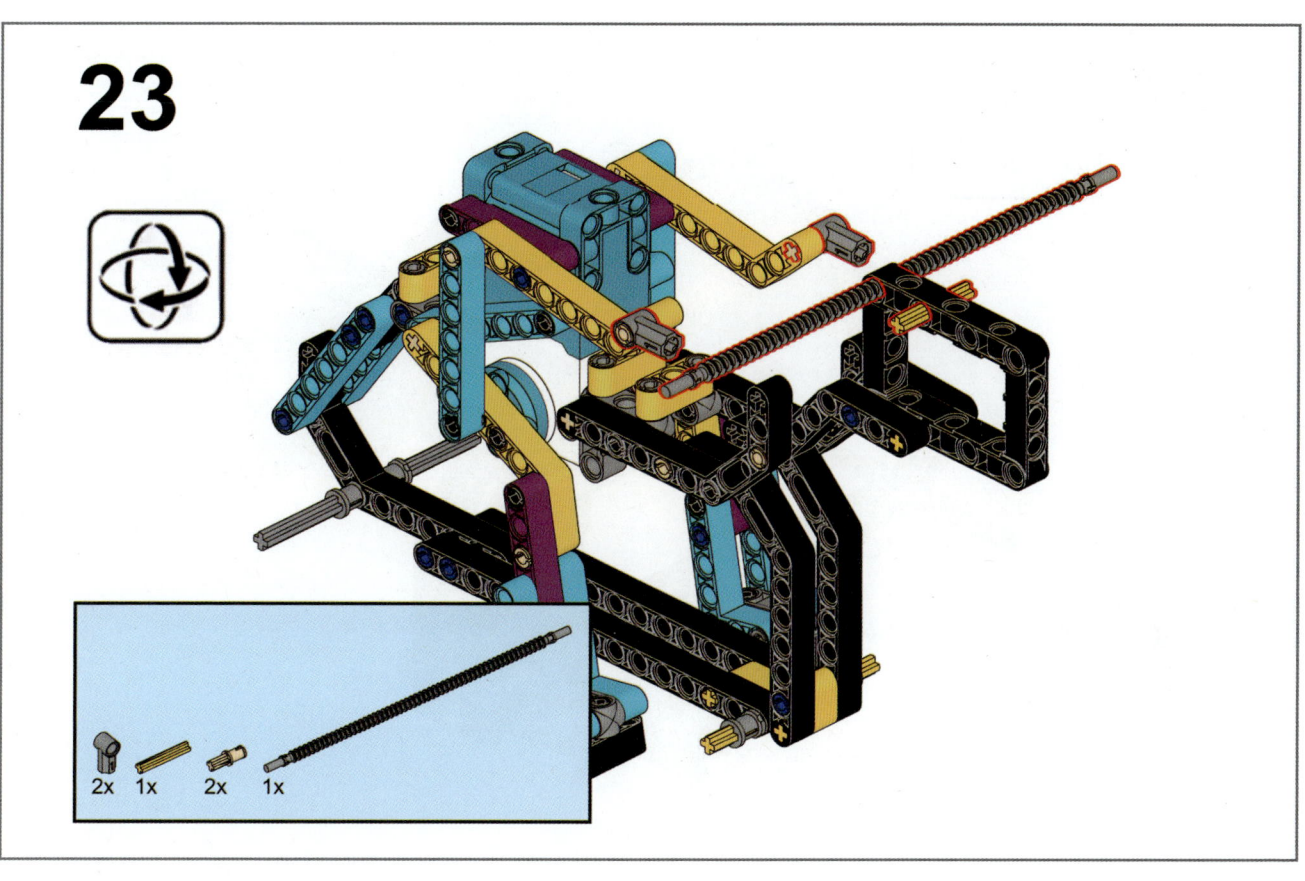
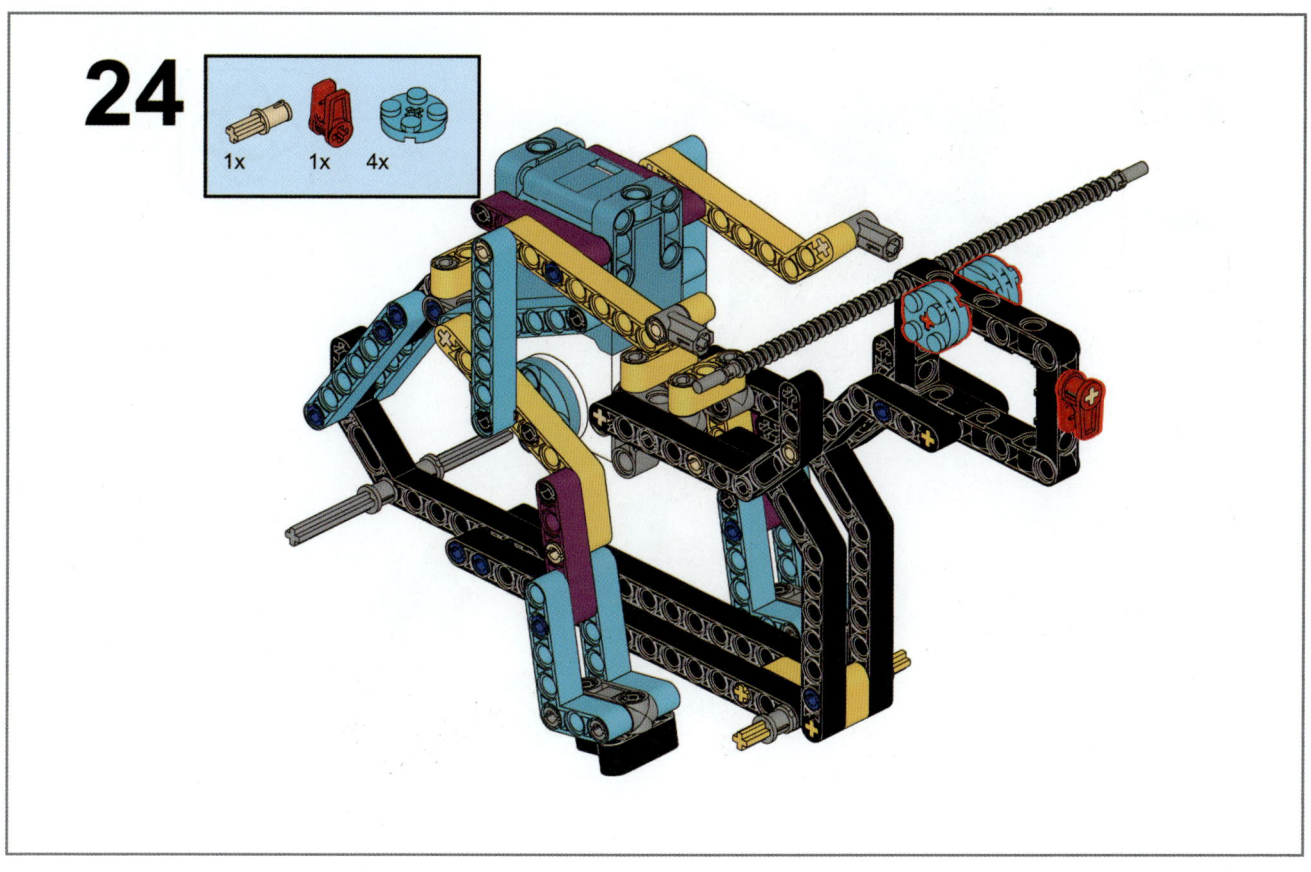

승마 (Horse Rider)

조립하기 승마 (Horse Rider)

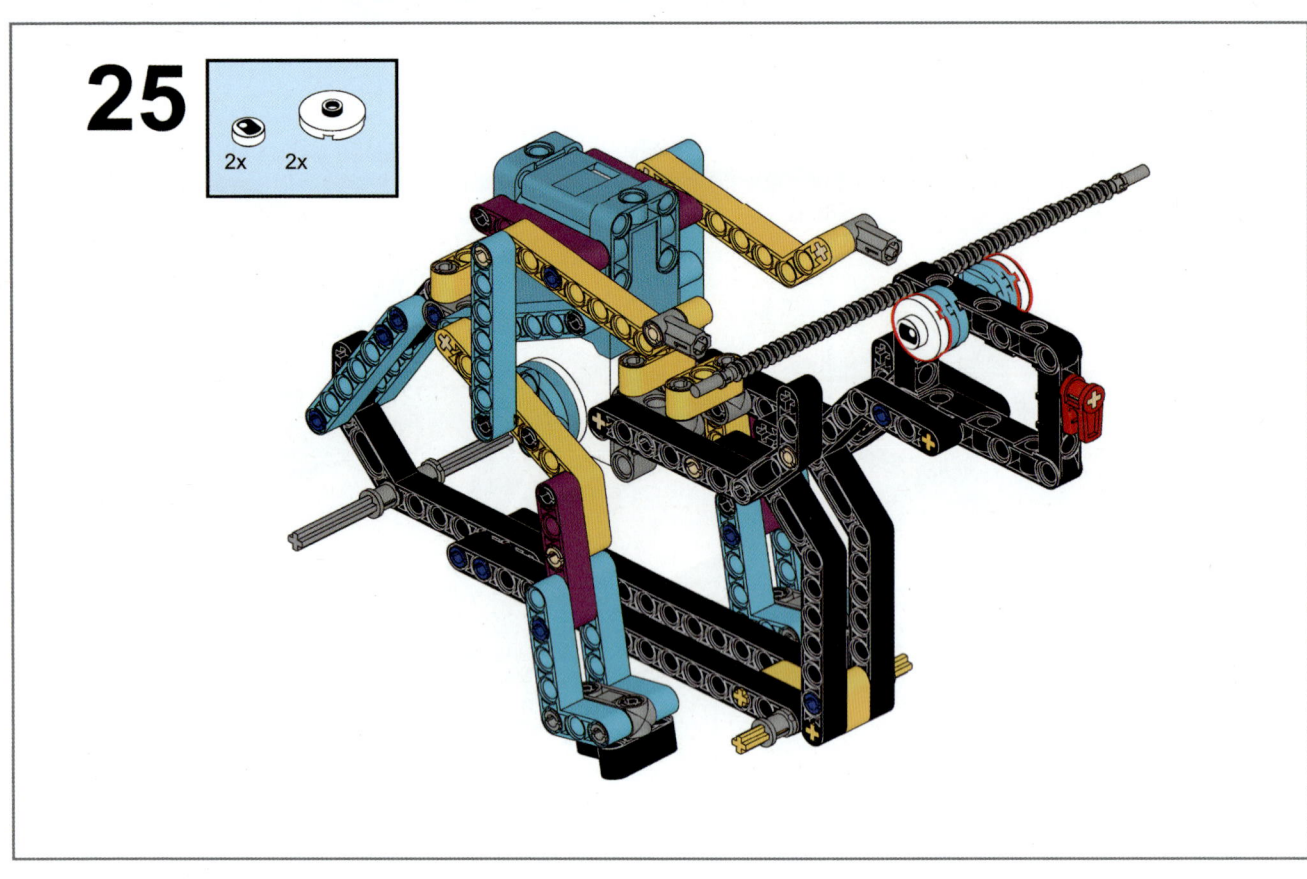

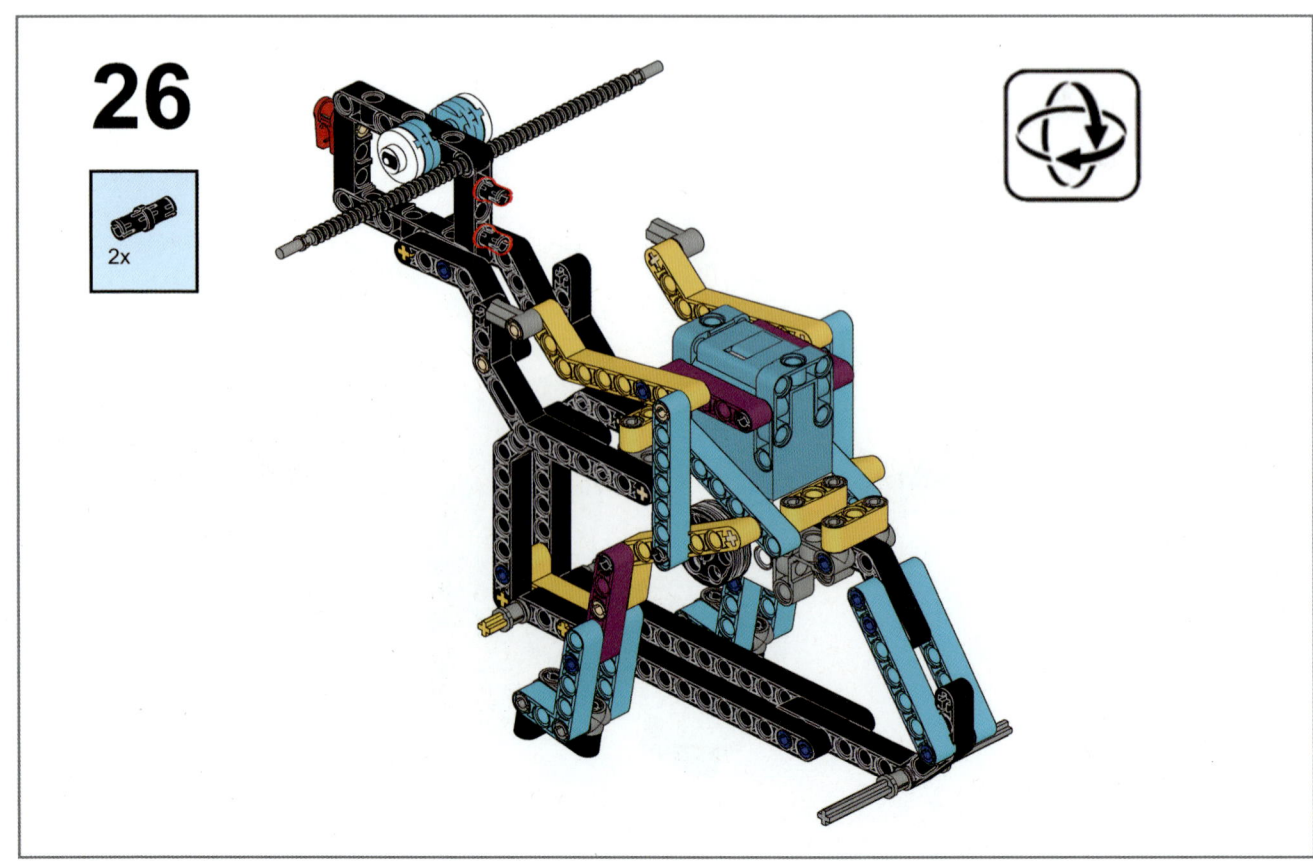

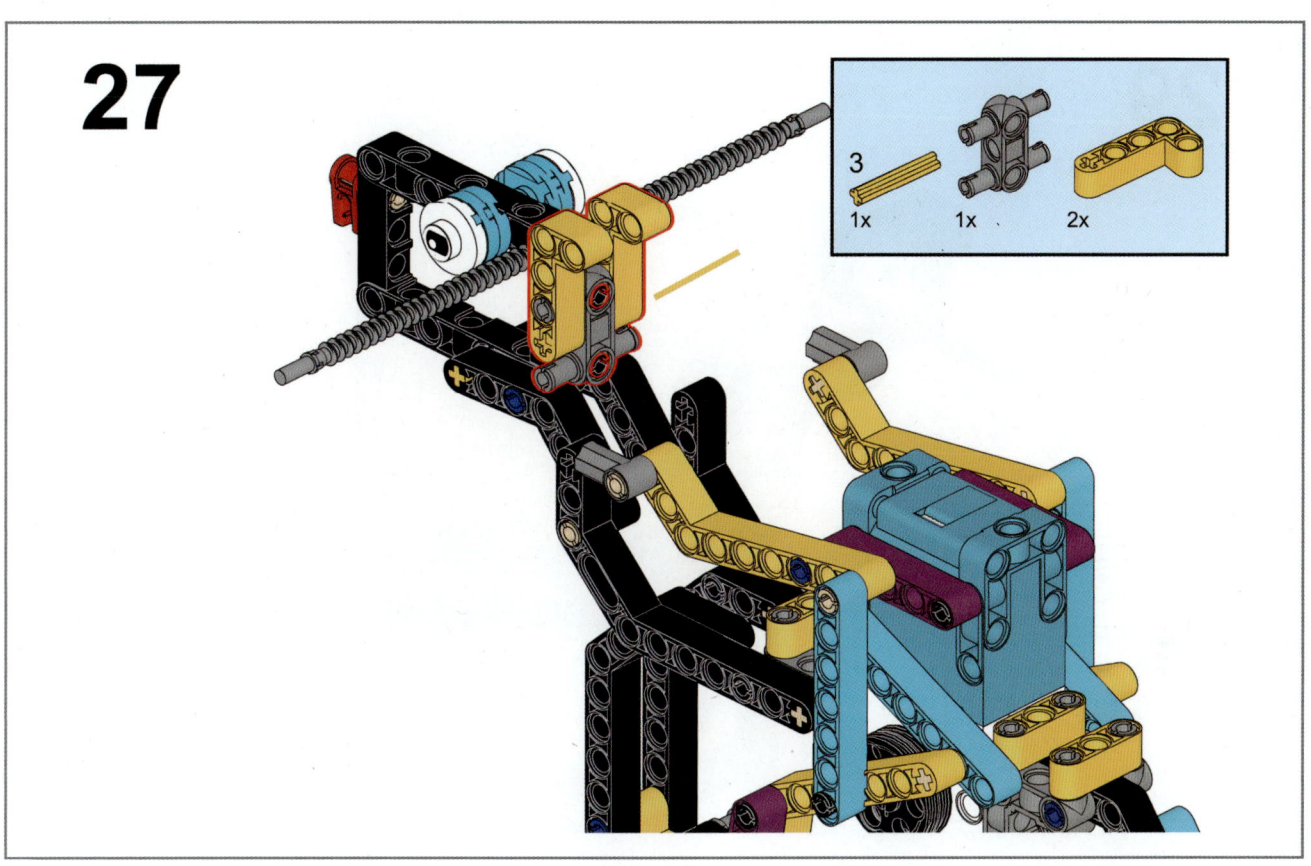

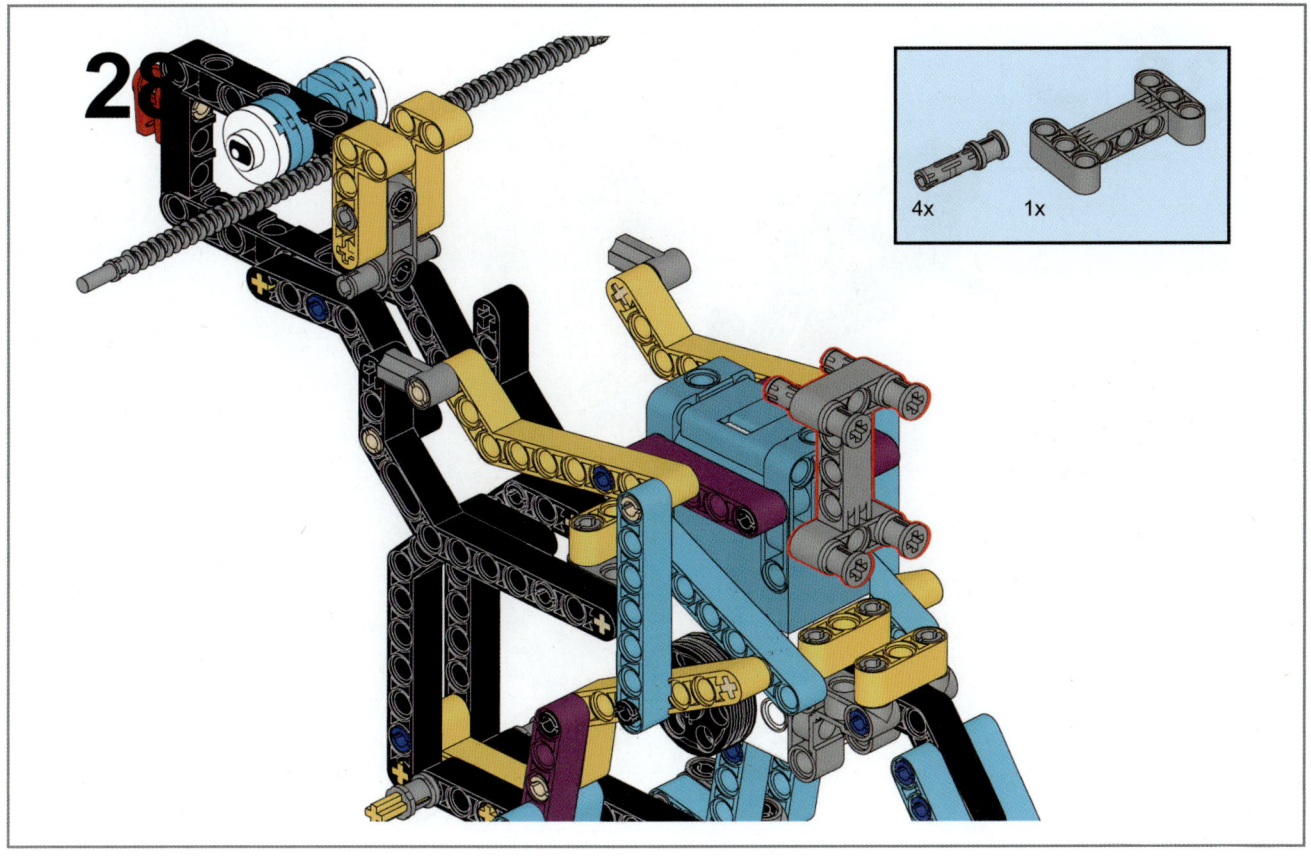

승마 (Horse Rider)

조립하기 승마 (Horse Rider)

29

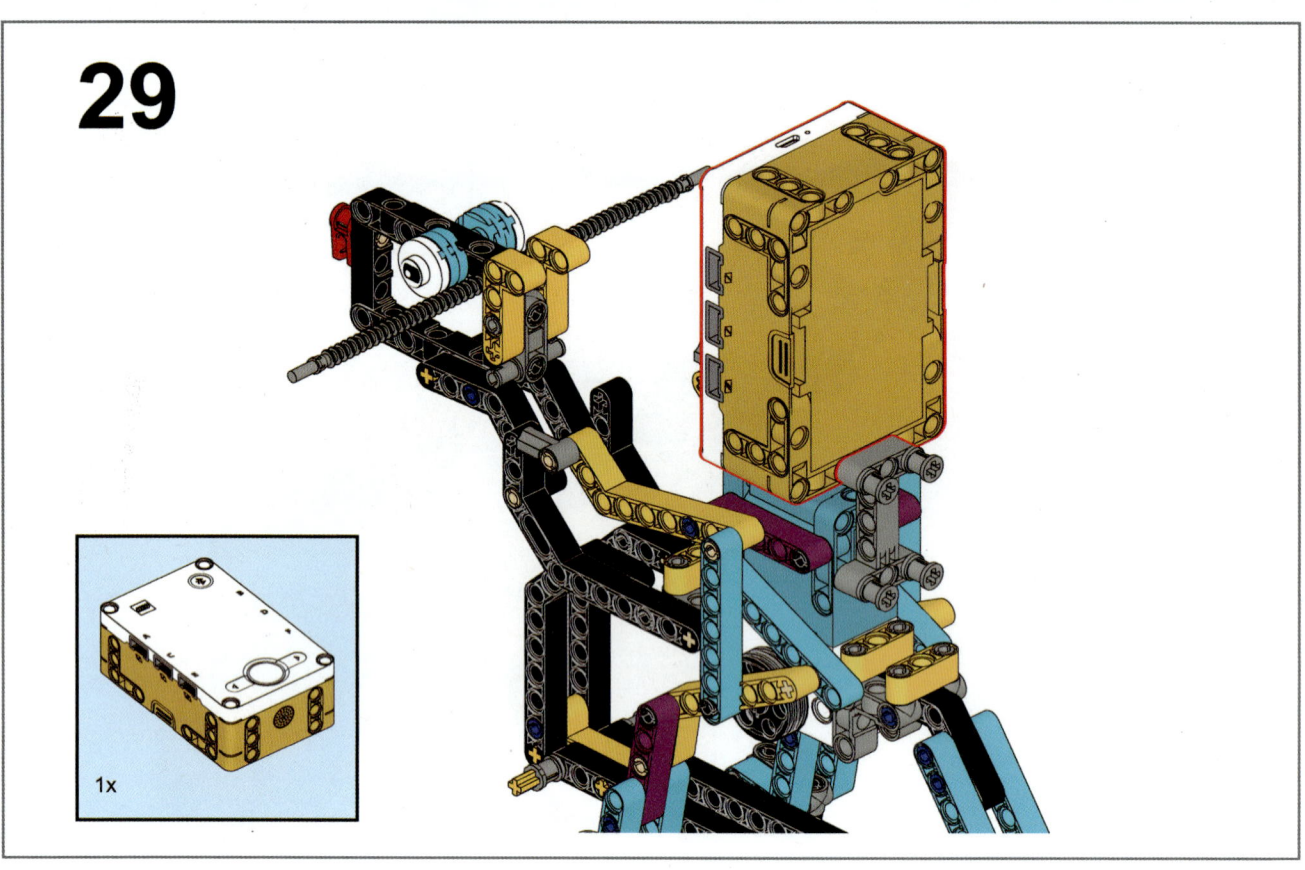

30

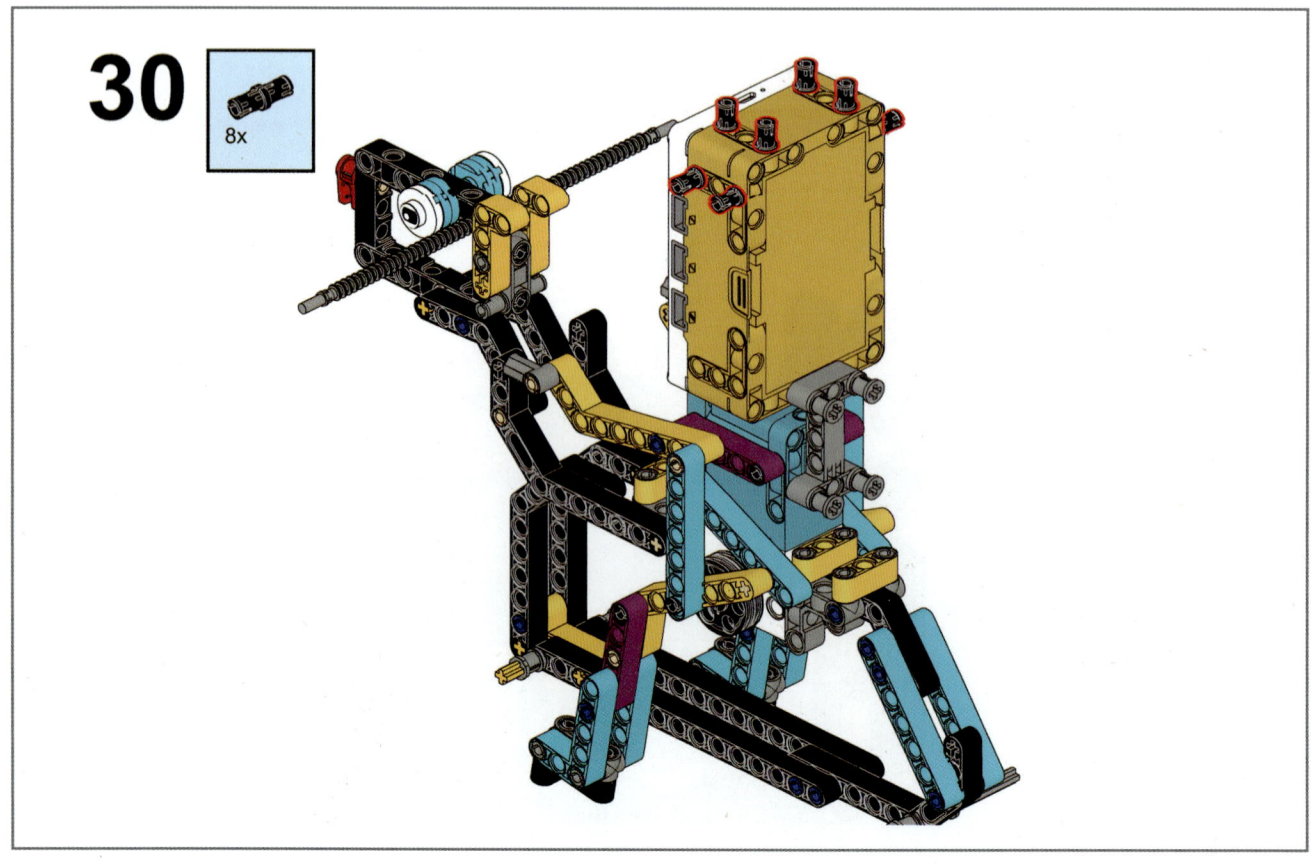

31

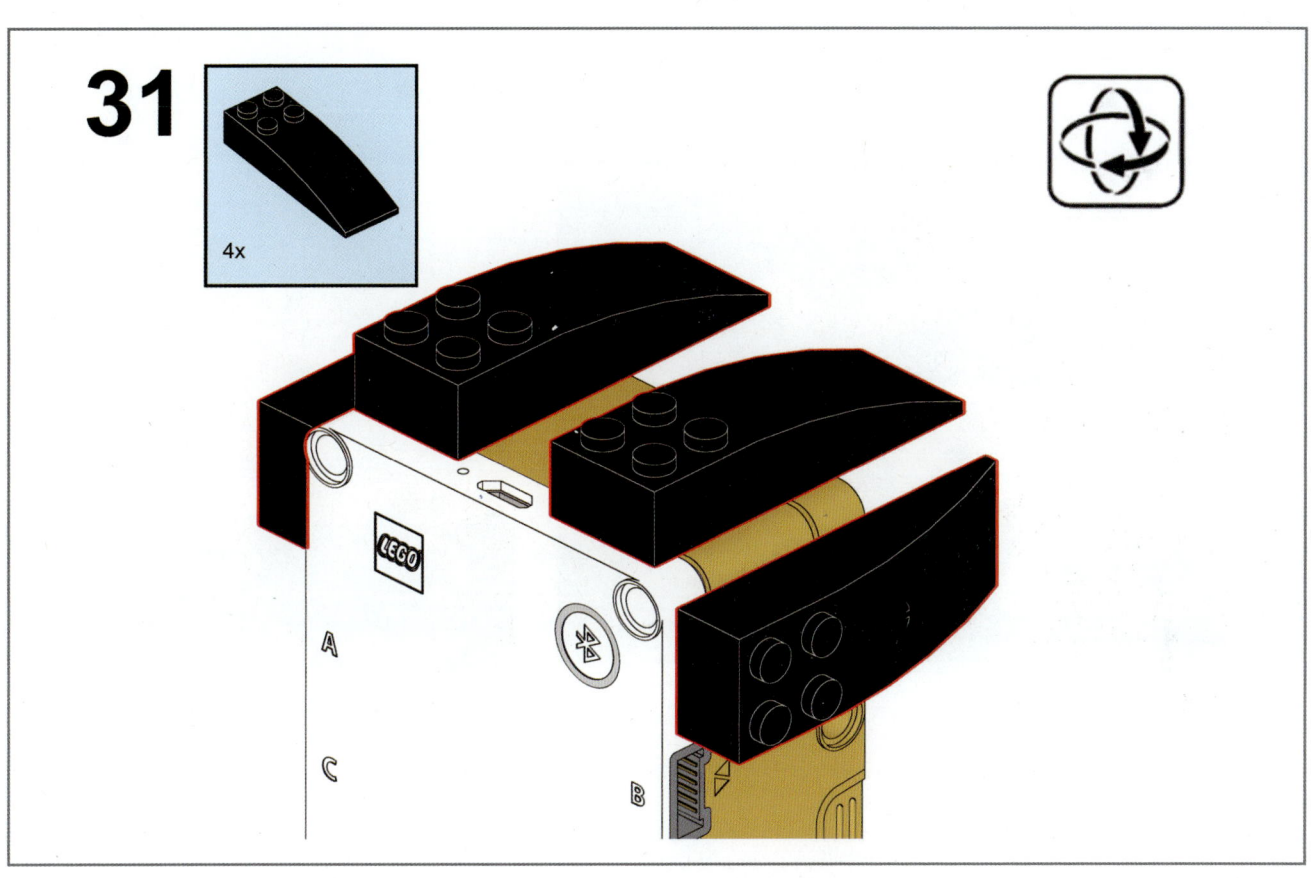

32

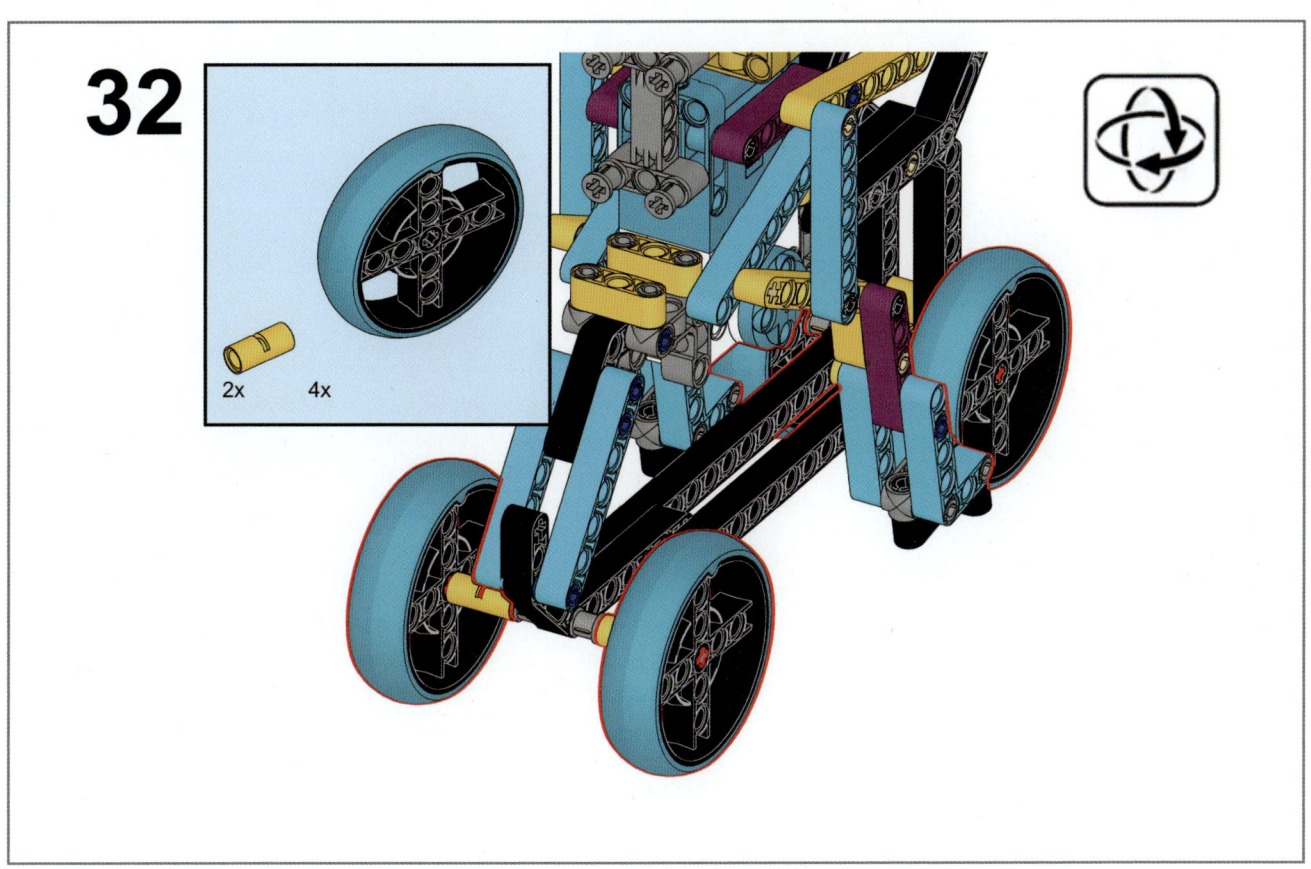

조립하기 승마 (Horse Rider)

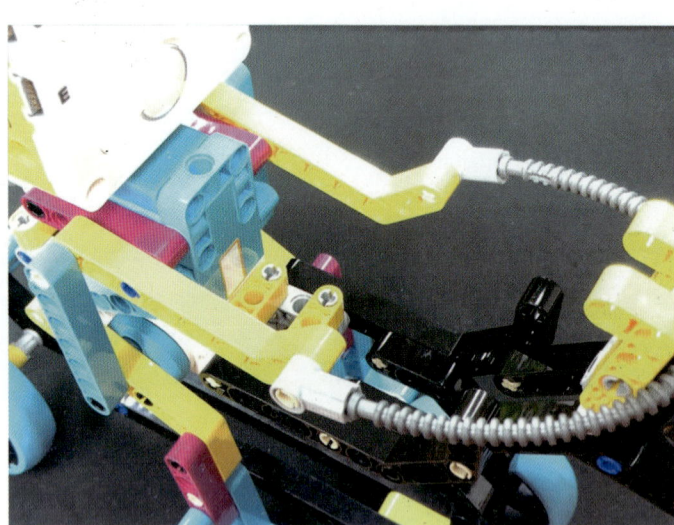

Plug in #1 connector

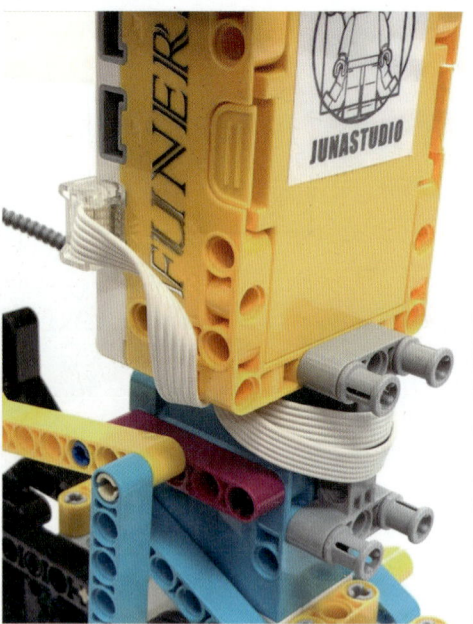

Wrap the motor wire around your neck

F: Motor

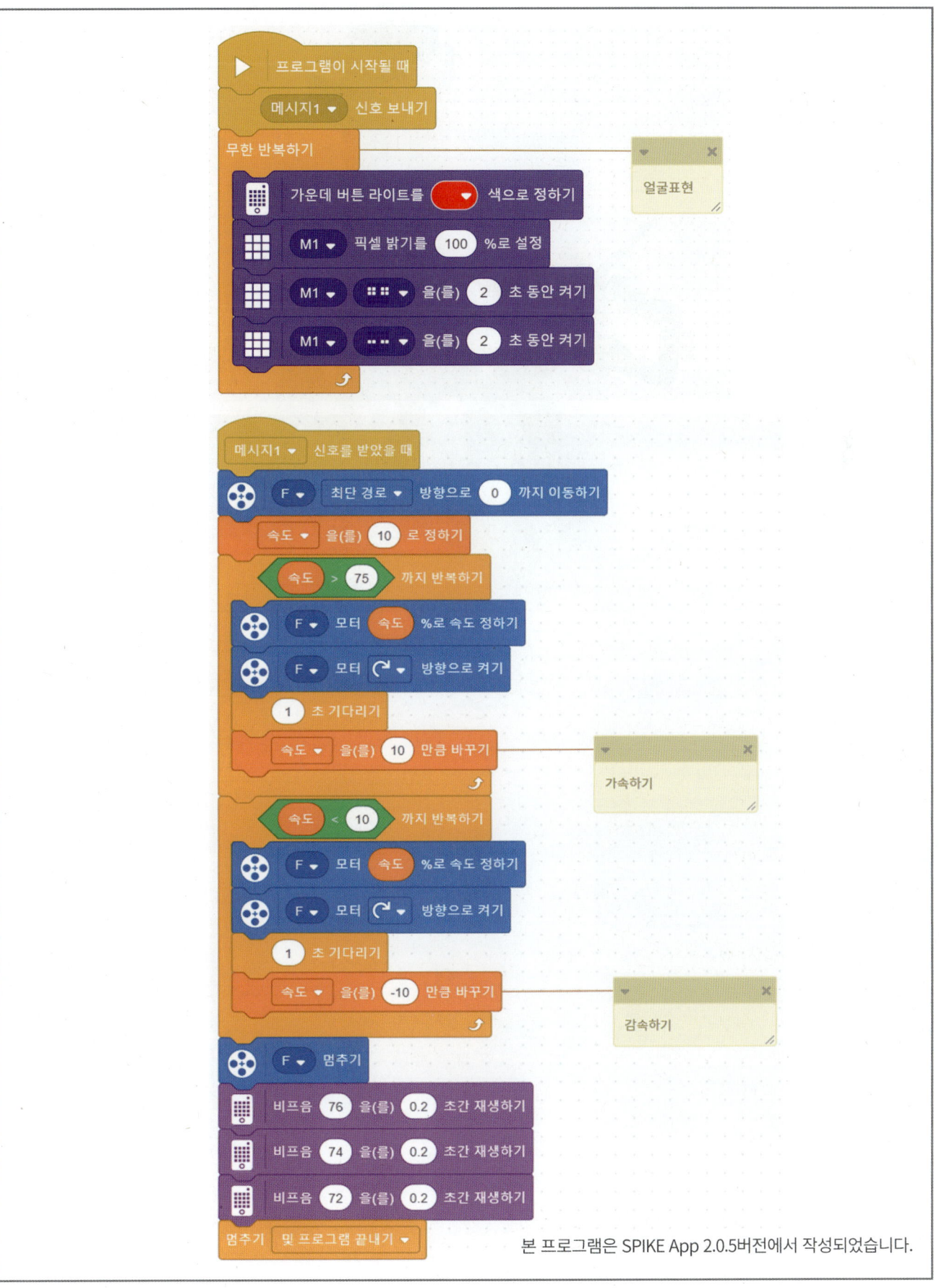

승마 (Horse Rider)

조립하기 승마 (Horse Rider)

완성!

동작 동영상